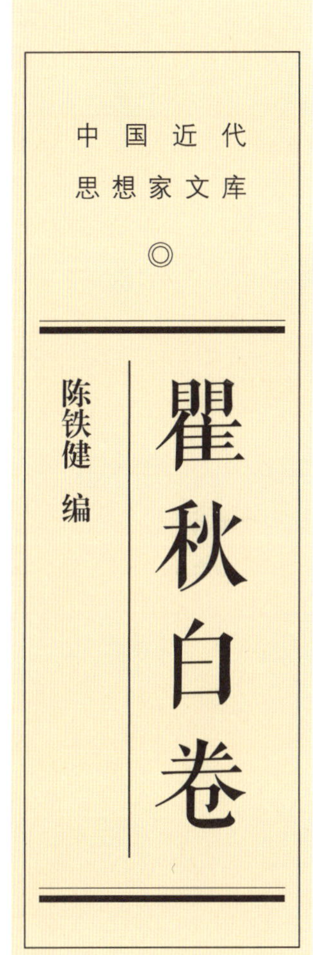

中国人民大学出版社
·北京·

《中国近代思想家文库》编纂委员会名单

总　序

对于近代的理解，虽不见得所有人都是一致的，但总的说来，对于近代这个词所含的基本意义，人们还是有共识的。一个国家、一个民族走入近代，就意味着以工业化为主导的经济取代了以地主经济、领主经济或自然经济为主导的中世纪的经济形态，也还意味着，它不再是孤立的或是封闭与半封闭的，而是以某种形式加入到世界总的发展进程。尤其重要的是，它以某种形式的民主制度取代君主专制或其他不同形式的专制制度。中国是个幅员广大、人口众多、历史悠久的多民族国家，由于长期历史发展是自成一体的，与外界的交往比较有限，其生产方式的代谢迟缓了一些。如果说，世界的近代是从17世纪开始的，那么中国的近代则是从19世纪中期才开始的。现在国内学界比较一致的认识，是把1840年到1949年视为中国的近代。

中国的近代起始的标志是1840年的鸦片战争。原来相对封闭的国门被拥有近代种种优势的英帝国以军舰、大炮再加上种种卑鄙的欺诈打开了。从此，中国不情愿地加入到世界秩序中，沦为半殖民地。原来独立的大一统的中央集权的君主专制国家，如今独立已经极大地被限制，大一统也逐渐残缺不全，中央集权因列强的侵夺也不完全名实相符了。后来因太平天国运动，地方军政势力崛起，形成内轻外重的形势，也使中央集权被弱化。经历第二次鸦片战争、中法战争、甲午战争、八国联军入侵的战争以及辛亥革命后的多次内外战争，直至日本全面侵略中国的战争，致使中国的经济、政治、教育、文化，都无法顺利走上近代发展的轨道。古今之间，新旧之间，中外之间，混杂、矛盾、冲突。总之，鸦片战争后的中国，既未能成为近代国家，更不能维持原有的统治秩序。而外患内忧咄咄逼人，人们都有某种程度“国将不国”的忧虑。

“天下兴亡，匹夫有责”，读书明理的士大夫，或今所谓知识分子，尤为敏感，在空前的危机与挑战面前，皆思有所献替。于是发生种种救亡图存的思想与主张。有的从所能见及的西方国家发展的经验中借鉴某些东西，形成自己的改革方案；有的从历史回忆中拾取某些智慧，形成某种民族复兴的设想；有的则力图把西方的和中国所固有的一些东西加以调和或结合，形成某种救亡图强的主张。这些方案、设想、主张，从世界上“最先进的”，到“最落后的”，几乎样样都有。就提出这些方案、设想、主张者的初衷而言，绝大多数都含着几分救国的意愿。其先进与落后，是否可行，能否成功，尽可充分讨论，但可不必过为诛心之论。显而易见，既然救国的问题最为紧迫，人们所心营目注者自然是种种与救国的方案直接相关的思想学说，而作为产生这些学说的更基础性的理论及其他各种知识、思想，则关注者少。

围绕着救国、强国的大议题，知识精英们参考世界上种种思想学说，加以研究、选择，认为其中比较适用的思想学说，拿来向国人宣传，并赢得一部分人的认可。于是互相推引，互相激励，更加发挥，演而成潮。在近代中国，曾经得到比较广泛的传播的思想学说，或者够得上思潮的，主要有以下几种：

（一）进化论。近代西方思想较早被引介到中国，而又发生绝大影响的，要属进化论。中国人逐渐相信，进化是宇宙之铁则，不进化就必遭淘汰。以此思想警醒国人，曾颇有助于振作民族精神。但随后不久，社会达尔文主义伴随而来，不免发生一些负面的影响。人们对进化的了解，也存在某些片面性，有时把进化理解为一条简单的直线。辩证法思想帮助人们形成内容更丰富和更加符合实际的发展观念，减少或避免片面性的进化观念的某些负面影响。

（二）民族主义。中国古代的民族主义思想，其核心是“非我族类，其心必异”，所以最重“华夷之辨”。鸦片战争前后一段时期，中国人的民族思想，大体仍是如此。后来渐渐认识到“今之夷狄，非古之夷狄”，“西人治国有法度，不得以古旧之夷狄视之”。但当时中国正遭受西方列强的侵略和掠夺，追求民族独立是民族主义之第一义。20 世纪初，中国知识精英开始有了“中华民族”的概念。于是，渐渐形成以建立近代民族国家为核心的近代民族主义。结束清朝君主专制，创立中华民国，是这一思想的初步实现。第一次世界大战爆发，中国加入“协约国”，第一次以主动的姿态参与世界事务，接着俄国十月革命爆发，这两件事对近代中国的发展历程造成绝大影响。同时也将中国人的民族主义提升到一个新的层次，即与国际主义（或世界主义）发生紧密联系。也可以说，中国人更加自觉地用世界的眼光来观察中国的问题。新生的中国共产党和改组后的国民党都是如此。民族主义成为中国的知识精英用来应对近代中国所面临的种种危机和种种挑战的一个重要的思想武器。

（三）社会主义。社会主义作为一种模糊的理想是早在古代就有的，而且不论东方和西方都曾有过。但作为近代思潮，它是于19世纪在批判近代资本主义的基础上产生的。起初仍带有空想的性质，直到马克思和恩格斯才创立起科学社会主义。20世纪初期，社会主义开始传入中国。当时的传播者不太了解科学社会主义与以往的社会主义学说的本质区别。有一部分人，明显地受到无政府主义的强烈影响，更远离科学社会主义。直到五四新文化运动兴起之后，中国人始较严格地引介、宣传科学社会主义。但有一段时间，无政府主义仍是一股很大的思想潮流。中国共产党的成立，从思想上说，是战胜无政府主义的结果。中国共产党把在中国实现社会主义乃至共产主义作为自己的奋斗目标。此后，社会主义者，多次同各种非科学社会主义思想的信仰者进行论争并不断克服种种非科学社会主义思想的影响。

（四）自由主义。自由主义也是从清末就被介绍到中国来，只是信从者一直寥寥。直到五四新文化运动兴起，具有欧美教育背景的知识精英的数量渐渐多起来，自由主义始渐渐形成一股思想潮流。自由主义强调个性解放、意志自由和自己承担责任，在政治上反对一切专制主义。在中国的社会条件下，自由主义缺乏社会基础。在政治激烈动荡的时候，自由主义者很难凝聚成一股有组织的力量；在稍稍平和的时候，他们往往更多沉浸在自己的专业中。所以，在中国近代史上，自由主义不曾有，也不可能有大的作为。

（五）激进主义与保守主义。处于转型期的社会，旧的东西尚未完全退出舞台，新的东西也还未能巩固地树立起来，新旧冲突往往要持续很长的时间，有时甚至达到很激烈的程度。凡助推新东西成长的，人们便视为进步的；凡帮助旧东西排斥新东西的，人们便视为保守的。其实，与保守主义对应的，应是进步主义；与顽固主义相对的则应是激进主义。不过在通常话语环境中人们不太严格加以区分。中国历史悠久，特别是君主专制制度持续两千余年，旧东西积累异常丰富，社会转型极其不易。而世界的发展却进步甚速。中国的一部分精英分子往往特别急切地想改造中国社会，总想找出最厉害的手段，选一条最捷径的路，以最快的速度实现全盘改造。这类思想、主张及其采取的行动，皆属激进主义。在中共党史上，它表现为“左”倾或极左的机会主义。从极端的激进主义到极端的顽固主义，中间有着各种程度的进步与保守的流派。社会的稳定，或社会和平改革的成功，都依赖一个实力雄厚的中间力量。但因种种原因，中国社会的中间力量一直未能成长到足够的强大程度。进步主义与保守主义，以及激进主义与顽固主义，不断进行斗争，而实际所获进步不大。

（六）革命与和平改革。中国近代史上，革命运动与和平改革运动交替进行，有时又是平行发展。两者的宗旨都是为改变原有的君主专制制度而代之以某种形式的近代民主制度。有很长一个时期，有两种错误的观念，一是把革命理解为仅仅是指以暴力取得政权的行动，二是与此相关联，把暴力革命与和平改革对立起来，认为革命是推动历史进步的，而改革是维护旧有统治秩序的。这两种论调既无理论根据，也不合历史实际。凡是有助于改变君主专制制度的探索，无论暴力的或和平的改革都是应予以肯定的。

中国近代揭幕之时，西方列强正在疯狂地侵略与掠夺殖民地和半殖民地，中国是它们互相争夺的最后一块也是最大的资源地。而这时的中国，沿袭了两千年的君主专制制度已到了末日，统治当局腐朽无能，对外不足以御侮，对内不足以言治，其统治的合法性和统治的能力均招致怀疑。革命运动与改革的呼声，以及自发的民变接连不断。国家、民族的命运真的到了千钧一发之际，危机极端紧迫。先觉分子救国之心切，每遇稍具新意义的思想学说便急不可待地学习引介。于是西方思想学说纷纷涌进中国，各阶层、各领域，凡能读书读报者，受其影响，各依其家庭、职业、教育之不同背景而选择自以为不错的一种，接受之，信仰之，传播之。于是西方几百年里相继风行的思想学说，在短时期内纷纷涌进中国。在清末最后的十几年里是这样，五四时期在较高的水准上重复出现这种情况。

这种情况直接造成两个重要的历史现象：一个是中国社会的实际代谢过程（亦即社会转型过程）相对迟缓，而思想的代谢过程却来得格外神速。另一个是在西方原是差不多三百年的历史中渐次出现的各种思想学说，集中在几年或十几年的时间里狂泻而来，人们不及深入研究、审慎抉择，便匆忙引介、传播，引介者、传播者、听闻者，都难免有些消化不良。其实，这种情况在清末，在五四时期，都已有人觉察。我们现在指出这些问题并非苛求前人，而是要引为教训。

同时我们也看到，中国近代思想无比的多样性与复杂性呈现出绚丽多彩的姿态，各种思想持续不断地展开论争，这又构成中国近代思想史的一个突出特点。有些论争为我们留下了非常丰富的思想资料，如兴洋务与反洋务之争，变法与反变法之争，革命与改良之争，共和与立宪之争，东西文化之争，文言与白话之争，新旧伦理之争，科学与人生观之争，中国社会性质的论争，社会史的论争，人权与约法之争，全盘西化与本位文化之争，民主与独裁之争，等等。这些争论都不同程度地关联着一直影响甚至困扰着中国人的几个核心问题，即所谓中西问题、古今问题与心物关系问题。

中国近代思想的光谱虽比较齐全，但各种思想的存在状态及其影响力是很不平衡的。有些思想信从者多，言论著作亦多，且略成系统；有些可能只有很少的人做过介绍或略加研究；有的还可能因种种原因，只存在私人载记中，当时未及面世。然这些思想，其中有很多并不因时间久远而失去其价值。因为就总的情况说，我们还没有完成社会的近代转型，所以先贤们对某些问题的思考，在今天对我们仍有参考借鉴的价值。我们编辑这套《中国近代思想家文库》，希望尽可能全面地、系统地整理出近代中国思想家的思想成果，一则借以保存这份珍贵遗产，再则为研究思想史提供方便，三则为有心于中国思想文化建设者提供参考借鉴的便利。

考虑到中国近代思想的上述诸特点，我们编辑本《文库》时，对于思想家不取太严格的界定，凡在某一学科、某一领域，有其独立思考、提出特别见解和主张者，都尽量收入。虽然其中有些主张与表述有时代和个人的局限，但为反映近代思想发展的轨迹，以供今人参考，我们亦保留其原貌。所以本《文库》实为“中国近代思想集成”。

本《文库》入选的思想家，主要是活跃在1840年至1949年之间的思想人物。但中共领袖人物，因有较为丰富的研究著述，本《文库》则未收入。

编辑如此规模的《文库》，对象范围的确定，材料的搜集，版本的比勘，体例的斟酌，在在皆非易事。限于我们的水平，如有瑕隙，敬请方家指正。

《中国近代思想家文库》编纂委员会

目　录

导 言

一、生平事迹

瞿秋白，1899 年 1 月 29 日，生于江苏常州，1935 年 6 月 18 日于福建长汀就义，年 36 岁。

瞿家世代书香，为官为绅，自云过了几年十足的少爷生活。幼年受家庭熏陶，养成良好的气质情操。12 岁辛亥革命爆发，社会动荡，瞿家官绅地位动摇，家道中落。举家迁入瞿氏宗祠，靠典当借债度日。瞿秋白虽学业优异，却因家境贫寒中途辍学。1916 年春节，母金衡玉自杀，一家星散。瞿秋白执教于无锡江陂杨氏小学半年。1916 年底，离常州赴武昌，考取武昌外国语专科学校，未就学。1917 年初，随堂兄瞿纯白前往北京。江南水乡文化中浓烈的尚学善思、博学致用、重情贵柔、多愁善感的人文精神，在 17 岁的瞿秋白心灵中扎下深深的根。

到北京后，遵纯白嘱，瞿秋白先参加文官考试，未取。又拟报考北京大学，以学费高昂作罢。不时到北京大学文科旁听。1919 年秋，考入北京政府外交部俄文专修馆，课外自修英文、法文，研习文学、哲学。从今文经学到佛学老庄，从改良主义到实验主义，从整理国故到文化救国，都融入他的世界观和人生观中。由思考个人、家庭的出路开始关注社会现实、国家未来。

1919 年五四运动中，瞿秋白成为俄专学生领袖，深感中国迫切需要改革，深受克鲁泡特金无政府主义、托尔斯泰泛劳动主义影响，又由民主主义转而憧憬社会主义。先后参与创编《新社会》、《人道》杂志，不断探索人生使命与社会变革之路。

1920 年 3 月，瞿秋白参加马克思学说研究会。9 月，应《晨报》聘请作为特派记者准备赴苏俄考察。拒绝亲友一再劝阻，于 10 月成行。在苏俄两年，写有五六十篇旅俄通讯，向中国人直接报道苏俄“共产主义人间化”某些真实状况，并予高度赞颂。由此确立对列宁主义和苏式社会主义信仰，加入苏式共产党人队伍。1921 年 5 月，经张太雷介绍加入联共（布），次年转为中共党员。1921 年 9 月，到东方劳动者共产主义大学任译员兼助教，开始研究马克思主义主要是列宁主义理论。

1922 年 11 月，中共中央委员长陈独秀率团参加共产国际第四次代表大会，瞿秋白担任译员。会后于 1923 年 1 月随陈独秀回国。随即主编《新青年》季刊、《前锋》月刊，参与编辑《向导》周报，全力投入中共宣传工作。同年 6 月，起草中共党纲、修正党章，出席三大，力促中共与国民党合作。10 月，鲍罗廷来华协助孙中山改组国民党，瞿秋白随赴广州任其助手和翻译，参加国民党一大宣言起草工作。

1924 年 1 月，国民党一大召开，瞿秋白与李大钊、谭平山、张国焘组成指导小组，指挥出席大会的中共代表，当选国民党候补中央执行委员。会后参加上海执行部并任《民国日报》编委，同时担任中共中央宣传部委员，上海大学社会学系主任、教授。7 月，孙中山任命瞿秋白为国民党政治委员会委员。出席中央政治委员会、中央执行委员会，反击右派反共逆流。冬，遭上海租界当局通缉，转入地下活动。

1925 年 1 月，瞿秋白参加中共四大，当选中央委员，与陈独秀、张国焘、彭述之、蔡和森组成五人中央局。6 月，参与领导五卅运动，主编《热血日报》。8 月，撰文反击戴季陶反共主义。10 月，出席北京中执委扩大会义，赞成“耕地农有”。

1926 年 2 月，出席北京中共中央特别会议，确定中共准备支持北伐战争。3 月病重住院，写作不辍。8 月赴广州，原拟出席国共两党联席会议，因故停开。留广州考察形势，返沪后向中央提出警惕蒋介石反共动向的报告。

1927 年 2 月，自编《瞿秋白论文集》（1923—1926）。参加中共中央特别委员会，策划上海工人武装起义。3 月中旬赴武汉，筹备中共五大。与张国焘、谭平山组成中央临时委员会，并兼管中央宣传部。4、5 月间，出席中共五大，会上发表《中国革命之争论问题第三国际还是第零国际》，批评陈独秀、彭述之右倾错误，但未引起广泛注意。此后，中共高层围绕工农运动与革命进退问题争论不休，举棋未定，只能任由共产国际和斯大林遥控指挥。7 月 15 日，汪精卫的武汉国民政府宣布反共，中国国民革命没有按照莫斯科一厢情愿建立蒋汪亲苏政权，而是按照国民党的反共路线走下去。莫斯科决策者和指挥者，便把革命失败的责任推到陈独秀头上，决定改组中共中央。瞿秋白与鲍罗廷去江西庐山，商讨中共改变政策，发动武装暴动。7 月下旬，参加中共常委会议，决定先在南昌举行暴动。共产国际指定瞿秋白等与罗明那兹一起筹备中共中央紧急会议。8 月初，瞿秋白主持召开中央常委扩大会议，部署湘鄂粤赣四省农民秋收暴动。

1927 年 8 月 7 日，中共中央召开紧急会议即“八七”会议，根据共产国际指令清算陈独秀错误，确立土地革命和武装反抗国民党的总方针。9 日，瞿秋白主持中央政治局会议，被推选为常委主持中央工作。在党组织涣散、党员大量脱籍的危急关头，中共中央及时恢复和整顿各地组织，建立全国秘密交通网；全力组织发动各地农民秋收起义，回击国民党的屠杀政策，进而创造工农红军和井冈山等根据地；创办党刊《布尔塞维克》，用以指导全党工作。中共中央和瞿秋白接受共产国际过左理论和盲动政策，断言中国革命仍处于高涨和“直接革命”的形势，应当实行全国武装暴动的总策略，以城市暴动为中心，超越民权主义范围而急剧发展。11 月中共中央政治局扩大会议在瞿秋白主持下，推行上述方针，形成盲动错误。所幸，在无锡、宜兴、广州暴动失败后，及时刹车，于 1928 年春改正错误。在此期间，瞿秋白在探索中国革命道路时也提出一些正确主张，如通过农村游击战争创造革命地域，建立工农政权，等等。

1928 年 6 月，瞿秋白在莫斯科参加中共六大后，留在苏联担任中共中央驻共产国际代表团团长。同时担任共产国际执行委员会委员、主席团委员、政治书记处成员、近东部长及俄文季刊《中国问题》编委。参与国际反帝斗争，并与右倾机会主义进行斗争。研究中共党纲、苏区宪法、土地法和婚姻法，拟定《中国拉丁化的字母草案》。在列宁学院和中山大学系统地讲授《中国共产党历史概论》。其间，王明一伙在米夫支持下，制造“江浙同乡会”假案，利用苏联清党肃托运动及中山大学派别纠纷，中伤攻击瞿秋白和中共代表团。1930 年 6 月，瞿秋白被解除中共代表团团长职务。适逢国内发生李立三冒险主义错误，共产国际于 7 月决定派瞿秋白、周恩来回国解决立三错误。9 月，瞿秋白主持召开中共六届三中全会，依照莫斯科 7 月指示顺利结束立三冒险行动。岂料，共产国际十月来信居然指责三中全会有“调和主义”错误。而王明一伙竟事先窥知莫斯科意图，在党内兴风作浪，集中攻击瞿秋白。原本承认错误的李立三，在共产国际会议上，也同与会者异口同声，捏造事实，反诬瞿秋白。1931 年 1 月，米夫在上海召开六届四中全会，解除瞿秋白中央政治局委员，扶植王明等人上台。在残酷无情的党内斗争中，瞿秋白身心俱伤，被迫离开政治舞台。但是，他很快振奋起来，在文学园地施展杰出的才华，取得丰富的成就，并与鲁迅合作，参与领导左翼文学运动。

1933 年 7、8、9 月，瞿秋白应中共中央刊物《斗争》之约，以狄康为笔名撰写多篇政论短文，揭露国民党围剿苏区的战略变化。1933 年 9 月 22 日，中共中央临时政治局突然作出《关于狄康同志的错误的决定》，指斥瞿秋白“偷运和继续他过去的腐朽的机会主义”，“成了阶级敌人在党内的应声虫”。从白区到苏区，在全党范围对瞿秋白进行严厉批判，残酷打击，企图消除他在中共党内的威望和影响。斗争的结局，是驱迫他到战火纷飞的中央苏区。

1934 年 1 月 7 日，瞿秋白离开上海。2 月 5 日，到达江西瑞金。他被排除于权力中心，担任苏区政府教育部长，主编《红色中华》。在九个月时间里，他主持制订苏区教育法规，建设教师队伍，推行群众扫盲运动；培养专业文艺人才，开展戏剧歌咏等群众文艺活动，宣传动员群众，鼓舞军民斗志。尽管病体支离，他仍然活跃于苏区文教宣传战线。

1934 年 10 月，中央红军和中央党政机关实行战略转移。博古为首的中央“三人团”决定瞿秋白留在即将沦陷之地，担任中央分局宣传部长，兼任留守办事处教育部长。“三人团”此举，毛泽东严斥为对瞿秋白的“故意与恶意地拒绝与丢弃”，这种“恶劣的组织政策与干部政策，是任何过去犯路线错误的时期所没有见过的”（1941 年 9 月毛泽东在中共中央政治局会议发言）。1935 年 1 月，瞿秋白奉命离江西赴上海医病。2 月 24 日，于转移途中在福建长汀境内被俘。拒绝劝降后，于 6 月 18 日在长汀罗汉岑盘龙岗从容就义。

瞿秋白就义后，共产国际、中共中央和毛泽东、周恩来、陆定一等，多次高度评价瞿秋白的历史功绩和崇高气节。

二、中国革命理论和文学理论的贡献

瞿秋白，是继陈独秀之后的中国共产党第二任领袖。从 21 岁到 35 岁，15 年间，积文 500 万字。举凡政治学、文学、哲学、美学、史学、社会学、新闻学、教育学、翻译学、心理学，无不涉及，且有足够深度。与瞿秋白同时代的蔡元培、陈独秀、鲁迅、沈雁冰、郑振铎、毛泽东、陆定一、杨尚昆、马林、鲍罗廷、库西宁等中外人士，莫不称赞其才华出众。在中共高层人物中，这样多姿多彩的人真是找不出几个。

在中国共产党的革命理论建设和革命文学理论建设方面，瞿秋白作出了卓越的贡献。

第一，关于革命理论建设。

1. 考察中国国情和统治阶级。[①]

瞿秋白始终坚持革命的理论必须与中国革命实践相结合的原则，努力考察近代中国的国情，即中国社会性质、经济、政治、文化、思想、社会矛盾和阶级状况等等；在此基础上，分析中国革命的性质、对象、动力、任务和前途等等。他依据列宁的帝国主义论和世界革命论，认为从中英鸦片战争开始，中经列强历次侵华战争，中国已经沦为列强在政治上控制、经济上掠夺的半殖民地。辛亥革命以后，军阀政府代表地主豪绅官僚买办阶级，成为列强在华帮凶，连年制造内乱，镇压人民的反抗。帝国主义侵入中国之前，中国社会长期处于自给自足的自然经济状态。中国资本主义的产生和发展，主要不是中国原有经济基础发展的产物，而是列强割占领土，投货投资造成的。瞿秋白指出，中国近代资产阶级，导源于帝国主义列强入侵，一开始就区分为官僚买办资本和民族资本，区分为官僚买办资产阶级和民族资产阶级。官僚买办资产阶级，就是一部分地主官僚依附外国资本，日益买办化，成为帝国主义的帮凶。帝国主义通过买办资产阶级来剥削中国，而买办资产阶级又通过中国农村的大地主阶级剥削中国的农民阶级。瞿秋白认为，官僚买办资产阶级的代表人物，从洋务运动中的李鸿章等，中经北洋政府的袁世凯、吴佩孚等，到国民党政府的蒋介石等，都是帝国主义治理中国的代理

---

① 主要内容，见瞿秋白著《帝国主义侵略中国之各种方式》、《中国之地方政治与封建制度》、《现代中国的国会制与军阀》等文，以及他起草的中共三大党纲草案。

人，是“新式的买办国家”的代表。这一观点虽然正确，却有片面性。袁世凯、吴佩孚、蒋介石等，既有依附追随帝国主义的一面，也有摆脱外国控制，反对列强侵略，追求国家民族独立的一面，对他们的评价不可绝对化、简单化。

2. 民族资产阶级和小资产阶级。①

对于中国民族资产阶级，瞿秋白指出它也是随着列强入侵和自然经济破坏而产生的新经济力量的产物。受制于外国资本与买办资本压抑，以及封建主义束缚，民族资本没有独立顺利发展的可能，同时又与它们有着不可分割的联系。因此，中国民族资产阶级具有两面性：反侵略反专制的革命性，动摇妥协的不革命性，是处于革命与反革命之间的中间势力，有时会背叛平民，对革命具有危险性。革命过程中，应当对其实行既合作又斗争的策略，警惕和防止其夺得革命领导权。1927 年，蒋介石“清党”反共后，瞿秋白误判这是整个民族资产阶级的叛变，把它当作最危险的敌人。

革命初始是为了追求经济平等和政治自由等美好理想，而当革命被一个阶级集团或党派掌控之后，往往视其他阶级集团或党派为争夺或分割革命成果的对手和敌人。于是，不为同志，便为寇仇；不为信众，便为叛逆；不是革命，便是反革命。革命党人（包括国民党和共产党人）的这类简单思维，使处于革命与反革命营垒之间的“中间派”、“中立派”、“第三种人”等难以自存，备受谴责和排斥，甚至被认为比反革命更危险。瞿秋白此时对民族资产阶级、后来对“第三种人”的误判和严批，当源于这类简单的思维逻辑吧。

对于城市小资产阶级，瞿秋白认为，小店东、工匠、小商人、小手工业者、城市贫民、知识分子和游民，都因受压迫而倾向革命，是中国革命的重要动力。游民具有很大的破坏性，需对其进行组织训练。

知识分子特别是青年学生，号称“革命先锋”，以能动能干著称。中共创始者及初期党员骨干，多半是知识分子。但是，以“无产阶级化”自命的知识分子党员领导者，往往把同样出身的知识分子，视为“危险”分子，加以歧视、防范和整肃。瞿秋白 1923 年 1 月所写《政治运动与智识阶级》一文，以阶级观点考察“智识阶级”。他说：“何以五

---

① 主要内容，见瞿秋白著《中国资产阶级的发展》、《中国革命中之争论问题》、《世界的及中国的赤化与反赤之斗争》、《北京屠杀与国民革命之前途》等文。

四运动独能成一大高潮呢？学生！智识阶级！胡适之先生说得好：'在变态的社会之中，没有可以代表民意的正式机关，那时代干预政治和主持正谊的责任必定落在智识阶级的肩膊上。'"[①] "然而智识阶级究竟是什么东西？……士绅阶级……高等流氓，以政客为职业，以议员为职业，——这是旧的智识阶级；那'欧风美雨'，学校的教职员，银行的簿记生，电报、电话、汽船、火车的职员，以及最新鲜的青年学生，是新经济机体里的活力，正在膨胀发展，——这是新的智识阶级。"旧者，"是专制派的镖师"、"军阀财阀的机械"，新者，"是民治派的健将"、"劳动平民的利器"。"智识阶级始终只是社会的喉舌，无论如何做不到主体。"[②] 智识阶级没有独立的政策和利益，只能依他思想的倾向，决定他是资产阶级的工具，还是无产阶级的工具。智识阶级分化性和依附性，随着阶级斗争形势的日益严峻，其处境就愈加困窘。张国焘直言："工农同志在工作中犯了错误党可以原谅三分，倘是知识分子犯了错误，就要加重三分。"[③] 经历"AB团"肃反的中央苏区，教育界反水现象相当普遍，瞿秋白撰文写道："广昌县教育部长雷德胜，在敌人还没有来到的时候，就实行叛变逃到白区。接着，城市区的教育部长、甘竹区的教育部长、长生区的正副部长都反水了。而且城市区的教员等有十多人投降敌人。"[④] 这就是张闻天说的中共"吃知识分子"[⑤] 政策的严重后果。瞿秋白以书生投入中国革命，致力于宣传阶级斗争，领导暴动夺权，而在共产国际推行中共领导层"工人化"后，被贬谪于边缘，正是共产革命运动中轻蔑排斥知识分子政策的必然结果。

3. 农民与土地问题。

基于对中国社会的清醒深刻的认识，瞿秋白十分重视农民和土地问题。他在《国民革命中之农民问题》等文中，指出农民占中国人口的大多数，深受土豪劣绅买办军阀和帝国主义多重剥削压迫，终年辛劳却要忍饥挨饿，遇有灾荒动乱就会流落他乡，挣扎在死亡线上。农民中蕴藏着巨大的革命潜力，其缺点是散漫而无组织，没有明确的政治意识。农村阶级分化中，雇农佃农最能革命；一般小农也亟须推翻压迫者；失业

---

① 《瞿秋白文集》（政治理论编），第2卷，3页，北京，人民出版社，1988。

② 同上书，4页。

③ 张国焘：《关于过去的工作和今后的任务》（1931年6月30日），见《鄂豫皖革命地》1册，305页。

④ 瞿秋白：《阶级战争中的教育》，载《斗争》第62期，1934年6月2日。

⑤ 洛甫：《论苏维埃政权的文化教育政策》，载《斗争》第26期，1933年9月。

农民（士兵与土匪）更需解决土地和生计问题。土地革命是中国革命的中枢，应当唤起农民的觉悟，把他们发动组织起来，武装起来，实行“耕地农有”，使之成为中国革命最主要的革命动力，成为工人阶级的伟大同盟军。大革命期间，瞿秋白极力支持湖南激进的农民运动，将毛泽东著《湖南农民运动考察报告》改名《湖南农民运动》并作序，印行单行本，广为传播。

把深藏于农民中间的内在革命情绪调动和发挥出来，不是一件容易的事。中共中央在汪精卫反共后，决定发动两湖秋收暴动时，并没有将进攻方向定位于后来成为中央苏区的赣南、闽西。四年后，1931 年共产国际与中共中央商定将中央苏区安于此地，也并非依据固有的革命理论公式。按照通常将土地集中的畸形地权关系看作进行土地革命主要成因的观念，赣南、闽西条件并不具备。瞿秋白在论证中国农民问题时，没有把土地集中作为农民革命的唯一条件，而是强调列强、军阀、买办、土豪劣绅各种势力对农民的剥削压迫，视野更宽，直接触及造成农民贫穷的最紧迫的生计问题。只有缓解农民当下的贫穷，改善生存条件，使他们尝到革命的实惠，得到他们的信任后，才能把他引上革命之路。论者指出，“当革命成为进步和正义的化身时，确实可以看到许多革命被制造的实例。中国革命也不例外。苏维埃革命时期中共武装对农村的介入就具有一定的空降革命色彩。”① 此论，完全有充分的历史依据，它能够让今人与后人触摸历史的暗角，重见当年革命的光彩场景，体察历史进程是那样迂回曲折。

4. 工人阶级与帮会影响。②

瞿秋白高度评价工人阶级即无产阶级，指出他们与近代大工业相联系，是先进的有组织和团结力的，有阶级意识和政治觉悟的，最革命并且能够领导革命的阶级。工人阶级要解放自己，必须同时解放全民族。工人阶级大多数出身于破产农民，因而有农民这样众多的同盟军。尽管工人阶级还很幼稚，但是他们的斗争一开始便是革命的政治斗争，成为中国民族民主革命的“元核”、“主干”、“骨干”、“原动力”、“先锋队”

---

① 黄道炫：《张力与限界——中央苏区的革命（1933—1934）》，480 页，北京，社会科学文献出版社，2011。此目参考此书及王奇生《革命与反革命》（社会科学文献出版社，2010），恕未一一注明。

② 主要内容，见瞿秋白著《中国工人的状况和他们对俄国的期望》、《国民革命运动中之阶级分化》、《自民权主义至社会主义》、《论中国革命中之三大问题》、《中国资本主义发展的问题》等文。

和“主力军”。在国民革命中，工人阶级的领导权需要争取和争夺；工人阶级领导权是经过它自己的政党即中国共产党的领导实现的，实际上领导中国革命的应当是共产党。工人阶级及其政党，要根据历史发展的进程提出基本的政治纲领和斗争口号，作为革命群众一致行动的目标，以实现政治领导。要组织群众以实力表示工人阶级在政治上的影响，要参加和领导革命政权，建立和领导革命武装，同时解决农民的土地和生计，建立巩固的工农联盟。这是工人阶级及其政党，与资产阶级争夺中国革命领导权的主要内容。

对于中国工人的弱点，瞿秋白早在 1921 年 1 月到达莫斯科之前，撰写《中国工人的状况和他们对俄国的期望》一文，就说到唐山矿工“没有文化，完全没有精神需求”。劳动之余“找不到正当的娱乐，就把休息时间用来满足他们的低级趣味。大城市里，工人在业余时间玩牌、赌博或者进妓院。一旦失业，就去偷盗、行乞和抢劫。”[①] 文中还提到工人组织“同乡会”与“帮会”的事。

中国工人中，传统的地缘、业缘和帮会秘密结社组织，是现代工人组织和工人运动发展的一大障碍。姑以上海为例，略加说明。上海帮口多为地域性，如江南帮、江北帮，具体化则有宁绍帮、福建帮、山东帮、安徽帮等。帮口首领，就是工头。由工头招来同乡或亲友进厂当工人，工人信任并依附工头。中共通过帮口才能把触角伸向工人，通过帮口介绍吸收工人入党或发动工潮。工头权威由此加强，工人唯工头是听。工头利用中共和工会所赋予的身份，由帮口首领，一变而为“工人领袖”或中共支部书记。工头往往利用这种新身份，控制和压迫工人，并在中共工会与工人群众之间上下其手，一面挟中共工会权威以令工人，一面借工人群众名义胁迫工会和中共。五卅运动胜利，端赖两大支撑：一是民族主义反帝爱国的精神基础，二是 300 万大洋巨额捐款的物质基础。后者使一般工人养成罢工依赖救济的思想，也使工头养成从中“揩油”恶习。这种“罢工要发救济费”的观念，实际得到中共某种认同。1926 年八九月间发生的上海小沙渡日厂工潮，就是中共组织被工头胁迫的，自始至终受“工人领袖”的操控，其目的也是从中“揩油”。

---

① 《瞿秋白文集》(政治理论编)，第 1 卷，172 页，北京，人民出版社，1987。1929 年 12 月 28 日，他在《中国资本主义发展的问题》中，指出中国工人阶级“还有不少的私有观念，地方主义、帮口的习气，以及其他的落后的思想”。(《瞿秋白文集》(政治理论编)，第 6 卷，794 页，北京，人民出版社，1996)

这意味着中共在利用帮口的同时，反被帮口利用。①

帮会历史悠长，地域广阔。华南有天地会，华西有哥老会，华东以青红帮最为发达。上海青红帮，深藏于三教九流之间，工人中尤其植根繁茂。洪门又称洪帮，与红帮有别。红帮乃后起的哥老会支派，清末由华西向华东伸展，踞江淮、东南沿海地区。青帮，源于安清帮，在漕运粮帮基础上，兴起于江淮和长江下游沿海，以上海为重镇。青帮自认源出洪门，却为清朝运粮，为朝廷稳定卖力，与反清的洪门宗旨大悖。

帮会以游民为基本群众，虽无宗教观念和明确政治意识，却组织严密，纪律严格，惩罚严厉，是具有神秘性质的隐性地下团体。游民最关心的是自身的生存出路，而毫无道德原则。一旦有官做，有饭吃，获得衣食之源，其他原则皆可抛弃。"有奶便是娘"、"刀切豆腐两面光"，随时可以为各种政治力量驱使，充当打手。即可借势抄杀异党，又为投靠新主捞取资本，手段凌厉阴损，油滑狠辣，兼而有之。

中共重视游民的巨大能量，五卅运动前在上海已与帮会联络结交，李立三、邓中夏均参与其事。不少帮会首领变成"工人领袖"，与中共争夺工人群众。五卅运动中，中共与工商界资本家、帮会头目建立联合阵线。上海工人武装起义，帮会扮演重要角色，上海总工会委员长汪寿华、工人纠察队领导人顾顺章都加入青帮，与青帮三大亨黄金荣、杜月笙、张啸林往来频繁。帮会秉持"多个朋友多条路"的信条，寄望于中共得势，帮会受益。杜月笙对汪寿华说："现在我帮你们的忙，将来你们应帮我们的忙。"② 杜月笙派徒众参加起义，加入工会，并在工人纠察队中形成一股不小势力。帮会还筹募经费，资助工运；安排中共与租界当局建立联系；提供情报，助陈独秀、罗亦农脱险；保护租界内中共人员安全，提供中共开会议事方便等等。陈独秀、瞿秋白都对帮会的动摇性、破坏性有所估量，但是对蒋介石与帮会的深厚关系以及国民党多方拉拢三大亨，疏于警惕和防范。蒋介石以 60 万大洋收买帮会，三大亨便转而投靠蒋介石。汪寿华被诱杀，工人纠察队和工人群众被血洗，酿成四一二"清党"反共政变，在中国现代史写下残暴的一页。瞿秋白喜欢读鲁迅的《阿 Q 正传》，看重的正是那个游民革命者失败的典型

---

① 参见王奇生：《革命与反革命》，137～149 页、154～156 页。

② 上海档案馆：《上海工人三次武装起义》，273 页，上海，上海人民出版社，1983。本文帮会文字，参考王学泰：《游民文化与中国社会》，北京，学苑出版社，1999。周建超：《大革命时期中共关于上海帮会工作的政策与策略》，载《党史研究资料》，2002 (1)。

故事。

5. 中国革命是世界社会革命的一部分。

瞿秋白1927年2月，自编《瞿秋白论文集》，收文分成八类，其中有“帝国主义与中国”、“世界社会革命的问题”。瞿秋白说：“中国国民革命的使命，在于推翻世界帝国主义，因为不但中国是帝国主义的国际殖民地，而且中国国民革命简直是直接的由世界无产阶级的十月革命所提携起来的。”“中国是世界帝国主义战线最脆弱的地方，亦就是十月革命之后，世界革命最容易爆发而胜利的地方。中国国民革命之为世界社会革命的一部分，于此更加有深一层的意义。……中国国民革命不胜利则已，如果胜利则必定是颠覆世界资本主义而创造社会共产主义的一支流。”①

瞿秋白认为五四运动以后的中国革命是无产阶级领导的，以推翻帝国主义与国内军阀为目标的民族民主革命。中国革命反对国际帝国主义，因而属于无产阶级世界革命的一部分。中国革命分为两步走，先是建立平民的革命民主专政，继而走向社会主义—共产主义的第一步。瞿秋白曾经正确地指出，俄国是一个资本主义发展薄弱的国家，容易发生社会革命，但是“胜利后难于社会主义之实行”②。后来，受到那种激进不断革命论的诱导，瞿秋白却在革命低潮时，误判形势不是低落而是高涨，“不论是在速度上或是在性质上，都是无间断性的革命”，“不能不超越资产阶级的民权主义的范围。所以中国当前的革命，显然是由解决民权主义任务急转直下到社会主义的革命”③。

世界革命论，是列宁基于他对资本—帝国主义业已步入腐朽、没落、垂死、即将崩溃，世界无产阶级革命即将胜利阶段的不当论断，所制定的超前战略决策。托洛茨基甚至宣称，要把苏维埃共和国版图扩展到全世界。当这一决策在欧洲革命实践中受挫后，列宁又把目光转向东方以中国为中心的革命运动。斯大林按照这一战略，对通过共产国际在中国推行的一场被称为“大革命”的国民革命，充满了不切实际的幻想：变国民党为工农革命党，令中共做“苦力”当小伙计；变国民革命为工农革命；变减租减息为暴力夺取土地；变蒋介石为雅各宾党人，汪精卫为“左派领袖”；变国民政府为亲苏政权等等。共产国际一厢情愿

① 《瞿秋白文集》（政治理论编），第4卷，417页，北京，人民出版社，1993。

② 《瞿秋白文集》（政治理论编），第2卷，561页。

③ 《瞿秋白文集》（政治理论编），第5卷，79页，北京，人民出版社，1995。

的瞎指挥，导致这些幻想挫败之时，斯大林便把他应承担的责任推给中共中央总书记陈独秀，诬蔑中共是一个“大杂烩”。大革命失败后，斯大林掌控的联共（布）中央和共产国际及其驻华代表，又利用瞿秋白的过左思想，推行左倾盲动政策，导致革命力量的重大损失，于是他们又把责任推给主持中共中央工作的瞿秋白。中共领导中国革命过程的成败，无一不与联共（布）和共产国际密切相关。莫斯科的“左”倾激进理论，一旦与中共党内“游民习气”① 相糅合，由此产生的带有游民意识的“斗争哲学”，往往以阶级斗争的名义，对革命事业产生负面影响，造成巨大损害。中共自产生之日起，先有建党初期否定和排斥一切资本主义和其他党派的主张，继有大革命时期工农运动的过火，再有土地革命时期盲动冒险和无休止的进攻，排斥一切中间势力，以及忽视日本侵略的民族危机，继续强化国内阶级斗争的“左”倾错误，反复推行内部整肃、自相残杀的一系列“肃反”运动，直到“文革”浩劫。瞿秋白生前死后的遭遇，正是斯大林指导下的联共（布）和共产国际及其在中共的代理人，竭力推行极左路线酿成的悲剧之一。

6. 辩证法唯物论哲学启蒙。

瞿秋白认为，现实世界里的一切现象，都应以辩证法的唯物论观点去解释，“这是马克思主义的最根本的基础，就是所谓马克思的哲学”②。他简括地介绍马克思主义四个组成部分，以解除当时人们认为马克思主义仅仅限于“经济学说”或者“阶级斗争论”的误解。他指出，“科学的共产主义（按即科学社会主义——引者）是马克思主义前三部分：（一）互辩法唯物论，（二）唯物史观，（三）无产阶级经济学之结论；而他在实践上却是马克思主义整个儿的系统形成之动机。”③为追寻无产阶级革命斗争理论即科学社会主义或共产主义理论的根源，必然进一步探讨资本主义社会的本质，于是有马克思主义经济学；继而，资本主义社会研究又与整个的社会发展进化发生密切联系，如历代的经济制度、国家组织、文化程度、道德艺术等变迁，于是产生唯物史观；进而，追寻社会生存与自然界的关系，社会中人与人之间的关系，

---

① 胡绳说：“党内一直存游民习气，顾顺章、何忠发实际上都是工人中的游民、流氓无产者。”（《胡绳论“从五四运动到人民共和国成立”》，23 页，北京，社会科学文献出版社，2001）

② 《马克思主义之意义》（1926 年初），见《瞿秋白文集》（政治理论编），第 4 卷，18 页。

③ 同上书，20 页。

必然要求构建一个科学综合的方法，即哲学的辩证法唯物论。“马克思主义的这四大部分就是这样结合而成整个的系统。——一方面，就方法而论，都是以唯物论一以贯之的；别方面，就目的而论，都是以革命的目的为对象的。”① 结论是：“以统一的方法求得一致的目的，因一致的目的求得统一的方法。”② 在马克思主义的总宇宙观即辩证法唯物论指导下，完成无产阶级革命，实现科学社会主义的目标。

瞿秋白此前于1923年任教上海大学期间，先后改译和编写《现代社会学》、《社会哲学概论》、《社会科学概论》，就社会发展的原因论与目的论、社会现象的有定论与无定论、社会历史的偶然性与必然性，作出历史唯物主义的论述。同时，他还阐述了思维与存在、对立与统一、质与量的互变、否定之否定等规律，论及社会科学所涉及的经济、政治、法律、道德、宗教、风俗、艺术、哲学、科学、社会现象诸多领域。对于中国马克思主义社会科学事业，有着启蒙的开拓的意义。

总之，瞿秋白依据马克思主义，主要是列宁主义学说，移植和阐述民主主义革命理论，明确指出中国革命已经不再是旧式的资产阶级民主革命，而是新式的资产阶级民主革命，已经包含了后来由毛泽东所概括和发展的新民主主义革命理论的基本框架和主要内容。同时，在革命实践中，瞿秋白与他的战友们一道，同东方文化派、科学与玄学派、实验主义、国家主义、戴季陶主义等，进行了争论和斗争，从而在理论上和实践上为中国共产党的思想理论建设，为中国革命道路的探索，做出了奠基性的贡献。至于瞿秋白在革命理论和实践中存在的缺点和错误，则应置于当时的历史环境中，给以实事求是的评价，是其所是，非其所非，即不贬低，也不拔高。

第二，关于革命文学理论建设。

瞿秋白是一位书生型的革命家，早慧而多才艺，尤其善于思考。五四运动前后，发表白话诗文，译介俄国文学，步入文学领域。留俄两年，写成《饿乡纪程》、《赤都心史》。前者为文学性散文集，摄取去俄途中所见中俄社会生活侧面，写出独具哲理而超越普通游记的文字。后者是旅俄散文集，融游记、诗歌、杂文于一炉，现实精神、浪漫情怀与高尚理想互相融和，成就一部作者勇于自我解剖，趋新向上，与旧我告

---

① 《瞿秋白文集》(政治理论编)，第4卷，21页。

② 同上书，22页。

别的青年革命者的心史。

1923年1930年间，瞿秋白投身于中共革命斗争大潮，他的文学活动几乎中断了。

1931年初，中共六届四中全会后，瞿秋白被迫离开中共领导层，马上转入文学领域。咯血、高烧、腰痛的病体，政治上的打击迫害，他都置之度外，勤奋耕耘文学园地，取得丰硕的成果。从1931年初到1933年末的三年中，瞿秋白的文学活动主要体现在文学论战、杂文创作、文学大众化、汉字改革、文学理论与文学作品的译介等五个方面。

1. 文学论战。

瞿秋白不满当时中国文坛到处充斥的市侩习气，盛行的马路文学，尤其不能容忍国民党以“救国”为名，镇压民众，围剿中共红军，鼓吹法西斯主义，用民族意识否定阶级斗争，以维持其一党专制、领袖独裁的民族主义文学。瞿秋白在为中共中央文化委员会起草的《苏维埃的文化革命》文件中，提出在上海开辟“苏维埃文化革命”战线，与占山掠地、夺取政权的政治、军事战线遥相呼应。用文学抵御国民党的文化围剿，批判地主资产阶级的意识形态和文化生活，使广大群众能够接受人类历史上一切有益的文化知识，参加工农苏维埃革命。在他看来，文学实质上是一种进行革命动员的工具和手段。此时，他所写《屠夫文学》、《青年的九月》、《一种云》、《“匪徒”》、《反财神》诸文，均以揭露列强侵略和国民党统治，歌颂中央苏区和红军为主旨。

左翼文学领域，围绕文学与阶级、文艺与生活、文艺与民众关系、文学与政治革命等问题，意见分歧，多存争论。瞿秋白与胡秋原、苏汶等公开进行“文艺自由”论辩，充满了政治气氛。

自称“自由人”的中间人士胡秋原，发表一系列文章，宣称“文学与艺术至死也是自由的民主的”，将艺术堕落到一种政治留声机，那是艺术的叛徒。苏汶则以“第三种人”自诩，支持胡秋原。他们在政治上同情革命，又担心社会动荡而趋向改良，反对暴力。文学应该保持独立精神，不受政治斗争的干扰，不做党派斗争的工具。他们的主张，无疑代表国共两党斗争之外的第三方，即中国势力的意愿。

左倾的革命营垒，对此不能容忍。瞿秋白先后发表《“自由人”的文化运动——答复胡秋原和〈文化评论〉》、《文艺的自由和文学家的不自由》两文，予以猛烈反击。他以列宁的乃至苏联的文艺乃阶级斗争工具论为依据，重提郭沫若与创造社首创的“留声机”论，斥责胡秋原的文艺独立、反对阶级文学是“艺术至上论”，“蔑视大众”。瞿秋白说：“文艺——广泛的说起来——都是煽动和宣传，有意的无意的都是宣传。文艺也永远是，到处是政治的‘留声机’。问题是在于做哪一个阶级的‘留声机’。并且做得巧妙不巧妙。”① 又说：“每一个文学家，不论他们有意的，无意的，不论他是在动笔，或者是沉默着，他始终是某一阶级的意识形态的代表。在这天罗地网的阶级社会里，你逃不到什么地方去，也就做不成什么‘第三种人’。”② 瞿秋白说的如此直白、简单、绝对、武断，凭借的是列宁的“大众文学”的原则，即“要用文艺来帮助革命”、“改造群众的宇宙观和人生观”③。他把同是进步文艺界的“同路人”与苏联被批判的普列汉诺夫等捆绑在一起，痛斥为资产阶级的“虚伪的客观主义”、“孟塞维克主义”④，否认他们作为中间势力的存在，执意把他们推向敌对营垒，实在是“左”了。倘若把党派政治功利性、阶级斗争性看作是文学艺术的本质，就消解了文学的全民性、普适性及其审美特征。这种批判在当时虽不无某些合理性，其久远的负面影响却是不容忽视的。所幸，当时身居中共高位，并在政治军事方面比瞿秋白“左”得很的张闻天，彼时却在文艺宣传方面摆脱“左”倾束缚，以歌特为署名发表《文艺战线上的关门主义》一文，纠正左翼文学运动中打击中间势力的不良倾向。与瞿秋白的狠批不同，鲁迅较为理性。他没有批评胡秋原，视苏汶为“同路人”，不予排斥。张闻天文发表于1932 年 11 月，稍后，1933 年 1 月发表的瞿秋白与冯雪峰合写的《并非浪费的论争》，虽坚持既定原则，语气却和缓多了。此后，双方停止论争，对胡秋原等改持团结的态度。

2. 杂文创作。

瞿秋白在 1925 年五卅运动前后，所作政论文章，多参用杂文笔法，峻急明快，尖锐泼辣。1932 年秋，与鲁迅结识后，心心相印，投合默契，所写《鲁迅杂感选集》的序言，高度评价鲁迅杂文创作，树立革命文学典范。尽管时人对此看法不一，但鲁迅本人生前是认可的，由衷感

---

① 《文艺的自由与文学家的不自由》，见《瞿秋白文集》（文学编），第 3 卷，67 页，北京，人民文学出版社，1989。

② 同上书，70 页。

③ 同上书，65 页。

④ 《鲁迅全集》，第 6 卷，9～10 页，北京，人民文学出版社，1981。

激瞿秋白。序言终究不失为中国现代文学史和思想史不可磨灭的里程碑。1932年秋，瞿秋白移往鲁迅亲手安置的东照里寓所三个月，几乎与鲁迅朝夕相见，漫谈文坛现状、政界时势，检寻要点，推敲题目，迅速写成匕首般的杂文。大抵先由瞿秋白构思，写出初稿，再经鲁迅过目，略作修改后，用鲁迅笔名送报刊发表。

《王道诗话》、《出卖灵魂的秘诀》，文锋指向当时以温和“诤友”身份向国民政府争取改善人权、向日本侵略者进言“征服中国心”的胡适。前文篇末诗云：“人权王权两翻新，为感君恩奏圣明，虐政何妨援律例，杀人如草不闻声。”至今脍炙人口，为读者盛传。1933年，鲁迅写《关于中国的两三件事》，旧话重提，说“征服中国民族的心，这是胡适博士给中国之所谓王道所下的定义，然而我想，他自己恐怕也未必相信自己的话的罢。”“在中国的王道，看上去虽然好像是和霸道对立的东西，其实却是兄弟，这之前和之后，一定要有霸道跑来的。”[①] 鲁迅和瞿秋白两人看法一致，鲁迅更为深刻。

日本发动九一八事变，国民政府妥协退让，求诸国联调解。热河失守后，蒋介石发表“剿匪”演讲，倡言“安内始能攘外”。瞿秋白鲁迅又合写《申冤》、《迎头经》、《最艺术的国家》、《曲的解放》、《内外》、《真假的堂吉诃德》等文，予以抨击。

针对“左”倾、虚无、谩骂、恐吓的论调，瞿秋白写《透底》、《鬼脸的辩护——对于首甲等的批评》。指出祝秀侠（首甲）、芸生等人用辱骂代替批判，那绝非革命者的战斗。他们竟说鲁迅是“右倾”，其实他们才是戴上鬼脸的真正的“左”倾机会主义，而鲁迅是“完全正确”的。

瞿秋白所写、用鲁迅笔名的杂文，还有《关于女人》和《中国文与中国人》。鲁迅后来把11篇杂文分别辑入《南腔北调集》、《伪自由书》、《准风月谈》三书，作为对瞿秋白的永久纪念。论者说，所有经与鲁迅讨论、经鲁迅看过的杂文，比瞿秋白此前的杂文更深刻，更精练。鲁迅看过瞿秋白的杂文，以为“尖锐、明白、很有才华”，“深刻性不够，少含蓄”，读第二遍有“一览无余”之感。可见，鲁迅对瞿秋白杂文了解之深。瞿秋白小鲁迅十八岁，两代人的生存环境、阅历经验、气质性格等自然差异很大。作为苏俄列宁主义的信仰者，瞿秋白醉心于苏式革命文学工具论，崇尚文学大众化，语言大众化，做民众的革命思想传播

---

① 《鲁迅全集》，第6卷，9～10页。

者、宣传者和灌输者，他的杂文着力以浅白通俗、平铺直叙为标的，完全可以理解。况且，文章的久远影响，不会因其浅深而消逝吧。

3. 文学大众化。

瞿秋白文学大众化的思想理路是：废除汉字，改用罗马化拼音文字；说、写现代中国普通话；推行革命的大众文学。对于文学大众化的论述和设计的文字，在他全部文学论文、随笔中，约占半数以上。

瞿秋白的这个思路，来源于列宁的“文学应该是党的文学”的观点，即“列宁的关于文学和哲学的党派性的原则”①，进而引申为“普罗革命文学站在一定的阶级——无产阶级的立场上去反对别些阶级”②的“无产阶级文化论”。瞿秋白的这个思路，从1923年初由苏俄回到中国后，一直延续，终生坚守不歇。这年1月，他写《政治运动与智识阶级》，提倡知识分子与革命主力军工人农民的结合。3月，他写《东方文化与世界革命》，批判“东方文化论”，倡言以无产阶级世界革命与东方民族革命相结合的途径，来解决文化问题。这固然是中国文化思想史上的创见，但未免陷入“阶级文化论”的褊狭。10月，写《赤俄新文艺时代的第一燕》，声言真正的文化只是无产阶级的文化，无产阶级要有自己的文化、艺术。同月，写《在荒漠里——一九二三年的中国文学》，不满意文坛现状，哀叹：“中国的新文学，我的好妹妹，你什么时候才能从云端下落，脚踏实地呢？”③ 意谓文学应大众化，为现实斗争服务。

瞿秋白集中精力提倡文学大众化，是在1931年春夏之后。所写《鬼门关以外的战争》、《学阀万岁！》、《罗马字的中国文还是肉麻的中国文？》、《普通中国话的字眼的研究》、《中国文和中国话的关系》、《汉字和中国的言语》、《中国文和中国话的现状》、《新中国的文字革命》、《哑巴文学》等文，全面阐述建立“现代普通话，实行文学大众化的主张”。

瞿秋白坚持，“话”是“化”的前提条件。“现代普通话”既不同于“古代文言”、“现代文言”、“旧式白话”，也与夹杂文言、旧式白话和外国文法的“新式白话”不一样。它既能看，又能读，读出可以听懂。用这种语言文字写成的文学作品，才是普通民众尤其是工农群众可以接受的大众文学，反之，就是与民众绝缘的“‘不战不和，不人不鬼，不今

① 《瞿秋白文集》（文学编），第3卷，89、90页。

② 同上书，91页。

③ 《瞿秋白文集》（文学编），第1卷，314页，北京，人民文学出版社，1985。

不古——非驴非马’的骡子文学”[①]。曾经是五四运动学生领袖的瞿秋白，此时竟在《鬼门关以外的战争》、《学阀万岁!》两篇文章中，冷嘲热讽，嬉笑怒骂，指斥五四文学革命“差不多等于白革”[②]。除鲁迅外，蔡元培、陈独秀、胡适等五四新文化运动健将，无一不在嘲讽笑骂之列。声言“‘差不多’，并不是说完全白革。中国的文学革命，产生了一个怪胎——像马和驴子交媾，生出一匹骡子一样，命里注定是要绝种的了”[③]。“五四式的半文言”，“这种杂种话——必须完全打倒才行。”[④] 这就彻底否定了五四文学革命。可怕的“阶级文化论”，可爱的“左”啊。

1931 年 9 月 18 日，日本侵占东北之战发生后，瞿秋白写《大众文艺和反对帝国主义的战争》一文，认为新文学在面临巨大事变时，不能呼应民众高涨的反帝爱国情绪，处于“绝缘”状态，其原因在于那些作品的语言不为普通民众所接受。他大声疾呼“革命文艺必须向着大众!”[⑤] 他多次化装到上海城隍庙听民间艺人说唱，并用那些通俗曲调创作《东洋人出兵》、《上海打仗景致》、《可恶的日本》、《工人要求新唱春》等歌谣和评书，用以实践他的文艺大众化理论。他用这类自云是“急就的”、“草率的”方法和形式，来“最迅速的反映当时的革命斗争和政治事变”，并承认“这种作品也许没有艺术价值”。又说，可以写革命斗争的“演义”，如“洪杨革命”、“广州公社”、“朱毛六下井冈山”等等。“可以是国际革命文艺的改译。可以是暴露列强资产阶级帝国主义的侵略的作品。”[⑥] 革命的大众文艺，也“应当去描写劳动民众的家庭生活，恋爱问题，去描写地主资产阶级等等给大众看”[⑦]。显然，瞿秋白除关注语言文字大众化之外，也看重作品的思想内容。他在与茅盾讨论文学大众化时，在《普洛大众文艺的现实问题》一文中，着重阐述大众文艺“应当在思想上，意识上，情绪上，一般文化问题上，去武装无产阶级和劳动民众”[⑧]。其目的在于帮助民众认清地主资本家的真面目，摆脱封建观念和资产阶级意识，形成正确的人生观，引导他们参加

---

① 《瞿秋白文集》(文学编)，第 3 卷，177 页。瞿秋白偶尔说“无产阶级绝不放弃‘五四’的遗产”，但在大多文章中，皆持否定态度。

②③ 《瞿秋白文集》(文学编)，第 3 卷，176 页。

④ 《瞿秋白文集》(文学编)，第 1 卷，495 页。

⑤ 《瞿秋白文集》(文学编)，第 3 卷，5 页。

⑥ 同上书，19 页。

⑦ 同上书，19～20 页。

⑧ 《瞿秋白文集》(文学编)，第 1 卷，464 页。

革命斗争。为了实现这个目的，必须反对“武侠主义”、“民族主义”、“市侩主义”、“感情主义”、“个人主义”、“摩登主义”、“魔道主义”、“表现主义”、“后期印象主义”、“武侯主义”、“岳飞主义”、“人道主义”、“自由主义”等等。为“反对进攻苏联”，就连“所谓祖国民族也是一个青天大老爷”[①]，是要坚决反对的。结论是：“我们要有一个‘无产阶级的“五四”’，这应当是无产阶级的革命主义社会主义的文艺运动”，“苏维埃的革命文艺运动”[②]。这一运动必须由无产阶级领导，排除资产阶级的领导。至于知识分子，更被认为是资产阶级和小资产阶级，不过是具有“买办性”的“愚民政策的别动队”[③] 罢了。当时弥漫“左联”的关门主义风气，应与瞿秋白的“左”倾思想不无关联，尽管他也不时纠正“左”的东西。

瞿秋白于1932年三四月间，写《谈谈〈三人行〉》、《革命的浪漫谛克——译华汉的三部曲》两篇文章，对茅盾、阳翰笙（华汉）的两部小说进行评论。对于前者，瞿秋白认为“作者的革命的政治立场，就没有能够在艺术上表现出来。反而是小资产阶级的市侩主义占了胜利，很自然的，对于虚无主义无意之中做了极大的让步。只有反对个人英雄的侠义主义的斗争，得到了部分的胜利，可又用了过分的力量。”[④] 对于后者，瞿秋白认为“连庸俗的现实主义都没有做到”[⑤]。他在与茅盾关于大众文艺问题的论辩中，一味强调文学语言和普及，而轻视文学技巧的提高，同样带有很大的片面性。那么，究竟怎么办呢？瞿秋白开出的方案是：“作者从此能够用极大的努力，去取得普洛的唯物辩证的宇宙观和创作方法”[⑥]，这正是瞿秋白在《革命的浪漫谛克》文前引用法捷耶夫《打倒席勒》文章中的观点。如果溯其来源，则是由列宁开启、斯大林发挥到极致的文学与哲学的党性原则，使文学和哲学变成只有政治宣传功能的工具，从而淡化甚至取消了文学的审美功能和哲学的思辨功能。倘若深追列斯此论之根，则是19世纪60年代别林斯基、车尔尼雪夫斯基鼓吹的现实性、战斗性、阶级性等“新美学”文艺创作原则。这些原则不计文化和美学价值，使文化粗鄙化、阶级化，否定世界公认的

---

① 《瞿秋白文集》（文学编），第1卷，475页。

② 同上书，475、476页。

③ 《瞿秋白文集》（文学编），第3卷，22～23页。

④ 《瞿秋白文集》（文学编），第1卷，454页。

⑤ 同上书，第1卷，457页。

⑥ 同上书，第1卷，455页。

普希金、果戈理、托尔斯泰等贵族文学的成就。[①] 斯大林于 1932 年，接受高尔基的提议，成立由党统一指挥下的作家协会，把文学变成党的机器上的螺丝钉。随之，斯大林说“历史就是过去的政治”，不能秉笔直书真实的历史而需要“遵命史学”，为自己树碑立传。高尔基遵令而作，以“文学党”模式改造历史学。官方封锁和垄断党和国家档案，历史的叙事只能在官方限定的口径下抄来抄去，形成千篇一律的套话、假话、空话[②]，为世人所厌。其国际影响久远而恶浊，幸而已在肃清中。

4. 汉字否定与改革。

瞿秋白对中国人用了几千年的汉字，评价极低。如说“中国的汉字已经是十恶不赦的混蛋的野蛮的文字了”[③]，“这种汉字真正是世界上最龌龊最恶劣最混蛋的中世纪的毛坑!”[④] 汉字只是“保存古代儒士的僵尸文学的武器。”[⑤] 汉字“使几万万人根本不能够受到教育，根本丧失研究科学的工具”[⑥]。因此，“就必须完完全全废除汉字”[⑦]，“就一定要废除汉字采用罗马字母”[⑧]。瞿秋白的本意是，要实现文学大众化，汉字改革是重要前提。汉字难学，是文化普及的障碍，必须改革。但是，否定中国文字史上形成的“古代文言”、“现代文言”、“旧式白话”、“新式白话”等历史遗产，却大可不必。至于“废除汉字”就更不可取了。

中国的汉字改革，源于五四运动之前。北京政府教育部于 1918 年公布“注音字母”方案。五四前后，蔡元培、赵元任、黎锦熙、钱玄同等提出“汉字革命”口号。赵元任等于 1926 年拟订《国语罗马字方案》，开采用拉丁字母拼音的先河，都产生相当的影响。

瞿秋白第一次旅俄，适逢苏俄政府采用拉丁字母创制少数民族新文字，有助于扫除文盲。瞿秋白深受启发，开始研究汉字拉丁化问题，并与俄国汉学家郭质生切磋，收集整理相关资料两大册，存放郭处。俩人成为挚友。瞿秋白第二次到俄，在已有研究基础上，与吴玉章、林伯渠等成立小组进行深入探讨。且知此事甚难，既有社会阻力，又因知识所

①② 参见金雁：《倒转“红轮”——俄国知识分子的心路历程》，第 2、7、8 章，北京，北京大学出版社，2012。

③ 《瞿秋白文集》(文学编)，第 3 卷，15 页。

④ 同上书，247 页。

⑤ 同上书，261 页。

⑥ 同上书，210 页。

⑦ 同上书，241 页。

⑧ 同上书，169 页。

限，不能立即见功效。1929 年 3 月，他写信给杨之华，说此事实现或要五十年到一百年之后，但是应当不为困难所阻，现在就要“发端，逐渐的改良，以致于可以通用到实际上去，使中国工农群众不要受汉字的苦”①。此前一个月，他写成《中国拉丁化的字母草案》，由莫斯科“劳大”出版社出版。修改后定名《中国拉丁化的字母》，接近于中华人民共和国成立后全国推行的《汉语拼音方案》。1930 年春，此书发表于莫斯科《中国问题》第二期。后出版单行本，用汉字、拉丁化新文字、俄文排印，正文后附《新拉丁字母一览表》、《汉字拼音表》，共印 3000 册。1931 年 9 月，中国新文学第一次代表大会，在海参崴举行。以瞿秋白《中国拉丁化的字母》为基础正式作出《中国汉字化的原则和规划》方案。当时侨居苏联的十万华工中，试用此方案进行扫除文盲活动，取得一定效果。

1931 年春，刚刚离开中共领导岗位刚刚一个月，瞿秋白于 2 月 7 日寄信给挚友郭质生，请郭“寄我一切好的关于拉丁化问题的小册”，“这件事情，我千万的拜托，费神费神。如果你能够常常寄来，那真是不胜‘感激之至’了!”② 一个月后未得复信，又于 3 月 12 日致函郭质生：“再次三跪九叩首地请求你经常寄我一些俄文书籍：小说、短篇小说，新的或是旧的文学作品都可以。……以及有关阿拉伯文拉丁化的材料。”“请你马上寄两三本我著的《中国拉丁化的字母草案》给我。”③他赋予汉字改革的心情是热烈而急切的。

瞿秋白于 1931 年底完成《新中国文草案》。此案虽然有一些不足，如对舌前音 z、c、s 和舌后音 zh、ch、sh，都用 z、c、s 表示，没有加以区分等。但是，它较之此前各案更加完善，且有所超越。周有光高度评价瞿秋白在文字改革方面的成就，说他对中国汉字改革有着承前启后的关键作用。又说：“汉语的拉丁化新文字，是中国共产党员瞿秋白首先倡议设计的。”④ 瞿秋白对于汉字拼音拉丁化的创制和贡献，应当载入中国文化史册。

5. 译介文艺理论与文学作品。

瞿秋白崇尚的马克思主义文学理论，主要来自或者几乎全部来自苏

---

① 《瞿秋白文集》(文学编)，第 3 卷，319 页。

② 同上书，326 页。

③ 同上书，328 页。

④ 周有光：《汉字改革概论》，44 页，北京，文字改革出版社，1979。

联。他的文学理论译介，更是如此。瞿秋白译介俄国文学作品，始于五四运动前后，而他集中全力译介苏联马克思主义文学理论，始于1932年。他在这一年，依据苏联共产主义学院《文学遗产》第一、二期中的资料，编译马克思、恩格斯、普列汉诺夫、拉法格等马克思主义经典作家关于现实主义的论述，辑成《现实——马克斯主义文艺论文集》。收入译文7篇、编译撰述文6篇，共13篇，加后记共14篇。译文印刷页110页，撰述文印刷页98页，翻译文与撰术文数量相当，兼重并举。篇首为瞿秋白撰写的《马克斯、恩格斯和文学上的现实主义》，是全书的纲要，书中介绍马克思、恩格斯对于文学现实主义理论的简括论述，同时阐明自己对马克思、恩格斯上述理论的赞颂和解析。除《现实》文集，瞿秋白还翻译列宁论托尔斯泰的两篇重要论文，高尔基的二十多篇文艺论文，等等。这些重要文献，多为当时世界首次刊布，对于中国文学界正确理解马克思、恩格斯的文艺思想，意义非凡。"瞿秋白的直接翻译消除了马克思主义文学理论传播初期'阐释文本的混杂'、'译介的双重间接'等不良倾向和影响，可谓迈出了马克思主义文学理论中国化的第一大步，吹响了建构中国马克思主义文学理论的号角"。① 他提供的思想资源和理论范式，影响深远。作为中国译介与传播俄国马克思主义文学理论的第一人，瞿秋白是当之无愧的。

瞿秋白翻译恩格斯、列宁、普列汉诺夫、高尔基等人的文学著作，准确、忠实、严谨，已有定评。他所撰述的文章，如《文艺理论家的普列汉诺夫》、《拉法格和他的文艺批评》、《关于左拉》等，则是以其对原著的主观理解，依据现实斗争需要，进行增补删改，以达致革命宣传、鼓动、灌输等功利的目标。"对于建构大众化与本土化并举的中国马克思主义文学理论，瞿秋白的这种撰述贡献巨大，涉及文艺的缘起、核心、特性，中国文艺的发展方向、载体、创作方法等各个方面，直接助益于现代中国马克思主义文学理论体系的初步构建。"② "撰述是快速实现马克思主义文学理论大众化的有效方法，它发挥了与理论翻译异曲同工的功能，具有意识形态的引导、统率、象征功能，符合中国无产阶级争夺文化领导权的客观需求。"③ 瞿秋白虽然没有忽略文学的审美功能，也注重创建文学理论研究的学术内容，但是在总体上他更倾向马克思主

---

① 刘中望：《文学与政治的博弈——瞿秋白译介马克思主义文学理论的纠结》，载《文史哲》，2012 (6)。

②③ 同上文，58页。

义文学理论中有关党性、阶级性、政治性等意识形态方面的观点，忽视马克思主义文学理论中人性、艺术性、人道主义方面的观点，突出强调文学与政治的从属性，强化文学理论的意识形态特色。论者指出，“通过援引俄国马克思文学理论，对接中国语境，瞿秋白综合运用‘推行现实主义的创作方法’、‘倡导文艺大众化’、‘正确评价鲁迅，树立革命文学的典型’等多种策略，初步实现了意识形态的整合。瞿秋白首先关注的是战线而并非文艺，其内在逻辑自然就是现实政治革命。”①

瞿秋白谙熟苏联政治斗争，密切关注其政界文坛动向，随时调整理论评价尺度。例如，普列汉诺夫是马克思主义思想理论家。在文学艺术领域贡献巨大，素为鲁迅所尊崇。普列汉诺夫虽因与列宁对抗，成为孟什维克派领袖，死于失意与嘲笑中，鲁迅依旧认定他是用马克思主义打通文艺领域的第一人，他的著作不愧称为马克思主义艺术理论、社会学的美学的古典文献。② 与鲁迅相异，瞿秋白在苏联官方贬低普列汉诺夫、吹捧高尔基的同时，闻风而动。他从文艺与政治功利、阶级本位和哲学观念等方面，猛烈批判普列汉诺夫的“修正主义”、“机会主义”、“孟塞维克主义”、“非政治主义”、“反辩证法的机械论”、“反对布尔塞维克”。瞿秋白随后翻译《高尔基——伟大的普洛艺术家》，文中赞誉列宁对高尔基“亲热的关心的态度”，批评普列汉诺夫对高尔基“是客气的，冷淡的，形式的”，认为普列汉诺夫对高尔基的评论是“教条主义式的书生式的应用马克思主义的方法，别方面，是和他认为列宁并非马克思主义者而是巴枯宁主义者同样的动机。……对于布尔塞维克的敌视和不了解，就产生了对于高尔基艺术创作的敌视的估量”③。

高尔基，无疑是俄罗斯的伟大作家，瞿秋白翻译的高尔基文学作品，绝大多数写于十月革命前，如《海燕》、《同志》、《大灾星》、《坟场》、《莫尔多姑娘》、《笑话》等，暴露资本主义社会、资本家、地主、商人、小老板、市侩的种种丑恶，书写战斗的工人、革命的知识分子，参加游击战的农民，提示无产阶级领导群众改变历史的创造力量。瞿秋白由衷地赞扬高尔基文学作品，“不是安慰我们的书，这是惊醒我们的

---

① 刘中望：《文学与政治的博弈——瞿秋白译介马克思主义文学理论的纠结》，载《文史哲》，2012（6）。

② 参见鲁迅：《艺术论译本序》，见《鲁迅全集》第4卷。《论文集〈二十年间第三版序〉译者附记》，见《鲁迅全集》第10卷。均为人民文学出版社2005年版。

③ 《瞿秋白文集》（文学编），第4卷，303、306～307页，北京，人民文学出版社，1986。

书，这样的书要‘教会我明天怎样去生活’”[①]。与翻译上述作品同时，1932年12月，瞿秋白译出《高尔基论文选集》。这是高尔基应斯大林召唤回国三年中所写斯大林治下的苏联“社会主义”成就，回击国内外质疑和反对苏联政权的文章。瞿秋白在《写在前面》中称赞“高尔基是新时代的最伟大的现实主义的艺术家”，“他暴露虚伪的人道主义和自由主义，他鞭挞市侩的个人主义、不可救药的利己主义”。说高尔基的论文“反映着新的社会主义建设的过程”，它帮助读者“了解苏联的各方面的社会现象，了解国际资本主义社会的崩溃，能够帮助中国的文学界，更深刻的提出许多从来没有人注意的问题”[②] 等等。高尔基论文《关于真实的教育》[③]，专门颂扬“古拉格”政治犯劳改营奴隶劳动建设的白海—波罗的海运河工程，是肃反机关在劳改营中进行“关于改造人”、“对人的原材料的加工”的教育体系理论和实践“非常成功”的“一项最伟大的事业”，“具有世界意义”，是“伟大的斯大林同志以具有历史根据而创造的真正的无产阶级的人道主义”[④]。瞿秋白在“译者志”中表达了同样的意思。此时的高尔基已经蜕变为斯大林暴政的吹鼓手。无怪乎索尔仁尼琴谴责高尔基的行径，是俄国文学史上最可耻的一幕。[⑤]

瞿秋白的《写在前面》一文，特别提及高尔基“承认自己在‘十月’的时候做了一个大错误：过分估量了智识阶级的革命性和所谓‘精神文化’”[⑥]。其实，人们应当用今天尺度来审视高尔基在十月革命前后的言行。当苏维埃肃反机关在“革命恐怖”或“红色恐怖”中，无法无天，肆意捕人、搜查、没收财产、抢夺粮食，不经庭审判刑杀人，镇压目标由资本家转向工人、农民、知识分子时，高尔基先后给列宁、捷尔任斯基、加里宁、卢那察尔斯基写信上百封，为许多被捕者求情，并严厉谴责这种暴行。1923年，当他得知克鲁普斯卡娅领衔对全俄图书馆进行大清洗，柏拉图、康德、叔本华、托尔斯泰等文化巨匠的书籍都被列为禁书时，他准备退出苏俄国籍，不再回国，他认为，俄国社会改革不能扭曲人道主义，不能容忍布尔什维克不择手段地镇压民众，损毁文

① 《瞿秋白文集》(文学编)，第5卷，320页，北京，人民文学出版社，1987。

② 同上书，324页、325页、326页。

③ 参见上书，566～578页。

④⑤ 参见金雁：《倒转“红轮”——俄国知识分子的心路历程》，107～111页。

⑥ 《瞿秋白文集》(文学编)，第5卷，326页。

化遗产，迫害科学家和知识分子。针对当局践踏新闻自由，取缔其他党派报纸的行为，高尔基说，这是“用拳头堵住嘴”。质问：布尔什维克在半年时间里取缔的其他党派的报纸，比几代沙皇加起来取缔的还要多，为什么害怕与自己不同的意见，难道把社会公众的思想也要变成国有的吗？布尔什维克是民族的不幸，因为它可能在它激起的粗俗本能的混乱中威胁消灭俄国文化的柔弱幼苗。苏维埃政权这一切行为，只能激起我对它敌视的情绪。高尔基在《新生活报》的这些言论，汇总于后来编成的文集《不合时宜的思想》中，篇篇都似声讨的檄文。十月革命前后这些年，是他作为一个人的巅峰。[①] 然而，1928—1935 年，高尔基在斯大林权力和利益的诱惑中，发生了巨大的变化。1930 年，他在颂扬斯大林的农业集体化，答复各方人士对现政权的质疑时，竟喊出“如果敌人不投降，就叫他灭亡”的咒语，成为斯大林专制政权对付反对者的口号，几乎无处不用。1932 年，高尔基提议取消“拉普”[②]，成立党统一指挥下的作家协会，登上“文学党”的头号交椅。1934 年，高尔基在作协大会正式把“社会主义现实主义”作为一种政治原则提出，必须塑造正面人物，歌颂积极因素，奠定后来单一狭窄的写作模式。以官方“主义”剪裁现实，哪里有什么现实主义呢？[③]

文学艺术的现实主义原则，因中国政治的需要而被赋予主流地位，以致中国人的审美长期局限于狭窄境域，对世界早已存在的其他文艺流派少有关注也难以欣赏。文学艺术本应多姿多彩，如果仅仅局限于一种风格，一种类型，即使它无比娇艳，也无法呈现文艺百花园的万紫千红。

瞿秋白的革命文学理论建设，既重视马克思主义文学理论的进步性，也强调其实践性，力求两者之间的平衡。作为革命者，他更为注重现实政治对文学的导向，注重文学的阶级性、党性和意识形态，而轻视文学的审美性、独立性和作家的个性，力促文学成为政党政治和革命鼓动的工具。他之批判普列汉诺夫，推崇高尔基，高度评价鲁迅，批评胡秋原，讥评茅盾的《动摇》和华汉的《地泉》，否定汉字和古文，对托

---

① 参见金雁：《倒转“红轮”——俄国知识分子的心路历程》，81～86 页。

② 拉普，即俄罗斯无产阶级作家协会，左翼群众文学团体。政治经济方面主张激进，组织上强调内部民主，不服从“铁的纪律”，我行我素。

③ 金雁：《倒转“红轮”——俄国知识分子的心路历程》，106～114 页。

洛茨基先扬后贬等等，都是上述政治理念的具体实践。[①]

其实，纠结于政治家与文学家二者之间而无奈的瞿秋白，他内心世界里，何尝不看重文学的审美特征和形式属性。然而，投身革命十多年，“徒然抱着对文艺的爱好和怀念，起先是自己的头脑和身体被‘外物’所占领了，后来是非常的疲乏笼罩了我三四年，始终没有在文艺方面认真的用力。……我曾经发表的一些文艺方面的意见，都驳杂得很，也是一知半解的。”[②] “我近年来重新来读一些中国和西欧的文学名著……可以相当亲切的了解人生和社会，了解各种不同的个性，而不是笼统的‘好人’、‘坏人’，或是‘官僚’、‘平民’、‘工人’、‘富农’等等。摆在你面前的是有血有肉有个性的人，虽则这些人都在一定的生产关系、一定的阶级之中。我想，这也许是从‘文人’进到真正了解文艺的初步了。”[③] 摆脱“外物”困扰后，在临难前夕，他已把当初几乎被他否定的茅盾所写《动摇》，与高尔基的《克里姆·萨姆金的一生》、屠格涅夫的《罗亭》、托尔斯泰的《安娜·卡列尼娜》、鲁迅的《阿Q正传》、曹雪芹《红楼梦》并列，“都很可以再读一读”[④]。不过，如他所说，太迟了！文学终成他难以回归的家园。[⑤]

1935年6月18日，瞿秋白在福建长汀，被蒋介石下令枪杀。七年后，他的革命大众化文学理论，成为毛泽东中国化文艺理论的核心之义，得以更加完备的体系，管控中国文学艺术，至今遗风犹存。

---

① 参见刘中望：《文学与政治的博弈——瞿秋白译介马克思主义文学理论的纠结》，载《文史哲》，2012（6）。

② 《多余的话》，见《瞿秋白文集》（政治理论编），第7卷，718页，北京，人民出版社，1991。

③ 同上书，717～718页。

④ 同上书，723页。

⑤ 参见刘中望：《文学与政治的博弈——瞿秋白译介马克思主义文学理论的纠结》，载《文史哲》，2012（6）。

不签字后之办法*

（1919 年 7 月 17 日）

今中国专使既未签字于德约，则此后，政府所应办者三：

一、对德方面　德既签字于和约，则已承认以山东权利让与日本，已正式表示服从协约国之处置。故山东问题已与德无关，而德国对于协约国已绝无战争状态可言。中国亦协约国之一，徒以未签字之故，与德国尚在交战状态中，此于形式上非德不与中国和，而中国未与德和也；故亟宜：（一）对德取消交战状态；（二）同时声明山东之解决，中国另行提出与英、美、法、日讨论时与德国无涉。

二、对协约方面　据专使报告，当不签字时，已向和会声明，请保存中国对于山东问题最后决定之权，今亟宜：（一）切实与各协约国磋商，请各国正式表示认可之意，将来国际联盟开会时多一根据。（二）一面先行筹划提出于国际联盟之案，如二十一条及其他密约、庚子赔款、领事裁判权、修正关税等问题提出时，须有手段、有眼光，勿再蹈此项失败之覆辙，单提一问题，一击不中，全局败衄，并此一线希望而绝之也，至奥约签字乃当然之办法。

三、对日本方面　高徐、顺济二路仅订草约，国民虽在筹款备赎，而外交紧迫，国际联盟会期在十月十日前，如不能取消，将为日人借口，故亟宜：（一）先行开始交涉，不能坐待款之集也；（二）军事协定本有期限，宜与日本交涉取消该协定，实为二十一条要求中第五号之变相，有碍中国主权者也；（三）更万勿再与日本订立自丧主权之条约。

国民所应办者有六：

一、上列三项为政府不可一日或缓之办法，而今日政府万不可靠，

---

* 本文原载 1919 年 7 月 17 日《晨报》，署名瞿秋白。

亟宜联络各省、各界联合会、团体，一致宣言并派代表入京要求政府实行此三项，及随时明白宣布一切外交情形及各项文电，如不得要领，即可表示国民对于政府最后之决心，一面敦促解决南北问题亦为要图。

二、联络各地、各界联合会、各团体，即可组织全国各界联合会派代表赴和会：（一）请愿并监视专使；（二）且向和会声明全国国民之意，山东问题必得一公允之解决；（三）一切秘约及二十一条中国国民誓不承认，必须废除，不然是协约国绝中国太甚，中国国民唯有与日人拼命，而决不能负破坏东亚和平之责。

三、各国留学生、华侨、华工亟宜组织通信社，若或外交研究会，各就近投稿于外报，最好创设报馆于各国、各地，而华侨、华工更可为其他运动，以示中国国民民意真相，并可激起国外之舆论，冀多少取得英法各国之同情，或可挽救于万一。

四、筹款赎路亟宜议定具体办法，着手进行，责成政府随后归还或发铁路股票，如法庭已判决订约当事人之罪，则仍可令其负责。

五、抵制日货，坚持勿懈。

六、另行长期储金，筹办平民工厂，振兴实业，庶能永久抵制。

学生所应办者有三：

一、各地学生联合会多出书报，切实研究外交、政治，以为一般社会之向导。

二、游行演讲，定期演讲宜永远举行。

三、学生储金以为赎路之助，并可为长期储金，与办学生工厂或公共消费社，亦间接提倡国货之办法也。

仆素昧于外交大势，兹就愚见所及，有所陈述，不觉所望于政府者太奢，即所望于国民者亦恐太过，然人患不能自立，苟有决心，何事不就，不甘自轻而召侮，海内明达君子，其进而教之。

革新的时机到了！*

(1919年11月21日)

革新的时机到了！革新的时机到了！世界本来是一天新一天，又何苦要我们来革新呢？可怜！中国人！汉族还完全是在家族制度——家君制度——里面，满族、回族是和汉族同化了，蒙古族、藏族受了宗教的影响，到现在还是半开化的种族。世界诚然是一天新一天，中国人恐怕是一天旧一天，一直回复到原人时期去，做他的“羲皇上人”了。欧战以后，全世界政治上、经济上、社会组织上的变动，一天紧似一天，中国人现在这种状况，如听其自然，能够赶得上人家吗？所以我要大声疾呼的提出来说，“革新的时机到了！”中国人若是多能够趁着这个时机，极力奋斗一下，非但中国自身有无穷的希望，就是对于世界也要有极大的贡献。

何以说革新的时机已经到了呢？从表面上看，从“五四”运动以后，新思潮骤然膨胀起来，虽然最初发动的时候，是受了外交上山东问题的激刺，其实是一种新文化运动；现在北至北京，东至上海，西至成都，南至广州，许多出版物，许多集会，前仆后继，一天盛似一天，多是为这一种运动所支配的。这一种的现象，固然是极可乐观的。不过我们应当进一步着想，想推广这种运动到极偏僻的地方去，使全国国民觉悟，方才能够达到我们最终的目的。

大凡一种革新的思想发生，必定在社会极纷乱，人生极困苦的时候。我们中国现在的社会不是纷乱到极点了吗？生活不是困苦到极点了吗？所以这种新思想的发生，是万不能免的事实。不过革新家处于这种时候，应当注意的事情极多，而最要紧的就是：力求普遍这种新思想。杜威博士说，必是人类共同生活有了病，才有社会哲学和政治哲学，要

---

* 本文原载1919年11月21日《新社会》旬刊第3号，署名瞿秋白。

是社会和政治没有病，不会有人去考究补救的方法。出来想补救方法的人，既然知道当时的社会和政治有病，就应当想到有这病的人是谁，是不是单单想补救方法的人自身有病，一定不是的，一定是社会全体有病。所以想补救这病，一定要求社会中大多数人的觉悟，方才能够补救。若是不求大多数人的觉悟，单在局部着想，就容易生出流弊出来。所以杜威博士又说，从前社会哲学和政治哲学的派别，大概可分为两派：一派是，对于现代社会政治简直不睬，另有他的超于现代社会政治的理想；一派是，主张求现代制度本身的道理。这两派同犯一病，就是要“根本解决”，所以一则流于无为，一则始终办不到。我的意思，以为这两派的谬误，非但在要“根本解决”，还有一个很重要的原因，就是他们为时代所限，有一个根本观念——不平等的观念。像罗马的市民和奴隶，中国的君子和小人，印度的四个阶级，多是这种的观念。所以，因为这种出来想补救法子的人，多生在较高的阶级里面，他们只想怎么样能够叫使社会的秩序安宁稳固，而不想怎么样能够使社会里的人，人人去求有秩序，求安宁。所以像第一派所主张的。譬如老子，他主张小国寡民，他说，“不贵难得之货，使民不为盗”，然而他始终没有找着，“怎么样能够使人人不贵难得之货”的方法，所以他的小国寡民始终没有实现。苏格腊底说：“我已经找着了，正道的人是什么样，正道的社会是什么样，他的正道存在在什么地方。”（Nous avons trouvé ce que c‘est qu’unhomme juste，une societé juste，et ce qui consiste leur justice. —La République.）这是柏拉图的《共和国》里面的话，可是他究竟用什么法子，去使人人多知道他所知道的呢！他们的共和国究竟为谁而设？他们的共和国究竟实现了没有？至于第二派所主张的，譬如孔子，他主张古来的礼教，如郊天敬祖，祭名山大川，庠序学校，选举等制度，都有注意，应当保存的，他说，“君子学道则爱人，小人学道则易使。”然而从孔子以后，三千年中间，并没有绝对反对他的学说，并且附和他的非常之多，为什么终究没有看见他们所理想的郅治之世？汉朝人通经致用的“道”，王通王道的“道”，韩愈所原的“道”，程朱陆王的“道”，是一代一代变迁，制度也是一代一代更改，古代的礼教究竟保存住没有？君子小人，二三千年来，谁是爱的，谁是易使的？若是君子多爱人，小人多易使，何以翻开历史来，只见杀人、淫乱的故事？

总之，这两派根本上的错误，就是先立一个君子和小人，或是贵族和奴隶的区别，因此，他们以为君子怎么样使小人，小人怎么样处治，天下就太平了。更进一层，他以为我怎么样想出一个法子来，使别的君子照我的法子去自治，去治小人，天下就可以太平了。这是两派相同的，不过一方是消极，一方是积极而已。所以无论什么法子，都不中用。若是老子当初主张小国寡民的时候，就有一个法子去实行他的主义，一步一步上去，自然觉着行不通，遵行他主义的人，自然就会逐就改良，或者一反他的主义，也未可知，终究有普遍的一天。（所谓普遍并不是求他一人的主义普遍，是求他补救社会政治缺点的心的普遍；可惜他只求君子能治，不求全社会的自治，结果连君子的自治，也做不到。）老子的学说——第一派的学说——如此；孔子的学说——第二派的学说——也是如此。他们本来想补救社会政治的缺点的，可是他们认定了他们的二元说，不去求普遍他们的学说，他们所要补救的是全社会，他们所补救的是一部分，他们补救的方法，姑且不论，他们补救的东西不是他们所要补救的，所以他们虽然想补救等于没有补救一样。

不过还有一层，这许多人所以能够想起这许多法子来，是因为当时社会有不安的现象，这种现象是什么样子，他们的思想就迎着他走，不论是矫正他或是引导他，这两方面一定是互相影响的。譬如春秋时候所以发生老子和孔子的学说，是由当时和以前社会的现状和传说，反映出来的。如《诗经》上有，“人而无仪，不死何为。人而无止，不死何俟。人而无礼，胡不遄死。”和“女曰鸡鸣；士曰昧旦”的一派思想。又有“乐子之无知……乐子之无家……乐子之无室”。和“女曰‘观乎’！士曰‘既且’。”的一派思想。即如最小的事，像五代时候，江南一带，社会上有喜欢神奇的风俗，就有罗隐秀才一派的名士；明朝时候，社会上盛行才子佳人的小说戏曲，就有唐伯虎、祝枝山一派的才子。至于社会上阶级的观念，也并不是几个哲学家文学家的言论所造出来的，实在是社会进化的原理上免不掉的；所以欧洲的封建制度，一直遗留到很晚的时候才去掉。法国革命之后，民国成立了这许多年，法国人的姓名前面还常常看见 De，Comte，Baron 等字样，表示他们是贵族后裔。不过哲学家文学家的不平等观念，能够保存这种制度格外长久一点就是了。譬如中国人的“君子小人”的观念，从上古时代一直遗留到如今，从《大禹谟》上说“君子在野，小人在位”起，直到民国八年十月里的高等文官考试卷子里，还有人引证“君子喻于义，小人喻于利”，来解释经济学里面的分期的。照此看来，君子小人的观念，不但我汉族在孔子以前就有的，也许在最古的苗族里已经有了。（上面引的《大禹谟》里的两句是禹征三苗时的誓辞，是声讨三苗罪状的话，虽有人疑心这篇《大禹谟》是假的，是皇甫谧伪撰的，然而《墨子·兼爱篇》里引禹的征苗誓辞也有这两句话，所以我们可以假定这句话是禹说的，是秦汉以前的确有这种传说的。）这种观念所以会遗留下来四五千年，或者也是孔子、老子学说的力量。所以我说，社会和学说两方面，是互相影响的。

我们既然知道这两方面的互相影响，就可以知道，他们非但想补救等于没有补救，并且因为他们的补救，倒反使我们补救的时候，增加许多的困难；又可以知道，社会的风俗习惯，最容易转移人的性情，使人无形中受他的影响。我们革新的第一步，就是要排除掉这些困难和预防我们所提倡的学说，将来生出极不好的结果出来。他们当初何尝不想补救社会的弊病，他们又何尝不想普遍他们的学说，他们的谬误在什么地方？我们万万不可以再蹈他们的覆辙了。他们不是不求普遍，他们所谓普遍，是偏重某一阶级，是求普遍于某一阶级，或是某一地域，所以终归失败。我们所谓普遍是什么？是全世界，全社会，各民族，各阶级。我们所求普遍的是什么？是全世界，全社会，各民族，各阶级。我们所以求普遍的是什么？是求实现真正的民主，民治，民本的国家或世界。(of the people，by the people，for the people）这是什么？这就是“德谟克拉西”主义 Democracy。从前中国的革新运动——戊戌新政，庚子以后的新政，辛亥革命，几次几番的再造共和——都不是真正的革新，因为总带着“君子小人”主义的色彩。现在“德谟克拉西”到了中国了！革新的时机真到了！

我们应当：一、竭力传播德谟克拉西；二、竭力打破“君子小人”主义；三、竭力谋全人类生活的改善；四、到穷乡僻县——远至于西藏、蒙古、新疆——去，实施平民教育；五、实行“工学主义”，“学工主义”；六、研究科学，传播科学。

第四项是我们亚洲人的责任，如今欧洲人布满全球，他们的文化传播的极远，我们亚洲人如何？亚洲人文化如何？这不是太放弃自己的天责了么？我们如是能够尽我们的责任，把亚洲的民族多开化了，才能免掉将来再生出阶级来的危险，才渐渐达到我们最终的目的。

我们知道我们的新文化运动是本于“德谟克拉西”的，我们就应当从今日筹备起。

读《美利坚之宗教新村运动》*

(1920 年 1 月 21 日)

李守常先生做了一篇《美利坚之宗教新村运动》登在《星期评论》新年号上，我看了就引起好多的感想。守常先生说流入美利坚的社会主义，可以分做两大派别：一、乌托邦派；二、历史派。前两三个月报上登载美国的罢工消息非常之多，是非常之利害的阶级竞争；更有美国全国产业会议中康巴士的失败，也是阶级间调和不下的现象，现在听说美国捉捕布尔扎维克党非常严厉，这都是历史派的运动，约略看来，胜败虽然一时分不出来，这种趋势是很明了的——世界的进步着着向着社会主义发展，一步失败就有一步成功；终竟可以希望全世界的大改革，不是一美国小部分的改革。然而我们对于乌托邦一派的运动，不容易去知道，现在守常先生把他介绍过来，我们非常之感谢，可惜为篇幅所限，只登了宗教新村一篇，我们还很希望守常先生快把那欧文派、傅利耶派、伊加利派的新村发表出来。我们就可以研究研究这乌托邦派的社会主义运动是怎么样。现在只能先把宗教新村的成绩审查一下，不过我对于社会主义就向没有研究，这也不过是一些杂乱感想引起来的疑问罢了。

我们如其要研究新村，自然应当有极精密的调查，所以守常先生所记载的似乎还嫌简略一点，然而根据他的记载所看得出来的共同点不妨先研究研究。

（一）宗教新村之成立。守常先生所记的七个新村他们成立大都是由于一班人受着压迫——宗教上的压迫，因此有一种避苦的意志才去创立新村，或者是些信奉同一教义，有一种改善生活理想来创立新村作为他们的试验品。这种意志，这种理想似乎可以算得新村成立的要素。而

* 本文原载 1920 年 1 月 21 日《新社会》旬刊第 9 号，署名瞿秋白。

且更有依赖新村创始者的人格和才能的地方，譬如始创北塞儿村（Bethel）和奥洛拉村（Arora）的基尔医生和左阿村（Zoar）的首领，因为他们的善于经营，热心公正，所以能这样的成功。那么，这样的才能和人格关系于新村的存在是很大的。我们要有了这种才能和人格才能创立新村，惟其有了新村才能陶融出这种才能和人格，一直到这一个新村可以无须专靠一两个人——首领、始创者的才能和人格，才算是真正的成功。

（二）宗教新村之组织。他所记载的七个村，第一个耶芙拉达（Ephada）记载极略。谢克尔村（Shakers）是以家族为单位；并且有三级，村员权利义务不相同的，禁止婚姻。这两层多足以使他们用来试验的成分不大正确。况且他们的共产主义只行于一家族中，这种理想就已经不能够适用于将来的大社会（这是过去的共产制度）。

哈尼曼村（Harmony）的共产制度和谢克尔村的一样，并且也禁止婚姻。到后来又因为人口减少雇用工人，雇用的工人对于分配的权利自然与村员不同，所以慢慢地简直变成一个资本家团体了。

左阿（Zoar）村的组织设评议员、监督员、仲裁委员会，本来就不是绝对无政府（无强权）主义。起先也禁止婚姻，后来才废止的。

亚马拿村（Amana）的组织比较上完备一点，也用代议制，虽然不禁婚姻，可是对于男女的财产分配不平等。

北塞儿村和奥洛拉村（Bethel and Arora）就比较更完美了，村里的会员随意工作，没有监督。也不禁止婚姻并奖励。一切授受能够不设簿录，没有私有财产制的臭味。

温尼达村（Oneida）的组织很复杂又都合于民主的精神。他们对于财产的态度虽然我们不大知道得清楚，然而他们有两个特点：一、共同恋爱，二、互相批评。即此一端就可以看出他们彻底的主义，可惜受了外界法律的干涉使他们的实验不曾得效果，儿童的公育、婚制废除究竟效果何如，就没有能显得出。

（三）宗教新村之衰落及失败。这七个新村之中，他明白记载他们的衰落及失败有五个，此外，谢克尔村本来是禁止婚姻，村员是一定有消灭的时候（如其单靠新村员的加入就已经不是“新村试验”的宗旨了），所以除亚马拿村外，差不多事实上都是失败的。他们失败的原因本来不是“社会主义”的缺点，正为着“非社会主义”，所以会衰落失败。我们且看一看他的原因。这些原因可以分做三种：（1）他们所理想的主义本来不彻底。像耶芙拉达村不过是“隐居人”的团体；谢克尔村和哈尼曼村禁止婚姻更不是正确的试验；左阿村和亚马拿村本来没有共产主义的理想，所以左阿村村员到了财产渐多的时候竟自己运动解散。(2) 他们的意志不坚固。北塞儿村及奥洛拉村成绩最好，而他们解散的原因也最奇怪，竟会因为首领基尔医生死了，不满四年就多解散了，难道那有别的原因么？(3) 外界的影响。温尼达村照守常先生所记得的他分散的原因完全因为受了外界的影响，再可惜没有了。

（四）宗教新村之供献。这七个村他们本身的成绩不必说，单就他们对于我们供献的而论已经不少了：(1) 生活的改进；(2) 自由发展；(3) 共产制下分配的便利；(4) 生产的增加；(5) 劳工的自动；(6) 道德的增进；(7) 共同恋爱；(8) 儿童公育。反对废止私有财产制的常说：人类利已心不可以去掉，废止私有财产制就是消灭利已心，人类一个都不爱作工了。这句话现在已完全不成问题了。可是因为种种影响，好像化学物理试验室里，空气温度光线总调度得不适宜，见不出十分精确的试验的成绩。他们的供献因此减了几成。

这七个新村都含有多少的宗教意味，只有温尼达村稍微轻一些。我们由他的成败因果看来，似乎创立新村，组织新村的人，他们的意志，他们的理想和因理想的组织制度，与新村的存在、消灭、兴盛、衰落都很有关系。这样的意志和理想不能够养成，新村是组合不起来的，那么我们一方面要来组织新村试验我们理想，不能不注意选择有意志，有理想的人；一方面要把我们的理想组织一个世界大新村——大同社会，就不能不注意怎么样使世界全人类有这种意志，有这种理想，就是怎么样人类心理才能不发生种种反背意志的意志，怎么样人类心理才能有步步向上的彻底的理想主义。（因为这种意志到“世界能够无私有制”之后，只要说不应当有反背这种意志的意志，不要说应当有这种意志了。因为这种理想能够用以创造大同世界大新村，就要防止人类遇见一种理想主义的制度所生出来的小弊病因而有一种逆行复古的心理——理想，更彻底的更向上的理想还是要欢迎。）不过人类是能否没有反背这种意志的意志，是能否没有逆行复古的理想？去掉这类的意志，这类的理想——像北塞儿村及奥洛拉村和左阿村解散的原因——去掉全人类的这类的理想，这类的意志是否是新村运动所可以试验得出的？终竟是个疑问。其余一切倒还是第二步，这个解决了，自然可以解决的。这一点似乎是乌托邦派的弱点。

况且，新村运动不外两种目的：（1）因为受现在社会的压迫苦痛，要想逃出去另创一个社会；（2）因为不满意现在社会的现状，要想本着一种理想的主义去试验。第一种目的能够避开了就完事了，他本来不是试验，像谢克尔村、耶芙拉达村，他们的制度——不婚，与外界隔离——神经过敏的人看着简直说他们是僧院、高士居罢了，而他们受苦的时候团结起来，苦没有了就要涣散，像左阿村一样，不能有十分的供献。第二种目的本来是假定一种理想去试验，又常常因为外界的关连，外界的影响，外界的压迫，使他们试验用的成分性质分量都不正确，就是他所试验的不是他们理想的，成了不是他理想的功，败了不是他理想的罪。总而言之，我们做新村运动是研究社会主义的试验，是要全世界的无强权的无阶级的社会实现，那么，那第一目的的新村运动是另一问题，第二目的的新村运动又不是正确的试验，我们只好换一个方法来试验罢。这不是一两句话说得尽的。

一方面再换方法去试验，一方面我以为历史派的——马克思主义派的直接运动不可少的。直接运动如其要细讲，步骤多得很，文化最低的地方也可以有，文化最高的地方也可以有，不必先候那些运动者有极强固的意志，极彻底的理想，不必要那些运动者大多数是医师、律师、僧侣、教授——受过现社会的高等教育的人。此其间一步有一步中的直接、间接对于劳动阶级有利益的，可以是直接，间接的破坏国界运动，又不要从现社会里拿出一万八千英亩来地，只养活了四百个人，像奥洛拉村的办法。所以我想这或者是较普遍的较易的进步的办法，不致于像办新村办不好，仅仅是新式理想的“桃源”。

《俄罗斯名家短篇小说集》序*

（1920 年 3 月 16 日）

俄罗斯文学的研究在中国确已似极一时之盛。何以故呢？最主要的原因，就是：俄国布尔什维克的赤色革命在政治上，经济上，社会上生出极大的变动，掀天动地，使全世界的思想都受他的影响。大家要追溯他的远因，考察他的文化，所以不知不觉全世界的视线都集于俄国，都集于俄国的文学；而在中国这样黑暗悲惨的社会里，人人都想在生活的现状里开辟一条新道路，听着俄国旧社会崩裂的声浪，真是空谷足音，不由得不动心。因此大家都要来讨论研究俄国。于是俄国文学就成了中国文学家的目标。

俄国国民性本来是极端的，不妥协的，前几十年，国内思想变化的剧烈更是厉害。各国改革运动之前，思想的变化确也都有，可是从没有像俄国这样剧烈，所以俄国能从君主政体的国家一跃而为社会主义的国家。这是可以在俄国文学里看得出来的。然而文学只是社会的反映，文学家只是社会的喉舌。只有因社会的变动，而后影响于思想；因思想的变化，而后影响于文学。没有因文学的变更而后影响于思想，因思想的变化，而后影响于社会的。因为社会的不安，人生的痛苦而有悲观的文学，譬如人因为伤感而哭泣，文学家的笔就是人类的情感所寄之处。俄国因为政治上，经济上的变动影响于社会人生，思想就随之而变，萦回推荡，一直到现在，而有他的特殊文学。就是欧美文学从来古典主义，浪漫主义，写实主义，象征主义间的变化，又何尝不是如此。所以我们看俄国的文学，只不过如吴季札的观诗，可以知道他国内社会改革的所由来，断不敢说，模仿着去制造新文学就可以达到我们改革社会的目

---

* 本篇最初载于 1920 年 7 月出版的《俄罗斯名家短篇小说集》第一集，署名瞿秋白。

的。中国现在的社会固然是不安极了，然而假使我们不觉着有改造的必要，本来可以不问不闻，假使我们觉着非改造不可，那么，新文学的发见随时随地都可以有。不是因为我们要改造社会而创造新文学，而是因为社会使我们不得不创造新文学，那么，我们创造新文学的材料本来不一定取之于俄国文学，然而俄国的国情，很有与中国相似的地方，所以还是应当介绍。不过我们决不愿意空标一个写实主义或象征主义，新理想主义来提倡外国文学，只有中国社会所要求我们的文学才介绍——使中国社会里一般人都能感受都能懂得的文学才介绍，读者看我们所译的小说自然可以明白。

瞿秋白序，一九二〇年三月十六日

饿乡纪程*

——新俄国游记

（1920 年 11 月 4 日至 1921 年 11 月 23 日）

绪言

阴沉沉，黑魆魆，寒风刺骨，腥秽污湿的所在，我有生以来，没见一点半点阳光，——我直到如今还不知道阳光是什么样的东西，——我在这样的地方，视觉本能几乎消失了；那里虽有香甜的食物，轻软的被褥，也只值得昏昏酣睡，醒来黑地里摸索着吃喝罢了。苦呢，说不得，乐呢，我向来不曾觉得，依恋着难舍难离，固然不必，赶快的挣扎着起来，可是又往那里去的好呢？——我不依恋，我也不决然舍离……然而心上究竟是个什么样的滋味呵！这才明白了！我住在这里我应当受，我该当。我虽然明白，我虽然知道，我“心头的奇异古怪的滋味”我总说不出来。“他”使我醒，他是一个不可思议的谜儿，他变成了一个“阴影”朝朝暮暮的守着我。我片刻不舍他，他片刻不舍我。这个阴影呵！他总在我眼前晃着——似乎要引起我的视觉。我眼睛早已花了，晕了，我何尝看得清楚。我知我们黑甜乡里的同伴，他们或者和我一样。他们的眼前也许有这同样的“阴影”。我问我的同伴，我希望他们给我解释。谁知道他们不睬我，不理我。我是可怜的人儿。他们呢，——或者和我一样，或者自以为很有幸福呢。只剩得和我同病相怜的人呵，苦得很哩！——我怎忍抛弃他们。我眼前的“阴影”不容我留恋，我又怎得不

---

* 本书于 1922 年 9 月由上海商务印书馆出版时，经作者友人改名为《新俄国游记》（副题作《从中国到俄国的记程》），为“文学研究会丛书”之一。1953 年 10 月编入人民文学出版社 8 卷本《瞿秋白文集》第 1 卷时恢复原书名，改《新俄国游记》为副题。现据商务印书馆初版本辑入，本书有删节。

决然舍离此地。

同伴们，我亲爱的同伴们呵！请等着，不要慌。阴沉沉，黑魆魆的天地间，忽然放出一线微细的光明来了。同伴们，请等着。这就是所谓阳光，——来了。我们所看见的虽只一线，我想他必渐渐的发扬，快照遍我们的同胞，我们的兄弟。请等着罢。

唉！怎么等了许多，还只有这微微细细的一线光明，——空教我们看着眼眩——摇荡恍惚晞微一缕呢？难道他不愿意来，抑或是我们自己挡着他？我们久久成了半盲的人，虽有光明也领受不着？兄弟们，预备着。倘若你们不因为久处黑暗，怕他眩眼，我去拨开重障，放他进来。兄弟们应当明白了，尽管等着是不中用的，须得自己动手。怎么样？难道你们以为我自己说，眼前有个"阴影"，见神见鬼似的，好像是一个疯子，——因此你们竟不信我么？唉！那"阴影"鬼使神差的指使着我，那"阴影"在前面引着我。他引着我，他亦是为你们呵！

灿烂庄严，光明鲜艳，向来没有看见的阳光，居然露出一线，那"阴影"跟随着他，领导着我。一线的光明！一线的光明，血也似的红，就此一线便照遍了大千世界。遍地的红花染着战血，就放出晚霞朝雾似的红光，鲜艳艳的耀着。宇宙虽大，也快要被他笼罩遍了。"红"的色彩，好不使人烦恼！我想比黑暗的"黑"多少总含些生意。并且黑暗久了，骤然遇见光明，难免不眼花缭乱，自然只能先看见红色。光明的究竟，我想决不是纯粹红光。他必定会渐渐的转过来，结果总得恢复我们视觉本能所能见的色彩。——这也许是疯话。

世界上对待疯子，无论怎么样不好，总不算得酷虐。我既挣扎着起来，跟着我的"阴影"，舍弃了黑甜乡里的美食甘寝，想必大家都以为我是疯子了。那还有什么话可说！我知道：乌沉沉甘食美衣的所在——是黑甜乡；红艳艳光明鲜丽的所在——是你们罚疯子住的地方，这就当然是冰天雪窖饥寒交迫的去处（却还不十分酷虐），我且叫他"饿乡"。我没有法想了。"阴影"领我去，我不得不去。你们罚我这个疯子，我不得不受罚。我决不忘记你们，我总想为大家辟一条光明的路。我愿去，我不得不去。我现在挣扎起来了，我往饿乡去了！

一九二〇，十一，四。哈尔滨

一

无涯

蒙昧也人生！
　霎时间浮光掠影。
晓凉凉露凝，
　初日熹微已如病。

露消露凝，人生奇秘。
　却不见溪流无尽藏意；
却不见大气潆洄有无微。
　罅隙里，领会否，个中意味？

“我”无限。“人”无限。
　笑怒哀乐未厌，
漫天痛苦谁念，
　倒悬待解何年？

知否？知否？倒悬待解，
　自解解人也；
彻悟，彻悟，饿乡去也，
　饿乡将无涯。

一九二〇，十二，一，哈尔滨

山东济南大明湖畔，黯黯的灯光，草棚底下，一张小圆桌旁，坐着三个人，残肴剩酒还觑着他们，似乎可惜他们已经兴致索然，不再动箸光顾光顾。……其中一个老者，风尘憔悴的容貌，越显着蔼然可亲，对着一位少年说道：“你这一去……随处自去小心，现在世界交通便利，几万里的远路，也不算什么生离死别……只要你自己不要忘记自身的职务。你仔肩很重呵！……”那少年答应着站起来。其时新月初上，照着湖上水云相映，萧萧的芦柳，和着草棚边乱藤蔓葛，都飕飕作响。三人都已走过来，沿着湖边，随意散步，秋凉夜深时，未免有些寒意。对着这种凄凉的境界，又是远别在即，叫人何以为情呢？

我离中国之前，同着云弟垚弟住在北京纯白大哥家里已经三个年头；我既决定要到俄国去，大约预备了些事物，已经大概妥当之后，就到济南拜别我父亲。从我母亲去世之后，一家星散，东飘西零，我兄弟三个住在北京，还有两弟一妹住在杭州四伯父跟前，父亲一人在山东。纯哥在京虽有职务，收入也很少。四伯做官几十年，清风两袖，现时中国官场，更于他不适宜，而在中国大家庭制度之下，又不得不养育全家，因此生活艰难得很。我亲近的支派家境既然如此，我们弟兄还不能独立，窘急的状况也就可想而知。所以我父亲只能一人住在山东知己朋友家里，教书糊口。在中国这样社会之中既没有阔亲戚，又没有钻营的本领，况且中国畸形的社会生活使人失去一切的可能，年纪已近半百，忧煎病迫，社会还要责备他尽什么他所能尽的责任呢？我有能力，还要求发展，四围的环境既然如此，我再追想追想他的缘故，这问题真太复杂了。我要求改变环境：去发展个性，求一个“中国问题”的相当解决，——略尽一分引导中国社会新生活的责任。“将来”里的生命，“生命”里的将来，使我不得不忍耐“现在”的隐痛，含泪暂别我的旧社会。我所以决定到俄国去走一走。我因此到济南辞别我亲爱不忍舍的父亲。

当那夜大明湖畔小酒馆晚膳之后，我父亲的朋友同着我父亲和我，回到他家里去。父亲和我同榻，整整谈了半夜，明天一早就别了他上火车进京。从此不知道什么时候才能相见呢！

济南车站上，那天人不大多，待车室里只有三四个人。待车室外月台上却有好些苦力，喘息着。推车的穷人，拖男带女的背着大麻布包，破笼破箱里总露着褴褛不堪的裙子衣服。我在窗子里看着他们吸烟谈笑，听来似乎有些是逃荒出去的，——山东那年亦是灾区之一。——有的说，买车票钱短了两毛，幸而一位有良心的老爷赏给我半块钱，不然怎能到天津去找哥哥嫂嫂，难道饿死在济南破屋子里么？又有一个女人嚷着：“买票的地方挤得要死，我请巡警老爷替我买了，他却要扣我四毛钱，叫我在车上拿什么买油果子吃呢！”——“怎么回事……”忽听着有人说，火车快来了。我回头看一看，安乐椅上躺着的一位“小老爷”，戴着一副金丝眼镜，上身一件半新不旧的玄色缎马褂，脚上缎鞋头上已经破了两个小窟窿，正跷着两腿在那里看北京《顺天时报》上的总统命令呢。我当时推门走出待车室。远看着火车头里的烟烘烘的冒着，只见一条长龙似的穿林过树的从南边来了。其实是初秋的清早，北地已经天高风紧，和蔼可亲的朝日，虽然含笑安慰我们一班行色匆匆的旅客，我却觉得寒风飕飕有些冷意，看看他们一些难民，身上穿的比我少得多，倒也不觉得怎么样冷。火车来了。我从月台桥上走过，看见有一面旗帜，写着“北京学生联合会灾区调查团”，我想他们来调查灾区，——也算是社会事业的开始。——也许有我们“往民间去”的相识的同志在内。过去一看，只见几个学生，有背着照相架的，有拿着钞本簿籍的，却一个也没有相熟的。火车快开，也就不及招呼，一走上车了。

我坐的一辆车里，只五六个人。中间躺着两个人：一个是英国工头模样，一个广东女人，他的妻子，两人看来是搭浦口天津通车到天津去的。英国人和他妻子谈着广东话，我一句也不懂。停一忽儿，茶房来向他们说了几句话，意思是说，今天火车到天津了，讨几个酒钱。英国人给他一块钱。茶房嫌少，不肯接。英国人发作起来，打着很好的上海话说道：“你们惯欺外国人！你可得明白，我在中国住了三十多年，什么事我不知道！为什么两个人必得给你两块钱？不要就算了。”我听得奇怪，——这种现象，于中英两民族交接的实况上很有些价值，因和他攀谈攀谈，原来他也是进京，就那东城三条胡同美国人建筑医院的豫王府工程处的工头之职，谈起来，他还很会说几句北京话呢。

一人坐在车里，寂寞得很，英国人又躺下睡着了。我呆呆的坐着思前想后，也很乏味，随手翻开一本陶渊明的诗集，看了几页又放下了。觉得无聊，站起来凭窗闲望。半阴半晴的天气，烟云飞舞，一片秋原，草木着霜，已经带了些微黄，田地里禾麦疏疏朗朗，显得很枯瘠似的，想起江南的风物，究竟是地理上文化上得天赋较厚呵。火车的轮机声，打断我的思潮，车里却静悄悄地，只看着窗外凄凉的天色似乎有些雨意，还有那云山草木的“天然”在我的眼前如飞似掠不断的往后退走，心上念念不已，悲凉感慨，不知怎样觉得人生孤寂得很。猛然看见路旁经过一个小村子，隐约看见一家父子母女同在茅舍门口吃早饭呢。不由得想起我与父亲远别，重逢的时节也不知道在何年何月，家道又如此，真正叫人想起我们常州诗人黄仲则的名句来：“惨惨柴门风雪夜，此时有子不如无。”……

这天当夜到天津，第二天就进京，行期快了。其时正是一九二〇年十月初旬光景。

二

生活也好似行程。青山绿水，本来山阴道上，应接不暇。疾风迅雷，清阴暖日，就是平平常常一时一节的心绪，也有几多自然现象的反映。何况自然现象比社会现象简单的多，离人生远得多。社会现象吞没了个性，好一似洪炉大冶，熔化锻炼千万钧的金锡，又好像长江大河，滚滚而下，旁流齐汇，泥沙毕集，任你鱼龙变化，也逃不出这河流域以外。这“生命的大流”虚涵万象，自然流转，其中各流各支，甚至于一波一浪，也在那里努力求突出的生活，因此各相搏击洴涌，转变万千，而他们——各个的分体，整个的总体——都不知道自己，不知道自己的转变在空间时间中生出什么价值。只是蒙昧的“动”，好像随“第三者”的指导，愈走愈远，无尽无穷。——如此的行程已经几千万年了。

人生在这“生命的大流”里，要求个性的自觉（意识），岂不是梦话！然而宇宙间的“活力”，那“第三者”，普遍圆满，暗地里作不动不静的造化者，人类心灵的谐和，环境的应响，证实天地间的真理。况且“他”是“活力”，不流转而流转，自然显露，不着相而着相，自然映照。他在个性之中有，社会之中亦有，非个性有，非社会有，——似乎是“第三者”而非第三者。

“生命大流”的段落，不能见的，如其能见，只有世间生死的妄执，他的流转是不断的；社会现象，仍仍相因，层层衔接，不与我们一明切的对象，人生在他中间，为他所包涵，意识（觉）的广狭不论，总在他之中，猛一看来，好是完全汩没于他之内。——不能认识他。能认识他的，必定得暂舍个性的本位。——取第三者的地位：“生命大流”本身没有段落，可以横截他一断；社会现象不可认识，有个性的应和响；心灵的动力不可见，有环境为其征象。

在镜子里看影子，虽然不是真实的……可是真实的在哪里？……

“人生都是社会现象的痕迹，社会现象都是人生反映的蜃楼。”社会吞没了一切，一切都随他自流自转。我如其以要求“突出生活”的意象想侵犯“社会”的城壁，要刻划社会现象的痕迹，要……，人家或者断定我是神经过敏了。

中国社会组织，有几千年惰性化的（历史学上又谓之迟缓律）经济现象做他的基础。家族生产制，及治者阶级的寇盗（帝皇）与半治者阶级的“士”之政治统治包括尽了一部“二十四史”。中国周围的野蛮民族，侵入中国文化，使中国屡次往后退，农业生产制渐渐发达，资本流通状态渐渐迁移，刚有些眉目，必然猛又遇着游牧民族的阻滞。历史的迟缓律因此更增其效力。最后一世纪，已经久入睡乡的中国，才矇矇瞳瞳由海外灯塔上得些微光，汽船上的汽笛唤醒他的痴梦，汽车上的轮机触痛他的心肺。旧的家庭生产制快打破了。旧的“士的阶段”，尤其不得不破产了。畸形的社会组织，因经济基础的动摇，尤其颠危簸荡紊乱不堪。

我的诞生地，就在这颠危簸荡的社会组织中破产的“士的阶级”之一家族里。这种最畸形的社会地位，濒于破产死灭的一种病的状态，绝对和我心灵的“内的要求”相矛盾。于是痛，苦，愁，惨，与我生以俱来。我家因社会地位的根本动摇，随着时代的潮流，真正的破产了。“穷”不是偶然的，虽然因家族制的维系，亲戚相维持，也只如万丈波涛中的破船，其中名说是同舟共济的人，仅只能有牵衣悲泣的哀情，抱头痛哭的下策，谁救得谁呢？我母亲已经为“穷”所驱逐出宇宙之外，我父亲也只是这“穷”的遗物。我的心性，在这几几乎类似游民的无产阶级（Iumpen proletariat）的社会地位中，融陶铸炼成了什么样子我也不能知道。只是那垂死的家族制之苦痛，在几度的回光返照的时候，映射在我心里，影响于我生活，成一不可灭的影像，洞穿我的心胸，震颤我的肺肝，积一深沉的声浪，在这蜃楼海市的社会里；不久且穿透了万重疑网反射出一心苗的光焰来。

我幼时的环境完全在破产的大家族制度的反映里。大家族制最近的状态，先则震颤动摇，后则渐就模糊澌灭。我单就见闻所及以至于亲自参与的中国垂死的家族制度之一种社会现象而论，只看见这种过程，一天一天走得紧起来。好的呢，人人过一种枯寂无生意的生活。坏的呢，人人——家庭中的分子，兄弟，父子，姑嫂，叔伯，——因经济利益的冲突，家庭维系——夫妻情爱关系——的不牢固，都面面相觑戴着孔教的假面具，背地里嫉恨怨悱诅咒毒害，无所不至。“人与人的关系”已在我心中成了一绝大的问题。人生的意义，昏昧极了。我心灵里虽有和谐的弦，弹不出和谐的调。……

我幼时虽有慈母的扶育怜爱；虽有江南风物，清山秀水，松江的鲈鱼，西乡的菘菜，为我营养；虽有豆棚瓜架草虫的天籁，晓风残月诗人的新意，怡悦我的性情；虽亦有耳鬓厮磨哝哝情话，亦即亦离的恋爱，安慰我的心灵；良朋密友，有情意的亲戚，温情厚意的抚恤，——现在都成一梦了。虽然如此呵！惨酷的社会，好像严厉的算术教授给了我一极难的天文学算题，闷闷的不能解决；我牢锁的心灵的监狱里。“内的要求”驱使我，——悲惨的环境，几乎没有把我变成冷酷不仁的“畸零之人”，——我决然忍心舍弃老父及兄弟姊妹亲友而西去了。

三

小小的院落，疏疏的闲花闲草，清早带些微霜，好像一任晓风飐拂摇移，感慨有些别意，仿佛知道，这窗中人快要离他们远去万里了。北京四年枯寂的生涯，这小小的院落容我低徊俯仰，也值得留一纪念，如今眼看别离在即，旧生涯且将告一段落，我也当有以安慰安慰这院落中的旧伴呵。可是呢。……我没离故乡之前，常州红梅阁的翠竹野花，环溪的清流禾稼，也曾托我的奇思遐想。母亲去世，一家星散，我只身由吴而鄂，由鄂而燕。黄陂铁锁龙潭的清波皓月，也曾使我低徊留恋；以至于北京南湾子头的新柳，丝丝的纤影，几番几次拂拭我的悲怀诗思。我又何独对于这小院落中奄奄的秋花格外深情呢？“自然”向不吝啬他自己的“美”，也未必更须对我卖弄，——我只须能尽量享用，印取他的“美”意，自慰偏枯恶涩的心怀，离别便离别，一切不过“如是而已”。

我离山东回到北京之后，匆匆的整理行装，早夜疲乏，清晨起来没精打采的坐着，不知道辜负了这小院秋花的多少好意。我纯哥的家庭，融融泄泄，安闲恬静的生活虽说不得，隐隐地森严规律的气象，点缀些花草的闲情雅意，也留我许多感想。我因远别在即，黄昏时归来就同哥嫂家常闲话，在北京整整的住了四年，虽纯哥是按“家族的旧道德”培植扶助我，我又被“新时代的自由神”移易了心性，不能纯然坐在“旧”的监狱里，或者有和他反背的意见，——纯哥当初竭力反对我到俄国去，以为自趋绝地，我却不是为生乃是为死而走，论点根本不同，也就不肯屈从，——到现在一切都已决定，纯哥亦就不说什么，勉励我到俄国后专门研究学问，不要半途而辍。兄弟的情分，平常时很觉泛泛，如今却又有些难舍。——人生生活的剧烈变更，每每使心理现象，出于常规，向一方面特别发展。我去国未决定以前，理智强烈，已决定后，情感舒展伸长，这一时期中总觉得低徊感慨之不尽。然而走是已决定走的了。我这次“去国”的意义，差不多同“出世”一样，一切琐琐屑屑“世间”的事，都得作一小结束，得略略从头至尾整理一番。哥嫂的谈话，在家事上也帮助我不少。

应整顿的事繁琐得很。母亲死时遗下的债务须得暂时有个交托，——破产的“士的阶级”大半生活筑在债台上，又得保持旧的“体面”，不让说是无赖呵！——旧时诗古文词稿，虽则已经视如敝屣，父亲却要他做个纪念，须得整理出来；幼时的小伴，阔别已经好几年，远在江南，不能握别，须得写封信告辞。总之当时就知道俄国远处万里，交通梗塞，而且我想一去不知道甚时才能回来（生命于我无所重轻），暂时须得像永告诀别似的，完一番“人间的”手续。于是抽出这几天晚上整理整理。

儿时的旧伴，都已星散了，谁还管得谁？然而我写信时，使我忆及我一少寡的表姊。他现在只他一人同一遗腹子孤苦伶仃的住在母家，我姑母受儿媳的供养已是很为难，何尝能好好周顾到他呢。姑母家是地主，然而生活程度随着渐渐欧化的城市生活增高，农业生产，却因不能把他随着生活程度增高的雇工价值核计，不会处置变态中的农地生产资本，而且新由大家族经济变成个人经济，顿然现出濒于破产的现象。于是我表姊的寄生中之寄生生涯，精神苦痛不可言喻。还有一个表姊，从小没有母亲，和我一处长大的，他家亦是破产的“士的阶级”，丈夫是小学教员，儿女非常的多，非但自己创不起小家庭，还非得遵从家族经济的原则，所谓仰事俯蓄，艰难得很。我表姊感着“中国妇女的痛苦”，每每对于生活起疑问。他又何尝能解决他呢？

夜深人静，灯光黯黯的笼罩着人的愁思。晚风挟着寒意，时时到窗隙里来探刺。握着笔要写又写不下去：旧话重提有什么意味？生活困难，心绪恶劣，要想得亲近人的慰藉，这也是人情，可是从何说起！亲人的空言虽比仇人的礼物好，究竟无益于事。况且我的亲友各有自己阶级的人生观，照实说来，又恐话不投机，徒然枉费。中国的社会生活，好像朦胧晓梦，模糊得很。人人只知道“时乖命蹇”，那知生活的帐子里有巨大的毒虫以至于蚊蚋，争相吸取他们的精血呢？大千世界生命的疑问不必提起。各人吃饭问题的背后，都是世界经济现象映着，——好像一巨大的魔鬼尽着在他们所加上去的正数旁边画负号呢。他们怎能明白！我又怎能一一的与以慰籍！……几封诀别的信总算写完了。

我记得，我过天津的时候，到亲戚家去，主人是我世交，又是我表姊丈。他们知道我有远行，开瓶白兰地酒痛饮半宵。我这位表姊，本是家乡的名美人，现在他饱经世变，家庭生活的苦痛已经如狂风骤雨扫净了春意。那天酒酣耳热，大家吃着茶，对着烟灯谈话。表姊丈指着烟盘道：“我一月赚着五六十块钱，这东西倒要去掉我六十元。你看怎么过？”表姊道：“他先前行医也还赚几个额外的钱。他却懒得什么似的，爱去不去，生意怎么能好？铁路局里面的事情，还是好容易靠着我们常州‘大好老’（这是常州话，指京里的大官说的）的面子弄着的，他也是一天去，两天不去。事情弄掉了，看怎么样！……”他女儿丰儿忽然插话对我说道：“双舅舅，双舅舅。你同我上北京去罢？去看三姨，三姨上次来我家里，和娘娘谈天，后来不知道怎么还淌眼泪来呢。……”茶已经吃完了，烟也抽了不少了。我的醉意也渐渐醒了。……那天从他们家里回客栈，不知怎么，天津的街市也似乎格外凄凉似的。……

我记得，北京西城一小公寓，短短的土墙，纸糊的窗格，院子里乱砌着鸡冠凤仙花，一见着就觉得一种极勉强极勉强的城市生活的光景。我那天去看亲戚，进了他的屋子，什物虽收拾得整整齐齐，地方究竟太窄些。我告诉了我这表舅母快要到俄国去的话。他道：“这样亦好。你母亲一世愁穷，可惜等你学好了本事，他再也看不见了。”我道：“这也罢了！我是很爱学的。穷迫得紧，几几乎没有饿死，学不成学得成又是一事。一点希望本只在自己。第一次从常州出门求学，亏得你当了当头借给我川资。这次出去求学，也刚巧借着了钱。究竟穷是什么事，暂且不放他在心上。……”我去国的志愿究竟在什么地方，不能表示出来，现在中国社会思想，截然分了两个世界，新旧的了解是不可能的。——表舅母接着问道：“你在天津看你二表姊去没有？他姑爷还吸鸦片么？”我道：“怎么不吸？”他叹道：“像我们这样丝毫没有的人家也不用说了。他们这般公子少爷，有了财产拼命浪费；——也难怪他，他父亲不会教训，和儿子是一样的货。‘有’的时候，不知道上进。现在‘没’了，看怎么样。他却还吸烟！现今还比得从前吗？……像你表舅，从小没钱求学。现在一家两口，东飘西走，一月进款三四十元，够什么！这个那个小机关上的小官员，如此景况的人成千成万。现在的世界，真不知道是什么世界！……”接着又问道：“三小姐到京了，你去看他没有？”我说我看见过了。他道：“三小姐这桩亲事，真正……小孩子时候就定亲许人家，最坏事。幸而他们夫妻还亲爱。不过姑爷中文都不大好，又不能做什么事，生计是……将来很艰难呵。……”

我记得，我心灵里清纯洁白一点爱性，已经经过悱恻缠绵的一番锻炼。如今好像残秋垂柳，着了严霜，奄奄地没有什么生意了。枯寂的生活，别有安闲的乐趣。然而外界偶然又有感触，即使一片云影，几朵落花，也能震动我的心神。我的心神现在虽已在别一个世界，依旧是……何况，这又和旧时代的精神密切相关，是旧社会生活的遗迹，感动了我别方面的感慨，更深了我的“人与人之关系”的疑问呢？……这一天，我看三妹去，他说：“我刚从南边来，你又要到北边去了！……我一个人离母家这样远，此地好像另一世界似的。满北京只有一两个熟人。西城的你的表舅母，却到我这里来过了，你近来看见他没有？他是我们家乡旧时的熟人。我总盼望他来谈谈话。……冷静得教人烦闷。家里母亲大姊不知道怎样？他（指他的新婿而言）又懒，我又不会写信，你替我写封信给你姑母和天津的二姊罢。……你几时动身到俄国去，俄国离中国有多远，在什么地方呢？……”我答道：“我大概一两礼拜后就走。你有空到纯哥那里看看，明后天我在家。……信，容易得很，我写就是了。我在天津，看见二姊，丰儿要想到北京来看你呢，呀！时光过得真快，丰儿都这样大了。我们一别，不是四五年了么？现在又得分手，人生还不是驿站似的。……”半晌大家不言语。我无意的说道：“妹婿要能在什么衙门或是银行找个事情才好，三妹，你看怎么样？”他道：“自然呢！不过我也不知道要怎样托托人情才行。我真为难，我还不过是一个小孩子，现在样样事要担些斤量，怎么样好？”我答道：“不要紧，事情慢慢的找就是了，一切不知道的，你可以去问问纯哥纯嫂。”——做新妇的时代，是中国妇女一生一世的紧要关头。——“你的小叔了，小姑娘还算是好的。”他道：“也就这样罢了。想起我们那时在环溪，乡下地方，成天的一块儿玩，什么亦不管……”我这天去看他，本想早些回家，不知不觉谈到黄昏时候。北京城南本来荒僻，我从他那里回家到东城，路却不少。出了他们大门，正是秋夜时分，龙泉寺边的深林丛树时时送出秋声，一阵一阵萧萧的大有雨意，也似催人离别。满天黑云如墨，只听得地上半枯的秋草，飕飕作响。那条街上，人差不多已经静了，只有一星两星洋车上的车灯，远远近近的晃着。远看正阳门畔三四层的高洋房，电光雪亮的耀着……

过去的留恋，心理现象情绪中的自然状态，影响于人的个性却也不少。况且旧社会一幅一幅的画呈显于吾人之前，又是我们所要解决的社会问题的对象。个性的突变没有不受社会环境的反映的。可是呢，“过去的留恋”呵，你究竟和我的将来有什么印象，可以在心灵里占一不上不下的位置呢？我现在是万缘俱寂，一心另有归向了。一挥手，决然就走！

四

二十世纪的开始，是我诞生的时候，正是中国史上的新纪元。中国香甜安逸的春梦渐渐惊醒过来，一看已是日上三竿，还懒懒的朦胧双眼欠伸着不肯起来呢。从我七八岁时，中国社会已经大大的震颠动摇之后，那疾然翻复变更的倾向，已是猛不可当，非常之明显了。幼年的社会生活受这影响不小，我已不是完全中国文化的产物；更加以经济生活的揉挪，万千变化都在此中融化，我不过此中一份而已。

二十年来思想激变，一九一一年的革命证明中国旧社会的破产。可惜，因中国五十年的殖民地化使中国资产阶级抑压他的内力，游民的无产阶级大显其功能，成就了那革命后中国社会畸形的变态。资产阶级“自由平等”的革命，只赚着一舆台奴婢匪徒寇盗的独裁制。“自由”“平等”“民权”的口头禅，在大多数社会思想里，即使不生复古的反动思潮，也就为人所厌闻，——一激而成厌世的人生观：或是有托而逃，寻较远于政治科学的安顿心灵所在，或是竟顺流忘返，成绮语淫话的烂小说生涯。所以当我受欧化的中学教育时候，正值江南文学思想破产的机会。所谓“欧化”——死的科学教育——敌不过现实的政治恶象的激刺，流动的文学思潮的堕落。我江苏第五中学的同学，扬州任氏兄弟及宜兴吴炳文都和我处同样的环境，大家不期然而然同时“名士化”，始而研究诗古文词，继而讨究经籍；大家还以“性灵”相尚，友谊的结合无形之中得一种旁面的训育。然而当时是和社会隔离的。后来我因母亲去世，家庭消灭，跳出去社会里营生，更发见了无量无数的“?”。和我的好友都分散了。来一穷乡僻壤，无锡乡村里，当国民学校校长，精神上判了无期徒刑。所以当时虽然正是袁世凯做皇帝梦的时候，政治思想绝对不动我的心怀。思想复古，人生观只在于“避世”。

唯心的厌世梦是做不长的。经济生活的要求使我寻扬子江而西。旧游的瓜洲，恶化的秦淮，长河的落日，皖赣的江树，和着茫无涯涘的波光，沉着浑噩的波声，渗洗我的心性，舒畅我的郁积，到武昌寻着了纯哥，饥渴似的智识欲又有一线可以充足的希望。——饭碗问题间接的解决法。同时却又到黄陂会见表兄周均量，诗词的研究更深入一层；他能辅助我的，不但在此，政治问题也渐渐由他而入我们的谈资。然而他一方面引起我旧时研究佛学的兴趣，又把那社会问题的政治解决那一点萌芽折了。这三四个月的旅行，经济生活的要求虽丝毫没有满足，而心灵上却渐渐得一安顿的“境界”。从此别了均量又到北京，抱着入大学研究的目的。当时家庭已经破碎，别无牵挂，——直到如今；——然而东奔西走，像盲蝇乱投要求生活的出路，而不知道自己是破产的“士的阶段”社会中之一社会现象呵！

从入北京到五四运动之前，共三年，是我最枯寂的生涯。友朋的交际可以说绝对的断绝。北京城里新官僚“民国”的生活使我受一重大的痛苦激刺。厌世观的哲学思想随着我这三年研究哲学的程度而增高。然而这“厌世观”已经和我以前的“避世观”不相同。渐渐的心灵现象起了变化。因研究国故感受兴趣，而有就今文学再生而为整理国故的志向；因研究佛学试解人生问题，而有就菩萨行而为佛教人间化的愿心。这虽是大言不惭的空愿，然而却足以说明我当时孤独生活中的“二元的人生观”。一部分的生活经营我“世间的”责任，为自立生计的预备；一部分的生活努力于“出世间”的功德，做以文化救中国的功夫。我的进俄文专修馆，而同时为哲学研究不辍，一天工作十一小时以上的刻苦生涯，就是这种人生观的表现。当时一切社会生活都在我心灵之外。学俄文是为吃饭的，然而当时吃的饭是我堂阿哥的，不是我的。这寄生生涯，已经时时重新触动我社会问题的疑问——“人与人之关系的疑问”。

菩萨行的人生观，无常的社会观渐渐指导我一光明的路。五四运动陡然暴发，我于是卷入旋涡。孤寂的生活打破了。最初北京社会服务会的同志：我叔叔瞿菊农，温州郑振铎，上海耿济之，湖州张昭德（后两位是我俄文馆的同学），都和我一样，抱着不可思议的“热烈”参与学生运动。我们处于社会生活之中，还只知道社会中了无名毒症，不知道怎么样医治，——学生运动的意义是如此，——单由自己的体验，那不安的感觉再也藏不住了。有“变”的要求，就突然暴发，暂且先与社会以一震惊的激刺，——克鲁扑德金说：一次暴动胜于数千百万册书报。同时经八九年中国社会现象的反动，《新青年》《新潮》所表现的思潮变动，趁着学生运动中社会心理的倾向，起翻天的巨浪，摇荡全中国。当时爱国运动的意义，绝不能望文生义的去解释他。中国民族几十年受剥削，到今日才感受殖民地化的况味。帝国主义压迫的切骨的痛苦，触醒了空泛的民主主义的噩梦。学生运动的引子，山东问题，本来就包括在这里。工业先进国的现代问题是资本主义，在殖民地上就是帝国主义，所以学生运动倏然一变而倾向于社会主义，就是这个原因。况且家族农业经济破产，旧社会组织失了他的根据地，于是社会问题更复杂了。从孔教问题，妇女问题一直到劳动问题，社会改造问题；从文字上的文学问题一直到人生观的哲学问题；都在这一时期兴起，萦绕着新时代的中国社会思想。

我和菊农，振铎，济之等同志组织《新社会》旬刊。于是我的思想第一次与社会生活接触。而且学生运动中所受的一番社会的教训，使我更明白“社会”的意义。社会主义的讨论，常常引起我们无限的兴味。然而究竟如俄国十九世纪四十年代的青年思想似的，模糊影响，隔着纱窗看晓雾，社会主义流派，社会主义意义都是纷乱，不十分清晰的。正如久壅的水闸，一旦开放，旁流杂出，虽是喷沫鸣溅，究不曾自定出流的方向。其时一般的社会思想大半都是如此。我以研究哲学的积习，根本疑及当时社会思想的“思想方法”。所以我曾说：“现在大家，你说我主张过激，我说你太不彻底，都是枉然的……究竟每一件东西，既是我们的研究对象，就得认个清楚；主观客观的混淆，使你一百年也不能解决一个小小的问题。……”虽然如此，我们中当时固然没有真正的“社会党”，然而中国政府，旧派的垂死的死神，见着“外国的货色”——“社会”两个字，就吓得头晕眼花，一概认为“过激派”，“布尔塞维克”，“洪水猛兽”，——于是我们的《新社会》就被警察厅封闭了。这也是一种奇异现象，社会思想的变态：一方面走得极前，一方面落得极后。

此后北京青年思想，渐渐的转移，趋重于哲学方面，人生观方面。也像俄国新思想运动中的烦闷时代似的，“烦闷究竟是什么？不知道。”于是我们组织一月刊《人道》（Humanité）。《人道》和《新社会》的倾向已经不大相同。——要求社会问题唯心的解决。振铎的倾向最明瞭，我的辩论也就不足为重；唯物史观的意义反正当时大家都不懂得。《人道》的产生不久，我就离中国，入饿乡，秉着刻苦的人生观，求满足我“内的要求”去了。

五

中国社会思想到如今，已是一大变动的时候。一般青年都是栖栖皇皇寝食不安的样子，究竟为什么？无非是社会生活不安的反动。反动初起的时候，群流并进，集中于“旧”思想学术制度，作勇猛的攻击。等到代表“旧”的势力宣告无战争力的时期，“新”派思想之中，因潜伏的矛盾点——历史上学术思想的渊源，地理上文化交流之法则——渐渐发现出来，于是思潮的趋向就不像当初那样简单了。政治上：虽经过了十年前的一次革命，成立了一个括弧内的“民国”，而德谟克拉西（la démocratie）一个字到十年后再发现。西欧已成重新估定价值的问题，中国却还很新鲜，人人乐道，津津有味。这是一方面。别一方面呢，根据于中国历史上的无政府状态的统治之意义，与现存的非集权的暴政之反动，又激起一种思想，迎受“社会主义”的学说，其实带着无政府主义的色彩——如托尔斯泰派之宣传等。或者更进一步，简直声言无政府主义。于是“德谟克拉西”和“社会主义”有时相攻击，有时相调和。实际上这两个字的意义，在现在中国学术界里自有他们特别的解释，并没有与现代术语——欧美思想界之所谓德谟克拉西，所谓社会主义——相同之点。由科学的术语上看来，中国社会思想虽确有进步，还没有免掉模糊影响的弊病。经济上虽已和西欧物质文明接触了五六十年，实际上已遵殖民地化的经济原则成了一变态的经济现象，却还想抄欧洲工业革命的老文章，提倡“振兴实业利用外资”。——这是中了美国资本家新式侵略政策的骗，及听了罗塞尔偶然的一句“中国应当振兴实业”的话，所起的一种很奇怪的“社会主义”的反动。当然又因社会主义渐落实际的运动，稍稍显露一点威权，而起一派调和的论调，崇拜“德国式”妥协的革命，或主张社会政策。——这又是一种所谓“社会主义”。两派于中国经济上最痛切的外国帝国主义，或者是忘记了，或者是简直不能解决而置之不谈，却还尽在经济问题上打磨旋。学术上：二十余年和欧美文化相接，科学早已编入国立学校的教科书内，却直到如今，才有人认真聘请赛先生（陈独秀先生称科学为 Mr. Science）到古旧的东方国来。同时“中国的印度文化”再生，托尔斯泰等崇拜东方文化说盛传，欧美大战后思想破产而向东方呼吁，重新引动了中国人的傲慢心。“西方文化与东方文化”，居然成了中国新思潮中的问题。于是这样两相矛盾的倾向，各自站在不明瞭的地位上，一会儿相攻击，一会儿相调和，不论政治上，经济上，学术上的思潮都没有明确的意义，只见乱哄哄的报章，杂志，丛书的广告运动，——一步一步前进的现象却不能否认，——而思想紊乱摇荡不定，也无可讳言。

我和诸同志当时也是漂流震荡于这种狂涛骇浪之中。

我呢？以整顿思想方法入手，真诚的去“人我见”以至于“法我见”，当时已经略略领会得唯实的人生观及宇宙观。我成就了我世间的“唯物主义”。决然想探一探险，求实际的结论，在某一范围内的真实智识，——这不是为我的，——智识和思想不是私有权所能限制的。况且我幼时社会生活的环境，使我不期然而然成一“斯笃矣派”（Stoiciste），日常生活刻苦惯的，饮食起居一切都只求简单节欲。这虽或是我个人畸形的发展，却成就了我入俄的志愿——担一份中国再生时代思想发展的责任。

“思想不能尽是这样紊乱下去的。我们对社会虽无责任可负，对我们自己心灵的要求，是负绝对的责任的。唯实的理论在人类生活的各方面安排了几千万年的基础。—— 用不着我和你们辩论。我们各自照着自己能力的限度，适应自己心灵的要求，破弃一切去着手进行。……清管异之称伯夷叔齐的首阳山为饿乡，——他们实际心理上的要求之实力，胜过他爱吃‘周粟’的经济欲望。——我现在有了我的饿乡了，——苏维埃俄国。俄国怎样没有吃，没有穿，……饥，寒……暂且不管，……他始终是世界第一个社会革命的国家，世界革命的中心点，东西文化的接触地。我暂且不问手段如何，——不能当《晨报》新闻记者而用新闻记者的名义去，虽没有能力，还要勉强；不可当《晨报》新闻记者，而竟承受新闻记者的责任，虽在不能确定的思潮中（《晨报》），而想挽定思潮，也算冒昧极了，——而认定‘思想之无私有’，我已经决定走的了。……现在一切都已预备妥贴，明天就动身，……诸位同志各自勉励努力前进呵！”这是一九二〇年十月十五日晚十二点钟的时候，我刚从北京饭店优林（Urin，远东共和国代表）处签了护照回来，和当日送我的几位同志——耿济之，瞿菊农，郑振铎，郭绍虞，郭梦良，郭叔奇——说的话。

十月十六日一早到北京东车站，我纯哥及几位亲戚兄弟送我，还有几位同志，都来和我作最后的诀别。天气很好，清风朗日，映着我不可思议的情感，触目都成异象。……握手言别，亲友送我，各人对我的感想怎样，我不知道；我对于各人自有一种奇感。……“我三妹，他新嫁到北京，处一奇异危险的环境，将来怎么样？我最亲密最新的知己，郭叔奇，还陷在俄文馆的思想监狱里？——我去后他们不更孤寂了么？……”断断续续的思潮，转展不已。一声汽笛，忽然吹断了我和中国社会的万种“尘缘”。从此远别了！

天津重过。又到我二表姊处去告别。张昭德及江苏第五中学同学吴炳文，张太来三位同志都在天津，晚间抵足长谈，作我中国社会生活最后的回忆。天津的“欧化的都市文明”：电车汽车的吵闹声，旅馆里酒馆里新官僚挥拳麻雀声，时时引入我们的谈资，留我对于中国社会生活最后的印象。……

十八日早，接到振铎，菊农，济之送别的信和诗①。

当日覆信寄出之后，晚上就别了炳文，太来，昭德，上京奉车。同行的有俞颂华，李宗武。当时我们还不知道往俄国去的路通不通。“中华民国”驻莫斯科总领事陈广平，同着副领事刘雯，随习领事郑炎，恰巧也是这时候“启节”，我们因和他们结伴同行。预备先到哈尔滨再看光景。

其时通俄国的道路：一条是恰克图，一条是满洲里。走恰克图须乘张库汽车。直皖战争后，小徐办的汽车已经分赃分掉了。其余商办的也没有开。至于满洲里方面，谢美诺夫与远东革命军正在酣战，我们却不知道，优林的秘书曾告诉我，如其能和总领事同行，专车可以由哈直达赤塔。我们信了他的话，因和领事结伴同走。

当天在天津上车，已是晚上十一二点钟光景。我同宗武和颂华：“现在离中国了，明天到满洲，不知道究竟什么时候才能到‘赤都’（莫斯科）呢？……我们从今须暂别中国社会，暂离中国思想界了。今天我覆菊农的诗，你们看见没有？却可留着为今年今月今日中国思想界一部分的陈迹……”车开了，人亦慢慢的睡静了。瞿秋白渐渐的离中国——出山海关去了。……

① 诗略。

中国工人的状况和他们对俄国的期望*

（1921 年 1 月）

最近九年来，发生了三件大事：一、一九一二年在中国推翻了清王朝；二、一九一四年的欧洲大战；三、一九一七年的俄国十月革命。这些事件，虽然规模不同，但是，毫无疑问，其结果全都是破旧立新。中国革命的结果，宣告成立了共和国，虽然这并不是真正的“共和国”。

中国真实的状况是：我们的人民由野蛮的军阀和卑鄙的官僚统治着，这些人根本不关心人民的福利，而只是考虑自己的私利。在中国由于军阀官僚的压迫，不仅无产阶级，甚至知识分子也蒙受难以描述的苦难。

欧洲战争也影响到中国，使其遭到意外的不幸。凡尔赛和会上，我们的国家被置于和印度、朝鲜同等的地位。现在中国无产阶级心里明白，威尔逊鼓吹的国际联盟，对落后黑暗的中国是毫无帮助的。我国无产阶级只寄希望于你们这些勇敢的俄国工人，你们为全人类的幸福而英勇奋斗，建立了苏俄社会主义共和国，正在实现社会主义原则，克服种种困难，与黑暗势力进行斗争，历尽千辛万苦，而始终没有灰心丧气。中国无产阶级极为钦佩你们，衷心地祝愿你们获得成功和胜利。

我们尤为赞赏的是，你们的运动不仅具有民族主义性质，而且具有国际主义性质；不仅是为了自己的个人幸福，而且是为了全世界工人阶级的幸福。你们说过：“世界应当属于劳动者”。我们将竭尽全力去取得

---

* 本文原载《瞿秋白文集》（政治理论编）第 1 卷，原注云：本文译自 1970 年 5 月号苏联《亚非人民》杂志。这家杂志为发表此文写的按语称：瞿秋白的这篇文章曾在 1921 年 2 月 27 日出版的《共产国际远东书记处公报》第一期“远东来信”栏刊出，署名“秋白（广州）”；另一份俄文打字稿，内容与此相同，署名瞿秋白，未写明城市，现保存在苏共中央马列研究院的党中央档案库内。

彻底的胜利。希望由于你们的努力，全世界人民将觉醒起来。

中国的无产阶级也希望享受人类的幸福，难道不应该走上真正民主的道路吗？但是，他们在能够进入战士的行列之前，需要你们的帮助。"全世界无产者，联合起来！"的号召，中国人老早就听到了，可是直到现在还未能起来响应。要知道，中国的无产阶级（工人和农民）至今还没有组织起来进行斗争，尽管处于恶劣的环境，但是还没有觉醒。为什么？因为没有知识，没有组织。他们需要别人来帮助。谁能帮助中国无产阶级呢？只有已经觉醒的中国青年，或者是热心的中国社会主义者。但是目前在中国，社会主义者还很少。可以说，社会主义运动在中国还没有开始。我们完全理解，中国的知识分子必须帮助中国无产阶级与国际无产阶级联合起来共同为人类服务。因此，我们来到了俄国。我们当中，大多数是学生，都真诚地希望为人类服务，他们来俄国学习，为的是使自己回国后能够给中国的无产阶级以帮助。我和俞颂华、李宗武同志由上海的《时事新报》和北京的《晨报》派来，目的是要向中国正确报道俄国的情况。我们切盼能认认真真地完成自己肩负的任务。但愿我们会获得良好的成绩，希望这次旅行将给中国的社会主义运动以第一次推动。

不知道我们是否能够不辜负你们的期望，但是，我们将竭尽全力做到不虚此行。正如我前面说过的，中国的无产阶级苦难深重，还没有组织起来。遗憾得很，他们认不清你们的意图，不能参加你们的运动来帮助你们。你们对中国工人和农民的状况也许不够了解，那末我愿意把他们的情况介绍一下。可惜在中国没有关于农民问题和工人问题的精确调查，因此我只能概括地谈谈中国无产阶级的状况，请原谅。

你们知道，去年的工人代表会议把中国定为特殊国家，其原因在于中国的工业不够发达。的确，在这一方面，中国无论同欧洲还是同美国，都不能相比。中国的工厂工业还处于萌芽状态，所以无产阶级的大多数是由农民组成的，工人的数目则很少。在中国，只有大城市以及为外国商业开放的港口有工厂。即使在这些工厂里，工人人数也不多。大多数工人是手工业者。仅仅在前些年，受西方文明和欧美及日本工商业的影响，工厂的数目才日益增多，工人人数也逐步增加。中国工人遭受与欧美工人同样的压迫，或者甚至更厉害，因为他们所受的压迫不仅来自本国资本家，而且来自外国资本家。中国各大城市的工人，比起居住在乡镇中的工人农民来，觉悟程度高得多。可以预期，在未来的社会改革中，他们将是中国无产阶级的首领。我们对城市工人是非常关注的。至于中国的手工业者的境遇，则随着机器生产的发展，会越来越坏。对他们将来的生存问题，是需要认真考虑的。

首先，我将谈一谈工厂工人的状况。在中国的直隶（河北）、江苏、浙江、湖北、福建和广东等省份，都有工厂。在工厂集中地点，如唐山、上海、长辛店、无锡和南京，工人数目比较大。为了说明工人的状况，我们举上海和唐山这两个大的地点为例。

这些城市工人的生活条件很少差别。一般说来，内地省份一个工人的最低生活费和工资大大低于大城市的工人。根据《新青年》杂志第七卷第六期发表的有关中国工人问题的材料，在上海工厂中约有工人二十三万四千。他们的工作日和工资如下：织布工人（男工和女工）每天工作十二至十四小时；最低日工资为两角二分，最高为五角五分。织布工厂里男女工人的报酬没有任何区别，童工的工资每天从八分到一角。印刷工人的工作日是九小时。在有些印刷厂里，除此之外夜间还要工作三小时。因而，印刷工人一天工作十二小时，他们的月工资是十到十五元，学徒工一个月只能得到一块钱。缫丝和织袜女工一天工作十二小时以上，她们的工资一天三角多。

至于招工的方法，中国至今存在着一种残酷的包工制。包工头同企业主谈妥以后，就包下一项工作。从后者那里得到一笔钱。他为此去挑选那些最贫穷的工人。企业主不管包工头雇多少工人，付给工人多少报酬，因此包工头剥削起工人来是毫不手软的。直到今天，包工制在上海和中国的其他城市还依然存在。

除此之外，中国的工厂中还实行着计件工资制。工厂给工人以原材料，对每件成品付一定报酬，而不管他们干多少时间的活。这就造成了工人之间的自由竞争。为了增加收入，工人不得不每日工作十五——十六小时。这种制度主要在缫丝和织袜女工中以及在生产光学仪器的企业中采用。中国因为是“特殊国家”，同国际工人代表会议通过的实行八小时工作日的决议是不相干的。不但如此，在中国没有任何调整劳资关系的法令，因此，中国的资本家可以肆无忌惮地剥削工人，而不必担心政府的干涉。

各工厂对工人的待遇并不都一样。有些工厂对工人比较好，例如，上海的商务印书馆，这是中国最大的图书出版社。那里的女工，在分娩前后有两个月的假，而且还可领十块钱作为医疗费。工人生病了，馆方就送他进医院。这个企业还为工人的孩子办了免费学校，不过入学人数是有限制的。而其他企业，对工人的待遇则十分恶劣。上海工人没有真正的工人组织，虽然有各种各样的行会，其作用是无足轻重的。不久前，上海组织了一个电业工会，该工会将会逐渐成为强大的工人组织，因为电工的知识水平比其他工人高。以上就是上海劳动人民的一般情况。

唐山有三个企业，总共约有一万工人。现在我们来谈谈开滦煤矿公司矿工的状况。他们一天分作三班，每班工作八小时。可是由于工资低，他们不得不每天工作十六小时。唐山煤矿工人每天的最低工资是一角六，最高工资是一元一角。在这些企业中也都实行包工制，包工者分作几等。即第一等是包工头，第二等是监工，这两者掌管分配给工人的原材料，其余两等负责招工和监视工人。矿山中不熟练的工人度日艰难，因为他们得来的工资，很快就花光，又不能靠借债来解决困难，而且他们只有付出极高的利息，才能向包工头借到钱。

矿山管理部门如何对待工人呢？工人生病期间得不到生活费，一旦生病就死路一条。工人死了，管理部门并不发给家属以抚恤金。如果死亡原因是工作时间的事故，那末家属可得到四十元。在唐山曾经组织过工人党，但后来由于党员中意见分歧，有一部分分离出来，自称为中国工人党。“二次革命”期间，这两个党都不复存在。唐山工人党改组成河北省唐山工人互济会。该会活动的成果是：为工人夜校建立了图书室，出版了月刊，组织了讲演团。但是，不久，工人互济会也解散了。一九一九年五月四日学生运动期间，唐山组织了几个工会：京奉铁路的工场有机械工人工会，矿山有矿山工会。

唐山的矿工和其它工人的生活条件，比上海的坏得多。上海工人所得的工资足够维持生活。唐山工人没有文化，完全没有精神需求。一天工作十一、二小时以后，他们已经筋疲力尽，由于找不到正当的娱乐，就把休息时间用来满足他们的低级趣味。大城市里，工人在业余时间玩牌、赌博或者进妓院。一旦失业，就去偷盗、行乞和抢劫。

这一切都是由于愚昧。他们不懂得如何组织起来同资本家和政府进行斗争。

中国工人有两个缺点：一、老工人为了讨好包工头，千方百计剥削工人，欺侮工人，因此出现了工人压迫并剥夺自己工人弟兄的现象；二、同乡会制度造成了某一地域的同乡工人垄断一定的行业。在同一行业而籍贯不同的工人中经常发生斗殴，特别是当行业之间竞争的时候。中国资本家尽量利用工人的这些弱点来达到自己的目的。

至于中国手工业工人的状况，那末他们的工作时间是没有限度的。一般每天工作十二小时以上，手工业工人的工资取决于当地人口密度和生活水平。在有些地方他们勉勉强强地过着苦日子。雇主们对待手工业工人并不残酷，但也不好。手工业工人生病或者死亡，他的家属从雇主那里得不到任何照顾。在南京的各纺丝工厂里，有一类为小资本家干活的工人职员，吃东家的饭，还领取工资，但一旦厂主由于没有订货而停产，他们也就一无所有了。这些工人组成帮会。他们由于知识水平极低，不仅不知道世界上发生的任何大事，也完全不知道在俄国发生了革命，建立了苏维埃政权，他们甚至不知道发生在中国的事情。这些工人的生活是暗无天日的。他们从早到晚做工，仅仅勉强维持自己和一家人的生活。农民的状况就更加可怜。中国的无产阶级没有文化，由于工业和农业不发达，而无法组织起来。在这样悲惨环境里的中国无产阶级确实看不到光明。

一九一九年五月四日发动的中国学生运动，多少唤起了中国的精神力量。现代中国青年知道，新思潮已经波及到中国，未来的时代将是社会主义时代。中国青年将尽一切力量帮助中国无产阶级。目前，在中国的学生当中，建立了许多研究社会主义学说的小组。

例如，在北京组织了“仁社”、“互助社”和“改造社”，在天津有“觉悟社”。现代中国的报纸杂志都在从事社会主义学说的宣传。这种报刊的数目正日益增加。其中最受欢迎的有《晨报》、《时事新报》、《青年》报以及《解放与改造》和《人道》等杂志。这些报刊很注意工人问题，很同情中国工人农民的处境。上述出版物向俄共（布）党表示衷心的敬意。俄国已经家喻户晓的“到民间去”的运动，我相信在中国也将很快开始，因为，如果我们希望中国的无产阶级能够加入世界运动，我们就应该接近他们，把知识传授给他们，并帮助他们组织起来。我们诚恳地希望承担起这一责任。

不久以前，上海成立了社会主义青年党，虽然成员人数不多，但这个党的组成毕竟是中国社会主义运动的萌芽。

一九一二年的革命运动并没有为我们建立起真正的共和国。我们希望，现在这个运动将不会重蹈覆辙，我们竭尽全力学习你们的榜样。

“全世界无产者，联合起来！”

致共产主义敬礼！

秋白（广州）

致俄国工人和新闻工作者呼吁书*

（1921 年 2 月）

亲爱的同志们：

我们非常高兴能够访问第一个无产阶级共和国的首都——莫斯科。

我们知道，全世界伟大的社会主义导师卡尔·马克思在其关于社会革命的天才学说里给我们指出了创造人类的无产阶级文化和文明的道路。你们正是按照他的学说在建设自己的社会。

我们也知道，你们——俄国的无产阶级是伟大导师马克思的光辉思想的第一批继承者和传播者，你们为了全世界人民的利益正在首先实现这光辉的思想。按其性质和意义来说，你们社会制度的全部内容，你们的经济和政治的总方向是国际主义的。

你们的无产阶级政府对别国人民没有任何侵略意图，它愿为解放全世界被压迫的人民而斗争，它正在进行这样的斗争。

中国人民按其心理状态来说是酷爱和平的，他时刻准备和那些愿为共同利益而改善国际局势的人民友好相处，而同那些怀有帝国主义和军国主义意图的人们进行斗争。我们愿意相信，在不久的将来我国人民也将能掌握和实现马克思主义的伟大原则。中国人民几乎完全不了解你们新的社会建设的进程。我们的责任就在于研究这一建设并把它广泛地介绍给我国人民。

在途经自远东至莫斯科的俄国领土时，我们了解了俄国人民的真实情况。我们确信，在资本主义国家里所传播的反对你们的敌对性谣传和“报道”都是虚伪的和毫无根据的。

---

* 本文是瞿秋白和俞颂华、李宗武 1921 年 1 月 25 日到达莫斯科后所写，发表于 1921 年 2 月 6 号《消息报》。

我们希望，中国人民不再受那些有关俄国情况的虚伪报道的欺骗。

我们将向中国人民如实报道俄国人民的真实情况，以便日益加深和巩固两国友好人民之间的相互了解。

俞颂华（上海《时事新报》记者）
瞿秋白（北京《晨报》记者）
李宗武（北京《晨报》记者）

赤都心史*

(1921 年 2 月 16 日至 1922 年 3 月 24 日)

一、革命之反动

今天报载克龙史泰(Kronstadt)之乱已平。

当三月初间公布在彼得城搜获社会革命党之煽动的机关，接着就发表二月二十八日在克龙史泰——彼得城的港口，向来是军事上的要塞，——有一军舰上水手等暴动，三月二日一早，旧步兵将军郭子洛夫斯基公然率领群众声言反抗“共产党的苏维埃”，克龙史泰的苏维埃议长顾子明及数职员均被乱党所捕，于是彼得城里也形不稳。三月五日，劳动国防苏维埃议长列宁，革命军事苏维埃议长杜洛次基联名出布告剥夺郭子洛夫斯基将军的公权，宣布彼得城戒严，地方全权暂移交彼得城国防委员会。外面谣言数起，还有芬兰暗中助叛党之说，因为海冻未解，由克龙史泰还可直接步行经冰上到芬兰对岸。——三月六日杜洛次基又出要降布告，致词非常之动人。九日已经听说赤军节节战胜。到今天——三月十九日——报上载，居然已经完全平静，死亡却也不少，我初到莫斯科时曾经遇见一共产党，这次他去投充志愿军，也死在里面。

大概不得志的小商人，小资产阶级的农民，一九二〇年以来，都不满意于劳农政府，社会革命党所谓“代表农民利益”的政党，到处宣传鼓动。实际上“食粮均配法”，收取农民出产物之全量，为近时西伯利

---

* 本书于 1924 年 6 月由上海商务印书馆出版，为“文学研究会丛书”之一。1953 年 10 月编入 8 卷本《瞿秋白文集》第 1 卷。现据商务印书馆初版本辑入，本书有删节，各题目序号为本书重新编排。

亚以及其余各处农民反抗的真因，——这种风潮，我们到莫斯科时已经很甚。现时正是俄共产党开第十次大会，商议改变策略，于是克龙史泰乱事趁此而起。

我还记得，二月底，华工会中，有人告诉我，莫斯科暗中正在戒严状态之中；共产党中有反对改变政策的，居民庸众同时却秘密的阴谋，所以形势不大稳当。那阴谋的口号是要求三端：（一）自由贸易，（二）开国会，（三）解散共产党。这次克龙史泰的口号却是“无共产党之苏维埃”。其实受资产阶级思想之影响是相同的。

三月十九日

二、“俄国式的社会主义”

德国经济调查员兼外交代表史德勒（Paul Sthler）博士曾来访。他说德国革命后疮痍未复，现时协约国强迫德国赔偿巨款，——其实是枉然的。德国俄国经济恢复中必须互相辅助，他来此就是作正式缔结外交关系的预备的。最近德国共产党还要求政府与俄通商，德国或者就派公使。我们问他来俄的感想，他说资本家是可以推翻的，资本却不可以毁的，——无产阶级胜利后，那资本就是无产阶级国家的库藏，俄国革命中或者有这一类误点。至于政治关系却还有一层：俄国智识阶级向来与平民特异，隔离，不相了解，革命中种种经过，这一点未始不是一根本远因。德国社会情况不同，假使共产主义革命突现，他的过程一定不与俄国相同。

伦敦 *Daily Herald* 报的通信记者亚尔史孛葛（Alsberg）和我们说，他来此几月，确知道，苏维埃政府是现今俄国唯一的政府，至于共产主义的建设，因为战事和内乱的缘故，还没有什么成就。他又介绍我们见美国资本家房德列浦（Vanderlep）及《旅俄六周记》的作者朗塞（ArthurRansome）。房氏说他此来乃是为堪察加订租约的事，愈速愈妙，新大总统哈定对俄政策还没一定，所以迟滞。堪察加租约如成，美国可以供给各种原料，及主要的工业品机器等，俄国方面，木材，皮货，矿产种种天然的富源亦可以开发。

今天我们又见着通商人民委员会副委员长列若乏。他告诉我们许多苏维埃政府的国际关系：

俄国与国外通商，是政府的专利。现在国外的关系已经很好，英国已经正式签约，德国就在这几天内，其余边境各小国及意大利，捷克斯拉夫，都已结通商关系，俄国代表在国外大概都尽先同无产阶级的组织，各生产协社，工人协社等接洽之后，再和资本家商量，外国商人在俄国的，暂时只在我们通商人民委员会里接洽，俄国政府担保他的利益。现在俄国还正努力协理各种租借地，借外国资本来发展俄国工业——社会主义的基础。战事革命，工业毁坏太甚。内战继起，令政府不得不注全力于战事，一切原料及工业生产品都用在军事上。机器不够用，技师非常之少，技术程度又太低——战争时俄国技师死者甚多。所以非聘用外国技师，购买外国机器来发展工业不可。不但机器，就是工业附属品，如工厂中所用电灯泡等，也须向外国购买，如此情形，自然不得不和外国资本家相接洽。

列若乏还着重的说："没有工业就没有社会主义，况且决不能在隔离状态中实行新村式的共产主义……我们俄国革命史上十九世纪七八十年时代盛行的民粹派（Narodniki）主张无工业的农村公社社会主义。马克思派和民粹派的争执的焦点就在于此。你们想必很明白，我们是马克思主义者，决不能行这种俄国式的社会主义。……当然并且必须和暂时没倒的外国资本家相利用，——发展工业培植无产阶级社会主义的基本；……看罢，资本家胜呢，还是我们?"

四月十一日

三、宗教的俄罗斯

愁惨的阴云已经散尽，凝静的死雪已经化完，赤色的莫斯科渐渐融陶于明媚的春光。蔚蓝的天色，堆锦的白云，春气欣欣，冷酷的北地风雪已化为乌有了。基督救主庙壮丽的建筑，辉煌的金顶，矗立云际，依然昂昂突显神秘的奇彩。庙旁旷园，围着短短的灌林，初春的花草，鲜黄嫩绿，拂拭游春士女的衣袂。

俄友郭质生来谈，说今天是俄国旧历复活日曜日，家家都插"瘦柳"，教堂中行大礼拜呢，因邀我们去看。希腊教的仪式，却是中国人的基督教观念中所没有的。

莫斯科最大的教堂——基督救主庙，建筑伟丽，雕刻画像都有很大的艺术上的价值。我们进去的时候，人已很多，每人手中都拿着一握"瘦柳"。只见十余丈高的堂顶上，画着非常之伟丽的耶稣像，四壁辉煌金彩，中间成一十字甬道，甬道的一端，正中有大理石龛，龛前（十字甬道之前）二角有两台：一经筵，一歌筵；十字甬道之他端是庙门，此处和经筵歌筵相对又有两座：左为国皇座，右为神甫座。救主庙的神甫，是全俄最高神甫，革命前受国库供养，统辖全国教堂事务，所谓“国家中之国家”。十月革命后教制仍存，不过与国家政府绝对脱离关系，单受信教徒的供给。我们在教堂中站着不多时，人渐拥挤，最高神甫到了。只见一老者穿着银色长袍，仿佛中国的道士服装，旁有两侍者，服装相类。一侍者手执香炉，垂着银索，在前一面走着，一面荡着，领导最高神甫走向祭坛，歌筵上立刻就唱起圣歌来。大礼拜式就此开始。随后神甫走到堂中向众画三次十字，一侍者展开斯拉夫文《圣经》，放在他前，高声朗读。如此种种仪式，延长约有两小时余。

我们回到寓所，郭质生问我有何感想。我说仿佛不在欧洲。他笑着说俄国东方文化很深，大多数农民群众，迷信得很呢。——革命之后才稍好些。诚然不错，希望教仪式竟和中国道教相似。

农民因俄国旧文化的缘故，守旧而且愚昧。据郭质生说：十月革命初期，各地乡村中农民奋起，高呼分权万岁，各村通行须有当地地方政府的执照，如此者三月。后来国内战争剧烈，农民少壮都受征调，政府派遣食粮军收集食粮，农民才渐渐忘掉苏维埃政府分给土地驱逐地主的政策而起怨忿之心。现时新经济政策初实行，还时时听见农民反抗的事——他们还不十分相信呢。然而革命前俄国人民有百分之七八十不识字，如今识字者的数目一跃而至百分之五十。最大的原因有两个：（一）二月后政局上不断的起非常之巨大的剧变，虽然沉寂的乡僻地方也渐渐有得政治消息的兴趣，各党宣传者多四出散给报纸。（二）退伍兵士，从战线回家，思想已大改变。——因此现在农民对于宗教的关系稍淡，思想上的改造，已经要算大告成功了。

四月二十三日

四、列宁杜洛次基

克莱摩宫十三世纪的宫墙，七百年前的教堂——朴素古旧，建筑奇特，当时必是国家中央最大的圣地，而今比着后代西欧式的新殿宇，已竟很低很狭了，累世纪的圣像画壁——人面衣饰，各画之间还留着古艺术的“条件性”，好一似中国的关帝像，希伯来君士但丁文化的遗迹还显然；中央执行委员会，人民委员苏维埃的办公室，都在新殿宇内：巨大的跳舞厅，光滑雪亮的地板，金碧辉煌的壁柱，意大利名艺术家的雕刻，有一部分宫殿，彼得大帝以前的俄皇起居，还另设陈列馆人员指导游览，西欧化后俄国的文明已算会集希腊日耳曼的精髓糟粕；现今则安德莱厅赤色光辉四射，全宇宙映耀，各国劳动者代表的演辞，声音震及环球，——第三次大会的共产国际；今日之克莱摩宫真做得人类文化三阶段的驳杂光怪的象征。

第三次大会第一天，杜洛次基提案《世界经济现象》，指呈当时经济恐慌稍缓，渐有改善，劳动运动由进攻一转而为防守——资本家反乘机进取，然而这不打紧，共产国际可藉此深入群众，正是历练巩固革命力的好机会。丰采奕奕的杜氏，演说辞以流利的德语，延长到三小时余，……后来讨论时，法国共产党有许多疑问，争辩很久。我们新闻记者中有不十分懂的，因约着布加利亚代表同去问杜氏。杜氏见中国新闻记者很欣喜，因竭力和我们解释，说话时眉宇昂爽，流利倜傥。他说，经济状况窘迫——就是“恐慌”到时，并不一定是革命的时机，有时一部分小资产阶级的无政府派之激于意气，冒昧暴发，反丧群众的元力；经济状况改善时，工人资本家冲突渐入“经济要求”的狭轨里，然而即此可鉴“社会党人”和群众的密接训练程度增高……“法国同志就是不赞成我这一层意思……”他说得兴高采烈的时候，手里一枝短铅笔，因他指划舞弄，突然失手飞去，大家都哄然笑起来了。……

列宁出席发言三四次，德法语非常流利，谈吐沉着果断，演说时绝没有大学教授的态度，而一种诚挚果毅的政治家态度流露于自然之中。有一次在廊上相遇略谈几句，他指给我几篇东方问题材料，公事匆忙，略略道歉就散了。

安德莱厅每逢列宁演说，台前拥挤不堪，椅上，桌上都站堆着人山。电气照相灯开时，列宁伟大的头影投射在共产国际“各地无产阶级联合起来”，俄罗斯社会主义联邦苏维埃共和国等标语题词上，又衬着红绫奇画，——另成一新奇的感想，特异的象征。……列宁的演说，篇末数字往往为霹雳的鼓掌声所吞没。……

大会快完，政治生活的莫斯科这次才第一次与我以一深切的感想呵。

七月六日

五、赤色十月

第三电力劳工工厂——旧时的奇纳摩工场。

十月革命的纪念。工厂中人集合无数，……晚会。劳动神圣的工人，他们所见所受已不少了：凶恶的哥萨克驱逐工人，风暴似的罢工运动，势不相敌的对垒争斗，今天却有多少人庆祝他们来，——十月革命，——职员，工人，家族，一群一群往工厂里去。

工厂管理人现在是乌哈诺夫，宣布开会，用简短的演说辞，略述十月时的经过，吊革命中之战死者，——大家都站立致敬，奏哀歌之后，一个一个陆续发表热烈的祝辞。

集会的人，看来人人都异常兴致勃发。无意之中，忽然见列宁立登演坛。全会场都拥挤簇动。几分钟间，好像是奇愕不胜，寂然一晌，后来突然“万岁”声，鼓掌声，震天动地。……

工人群众的眼光，万箭一心，都注射在列宁身上。大家用心尽力听着演说，一字不肯放过。列宁说时，用极明显的比喻，证明苏维埃政府之为劳动者自己的政府，在劳工群众之心中，这层意义一天比一天增胜，一天比一天明瞭：

——“拿着军器的人”，向来是劳动群众心目中一可怕的东西；现在不但不觉他——赤军——可怕，而且还是自己的保护者。

列宁末后几句话，葬在热烈的掌声中。还没来得及静下，演坛上突然又现杜洛次基的伟影：

——我很愿意不到这演坛上来，而只愿意坐在你们中间，听一听你们的回忆辞。

杜洛次基说着经济状况道：“天下没有完全满心足意的人。随便那一集会，都可以有人说困苦，不满意。有一次我听见农民抱怨经济的破产，我问他们：一被火灾的农夫，他大约要多少时候，才能盖得起一座新木屋来？——‘也许积积聚聚，得三四年罢。’那么，怎能指望在短时期中，我们这样大的国土，经过大火灾后，立刻就能恢复呢？这是好几年，好几年的事。譬如说罢，我刚才乘升降机上来。我按着电钮，升降机动了，我一放手，他又停住了。问起来，倒说是：‘他生来这样的坏脾气。’哈哈……而这样的缺点，我们多得很呢，必需努力奋斗，研究我们自己的错误过失，改正他。那时我们才能胜利。”

鼓掌声，“万岁”声，《国际歌》乐声，工厂的墙壁，都显得狭隘似的，——伟大的能力正生长。……

——万岁！莫斯科工人女工万岁！——杜洛次基最后的呼声。

——万岁！——全场震动天地的回应声浪四散。

——革命伟人万岁！

会完了。一大半到饭厅晚宴。有一群工人到工厂管理处去说：“唔，谢谢你，乌哈诺夫伙计，我们又见着了伟人了。”

听说那管升降电机的女工，四处向人说，关于升降机电钮的事，他并没有说错话。

赤色十月工厂中的庆祝晚会，确有无限盛意。但愿那“有坏脾气的电钮”一天少似一天。

——十一月七日为彼得城无产阶级爆发的纪念日，适俄旧历十月二十五日，故称十月革命。

十一月八日

六、家书

前几天我得着北京来信，——是胞弟的手笔，还是今年三月间发的，音问梗塞直到现在方来。他写着中国家庭里都还“好”。唉！我读这封信，又有何等感想！一家骨肉，同过一生活，共患难艰辛，然而不得不离别，离别之情反使他的友谊深爱更沉入心渊，感切肺腑。况且我已经有六个月不得故乡只字。于今也和“久待的期望一旦满足”相似，令人感动涕泣，热泪沾襟了。

然而，……虽则是如杜少陵所言“家书抵万金”，这一封信，真可宝贵；他始终又引起我另一方面的愁感，暗示我，令我回想旧时未决的问题；故梦重温未免伤怀呵。问题，问题！好几年前就萦绕我的脑际：为什么要“家”？我的“家”为了什么而存在的？——他早已失去一切必要的形式，仅存一精神上的系连罢了！

唉！他写着“家里好”。这句话有什么意思？昀白，昀白，你或者是不愿意徒乱我心意罢了？我可知道。我全都知道：你们在家，仍旧是像几年前，——那时我们家庭的形式还勉强保存着，——那种困苦的景况呵。

我不能信，我真不能信……

中国曾有所谓“士”的阶级，和欧洲的智识阶级相仿佛而意义大不相同。在过去时代，中国的“士”在社会上享有特权，实是孔教徒的阶级，所谓“治人之君子”，纯粹是智力的工作者，绝对不能为体力劳动，“手无缚鸡之力”的读书人。现在呢，因为中国新生资产阶级，加以外国资本的剥削，士的阶级，受此影响，不但物质生活上就是精神生活上也特显破产状况。士的阶级就在从前，也并没正式的享经济特权，他能剥削平民仅只因为他是治人之君子，是官吏；现在呢，小官僚已半文不值了，剥削方法换了，不做野蛮的强盗（督军），就得做文明的猾贼（洋行买办）；士的阶级已非“官吏”所能消纳，迫而走入雇佣劳动队里；那以前一些社会特权（尊荣）的副产物——经济地位，就此消失。并且，因孔教之衰落，士的阶级并社会的事业也都消失，自己渐渐的破坏中国式的上等社会之礼俗，同时为新生的欧化的资产阶级所挤，已入于旧时代“古物陈列馆”中。士的阶级于现今已成社会中历史的遗物了。

我的家庭，就是士的阶级，他也自然和大家均摊可怜的命运而绝对的破产了。

我的母亲为穷所驱，出此宇宙。只有他的慈爱，永永留在我心灵中，——是他给我的唯一遗产。父亲一生经过万千痛苦，而今因“不合时宜”，在外省当一小学教员，亦不能和自己的子女团聚。兄弟姊妹呢，有的在南，有的在北，劳燕分飞，寄人篱下，——我又只身来此“饿乡”。这就是我的家庭。这就是所谓“家里还好”！

问题，问题！永不能解决的，假使我始终是“不会”生活，——不会做盗贼。况且这是共同的命运，让他如此，又怎么样呢？

总有那一天，所有的“士”无产阶级化了，那时我们做我们所能做的！总有那一天呵……

十一月二十六日

七、“我”

秋白的“我”，不是旧时代之孝子顺孙，不能为现代“文明”所恶化；固然西欧文化的影响，如潮水一般，冲破中国的“万里长城”而侵入中国生活，然而……然而这一青年的生活自幼混洽世界史上几种文化的色彩，他已经不能确切的证明自己纯粹的“中国性”，而“自我”的修养当有明确的罗针。况且谁也不保存自己个性抽象的真纯，——环境（亦许就是所谓“社会”）没有不生影响的。

然而个性问题有渊深的内性：有人既发展自我的个性，又能排除一切妨碍他的，主观的，困难环境而进取，屈伸自如，从容自在；或者呢，有人要发展自己的个性，狂暴忿怒面红耳赤的与障碍相斗，以致于失全力于防御斗争中，至于进取的创造力，则反等于零；或者呢，有人不知发展他的个性，整个儿的为“社会”所吞没，绝无表示个性的才能。——这是三种范畴。具体而论，人处于各种民族不同的文化相交流或相冲突之时，在此人类进步的过程中，或能为此过程尽力，同时实现自我的个性，即此增进人类的文化；或盲目固执一民族的文化性，不善融洽适应，自疲其个性，为陈死的旧时代而牺牲；竟或暴露其“无知”，仅知如蝇之附臭，汩没民族的个性，戕贼他的个我，去附庸所谓“新派”。三者之中，能取其那一种？

如此，则我的职任很明瞭。“我将成什么？”盼望“我”成一人类新文化的胚胎。新文化的基础，本当联合历史上相对待的而现今时代之初又相补助的两种文化：东方与西方。现时两种文化，代表过去时代的，都有危害的病状，一病资产阶级的市侩主义，一病“东方式”的死寂。

“我”不是旧时代之孝子顺孙，而是“新时代”的活泼稚儿。

固然不错，我自然只能当一很小很小无足重轻的小卒，然而始终是积极的奋斗者。

我自是小卒，我却编入世界的文化运动先锋队里，他将开全人类文化的新道路，亦即此足以光复四千余年文物灿烂的中国文化。

“我”的意义：我对社会为个性，民族对世界为个性。

无“我”无社会，无动的我更无社会。无民族性无世界，无动的民族性，更无世界。无社会与世界，无交融洽作的，集体而又完整的社会与世界，更无所谓“我”，无所谓民族，无所谓文化。

十二月三日

八、中国之“多余的人”

……我大概没有那动人的“心”！那足以得女子之“心”；而仅仅赖一“智”的威权，又不稳固，又无益……不论你生存多久，你只永久寻你自己“心”的暗示，不要尽服从自己的或别人的“智”。你可相信，生活的范围愈简愈狭也就愈好。……

——《鲁定》屠格涅夫

圣人不患苦难，而患疾病。

——《墨子》

病魔，病魔！自七月以来，物质生活渐渐的减少，——优待食粮因新政而改付值办法；智力工作更无限制的增加。于时，我更起居无时——不是游息的“无时”而是劳作的“无时”，饮食不节——不是太多的“不节”，而是太少的“不节”。疾病的根底一天一天埋得深了。“我难道记忆力，论断力都失了么？……让我想一想看。”病卧几天，移我入此高山疗养院。

静静的寝室，窗儿总是半罅着；清早冷浴；饮食有定量定时；在院中雪下强睡；量药称水有人专值；晚间偶坐厅中笑语，医生演讲病源，病状，医术；有时还请人歌唱演剧奏琴，作娱乐；——有一定的规则。谁也不能违背。“此间是军国主义式的统治，医生独裁制……”科学的威权最高无上。我对于这一切最初绝无感想，——不会感想；念念“用智”，“出院后某天当做某事……”如此一秒钟都不能停息。

四五天来——我是十二月十五日进院的，精神才渐渐的清晰，回忆复活；低徊感慨缠绵悱恻之情，故乡之思隐约能现。……咦！

咦！我生来就是一浪漫派，时时想超越范围，突进猛出，有一番惊愕歌泣之奇迹。情性的动，无限量，无限量。然而我自幼倾向于现实派的内力，亦坚固得很，“总应当”脚踏实地，好好的去实练明察，必须看着现实的生活，做一件事是一件。理智的力，强行裁制。我很知道，个性的生活在社会中，好比鱼在水里，时时要求相适应。这我早就知道！二十余年来的维新的中国，刚从“无社会”状态出来，朦胧双眼，——向没有见着自己的肢体肤发，不用说心肝肺脏了，他酣睡中的存在，比消灭还残酷。如何不亟亟要求现实精神呢。然而“刚从无社会状态出来……”可知是开天辟地草创的事业。此中的工作者，刚一动手，必先觉着孤独无助：工具破败，不堪适用，一切技术上的设备，东完西缺，总而言之，这是中国“并非社会压迫个性而为社会不助个性”之特别现象。自然而然，那特异伟力超越轨范的需要也就紧迫。两派潮流的交汇，湍洵相激，成此旋——涡多余的人。

假使有人在此中能兼有并存两派而努力进取，中国文化上未始不受万一的功劳。然而“我”，——是欧华文化冲突的牺牲，“内的不协调”，现实与浪漫相敌，于是“社会的无助”更斲丧“我”的元气，我竟成“多余的人”呵！噫！忏悔，悲叹，伤感，自己也曾以为不是寻常人，回头看一看，又有什么特异，可笑可笑。应当同于庸众。“你究竟能做什么，不如同于庸众的好，”理智的结论如此；情性的倾向却很远大，又怎样呢？心与智不调，请寻一桃源，避此秦火。……“然而，宁可我溅血以偿‘社会’，毋使‘社会’杀吾‘感觉’。”……

噫！心智不调。无谓的浪漫，抽象的现实，陷我于深渊；当寻流动的浪漫，现实的现实。不要存心智相异的“不正见”，我本来不但如今病；六七年来，不过现实的生活了，心灵的病久已深入，现在精神的休养中，似乎觉得：流动者都现实，现实者都流动。疗养院静沉的深夜，一切一切过去渐渐由此回复我心灵的旧怀里；江南环溪的风月，北京南湾子头的丝柳。咦！现实生活在此。我要“心”！我要感觉！我要哭，要恸哭，一畅……亦就是一次痛痛快快的亲切感受我的现实生活。

十二月十九日

九、新的现实

中国一九一一年以来，万里长城为怒潮所冲破，依稀的晓梦“初”回，满天飞舞的“新”“主义”“哲学”“论”……无限，无限。

然而，中国二十世纪二十年代的一辈青年，刚处于社会思想史的“蜂腰时期”。有清一代对宋学的反动，汉学的今古文派，佛学派，到光绪末年——二十世纪之初，梁启超，刘申叔，章炳麟诸人后，突然中绝。从此时起，西欧日本新学说如潮的“乱流”湍入。东西文化区别界限之大，骤然迎受不及，皮相的居多。中国此时一辈青年，所受社会思想的训育可想而知；旧的“汉学考证法”，“印度因明学”，不知道；新的，西欧的科学方法，浮光掠影得很。同时经济状况的发展，新资产阶级发生，自然而然，自由派的民治派的思想勃起，浮浮掠过。他们的确知道“要”了，可是他们只知道“要”……要自由，要平等……“怎么样？”“是什么？”蒋梦麟说“问题符号满天飞”，其实就因为问题符号只在飞，可见还不知道怎样设问，怎样摆这符号，何况答案！

再加以总原因：中国向来没有社会，因此也没有现代的社会科学。中国对社会现象向来是漠然的；现在突然间要他去解决“社会问题”，他从没有这一层经验习惯，一下手就慌乱了。从不知道科学方法，仅有热烈的主观的愿望，不会设问问及社会问题之人，置于社会现象之前，难怪他眼花缭乱。于是大多数所谓“群众的”青年思想，突然陷入于“孔子诛少正卯”的旋涡里，或者是“西洋的”亚里士多德的论理监狱里。——

“总解决与零解决”，“改良与革命”，“独裁主义与自由主义”，“放任主义与干涉主义”，“有政府主义与无政府主义”，……“集权主义与分权主义”，群性主义与个性主义，……彻底与妥协……如此无穷无尽，两相对待：“你们是反对分权主义的，那一定主张集权了”——“专制了”——不是这个，就一定是那个！头脑不妨如此简单，社会现象可不是如此简单！

我们假使除“要”之外，还有看“所要的”眼睛在，细细的带上克罗克眼镜看看清楚，我们就可以知道上述的许多“外国字”，——西欧文字，对于中国人，实在难学难懂！——都是人造的抽象字，从社会生活里“抽出来的象”；不是有了集权主义“四个中国字”才有集权制度的！“抽象名词爱”的青年当再进一步看看现实，那时才知道实际生活，社会生活中每每是“非集权非分权”，“非彻底非妥协”，“亦总解决，亦零解决”……现实是活的，一切一切主义都是生活中流出的，不是先立一理想的“主义”，像中国写方块字似的一笔一笔描在白纸上去的。……“不是那个，就是这个”的“西洋”笨逻辑，东方人所笑的，现在自己学来了！

世界上不少资产阶级，世界上也不少布尔塞维克的仇敌。真正浸身于赤色的俄罗斯，才是现实的世界涌现；再听西洋的“评论家”笑骂共产党的主义：“是马哈依主义，是新军国主义，是巴枯宁主义，是拿破仑主义，”诚然不错，布尔塞维克是如此之派调，——在那一定的时期中。不在于拘守“主义”，死的抽象词；抽象名词爱的“思想家”“学者”，一定要拿抽象名词做尺来量他们，也是无法！“或者像‘……主义’罢！现在又成‘自由主义’罢?”……不在于此！而在于现实社会问题的解决。

唯实的，历史的唯物论有现实的宇宙。无产阶级为自己利益，亦即为人类文化担负历史的使命。凡在现实世界中，为现实所要求以达这“新”使命的，则社会意识的表示者都不推辞：代表此一阶级的利益，保持发展人类文化。资产阶级文化已经破产。……亟起直追！现实世界中“奋斗之乐”，就是他的报酬。于现实生活，社会之动流中，须得实际的论证方法，那才走得人类文化史的一步。中国当代的青年！注意为是。……先知道中国“是什么?”然后说“怎么样?”……至于“我们”“要什么?”且放在最后再说。

三月二十四日

最低问题*

——狗彘食人之中国

（1923年1月17日）

秋白离中国两年，回来本急急想把在俄研究所得以及俄国现状，与国人一谈，不料到京三天，所接触的中国现实状况，令我受异常的激刺，不得不先对中国说几句“逆耳之言”。

万里之外时时惦念着故乡，音信阻隔，也只隐隐约约听见国内“红白面打架的把戏”。一进北京才有人告诉我，去年上海金银业罢工工人竟遭“洋狗”噬啮，唐山罢工工人又受印度兵的蹂躏。中国政府原来是“率兽食人”的政府，谄媚欧美帝国主义，以屠杀中国平民劳动者为己任。

我再想不到，两年之后回来见着一狗彘食人的中国！

我两年不读的中国报上，却只见什么“最高问题”，什么“阁员问题”，“巡阅使问题”，制宪问题，……都是高高在上的中国，高等人物的大心事。我不知道，威海卫的问题，片马问题，英国派兵唐山，殴辱重庆学生以至于纵犬食人等问题，究竟值得衮衮诸会的一顾否？难道这些问题太“低”？还是以为“最高问题”不能解决，阁员问题不解决，就可以断送片马，断送威海卫，任命苏皖赣巡阅使就是为着巡犬起见，白纸黑字的宪法草案就是以保证中国平民不受外人强力的剥夺其生命自由劳动权利呢？可怜的五四运动竟成历史的古事，可怜的中国“民意”竟如此之消沉。唉！

这几天报上又见汉口的工人风潮，英商禁止工人结社，武装巡捕任意殴击逮捕工人，随便放枪。地方官对于此种丧权辱国事情，只知道戒严，请问他防范的是谁，保护的又是谁？大概一般下等的苦力被捕挨

---

* 原载1923年1月27日《晨报》副刊，署名瞿秋白。

打，算得什么事！真正只是“最低问题”，不值一顾。可是……

中国的平民呵，你们不配谈最高问题，也得谈一谈最低问题呵。当年五四运动的精神那里去了！处于如此严酷的帝国主义的压迫之下，还只顾坐着静听人家谈最高问题制宪问题，真是死无葬身之地呵。我恐怕就是最高问题解决了，制定了一万万条的好宪法也没有用处。群众的平民，爱国的学生，有志的青年，也可以醒醒，不要再做华盛顿会议的黄粱梦了。

中国真正的平民的民主主义，假使不推倒世界列强的压迫，永无实现之日。世界人类的文化，被这一班“列强”弄得濒于死灭且不必说起，中国平民若还有点血气，无论如何总得保持我们汗血换来的吃饭权。全国平民应当亟亟兴起，——只有群众的热烈的奋斗，能取得真正的民主主义，只有真正的民主主义能保证中国民族不成亡国奴，切记切记！不然呢，我恐怕四万万“人”的地方，过两年就快变成英国猎狗的游猎场了。

一九二三年一月十七日

赤俄之归途*

（1923 年 1 月 25 日）

俄罗斯的万世疑谜如今不用猜了。秋白两年以来在四年欧战三年内乱后的俄国，所见所闻似乎平常得很，反不像归国之后七八天中听见的“国内新闻”那样可骇：——上海是外国狗吃中国人，汉口是英领残杀华工，内阁里有包办收买猪仔议员的阁员，国会里有嗾使警察擅殴请愿公民的议长。……我亲爱的“礼教之邦”的中国同胞呵，你们在国内比我多见这样的礼教两年，比我知道得多，也就不容我多嘴了。我且替你们谈一谈“洪水猛兽的过激派的俄国”。

第一先要声明，我两年来的通信已经将观察所得随时公开诸国人，无论如何总应当知道：——俄国是一个人的国，也许是“人食狗彘”的国，可决不像狗彘食人的中国。这就是我所谓“平常得很”，有的是人情天理中的事！

欧战四年内乱三年的俄罗斯，实在经过了不少惊天动地的变更，古今未有的困苦，俄国的劳动人民千辛万苦支持下来。——然而资本家包办的“世界新闻托辣斯”说了不少的风凉话，固然混淆观听，——中国的读者社会又是犯的什么罪！——然而近两年，各方面的疑幕渐渐揭除，再加区区的通信，中国人至少已经应当知道俄国万千所经的困厄以及他的职志。现在俄国正在“复活”，两三年前到过莫斯科的人，如今不认得他了。难道没有“内存的潜力”，这种事是可能的么？如今且不用说什么无产阶级的历史的使命，苏维埃俄国将来的前途，且不用说什么主义，什么理论。——中国受历史的封锁，对于欧洲政治经济的历变既无很明确的观念，要明白十月革命的意义，实不是一篇两篇文章可以

---

* 本文原载 1923 年 1 月 30 日《晨报·副刊》，署名瞿秋白。

了事的。且就极平常的事物极琐屑的谈话记载记载，也可以略见俄国现在的状况是什么样。

一

我动身前一月正是莫斯科市苏维埃改选的时候。那天我却忙得不了，有事走回家，路上遇见一群示威运动的工人，欢呼着“劳农政府万岁！”送新选代表到莫斯科苏维埃去，拥拥挤挤，我等不及，挤入他们队中，想穿过去抢先走；谁知道他们唱着《国际歌》，步伐很慢，竟把我挤住，我也只得暂时列入队里随着步伐走。只听我身旁一女郎对旁边一人说道：“你这次听见一个新闻么？——国立第二印刷工厂都选了共产党了！”那人道：“我已经知道。本来少数党在他厂里不过有一点历史的渊源，那有真实的信用。前两年我就和我妹子说的，——你不是认识我的妹子么？你知道他的脾气，——他总不信，以为少数党有什么妙法，能教西欧资本国不反对我们，现在他一般同事——第二厂的工人职员才知道，明白了，——共产党始终是真正为全体工人阶级奋斗的政党，这一次少数党的候补人名单当然再也通不过的。……”《国际歌》声又起，我正忙着，看见应该转弯的路已到，赶紧出队，和他们分路，也就不能往后听了。

其时正是共产国际，赤色职工国际，少年共产国际三大会将近开会之时，所以过不了几天，莫斯科苏维埃替各国代表饯行。我以新闻记者的资格列席，席间遇着一莫斯科苏维埃的议员，某工厂的工人。他对我说：“呵，你原来是中国新闻记者，你们报上列宁死过了几回了！哈哈哈。”我说，中国造谣机关的机器还太简陋，自己还不配制造此种世界新闻的谣言，大概中国市场外货充盈，“舶来货的谣言”自然不少，不过我的报还算有些左的，大约决不让此等谣言随便乱载。他道：“不错不错，你既来此地，自然不至于此。我听说中国青年曾经抵制日货。你们贵报大约更进一步抵制这类的英美货了。”说着大家哄然大笑。大家看见我这一稍有常识的中国人——是俄国境内稀世之珍，——又能说几句俄国话，谈得来，都拥着来问长问短，弄得我头昏眼眩。——有的问：“现在海参崴已得，从赤塔经满洲里直达崴埠的铁路，你想中国政府肯不肯和我们协作共同发展商业呢？”有的问：“照孔夫子的学理，蒙古活佛的统治政体应当永久保存罢？”有的说：“中国究竟是封建制度还是共和国?”有的说:“孙逸仙的革命是怎么样‘革’法的?”乱七八糟的问题,最难答复的是:“北京政府究竟是什么样的政府?”忽然有一位似曾相识的女郎跑来,才为我解围。女郎道:“你怎么三四个月不见面,岂有此理!他们拥着你又一定问许多痴话,女人脚哪,鸦片哪。”我连忙道:“没有,没有,你放心。”我们携手走着谈话,走过一张桌子,忽然听见大家嚷起来,“呵,中国人来了,把他举起来。”女郎夹住我不让他们抢去,说:“刚吃酒,不要让他们颠簸。”始终夺不过,我竟被他们举起,几乎抛上天!我对女郎说:“你们这种欧洲式的欢迎礼,我实在不赞成。”他道;“还不是热闹热闹,谁像你们中国人拘拘谨谨,一点生气都没有。你看今天热闹不热闹!从前这所屋里,那里容得‘我们’来热闹;——不用说像今天这样的盛会(Banquet),就是平平常常的音乐会也不能来听,——票子卖得那样贵!还要穿什么晚礼服!人家才有说行新经济政策就已经没有社会主义了。我总不要听。这些宴会不宴会,还是小事,只看苏维埃里议事,对于商人及企业家加税减税,整顿实业交通,都是随着工人代表的意。政权总在我们工人阶级手里。——自然有些‘初出茅庐’的办事人无经验,会有错误,甚至于荒谬,——人人负责。那能一跳便入天堂!你瞧,你再到我们家去,现在我领的工厂里的口粮工资,已经比三四个月前大不同了……”听得大厅里歌声已起。钢琴响起来。我们就走去听戏。

二

两年前的莫斯科再也不是现在的样子。当我初到时,俄国真正异常穷窘,所发的火柴,俗语说:“先要放他五分的臭气,随后才会有光呢。”等我决定要走的时候,情形却大不同了。

临走前一星期,我还不能决定:——回国的川资已经来了,此后若要继续留学,经费或者不愁,——不必一定要国内接济;可是研究社会哲学的理论如此之久,而现实的社会生活只有俄国历史的及现今的环境,中国社会呢?客中中国书籍没有,不用说现代的不能研究,就是历史的都不成。于是决定回国一次,匆匆走别几处大学教授,东方语言学馆的同事,还要买些零碎东西。街上电车现在已经开行得很多,也有一二辆新造的,比不得那时零落破败的样子了。平常闭门读书时居多,——东方人的根性始终脱不掉,——所以不大注意。那天却常常在街上，总看见许多大商铺；大半国立的市立的工人协作社的，比较更堂皇些。——这也是近半年来的现象，我记得商业初开时，私人的营业反较盛，有时货物都较贱，现在大概而论已适得其反了。街上走路的人穿着也整齐得好多。我心上常想，不过两年！虽然现在俄国大工业（煤铁石油等）还很困难，而小工业（纺织火柴等）已经大大恢复，农业经过旱灾也有复生气象，直有些神妙。中国之括弧内的“革命”，其实可说丝毫没有“破坏”，算是世界第一的“改良主义的民族”，十二年来反而弄成现今这步田地。

那天，我想应当去辞别那位在棉织工厂办事的女郎，不然他又得骂我。趁着电车去，路过市场，顺便下来买些东西。市场上的小商人：贩卖农工业品，——都是现时国家或协作社能力还不足时的分配机关。市场上的货物，实在很贵。当时我买完东西，再去看那女郎，他们已经散工。厂里却还有些人，其中有我熟识的两个小孩子，一个有十七八岁，一个十四五岁。他们告诉我维腊（那女郎的名字）已经走了。我就想回家。他们说俱乐部快要开始演戏，不让我走。我说；“你们的戏有什么看头，领教过了。况且这样大的大革命，却没有把俄国恶习革掉，——说七时开幕往往弄到八时半。”小孩答道：“没有的事，戏院子里向来极准的，就是我们这里，现在也是‘我们’‘共莎莫勒’办，比他们成年人总振作些。虽没有戏院子里好，自己做有自己做的趣味。况且到戏院子里去的票子，只一两个月才轮到我们一次……”我站起身要走，另一小孩子说：“那是你买的什么，给我瞧瞧。”又说道：“你不看戏，坐下给我们讲些中国事情再走。”我没法，就坐下道：“市场上的东西贵，商人说是租税太重了。”小孩子道：“你怎么没进协作社，或者职工联合会，你不是教员么？像我们‘集合的供给’便宜得好些，‘消费者’有国家帮着组织，慢慢的就好了，不怕。”我听着笑道：“啊哟，你倒是经济学大家。”他被我说得不好意思，不作声了。那十七八岁的小孩子道：“不错，我问一问你，白葛达诺夫的《经济学讲义》第十一版出来没有？我们图书馆的办事人糊涂，问他，他总是说还没打听。”我回他，快出来了，——（因为我前一天正在那“莫斯科的工人”——一生产协作社印书馆——里买过书，所以知道。）说着，我看时候不早，赶紧回家料理行装。

三

我于十二月二十一日上车，现今不但交通略略恢复，而且从赤塔到莫斯科，从莫斯科到赤塔，每礼拜已经能开一次特别快车，有卧位的。沿路车站上都可以打开水买食物，车上亦有饭车，就是三等车也干干净净可以睡得很舒服。只有车上的电灯初修好，往往光线不大十分明亮，有时竟完全熄灭。听说，短票车比较要简陋些。然而想起两年前赴俄的火车铁路，真有天渊之别。却不知道，“最爱和平，素不喜破坏的中国”，何以两年之后，竟至于京汉车三等里的电灯破了也没钱买，京奉车二等里的痰盂都还没有？

从莫斯科到赤塔，睡在车上九天，吃饭就在饭车。常常走过各车，有时听见农家老妇乡下人的谈话。我很记得，有一次，一农家老妇说：“我总不懂得，什么是‘koperativa’（协作社），又是‘Kommunic’到乡下来胡闹……”（Kommunic 是乡下人叫共产党或共产主义的误读。）旁坐一位中年乡下人翘着双脚，插嘴道：“你自己不懂的就是胡闹！你不懂，现在懂的人多着呢。”我走过时不禁失笑，老妇瞪着眼看我，那神气真有趣。

走过上乌金斯克时，护照上要盖印，——因为远东共和国与苏维埃俄罗斯虽已宣言合并，然而手续上，因为时不久，还没有完全办妥，所以免不了这一层麻烦。半夜三更，很大的狂风，起来去换票盖印，好不讨厌。走到护照检查处，又站了一小时方才办好。人多，不得不排班等候。许多人挤着在一破车里，——就是护照检查处。有一老人说：“我上次走过，痛快得多。现在这一位一定是新来的，不会办。”又一人道：“我以前办过这事，那用这样麻烦。他自不会想法子，——自己起身到车上走一趟，随时查随时盖印，一忽儿就完了……”我心上想，俄国人真有耐心，到处都是排班等候。秩序总算有的。过了上乌金斯克，赤塔，到满洲里，从此便到中国境了。

四

我离俄国，真正有些低徊不舍的感慨，——那一种纯朴自然，新生的内力，活泼泼地向上的气象是有叫人留恋之处，虽然也有不少糊涂颟顸的蠢气，却不害其为世界第一新国，——劳农的国家。我不得不一记在俄境内与俄国平民最后一次接触的回想。

这是在西伯利亚小站旁农民家里。那主人就近为护路警兵。我在边境只看见他这样的七八个“大兵”，北京城里传说：“据满洲里某国领馆消息，赤俄派三十万大兵来夺中东路。”我回来看见报上如此说，倒很想到火星上去调查调查，——也许这所谓“满洲里”也不是地球上的这一满洲里呢。闲话休提，言归正传。

我到他家里去，是想吃些东西，因为在边境候火车，肚子又饿，身上又冷。一进他木屋的门，真正和暖，——烧着很旺的火炉，随便喝杯茶，吃点面包，看着那兵的妻子做糕饼预备过节呢（俄历耶稣圣诞节）。屋内陈设极简陋，却挂有一张破旧的欧亚大陆地图。他们夫妇俩接待我非常之和气。当时屋中坐着一位客人，看来是那警兵的同事，——都是农家的青年。

主客谈着正高兴呢，招呼我坐下，那主人又接下去谈天，说道：“现在全俄统共不过八十万兵，却并不嫌少，经济事业正要紧呢。欧洲边境有许多小国，波兰呀，埃史笃尼亚呀，理德瓦呀，腊德维呀，这都是生来的‘缓冲地’。他们独力决不来打俄国。法国英国要帮也只好暗帮。列强不能直接来，小国现在也渐渐聪明起来，不让他们玩弄。我们俄国正好休息。……现在海参崴也是我们的了。可惜如今虽然各事都已安定，报纸还不大能到我们这里，不知道近两天时事怎么样了……”

我道原来如此，——人家的军队是学校。

一进中国境，最触目的就是到处只见穿着“号衣”的军警，俄国这样的“独裁”“专制”的国家里，街上向来看不大见他的“民警”。哈尔滨下站后我就因在车上时这最触目的东西时时盘问，只得缓一缓，在哈住了三天。直到一九二三年一月十三日方才到京。

火车行进北京城时，远远看着天坛，城楼，中国式的建筑，不禁怦然心动。“我与你们久别了，中国的文化呵！不知道满中国布满了如此之多的军警，是否为着保护你们的？……”

果不其然，过了不六七天，这“最触目的东西”竟大效劳，持枪弄棍的大“保护”其中国文化，在尊严的众议院门口，把一般争人格的青年学生，打得落花流水。可怜，中国“文化之代表”，“高尚纯洁的”学生还尽在明白宣言“只谈教育”呢。

这一篇拉拉杂杂记来，似乎没甚系统。读者想必懂得这些“妇人孺子之谈”。——可算是我三年旅俄最后一次的“新闻记者式”的报告，至于详细的论列，有拙著《俄罗斯革命论》，不日就要付印，那时再请教正罢。

一九二三年一月二十五日　北京

政治运动与智识阶级*

(1923年1月27日)

中国的辛亥革命死了！在满中国都是反动的潮流，他一天一天的紧迫要想返中国于封建制度。这难道是偶然的？寇盗式的军阀财阀——一大班督军、总长、议员、政客，另趸拍卖中国于世界的列强，引起五四运动、六三运动。这难道亦是偶然的？

现在的国会又嗾使军警毒殴请愿公民，通过军阀走狗的内阁，假使一察十年来社会中专制与民治两势力的消长，就可以知道，蔡孑民先生的辞职，决不是仅仅一北大校长问题，更不是教育总长干涉司法问题，甚至于不是国会妄自蹂躏民权的问题；而是中国社会生死存亡的问题，是中国国家能否立足于地球之上，中国国民能否不沦于中外军阀财阀的奴隶的问题。

中国社会的"下意识"已经早就觉着这种危险，所以五四运动以来全国的革命潮动荡不止，到蔡孑民先生辞职不过第二次突显的爆发。五四的精神伏流至此自然复生。我们要切记："外争国权，内除国贼"的事业三年以来不但没有寸进，反已受无量的摧残。失败，失败又失败！决不是偶然的！这一次的决战，再不切记历来失败的苦经险，不但中国的民治要受一次摧折，而且全国的平民死无葬身之地了！

三年以来看看是只有"智识阶级干政"，学生运动。失败是学生的失败，教育的摧残。实际上却大谬不然。政潮学潮的根源远得多呢。

中国自有的宗法社会制度，"半自然的经济"，受外国资本主义帝国主义的侵入，二十年前已经渐露崩坏之象。因此，科举的废除，世家的

---

* 本文原载1923年1月31日《向导》第18期，署名秋白。是瞿秋白1923年初由苏俄回国后为中共中央机关报《向导》撰写的第一篇评论文章。

颓败，所谓“士绅阶级”日益堕落；外货充斥，原料输出，农民阶级更破产得不了。于是社会上发生两种游离份子：“高等流氓”与“下等兵匪”——都是造成军阀政治绝好材料。中国“自己的”资本主义，从买办式的“商业资本”起直进到官僚式的“财政资本”，以全国经济总体而论，直成一极畸形的状态。然而这种资本主义仅仅是军阀制度的政治及帝国主义的经济之副产品。——凡此等份子当然成为卖国派、专制派，因为他们的安富尊荣全赖平民的汗血和外国人的剩肴残羹。同时，受剥削的农民阶级，无论他们如何守旧，如何愚蠢，始终不至于馨香祷祝请督军去杀他们，请政客去污辱他们，请官僚土豪去鱼肉他们：——他们最小限度的要求——生存。工人阶级当然更受不了所谓“国立企业”——铁路等类机关中官僚的剥削，外国企业家的“洋大腿”，况且随着国内外新经济制度的发展而渐渐组织起来，觉悟到自身的利益。再则因中国经济的落后，各省、各区、各地方往往自成其为半独立的经济区域，自有其商业手工业；受欧美技术文明的促进，较大的纯粹中国的工商业亦渐渐形成一经济势力——当然还远不能集中中国的经济。这两种才是真正的中国自己的资本主义，——大概可算作商人阶级。这种商人阶级不但暂时够不上勾结外国资本，而且天天受他挤轧，不但受不着军阀的庇护宠爱，而且天天受他的勒索压迫。凡此等份子当然成为爱国派、民治派，因为他们的发展，他们的要求，处处遇见国内国外军阀财阀的抑遏。这两边的敌军——卖国派、专制派与爱国派、民治派——之间的争斗，忽明忽暗，一消一长，或进或退，已经十几年了；双方营垒内部，正在“阶级分化”的过程中，又各自有消长，或者不久双方会有内部的大爆烈（限于篇幅也不能详为论列），然而现时的总阵势是如此，五四运动不过是此斗争中一大高潮，一大激战。

何以五四运动独能成一大高潮呢？学生！智识阶级！胡适之先生说得好：

> 在变态的社会之中，没有可以代表民意的正式机关，那时代干预政治和主持正谊的责任必定落在智识阶级的肩膊上。

然而智识阶级究竟是什么东西？中国式的环境，那宗法社会的士绅阶级，当年或者曾经是“中国文化”的代表，现在不由得他不成为社会赘疣——高等流氓，以政客为职业，以议员为职业，——这是旧的智识阶级；那“欧风美雨”，学校的教职员，银行的簿记生，电报、电话、汽船、火车的职员，以及最新鲜的青年学生，是新经济机体里的活力，正在膨胀发展，——这是新的智识阶级。新的智识阶级中之学生界，尤其占最重要的地位，和旧的智识阶级中之官僚一样，——一是民治派的健将，一是专制派的镖师。

智识阶级，在生产制度尚未完全发达至有绝对平等教育之可能时，他往往立于代表社会文化的地位。这并不是智识阶级可以自傲的，而正因当年士绅享尽优越的权利，现代学生受用生产的剩余，——劳动平民的汗血，方能有此“智识”来代表文化。他应当对于劳动平民负何等重大的责任！何况在此新旧潮流冲突的时候，中国社会生死存亡的关头！虽然……虽然……政治运动单靠“良心”是没有用处的。智识阶级始终只是社会的喉舌，无论如何做不到主体。当此社会中两种政治倾向的冲突，就可以知道确是两种经济制度的倾轧：——政客不过是军阀财阀的机械，代行帝国主义侵略诈骗的野心；学生不过是劳动平民的利器，表显中国经济要求独立的意识。况且实力的关系，外国资本与中国经济的斗争，反映到政潮上来，各有各的主力军：——一方是军阀的兵匪，一方是平民群众，政客和学生不过是双方之“辅助的工具”，此等辅助的工具往往先行试用，不中用时，主力军就非亲自出马不可。不过双方主力军的训练组织，因历史的社会的条件，大相悬殊：一面是现成的，一面是散漫的，同时因世界经济进化的环境，又令一面是日落的渐死的，一面是日升的新生的。所以政客当军阀的机械，是很老练的，因为他身后辎重队、大本营“完备”得很，丝毫用不着自恧。而学生当平民的先锋却往往畏缩，因为他身后的主力军刚刚有些具体而微的模型，不肯自信不敢自信。然而军阀昏淫末日快到，平民觉悟自己的实力也就不容迟了。

两军交战了，容不得犹豫怀疑！

东方文化与世界革命*

(1923 年 3 月)

东西文化的差异，其实不过是时间上的。人类社会的发展，因为天然条件所限，生产力发达的速度不同，所以应当经过的各种经济阶段的过程虽然一致，而互相比较起来，各国各民族的文化于同一时代乃呈先后错落的现象。若详细分析起来，其中因果关系非常复杂，而一切所谓"特性"、"特点"都有经济上的原因，东方和西方之间亦没有不可思议的屏障。正因人类社会之发展有共同的公律，所以东方文化与西方文化有相异之处；这却是由于彼此共有同样的主要原因，仅因此等原因之发展程度不同，故有差异的结果，并非因各有各的发展动力以至于结果不同。此处的异点正足以表示其同点，是时间上的迟速，而非性质上的差别。

西方文化，现已经资本主义而至帝国主义，而东方文化还停滞于宗法社会及封建制度之间，如果假设此两种文化各自独立，不相关涉，便可以如此说，以得一确定的概念。然须更进一步：先明瞭此两种经济制度之不同，两种制度的特性，然后看他们俩各自发展中的动象，以至于因发展而相接触，因相接触而起混合的演化，便能得现代世界政治经济的形势，世界革命的渊源及其趋向。这是研究的方法。至于详尽的说明，不是一篇杂志论文所能了事，况且此处为篇幅所限，只能略略指明，以后再逐期详细讨论。

中国人，甚至于学者，所心爱的东方文化究竟是什么？

第一种元素是宗法社会之"自然经济"。

---

* 本文原载 1923 年 6 月 15 日《新青年》季刊第 1 期，署名屈维它。收入作者自编《瞿秋白论文集》时，删去了原文结尾的一段文字，这里仍予保留。

"中国之'家庭手工业'，在城市之中，尚且还有不少保存着呢，并且是在很老很大的商业城市之中。譬如宁波，有三十万人的居民，前一辈的妇女还是亲手制作衣履，以供夫妇子女之用。当时青年妇女，自己本亦能专做女工，若竟向商铺购买此等事物，必定引起大家的注意，以为怪事。"（见 Dr. Nyok-ChingTsur 之《宁波人的企业》，德国蒂宾根一九〇九年版，第五十一页。）这是十五六年前的话。如今呢，比较僻静的外省外县，还不是如此？更不用谈到乡村了。农家手工业本是中国宗法社会的经济基础之一。至于农业上之土地制度、义庄制度、族有制度等之宗法社会的色彩，尤其明显。记得二十年前的老太太们，若听见姑娘们要到店里买鞋，必定骂他们"无耻"，若看见洋手巾、铅笔，都说是有"洋骚气"。此种厌恶西方文化的态度，崇拜东方文化的旧梦，何等高傲，何等自大！其实中国木匠的鲁班祖师，秀才的至圣先师和文昌帝君，都不过是中世纪"行会"、"教会"式的文化。假使社会学家、经济学家看见中国理发师手臂上刻的花纹，中国字画上"世伯"、"世兄"、"年兄"、"姻侍生"等的题款，必定很高兴，以为社会史上、经济史上添了不少陈列馆中的材料。——所谓伦常纲纪，阴阳五行同样是宗法社会或行会制度的表征而已，并无特异的文化，更无神圣不可侵犯之处。

第二种元素，是畸形的封建制度之政治形式。

东方其他各国的宗法社会现象，虽然各有特殊形式，与中国不相类；然而性质是一样的，也许色彩的浓淡相异而已，可是此地封建制度的遗迹，却很显露，比中国明显得多，田地制度、劳役制度处处都可以表现此等国家中经济上的封建遗迹。至于中国呢，难道完全脱离了封建制度？中国当初因民族斗争的结果，经济文化屡屡受外族的破毁，并为地理状态所限，经济上的发展至近代尚停滞于宗法社会之"半自然经济"；**这是屡进而又屡退的过程**（此层意思将来再当详论，此处仅限于总观念），所以政治上虽屡见统一的君主专制政体，其实并非真正的集权政府；不过以宗法社会为基础，承封建制度既经屡起屡仆，"诸侯"的力量薄弱，经济上的凭借极不稳固，资本制度又为技术所限无从发生，那时所谓"资产阶级"仅得极小的一部分商业上的分配权，所以君主得勉强建成立于一盘散沙之上的"中央政府"，政府之下隶属无数的小经济单位，就是家族、百"姓"。因此，百"姓"之中的"**大姓**"、"**世家**"，往往可以形成似贵族非贵族的阶级，而官僚、疆吏、地方官亦能形成似诸侯非诸侯的统治者。封建制度于政治上实未曾死灭，况且

“改丁归漕”之法律上的实行不过是一个半世纪以前的事，而“捉差”、“办差”等制，直到清朝末年还是存在，经济上又何尝可以说封建制度完全消灭于秦灭诸侯之后呢？新式社会，若无建设他的相当动力，是不能代旧式社会而兴的。中国独立的文化之中，经四五十世纪的历史，而竟不能求得丝毫类似于资产阶级的民权主义，也就无足怪了。辛亥“革命”，为资产阶级透了一口气，可还不是资产阶级的革命，——资产阶级的革命不但没有完成，并且着手预备得也还很少。因此，封建制度的余势大盛；中国资产阶级的稚弱，统一君主的败落，各“地方”区域内的经济发展，及外国帝国主义的利用，——有此四端可乘，于是军阀割据制度成，而所谓“统一的”中国遂崩坏分裂。中国社会乃逆世界潮流，由“民主革命”反退向封建制度。现代中国的军阀制度所异于欧洲中世纪的封建制度者不过两端：一，后者为自其原有的经济基础生长而成，前者乃攫得此种经济基础于外；二，后者根据于采地制度农业经济，而前者根据于雇佣军队投机商的财阀；——同样都是资产阶级经济发展的障碍。然军阀制度，由先得政治地位进而行经济侵略，剥削商民，压迫劳动者，不但简直和封建诸侯相似，而且比封建诸侯更可怕。依西欧历史的类似阶段而论，中国其实还没有封建制度，比封建制度还早一期，——正在由部落的酋长时期，进于封建制度的过程中呢（此处当然是比拟而说，不可拘泥）。例如四川、云贵、湖南、山西、甘肃、东三省等，几乎全是一军征服之后渐渐依据地势强行逼迫商民，凭借当地的经济势力，实行农奴制度式的劳役征调以剥削劳工民众，于是造成他自己的“政治势力范围”：四川省内现时有各军队之“保商”、“护商”制度，——商人怕“匪”，当初请他们“保镖”，现在落得反客为主，每次护商队“临幸”，商人反须贡献一大笔费用，往往超过所有货价百分之五十，颇与俄罗斯开国史上商人请镖师，镖师变成“外国来的王爷”相像；福州“拉夫”办法几乎完全恢复清朝乾隆皇帝下江南的“捉差”制；京汉铁路、汉阳工厂，自从今年罢工失败后，实行军队强迫工作；其他残杀奸淫，拘禁铐掠，和封建时代的诸侯对待农奴的手段相比，有过之无不及，劳工平民一概是为军阀经营生产交通的牛马。凡此都不过是最显著的实例，其他相类的事情，举不胜举。此等现象，由所谓“自由”贸易（经济学上谓之“简单的商品生产制”）变成小诸侯辖制的商业，由所谓“自由”劳动变成公开的武力强逼的力役，——岂非中国社会逆流退向封建制度的铁证！中国“东方文化派”的学者所要保存的，是否此等肮脏东西，人间地狱？

第三种元素是殖民地式的国际地位。

东方诸国，其在政治上经济上的发展既落后，及渐与先进（文明）国家相接触，迎受西方文化——资本主义，遂不得不成为此等国家的殖民地；而西方“文明国”输入资本主义的形式，就是帝国主义。资本主义在西欧初发展时，正是封建制度的劲敌，然侵略国外弱小民族之际，却往往辅助此等民族内部的封建制度，其实是维持自己的统治权。凡是所谓强国，因其经济上资本主义的要求，可以进而为种种政治上军事上的侵略阴谋，务使殖民地的经济生活适宜他的剥削政策，所以维持殖民地内能代行其统治权的各派各阶级的势力，直至完全克服臣属此等弱小民族为止。中国的地位尤其可危，因有所谓“国际均势”，而成为国际的殖民地。各强国得以勾结各经济区域内的事实上的政府（军阀），以至于新生的大资产阶级，间接实行其统治权；其结果，军阀为互相争夺势力范围而时起战祸，列强亦因互争势力范围而阴谋倾轧、赂买、威吓，令中国顾东失西，日陷于绝对臣服的地位。各国各势力范围内的经济发展程度若有异，则其对待中国军阀或中国资产阶级的态度亦就不同。中国的军阀既须有经济上的凭借，每每能令其地方政府渐成资产阶级经济的发展之中心点，所以外国资本之占有此经济区域者，必从而役使之，利用之。同时，若是军阀凭借经济势力的形式太鲁莽，——足以障碍资产阶级经济的发展，那时外国资本之较强者，能力贯于几省以上，就想除此障碍，而与国内的大资产阶级携手。然帝国主义的性质唯在于：一、投货，二、搜刮原料，三、投资，四、开发原料——凡此都是救世界的资本主义于危亡所必须的程序，此中仅因其经济侵略力发展的阶段不同，而异其掠夺的方式，异其所维持之阶级；而总观起来，他决不能容中国民族资产阶级充分的发展，因为中国若是经济上真能独立发展，则帝国主义必受挤而颠覆。所以不论他是辅助军阀，或是辅助财阀资产阶级，他必有一相当限度，辅助至此而止，——力求合于他自己的目的。所谓资产阶级经济的发展，是外国人在中国经营的经济；此地所谓助国内资产阶级排除障碍，不但此等障碍专是外国经济在此发展的障碍，而且所助的“国内的”资产阶级，亦正是依赖外国资本为生的资产阶级。譬如最近汉口的外国商人，趁京汉工潮的失败，役使湖北地方政府专门封闭工会之与外国企业有关系者，足证军阀的制度始终大有利于外国资本；再则如上海镇守使确实是外国资本家的刽子手，外国资本家的报纸可以一面鼓吹中国资产阶级之所谓“裁兵理财制宪”运动，一面协同军阀竭力压迫一切平民之集会结社自由，甚至于市民（资产阶级）欢迎孙中山的大会都在禁止之列，更不论工会！可见外国资本甚至于与军阀同样采取极公开的野蛮政策。所以不论如何，帝国主义客观上自成为使中国社会退向封建制度的重要原因，同时又以强力纳入资本主义。一九二二年，上海金银业工人罢工，外国老爷竟放出猎狗来噬啮工人，此等现象只有“东方”——殖民地上可以发现，自古以来无论天灾战祸弄得人烟断绝，禽兽横行，也只有乌鸦啄白骨，野狗啃死人的惨状，决比不上故意纵犬吞噬将活人当狐兔一般看待的新奇，真可算是东方文化的特色！

宗法社会的文化早已处于崩坏状态之中，而所谓“东方文化派”的学者还在竭力拥护；或者说，谈文化何必论到此等琐琐屑屑的“细事”。然而要知道，所谓“文化”（culture）是人类之一切“所作”：一、生产力之状态，二、根据于此状态而成就的经济关系，三、就此经济关系而形成的社会政治组织，四、依此经济及社会政治组织而定的社会心理，反映此种社会心理的各种思想系统，——凡此都是人类在一定的时间一定的空间中之“所作”，这种程序是客观上当有的。“作者”是人而非虚灵，不能离时间空间而独立。所以研究他的“所作”也自然应依此程序。若是研究文化，只知道高尚玄妙的思想，无异乎“竖蜻蜓”之首足倒置的姿势，必定弄得头晕眼暗。“伦常纲纪，孝悌礼教”的思想明明是宗法社会的反映，不必多论；“和平好让”更是因宗法社会中经济发展薄弱，虽争亦必不能多得，祖孙、父子、兄弟、伯叔在同一经济单位之中，求分配的相安，除此更无别法；中国的“天下四海观”，尤其是古旧的封建制度崩坏，而经济发展刚到“简单的商品生产制”，不能前进，加上宗法社会的经济组织，所以大家只觉得要“安居乐业”，各人管各人的家事，各人做各人的生意，用不着集权的国家，如何能有国家观念？——只当着其他各国，其他各民族也和中国一样呢。若更说玄妙些，讲到东方人的习静养心、绝欲诚意的功夫，尤其可笑。请问：在如此恬静的农村生活里，威严的君主政治下，求不到什么“物”，所以只好养“心”，不会满欲，所以只好绝欲，——是不是东方文化的优点？要知道罗马时代也有“天下观”，中世纪教会中也有绝欲主义，又是什么奇珍瑰宝！诚然不错，我们决不否认精神上的力量能回复其影响于物质的基础，社会思想往往较其经济发展落后一步，所谓历史的“堕性律”；然而最根本的动力，始终是物质的生产关系。譬如中国经济发展，较之十年前已经大不相同，然而北京总商会仍旧只有送万民伞的本领，福州市民甚至于打着白旗向日本领事馆投降，这真是宗法社会封建制度之奴隶性的心理，崇拜君父的滥调。若是此等幼稚的资产阶级能运用现时所有的一些实力，也决不至于如此。虽然，假设中国资产阶级真有极大的工厂，几万万的银行资本，他还肯如此俯就么？那时，恐怕此等敬长上不争夺的“美德”早已烟销云灭了。而此种物质力的自然发展，决不能以一纸唯心论而打消，决不能以仁爱的空名来限制，其实已经容不得你“预防”，——中国的资产阶级还没长成，外国的已经现成。帝国主义无孔不钻的渗入中国的政治经济生活之中。你爱和平；他却不爱；你讲诚意，他却不讲；你自己老实，他却不老实呢。

中国的文化，——宗法社会，已经为帝国主义所攻破；封建制度，已经成帝国主义的武器，殖民地的命运已经注定，现在早已成帝国主义的鱼肉。我们也决不歌颂西方文化，因为文化本无东西之别。文化只是征服天行；若是充分的征服自然界，就是充分的增加人类驾御自然界的能力。——此种文化愈高，则社会力愈大，方能自强，方能独立，方能真正得自由发展。帝国主义处处阻滞此种可能；于殖民地上往往最初一期外国人似乎是文化的宣传者，然而只要看一看下列几项“琐事”，就可以知此种的“宣传”的限度了：美国人在中国所设学校都授美国宪法，还不是些自由平等法律之类的原则！然而美国人克门私运现银出境，犯了法被发觉，反与关卡兵士冲突，受误伤致死，美国政府却不惜以改变对华政策为要挟，庇护这一犯法的人。基督教青年会自诩为文化机关，教会了中国学生踢球、打球；等到和美国兵赛球时，赢了他的球就应该吃他的巴掌（北京）。此等税关法例、球场规则，原来是中国人新近学来的，也可以说是极粗浅的社会共同生活的公约，而中国人却无福气实行。至于科学艺术也受限制，住在租界上的人，连看一本马克思主义的经济学都要捉到巡捕房里去。请问“真正民主共和国”的民主主义在哪里？帝国主义不但为经济上政治上的侵略，并且扰害殖民地的法治，竭力阻止殖民地人研究真正的科学，唯恐弱小民族因真得科学文明而强盛。

宗法社会及封建制度的思想不破，则于帝国主义的侵略无法抗拒；所以不去尽帝国主义的一切势力，东方民族之文化的发展永无伸张之日。科学文明是资产阶级的产儿，然而亦就是破毁资产阶级的起点。宗法社会的仁义道德说亦正是宗法社会破产的先声。至仁义道德说之真正的平民化及科学文明之真正的社会化时，就是一切旧社会的末日。此种文化过程，在先进“文明国”每每分为两段；因世界经济的发展其时尚有相当的余地，所以强国得以从容不迫先经所谓“民主主义”，而后重返于绝端反对民主主义的帝国主义，先经科学的文明而后重返于反对科学的市侩主义，非至于旧社会中的新力量勃生、澈底翻腾，演为无产阶级革命之时，此种“循环论证”不能终止。至于殖民地上，此种过程，却有不得不双方并进之势：就是民族的解放运动，普通的民主运动，因阨于帝国主义之故，自然当与世界的无产阶级革命相融合而为一；于思想上即是道德之平民化与科学之社会化两阶段同时并呈——道德与科学本非相消的。只有真正的道德，真正的科学是颠覆东方文化之恶性的利器。此种恶性：宗法社会、封建制度及帝国主义颠覆之后，方能真正保障东方民族之文化的发展。

所谓东方文化的“恶性”决非绝对的，宗法社会的伦理也曾一度为社会中维持生产秩序之用。但是他现在已不能适应经济的发达，所以是东方民族之社会进步的障碍。西方之资产阶级文化，何尝不是当时社会的大动力。但是他既成资产阶级的独裁制，为人类文化进步之巨魔，所以也成了苟延残喘的废物。直至帝国主义沟通了全世界的经济脉络，把这所谓东方西方两文化融铸为一；然亦就此而发生全人类的文化，——世界无产阶级得联合殖民地之受压迫的各民族，以同进于世界革命，——此种趋势，此种新革命文化的先驱，正就是杀帝国主义的刽子手。宗法社会的思想代表还正在竭力拥护旧伦理，世界资产阶级也反过来否认新科学。这也难怪，原来他们俩，一在殖民地上，一在强国之中，都已魂游墟墓，看不见前途，所以不得不向后转。世界的资产阶级，既以科学的发明，作为少数人享福之用，他眼看着用了这许多精力，杀人放火的机械制造得如此之精明，始终还是镇不住“乱”，保不住自己的统治地位，所以他的结论是“科学无能”。这刚刚迎合了宗法社会的心理，于是所谓“东方文化派”大得其意。其实那里是什么“科学破产”，不过是宗法社会及资产阶级文明的破产罢了。世界的无产阶级正应当用敌人所怕的武器，殖民地上的劳动平民也应如此。世界的资产阶级及殖民地上的贵族阶级已经没有能力，——为他们所依附的经济制度（私产制及自给经济）所限，——不能再前进；自己不能克“物”，所以不得不教人“克己”。难道受压迫者便真听了他们“克己”，讲唯心主义么？因此可见，颠覆一切旧社会的武器正是科学。科学只是征服天行的方法。在少数人垄断此种方法之结果的社会里，方法愈妙，富人愈富，于是社会中阶级斗争愈剧烈，国际间战祸愈可惨，因此以为是科学方法本身的罪恶，其实假设大多数人能应用科学，则虽有斗争亦自能保证将来发达进步之可能，只因此等进步已非资产阶级文化的进步，而是无产阶级文化的进步，所以资产阶级要否认。等到私产绝对废除，阶级消灭时，科学愈发明，则体力劳苦的工作愈可减少，全社会的福利愈可增进；物质文明愈发达，经济生活愈集中，则精神文明愈舒畅，文化生活愈自由，——为“求生”的时间愈少，则为“求乐”的时间亦愈多了。那时，才有真正的道德可言，不但各民族的文化自由发展，而且各个人的个性亦可以自由发展呢。要达到此种伟大的目的，非世界革命不可，——这是“无产阶级的社会科学”的结论，有客观事实可按的。只有世界革命，东方民族方能免殖民地之苦，方能正当的为大多数劳动平民应用科学，以破宗法社会封建制度的遗迹，方能得真正文化的发展。况且世界无产阶级的革命中，若是东方民族不能以自力先行从事于一切革命运动，断绝一切帝国主义的“辎重队”，使无发展余地，亦必暂限于停滞状态。所以必须以正确的社会科学的方法，自然科学的方法，为劳动平民的利益，而应用之于实际运动；当令西方的无产阶级与东方的弱小民族一致的起来反抗帝国主义，乘现代各地生产力发展之矛盾性，凭客观的政治经济实力以斗争，即此锻炼其主观的阶级意识；逐步前进，颠覆宗法社会、封建制度、世界的资本主义，以完成世界革命的伟业。如此，方是行向新文化的道路。

这一方针固然非常之明确，然而实际运动之时，尤须时时不忘科学的方法，缜密的考察，因时因地而相机进行。无产阶级革命与东方民族革命相应的方法，以及东方民族内部运动之阶段，都必须是极慎重的研究。

中国之地方政治与封建制度*

(1923年5月2日)

中国的经济发展久停滞于宗法社会及半宗法社会的状态，所以虽然号称“中国”，其实是一个一个大大小小的“半自然经济”的区域，生生的粘合起来罢了，——那里是整个完全的中国？因此，每一经济区域自然形成一政治的中心，——割据的局面借此而造成。从外国资本制度的侵入以来，一方面，他利用中国社会此种涣散零落的经济组织，假手于官僚军阀，而确立其“势力范围”；同时别一方面，工商业亦因之作畸形的发展，渐渐破此几十重障壁，以求大刀阔斧的运用其“欧洲式文明”。暂时的局势如此，所以军阀制度有所凭借，——外国资本家及中国奸商的经济力量，直接的或间接的都还可以在一区域内载得住所谓“地方政府”。然而，亦就因为如此，一面反激，一面开濬，中国的平民渐能养成其反抗力及组织力，尤其以无产阶级化的劳动者为甚。

中国的经济程度既如此，平民的经济能力不能集中，政治实力自无结合，于是，非受专制君主之巡抚镇守，就受变相的封建诸侯（军阀）之督理宣慰，——虽有所谓“辛亥革命”，也是枉然。“统一，统一”，——初不过是一尊的皇帝制度的呼声。等到军阀势均力敌，等到中国平民经济力增长，——前者相互之间畸角势成，畏于发难；后者逐渐开展，力求接触，急需融汇，于是有今日要求“省宪”（或自治）与“统一”同时发作的现象。固然是政治经济略进一步的朕兆，然而结果必仅得封建制度与资本制度妥协撮合的复影。现在的反动势力，或以自力，或借着外国帝国主义作后盾，还在极力把中国社会往后拉，——回向封建制度，况且地方政权的本身（军阀），依其天性，已经是畸形的

* 原载1923年5月2日《向导》第23期。署名秋白。

封建制度的现象。中国自己的工商业之发展，却在要求正轨的进步，要求自分而合，融汇全国经济为一体。此处为篇幅所限，不能详尽分析，但请中国平民，处此进退顺逆两潮流中，看清自己所处的地位，方能积极奋斗。否则，军阀借重帝国主义姑不待言；经济不能独立的中国资产阶级也要借重帝国主义，甚至于政治能力薄弱的平民，也想借重帝国主义，这才是“有奶便是娘呢”！

要知道，不论是整个的，是零碎的，是和平，是武力，帝国主义的“野心”非吞灭中国净尽不止。其实他连这“野心”之心也没有，世界政治经济状况逼迫他，使他不得不如此做，——帝国主义若没有中国，便不能存在。这是他的生死问题，可亦是中国的生死关头呵！中国若是畸形的封建制度国家，则帝国主义格外容易零刲脔割；若是经济潮流倾于统一，有利于列强财政资本的攫取，则帝国主义亦将助大资产阶级与大军阀携手，或是武力统一，或是……反正不出他的范围。独有积极的以自力消灭此封建制度，不但间接已与帝国主义一大打击，而且也非此不足肃清“中央政府”，建立“平民的统一国家，平民的地方自治政体”。

请看：

一、湖南赵恒惕委托中交两行代向外商借债二百万元，以地丁作抵，好来养兵。

二、山东省议员王贡忱代日商冒牌承办盐田。

三、福建农民因军队拉夫，行农奴时代之政策，持白旗请愿于各国领事，要求收容，表示脱离中华民国国籍之愿望。

四、浙江公民开大会反对议员受赂费，反遭政客走狗殴打。

五、江苏省长勒派七百万公债。

六、河南张福来违背约法，禁止京汉工人开总工会。

七、湖北萧耀南任意屠杀京汉罢工工人，封闭工会。

八、直隶曹锟擅行拘捕京汉工会之职员代表。

九、吴佩孚开府洛阳，据国家铁路，视为私产，任意取携。

十、张作霖霸占东三省，俨然王国，甚至于外交人员都成张氏家臣。

这不过拉杂举的例，其他各省，没有一处不生这种“地方问题”，难道是“省宪”、“自治”所能解决？此种目前现实的“地方问题”，关系于中国社会生活非常重要，不在中央的国会、制宪、理财等问题之下。中央问题的解决不足以解决地方问题。地方问题的解决更不足以解决中央问题（如：中央财政既非歼尽军阀不得解决，省宪运动更无能力保障民权）。原来现在所谓“中央”，实际本未存在，只是各“地方”中最强者的称号。本来没有合，有什么可分！单就上列各例而论，中国现存的制度，明明白白是一封建形式，——正要创造中央，以合经济生活求统一的倾向，决不用倡导分治，停滞社会进化的机运。平民的创造中央自然应当从地方着手，然而必须一竿到底；否则限于自治，不但中央问题不能解决，自治始终不得稳固，而且至多弄得个宗法社会的同乡主义，——在现代的中国是不可能的事。军阀假使得大资产阶级与之妥协，便要妄想以武力统一，势必造成皇帝制度，那时更无所谓民权；若是他暂时势力微小，又要利用小资产阶级的联治运动，甚至于卢永祥之冒充同乡，——以巩固他的割据的局面。对于外国帝国主义者，必利于有军阀的统一或联治，决不愿有平民的民权运动建成真正的独立国家。所以他尽可以一面与吴佩孚吊膀子，一面暗助陈炯明，一面附和上海大资产阶级的理财裁兵的空言，一面嗾使萧耀南于京汉罢工失败后，尽行封闭湖北的各种工会，——尤其注意于与外国资本有关系的。凡此一切，都因中国正在过渡时代，经济组织还不免涣散，而平民运动方在开始，力量很小，以至于放任军阀及帝国主义横行，——是地方政治的畸形的封建制度之恶现象。

经济区域所限，政治运动往往易于散漫，不是此起彼落不相呼应，就是只顾中央忘了地方，或是只顾地方忘了中央。现在各地方的问题如此迫急，中央的问题如此纠葛，看来混淆杂乱，好像各不相关，其实大谬不然。军阀制度自成其为无系统的系统，——试看：郑州封闭京汉总工会；汉口、长辛店拘捕残杀工人；津浦革除“不安分的”工会职员，以至于寻常苦力，任他流离失所；接着上海就禁止商会的裁兵示威运动，商人因此缩脚；北京毒打学生；孙传芳进闽，沈鸿英乱粤，杨森入川。请问：何丰林不去，市民行动都不自由，裁什么兵，理什么财！吴佩孚不诛，成都石室中闭门制宪的省自治骗什么鬼！

可见中央地方问题原是分不开的。必须要痛痛快快的总解决。不但是“必要”而已，而且已有开始的“可能”。何以呢？帝国主义已经渗入中国经济生活，铁道矿山及汽机工业既集中资本，同时亦集中无产阶级，都已到一定的程度。京汉路总工会有成立的需要，全国铁路工会有成立的需要，矿工海员亦是如此，以至于全国的劳工运动之统一；不但劳动平民如此，近年资产阶级——商联会等一切运动无不有由分而合的趋势；就是新银行团等外国大资本家声言“中国不统一不借款”，也足以证明中国经济生活、政治生活中统一的需要（除非是投机式外交阴谋的政治借款，方肯冒险）。总之，中国现时地方政治的封建制度，虽有万恶军阀帝国主义的一部分的挽留，始终是留不住的了。他们自己都渐渐的想着，——不过暂时势均力敌，互相争长，真命天子还没有露面罢了。此种阵势只有两方决最后的一战。究竟是军阀来统一，还是平民来统一？军阀统一是由封建变成郡县的老文章，平民统一是由封建进于民治的大进步。中国的人民呵，请问你愿意那一种？由现势进于统一，必经地方革命；若放任军阀霸占地方或与之妥协“自治”，必不能进于平民的统一，并不能得真正自治。军阀妥协的自治不过以地方为其侵夺略取的根据，各求遂其武力统一的梦想；平民革命的自治方能互相汇合直取中央，以建立真正的统一。中国的人民呵，请问你要那一种？

最大多数的中国劳动平民，要求全国的联合正是非常迫切，已到澈底以自力打破畸形的封建制度之时机！

孙中山氏是中国民主派的先锋，屡次尝着依赖武力革命的滋味，如今方觉悟平民群众之能力：“平民有罢工罢市、拒纳租税、撤回代表之能力。”全国商会也有过这样的宣言。可是等到京汉路工真正实行罢工，并酝酿全国的铁路罢工，那时却不见各方的援助，商会更吓得自己声言不敢“附和”。劳工阶级在智识上或者因为替人家作牛马没功夫求学，比资产阶级的文化程度差些；然而他在“社会的意识”上，却比资产阶级的政治觉悟高得多呢。他不怕外国人说闲话，也不怕何丰林出告示，——以中国政治问题看作整个的看，要运动必是趋于统一的运动，现在虽还是其中的少数，不久便当普遍全国，——确是能适应中国经济流动的趋势。资产阶级呢，不但胆小如鼠，只顾目前，或者倡导所谓“联治”，得一个浙江、湖南、四川现在的好成绩；甚至于上海的商界打个电报反对中央，北京的商人反看着国会府院发呆，各省公民代表受军阀赂买离间，旅外的同乡又只持快邮代电主义，白白的教邮差费神。这种解决中央问题、解决地方问题的方法，真正笑死了人！若是不改这种谬误观念，永久不能脱离军阀的压制，那就只有持白旗降服帝国主义了，唉！

总之，地方问题（南北问题亦在内），与中央问题（宪法问题亦在内），应当有一线的革命的解决方法：拥护平民自由的武装革命与团结平民奋斗的群众运动，应当同时并进互相为用。应当各就当时当地联合各界以至于全国，组织平民群众一致反抗军阀政客，肃清腐败政治，响应南方革命，以直接行动积极斗争，自下而上一直涌向中央，歼灭一切军阀；然后才能自上而下以革命政府澈底解决全局，确立民权；然后才有宪可制，有财可理，有实业可振兴，有教育可提高普及……

这是中国经济发展的动象中，颠覆封建制度，掘帝国主义的根，绝帝国主义的命，所当取的方法，所不得不取的方法。

《新青年》之新宣言*

(1923 年 5 月)

我将创造成整个儿的世界，
又广大，又簇新；请几万万人
终身同居住，免得横受危害，
只希望我自己的自由劳动……
我终看得见奇伟的光辉内
那自由的平民，自由的世界。
　那时我才说：唉，“一瞬”，
你真佳妙！且广延，且相继！
　我所留的痕迹，必定
几千百年，永久也不磨灭。

葛德之《浮士德》(Goethe，“*Fuast*”)

《新青年》杂志是中国革命的产儿。中国旧社会崩坏的时候，正是《新青年》的诞辰。于此崩坏的过程中，《新青年》乃不得不成为革新思想的代表，向着千万重层层压迫中国劳动平民的旧文化，开始第一次的总攻击。中国的旧社会旧文化是什么？是宗法社会的文化，装满着一大堆的礼教伦常，固守着无量数的文章词赋；礼教伦常其实是束缚人性的利器，文章词赋也其实是贵族淫昏的粉饰。一九一一年十月十日的中国革命，不过是宗法式的统一国家及奴才制的满清宫廷败落瓦解之表象而

---

* 1923 年 6 月，《新青年》改为季刊出版，为中共中央理论刊物，瞿秋白任主编。这是他为该刊创刊号（“共产国际号”）写的发刊宣言。原载 1923 年 6 月 15 日《新青年》季刊第 1 期。

已，至于一切教会式的儒士阶级的思想，经院派的诵咒画符的教育，几乎丝毫没有受伤。如何能见什么自由平等！可是中国的大门上，却已挂着“民国”招牌呢。当时社会思想处于如此畸形的状态之中，独有《新青年》首先大声疾呼，反对孔教，反对伦常，反对男女尊卑的谬论，反对矫揉做作的文言，反对一切宗法社会的思想，才为“革命的中国”露出真面目，为中国的社会思想放出有史以来绝未曾有的奇彩。五四运动以来，更足见中国社会之现实生活确在经历剧烈的变迁过程，确有行向真正革命的趋势，所以《新青年》的精神能波及于全中国，能弥漫于全社会。《新青年》乃不期然而然成为中国真革命思想的先驱。中国现时的旧社会，不但是宗法社会而已，他已落于世界资本主义的虎口，与世界无产阶级同其命运。因此，中国黑暗反动的旧势力，凭借世界帝国主义要永久作威作福，中国资产阶级自然依赖世界资本主义而时时力谋妥协。于是中国的真革命，乃独有劳动阶级方能担负此等伟大使命。中国社会中近年来已有无数事实，足以证明此种现象：即使资产阶级的革命，亦非劳动阶级为之指导，不能成就；何况资产阶级其势必半途而辍失节自卖，真正的解放中国，终究是劳动阶级的事业；所以《新青年》的职志，要与中国社会思想以正确的指导，要与中国劳动平民以智识的武器。《新青年》乃不得不成为中国无产阶级革命的罗针。

《新青年》自诞生以来，先向宗法社会、军阀制度作战，革命性的表示非常明显。继因社会现实生活的教训，于“革命”的观念，得有更切实的了解，——知道非劳动阶级不能革命，所以《新青年》早已成无产阶级的思想机关，不但对于宗法社会的思想进行剧激的争斗，并且对于资产阶级的思想同时攻击。本来要解放中国社会，必须力除种种障碍：那宗法社会的专制主义，笼统的头脑，反对科学，迷信，固然是革命的障碍；而资产阶级的市侩主义，琐屑的对付，谬解科学，“浪漫”，亦是革命的大障碍。因此种种，《新青年》孤军独战，势不均力不敌，——军阀的统治，世界帝国主义的统治，如此之残酷，学术思想都在其垄断、贿买、威迫、利诱之下，无产阶级的思想机关既不得充分积聚人才能力之可能，又内受军阀的摧残，外受“文明西洋人”的压迫，所以困顿竭蹶，每月不能如期出世，出世的又不能每期材料丰富。然而凡是中国社会思想的先进代表必定对于《新青年》表无限的同情，必定尽力赞助；《新青年》亦决不畏难而退，决不遇威而屈。现在既能稍稍集合能力，务期不负他的重任，所以在可能的范围内，重行整顿一番，再作一次郑重的宣言。

《新青年》当为社会科学的杂志。《新青年》之有革命性，并不是因为他格外喜欢革命，“爱说激烈话”，而是因为现代社会已有解决社会问题之物质的基础，所以发生社会科学，根据于此科学的客观性，研究考察而知革命之不可免；况且无产阶级在社会关系之中，自然处于革命领袖的地位，所以无产阶级的思想机关，不期然而然突现极鲜明的革命色彩。中国古旧的宗法社会之中，一切思想学术非常幼稚，同时社会演化却已至极复杂的形式，——世界帝国主义，突然渗入中国的社会生活，弄得现时一切社会现象繁杂淆乱，初看起来，似乎绝无规律，中国人的简单头脑遇见此种难题尤其莫名其妙，于是只好假清高唱几句“否认科学”的“高调”。独有革命的无产阶级，能勇猛精进，不怕“打开天窗说亮话”，应当竭全力以指导中国社会思想之正当轨道，——研究社会科学，当严格的以科学方法研究一切，自哲学以至于文学，作根本上考察，综观社会现象之公律，而求结论。况且无产阶级，不能像垂死的旧社会苟安任运，应当积极斗争，所以特别需要社会科学的根本知识，方能明察现实的社会现象，求得解决社会问题的方法。凡是中国社会之新活力，真为劳动平民自由正义而奋斗的青年，不宜猥猥琐琐泥滞于目前零碎的乱象，或者因此而灰心丧志，或者因此而敷衍涂砌，自以为高洁，或自夸为解决问题；更不宜好高骛远，盲目的爱新奇，只知求所谓高深邃远的学问，以至于厌恶实际运动。《新青年》对于社会科学的研究，必定要由浅入深，有系统有规划的应此中国社会思想的急需。——“社会现象复杂得很呢，单是几个‘新术语’尚且要细加细绎，然后能令真正虚心诚意的革命青年及劳动平民知道‘社会’是个什么东西！”

《新青年》当研究中国现实的政治经济状况。研究社会科学，本是为解释现实的社会现状，解决现实的社会问题，分析现实的社会运动；真正的科学，决不是玄虚的理想。中国新思想的幼稚时期已过。现在再也可以不用搬出种种现成的模型，勉强要中国照着他捏。其实“中国式的新乌托邦家”不但不详悉他自己所荐举的模型，而且也不明瞭中国社会，正因不了解社会科学的方法，不能综观实际现象而取客观的公律，所以不是泥于太具体的事实，——说到中国政治，头脑里只有张、曹、吴、孙几个大姓大名，就是力避现实，逃于玄想；说到经济改造，满嘴的消费、生产、分配等类的外国新名词，不会应用于实际。《新青年》现在也要力求避免此等弊病，当尽其所有区区的力量，用社会科学的方法，试解剖中国的政治经济，讨论实际运动。

《新青年》当表现社会思想之渊源，兴起革命情绪的观感。社会科学本是要确定社会意识，兴奋社会情感，以助受压迫被剥削的平民实际运动之进行。所以对于一般的思想及情绪之流动，都不得不加以正确的分析及映照。一切文学艺术思想的流派，本没有抽象的“好”与“坏”，在此中国社会忙于迎新送旧之时，《新青年》应当分析此等流派之渊源，指出社会情绪变动的根由，方能令一般的意识渐渐明晰，不至于终陷于那混沌颟顸等于飞蛾投火的景象。再则，现时中国文学思想，——资产阶级的“诗思”，往往有颓废派的倾向，此旧社会的反映，与劳动阶级的心声同时并呈，很可以排比并观，考察此中的动象；亦可以借外国文学相当的各时期之社会的侧影，旁衬出此中的因果。尤其要收集革命的文学作品，与中国麻木不仁的社会以悲壮庄严的兴感。

《新青年》当开广中国社会之世界观，综合分析世界的社会现象。社会科学本无国界；仅因历史的关系，造成相隔离的文化单位，所以觉得各国有各国的“国粹”，其实不过是社会的幻觉，泥滞于形式上的差别。中国受文化上的封锁三千多年，如今正是跨入国际舞台的时候，非亟亟开豁世界观不可。况且无产阶级的斗争本来就是国际的，尤其不可以不知道各国劳工革命运动的经验。因此，《新青年》当注意于社会科学之世界范围中的材料，研究各国无产阶级运动之过去与现在，使中国得有所借鉴。从最反动的日本至赤色的苏维埃俄国，都应当研究。

《新青年》当为改造社会的真理而与各种社会思想的流派辩论。社会科学，因研究者处于所研究的对象之中间，其客观的真理，比自然科学更容易混淆。因此，人既生于社会之中，人的思想就不能没有反映社会中阶级利益的痕迹；于是，社会科学中之各流派，往往各具阶级性，比自然科学中更加显著。《新青年》是无产阶级的思想机关。无产阶级于现代社会中，对于现存制度自取最对抗的态度；所以他的观察，始终是比较上最客观的。何况《新青年》在世界无产阶级的文字机关中，算是最幼稚的，未必有充分健全的精力，足以为绝对正确的观察。有此两因，都足以令《新青年》不能辞却与各方面的辩论：一则以指出守旧各派纯主观的谬误，一则以求真诚讨论后之更正确的结论。于辩论之中，方能明白何者为无产阶级的科学结论，何者为更正确更切合于事实的理论。总之，为改造社会而求真理。

中国幼稚的无产阶级，仅仅有最小限度的力量，能用到《新青年》

上来，令他继续旧时《新青年》之中国“思想革命”的事业，行彻底的坚决斗争，以颠覆一切旧思想，引导实际运动，帮助实际运动，以解放中国，解放全人类，消灭一切精神上物质上的奴隶制度，达最终的目的：共产大同。《新青年》虽然力弱，必定尽力担负此重大责任，谨再郑重宣告于中国社会：

《新青年》曾为中国真革命思想的先驱，

《新青年》今更为中国无产阶级革命的罗针。

《新青年》既为中国社会思想的先驱，如今更切实于社会的研究，以求知识上的武器，助平民劳动界实际运动之进行。而现代最先进的社会科学派别，最与实际的世界革命运动有密切关系的，就是共产国际。所以《新青年》新整顿之时，特以此“共产国际号”为其第一期。

中国资产阶级的发展*

（1923 年 6 月 2 日）

一、中国资本主义发展之特征

中国的宗法社会遇着帝国主义之政治经济的侵入，而起崩溃，方开始有真正的“资产阶级的发展”（hourgcois developpment），亦可称“资本主义的发展”（capitalist development）。帝国主义开发剥削殖民地以拓展其资本主义，适以自种世界资本制度彻底崩坏的祸根；中国之资产阶级的充分发展本非帝国主义所能容忍，然而他既要投资投货于中国，就不得不破毁中国的宗法社会之束缚，不得不建立相当的资产阶级的关系。

帝国主义的侵略，割占领土，攘夺富源，投货投资，令中国农业破产，农民阶级流离失所变成兵匪；然而，他即此就令农村之中起阶级的分化，并造成闲空的无产阶级“后备队”，——劳动力极低廉的工人，足以应资产阶级的需要。手工业受外货的影响日就衰落，更加增多失业的劳动者；而且亦因外货而国内渐渐形成“商业资本”，——商人渐能组织生产，发现“家产工业”（domsstic industry），如商铺散给小户女工以绒绳洋线，而令织袜帽手套线袋等类的制度；更进而成就“工场手工业”（manufacture），如组织手机的小工场等。至于工业之中，外国资本主义最初本当力阻其发达，却因欲行铁路投资，且尤须采取煤铁，非有大规模之机器事业不可，于是借款官营，千方百计自取其管理权，

* 本文原载 1923 年 7 月 1 日《前锋》第 1 期，署名屈维它。在收入作者自编论文集时，个别地方有修改，并加小标题。

成就中国特有的所谓“官僚资本”，实际上是外国资产阶级的势力。然而机器既已输入，引起中国资本发展的自然要求，却反因与之竞争，而不得不趋于更集中的倾向；甚至于一瞬而已入最新组合企业的方法，如华商纱厂联合会已具“新狄嘉”（cyncionat）的雏形。外国资本主义投货时能豢养一种寄生的中国商人阶级，专销外货或代收原料；然而中国工场手工业及工业既有片面的发达，市场之上发现所谓“国货”，亦就造成与外货对抗的形势，与外国资本家对抗的商人阶级；尤其是侨居外国的商人，借外国市场完成他们“资本之初期积累”，能力更超过国内商人，更进而能与外国争投资。固然，外国巨大的财政资本与中国幼稚的资产阶级之间，无所谓自由的竞争，列强单刀直入径借政治外交势力掠夺范围，对矿山铁路的投资无不带政治意味，欲使中国资本之发达径成为帝国主义的发达，——至今汇丰银行已能掌握全中国的金融，新银行团更想操纵全国的财政交通；因此中国虽有自己资本发展的形势，造成稚弱的新式银行资本，然而，一则大工业所须过多非其力所能支，二则政治投机获利常较生产事业为大，于是也来争尝异味，以政治为营业，又因关盐大抵押品都在外国人之手，始终跳不过他的范围；然而国内经济生活为帝国主义所拓展，内地旧式的放款（信托）事业（Credit）始终日有发展。

既如此宗法社会的小农及小手工业经济日益崩坏，而资产阶级的新手工业、工业、商业、信托事业日益发展。然而中国的资产阶级顺此发展便能敌帝国主义吗？不能。中国之资产阶级的发展，非由自力能渐展开及于“世界”，乃由外铄自“世界”侵渗而入中国；非但不能如英国资本，首先开发，侵入其他各国，并且不能如东欧（俄国）资本之方出世即遇劲敌，乃是受强敌之暴力所开拓：一，对外工商业受协定关税之限制；二，工业中所须之半制原料及机器，中国所无，为大工业国、大农业国所垄断操纵；三，财政权操于列强，一切信托事业为所挟持；四，工业略有进步而农业反有退化之象（即为帝国主义及资本主义之本性），原料食粮更受限制；五，农民手工业者破产甚多，而工厂所能容纳者甚少；——国内市场上外国资本主义大生产的商品与中国资产阶级小生产的商品间之势力悬殊的竞争，还不算在内。有此数因转转相乘，政治的经济的紊乱更迭而起，帝国主义更得乘机攫取，中国资产阶级的发展决无独立之可能，更决无充分之可能。

虽然，有资产阶级的发展，就有无产阶级的形成。因物价昂贵工价低廉，在帝国主义之下双方日益增盛，所以无产阶级的经济斗争实现；更因列强蛮横卑鄙的政策，军阀强暴残狠的手段，无产阶级的运动在极幼稚的状态中已经逼得直接行向民族斗争政治斗争。小资产阶级（小农、小商人、小手工业者、智识界）破产异常之速且烈，虽有流入兵队转成反动势力的机械者，而普遍的始终不满于现状（连土匪亦在内）。新生的“婴儿”资产阶级（小工业家及商人之稍能自立的）亦无不本能的反对外国：至于所谓中国的“大资产阶级”、最近新起的工业家等，亦迟早必觉着抵制帝国主义的必要。于是中国的民族运动，得最宜于组织最易有团结的无产阶级之猛进，当能联合小资产阶级，督促资产阶级而行向民族革命；以至于与世界无产阶级携手，而促成伟大的长期的世界社会革命，彻底颠覆帝国主义。

二、中国的资产阶级与辛亥革命

中国之反对帝国主义的联合战线固然如上述之大致趋势，已可明了，然因中国资产阶级的发展之途径有特异之点，自然显露种种驳杂的色彩。要明白此中的意义，也就不能不将中国资产阶级的发展作更细些的研究。

大都社会间的变象，受纯粹经济原因的影响的，往往发露得迟缓些；而受政治上近因的影响的，必更急遽。中国资本主义的发展是受外铄的，其第一步，应用近代的汽机技术，却始于军事；李鸿章与彼得大帝所行相同，而所得绝异，此中原因暂不能赘叙；唯军事技术的应用则同由防御外寇而来；在中国又恰与小农破产过程相遇，于是上则造成军阀，下则造成兵匪。军事技术为武人附虎翼，小农破产为武人增“炮灰”。这是第一层。对于生产上绝无良果，而适得其反，——陡然大增社会之消费。西欧资本主义要发达到制造巡洋舰不知道得花多少年功夫，而中国的资本主义却从巡洋舰开头！此外，外交失败，屡次赔款借债，更是增加平民破产的近因。

因侵入的经济力太强，中国自己的经济力太弱，若要勉强应付，不得不乞灵于所谓“国家”，这与西欧社会党在资产阶级发达已盛时要求“国有”的性质大异，其结果且不能令资产阶级的政府集中资本及生产（因为并无资产阶级国家），当然更不能以此口号而开社会革命之血路（因为本非劳动者所要求）；——剩得一班士绅阶级，并无经济基础而胡乱借此官营业做无本钱生意，于是发生官僚资本之第一种；其实此种营业最初大半是路矿。矿则一半供军事，一半供给外国，对于中国自己的生产事业所益有限，而消费却当比拟于先进资本国，因汽机生产成本须大；路则最初亦含有“媚外的”军事性质，虽增加国家收入，而一时并不是适应中国国民经济的自己需要的。西欧资本发达后方要求煤铁铁路，以至于进而求其集中国有，还不知要经多少周折；而中国却为着外人起见先开发路矿，再来勾通内地，并且逼得非官办不可。（辛亥革命虽闹“民有”铁路，至今中国私人资本家该得起几里铁路!）固然落后的资本国，间或也有这等办法，然实按其当地经济情形，始终比中国此种悬隔状态好几倍。次则，最初一期所谓兴办实业，实在非可怜的小商人阶级所能担任，因此私人公司也往往先归那处于治者地位的士绅阶级，以官为业的官僚阶级，以及少数巨商，大半仍是官商合办等类的把戏；处处惯于借政权作弊，绝不能发生资产阶级最初期所当有的纯粹商品经济，——就是不能全靠真正的经济力量来“自由竞争”。于是有官僚资本之第二种。当然流毒至于现在，不但不能十分组织生产，增加生产力，并且惯于与旧治者阶级妥协。——这是第二层。

中国资本主义的发展既然是适应外国帝国主义而非适应中国经济生活，所以先有国内的新式交通事业的发达，以便外货输入，原料输出；内地一切运输事业随之而兴，尤其是轮船火车兴旺；交通资本先工业资本而发展。——这是第三层。交通部在别国不过是国务机关之一，处于资产阶级国家之下，全国资本家的经济力笼罩得住这小小官署。在中国他却会变成所谓一“系”——交通系；可是这不过举例而说，其实这系乃是官僚资本与交通资本的复合幻化，且其灵魂还是包办国债制度呢。

这三层是中国资本主义出世时的特异之处，大足以定他终身的运命。本来中国旧时的所谓“一统江山”，并非政治经济程度已到的集权政府。其时，各区（省）处处自为风气，因为各有各的经济生活，所以若有武人占据，便可随时互相隔离；然而苟有力量征服“海内”，统治全局亦较容易，不用多养兵力，——这亦因为各地方经济力弱，只须削除地方的武力便告成功。因此，凡一统皇帝勘平“群寇”之后，反当解甲兵“与民休息”。否则全国生活经济必重行骚乱，“长久治安”反不能保。宋的府兵，清的绿营驻防，人数都非常之少：一则恐怕地方将官割据为叛，二则“天下”的财力也实不能担负许多。——既无必要又无可能。如今既有湘军淮军，在洪杨时屠杀十数省之后，又要加以“新军”，要用西洋军事技术，如何得了！全国因此雇佣军队的增多征调，各省游民已混流交汇；各省武官渐渐自立门户，其所凭借之武器军队大非昔比，——决不能再低头做“戈什哈”；各地土匪更是暗中滋长，——他们的兵器也能精益求精，这可不言而喻。既如此，军阀割据的祸根早已伏下，他们正在想乘机攫取地方政权。再则各地方士绅巨商借购军械、借外债、办“洋务”而自肥，渐渐觉着自己的力量；不但此种畸形发展表面上增加地方“实力”，使能剜肉补疮支持新增的兵饷；而且巨商及官僚的“资产阶级”，也学会了借谘议局或新式督抚和清廷捣乱，其实欲自护“利权”，却往往利用武人反而自缚。三则交通事业过量的开发，骤然勾通国内的茅塞，毁坏对外的“长城”，真的资产阶级也未免更受外力的大触动而开始发展；国外的富商要求国家富强而资助革命党，国内的商人初步发展便很觉着外货的侵占；各省经济生活虽日在勾通，而畛域尚未能全泯，资产阶级受此交通先时开发的影响而偏向商业发展，组织生产的能力尚非常之小；于是因他们反对专制而久伏的动机骤发，既发而力又太小不足管理国家，不得不随地请个武人“保护安宁秩序”。当时此种资产阶级发展的程度，本不能发生什么民主共和的运动。所以大多数资产阶级反对满清的动机，发于间接的恨帝国主义者多，而起于要求民权者少。辛亥革命为反抗满清及列强之双方的民族主义革命，当初是一部分失志的官僚资产阶级，利用此民族主义的国内平民及国外侨商，起而反抗在朝的官僚资产阶级；其结果，平民受欺，侨商被摈；而袁世凯等更利用此自私的新官僚资产阶级，遂成军阀统治。当初是反对铁路官有，反对大借款，反对帝国主义；其结果，铁路及借款运动仍旧失败，反而断送关盐管理权于外人，国债增加几十倍，帝国主义的势力反因此而大增。

辛亥革命之所以成其为“辛亥革命”，中国之所以成其为“中华民国”，——真是历史的必然！

三、中国资本主义发展之状况

（此节各表，西南诸省五、六、七的三年都缺，当注意）

交通事业既徇帝国主义之私而先时开发，外国资本之影响所至，摇动宗法社会之经济基础，而于农业为尤甚。荒地之增加最足表其政治上（内乱）、经济上（投货）的恶果（表一）。再则因此种种而乡农荒于耕种，不能加肥，地力日低；向来中国最重要的食品之每亩收获量跌得非常之利害。豆虽然好些而又要输出（表二），全国总共只有一•三一四•四七二•一九〇亩，荒者亦占八四八•九三五•七四八亩，本可逐渐开垦，而无如农民因食粮年益少收，物价反日益昂贵，往往弃田不种。自有十亩以上的农户无不逐年减少；而且自民国六年至七年一年之间农户总数减少二百九十余万户（尚当除去西南二三省）；农民的受兼并破产失地的景况真正可怕。帝国主义所当有好影响于农业的，当推棉田、桑田、茶田，因其为中国输出品之大宗，或为原料，或与制造品有关的，——尚且因有其他殖民地，或农业国之竞争，也不能兴盛。再则官僚巨商剥削内地农民，都移资垦殖内蒙古，——农业中畸形的不相调洽的状态日益显露。加以政治上的总原因，一总不能发达。中国为国际的殖民地，列强你牵我拉，弄成关税协定，门户开放的局面，战祸连年，无可用其保护奖励政策，——所以结果如此悲惨！

第一表

民国三年	荒地	358，235，867 亩
四年	荒地	404，369，943
五年	荒地	390，363，021
六年	荒地	924，583，899
七年	荒地	848，935，748

第二表　每亩收获量平均数

	米石	麦石	豆石
民国三年	3.692?	0.942	0.717
四年	5.158?	0.954	0.720
五年	2.180	0.888	0.563
六年	2.188	0.642	0.719
七年	1.664	0.648	0.753

农产制造品如糖烟酒等，其制造户数逐渐减少为通则，制造人数减少亦是通则，手工业者的失业日多，由此可见。因有外货竞争，每年所制出品的总数量总价值，也都年年低落。唯烟则价值略增加而已，但烟因加税且为奢侈品，故输入相竞尚能支持。油本为出口大

宗，出口仍日增，而出产总额不见加多（表三）。中国自己消费者的命运又如何呢？

第三表　油类累年比较

	制造户数	职工数	数量	价额	输出数量	输出价额
民元	299,571	1,819,090	16,072,720,623斤	2,164,450,027元	1,836,929斤	28,011,223元
二	122,787	667,073	?	144,676,393	2,014,503	25,745,287
三	147,774	576,188	893,449,849	127,581,157	1,827,724	28,948,386
四	247,774	1,350,388	7,347,731,319	189,090,304	2,307,834	31,269,660
五	122,927	446,369	910,552,712	180,095,098	3,566,230	53,383,111
六	192,340	332,901	4,582,723,177	193,990,248	3,529,572	53,142,699
七	92,741	357,194	905,483,265	132,283,319	4,085,782	72,565,196

此等实业，统计表皆注“户”数，系规模很小的工场（家庭工业）。至于新式都市生活中所须货物，却与此旧有手工业的命运相异。然都市生活发展，农村却落后无力追及，亦是自然之现象。中国资产阶级幼稚，不但不能进而大有改革于农业，并批发定货等组织方法亦极不完备；农村如此落后也就难怪，都市生活所日常需用，或日益发推广途的货物，如纸、砖瓦、火柴等，有的能支持原状，仅见停滞，或遇竞争而时起时落；有的因需要甚多，暂时外货不能供给，遂得略略发展（表四）。然大小悬殊，国货与外货竞争虽能片面的偶胜，而一切稍精的材料又往往须向外国采取，因而为所操纵。其实自己有原料，反待运出后制就熟货再输入，——此种现象是中国工业中的常态，火柴等类乃是新学“西洋式”的消费品，所以原料一半仰给外人而已。况此类工场之外，已有较大的工厂（未列入表）与之竞争，所以**工人确有集中的趋势**。

第四表　火柴累年比较

	制造户数	职工数	产品总额
民元	898	11，352	5，648，469
二	731	13，615	2，961，147
二	621	13，308	3，407，700
四	482	91，685	23，309，816

续前表

	制造户数	职工数	产品总额
五	353	39，157	27，716，905
六	337	88，072	37，863，823
七	316	74，519	29，384，020

本来此种发展仅是最初期一小部分现象，若是经过帝国主义层层开辟，交通十分便利，再加以协定关税，中国手工业及小工业只有日就衰落。况且以全体而论，中国之小工业及手工业，自辛亥革命添了国外公债重税之后，凡与宗法旧社会或小农关系较密切而不能适应竞进者，无一不趋于衰落。中国资本主义之出世便受欧美大生产的拥推挤轧，资本集中工力集中的趋势，当非常之速。若资本稍微薄的，就不能久持，较之西欧资本主义的途程大异。所以小工业若仅顾小地方，不遇外货竞争的，甚至仅及于乡村外县，于帝国主义因居民购买力尚低不用侵入之处，去专卖劣下廉价的货物，反而容易维持。否则便要有规模很大的工业，即汽机生产，方足以试与外货竞争，农业中整理改良原料的企业亦是如此，至于那半大不小的新式农场，则敌不过外国人几万万元的大批发，起码可以收括两三省小农的原料；小规模的农场成本反贵，所获"不痛不痒"——又不够干大生意，又划不来干小生意！——然而始终比在工业之中与外国资本相斗，要容易些，——农业之中只有互竞，而且战场较广，外货必系工业品居多而农业品较少，至少于最初一期必是如此。然此少数之农场在中国小农经济之大海中不过一粟而已。所以中国农业公司之发达，暂时没有多大的意义。

观下列三表可见：一，企业中资本的集中程度已经很高，——民国七年三十三个一百万资本以上的公司总共有已缴资本金一万零一百万元余，占九百五十六个公司共有全国资本总数之百分之六十以上（表六）；二，一百工人以下的工厂逐年减少，工力的集中很快（表七）；三，商业公司的公积金增加之速度远过于农工业，其公积金与资本金的比例数也远过于农工业（表五）；四，大企业的发展较小企业（上述的手工业、小工业等）为稳定，资本集中之总过程非常明了。

第五表

	农业			工业			商业		
	公司数	资本金	公积金	公司数	资本金	公积金	公司数	资本金	公积金
民元	171	6,351,672	15,168	531	54,808,202	1,623,108	131	13,427,249	25,500
二	142	6,009,962	31,030	565	49,875,160	1,857,303	151	7,695,993	230,715
三	129	4,960,209	24,190	641	62,108,218	956,132	201	11,688,830	582,177
四	129	6,241,075	44,375	644	106,901,214	2,257,670	202	17,957,880	5,058,835
五	133	9,791,489	43,873	585	132,779,808	3,374,793	225	20,579,181	2,018,081
六	132	10,663,456	35,373	557	128,243,723	2,830,559	169	22,347,334	962,279
七	101	9,498,309	34,155	533	108,902,811	4,226,469	150	22,043,645	1,307,560

第六表　公司资本别累年比较

年次	一万元未满		一万元以上五万元未满		五万元以上十万元未满		十万元以上二十万元未满		二十万元以上五十万元未满		五十万元以上百万元未满		一百万元以上		计	
	公司数	已缴资本金	公司数	已缴资本金	公司数	已缴资本金	公司数	已缴资本金	公司数	已缴资本金	公司数	已缴资本金	公司数	已缴资本金	公司数	已缴资本金
民国元年	522	1,571,377	241	4,830,102	68	4,310,897	60	7,170,430	49	15,192,200	12	8,614,022	25	69,201,655	977	110,890,781
民国二年	500	1,537,785	294	5,697,936	68	3,954,890	55	6,960,421	42	13,816,100	17	11,421,870	16	43,529,006	992	86,364,008
民国三年	551	1,489,260	305	6,471,887	85	5,308,769	73	9,084,220	55	16,058,110	19	12,149,798	22	39,933,128	1,110	90,522,172
民国四年	476	1,488,361	359	7,547,763	86	5,358,764	90	11,173,661	67	19,617,283	23	14,498,276	26	101,856,153	1,127	161,490,263
民国五年	445	1,305,784	302	6,502,626	111	6,719,893	88	11,271,280	34	28,145,166	21	14,192,641	38	123,331,620	*1,090	*186,469,210
民国六年	387	1,190,584	305	6,753,755	112	6,995,909	79	9,854,550	76	51,528,017	29	19,036,707	36	126,236,071	*1,024	*191,595,593
民国七年	378	1,092,562	275	5,627,379	86	5,389,184	79	9,791,720	78	21,226,234	27	17,791,546	33	101,213,359	*956	*162,132,484

第七表　工厂职工别累年比较

年次	七人以上 三十人未满	三十人以上 五十人未满	五十人以上 一百人未满	一百人以上 五百人未满	五百人以上 一千人未满	一千人以上	计
民国元年	18212	990	798	514	181	54	20749
民国二年	18830	1145	833	726	145	33	21712
民国三年	17447	1187	869	548	191	47	20259
民国四年	17874	1172	866	618	176	40	20740
民国五年	14408	1090	768	607	160	45	*17087
民国六年	13076	1176	667	589	179	49	*15736
民国七年	11945	1047	720	491	122	49	*14374

列强资本主义先入中国市场，然后才发生中国的资本主义。真正大工业在中国可以说绝无；处于如此强大的世界资本之政治的经济的钳制之下，方当做世界资本的销货市场及原料之来源，工业如何能发展！然而资本集中律仍极准确的发露于国内经济界，足以见其竭蹶争先的苦况，不足以言乐观。况且这还不是能抵御帝国主义的力量，仅仅能压倒国内小资本家而已。此中工业资本在帝国主义所占据的中国市场里，不过沧海一粟，对于国民经济中之生产，所能有的价值还很轻微。却是商业资本，数量上虽比工业资本小（亦仅在大企业中），而他的作用却比工业资本大。工业资本在中国要能起而与外国资本对抗不是轻容易的事。（民国七年之间，据统计每年纺绩工厂出品虽稍有增加，然始终不过五千几百万元；而外国棉织物的输入总在一万万元以上。）商业资本因无强大的国内工业，他所经营的不是批发外货，就是趸买原料以供外国资本主义；他这种大商资本亦许很要加入工业，但因外货占据市场，不得入手，况且中国商业，在帝国主义之下做中介人，利润高于工业。同时他又能结合联络全国小商小农（比要实力组织大规模生产容易得多）；而且能牵动全国经济的脉络，令地方的小商业亦随之发展。然而大商接近帝国主义，依赖他的“提拔”，资本流通能周转得很裕余。每年海关输出输入总额的增加足见此商业资本的中介作用，早已促起内地小商阶级搜括全国，力谋自肥。实际上呢，每年输入超过的亏损只能落在小商阶级，而大商阶级资财较厚，周转较大，难得吃亏。小商受亏又即转嫁之于消费者。国内的商业资产阶级之外，还有国外的商业资产阶级，应当特别注意的。侨商的发展其经济力，比较的与西欧最初的商业资本相似，所不同者，乃在于他出国“觅富”时，却已遇着世界先进的资本主义；再则国内市场已为帝国主义所开辟，轮不到他发财后再回来组织生产而渐进于工业资本。虽然如此，他没有染着内地资产阶级初发展时的官僚色彩，究竟经济实力较高一筹。民国七年统计，华侨商会会员总数二万一千余人，而商会收入总额有三十万余元。国内商会会员十六万二千余人，而收入总额只有一百五十余万。可见侨商的富力强于国内商人。他们直接受帝国主义的压迫统辖，民族的觉悟也胜于国内商人。

虽然，国内小商阶级既有相当的发展，旧时的信托事业（金融资本），亦必随之而益盛。他的收集国内资本，能深入内地，供给小商业，各就其小范围内运用，比新式银行之收集国内资本反而快，信用反而好，且发行纸币额亦很多，是证国内市场之渐扩大；并且资本日增而钱庄日减，资本集中的现象亦明显。可见真正中国自己的资产阶级确在"资本之最初积垒"过程中。新式银行的资本，应欧洲式都市生活之需要而起，然实不能周转于全国的大市场，更不能供给工业，只能利用分行经营商业投资，吸取官僚的存款；其中一部分，则专营投机事业，买空卖空，甚至于以政治官职为投机目标。在各省会等处，便造成地方的财阀，勾串军阀，在中央便包办政治性质的内债，作政治的投资。其实此种"财政资本"大半与以前的官僚资本及现时的军阀有关系，他们一部分的营业常带有政治色彩，所以信用不振而仍在争相开张，——历年此等银行之资本总数并不增加而行数反日益加多（表八）。然而总观起来银行业既不发达，而钱业规模尚甚小，零星散漫得不堪。

第八表

新式银行数（总行）		已缴资本金	旧式钱业户数		资本金总额
民元	50	36，254，919	民元	4，611	75，098，313
二	44	27，301，526	二	4，761	86，628，664
三	59	19，726，716	三	4，491	53，110，635
四	43	24，136，426	四	4，274	64，463，021
五	48	37，803，690	五	3，424	246，229，262
六	58	46，072，611	六	3，186	171，457，373
七	60	34，685，195	七	3，053	169，329，736

综观上述，可见：一，小农破产失地，特种农产原料稍有发展，大农经营已开始。二，旧式手工业衰落；新式手工业虽有集中发展的趋势，而很苦于竭蹶争先。三，工业虽日趋集中而发达有限。四，小商业发展而渐受操纵于大商，失其独立；大商业发展最速，然亦更依赖于外国资本，国外侨商却较国内商人更发展。五，旧式信托事业集中发展，而新式银行事业富于投机性质。中国之资产阶级的发展是如此。此种发展之特性，乘最初一期之流毒，乃在于：一，商业偏畸的发达，工业进步速度的较缓；二，手工业中的兼并，农民的破产与工厂吸收工人的能

量相差太远；三，生产事业如此之困厄，不生产事业如此之过度发展，弄得有“资本”而无生产；四，此三种不调谐的现象使“多余的”资本作政治投机，使“多余的”工力变成兵匪。于是不但军阀统治愈稳固，而且更促成内乱战争，战争回转来又影响及于经济，转展不已，而生产事业更衰落。再则帝国主义于此期中又更侧重于财政权的攫取，暗助内乱以遏中国的生机，——于经济竞争之外助以政治手段，因此中国革命后之政治现象当然紊乱不堪。

虽然如此，上列各统计表中民国四、五、六、七年工业及手工业部分的发达正在欧战期间，——元年至三年却尽见衰落，——这是一大关键。欧战起于殖民地问题，帝国主义因争殖民地而战，却令殖民地偷得发展之机会，所以中国虽处于如此窘迫扰乱之下，那几年仍见发展。

四、国内民族资产阶级与外国资本之冲突

欧战既完，世界资本主义国家创巨痛深，弄得欧洲经济糟不可言。战中得利的只有美国、日本，其次就是英国。他们正要恢复其经济的威权于中国——现时唯一可能的市场。中国工业既在欧战期间稍有发达，而战后不久就遇着更强的经济侵略。于是中国资本与外国资本之间渐起剧烈的斗争。

东南大学农科的王善佺引用下列的表说：

出口棉花		
年	担	关银
1912	305，711	17，021，093
1913	738，812	16，735，604
1914	659，704	12，339，549
1915	725，955	13，700，496
1916	851，037	17，091，073
1917	832，463	20，035，862
1918	1，292，094	37，887，337
1919	1，072，040	30，253，447
1920	376，230	9，224，512
1921	609，481	16，483，000

续前表

进口棉花		
年	担	关银
1912	279，193	6，179，852
1913	134，735	3，017，318
1914	126，488	2，872，118
1915	364，390	6，651，841
1916	407，644	8，068，790
1917	360，128	6，406，224
1918	190，110	6，070，517
1919	239，003	6，499，073
1920	678，297	17，993，170
1921	1，982，526	35，867，000

“观上表而知（一）吾国棉花不敷本国纱厂之用，甚至有一百六十余万担由印度及美国输入。（二）进口棉花逐年增加，迄今超过出口棉花一百余万担，约合二千万两。以今后之趋势观之，将来中外纱厂逐年增加锭数，则需给尤不止此。然目下各纺厂已感棉花缺乏昂贵之苦，而营业上大受妨害矣。

夫纱织事业为吾国惟一之实业，自民国六年至今，锭数由七十万突增至二百万，资产由二三千万突增至一万万两，欲抵塞每年棉货进口价值二万万两之漏卮，胥赖纺织斯业之发达。而今纱厂营业挫折，至于减工停工，棉荒实其最大原因，是诚实业最大之危机也。今者政府有禁棉出口之议，此举不过图补救目前，但有外交上条约之关系，或未必可以实行。……现时吾国纱厂，因人工及营业之关系，多纺粗纱；但将来必趋于纺细纱之一途。据纺织专家陆辅舟之推算，吾国今日欲言纱布自给问题，至少须增锭数至四百万枚，其中五十万包纱为细纱，须用改良棉一百七十五万担。惟细纱之原料吾国最为缺乏，现时仰给于美国，自民国九年以来，美国棉输入突增，由数万担一跃而至五十余万担，此亟宜设法补救者也。……”

于此可见纱厂挫折，一面由于外货重复增加，引起中国幼稚工业的恐慌，——每年还有四百万锭以上的纱输入；一面因中国工业技术之低而逼得购外国原料，——粗纱的原料输出，而细纱的原料输入；同时还有外交上的压迫。中国工业独立充分的发展，那有可能！况且战后中国农工业中，都要遇着世界资本的“困兽之死斗”。美国移殖资本于中国的欲望最高。中国不生产的资本正须移入生产事业；却又遇帝国主义勾结官僚资本提倡中美合办，中英合办，中日合办等把戏。

战后工业之中既起如此的变化，中国资产阶级的发展遇见非常之大的障碍。于是中国经济之反抗外国资本，必不可免。中国经济的独立必须发达工业及大农经济，消灭商业偏畸发展之现象，得达此目的必须政治的独立。

五、资产阶级的革命与无产阶级的胜利

中国实业要求发展而抗帝国主义，即必须有政治的独立；如今再一察能争此“独立”的社会力量。——此等力量亦正养成于资产阶级发展之中。

军阀财阀（官僚资本）勾结帝国主义，扰乱经济，为资产阶级的发展之直接障碍，当然不能为中国争独立解放。资产阶级之中，大商阶级依赖外国资本，每每易于妥协，或者想一个军阀来统一太平，以应其经济需要，或者竟想利用外国势力驱逐军阀；海外侨商则受外国直接压迫，比较的革命些；至于小商人虽然能力太小，却因所谓“国货”的发展，反对帝国主义的情绪很普遍；新兴的工业阶级亦必被逼而不得不反抗。劳动阶级之中，农民处于半自然经济的社会里，虽然日渐破产，困苦颠连，而自己不见仇敌，始终有郁勃不平的倾向；无产阶级因商业交通偏颇的发展，运输工人居多，其中一部分仅是苦力搬运夫，没有受大工业的组织训练；手工业、小工业居多，工业中的无产阶级很少很幼稚，大半不脱宗法社会思想的遗毒；然而始终有一部分：铁路工人、矿山工人、纺绩工人、海员等，直接与官僚军阀冲突，感觉帝国主义压迫最甚，而亦最易组织。——此中凡能反抗帝国主义的势力，自然倾向于联合，起而颠覆帝国主义。

中国之资产阶级的发展，导源于帝国主义的侵入，亦就不得不成为帝国主义的对抗力。这些对抗力之中，劳动阶级固然因中国资本主义发展的种种特性而尚弱，现时只有民族主义的觉悟；然而资产阶级之弱更甚于劳动阶级。外国资本的侵略却正在日益加紧，自然而然促成反对帝国主义的联合战线。劳动阶级的革命运动之第一步，在中国现时经济状况之下，便表示于民族主义运动之中；然而资产阶级的民族主义运动，更非有劳动阶级的革命行动不能成功。此“最后之市场”——中国，若能奋起，世界帝国主义必受非常之打击，而世界社会革命乃不得不爆发。

在中国共产党第三次代表大会关于国共合作问题讨论中的发言*

（1923年6月12日—20日）

瞿〔秋白〕：

一、虽然资本家来自封建阶级，但他们在这个社会里已成为一个独立的因素。

二、没有无产阶级参加，任何资产阶级革命都不会成功。

三、中国资产阶级的利益不尽相同，可分两种。

四、尽管现在小资产阶级和大资产阶级是不革命的，但为了自身利益，他们将会革命。

五、只有国民党能把不同的利益统一起来。

六、不要害怕资产阶级的壮大，因为与此同时无产阶级也在壮大。我们不能采取与他们分离的办法阻止他们的发展。

七、任何事情都在发展；我们不能证明国民党不再发展。国民党从一个没有纲领的政党成长为一个有纲领的政党，现在已接近于一支真正的社会力量。虽然危险，却是正确的通路。它已觉察到工人的力量。

八、我们的职责是领导无产阶级推动国民党，使其摆脱资产阶级的妥协政策。

九、我们已经阐明只有无产阶级才是革命的。如果我们不引导无产阶级参加国民党，那怎么能希图国民党发展呢。

十、如果我们等国民党发展以后再参加进去，这是不合理的。假如我们希望壮大力量，假如我们有明确的目标，我们会有充分的机会在国民运动中壮大自己，走俄国十月革命的路。

---

* 这是共产国际代表马林（斯内夫利特）参加中共三大的英文记录，档案原件未标日期。《马林与第一次国共合作》、《共产国际、联共（布）与中国革命档案丛书》第2卷两书编者从内容和原件用纸判定此文日期。原题《斯内夫利特笔记》。

十一、如果我们——作为唯一革命的无产阶级，不去参加国民党，后者就势将寻求军阀、资产阶级和帝国主义的帮助。

十二、国民党的发展，并不意味着牺牲共产党。相反，共产党也得到了自身发展的机会。

十三、在建立国民党支部时，我们不要去抓取组织权和指导权，这是在助长老国民党的办法得以发展。我们要发展的是一个将改变其策略的组织。

十四、工会运动不同于国民党开展的运动，工会从事的国民运动是有利而无害的，他们可以宣传反对军阀，反对帝国主义的纲领，这和我们的纲领是一致的。

十五、我们不会放弃对工人进行的宣传，它同国民党的工作没有矛盾，可以继续下去。

十六、要么我们不许工人参加国民党，让国民党得到资产阶级、军阀等给予的帮助从而日趋反动，要么我们领导无产阶级加入国民党，使后者具有革命性，哪种办法更好？

现代中国所当有的“上海大学”*

（1923 年 7 月 13 日）

远东四五千年的古文化国，现在反而落后，学问艺术无不要求急速的进步，方能加入国际学术界的文化生活。这并不是什么“国粹”问题——而是因为中国旧式的宗法社会经济遇着欧美帝国主义，所不得不发生的适应作用。只看中国近几年来采纳迎受所谓“西方文明”的态度和顺序，便可以知道了：——首先是军事技术交通技术，进而至自然科学数理科学，再进而至社会科学。可见现时中国社会生活受外来的影响，骤至复杂，求解释它的需要，已经非常急迫。由浮泛的表面的军事技术之改进，而不得不求此技术之根源于自然科学数理科学；由模仿的急功近利的政治制度之改变，而不得不求此种制度之原理于社会科学。

前此中国未尝没有家族没有土地制度没有政治组织，然而不但未发生什么真正的社会科学，并且连相当的术语多没制造出来；可见当初社会现象之简单。等到骤然遇见“西洋人”，一二十年间，钱店变成了银行，商铺变成了公司；“不知道哪里活见鬼似的”跑出个外国银行团来，暗中把持着中国的国家经济生活：几万里外的伦敦纽约，可以左右中国商界的金融；此等“劳什子”的背后便是世界资本主义——现代社会最复杂的现象。于是中国的思想界里不期然而然便要发生所谓“改造社会”的思潮。然而以这等简单的头脑（连社会现象的名称都不完全的），去研究这种复杂的对象——连这对象是什么都不知道——怎能不起恐慌呢？

近几年来由空论的社会主义思想进于更有系统的社会科学之研究，以求确切的了解其所要改造之对象，亦即为实际行动所推演求进的结

---

* 上海大学是国共合作创办的，瞿秋白曾任该校学务长兼社会学系主任，这是他提出的建校和教学方案。本文原载 1923 年 8 月 2、3 日《民国日报》副刊《觉悟》，署名瞿秋白。

果——这确是当然的倾向。

不但如此，因有上述的原因，亦就令中国旧式的文化生活渐次崩坏，文学艺术方面发生许多新要求——个性的发展，学术的民众化等。所以“文学革命”居然三分天下有其二。实因社会现象的日益复杂，不得不要求文字上的革命，以应各种科学之需要——文字原为一切科学的工具。此等工具的改良实是中国新式社会生活的必要条件，只看中国对于外国语，由学习而翻译而引用其原素于中国文，便可知道其需要程度日益增高。至于艺术也是如此。

中国文艺之中“外国货”的容纳取受，并不是“国粹沦丧，文化坠绝”之表征，而却是中国文化命运之转机，中国新文化生活（复生）的端倪。数年以来的运动，自然始则散漫传播，继则渐次广泛，征取新领域，至今已渐就集中，渐就分化，将形成一新系统，这亦是一种当然的倾向。

切实社会科学的研究及形成新文艺的系统——这两件事便是当有的“上海大学”之职任，亦就是“上海大学”所以当有的理由。

上海大学之组织的预定计划，应当是：

(一) 社会科学院

1. 社会学系

2. 经济学系

3. 政治学系

4. 法律学系

5. 哲学系

6. 史学系

(二) 文艺院

1. 文学系

a 中国文学系

b 英文系

c 俄文系

d 法文系

e 德文系

2. 艺术系

a 绘画系

b 音乐系

c 雕刻系

《上海大学概况》上的预定，社会科学院下本尚有心理学系及教育学系。然我个人的意见以为心理学是更专门些的分类，在现代学术界中它的位置介于自然科学及哲学之间，还没有确定；在中国则五年十年中想要有这些人材担任教授使别成一系，似乎可能的分数很少。至于教育学则为社会科学中之偏于应用方面的，以实际的能力而论，上海大学一时或不能兼及——过四五年再说——不必订在计划上。

文艺院中当分文学及艺术两系。文学系即中国文学系——以中国文学为主体。英俄等系其实不称“文学”亦可；因为在中国研究此等外国文学，并不真能到“文学士”的程度，而是预备赴英俄等国入文学科的；其实此等毕业生到英俄去研究文学的职志，当然还在于对中国文学有所贡献的分数居多。艺术系下再分科的理由，则在于三科（画、乐、雕刻）之理论方面的主要科学相同，其异点仅在技术方面的科学及实习。

就以上所定计划之中而论，社会学系、文学系、艺术系三系最重要，所以今年就预备开办（除此以外还有英俄两系），以后的计划，凡能力所及，当然要努力创办，然大致当注重于已有的，竭力为质量的改善，而可不必只贪多而不好。

（一）社会学系

社会学是幼稚的科学，我们现代的中国居然能创一学系，这是很难能的事。一八九七年欧洲国际社会学者第三次大会时，社会学方才脱离所谓“有机体派”，而约略得离生物学而独立——当时辩论见国际社会学学馆年鉴，其驳论最有力者为答尔德的“社会之有机说”。然而到一九〇〇年，社会学家还大半以社会心理学与社会学相混（所谓心理学派）；如意大利人罗西（Rossi），一方面分别群众心理学与社会心理学为二，一方面却又混社会学与社会心理学为一，——见其所著《社会学及群众心理学》。可见当时社会学及其他科学的界限还是没有清楚。不但如此！直到一九一五年，以所谓“社会学最盛的美国”，还是没有一定的社会学之结构为材料，所谓“一切杂七搭八无所归的东西都推入社会学”，——详见史梅尔（Small）的《美国社会学之五十年》。欧战后数年间，俄德学者，承大陆派学术之“系统性”，精密研究之结果，方使社会学成一系统。中国后起，反能省力得此硕果。

如俄国之莎洛经（Sorokin）及蒲哈陵（Bukhrin），他们的见解虽各有不同，而系统的建立，大致如下：

社会学——理论的——（一）社会的分析，（二）社会的构造，（三）社会的生机，或称“动律”，或代以“变律”。

实际的——社会政策。

以前的社会学（如中国前数年的旧译本），因为“历史”（社会学之材料）本缺于原始社会的研究，所以往往偏于叙述的，描写的，——其实即是社会学之预备时期而已。社会学之系统，当定于其能抽象研究一切人类社会现象的公律之时；我们现在当然已可不偏于那叙述的社会学，亦并不遗忘它（社会进化史及社会学史）；然而必以一有系统的为基础，方能为真正的各方面之比较研究。研究之最后期，并当以此社会学的方法整理中国史料（所谓“乙部”的国故——直至于志书等），以期切于实际。因此约略定社会学系之必修课目如下：

	第一学年	第二学年	第三学年	第四学年	总计
1. 社会学	3	3	4 （中国史料）	4	14
2. 社会进化史	1 （通论及欧美）	1 （欧美及中国）	1 （中国社会概述）	0	3
3. 社会学史	0	0	1	1	2
4. 社会问题	2 （劳动等）	2 （农民等）	1 （妇女等）	1 （其他）	6
5. 社会运动史	3	2	1	0	6
6. 社会思想史	3	2	1 （宗教附）	0	3
7. 经济学原理	2	2	2	2 （经济地理附）	8
8. 经济学史	0	0	1	1	2
9. 政治学大纲	2	2	0	0	4
10. 政治学史	0	0	1	1	2
11. 法学通论	0	2	2	0	4
12. 法制史	0	0	0	2	2
13. 政治史	2 （世界中国）	1	1	0	4

续前表

	第一学年	第二学年	第三学年	第四学年	总计
14. 生物哲学	0	2	2	0	4
15. 人类学及人种学	0	0	1	1	2
16. 历史哲学	2	2	0	0	4
17. 心理学及社会心理学	0	0	1	1	2
18. 第一种外国语	2	1	0	0	3
19. 第二种外国语	2	3	4	4	13

总计每周小时数 26〔24〕26〔25〕25〔24〕18

（注）每周钟点初看似乎太多，其实中间外国语占去四点，这是没有法想的，——在中国现在要研究学术，非有两种外国语不够。假如中学里外国语留心的学生，则第一外国语可以经试验免去，以阅读书报流畅为标准。至于今年则因新生外国语程度太差，只能暂停第二外国语，而以钟点归并第一外国语，这是万不得已的办法。

社会学系选修课目如下：

A组：1. 现代政治（中国及世界） 四年全有

B组：2. 国法学概论及各国宪法略史 第三年

3. 民刑法通论 第四年

C组：4. 财政学通论 第三年

5. 统计学通论 第三年

6. 银行论 第四年

7. 货币论 第四年

D组：8. 政党论 第四年

9. 社会政策及经济政策专论 第四年

E组：10. 哲学概论 第一年

11. 论理学概论及科学方法论 第二年

12. 哲学史大纲 第一年

13. 中国哲学史大纲 第二年

（二）文学系

中国自从"文学革命"以来，文学之中，当然已开始一新时期。我已说及此种新文学运动正在渐次集中形成一系统之时；然这不过指文字学方面而言。——至于文学作家的作品方面，本不在于有范式或系统，各人有他的创作力。然而学术上所能助文学家的（大学教育的职任）却多半在于文字学（或言语学，更广泛言之即“语言文字的科学”）。文字学不但能助文学，并能助社会科学自然科学——如“语族”与人种学的关系，金石考据与历史学的关系。值此白话代文言而兴的时代，整理中国旧有的这种科学，却是大学的重任。“言语学”本来包括甚广（下列课目中“文字学”三字单指中国小学而言，其实只是言语学中之一部分）：

1. 语音学	音韵
2. 字形学	形体
3. 语原学或字典学	训诂
4. 字法	（中国无）
5. 句法	（无旧名）
6. 叙述的言语学	（普通文法）
7. 历史的言语学	（小学考证）
8. 比较的言语学	（方法……于外国文中研究“语族”等问题）

我们看一看在这白话文学的初期，中国语言文字是不是要这种方面的研究，尤其是句法，以及修辞学中“诗的技术”等。工具不良，怎么会有好东西做出来呢。其他世界文学的取资，文学评论的研究，美学的兼习，伦理、心理及社会科学的常识，却是新文学运动中的基础。

因此文学系的必修科目可以约略规定如下：

1. 文（群经诸子附）	四年
2. 诗词	四年
3. 戏曲	四年
4. 小说	四年
5. 修辞学	第一、二、四年
6. 历代文评（并及世界文学）	第三、四年（诗话等亦当包括在内）
7. 文字学	第一、二年
古籍校读法	第三、四年
8. 言语学	第三、四年（中国言语之系统的科学的研究）

9. 文学概论	第一、二年
10. 美学概论	第三、四年
11. 中国文学史	第一、二、三年
12. 世界文学史	第一、二、三年
13. 现代世界文学	第四年
14. 中国文化史	第一、二年
15. 世界文化史	第一、二年
16. 论理学及科学方法论	第一、二年
17. 心理学及社会心理学	第三、四年
18. 历史哲学	第二年
19. 社会学概论	第一年

外国语第二种。

文学系的选修课目亦可暂定如下：

A组：1. 现代政治（中国及世界）	第四年
B组：2. 艺术史	第三年
3. 中国金石学及书画史	第四年
C组：4. 经济学概论	第三年
5. 社会进化史	第一年
6. 社会思想史	第二年
7. 教育学概论	第四年
D组：8. 哲学概论	第一年
9. 哲学史大纲（世界及中国）	第二年

A. 英文系必修课目

1. 散文
2. 诗歌
3. 戏剧
4. 小说
5. 演说及辩论
6. 修辞学
7. 文学评论
8. 言语学
9. 英美文学史
10. 世界文学史

11. 英美文化史
12. 世界文化史
第二种外国语。

B. 俄文系（俄文课目）

1. 散文（读本）	第一、二年
2. 诗歌	第三、四年
3. 小说	第二、三、四年
4. 戏剧	第三、四年
5. 会话	第一、二、三年，
演说	第四年
6. 文法	第一、二年，
修辞学	第三年
7. 文学评论	第四年
8. 言语学	第四年
9. 俄国文学史	第三、四年
10. 世界文学史	第三、四年
11. 俄国文化史	第三、四年
12. 世界文化史	第三、四年

第二种外国语。

英俄两系除上列必修课外，尚有文学概论、美学概论、中国文学史、中国文化史、论理学、心理学、历史哲学、社会学概论八门功课，亦是必修的，但与文学系（中国文）设共同讲座，以中文讲。

英俄两系选修科，亦与中国文学系相同——亦用共同讲座制。

（注一）共同讲座制之理由：（一）教员可以与学生共同用出一种优美的中国的“科学的用语”出来，不致因用外国文教科书而助长彼此之依赖性。英俄两系若纯粹用外国语，则无此练习机会——像许多留学生，用西洋眼睛西洋舌头读得懂外国科学书，而往往用中国嘴巴却讲不出来——中国语言中本来缺乏此等术语及语调。（二）不论是仅仅四年的俄文程度，就是连中学已经学过六年的英文程度，拿来读外国文的论理心理学等，“必须的等着用的”高等常识，实在还枉费工夫而又赶不上。当那时以外国文读一页论理学的功夫，至少要花读中文十数页的工夫（查字典等）。因此，此等科学决不能用高深的讲义。（三）若说学英俄文须知各门科学的术语，那末，有文学史，有言语学，有文化史（尤其是文化史)，足以大致够用；况且教那些共同的理论功课的教员，必须将注外国文术语于中文之下。(四) 文学系中各科得以贯通，学生常相切磋，学英俄文的人不致于抛荒中国文字。

(注二) 外国语与中学部。研究理论的学系为一种外国语多占时间去是很划不来的，最少也须有两种能看科学的书。会话可以暂且不管：凡有了四五年外国语程度的人，若真用心，到外国去的时候不消四五个月，话便可以说得畅快。所以最好中学时期多注重外国语，并于高级中学添第二种外国语作为必修课，以便入大学时再略温习第一种，便侧重第二种外国语及科学。如此，则三五年后的大学一年级就比现在方便多了。

(注三) 俄文系现在设否？现在设俄文系，只能从字母教起，——略懂俄文的又未必能插真正大学二年级，——因为中国只有哈尔滨式(等于洋泾浜) 的学过俄文的人，科学程度太差；至于北京俄文法政专门学校 (我是很知道的)，大半文学知识 (中俄两方面) 太差，差不多只学公文程式，北京大学俄文科又很幼稚；——总之，此等程度稍高而到上海大学来的，一定凑不满五个人。所以我定的俄文课程已极迁就。现在还有些踌躇，——究竟开中学班呢，还是大学班？中学班的理想，要索性另开一以俄文为第一外国语的初中一年级，或高中一年级，——以年龄关系两者比较，相差不远。然而这恐怕办不到，因为一则太迂远，二则中学生愿入俄文班的恐不多。至于英文班的高中一年级，我想必须设俄文为第二外国语。然而这不过预备他们升入社会学系或中英文系，令继续以俄文为第二外国语，可以补读参考书。要他们入真正俄文系大学 (至少要如当有的英文系大学程度者) 还是不够，这仅是解决此问题的一方面。第二方面就是暂设大学俄文科，作为试办 (照上列课程)。可是有一条件，——就是必须请中国人俄文文法好的教员；——只能以中国语教文法，拼命赶一赶，以“Berlity 的方法”——直接的——教会话。每星期至少十八小时俄文。照此试去，教员是很吃苦的了，成绩如何，我不敢说有把握。不过因为俄国文学发达，社会科学最近二十年来亦在国际学术界中占一特殊位置，所以决计如此。(还要看教员请得到请不到)。

(三) 艺术系

艺术系课目，其主要的理论科学如美学、美学史、艺术史、世界艺术史、中国金石学或书画史等，可以由绘画、音乐、雕刻三科用共同讲座制，其余各添其专门技术的科学及实习（音乐科的第二外国语最好能用意大利文，——这恐怕是梦想了）。此外文学课目当选几门作为必修课，因为他和艺术关系太密切了；社会科学及哲学的常识亦必不可少。艺术实习的设备最费，恐怕一时不能就添音乐系——其实音乐及歌术，是艺术中最接近民众有益社会的，于中国现时的文化程度之下，尤其必须提倡整顿（小学里大半唱日本谱，中国“词儿”，绝无音律字声之谐调；歌剧仍在“科班”传授，绝无乐理之说明；新剧有演无唱；仅有Drama尚且不好——真是中国文化的末日——）虽然没有办法——限于经济，只得暂就绘画系认真办去，救救“月份牌艺术图”的恐慌。

（四）自动教育——“现代政治”

上列社会学系、文学系（英俄）、艺术系都应当有“现代政治”的选修课，——其实是每星期一次的自由讨论研究的集合，各系共同的。学生亦可以自己组织其他的研究会，与此同样请一导师，担任分配材料及题目，讲解答辩。这种“研究会”的制度，有几种好处：（一）不是搬着死教科书背的；（二）学生自动的以其现在所知科学方法应用到实际生活中去；（三）全校学生共同一堂可以锻炼青年的“集合意识”；（四）不是“书房里的”少爷生活，而是社会里的公民生活。此种研究会的导师必定要慎重精密分配自己的讲题，使每次或每两次自为起讫，容易引起听者兴味；要于中国政治、世界大势的当时问题作有系统的说明论断；要多与学生机会自己发抒意见，讨论答辩。

至于课目上特定“现代政治”，而不及其他的“研究会”，乃是因为人是政治生活的动物，最迫切最普遍的，——其他的问题比不及他，俄国诗人聂克拉莎夫（Nepmcoff）道：“人人不一定是诗人，做一个‘公民’却是你所应当的”。上海大学即无此种教授法及此种科目，他那英文名字上的People’s College，N. People’s一字也可以取消了。

这是我个人一时想及的！——所以各系课目有详有略，还待大家讨论呢。

自民权主义至社会主义*

（1923年9月23日）

落后的国家之无产阶级参加民权革命之职任愈大。

资产阶级性的革命却须无产阶级领导才能胜利。

平民之革命民权独裁制是中国到社会主义的唯一道路。

中国宗法社会的皇帝制度破败之后十二年，方才露出一些民权主义的可能性，然而已经处于世界社会革命的时代；中国“四海之内莫非王土”的国家观念受枪炮、飞机、潜艇、新银行团的恐吓，方才烟消云散，想建立“民族国家”，然而欧美各大民族国家却已显然表露他们是“阶级国家”。中国民权主义和民族主义的开始，恰好在世界的民权主义和民族主义崩坏的时期。于是中国的社会思想和社会运动的倾向便有些“徘徊不定”不能自信的状况。实际生活要求民权主义，而思想的先驱却揭橥着社会主义。民权主义和社会主义究竟哪一个要实现，资产阶级和无产阶级究竟哪一个能取得革命运动的领袖？

中国的“第三阶级”，诚然不错，要求革命了；然而他的目标只限于民权主义，他的力量只能做“无血革命”。天下的革命有无血的么？中国的无产阶级确是幼稚；然而他的目的必然在于社会主义，他的力量却能彻底的扫尽旧统治阶级。然而现在的统治阶级去了，社会主义便能实现么？——天下的革命没有无血的，现在的统治阶级去了，社会主义也还不能实现。那么，无产阶级是否应当参加推翻现存统治阶级的运动，使无血的革命变成有血的呢？社会主义的实现是否有赖于这民权主

---

* 本文原载1923年12月20日《新青年》季刊第2期，署名屈维它。原题为《自民治主义至社会主义》，目录上印作《自民主主义至社会主义》。在收入作者自编论文集时，标题改为《自民权主义至社会主义》，文内“民治主义”一词也都相应作了修改，文前加内容提要，各节加小标题。

义的革命运动呢？世界的社会革命对于中国的民权革命有何等影响，中国革命的最终胜利究竟是资产阶级的还是无产阶级的？

我们请细细的论一论这中国现时很迫切的问题。

一、无产阶级参加民权革命之天责

先从无产阶级之革命策略的总原则说起。

无产阶级在资产阶级革命中的职任，应当依社会进化中之客观的可能和必要而确定。资本主义是一种经济制度，由于所谓“国民经济”之自然的发展而成，——不管你心上喜欢不喜欢。况且只有资本主义的发展中能生出社会主义来，只有他能造成社会主义公有生产资料之技术上的基础，只有他能造出数量多而觉悟深的革命无产阶级。没有受大工业大都市锻炼集合的普通劳动者，或简直是游民，只能“穷人造反”，而不能革命。没有集中的资本和生产，只能均分（抢掠）而不能建设社会主义。中国历史上穷人造反的实例很多，而丝毫社会主义亦没有看见，便是明证。要知道：只有在资产阶级社会（民权主义）的基础上，社会主义的种子才能开始萌动，——那时资产阶级与无产阶级之间的矛盾才显然暴露。至于资产阶级和无产阶级共同出发反对君主封建制度的时候，阶级矛盾不期然而然隐匿掩藏不甚显露。在民权主义的资产阶级社会之中，无产阶级方才有活动之自由及广泛的政治运动之可能，——这是无产阶级的成熟及经验之必要的前提。因此，凡资产阶级社会还没成就的地方，“资产阶级还能做革命的进取”的地方，无产阶级应当和资产阶级联合而反对“君主诸侯及军阀”，同时亦就为工人阶级最近的目的和利益而斗争，——建立资产阶级的社会；无产阶级最高的目的固然是社会主义，而达到社会主义的途径上，随时有切近的目标和利益，——就是政治自由及经济改善。然而这种斗争之时，“务必时时刻刻使无产阶级与资产阶级之矛盾确实深入于群众的意识”，又以备工人能利用资产阶级政治之下所发现的新式的社会政治关系，立刻就反对资产阶级。

马克思在资产阶级革命的初期曾经希望革命转向社会主义方面，然而他仍旧认政治斗争、结社自由、普遍选举是必要的。他论德国无产阶级在革命时代（一八四八年）的责任说：

> 实际上，既然工人独立的出发还没有基础，还没有直接普选的

> 制度，大大小小三十六个国家还在分裂德国；这时候除出紧随巴黎运动之后（巴黎运动的胜败对于德国运动有生死的关系），在这个时候，除出与小资产阶级共同争政治权利（有这些权利再能行自己的斗争），此外无产阶级的政党还有什么可以做呢？（《德国之革命与反革命》——马克思）

马克思自己在一八四八至一八五一年之间断然实行上述的见解于德国资产阶级革命之中。他和昂格士在德国革命初期，不到“资产阶级勉强发生只有口硬手软的市侩和绝对还没有开通的工人”之柏林去，而到莱因省城的柯仑，——那时是最开通的地方，已受法国革命的冲刷，旧国家的形式破坏，工业亦最发达，而资产阶级受新式社会生活的波动亦最甚。他们不像白恩（Born）等人（亦是共产主义联合会的会员）在这革命时期去专做所谓“纯粹的工人运动”，却以全力来办一资产阶级民权主义极左派性质的机关报《新莱因新闻》（罗兰霍尔斯德《论资产阶级革命中之马克思及无产阶级》）。马克思既然以无产阶级的观点考察得社会进化的公律，断定革命的进程是如此，所以先提出民权派各阶级的总利益以反对封建君主制度，而暂时不及于无产阶级的特别利益。马克思之所谓无产阶级赞助资产阶级革命，乃是利用时机推动资产阶级前进，即此突现革命运动中之最彻底最热烈的无产阶级及半无产阶级的份子。——资产阶级本来亦必定要提出普通平民的要求，而无产阶级的政党便当逼迫他实行到底，勿使中途让步。

所以无产阶级赞助资产阶级革命是为无产阶级自身的利益。可是这种赞助必定不能永久的。马克思以为“在某种程度之内各阶级的联合常常是革命所必要的先决条件”；然而等到革命开始进行，却亦就是阶级矛盾暴露的起点，革命进程愈速，阶级矛盾的爆发亦愈激厉。“共同的仇敌刚刚打倒，胜利的军营里，立刻就要分裂成几派，而重起相互的斗争。”（《德国之革命与反革命》）

所以等到革命的进行既已变动了局面，如一八四九年春天，德国资产阶级的民权派已经不往前进而向后退，那时《新莱因新闻》也便变更其策略，马克思等也就退出莱因区民权委员会。于是开始预备革命行动的组织。结果反革命占胜利，《新莱因新闻》被封，而德国革命也就失败了。

再则像一八四八年的法国革命。二月革命固然还是法国资产阶级革命，然而比起一七八九年及一八三〇年来已经大不相同。那两次无产阶级的出发必定在革命已到高度发展的时候，而这一次却在革命的最初期，无产阶级的特殊利益即不期然而然占了畸重的形势。六月之役无产阶级失败，那时“国内的阶级战争”已经非常明显。然而一八五〇年春反革命地位渐稳而国内民权派各阶级——小资产阶级农民及一切中等阶级——又重新兴起要想与治者阶级反抗而围拱“革命中心”的无产阶级。这一民权派的联盟反对那所谓“秩序党”，居然在三月选举时取得胜利。革命有重复前进的形势。可是，这时的封建阶级已经很弱，耐不起战斗，他们宁可让步，于是高等阶级得到让步的利益而退却，联合战线分裂，革命大受打击。高等阶级不但退却，而且用种种卑劣的手段反对“赤党”。

这种革命失败的原因乃在于经济的变动——一八四九年欧洲经济渐渐的兴盛起来，革命的潮流不期而缓和许多；其次，民众的政治智识虽经屡次的革命教育而还不能算成熟，所以那时国王背誓破坏普选而竟没有大反响。现时就大不同了！一九一七及一九一八年的俄德革命尤其给了不少教训。现时德国、法国无产阶级的政治程度，就是从那时参加普通的民权革命，经过长期的锻炼而得来的。可见虽失败而对于无产阶级还是有益的。

无产阶级方面固然受此训练，而资产阶级方面却亦有很大的影响。从一八四八年以来大致欧陆无产阶级的力量一天增加一天。即使君主政体还没推翻的地方，资产阶级亦已恐惧不宁，他们要革命，却又怕革命时政权被无产阶级夺去了。因此连资产阶级的革命都不能成功。然而无产阶级却利于这一革命早些爆发。社会结构进化的原则确要有资产阶级制度（民权主义）的发展，那是无产阶级斗争的完全正当发展之必要的前提。因此往往无产阶级在此等国家内反成资产阶级革命之组织者、指导者。大资产阶级愈弄愈胆小，而同时就是大资产阶级变成君主封建制度之政治的附庸；这种情形愈过愈明显，那时一切反对旧统治的毒恨都转移到大资产阶级身上，而可以不用大资产阶级的掌握政权已经显然的暴露阶级矛盾。所以不论先进或落后的国家里，在封建军阀政治之下无产阶级必定参加或进行民权革命，可是愈落后的国家，他的无产阶级在民权革命中愈有势力，他的资产阶级革命的胜利，变成无产阶级革命的机会也愈多。

马克思说：

数量多而且集中强大的有智识的无产阶级之存在条件，常常和那多而且富又集中有力的资产阶级之存在条件同时并进的。资产阶级的各部分，尤其是他那进步的一部分，——假使还没有取得政权而改组国家制度以应其需要，那时的工人阶级运动无论如何还不能成为独立的，而且不能有纯粹无产阶级的性质。只有资产阶级式的政治制度成立之后，工人与企业家之间的冲突才大大的发现，那时已经不能再推动资产阶级前进；那时资产阶级亦不能再拿好话来骗工人，满口答应而不实行；那时无产阶级的解放问题才完全明晰的暴露于全世界。

无产阶级曾经参与这一反抗运动（一八四八年），他本来对于这一类的革命运动没有不参加的，他的希望不外两种：（一）或是这种运动能扫除行向社会革命及无产政权的道路中之几种障碍；（二）或是这种运动至少使势力较大而勇气较少的阶级行向更果决更革命的道路。工人拿着武器参加反抗运动的时候，明明白白的知道：这一次的斗争还不是为他自己的阶级利益；可是他在这时候唯一正当的策略，却是：假使高出于无产者的任何阶级（如一八四八年的资产阶级）不能给工人阶级以“为他自己利益而斗争”的自由战场，那就无论如何不让这种阶级的统治得以稳固；并且无论如何都要引起政治危机，使全国非决然行向革命不可，否则索性回复旧统治的‘不变状态’（Status quo），使新革命不能免。两种假设之中，工人阶级都是**真正的全国利益的代表**，——因为欧洲的一切旧社会（各国）都应当及早革命，谁也不能想安安稳稳有条有理的发展自己的力量（假设真正如此，欧战便是梦中事了！〔译者注〕），而工人阶级却是真正诚意的在可能范围内促进革命的阶级。（《德国之革命及反革命》）

二、民权革命中无产阶级领导革命的问题

无产阶级对待民权主义运动的态度和参与民权革命的方法，大概在原则上是如此。

现在我们再取现实社会进化中的实例作更详尽的说明。欧洲落后的国家，第一就算俄国，俄国一九〇五年革命时，离法德资产阶级的民权革命已经百年五十年。俄国那时已经有二百三十五万七千八百人的无产阶级（五十人以下的小工厂不算在内——见杜洛茨基之《一九〇五

年》)，而且有社会民主党，似乎可以直接行无产阶级革命了。何况实际上革命是社会民主党指导的，大多数罢工工人所参与的。然而列宁说："马克思主义者无条件的断定俄国革命是资产阶级的性质"（列宁之《两个策略》)。这是什么意思？原来那时的俄国，已经有民权主义的政治上、经济上的改造之必要。这种改造运动不但还不足以表明是资本主义的崩败，资产阶级统治的崩败；而恰恰相反，正要有这类民权主义的政治经济的改革，才能扫清障碍，让俄国的资本主义好好的发展，进于纯粹欧洲式资本主义的发展，而不永滞于亚洲式的半自给经济；有这种种改革才能使俄国有完全资产阶级式的统治。俄国社会革命党（Parti des Socialistesrevoiutionnaires)，俄国的农民党，自称为最激急的社会党，其实不懂社会主义，当时就不明白这层道理。因为他们不懂得资本主义的"商品经济"是什么。他们决不知道：就算农民暴动得了完全的胜利，田地完全均分过，或者干什么"农村立国"的鬼把戏，始终对于资本主义并无丝毫损伤，反而促动农村中的资本主义发展，而农民之间自己便要受"阶级的分化"。民权主义的改革必然引导资本主义的发展。既然如此，或者有人可以说，无产阶级很可不必帮助民权革命了。那却不然！

民权革命之社会及经济的内容，本来就是资产阶级的；然而并不因此而对于无产阶级没有很大的利益。民权革命在形式上可以有好几种：也许在这种形式的民权革命中，大资本家及财阀可以得到很多的利益；也许在那种形式的民权革命中，却是农工平民可以得到很多的利益。

民权革命表示资本主义发展的需要；虽然眼看得是革命，是暴动，反对上等人，反对资本家或帝国主义，然而这一革命不但不消灭资本主义的基础，而且扩充推广他的发展。民权革命不但代表劳工平民的利益，而且代表全资产阶级社会的利益。因此，既有资本主义，则资本主义之下，资产阶级之统治工人阶级是不可免的；所以可以说：民权革命代表资产阶级的利益多，而代表无产阶级的利益少。然而说民权革命绝对不代表工人阶级的利益，那却是蠢话。俄国社会思想发展的最早一期曾经有过这种论调，所谓"民粹主义"（俄文 Narod-nitchestvo)，他们以为无产阶级用不着资产阶级的政治自由；这种思想，往往可以倾向于无政府主义，否认一切政治斗争，否认资产阶级的代议制，否认资产阶级的革命。这种思想根本与科学的经济学相冲突：在商品经济的基础上，资本主义的发展是不可免的，无论怎样不能禁止资产阶级的生长，要想跨过资产阶级立刻实现乌托邦是必不可能的事。马克思主义说：凡是一个社会，根据于商品经济而与文明的资本主义各国发生交易关系，到一定的程度他自己亦必定走上资本主义的道路。俄国当初是如此，中国现在亦是如此。马克思主义绝对与非科学的民粹派或无政府派不同，决不想用什么手段跳过资本主义直接行社会主义；路只有一条——就在这一资本主义的基础上，就在这一资本主义的范围内，行阶级斗争。

马克思主义的这几层意思已经有一大部人类历史——如俄国、如印度、如埃及、如土耳其——足以证明是科学的公律。所以假使有种学说，要除出“更加发展资本主义”之手段，而另求别法来救济工人，——这种思想，自不免是反动的。列宁说得好：“像俄国这种国家里的工人阶级，受资本主义本身的苦，实在比受‘资本主义发展不透’的苦少。”（《两个策略》）工人阶级确利于资本主义有很广泛很自由很快的发展。工人阶级确利于很彻底的破坏一切旧制度、旧习惯（如行会制度、艺徒制度、同乡观念、门阀观念等），因为旧制度是资本主义自由发展的障碍。民权革命就是这种彻底的改革，应当扫除一切旧迹和那便于军阀官僚营私舞弊的制度。

所以资产阶级的革命对于无产阶级也是很有利的。资产阶级革命愈彻底愈普遍，那无产阶级为社会主义而与资产阶级的奋斗也愈有保证愈易开展。只有那班根本不懂科学社会主义的人，才听着这一结论诧异呢。因此，有的时候由某一方面说来，资产阶级革命也许对于无产阶级比对于资产阶级的利益更大些。资产阶级有时候很可以靠旧制度旧习惯来抵制无产阶级（如西欧、俄国当时的帝制政府，中国的军阀警察等）。资产阶级所以往往利于革命的不彻底，所谓“不为已甚，过犹不及”。向来欧美革命史里社会党和共产党往往论述到这类的事，习惯上总说：资产阶级自卖，他竟背弃“自由的原则”，或是资产阶级不能行彻底的民权主义。事实上是一样的。资产阶级宁可使必须的资产民权主义的改革，也慢慢的进行，——小心谨慎的用改良的手段，而不用革命的手段。资产阶级很愿意这些改革不促进平民农工等阶级之革命的独立性及建议力；因为假使如此，正像法国人的俗语，平民“掉过枪来”也来得容易，于资产阶级自身先就不利。所谓“掉过枪来”便是：民权革命的成功，使那些自由民主的机关及舆论集会的权利等等，都可以用来反对资产阶级自身。

至于工人阶级呢，却正利于民权主义的改革不以改良的手段实现，而以革命的手段。因为改良手段是使社会的腐败部分慢慢的烂掉。无产阶级及农民阶级正是受这"腐败社会"的苦最厉害的人，非得一刀把他割掉不可。革命的手段就是用果决的行动和群众的势力有组织有系统的努力扫除一切封建君主时代的遗迹。所以资产阶级革命的实现，若愈无组织系统愈不集中愈不彻底，则对于资产阶级的利益愈大；他若愈有组织系统愈集中愈彻底，则对于无产阶级及农民阶级，愈能多保证他们在民权革命中的利益。

马克思主义不是教无产阶级远避资产阶级革命或不参加资产阶级革命，不是教无产阶级："因为革命是资产阶级的就放任资产阶级，让他单独去干"。而是教无产阶级竭力引导革命到底并且全副精神的去参与，是教无产阶级："不要专守着经济斗争而要参加总的政治斗争，努力去争民权主义，争那最彻底的无产阶级的民权主义"。

俄国一九〇五年革命时，列宁说："我们不能跳出俄国革命之'资产阶级民权主义的范围'，可是我们能够竭力去扩大这个范围；我们能够并且应当在这范围之内争无产阶级的利益，争他们生活里迫切的需要，争他们预备将来再战而能彻底胜利的条件。"一九〇五年的革命固然结果为反动所摧残，然而俄国无产阶级在此中得了不少政治上的教训，——创立苏维埃制度。

无产阶级的政党因此必须参加民权革命的运动，当然要和资产阶级的政党发生关系；甚至于在革命潮流汹涌的时机，可以加入革命政府，在代议制范围扩大的时候，可以从事于选举运动。于是有些"洁身自好的社会改造家"，好一似黄花闺女、《柏舟》孀妇，要大叫起来："这不是要玷辱我们无产阶级的'家声'吗，抛头露面的像个什么样子！"其实大谬不然。现今时代开通，男女社交已经司空见惯，——难道社会改造家还做高节的隐士吗？无产阶级的参加民权革命，诚然有改良派化的危险，然而却并非不参加便能免祸的。

无产阶级政党参加民权革命运动能否不受资产阶级的恶化，并不在于某人某领袖要想投降资产阶级，亦并不在于党中某一派保存了形式上对于民权运动的"独立"。这种独立派，其实往往只是形式上的；不管他组织上怎么独立，而实际上因为政治标语落于实际生活之外：若不问政治便与群众脱离，若问政治往往又只是跟着群众已有的情绪移转，不能尽领导之责。因为若是当时社会只有民权革命的需要，那初入政治战场的群众，往往反而容易跟着"自由派"的模糊标语走；保持所谓"独立”的社会党尽着放空炮，实际上反使革命运动的领袖地位落于资产阶级之手。最后一着，这种独立派反而为资产阶级所恶化。所以这一问题的解决，完全在于各阶级之客观的现实的社会力之消长：当时社会中的各阶级，各以实力参加总的革命运动，暂时亦许力量大的得到最近的胜利，力量小的却仍旧继续着往自己的目标走。无产阶级政党的责任便在于指示劳动群众以一定的合于实际生活的标语，——实质上就已经决不会和资产阶级同化了。因为无产阶级和资产阶级的政治标语可以同是一“民权主义”的形式，而他的经济内容却决不会同的。这种“标语的阶级实质”，只要会运用，自然能引导民权革命到底，造成社会革命的一切可能的条件。很用不着拼命的直叫：“我们要革命，不要改良；要社会主义，不要民权主义。”

譬如一九〇五年的俄国，那时的马克思主义者说：

> 我们无论如何不应当只听好听的“革命”字眼。我们应当考察切实，究竟反抗俄皇政府的有那几个社会实力。……只有“平民”，便是劳工和农民，乡村的和城市的小资产阶级。至于革命，却并不因此而失其资产阶级性，民权主义的改革决跳不出资产阶级式的社会经济关系之范围；然而这一革命对于俄国及世界之将来的发展实有非常之重大的意义。（《两个策略》）

无产阶级运动处于资产阶级民权革命期间，往往可以有两派似是而非的倾向：一，乱叫社会革命；二，只管经济斗争。我们再举俄国的实例：

> 一九〇一年至一九〇二年的运动离现在还不十分远呢，并不是什么古代神话（列宁写这段文章正在一九〇五年）。那时示威运动刚刚开始。“庸俗的革命主义派”（Revolutionarisme vulgaire）就大叫起“猛烈攻击”来，发布血色传单（《劳工事业报》，当时少数派的机关），骂那提议创办《全俄宣传日报》的人（列宁等），说他们是文学迷，学究派。而那所谓“尾巴主义派”（Khvostisme）——专门只跟着群众或别的政党后面叫，不是迁就庸众，就是迁就自由派——却又竭力主张：“经济斗争是政治宣传的最好的手段”。那时真正革命的社会民主党（多数派）怎样对待他们呢？他两方面都反对。他反对庸俗的革命主义派，因为这一派的确是轻躁妄动，——所谓“猛烈攻击”和群众的公开的出发明明还是将来

> 的事。他亦反对“尾巴主义”，因为这一派确是假清高怕多事，喜欢在小范围内当领袖而实际上没有政治能力。他那时所决然提出的，就是全体平民暴动反抗的标语；可还不是直接号召行动的意思，而仅是宣传的意思，说明客观上必然的结论是要平民反抗。那时宣传和鼓动的确是第一等重要的责任，那时全俄的《政治评论周报》还算是很难能的事。……
>
> 庸俗的革命主义派不懂得“文字”（宣传）也是“实事”。总观历史的全部都是如此，尤其是在公开的群众政治运动不可能的时代，——本来群众的政治运动不是人力可以任意制造的。“尾巴主义派”却又不懂得当革命时机临头，便不能再死守着旧“文字”，而应当有直接行向“实事”的标语。（《两个策略》）

这两派都是真革命运动的障碍。

再则，还有小资产阶级误解民权主义为放任主义的一派，亦很足以危及革命。凡是革命的成功，必不可少的革命的独裁制；——在无产阶级革命时是社会主义的独裁制，在无产阶级参加资产阶级革命时便是民权主义的独裁制。孙中山的“军政时期”确与此意有些暗合。然而革命的独裁必定要求社会某一方面的巨大牺牲，所以非有民众的实力后盾不可，不然就变成个人专制。无产阶级在资产阶级革命中正须得此政治机会，以促进自民权主义至社会主义的途程。

“平民之革命民权的独裁制”——是民权革命中最近的目标。或者，如香港《南华晨报》（英文）对于中国各公团（商会、工会、学生会）召集国民会议的提议之批评，说这是水与油混合的药方。固然！真可以说：所谓“独裁制”必须有“统一的意志”，而无产阶级和其他的平民不能有统一的意志。这一驳议其实并无价值，因为他抽象的形而上的来引用“马克思主义”。实际上，有种种不同的“统一的意志”。可以有各方面完全相合的统一意志，亦可以有一方面统一而别方面不统一的。对于社会主义不能有同一的意向，而对于民权政权及共和主义却可以有统一的意志的。假使不记得这一层，那便是不明白民权革命与社会主义革命之间的逻辑上历史上的差别；那便是忘记了民权革命是有全民的意义的：革命既是“全民的”，就有统一的意志在。民权主义的要求以外，当然无产阶级与农民资产阶级更不能有什么统一意志。所以无产阶级在革命期间，尽可以执此统一意志要求严厉的克服反革命——就是平民的革命独裁制。

无产阶级应当引导最大多数的农民小商行民权革命到底，而以严厉手段镇服君主派或军阀派的反动，并且遏制资产阶级的畏怯妥协。无产阶级应当引导大多数半无产阶级的份子，成就社会主义革命的事业，而以严厉手段镇服资产阶级的反动，并且遏制农民及小资产阶级的畏怯不前。

无产阶级的斗争是为着全体平民的。封建军阀之下首先要的是平民革命。马克思主义者反对资产阶级滥用“平民”一词，空泛的说平民而掩藏着平民里面的阶级对抗性。马克思主义断然的要求无产阶级政党之阶级的独立。然而他分“平民”为“阶级”，并非为着使这先进阶级闭关自守只干工会运动，而让资产阶级的政治运动单独发展；而是为着要使无产阶级以最大的毅力为全体平民的事业而奋斗，领导全体平民。——当然不是在某某委员会里占着几把交椅，就算得了领导权；而要组织群众以实力表示无产阶级在政治中的影响。

民权主义革命是资产阶级的。俄国民粹派的“平民均分土地主义”(Tchern ey Peredel)，中国国民党的所谓“民生主义”亦是资产阶级的。然而马克思主义者应当知道：没有别的途径可以使无产阶级得到真正的自由，只有经过资产阶级的自由和资产阶级的进步。我们应当知道：在封建军阀之下没有别的方法行向社会主义，只有完全的政治自由，民权主义的共和国，平民的革命独裁制。所以无产阶级在这种时代，当有正确的经济斗争与政治斗争之关系；这件事非常之重要。经济斗争的工会运动固然要紧，而尤其要注意民权主义的总的政治斗争，“我们应当做‘平民使者’，而不应当仅仅做‘工会书记’”。必定要如此，方才能尽无产阶级的天责。无产阶级是资产阶级社会的产儿，亦就是颠覆资产阶级社会的健将；他的力量，正在他阶级意识明显，并且有组织有系统的奋起而为政治斗争之时。

> 阶级的政治意识只能从外面输入工人阶级，就是在经济斗争之外，在工人对工厂主的关系之外。此种知识所由来的地方，乃是各阶级对于国家政府的关系，各阶级的相互关系。所以对于“怎样为工人求得政治知识”的问题，决不能像普通的实际运动家（更不用说偏向于“经济斗争主义”的实际运动家）永久只有一个答覆：“往工人间去”。要与工人以政治知识，社会民主派（共产派）应当往各阶级间去，应当派遣自己军队到各方面去。……试举一个最近几年的社会民主派（共产派）的机关，看一看他的工作。他和工人

有连络，就此自以为满足了，只知道发发传单，专说工厂中的虐待，政府帮资本家，警察的凶横；和工人开会谈话，大致也不过谈这些事，几乎绝对不出此等范围。至于讨论研究革命运动史，俄国内政外交问题，俄国西欧各阶级在现代社会中之状况及现代社会的经济进化等，则可以算绝无仅有；更不用说有系统的实行扩充对于各阶级的联络关系，那更梦想也想不到。实际上大多数此等社会民主党的组织里的党员，只想着应当做一个工会书记，而并非一个社会党员——政治的领袖。其实英国的工会书记，亦在时时帮着工人行经济斗争，揭发工厂里的恶弊，解释一切法律规则的不公道，说明此等法律妨碍罢工自由及工人纠察队的职权，说穿罢工调和人的偏心等等。总之，凡是工会书记亦在帮助工人做“反对东家及政府的”经济斗争。可是这还不是社会民主主义（共产主义）；理想的社会民主派不应当仅是“工会书记”而要是“平民使者”；——应当对于一切压迫和专制，不论他是关于那一阶级的，都加以攻击；汇合一切现象而与人以警察、政府、富豪、地主之残暴的总概念；利用每一件‘小事’，证明自己的社会主义见解和民权主义要求之正确于人人之前；对于一切人和每个人解释明白无产阶级的解放斗争有世界的历史的意义……

“往各阶级间去”，我们是以理论家的资格，是以宣传鼓动家的资格，是以组织者的资格。自然，最重要的是平民的各阶级间的宣传和鼓动。……谁实际上忘了“共产主义派赞助一切革命运动”，谁忘了我们应当在全体平民之前，既不隐藏我们社会主义的见解，又要明白指出民权主义的总责任，——那人便不是社会民主党（共产党）。谁实际上忘了自己应当在人人之先提出激动并解决一切民权主义的总问题，——那人亦不是社会民主党（共产党）。（列宁之《怎么办》，一九〇二年）

三、中国国民革命与世界社会革命合流直达社会主义

自民权主义至社会主义的革命策略应当如此的去实际应用。中国现时的状况究竟在社会进化史上占何等阶段，社会运动的趋势和民权革命的方向及两者之间的关系又怎样呢？

“中国十二年前的暴乱，近因起于国内两个新兴阶级争取统治者的

地位：一、军阀阶级（财阀、政客附），二、商业资产阶级。中国商人阶级不能如英法当年，由商业资本直进于工业资本以组织生产；他们为数不多，经济力为列强资本主义所掩；——所以辛亥革命时他刚一抬起头就受北洋军阀的当头棒击。治者阶级实际上已是军阀；然而军阀一则始终见此隐隐中的资产阶级力量，二则内部之间无力统一，三则现代中国处于文明的外国人监视之下，四则‘官僚资本家式’的军师（政客）要有新的运用方法，——所以必需国会，以便涂饰耳目巧于操纵”；因而有此畸形的“民国”，其实还在封建宗法社会时代。

虽然，“中国经济生活的现状，却已经渐出于商业资本的阶段（欧战的影响很大）。所以近年来最大的现象：海员罢工，铁路罢工，矿山罢工，纺纱业罢工以及其他罢工，工人已渐团结积极组织；亦自然趋于运用自力争取立法权、政治权，要求最普遍的代议制”。资产阶级更大有进展，起而要求裁兵、理财、制宪，试组织“民权委员会”。可见“中国……政治运动之中已有资产阶级民权主义与社会主义的劳动运动混流并进的现象，——这是中国国际经济地位使然。中国工业发达的途径与欧美大异，政治运动也必不同（民权与社会两革命间的进程紧凑得多）。中国资产阶级要自力发展，非去军阀不可，非去帝国主义不可。然欲去此二者，则必须借重中国的劳动平民及世界的无产阶级；——中国的资产阶级亦就非对社会主义让步不可”。（参看《现代中国的国会制与军阀》）

虽然，我们考察中国经济政治现状所能下的断语，仅仅是“中国已渐进于资本主义而需要民权主义的改革。”至于本国资本主义的程度，是否已经发达到成就社会革命的物质基础的阶段，那却还待考虑。并不因为中国革命运动或所谓新思想带着一些社会主义色彩，便足以证明现时所需要的革命是社会主义的。

中国实业虽受外国压迫，而五十年来确不能说没有进步。帝国主义当然要变中国成资本主义的而完全破灭中国原来的“半自然经济”。即使帝国主义能行妥协手段而缓和一部分大资产阶级的革命性和排外性，然而因此而实业又进一步；或者外资直接经营实业于中国境内，以至于和中国人合办，实际上夺去中国资产阶级的地位，然而实业因此亦有一更大的进步；在中国境内（在此一经济区域内）而有实业发展，则必要求更宽泛的市场；因此，中国内地之资本主义化的速度愈增，外资愈侵入，中国资产阶级在此经济机体内愈膨胀愈深入，——外国对于中国资产阶级缓和了这一部分，又“培植”了那一部分，再缓和了那一部分，又激起了第三部分。帝国主义的经济上的让步是有限度的，若无限度他便不是帝国主义了。因此，中国资产阶级革命的需要，无论如何，确在一天紧迫一天。

譬如中国绸缎之输出，光绪二年（一八七六）为四百万余海关两，至民国九年（一九二〇）便已涨到二千八百万。中国矿产物之需要，在五十年前为二千五百余万两，至最近便已达二万二千八百万，差不多增加十倍。中国境内资本主义的发展是显而易见的。

然而这一发展前面有非常之巨大的障碍物。军阀制度沿袭皇帝对商人的政策而变本加厉：重征暴敛，就地筹饷；更加以争城夺地，内乱不息。不但如此，更有类似于英法当年的“贵族与市侩”之争：“今之政客军人失势则办工厂，曰吾将以实业救国也；既办厂矣，朝开会，暮投机，明日又为官，工厂遂为传舍。”（杨铨：《五十年来中国之工业》）——这确是扰乱市场的大害，然而也是不可免的经济斗争，不可免的军阀官僚之资产阶级化。中国的市侩又怎么办呢？他们但“愿吾国之工业家专心本业，尤愿吾国军政界之伟人，勤修己职，勿污工业界之干净土。振兴工业之道亦至简：（一）政府与工业当合作，凡妨碍工业之法令制度当皆革除；（二）工业组织当大，则资本与人材皆可经济，而得多所制造之益；（三）当多设制造机械之厂；——机器为工业最要之资本，故孙中山有机器借款之议。然中国本有煤铁，与其仰人供给不如退而自造，仅购基本之机械，即可源源供给各业之需要。”（同上）这是中国资产阶级的梦想。理财、制宪、裁兵及民权委员会的尝试又是个什么味儿？哼！美国公使休门尚且教训你们说商人当自组政府。颠覆军阀的民权革命始终是不可免的。

复次，中国资产阶级的发展还有一种更大的障碍。我们看：（一）“一九一六年以后吾国之棉织业遂呈空前之活跃，……至一九二一年底，全国共有纱锭三·二六六·六六六枚，计华商一百三十四万枚，日商八十六万七千枚，英商二十五万九千枚，其余未开车者一百三十万枚……”（穆湘玥之《中国棉织业发达史》）外国人在中国棉织业中占二分之一的势力。（二）最近几年（一九一八）中国铁的产额约共三五五·〇〇〇吨；而日本之山东金岭镇铁矿，二十一条所要求的奉天海城等地铁矿，奉天庙儿沟中日“合办”的铁矿，总共的产额就是三三六·五六一吨；简直是全数。——至于汉冶萍等的“官办”、“借款”式以及其他形式的铁矿（亦大半是外国资本家的），所产有限。（三）最近几年煤的产额约共二〇·〇〇〇·〇〇〇吨；而日本之奉天抚顺及山东淄川中英“合办”之开滦等煤矿，所产却有九·九一八·八六三吨；——几乎占二分之一。中国自己还打算制造机器，岂不是笑话！

中国的资产阶级对这有什么办法？他只知道“今者，关税已有修改之机会，各国对于中国通商之待遇亦将渐趋平等；此正吾人发展国外贸易之日，工业革新不容更缓，自动发展时期之后若继之以通国合作，吾知中国工业史上之黄金时代，不难立致也”。（杨铨）唉！临城案时留华美侨已经主张撤消华会优待条件；临城案后铁路共管问题已经紧迫万分；等到“中国各要地都驻外兵”（美侨主张），等到“美国派委员会来替中国组织政府”、整理财政（《密勒氏评论》），那时关税虽增加，于中国还有什么利益？那时难道还有中国？人家筷头子上落下来的骨头，不是好吃的；吃了就要套上嘴套系上链条的。独立自由平等，都要自己花气力去争。那颠覆帝国主义的民族革命，实实在在是必须的。

中国的现状约略如此。解决这中国问题的主张，最近几年随欧战而兴的“新文化运动”里约略可以分为三派：一、士绅资产阶级的民族主义；二、小资产阶级的浪漫革命主义；三、无产阶级的社会主义（共产派）。

虽然主张的人亦许事过遗忘，而我们研究的是社会现象，不管个人。现时明明还是可以看见社会之中隐隐有此三种心理。

第一派的心理，可以看两年前张东荪、梁任公等人驳社会主义的论调。——当时虽是东荪发难，而实是任公综合这派的见解（一九二一年梁任公《复东荪书论社会主义》）。

他的意思：一、“中国目前最迫切之问题在如何能使多数人民得以变为劳动者……盖我虽将国内资产均之又均，若五雀六燕铢黍罔失其平，而我社会向上之效终茫如捕风。……故吾以为在今日之中国而言社会主义运动，有一公例当严守焉，曰：‘在奖励生产的范围内为分配平均之运动’。”二、“欲行社会主义必须先以国内有许多现行之生产机关为前提”。三、“中国生产事业若有一线之转机，则主其事者，什九仍属于将本求利者流，吾辈若祝祷彼辈之失败耶？则无异自诅咒本国之生产事业以助外国资本家张目”。四、“惟当设法使彼辈（资本家）有深切著明之觉悟，知剩余利益断不容全部掠夺，掠夺太过必生反动，非彼辈之福。对于劳动者生计之培养，体力之爱惜，智识之给与，皆须十分注意”。五、所以“第一灌输工人以相当之智识，第二助长其组织力。先向彼辈切身利害之事入手试办一两件（如疾病保险等），办有成效，彼辈自感觉相扶相助之有实益，感觉有团体的好处，则真正之工会，可以成立”。任公末后居然说：“谋劳动团体之产生发育强立，以为对全世界资本阶级最后决胜之准备。”然而他主张对于资本家之“取偿较优亦可姑容”；他主张的社会政策，原是因为“生反动非彼辈（资本家）之福”；他主张不要逼迫中国资本家“助外国资本家张目”。可见他完全站在士绅资产阶级观点上来论社会主义。他的社会政策以至于工会运动无非是喂猪的食料，人要吃猪，当然愿意喂肥再吃。他的意思是说：“我只要你们工人容许这‘在奖励生产范围内’一条件；我们资本家当然来行些社会政策，使国内有生产事业，将来可以交给你们（?），现在且慢。至于要国家来办亦可以，只求你们不助外国资本家张目，暂时让我们多剥削些罢。”而他偏要“冀普天下同主义之人有以教之”，——他实以分配平均为社会主义。不知道谁和他同主义！他的平均分配及社会政策只可以算得“喂猪的社会主义”。梁任公以唤醒资产阶级觉悟自任，与我们劳动者或游民何与！无业的平民只知道自己组织起来，以革命的力量要求应得的权利；劳动没有生产机关，我们就要求他有，没收军阀来办工厂。无所谓奖励生产！我们穷无所之，奖励什么生产！关心奖励生产的，自有人在，如梁任公——士绅资产阶级的代表。劳动者和无产阶级只知道积极为群众的政治经济运动，——既然要我们做工，当然你们便该给我们优越的劳动条件，优越了再优越，一直到政权交给我们。什么叫妨害中国生产？要赚钱的资本家为什么不看见军阀和帝国主义妨害中国生产？我们只知道以革命的手段逼得资本家推覆军阀等等，——劳动运动所取于资本家的，资本家当取偿于列强及军阀，不应当反来请我们姑容！我们无产者怎样有姑容你们大人的资格？罪过罪过了！

总之，中国的民权民族的革命运动（国民革命），万不是和平的“试办一二件”的方法所能了事。必须以革命的社会主义的见解及手段来行。中国资产阶级的觉悟亦要在这实际运动里才能发生。何况他非受无产阶级的促进不能举步。中国军阀及列强存在一日，便一日不容你“试办”，资本主义都不能十分容你试办，何况社会主义。革命貌似破坏，而实是彻底廓清旧社会，开新社会建设之门。英法资产阶级的革命如此，到一八四八年的德奥匈，一九〇五年的俄国革命亦是如此：革命之后即开一生产力发展之长时期。现代俄国的无产阶级革命更是如此。

任公派的猥琐懦怯正足以证实中国资产阶级的无力。他的社会政策正是瞿秋白所谓对社会主义之让步，——对无产阶级的让步，目的仅在于保证资本主义的安全发展。——因为中国资产阶级之“社会的下意识”早已觉得：只有唐山矿工、太平洋中国海员、京汉路工、上海纺织工敢于直接行动，以及最近长沙之五六万劳动平民的国民外交委员会能外慑日本且内夺赵恒惕之胆；——只有真正的劳动平民能行国民革命。

虽然，中国的国民革命，却并不因此而失其资产阶级的性质，这一层应当非常之注意的。

现在要说那第二派的心理了。第二派的解决法，大致说中国要社会主义，从完全否认政治运动起到相对非难民主运动止，其中阶段非常之多。然而最主要的就是：（一）以为现在社会主义时髦，是“理论上之极致”；（二）或者是宗教式的信仰抽象而不着边际的“无产阶级”。假使真正无产阶级的政党从精密的社会科学来运用他的策略——竭力参加民权革命并组织一切劳动者及平民，他们就说：“那就要这些国民党都变成社会主义者才行”；或者简直说：“那么，这一党是失节了。”其他种种无政府派的论调，大致相仿佛。那前一种的代表便是《努力》（六十六期时）的高一涵，后一种的代表可以随手推举《今日》杂志（二卷四号时）的初民。（虽然今日之初民已非那一“今日”之初民了，——他最近在《努力》六十六期已是另一主张。可是他个人不成问题。中国社会思想中现时确还存在这种心理。）这第二派的两种心理可以并合批评。如高一涵的意见是：国民运动是好的，可是必须是单纯的社会主义的国民运动。他说“要国民党自身完全变成社会主义的政党”。殊不知道，中国现时需要国民运动的真正国民党，正因为没有发生可以公开的社会党，——而且必须有民族民权主义的广大联合战线。

中国资本主义发展的程度还很浅，当然没有大生产中之纯粹无产阶级（参看《中国现代国会制与军阀》及《中国资产阶级的发展》）。俄国发生小小的一个社会主义团体，——五六个人的劳动解放社（Grouppa Osvobojde’nya Trouda）——朴练汉诺夫（Plekhanoff）、乍苏黎池女士（Ve’ra Zasonlitch）等的组织，时在十九世纪七十年代。那时俄国集中的工业资本已经有五万四千一百万卢布；他们那时的社会主义运动，尚且还只是参加民权运动，宣传学理和指导工会组织，绝不能称政党。社会主义的政党，必定要能明显的拿着主义的旗帜走入劳动群众，而不为群众所诧怪；必定要能对于日常政治生活次次提出社会主义的解决法，而不为群众所不了解。而那时俄国并不单因为政府压迫，而因为资本主义改组社会生活的火候还没到：虽有许多工人，而都是刚从农村来的，或尚未完全失私产，或方失私产而求恢复之心甚殷；他们不诧怪而能了解社会主义的运动之心理的物质基础还没有筑就；——所以那时俄国社会运动发展之限度还只到民权主义之最左翼的地位（沃尔洛夫斯基 Orlovsky 之《俄国马克思主义史略》）。中国现时工业资本仅仅一〇八·九〇二·八一一元（一九一八年），约比俄国当年少四万万元，仅有其五分之一。不但如此，俄国一八九七至一九〇五年间，资本主义发展已大进步，——纯粹工人有二百余万，工业资本已达十八万万一千六百万卢布，社会民主党（共产党）已经成立而稳固，那时列宁尚且说："往各阶级间去！……做总民权主义的革命运动。"中国现时真正的社会党（共产党）并非仅仅代表国内六十一万的工业无产阶级而存在的（这普通工人数是一九一五年的统计，现在至多不过一百二十三十万）。假使仅仅有此，他早已不存在了。他的能存在，乃是因为中国无产阶级所处的时代是世界革命的时代，全世界无产阶级已经开始征取政权，他不得不赞助各殖民地的国民运动，尤其是辅翼其幼稚的无产阶级，以行世界的扑灭帝国主义的总斗争。中国幼稚的无产阶级，在世界的斗争范围之中，与国际无产阶级同具最终的共产主义目的，所不同的是斗争方法：先进国是无产阶级统一战线以至于劳工独裁制，中国是国民运动联合战线以至于革命独裁制，然后再进；中国一千万人的手工业劳动者、四千二百万户的农民劳动者之中的一百二三十万无产阶级，在中国的斗争范围中，与普通所谓"平民"同有民权革命的需要，所不同的是目标：资产阶级是要法律上的平等，无产阶级是要事实上的平等——最彻底的民权主义，所以中国有无产阶级政党自有其独立的政治主张。并非采取了白字黑纸的理论就算社会主义的政党；没有物质基础及实际运动是不能凭空造的。至于国民党尤其不能变成社会党；——真社会党在中国尚且只能以世界共产党支部的资格勉力栽培无产阶级之组织及训练的根本，而同时在总的民权运动中勉力做主干。何况国民党历史上就是纯粹的民族主义的政党，——那时的所谓民生、民权主义都只是"富强"——资本主义发展的手段，看孙文《建国方略》便可了然：他说的民主共和是他教小孩子似的教中国国民的功课（第一册第六十页），——原来并非中国平民真要民权而他代表这种心理来抗争的，乃是因为要"富强"非共和不可。直到五四运动之后，国民党才渐渐接近民众，接近那真正要自由的学生会，真正要平等的海员工会等等。国民党到现今方才开始走上民权主义的路，渐渐想代表平民群众而抗争，行真革命；以前是浪漫的革命的政党，首领制个人主义的义侠策略——哥老、同盟会的祖传，如此而已。现今国民党所以能有如此的大概的倾向，也只是因为社会中实际上有了学生、工人、商民等的运动，——“社会的物质”已经稍有端倪。然而至今他的根本观念还是在政治清明国家富强而已；同时一方面，宣誓“维世界之和平”，这不是对帝国主义畏怯，便是对社会主义让步，可见仍不离一种“民族的资产阶级”的意识，他的国家社会主义的价值，也不过如此。

既然这样，国民革命的真国民党是现时实际生活所需要的，却还不是立刻实行社会主义；然在此总运动中，只有以世界无产阶级的观点为根据的政党，才能用社会主义的见解及运动方法来促进这一国民运动，或者简直改造国民党；同时这亦是中国无产阶级的最正确的策略。

于是可以说第三派了，——就是无产阶级政党的策略。

中国客观的政治经济状况及其国际地位，实在要求资产阶级式的革命；同时此种绝对资产阶级性的所谓“民族民权革命”却非借重国际的及国内的无产阶级不可。独有无产阶级能为直接行动，能彻底革命，扫除中国资本主义的两大障碍；就是以劳工阶级的方法行国民革命。劳工阶级在国民革命的过程中因此日益取得重要的地位以至于指导权。劳工阶级的最后目标在社会主义，那么，到国民革命的最高度，很可以与世界革命合流而直达社会主义。然而现时真正共产派的运动在中国亦不过是“耶各宾”——最彻底的最左的民权主义运动。大概而论，要劳工阶级真正彻底觉悟资产阶级假民权主义的不可信，决不是几本书可以办到，而必须实际普遍的政治经验——小孩子不烫手总是要弄火，而且应当弄一弄火，至少也要远远的试一试火的热性，那时群众意识再能实实在在进而求无产阶级的独裁制。劳工群众应当参加国民革命，第一、就是要拿“耶各宾”的方法加速革命的过程；第二、就是实际上去感受感受资产阶级革命之不彻底（不完全反对列强及军阀到底），第三、就是在这运动之中无产阶级能得必须的政治智识及经验，增高一般的程度。

所以参加并促进国民革命——是现在中国无产阶级的职任，——在原则上，在实际应用上，在国内政治经济上，都是绝无疑义的。既然应当促进国民革命，便当有国民革命的中心。——列宁说：“我们应当组织反对政府的一切势力成一全民的运动。……这样去实行各方面的政治鼓动，应当有一个政党，能结合一切攻击政府的‘军队’成一统一的集中的中心，以全体平民的名义去斗争。再则，实行那无产阶级之革命的训练工夫，一方面严格的保存政治独立，并领导劳工阶级的经济斗争；别方面利用一切剥削者与受剥削者之自然冲突（剥削者本来日益替我们‘拉拢’新的各种无产阶级份子）；凡是这些工作都要集中于不可分的统一行动。”（《怎么办》）——中国国民运动的主干，亦应当如此，并应当由此主干扩大国民运动的中心，那时势力才能凝聚。

然而要造成运动的中心，必定要用社会已经有的实力。我们理想一个乌托邦是幻想，理想一个“理想的国民党”亦是幻想。中国现存的国民党，因其宗法社会的出身，旧历史的关系，军事崇拜的习惯；中国旧式下等阶级的会党遗传等等，他所有不良的地方也是自然的现象。他当时亦的确只能如此，而且正唯因为如此而能行一部分历史使命。——与他同时的其余一切维新派，却因完全是上等社会式的，而绝无革命性。只有国民党能秉此革命性而适应进化。可见中国现有的革命材料，旧的只有国民党，新的尚未集中。所以只能并且十分应当适合现时社会的动象，就现有的材料努力改造，——集中实际生活所涌出的一切新的革命派份子于此党。况且时过境迁，国民党以前的不纯分子，当然要在淘汰之列。不过应当就在集合新份子的过程中。因为我们“年纪也大了”，既要组织政党也可以不像以前那样“儿戏”了，什么罚咒打手印等；我们现在必定要有明切的政治主张来号召，不纯分子的行动如不能与之适合，就立刻请去。于是劳工派在国民运动之中的基础，亦就因此而凝聚起来。换句话说，便是根据于现时实际经济动象而改造国民党，使从模糊的革命主义进于真正的民权革命及民族革命主义。那时的国民党方才能做国民运动的中心。

如此的去造成国民运动的中心；正因我们参与其事，我们阶级的政治独立性便亦建立，而得日趋巩固。在这运动的急速的过程里和社会经济的动象中，“阶级利益”必定渐渐突显。到那个时候，即使仅仅是国民党左翼的份子，亦就很可以勇往直前，走上他们所应当走的路。何况无产阶级呢！

中国独立的无产阶级政党如此的去参加民权主义的群众政治总运动，并指导劳工阶级的经济运动，绝不使政治经济相离，他那时必定能成为群众的政党。那时简直实现对等的联合战线。可是这种群众党的基础，正要筑在国民运动中。

于这一过程中，世界的社会革命同时必努力提携中国的国民运动；中国国民运动里的最大多数的社会力量因之可以急速的长成，而与世界社会革命结合。

不论这中间要经多少波折，革命与反革命互相激荡，而结果那最终的胜利必定在世界及国内的无产阶级。

所以现时必定要：

> 努力扩大国民党的组织于全中国，使中国革命份子集中于国民党，以应目前中国国民革命之需要。同时我们特别的工作，须努力促成全国总工会之独立的组织，从事于经济的及政治的斗争。我们须努力引导劳动群众由日常生活的斗争到政治的斗争。目前政治的斗争，自然是国民运动，——排除外力及军阀的运动；因此，在劳动群众中须有大规模的国民运动宣传，扩充国民革命的国民党。同时凡已了解国民革命之必要更进而有阶级觉悟的革命分子，当尽量加入我们自己的组织；并当于群众中普遍的宣传“国民运动里拥护劳动阶级利益的目的”。(陈独秀之《论国民运动及国民党》)

中国革命史之新篇*

（1924 年 1 月 16 日）

中国自有思想革命以来，已经有不少主义：有无政府主义、基尔特主义等等。这许多主义所以发生的原因，都是对于旧社会不满意，想另外找出一个理想的社会来补救的。但这些主义都是从外国裨贩而来，是理想的和抽象的。究竟在中国能够发生什么影响和关系，尚是一个问题。

新思想所以在最近发生原故，并不是五六年前的人如此呆笨，五六年后忽然聪明起来，这完全是由于中国经济变动，由此而变动意志，便有所谓新主义输入。至于三民主义的发生，是完全由于中国现实经济状况而起的，是中国已需要此种主义，完全与外来的乌托邦说不同。三民主义与基尔特主义等的分别，因为一个是中国经济情形本身有此种要求而发生，一个是空想的和理论的。三民主义本是一个极简单而毫不费解的主义，因为有外国的压迫和欺凌，故首先有民族主义。试看中国所有商埠，一切都在外人的掌握，许多政治上的大权都操自外人，所有铁路矿山完全为外人经营，关税盐税都由外人监督。在如此情形之下，我们即使有心和帝国主义者讲交情，试问有何方法？所以提倡民族主义是一个很简单的意思，并不用何种高深理想。

因外人的侵略而发生种种影响，中国的旧经济与外国的资本主义相接触，使中国的农业、手工业不得不起变化，汉阳铁厂和各处工厂随之而起，引起政治上极大的变动，满清政府不能不放弃政权。因为经济上已有变动，遂发生新的生产关系，同时国内外亦发生新的经济力量：如

---

* 本文原载 1924 年 1 月《民国日报》特刊，署名瞿秋白。是 1924 年 1 月瞿秋白在广州的演讲记录，原题为《中国革命史之第二篇》，收入作者自编论文集时改题为《中国革命史之新篇》。

华侨、商会、新军，如游民、会党，都是新旧经济力量交替消长之间所生出来的新现象；他们有意的或无意的，革命的或改良的，自然而然要反抗满清政府。这种平民反抗专制政府，可说是民权主义发生的原因。

这两主义是很明白的，无论何人对于反对外国，反对满清专制，是没有不赞成的。但是运动中间，有军阀官僚的分子，利用人民的心理来制造自己的地位。平民的意思决不是推倒满清之后便欢迎一般军阀官僚若袁世凯等，他们所要求的是一切事业的发达，生活的安定，及自己权利的保障。因外国之经济压迫，军阀之政治扰乱，无从保障平民的生活，当然要发生民生主义的要求。所以在如此情形之下，发生三民主义，并不是一桩奇怪的事，是很平常的。但是三民主义的意义在十年前却非常之幼稚，这是因为社会里的革命力还没有十分养成；当时的三民主义仅仅隐约的代表一般平民的政治要求及经济要求；三民主义之明晰的程度当随此革命实力的增长而日益深入。——却并不在学说的精湛不精湛。

现在已是民国十三年，在过去十三年之中，因为一天一天的经验，三民主义渐渐明了了。在辛亥时候，所谓三民主义只是民族主义，而且所谓民族主义，只知排满，不知排及外国人，其余民生民权更不用说了。辛亥革命排满主义虽说是达到，然压迫中国的外国人仍在，三民主义可说始终不曾达到。中国平民必须经过这十三年斗争的苦经验，才能明白三民主义之间的关系。民族主义的意义很简单，是使中国成为独立的，不受外国压迫的。话虽然易说，但事实上却不容易，民生民权不达到，则民族主义亦不能达到。因为假使中国人民没有得到政权，则政权必落在军阀手里，他们必然勾结列强以压人民。故民权主义不达到，民族主义亦不能达到。再则，即使所谓人民能得到政权，但是实际上并不是全体人民——政权落在少数资本家手中，试问资本家能代表人民不能？他们有资本有公司与外人贸易，止求其个人有利益，更何惜牺牲多数人幸福，而另寔出卖中国。资本家利用金钱及一切手段，甚至于学术机关，以争取政权，自私自利剥削平民，此等政府如何能代表中国民族？所以民生主义不达到，民族主义断乎不能达到的！

如此说来，三民主义是整个的，是浑然一体的，是不能分开的，必完全达到三民主义，然后可以说革命成功。在三民主义未达到以前只有革命。所以三民主义的定义是很简单的，并不是个乌托邦新社会，是由中国现实的政治经济要求，才产生这三个革命原则：

民族主义——中国民族的解放独立，世界各民族的平等；

民权主义——中国平民群众的政权，使政府真能代表全民族；

民生主义——中国最大多数民众（工人、农民）的生活之保障，使有真正参政之可能，使得到从事于征取经济权之一切必要条件。

既然不是一种空想的社会，而是现实的革命原则，就不能当他是一种固定的制度，却要人去实行。这种革命原则，我们可以当他是平民意志的结晶，是平民反对军阀，反对帝国主义，农民、工人反对地主、资本家的意志之表示。

既然如此，三民主义是国民革命的一种口号，是从事革命的目标，是平民组织团结力量以达到革命的旗帜。研究三民主义，并不是合理不合理，与理想高明不高明的问题。三民主义达到不达到，完全看我们平民力量与军阀势力之消长如何：平民力量大一份，三民主义也达到一份；反转过来说，军阀势力大一份，三民主义亦少得一份。我们在今日只有努力革命，至于何日可以完全达到，我们暂时可以不必问，更不必说最理想的社会。——反正在中国的现状，总不是什么理想社会；第一步必须先打破现状，而三民主义便是最切近于这现实需要的。三民主义的实现，完全靠我们革命的力量，向反革命派进攻。国民党所提出的三民主义是代表全中国平民的利益的，所以能组织平民，集中革命势力，和反革命势力作战，这是国民党应有的责任，也是平民应有的责任。

革命的力量何在？在于组织。一吨铁若没有造成什么机器，是丝毫没有力量的；若变成一部机器——就是融化锻炼之后，使一部分变成镟钉，一部分变成齿轮，装置起来，——虽然仍旧是一吨铁，然而他的力量，却很大的了。农人、工人联合起来才有力量，若不组织起来，则仍然一盘散沙，没有丝毫实力。革命的精神，革命的情绪，革命的意志，在平民之间是现成的；必须组织他，集中他，他才能变成一种势力。这种组织的工作是国民党的责任。青年及工人、农民没有加入国民党的也应加入，以从事于反抗军阀列强的行动，这是平民的责任。平民应当以国民党为工具，达到自己的目的，以国民党为先锋，领导自己的斗争。加入国民党是我们自己组织起来，并不是国民党利用我们。平民何必要组织？因为平民的仇敌组织得厉害，帝国主义用赔款买去许多留学生，收买中国教育；军阀养一班政客策士压制我们，试看他们的组织何等精密！他们决不单靠兵力扰乱或侵略；财政上、外交上、交通上、教育上处处都是他们的剥削手段，仇敌已然有如许大的力量，我们平民的力量却还有限。他们有枪炮，有军队，有警察可以指挥，最后一着便是武力解决。我们如果不将国民党办好，使成为一有力量的团体，去和列强军阀对抗，三民主义是永远不能达到的。

我们知道以前已有许多运动，如辛亥革命、五四运动、京汉铁路工人罢工运动、安徽学生运动等，这些运动都是自然发生的，散漫的，偏于一方面的，偏于局部的，各归各不相联结的——可以说是无意之中自然而起的国民革命运动。如今我们各方面渐渐集中，革命势力的数量日增，质量也就渐变，——我们便有意的来指导组织并促进国民革命运动了。有意的与无意的运动有很重要的异点。以前的运动是各自运动，是本能的运动，而且是无意的运动：——心上明明要反对帝制，却说是光复；明明需要的是发展资本主义，却说是提倡国货以抵制日货；明明应当反对帝国主义，却想这些帝国主义国家对中国主持人道正义。现在呢？认真组织起来，做全国大规模的各方面、各部分互相关联的有意识的斗争。于是中国革命史的新篇开始了。

中国国民党第一次大会便是这新篇的第一页，因为他表示很明显的革命原则，及决心改组的意志；这就是开始集中中国革命势力，以从事于有意识的彻底的斗争。大会有这样的责任，可从大会宣言中看出来。大会宣言是以前所没有的；三民主义因此得有良好的界说，是数十万国民党员共同意志的第一次表现。无论何人皆由此同一目的做去，违反宣言的便不是国民党员。其次，宣言里有一般平民的政治经济要求，——国民党对现在政治的政纲；从前国民党只注意军事，而不注重其他，现在则全中国的国民党员都有一致对于政治经济的要求，用此去运动宣传平民群众，使国民党成为国民革命的有力的中心。再其次，宣言明白说出国民党力量在于农民、工人身上。以前国民党的力量，不过少数人的奋斗，其余都不管；以前以为可用兵力征服民敌之后，再来按部就班的照着书上写好的计划办理，现在却已经知道三民主义是平民自己的要求，当将平民实力组织运用，使在斗争的过程里，炼出实行主义的力量来。而革命军呢？仅仅是平民力量中之一种特殊形式而已。

历史的工具——列宁*

（1924年3月9日）

列宁不是英雄，不是伟人，而只是二十世纪世界无产阶级的工具。向来对于历史上的伟人，大家都竭力崇拜，以为他们有什么了不得的天才，神一般的奇智，能够斡旋天地，变更历史的趋向。其实每一个伟人不过是某一时代、某一地域里的历史工具。历史的演化有客观的社会关系，做他的原动力，——伟人不过在有意无意之间执行一部分的历史使命罢了。我们假使崇拜这种历史使命，我们方崇拜他这个人。

世界资本主义的发展，到二十世纪已经进了帝国主义的阶段。欧洲大战是一个历史的必然，——英、德、法、美的资产阶级，逼于客观的经济需要，——不论他们口里说得是什么人道正义，国际和平，——始终免不了互相杀戮，争夺殖民地，却拿无产及农民阶级来做炮灰。无产阶级受资本主义的剥削，日益集中于城市，日益脱离私产之束缚，日益感觉阶级斗争之必要，日益了解国际团结阶级组织之急需，——要有怎么一个人，来做国际无产阶级的组织者，来做劳动者对资本家下总攻击的指挥者。整个儿的世界帝国主义系统，到欧战之后，已经不能不开始破坏，世界的无产阶级也不能不以强烈的手段攻破这一个铁网而开始自己的建设事业。世界经济的发展和资本集中的程度已经到了社会革命的关头，于是无产阶级不期然而然挑着资产阶级最脆弱最愚蠢的俄国，挑着农民阶级最受压迫最想革命的俄国而发难。然而俄国的十月革命实在是世界革命的开始，所以世界无产阶级革命的潮流都集中于俄国——组成了共产国际，开始远大的革命计划。这种环境遂使俄国无产阶级的先锋——列宁，做成世界社会革命的总指挥者、总组织者。不但如此，帝

---

* 本文原载1924年3月9日《民国日报·追悼列宁大会特刊》，署名瞿秋白。

国主义的成立，全赖征服侵略殖民地的弱小民族——“东方病夫”。帝国主义的崩坏，当然与各殖民地的国民运动的兴起同时实现。所以中国、印度、土耳其等的国民革命自然而然是世界社会革命的一部分，而且是必不可少的一部分。于是列宁的“东方革命政策”更使欧美各国无产阶级与亚非各洲的平民之间，找着了一个联合战线的方法；——列宁不但是无产阶级革命的指挥者，并且是一切平民受压迫者的革命运动之组织者。

列宁的伟大不仅在于他的共产主义理想，而在于他能明悉社会进化的趋向，振作自己的革命意志，指示出运用客观的环境以达人类的伟大的目的之方法。所以他是全世界受压迫的平民的一个很好的工具。假使没有列宁，世界的帝国主义仍旧是在崩坏，国际的无产阶级仍旧要行社会革命，东方各国的平民仍旧是进行国民运动；——不过若是没有列宁，革命的正当方略，在斗争的过程里，或者还要受更多的苦痛，费更多的经验，方才能找着。如今我们有了列宁，全世界的平民便能自觉地、有组织地、有系统地进行革命的伟业。列宁现在死了，——在他身后留着伟大的俄国共产党，伟大的共产国际——革命平民的严密组织，照旧地进行他们的事业。他们固然现时感觉着丧失了一个好工具的痛苦，纪念他，哀悼他，感谢他，然而并不因此而停止他们的革命事业；因为组织已经成立，这列宁的精神并没有死。

这样看来，我们可以更进一步说，列宁不但是历史的工具，而且是革命组织的象征，他是革命组织里的要件。

我们平民曾经用列宁，当他是革命斗争的好工具。我们平民永久崇拜列宁，因为他是革命的象征。

实验主义与革命哲学*

（1924 年 8 月 1 日）

哲学的思潮往往是时代的人生观变易之际的产物。譬如法国革命前的百科全书派，启蒙学派，或是欧战前后的复古思潮，都是社会制度根本动摇时的影响。然而每一时代新旧交替之际，各派思想的争辩都含有阶级的背景。中国五四运动前后，有胡适之的实验主义出现，实在不是偶然的。中国宗法社会因受国际资本主义的侵蚀而动摇，要求一种新的宇宙观、新的人生观，才能适应中国所处的新环境；实验主义的哲学刚刚能用他的积极方面来满足这种需要。这固然是中国"第三阶级"发展时的思想革命。可是实验主义的本身在欧美思想界里所处的地位是否是革命的呢？这却是一个疑问。

实验主义（唯用主义）首先便否认理论的真实性，而只看重实用方面，——"多研究问题，少谈主义！"可是这一个原则，却亦没有抽象的价值。他的应用亦是因时因地而异其性质的。他应用于中国的时候，对于资产阶级是很好的一种革命手段：且不要管什么礼教罢，怎样能发展你自己，便怎样做；可是他对于劳动阶级的意义，却是：不用管什么社会主义了，怎样能解决你们目前的难题，便怎样做去算了。于是大家蒙着头干去，当前的仇敌，固然因此大受打击，而后面的群众也不至于"妄想"，——岂不是很好的手段？所以"且解决目前问题，不必问最后目的"——这种原则，用之于中国，一方面是革命的，一方面就是反动的。至于欧美呢，这却纯粹是维持现状的市侩哲学。

诚然不错，实验主义教中国人自问"为着什么而生活？怎么样生

---

* 本文原载 1924 年 8 月 1 日《新青年》季刊第 3 期，署名瞿秋白。收入作者自编论文集时作了一些修改。

活?”在中国是旧制度崩坏，新阶级兴起时的革命标语；在欧美却是旧阶级衰落时，自求慰藉的呓语，——因为实验主义给的答案是“怎样应付现状”。阶级所处的地位不同，这“应付”的方法也就不同：在中国的第三阶级，要应付军阀的压迫，所以是革命的；在欧美的资产阶级，要应付劳工阶级的反抗，所以是反动的。

中国这样的文化落后的国家，处于国际竞争之间，当然需要科学的知识，以为应付之用，所以实验主义带着科学方法到中国。其实，这是一种历史的误会。实验主义只能承认一些实用的科学知识及方法，而不能承认科学的真理。实验主义的特性就在于否认一切理论的确定价值。他是欧洲资本主义社会的实用哲学，尤是“美国主义”。实验主义竭力综合整理现代市侩的心理，暗地里建筑成一个系统——虽然他自己是否认一切哲学系统的。市侩所需要的是“这样亦有些，那样亦有些”：一点儿科学，一点儿宗教，一点儿道德，一点儿世故人情，一点儿技术知识，色色都全，可是色色都不澈底。这样才能与世周旋。可是决不可以澈底根究下去；不然呢，所得的结论，便是澈底改造现存制度，而且非用革命方法不可。——那多么可怕呵！现状是可以改造的，却不必根本更动现存的制度，只要琐琐屑屑，逐段应付好了。所以实验主义是多元论是改良派。

实验主义是什么?

詹姆士说：实验主义的方法，最先便是消弭哲学上辩来辩去辩不完的争论问题。宇宙是一元的还是多元的?是唯物的还是唯心的?是自由的还是必然的?这是永久不能解决的问题。宇宙的真实，其实可以不用讨究。实验主义只问某种意见在实用上有什么结果。假使某人认甲种意见为真理，认乙种意见为非真理，在实用的结果上，有什么区别?若是没有什么区别，那就很不用争辩。真正的争辩，只有实用上两种意见有不同的结果时，方有价值。

实验主义的名称——Pragmatism 的语根与欧洲文 Practic（实用）一字相同，本为希腊字“行动”之意（故又译为唯用主义）。普通的哲学系统，大致都以“静观”作考察宇宙的观点，从没有问及宇宙的变易之可能与必然的，亦没有注意到现实世界的积极精神的。实验主义却是一种行动的哲学。

“实验主义远避一切抽象的不可几及的东西：一切纸上的解决，先天的理由，一切硬性的不可变易的原则，一切锁闭的系统以及一切绝对与原理。他只问具体的，切近的东西，只问事实行动及权力。”（詹姆士之《实验主义》）实验主义不愿意做锁闭的系统。他要成一种新的研究方法，——有这方法可以研究现实生活，并且改革现实生活。他的根本精神——就是使一切“思想”都成某种行动的“动机”；他时时刻刻注重现实生活的实用方面及积极性质。这都是实验主义的优点。

然而实验主义的弱点，却亦在他的轻视理论，——因为实验主义的宇宙观根本上是唯心论的。

照实验主义说来，一切理论不是解释疑谜的答案，而只是工具罢了。凡是一种理论，一方面是我们对付外界的手段，别方面是一种逻辑的工具，如此而已。人的知识，究竟符合于客观世界与否，并不重要，——重要的却在于这种知识能否促进我们的某种行动。因此，一切学说的价值，照实验主义的意思说来，只要看他对于我们是否有益。某种学说假使是有益的，便是真实的；有几分利益，便有几分真理。一切真理都应当合于我们的需要。一切学说的真实与否，完全看他实用上的结果而定。“那一种理论对于我们最有供献，最能领导我们，最能解决现实生活里的各部分的问题，最能综合我们的一切经验，丝毫不爽，——这种理论，实验主义方认为他是真实的。假使宗教能合乎上述的条件，假使‘上帝’的概念有这样的能力，那么，实验主义又何所根据而反对上帝的存在呢?”（詹姆士）只要对于事实有利益，不管他究竟真不真，这种理论总是好的。假使宗教能“安人心”，那么，宗教亦是真理。

实验主义的意思，以为真理自身并无何等价值。每种学说必须与人的实际需要发生关系，方能成为真理。假使宗教能帮助我们经营实际生活，减少我们生活里的苦恼，那么，宗教亦是真实的，而且是必要的。

实际上真理是否能作如此解释呢？不然的。仅仅是“有益”还不能尽“真实”的意义。一种思想，必须是真实的，必须是合于客观的事实的，方能是有益的；——思想的积极精神必须反映现实里的积极精神。事实上无所用其“积极”的地方，单是我们主观的努力是无用的。一定要客观世界给我们一个保证：保证客观里的一切发展是依定律的，这些定律可以做我们人的行动的指导的，——那时方有积极之可能。如今实验主义只问理论能否做人的行动的动机，——那就是承认一切催眠术式的学说亦是真实的。譬如说：中国现在要一个好政府，——你们只要承认这一个意见，动手去干就好了，不必细问这一种意见，是否客观上有实行的可能。中国政治的发展，社会里各种力量的形势，依社会变易的定律，是否容许好政府式的救中国，也应当考虑一下。

何以实验主义以为一切理论自身本无何等价值？这是因为实验主义的宇宙观根本建筑在多元论上。“……现实世界若是离了人的思想，就变成很难捉摸的东西。现实世界接触了人的经验之后，还没有定名，便只造成某种观念；或者呢，现实世界还没有被人认识明白之先，能因经验而与人以某种观念。在这种时候，只有一种模糊的绝对的不可捉摸的意象，——纯粹理想上的一种界说。”（詹姆士）

如此说来，所谓现实世界只是人的种种色色的感觉之总和。这种感觉以外的真实世界，若是不和我们的经验接触，那么，他的存在与否，都不成问题。于是我们便能任意分割经验上得来的感觉，使成种种事物、种种关系及联系以及我们自己的观念。感觉固然是受外界的刺激而来，绝不受我们的管束的。可是我们有自己的利益和需要，凭着这些利益和需要我们再来决定：许许多多感觉之中对于那几种感觉我们便注意，对于那几种便不注意。因此，现实世界的内容，可以由我们自己选择。外物自外物，我自我。我凭我的需要，择取外物的观念，——我所见的现实世界，未必便是别人所见的；我现在所见的现实世界，未必便是我将来所见的。于是外物都成了我们任意造出来的东西，我们凭着自己的需要而设想出来的。詹姆士说：“……就是在感觉方面，我们的精神亦能在一定的范围里有自由选择的能力。我们能取此舍彼——这便是感觉方面的界限；注重感觉所得的某几部分，而不注意其余的部分，我们就划出一个先后来了；在这里再整理出一个系统之后，我们方能了解他。总之，我们有的是一块大理石，要自己拿来雕一个形象出来。”在某一现实世界里，我们有几种目的，便照着这些目的制造出一种观念来，这些目的以外的现实世界，我们可以不问。因此，对于实验主义，不但没有绝对的现实，并且亦没有客观的现实。其结果完全是唯心论的宇宙观。他的真理便成了主观的。所以一切“真实”只是为我们思想的方便（Expedient）而设；——一切“正义”，亦都是为我们行为的方便而设。

照实验主义的观点看来，假使某种真理，因种种原故而变成无益的，他亦就成了谬见；换句话说，假使原有的目的和需要变了，以前的真理便变成非真理了。人的需要，现实生活的要求，主观的愿望及目的——是智识和意见之真否的最高标准。这些目的和需要愈有价值，愈高尚，那么，能以达到这些目的和需要的学说也就愈有价值，愈真实。

现实生活里的目的和愿望完全依着我们的利益而定的，——所以实验主义的重要观念在于利益；再则，各人的利益不尽相同，——所以实验主义便只能承认：有几种利益便有几种真理。从表面上看起来，往往有人以为这种学说和马克思的互辩律的唯物主义（Le matérialisme dialectique）很相近。其实不然。

第一层应当注意的就是——马克思主义所注意的是科学的真理，而并非利益的真理。马克思主义以为："各种观念是由于各种感觉所引起的；感觉乃是人对于外界环境直接起的反应作用；人的行为大致依照着自己的需要和利益而定，——尤其是每一社会阶级的行为是如此。"仅仅承认在心理方面说来，每一社会阶级对于自己有益的真理，对于那种能够做自己阶级斗争的好工具的学说——格外接近些；却并没有承认一切有益的学说都是真理，亦没有承认人的愿望和目的可以做外物的标准，真理的规范，更没有承认知识的内容是主观的。

实验主义的积极精神早已包含在互辩律的唯物论里。互辩律的唯物论的根本观念，是承认我们对于外物的概念确能与外物相符合。因此，我们要利用外物，只能尽他实际上所含有的属性，来满足我们的需要，达到我们的目的。客观的现实世界里所没有的东西，不能做我们行动的目标。现实只有一个，真理亦只有一个。我的观念及思想，当然是刻刻变的；然而这是因为客观的现实世界在那里刻刻的变。却并不是因为我们主观的目的在那里变。照互辩律的唯物论的意义，我们亦在时时刻刻变易外界的现实生活，然而只能依着客观的趋向。我们不能要做什么便做什么：现实生活处处时时矫正我们的行动。

我们的观念反映客观的现实很正确的时候，我们的行动便不致于和现实相冲突，——不致于"碰钉子"。某种意见是真理——并不因为他对于我们有益；这种意见对于我们有益——却因为他是真理，换句话说，就是因为他切合于客观的现实世界。客观的现实世界确是变易不息的，我们因此要求科学的真理——确定的真理，求此变易之中"不易"，不能像实验主义那样，只认暂时有益于我们的算真理。我们得了科学的真理，客观世界的定律之后，才能澈底的改造社会，不能安于琐屑的应付。

实验主义既然只承认有益的方是真理，他便能暗示社会意识以近视的浅见的妥协主义，——他决不是革命的哲学。

孙中山与中国革命运动*

（1925 年 2 月）

（一）孙中山政治上的长成

孙中山时代的中国，是屈服于满洲贵族、北洋军阀统治之下的中国；同时，亦就是受英、法、俄、日等资本国家侵略的中国。从一八六六到一九二五（从清同治丙寅到民国乙丑），六十年中的中国历史就是帝国主义的侵略远东史。在这六十年中，中国的经济，因受帝国主义国家的侵略：外货的输入，原料的吸收，外债的增加，赔款的勒索，路矿实业权利的攫取，领土、租界、港口的割让，——不知道经过多少变更，六十年前的中国与六十年后的中国，在经济上简直是完全两样的国家。社会里的阶级关系也因此经过巨大的变更，士大夫的“世家”已经完全消灭；买办阶级已经大半变成所谓“中国”的体面商人；小农民、小商人、小手工业者之中，已经一部分变成现代的无产阶级。中国国际关系上的变更，日日促进中国社会里的阶级分化；统治者、压迫者已经掉换了十好几次；各帝国主义者对远东侵略的形势转变了种种花样，可是有一件事是至今还没有改换的：便是中国民族——大多数的平民始终还是受着压迫和剥削；六十年中所变更的只是压迫者的人和压迫的方法，而中国民众的受压迫和受剥削这件事实，是没有变更的；不但没有变更，而且剥削的范围更大了，压迫的程度更深了。因此，这六十年中

---

* 本文原载 1925 年 6 月 1 日《新青年》月刊第 2 期，署名瞿秋白。在收入作者自编论文集时，各节都加小标题，并作文字校订。1985 年出版的《瞿秋白选集》收录其中的第一、五节，这里收录的是全文。

中国平民的倾向革命、需要革命，也是没有变更的一件事实。

帝国主义的侵略、压迫、剥削一天天的增加起来，中国平民的革命运动也一天天的扩大而且深入。中国古代的宗法社会和小农、小手工业的经济，遇见了帝国主义者的资本主义，都崩溃下去，发生中国的资产阶级和无产阶级，于是历史的舞台上，一个一个的发现新的革命力量。中国的革命运动因此在六十年中一步步的进化，而中国历史上第一个革命家——孙中山也就在这过程里逐渐的生长出来。

总之，最近六十年的中国是革命的中国，尤其是民族革命的中国，而孙中山的历史使命，便是完成这一民族革命。世界资本主义的发展，等到侵略中国的一时期，已经进了帝国主义的阶段。中国受列强经济、政治、文化上种种侵略而要反抗，受资本主义化而发生经济发展的趋势，无论如何，只要要求这种发展的成功，便不能不实行革命，而且首先便是民族革命。因为中国经济发展的最大障碍，便是世界的帝国主义；帝国主义的阻碍中国发展还不仅在于经济方面，中国经济发展所需要的民权主义，根本上便与帝国主义势力不相容，更不用说中国大多数平民的生计的改善，中山先生所称为民生主义的了。六十年前的中国早已知道自己的历史使命是在发展经济，以抵制帝国主义的侵略，这是中国民族加入世界史的最重大的责任；换一方面说，帝国主义的侵略，也必然先引起中国人的这种民族自觉。因此，我们可以说，从孙中山出生直到现在，中国民族的历史职任，一直是反抗列强帝国主义的民族革命。孙中山现在死了，这一民族革命离他的成功还遥远得很；然而中国革命运动，在孙中山引导之下，已经经过好几个阶段，而得到了他的正当的道路：因为要反抗列强，然后知道非颠覆满清政府不可，非建立共和不可，非为大多数中国平民争生活之改善不可；最后非联合世界上一切反帝国主义势力，被压迫的殖民地及弱小民族和世界的无产阶级不可。这一条中国革命运动所已经经过的道路，中国民族自觉的深入和前进，在现时看来是很明了的；然而从中山开始自己事业的初年的中国思想，进步到现在的国民革命的口号，中国平民群众及孙中山不知道经过几多困苦的经验，几多迷误的方法，几多重大的失败——这是一条荆棘的路。“反抗列强”是多么简单的“爱国”主义，四五十年前与中山同时的“政治家”、“士大夫”何尝不知道。然而只有孙中山寻着了解决这一问题的真正的答案——革命。为什么？因为孙中山感觉上代表中国的平民阶级，认识中国平民阶级的历史职任。所以只有中山能随着革命运动的经验，寻找着中国民族革命的道路。

（二）康梁保皇党之国家主义与下等平民之民族革命

中国的革命运动既然是民族革命，反抗列强的民族革命，那么，第一个问题，便是谁是中国的民族？这一问题，似乎问得很奇怪。可是在四五十年前，连“汉人才是中国民族”这一粗浅的答案，都不是公认的。当时，满清的官吏，所谓维新派的分子也谋反抗列强，也极力想“谋富强”。中国人那时的民族自觉是很模糊的，只想以全国对待外国，便算是爱国主义：中国是朝廷，中国的人民都是自己的；那带着枪炮兵轮的外国人才是侵略中国的。所以在孙中山的少年时代，已经是“国家奋筹富强之术，月异日新，不遗余力，骎骎乎将与欧洲并驾矣；快舰飞车，电邮火械，昔日西人之所恃以凌我者，我今亦有之……”（孙中山《与李鸿章书》）。这种“朝廷”的革新政策，不能说不是中国民族自觉的第一步。满洲政府在当时似乎足以代表中国民族以反抗列强。不但孙中山当时是如此想，中国一般人民都是如此的想。必须要满洲政府几十次事实上证明他实在不是中国政府，而是满洲贵族自私自利的政府，而且是列强的奴才，那时中国平民再进而有革命的觉悟，想到要颠覆满洲贵族。这一革命的觉悟，据《孙文学说》的中山自叙，直到庚子之役，方在民间开始传播，而前此差不多倡排满革命者，大家都目为乱臣贼子大逆不道。然而孙中山却在上书李鸿章后［前］十年（上李鸿章书时在甲午），即乙酉（一八八五）中法之战的时候，已经开始革命运动。中国平民革命运动的目标，本在于反对那压迫剥削中国的最强大的仇敌——列强帝国主义；前此三四十年时曾希望满洲政府革新富强，到此方才打破这种幻想。既然这样，要反抗列强，便必须革命——推翻满清政府；所有中国人——汉人便都能负起这种革命的使命么？中国的民族革命，一方面是对满洲贵族的，一方面亦就是反抗列强的——这种民族革命里“民族”的意义，似乎是指全体的汉人的了。事实上却大谬不然。抽象的全体的民族，实际上并没有这么一回事。满清政府时代的中国社会，显然分着士大夫和平民的阶级。经济上固然农、工、商三类人之中还包含着许多阶级，而在社会上士的一阶级是政府的雇佣奴才，他在经济未发展、工业未出现以前，帮着满洲贵族统治小资产阶级的平民。所以要推翻满清政府，必须要以平民做领导阶级，革命运动中方才有主力军，方才能得到胜利。《孙文学说》上说：

> 予由太平洋东岸之三藩市登陆……至纽约市，沿途所过多处……皆说以祖国危亡，清政腐败，非从民族根本改革无以救亡，而改革之任，人人有责。然而劝者谆谆，听者终归藐藐，其欢迎革命者，每埠不过数人或十余人而已。然美洲各地华侨多设立洪门会馆。洪门者，创设于明朝遗老……以反清复明之宗旨，结为团体……此殆洪门创设之本意也；然其事必当极为秘密，乃可防政府之察觉也。夫政府之爪牙为官吏，而官吏之耳目为士绅，故凡士大夫之类，皆所当忌而须严为杜绝……当予之在美洲鼓吹革命也，洪门之人，初不明吾旨；予乃反而叩之反清复明何为者，彼众多不能答也。后由在美之革命同志鼓吹数年，而洪门之众乃始知彼等原为民族老革命党也……内地之人；其闻革命排满之言而不以为怪者，只有会党中人耳。

于是中国革命运动发见了这“民族老革命党”，辛亥以前的革命，差不多大半以会党为中枢——这是革命的社会基础。士绅阶级的态度是怎样呢？当时所谓保皇党的康梁派可以代表他们；他们只要利用狭义的爱国主义或所谓国家主义蒙蔽民众，想借此逼迫满洲贵族而和他们平分政权，保存自己统治阶级的地位，所以倡君主立宪、变法维新以谋富强的主张。这时，在当初谋富强以抗列强的总口号之下，显然已经发现阶级的分化：一方面民党以下层阶级为社会基础，从事于革命运动；别方面皇党以士绅阶级为后盾，而进行立宪运动。康梁派机关报的《新民丛报》，便竭力攻击民党的联络会党，及主张民生主义：他们的论调，不外说“利用下等社会，必无所成而徒荼毒一方；政治革命与社会革命并行之后，无资产之下等握权，秩序不得恢复，而外力侵入，国遂永沦。”（见《朱执信集》）

在这两层反对意见里已经显然可见梁启超等代表士绅阶级的说话。本来士绅阶级不但不肯革命，而且摧残革命，帮助反动势力，名说也要变法维新，要谋富强，而又反对下等社会握权，反对土地国有，平均地权，反对改善下等社会的生活。所以康梁派不肯革命，以为满洲政府能代表中国民族，又曾倡国家主义以抵制民族主义。这种国家主义在当时就等于宣传“忠君爱国”，即使真能变法维新，当然仍旧是满洲贵族和中国士绅阶级联合而压迫平民的局面：实际上中国大多数人民仍旧受着压迫和剥削；而在反抗这种压迫的革命过程中，士绅阶级当然会反过去求助于外人。所以要回答："谁是中国民族？谁是民族革命里的领袖阶级"的问题，到此便非常明显了："只有中国平民是中国民族的代表，只有中国平民是民族革命中的领袖阶级。"

（三）辛亥革命前之阶级分化

中国革命运动实际上在辛亥以前，一直是以"下等社会"——平民阶级为中枢的，而孙中山的同盟会，也是以代表"下等社会"的会党做实力的基础。尤其是当时平均地权的口号，孙中山要借此组织并集中"下等社会"的力量于革命的标语。孙中山以"平民的感觉"觉到"上等社会"的奴才性和卖国性，本能地知觉中国革命事业必须以平民为中枢，才能成功，因为只有平民真正要反抗列强，真正受满清的压迫，只有平民真正要求革命，真正要求从专制政体及列强侵略压迫之下解放出来，力趋于"中国民族的经济发展"。总之，孙中山在组织革命运动的初年，便早已知道：真正的中国民族代表是中国的平民——所谓"下等社会"，只有他们能负担真正民族革命的职任。

虽然如此，革命运动进行的过程中，反映着中国经济各种力量——阶级的斗争。辛亥革命的结果，革命的平民阶级竟完全失败，而反革命的军阀阶级却起而代替满洲贵族——压迫平民并做列强侵略中国的工具。

中国的反抗列强，本不仅是平民的需要：满洲贵族，士绅阶级，以及平民阶级——或所谓第三阶级及农民阶级，在民族自觉的初期，本有反抗"外国"的共同倾向。不过在历史的经济的政治的发展过程中，各阶级在总的反抗列强的倾向里，渐渐暴露各阶级自己的本性，各阶级都想利用这一反抗运动专图自己的利益。我已经说过，就是最早"富国强兵"的口号，也未始不是民族自觉的一种表现，不过这一口号实际上只代表满洲贵族治者阶级的利益。一切采用火器制造兵舰等的新政，未始不是反抗列强的一种运动，不过这种改革只利于当时的政府。满洲贵族自私自利的政策，却要蒙着爱国排外的假面具，所以等到这种最初期的新政，一方面既不足以抵抗外力的侵入，别方面又刚刚加重人民的负担，反而增加革命潮流的"恶势"。那时，满洲贵族——尤其是在庚子之役之后，只有倒到列强的怀中，努力媚外，以求自存。士绅阶级便乘机进而要求立宪。当康梁政变失败之后，士绅阶级那种"得君行道"的革新运动，并不因之而停止，并不因这种极明显的失败而悔悟，并不因此而完全站到平民阶级方面来。这是因为士绅阶级的梦想，一直在于居中调和满洲贵族与中国平民的斗争，实际上便是欺罔民众，使与满洲贵族妥协，而结果必然是使革命流产。代表士绅阶级的“改良派”的策略，总是造作许多“君主立宪”等的幻想，使民众暂时躲避“困难的”革命道路。当时革命派的职任，便在于暴露这种“改良派”——康梁派的罪恶，暴露他们口号的虚妄，打消“改良派”所造成的种种幻想，而使民众自己深信革命之必要。孙中山先生和民党那时的策略正是如此。可是满清政府客观上也帮助革命的进行不少——历史的和平的立宪运动，一直到一九一〇年各省咨议局请颁布宪法前后三次的入京请愿为止，无不受清廷的打击。九年预备立宪的欺人之谈，更使民众深信除革命外别无出路。

于是辛亥革命便一发而不可遏止了。辛亥革命的结果，只是颠覆满清贵族的民族革命，这次革命的唯一胜利只是推倒一腐朽不堪的满清政府。然而就只这一点胜利，也还完全靠平民阶级做中枢，士绅阶级在这革命里只有反动的作用。士绅阶级在革命前竭力阻遏革命，在革命后又竭力破坏革命；只要看康梁派在辛亥前主张保皇，在辛亥后联袁世凯而排斥民党，便可以了然。

（四）辛亥的资产阶级之妥协与反革命的胜利

可是所谓平民，也还包含了利益相反的种种阶级，在革命前分化还没有明显，而且共同的仇敌未去，所以内部的斗争没有表现出来。同盟会中可以兼收并蓄的包容种种不同的成分，也就因此。当时中国的社会组织，因受帝国主义的侵略，农民、手工业者破产日多，于是游民的无产阶级数量日增，这是大多数当时的平民——小资产阶级中最流动最革命的一部分，实是革命运动的中枢，革命运动的社会基础，——虽然在革命组织里，形式上不能做原动力，诚如中山先生所言（《孙文学说》），然而这不过是形式上的事，以社会阶级关系的观点来看，这部分平民确是革命中的发难者。其次，便是半欧化的知识阶级及军官——这部分人，因为满清旧社会的崩溃，已经客观上没有插足士绅阶级的可能，而且受着新式的教育，应当能代表当时的民族资产阶级之意识，所以也是革命中的重要部分。可是知识阶级本身绝不会有独立的政治作用；其中的分子可以代表小资产阶级的平民而加入革命，也可以代表大商阶级，更可以混入军阀阶级——绝非靠得住的革命力量。再其次，便是大商阶级，在前清末年，这种大商阶级（或所谓工商界）有两个来源：一、是士绅式的资产阶级，这是资本主义初期“贵族的资产阶级化”中必然发现的现象，他们“代表”着人民争立宪，其实是清廷路矿、邮电的新政中，这些“洋务官僚”，靠着官署积累资本，到此已自有阶级利益，只想借立宪运动巩固自己的阶级地位，实行“提倡实业”等的“爱国”目的；二、侨商及买办阶级，这部分是因为与帝国主义接触，而来做外国资本与中国原料、或外国货物与中国市场间的中间人，因而积累资本，渐渐有独立投资于工业的倾向，所以比较的赞助革命——因为清廷的压迫及外国的侵略，无处不阻碍这种工业发展。士绅式的官僚式的资产阶级与侨商的买办的资产阶级，对于革命的态度，微有不同，然而他们对于“维新”或“革命”的希望，根本与小资产阶级不同，尤其与游民的无产阶级，有阶级利益的冲突。最后，便是最大多数的城市及乡村的小资产阶级，小商人及农民。这是数量上最大的群众。他们的政治要求，应当是很民权主义的政纲，他们的经济利益，不但和列强帝国主义相冲突，并且和士绅资产阶级及侨商资产阶级是相竞争的。可是小资产阶级在革命过程中总是动摇不定的，必须有一领导他的阶级，充分的去帮助他发展自己的革命性而遏止他的反动性，然后才能彻底的忠于革命。否则，他便容易受大资产阶级的欺罔，倒到反动派的怀抱里去，而受人家的利用。

所谓“平民”——辛亥以前可以概括的与满洲贵族及士大夫相对待的，——实际上含着这许多不同的成分；到辛亥革命前后，已经分化得日益明显出来。然则这所谓“平民”之中等到革命爆发之后，政治上积极行动的是那几个阶级呢？上述的各阶级中，只有两个阶级是在政治上积极行动的：一、大资产阶级（士绅资产阶级及侨商资产阶级——这两部分虽然在革命前政纲上不甚相同，然而满清既倒之后，政治上的合作和联盟，对于他们是极自然的事）。二、游民的无产阶级（所谓会党，所谓土匪，根本上不脱小资产阶级的根性，可是因为破产失业最受苦痛，他们那种暴动的反抗性是很厉害的）。当时工业的无产阶级数量上还极少，而且政治上还没有成一觉悟的自动的力量，可以说还没有“组成阶级”——所以自然没有能起而领导革命——引导大多数小资产阶级的农民，以至于游民的无产阶级。因此，我们在辛亥革命时，只看见大资产阶级及游民无产阶级的政治行动。无产阶级是经济上有组织有团结力的阶级，只有他能领导革命；游民无产阶级便不同，虽然革命性很强，然而他自身便是一盘散沙，只能有极模糊的社会理想，只能顺着革命潮流随处发起无组织的暴动。这种阶级自然不能引导农民及一般小资产阶级实现胜利的革命。于是不久便使大资产阶级攫得革命运动的指导权，镇压游民无产阶级的暴动，和反动派妥协，而终至于使革命完全失败。平民中之阶级分化，在这种革命时期，最显而易见。

辛亥革命的时候，孙中山的革命口号——“平均地权”，虽然在国民党自己并未努力去宣传和实行，可是所谓最下等的“下等社会”（尤其是长江下游的会党），各地失业的穷而无告的游民农民，往往奋起暴动；当时即使没有很明显的社会主义的要求，也就有不少地方，所谓“土匪”都染着革命潮流，高呼均分财产的口号，有些地方，并且有小农的暴动。恐怖的空气——“匪类”、“暴乱”、“暴民专制”的骂声，可以不绝地在各城市的“绅商界”里看得出听得见的。这样的情形，至多不过三四个月，随后竟完全消沉了。游民无产阶级，当然梦想也想不到现代的社会主义；可是他们的要求，最早在革命以前，实在代表大部分饥寒交迫的小农小商。不过游民无产阶级的均产主义，根本上是资产阶级性的；他们内部决不会有无产阶级的集体主义，而只会有宗法社会式的“头目制度”，夹杂着小资产阶级的个人主义。他们对于富人的嫉恨，实际上并不适合他们取消贫富不均的理想，而终究是代表各个想自己变成富人的意识。所以即使游民的无产阶级暴动成功，或是真正成了一种实力，也很容易受头目的卖，而完全丧失其革命性，简直变成军阀官僚。譬如革命初年江苏的徐老虎（宝山），便是最明显的例。

经过这种革命的潮流之后，马上便开始资产阶级的反动期。当时许多城市里，商会都大大的活动起来，并且编练“商团”维持秩序，大商阶级亟想取得政权，是当时很明显的事实。“商人”那时的政治活动，对于满清的地方官，对于当地的士绅阶级，确有些革命的作用，可是因为他的阶级利益，决不会和游民无产阶级联合引导当地的小农小商，彻底的去实行革命，却只会受着了游民的恐吓，反而去和士绅阶级妥协，以“维持秩序”。不但如此，中国当时的大资产阶级，差不多纯是商业资本，经济力还很薄弱，政治上的积极性也很有限，不能独立的取得政权，于是因为要“维持秩序、保障私产”，便不能不假手于新旧军阀：各地“绅商”对于革命初期的都督或军政长，都是竭力奉迎，要借他们的武装，拥护自己的利益。其结果，渐渐造成革命后的新式封建诸侯——督军。到此，资产阶级大半仍旧退回受治阶级的地位，于是革命便完全失败。

读者或者以为上述的过程，只是当时的地方现象，并不能概括全国范围的政治变化。其实从南京临时政府，而袁世凯、宋教仁以至二次革命的过程，只是上述的社会阶级之相对关系的反映。辛亥革命的时候，一方面是反动的满清贵族和士绅阶级——袁世凯等清室的新军军阀；别方面是革命的平民各阶级——孙中山及民党，互相斗争的局势。士绅阶级及军阀，虽然在群众排满的口号之下，不得不形式上转移于“革命”方面，而实际上是想以此转移“革命”于自己手里，造成自己代替满清而为治者阶级的地位。革命方面势力的涣散既如上述，而且大资产阶级亟亟乎要维持秩序，而想和新起的军阀妥协——这样局势之下自然是真正的平民，真正的“下等社会”重受压迫而失败——孙中山所以不得不让袁世凯。社会阶级之中，那侨商资产阶级赞成革命于前，而想谋与反动派妥协于后；这种阶级分化反映到民党方面来，便形成民党中的右派——宋教仁及黄兴等。右派于孙中山让袁世凯之后，还是主张责任内阁；一直到袁世凯解除民党武装，大借款成功，右派还是梦想妥协。右派的主张，完全代表这种“革命”后的资产阶级：怕骚乱，想和平，反对下等社会，求与军阀妥协——有一件最好的证据，便是宋教仁等改同盟会为“国民党”时的新党纲：（一）政治统一，（二）发展地方自治，（三）种族同化，（四）注重民生，（五）维持国际和平。请看，同盟会时代的“国有土地平均地权”的党纲，变成了极模糊的“注重民生”四字。当时主张与袁世凯议和让位的是这些右派；主张改政纲，而容纳一班士绅阶级的，亦是这些右派。民党内部右派的胜利，便是革命运动中资产阶级的反动和妥协的明证。可是，孙中山的革命主张被右派格而不行，“下等社会”受大资产阶级的压迫而不能进行革命，总之，大资产阶级战胜真正平民之后，不久，军阀的政权因此便大稳固，更用不着资产阶级对他妥协了，何况帝国主义者趁此竭力帮助，于是他们——军阀便一转而压迫及于资产阶级自身，于是民党连右派也受压迫和贿买，二次革命便完全被镇压下去。此后，资产阶级更不容“下等社会”抬头了；不但袁世凯称民党为乱党，一班资产阶级，甚至于小资产阶级都认民党为乱党了。

孙中山却始终代表真正的平民，一直反对妥协，主张讨伐袁世凯，只因受右派牵制，终至于失败。辛亥革命里没有一个彻底的团结的真正能领袖革命的阶级，所以失败，然而孙中山和中国的平民从此更觉悟革命的职任。帝国主义固然趁此更加扩张他的势力；利用国内各派的军阀互争而从中取利，指使他们压迫中国的平民，阻碍中国的发展；中国的平民——小商人小农等也越益明了自己的敌人，不仅是满清贵族，而是帝国主义，而是一切种种的妥协派，大资产阶级。

（五）孙中山镇压买办阶级与联共联俄政策

二次革命失败之后，中国的反动政局，直到现在，根本上并没有变更：满清贵族已推翻了，然而代替他而统治中国的仍旧是反动的军阀阶级和士绅阶级。中国的民族革命至今没有成功。民族革命的主体——中国平民，经过了阶级的分化，一部分士绅式的资产阶级结合了军阀阶级，侨商中的买办阶级也早已退出革命的战线，他们在辛亥革命中的作用，纯粹是反动的。只剩得大多数的小资产阶级——全国的小农、小商人，客观上十分需要彻底的民权主义的革命，可是主观上没有政治上的积极能力。至于游民的无产阶级，本来只有破坏的爆发的反抗能力，在革命的过程中，不但不能做指导阶级，而且这种阶级的内部崩裂和个人主义，反而成就军阀阶级的反动力量——兵匪的蔓延扰乱，是一切军阀统治的根本。而民族革命的对象——列强帝国主义，不但没有丝毫损伤，反而利用国内军阀的互争和反动，用尽种种的方法扩张自己的势力。

既然如此，民族革命的职任还没有尽，民族革命的力量却已经自就崩坏，那代表中国民族革命及大多数小资产阶级民众的革命运动，便只能利用各派军阀及各国帝国主义之间的冲突和互争，做军事上的应付。护法以来的南北战争，客观上确能削弱北洋军阀和凭借这种军阀的各国帝国主义之势力；然而这种斗争的社会基础是间接的，大多数民众并不能赞助这种斗争。革命之中而没有革命的阶级做他的社会基础，积极的参加和领导，这种革命当然是不能成功的。我们在这一时期，只看见革命营垒的内部崩溃——右派的民党，妥协的投降的反动的分子随时随处发现，只看见辛亥以前多少有些革命性的社会阶级一天一天的反动。

虽然如此，帝国主义自己的发展，日益倾向于灭亡，他内部的矛盾不得不爆发；欧洲大战使帝国主义国家的势力在殖民地上大大的削弱，中国这时也能偷着机会稍稍发展自己的工业。于是五四运动以来，中国工业无产阶级渐渐的上了历史的舞台。五四运动本身是中国资产阶级发展的结果，是中国民族自觉的一大进步。随后中国无产阶级——铁路工人、矿山工人，海员以及其他工人的罢工运动，组织工会的运动，工人阶级的政党组织，都大大的开展出来。民族革命运动中便得着了一支生力军——革命的无产阶级，真正能做革命的先锋的，而且是革命运动的领袖阶级（C1ass-heoemon）。所以此后的民族革命运动便能有群众的、广大的范围；渐渐的将以前模糊的革命政纲变成很明了的革命口号——反对一切军阀，推翻帝国主义。

孙中山在革命运动开始的时候，便明白的感觉到革命的主要阶级是大多数的贫苦的平民，尤其是农民，所以革命口号是“平均地权”；他在革命过程里，很正确的找着革命中的同盟者——“下等社会”的会党。他的革命主张，经过好几十次的失败，经过了辛亥革命后右派背叛革命的大失败之后，始终不变，孙中山是代表中国平民的民族革命的首领，所以虽然在反动潮流很厉害的时期，平民各阶级都不能积极革命，孙中山却没有一刻妥协，没有一刻忘掉革命。如今革命战线之中新发现了无产阶级，他当然加入民族革命，而且是强有力的生力军；于是革命运动的主力军便很明显的是中国的工人和农民。民族革命中的联合战线形成，革命的高潮重新兴起，民族革命的政党——国民党，在孙中山指导之下，决然改组，容纳中国工人的政党——共产党加入。这便是孙中山对于“谁能执行民族革命谁是中国民族”的问题之事实上的第二次的答案。

同时，反动派方面的情形也已经大大的改变。假使辛亥以前，满洲贵族及士绅阶级是帝国主义的工具，是反动派，孙中山要以农民阶级及游民无产阶级的联盟反抗他们，那么，辛亥革命以后，农工阶级及一切平民的仇敌却是军阀阶级及买办阶级。这十几年之中，帝国主义在中国的势力比前清时代增加了许多，他们不但利用形式上的中国中央政府，攫取权利，而且直接指使一种买办阶级组织的武装力量——如广州买办陈廉伯的商团，实行反革命。这种买办阶级到处表现他们的反动性。孙中山指导之下的广州革命政府毅然决然的扑灭这种外国雇佣的“商团”。这便是孙中山第二次对于“民族革命中应当反对的反动势力是谁”的答案。

再则，中国革命运动，虽然根本上是反抗列强帝国主义的革命，然而在辛亥以前形式上似乎只是反对满清的革命。一直要等到革命之后，各帝国主义屡次的帮助反动军阀及买办阶级，甚至于要直接以兵力攻打革命政府，经过了几十年的苦经验，中国民族革命运动再明白的宣言"今后的革命，目的要在推翻帝国主义。"这并不是偶然的发见于孙中山政府对外宣言的一句话，实是因为最近无产阶级参加民族革命运动，他们的利益，完全与帝国主义相反，他们的要求反映到革命运动上去，使隐藏在革命内的最终目的彻底显露出来。于是全国民众的"废除不平等条约"的呼声便充实了孙中山的革命事业的内容。

孙中山的末年，正是中国民族革命运动初开辟新的道路的时候，已经有真正能代表中国民族的无产阶级，真正能彻底革命的阶级，此后足以领导大多数农民群众及一切贫苦的平民——游民无产阶级，积极的实行革命，反对一切士绅阶级、买办阶级的反动势力，扼制资产阶级性的妥协政策，直接打倒帝国主义及其工具之军阀买办阶级。孙中山的伟大，正因为他在四十年来能随着社会内革命势力的增长而日益进于明显的不妥协的革命政纲。

不但如此，中国民族革命运动的对象，既是世界的帝国主义，他能够并且应当在国际范围中找着革命的同盟军。世界各国的资产阶级往往有共和、民主、人道、正义的口头禅，尤其是那资产阶级性的民主主义尽着欺罔无产阶级和弱小民族。因此，革命前各国往往有遵守所谓国际公法而保护中国的政治犯的。

当辛亥革命之初，孙中山曾有联日的政策，然而不久便证实帝国主义者即使在辛亥之前优容中国的革命党，也仅仅在于自利自私的见解，想趁革命爆发而未胜利的时候，更进一步的攫取中国权利，等这种局面造成之后，他们便转而力助军阀等的反动势力了。孙中山对于这一点，曾经在《陈英士致黄克强书》后附注着说："……不图彼国政府目光如豆，深忌中国之强，尤畏民党得志而碍其蚕食之谋，故屡助官僚以抑民党，必期中国永久愚弱，以遂彼野心……。"中国在这最近十年之中方才明切的看见帝国主义之用心，方才明白觉到中国自己所处的国际地位；孙中山在《民族主义》上说中国是各国的殖民地，是"众人的奴隶"。这些主人，"以不平等条约束缚中国的列强"，如何能做中国革命的同盟军！中国人既是"奴隶"，还得找"奴隶"做朋友。所以中国民族革命的同盟军，当然是各国无产阶级，世界所有的被压迫民族及殖民地——尤其是已经革命胜利的苏联农工阶级。

因此，孙中山——中国革命运动的代表之最后遗嘱，尚且郑重的声明中国革命运动有与苏联及一切弱小民族联合之必要。

中国民族革命运动，半世纪以来，从模糊的“富国强兵”的口号，进化到“反对一切帝国主义，废除不平等条约”，从会党的军事暴动，进化到劳工农民之联盟；从联日政策，进化到与世界无产阶级携手——这一条困苦的道路，正反映在孙中山的生平和事业里呵！

《热血日报》发刊辞*

（1925 年 6 月 4 日）

洋奴，冷血，这是一般舆论所加于上海人的徽号！可是现在全上海市民的热血，已被外人的枪弹烧得沸腾到顶点了！尤其是大马路上学生、工人同胞的热血，已经把洋奴、冷血之耻辱洗涤得干干净净。

民族自由的争斗是一个普遍的长期的争斗，不但上海市民的热血要持续的沸腾着，并且空间上要用上海市民的热血，引起全国人的热血；时间上要用现在人的热血，引起继起者的热血。

创造世界文化的是热的血和冷的铁，现世界强者占有冷的铁，而我们弱者只有热的血；然而我们心中果然有热的血，不愁将来手中没有冷的铁，热的血一旦得着冷的铁，便是强者之末运。

本报特揭此旨，敢告国人！

---

* 原载《热血日报》第 1 号。《热血日报》是中共中央在“五卅”运动中在上海创办的日报，于 1925 年 6 月 4 日创刊，6 月 27 日停刊，共出 24 期。瞿秋白任主编。发刊辞是他写的。

中国国民革命与戴季陶主义*

（1925 年 8 月）

一

最近国民党中发现“戴季陶主义”的运动：理论上是所谓建立纯粹三民主义的中心思想，实际上是反对左派，反对阶级斗争，反对 C. P. 的跨党，甚至于反对 C. P. 的存在之宣传。这种运动开始于五月间广州所开国民党中央委员会第三次全体会议上，戴季陶竭力要定所谓国民党之“最高原则”（通过《关于确定最高原则的训令》）；继之以浙江省党部执行委员会全体会议时，戴、沈等竭力攻击所谓左倾的错误，终之通过所谓《宣传工作上对于阶级斗争应取的态度》；最后戴季陶出版他的《国民革命与中国国民党》一书。他们这种运动不仅是在思想上摧残工人的阶级斗争，实在还是削弱国民革命主力军的工人阶级，因此亦就是削弱中国的国民革命运动。

二

戴季陶等这种思想的根本点，便是一种唯心论的道统说。所谓孙中山三民主义的哲学基础，竟只是仁慈忠孝的伟大人格，竟只是继承尧、舜、禹、汤、周、孔的道统——戴季陶又继承孙中山的道统！这算是中

---

* 本文原载《反戴季陶的国民革命观》，《向导》周报社 1925 年 9 月出版，署名瞿秋白。1925 年戴季陶连续发表文章，反对国共合作和国民革命。瞿秋白撰写本文对戴季陶的观点进行批判。曾收入作者自编论文集。

国的特别文化。国民党三民主义的责任，竟只在“发扬光大这种中国文化”。这完全是想把革命当做慈善事业，当做孙中山、戴季陶等一些“君子”爱民的仁政。其实，三民主义是很简单明了的、中国一般民众——各阶级所共同的政治要求，并用不着什么哲学基础。中国的资产阶级、小资产阶级、农民、工人等一致要求民族独立、民权政治及所谓民生问题的解决（经济及生活的改善），很明显的是因为帝国主义军阀的压迫和侵略，是因为中国国内资本主义的发展，所以各阶级要求脱离共同的束缚，而有这一联合战线的共同政纲，这是唯物史观对于中国状况明切的解释。现在戴季陶用所谓民生哲学的仁慈主义来解释，便使中国民众联合战线的国民革命，变成了少数知识阶级“伐罪救民”的贵族“革命”。他的主张，实际上是只要诱发“资本家仁爱的性能”和知识阶级“智勇兼备以行仁政”的热诚，来替农工民众革命。这不但是纯粹的空想主义，而且是要想暗示工农民众停止自己的斗争，听凭上等阶级的恩命和指使，简单些说，便是上等阶级要利用农工群众的力量来达到他们的目的，却不准农工群众自己有阶级的觉悟。

三

这种思想实质上是资产阶级的民族主义，以国家或民族文化为所谓最高原则。这明明是愚弄民众，其终结的目的是造成中国资产阶级的帝国主义。戴季陶对于帝国主义的解释说：共产主义者以为帝国主义的原因只在资本主义的发展，这是不对的；帝国主义者以为一国人口的增加必须扩张领土和对外的权力，也有几分理由，所以“民族竞争的基本”是人口问题。中国现时反帝国主义运动也是一种民族竞争。这种竞争的目的，在于使“全世界种族大混合的大同时代，中国民族的‘血流’得到多的分量和永久的时间”。这就算“拿三民主义来解决世界问题”的方法！这不是中国的帝国主义是什么？其实“因为人口增多而不得不在国家主义之上建设帝国主义”的论调，完全是帝国主义者自己辩护的谬论，绝对不是事实。现在的帝国主义国家，如英，如法，如美，如日，人口并不嫌多；殖民地及半殖民地的印度、中国，人口才算是多呢。这些帝国主义国家的人口本来是很少的，他们的往外发展，纯粹是因为国内资产阶级势力的膨胀，实行的是经济侵略而不是“人口侵略”。资本主义如果推翻，各民族的人口问题在社会主义发展的过程里，很容易解决，那时全世界富源的分配及生产力的增高，不难得着各民族之间合理的合作的方法。所以戴季陶的帝国主义观，有两方面的极谬误的结论：一方面，仿佛世界的经济问题解决之后（资本主义推翻之后），民族竞争还应当继续，世界和平还不应当实现，换句话说，便是帝国主义还继续存在，因为人口问题没有解决；别一方面，主张以三民主义来解决这个世界人口问题，使全世界各民族混合，而中国民族的血流在这混合之中，应当得着“多的分量和永久的时间”，换句话说，便是把三民主义变成中国的帝国主义，便是想使普天下都成中国种——大概是因为只有中国民族的“血流”、“种性”里含着和平的特质，所以只有普天下都成了中国种之后，天下才会太平！

四

戴季陶不但反对阶级斗争，而要拿三民主义的理论来解决中国的民生问题，而且要拿来解决世界的民生问题。这个神妙不可思议的万能的民生主义是什么呢？便是：“大工业和交通机关国有，奖励小工业的自由发展，同时实行平均地权、土地农有，以至于土地国有”，使中国人民“食、衣、住、行、育、乐六种需要得到普遍均等的满足”。用什么方法去达到这个目的呢？农民工人自己现在虽然要团结组织，可是不准实行阶级斗争，不准要求改善自己的生活状况（现时反正不能和上等阶级均等的满足自己衣、食、住等需要，就连部分的改善也不准要求！），且组织起来帮着国民党攫取政权，建设起“三民主义的民国”再说；等到政治权力握在所谓三民主义青年（知识阶级）手里之后，自然会实现民生主义，工人农民的生活到那时自然会改良了！其实，中国工人农民的觉悟，必然要实行阶级斗争，必然要现在就争自己生活的改善，不能等戴季陶诱发资本家地主的仁爱性能，不能等三民主义国家成立之后。中国的工人农民已经亲身受到中国资本家地主的压迫，假使中国的工人农民没有阶级觉悟和斗争，他们的团结如何可能？退一步说，他们即使能团结，即使能帮助三民主义国家的成立，如何能保证那时的资本家地主便有“仁爱的性能”？如何能保证民生主义的实现？保证他们的需要能和资本家，地主有“均等的满足”？这都是显而易见不可能的事。所以要工人农民有阶级觉悟之后，有阶级斗争的力量之后，才能使国民革命成功。戴季陶说俄国革命是三民主义尤其是民生主义的实现。他没有看见俄国革命和民生主义之间的“小小区别”：俄国现时的经济政策，是无产阶级战胜了资产阶级而后能实现的；而他所谓民生主义那种经济政策，是想以诱发资本家地主仁爱的性能之方法而实现的。所谓“大工业国有，小工业由私人发展……”的经济政策，不过是社会主义的最初一步，尚且必须有无产阶级独裁制，方才使小工业的“自由”发展，能有帮助一般生产力的增高以进于社会主义的效用。若是这种政策在资本家地主保有政权的时候实行，那种小工业的“自由”一定变成私人的大资本主义，即使有三民主义的国家，也要被这种有经济实力的资产阶级所推翻；不然，便是他们强迫所谓三民主义的国家，变成资本主义的国家，那时只有资本节制国家，国家决不能节制资本，甚么仁爱的性能也诱发不出来！戴季陶曾经婆心苦口的诱发穆藕初等的仁爱性能（他在《商报》上经过李征五的口发表了好些劝告穆藕初的谈话和主张），可是结果呢？穆藕初不只是摧残剥削纱厂工人，在郑州更雇用流氓工贼打杀工人，这便是一个实例。至于戴季陶说现在青年鼓吹社会革命，说民权主义是资产阶级骗人的东西，所以不去致力，这完全是诳话。其实民权运动是现时中国农工阶级之阶级斗争的一方面。现时中国的工人阶级以实力来力争民权，要求普遍的国民会议，要求集会、结社、言论、出版、罢工等的政治自由。而资产阶级，如各地商会，尤其是上海总商会却反对承认工会，反对工会参加国民会议——反对民权。最近几年工人阶级的这种民权运动的事实，尤其是五卅运动里，都是彰明较著的。中国工人阶级决不“怕民权主义观念普及起来，妨害社会革命”，却只怕工人自己不能以阶级斗争的力量来实行民权运动，其结果空空洞洞讲抽象的天赋人权，真会被自称辛亥革命的社会革命派（戴季陶等）所卖。总之，中国的工人阶级应当努力实行阶级斗争，不但要求经济生活（民生问题）的改善，不能希望事实上绝对不会有的资本家的仁爱心，而且要力争劳动民众的真正民权，其结果也只有剥夺地主大资本家的政权，才能实现。无产阶级的阶级斗争和独裁制的理论，才真是中国一般民众现时要求民权及民生政策的实际政纲的方针和指导。如果没有这个理论的指导，民权主义便是资产阶级的德谟克拉西的欺人政策，民生主义至多亦不过是资产阶级性的“国家社会主义”罢了。

五

戴季陶等所谓建立纯正三民主义的运动，实际上是把国民革命变成狭义的国家主义。民族主义的目的，成了争中国民族之“哲学思想”、“孔孙道统”、“国民文化”，甚至于“血流”的久长和多量。要做民生主义和民权主义的运动，却又不许有阶级斗争，只许为“民族和国家的利益”。其实，国民革命的三民主义，只是很浅显，一般农工民众所切身感觉的政治经济要求，用不着什么道统，什么哲学思想做基础。民族主义是中国要求解放，脱离帝国主义的压迫，更具体的说，中国要关税自主，要取消租界，要撤退外兵，要反抗外国资本家的压迫；民权主义是中国民众要推翻卖国军阀的政权，建立平民的政权，更具体的说，中国一般商人、工人、农民要反对军阀的专制横暴，要求政治自由，中国工人农民尤其要求集会、结社、言论等的自由；民生主义是中国一般民众要求经济生活的改善，小商人、自耕农要免除苛捐苛税，没有地的农民要田地，工资低的工人要增加工资……凡此都是极具体极明显的民众要求。这是中国被压迫的各阶级反对帝国主义及军阀的斗争，这是中国的工人农民反抗剥削阶级的斗争。这些政治经济要求完全是现时经济制度下所必然要产生的革命要求。这些要求是现在中国大多数民众所共同的，所以能集合中国各阶级而成国民革命的政纲。然而这些要求的本性，便是资本主义经济制度之下的阶级斗争：中国的工人阶级本来是因为受外国资本家的侵略剥削而参加国民革命的，当然同时也要反抗本国资本家的剥削。中国的资本家因为要反对外国的经济压迫（如关税等）而参加国民革命，真实些说，是利用所谓民众的爱国运动达自己的目的；可是民众的团结和运动扩大起来，真要改善自己的生活地位的时候，本国资本家为他们的阶级利益起见，又要压迫农工民众了。所以国民革命的本身既是一世界的阶级斗争，中国的各被压迫阶级反对国际的资产阶级的斗争；这所谓对外的阶级斗争里，亦不能不包含着对内部的阶级斗争。（譬如，假使中国工人根本上绝对满意自己的经济地位，绝对不要反抗资本主义，那么，他们对于中国资本家不反对，何必一定要反对外国资本家的帝国主义者呢?）而且中国工人农民阶级的觉悟愈高，阶级的斗争愈有力量，他们参加国民革命的力量和反对世界的资产阶级（帝国主义者）的政治觉悟也愈高（五卅运动便是眼前的铁证）。所以中国工人农民的阶级斗争是中国国民革命的先锋队，领导者。如今所谓“纯正的三民主义者”，却专以反对阶级斗争为宗旨，而以“民族文化”、“国家利益”做假面具，这样撇开大多数农工民众利益，而说什么“国家民族利益”，实际上便是资产阶级蒙蔽愚弄农工阶级的政策。

六

戴季陶根据这种“宗旨”而得的组织上的结论，便是：国民党中现在思想不统一，要拿他这种所谓“纯正三民主义的最高原则”来辖治党内的阶级斗争者——C. P. 。国民党的中心思想是所谓纯正的三民主义，与阶级斗争论是不相容的；国民党的政策，在阶级斗争中，不应当帮助工人反抗资本家，却只应当“诱发资本家仁爱的性能”，以消弭阶级斗争。于是他看见的国民党的两大病：左倾与右倾。唯一的救济法，便是一方面劝右派赶紧做诱发资本家仁爱的性能的工作，以保护中国的资本主义，使他不至于为工人阶级所推翻；别方面不准左派到民众中去指导阶级斗争（因为“非得到国家的自由、民族的平等，便甚么问题都无从说起”），同时却要让“单纯的国民党员”到工人中去做“诱发工人仁爱的性能”的工作（如广州的马超俊，北京的杨德甫，上海的王光辉等类工贼）！这种所谓中心思想，势必至于国民党完全失掉工人农民的群众，不然呢，便是使国民革命因戴季陶式的国民党之努力而中途夭折。其实国民党的中心思想，只有代表中国民众——各阶级的共同利益的政治经济要求，而在各阶级利益冲突的地方，这种中心思想，应当以最大多数、最受压迫的阶级的利益为标准；在这种地方，国民党中思想上代表资产阶级利益的分子，自然竭力的反对农工阶级的利益。中国的国民革命，客观上既然必定有内部的阶级斗争，国民党内思想上的阶级斗争当然也不能避免。绝对的思想统一，绝对的消灭这种斗争，是客观上不可能的事。只看国民党中的各种阶级思想，那一种战胜对于国民革命的前途有利。这是说国民革命的各阶级合作，在形式上是同在一党之内的时候。中国无产阶级政党的党员——C. P. 所以加入国民党，便是因为在已经过去的两年的时期，国民革命的联合战线可以党内合作的形式去进行。C. P. 在国民党内的责任，在最早加入的时候便在自己机关报上说得明明白白：是要在国民党内增加工农阶级的成分，即此使国民党充分的革命化，使中国国民革命能尽量的发展，使国民革命真成为为大多数国民——农工的利益的革命。C. P. 的所以能加入，亦是因为国民党的政纲，三民主义的政治经济要求，能一部分的代表工农阶级的利益。换句话说，就是国民党所提出的民族的总要求里，还能容纳农工阶级的要求。如今要在这各阶级合作的国民党内，建立所谓绝对的“中心思想”，那就只有一条路：不准工人农民在国民党中主张阶级利益，就是使国民党完全变成资产阶级的政党。戴季陶的意思正是这样：他要排斥 C. P.，他要纯粹的以“仁爱”为宗旨的绝不主张阶级斗争的国民党，即所谓单纯的国民党。这种国民党，因为他要防止阶级斗争，把农民工人参加国民革命的根本动机铲除了，实际上决不能引导国民革命，决不能成为革命的政党。

七

戴季陶在组织问题上的结论，以为国民党中不应当有“共信不立”的现象，以为团体是有“排拒性”的，所以主张 C. P. 退出。试问这是什么排拒性呢？事实上是资产阶级排拒无产阶级。资产阶级要求政治思想“独立”，不受无产阶级的“牵制”，要鲜明自己的阶级旗帜，所以戴季陶要主张“中心思想”。同时，中国的资产阶级处于半殖民地的地位，实际上不能不联络国际无产阶级以抵御“共同的敌人”帝国主义，所以戴季陶还主张 C. P. 公开出来与国民党共同组织联立的中央委员会。然而这是不得已的办法，实际上资产阶级总是在政治上思想上也想统辖无产阶级，所以戴季陶的主张，根本上还是要 C. P. 完全退出共产党，根本上要消灭 C. P.，消灭无产阶级的政党。

第一，他说 C. P. 的唯物史观和阶级斗争会打破国民革命。事实上从一九二一年海员罢工、二七屠杀、广州的农民运动……一直到最近的五卅运动，工农的阶级斗争的力量愈增高，国民革命运动也愈扩大。国民革命中有阶级斗争是一个事实，工农阶级的斗争足以发展国民革命也是事实。戴季陶说：青年的民族观念薄弱，殊不知世界革命的努力，当以自己民族的存在和发展为基础。实则自己民族要能存在及发展，还当从民族中大多数之工农群众的实际利益上奋斗，而不是保留什么古文化。

第二，他说 C. P. 自己的主义不能实现，不适宜于中国，也只是参加国民革命，那么 C. P. 用不着存在。其实正因为中国国民革命之中夹杂着资产阶级的成分，资产阶级的本性，必然要半途抛弃革命，而投降帝国主义；正因为在联合战线的国民革命中，资产阶级无时无地不想摧残遏抑无产阶级的利益和要求（五卅运动里商会等资产阶级的妥协，国民党里戴季陶等的反对阶级斗争，便是最切实的证据），所以无产阶级当然要有独立的政党。C. P. 的主义是世界的社会革命无产阶级独裁制，实现共产制度的社会，都有适于现实社会情势的步骤，在中国实行国民革命，便是世界革命的一部分。因为争中国的民族解放，便是削弱国际帝国主义势力；争农工大多数民众的民权和“民生”，便是这民族解放运动的骨干。这种中国国民革命的斗争，以无产阶级的斗争领导中国一切被压迫民众的解放运动，是最合于中国社会所需要的，同时也是合于世界社会所需要的革命政纲，就是行向共产主义的第一步。这是最现实的改造中国及世界社会的主义，这是解放中国的唯一的道路，也就是消灭世界的资本主义，消灭阶级及其斗争的唯一的道路。中国无产阶级政党的主义及取策，没有丝毫是空想的。戴季陶要使国民党成为中国唯一的救国的党，可是他又反对农工阶级的阶级斗争。试问农工阶级连自己切身的利益尚且不能力争，所谓“民族文化”、“孔孙道统”能使他们起来力争吗？农工阶级不来积极参加，而想国民革命成功，这才是空想呢！戴季陶要以所谓中国的哲学思想为基础，要用所谓仁慈主义诱发资本家的“仁爱”性能，如此便想消弭阶级斗争，使世界人类进于大同，这才真是空想呢！

第三，他说 C. P. 自己不能公开，“心里想着共产革命，口里说的半共产革命，手上作的国民革命”，不把 C. P. 的名义拿出来。这更错误。C. P. 组织上的不公开，不过是因为军阀政府之压迫，以前在清朝之下的革命同盟会，此时在反动军阀势力之下的国民党，又何尝公开呢？至于政治上，三四年来，C. P. 的政策、主义——主张中国国民革命中农工阶级以自己的阶级斗争的力量去努力参加，以此解放中国，同时亦就是进行世界的社会革命，以进于所谓“世界大同”——共产主义。这都是彰明较著以 C. P. 的名义发表宣言政策的。就是 C. P. 加入国民党也是如此，完全是心口如一堂堂正正的。至于说不用唯物史观，不用进 C. P. 也可以为工农而奋斗，那么，不用说右派工贼的成绩已经斐然可观，便是戴季陶自己的仁慈主义，也就够受的了。

第四，他说：“如果中国经济的条件和文化条件具备，有实现他们 C. P. 计划的可能性，我们……也会自己主张起来。”共产主义的步骤及中国 C. P. 现时的主张“计划”既如上述，那么，中国 C. P. 并不主张立刻实行共产制度，已很明显；戴季陶现时所不肯苟同的，当然不是这一点，而始终是“于国民革命中行阶级斗争，国民革命即阶级斗争”的一点。试问：中国工人农民处于现在的生活状况之下，中国社会在帝国主义侵略的经济条件之下，难道实行阶级斗争的条件还没有具备？可见戴季陶所以不肯苟同的缘故，并不在于条件具备与否，却在于他自己代表了资产阶级的思想。不然，怎会把 C. P. “力争废除不平等条约，真正人民的国民会议政府，以阶级斗争争工农生活改善”的主张，认为揠苗助长的拙策？

八

以上四点都是关于理论上及政策上的问题。至于国民党组织上的问题：第一，他以为“大团体内包含小团体，C. P. 只借国民党的躯壳，发展本身组织”。这句话是很错误的。事实上 C. P. 是无产阶级的政党，有自己的“躯壳”，何必借国民党的？两年来的事实，只是 C. P. 同志在国民党中工作，努力替国民党增加了不少真实党员，其中有许多是并没有进 C. P. 的。至于说 C. P. 及 C. Y. 不应吸收国民党的党员，那更是奇怪。国民党党员中有无产阶级的阶级觉悟的人，他自然要进 C. P. 和 C. Y.；没有阶级觉悟的人，C. P. 及 C. Y. 永世不要拉他，就是拉他，也不会进来。戴季陶既不要阶级斗争，又何必舍不得这些有阶级觉悟的分子都进 C. P.？

第二，他说 C. P. 在国民党中主张上选举上都用“手段”。其实这所谓手段，不过是行动比较一致些。一则思想相同，一致是当然的事；二则 C. P. 既要国民党充分的革命化，主张上选举上当然以此为目标。戴季陶自己亦骂右派糊涂，主张要肃清他们；譬如现在这种分子还未肃清之前要有选举，戴季陶要使这些反革命的糊涂分子不能握住党里的事权，他一定不选他们，并且一定要教别人也不选他们。这算什么手段？戴季陶在解释民主集权制的时候，说党员应走的道路是在党内“争决议”。这是很对。为什么一个人争决议便可以的，几个人一致争决议或选举便不可以？

第三，他说 C. P. 对于国民党有二心，不忠实，因为另外有团体；又说同盟会时代也有“各种主义者”，可是因为没有团体，所以始终对党忠实。其实戴季陶自己说的，同盟会时代，有种族革命派，有民主立宪派（政治革命派），后来这些分子都不革命了，都叛党了，……“只有主张社会革命的一派能始终维持革命精神”。可见，对党及革命忠实与否，并不在于有无另外团体，却在于主张合于革命的过程与否。

第四，他说，C. P. 利用国民党的政治保护力和经济维持力。这更是笑话。国民党的国民政府，本他自己的主义，当然对于工农民众的组织，工会、农会及工人的政党，应当保障他们的政治自由权。难道国民党主张民权，等到平民有了“权”，又可惜起来了吗？至于说经济维持力，更不知何所指。C. P. 的组织，决不能用国民党的钱。这简直是造谣。总之，戴季陶这些理论和组织问题上的攻击，其目的只在于打倒C. P.，最后竟不惜用造谣的手段。戴季陶说，C. P. 当国民党是自己将来的敌人。其实戴季陶已经当C. P. 是自己现在的敌人了，所以不惜用这种手段。

九

戴季陶虽然理论上反对阶级斗争，主张资本家的仁慈主义，然而他在实践方面，发行那《国民革命与中国国民党》的小册子，自己就实行思想上的阶级斗争——不过是资产阶级压迫无产阶级的一种斗争罢了，并且他一点也不“仁慈”。请看：一、他说，至少最近的五十年内，国民革命成功后，政权总还握在“三民主义的青年”手里。这就是说：“纯正的三民主义青年”，是能握到政权的，不纯正的当然不准。这是一种权力的诱惑。其实，五十年内要想纯粹的资产阶级的“三民主义”（戴季陶主义）能实现，完全是梦想；单只广州革命政府的存在及最近对于陈炯明、杨希闵的胜利，没有农工的赞助，没有C. P. 的出力，决办不到。何况一个革命的政党，不以甘受刑戮而抗压迫阶级的精神勉励党员，却以政权在握去诱惑，这真不知是何等的“团体道德”，革命道德！二、他说：“第三国际往往恨……土耳其国民党的反共产政策太过辣手（枪毙、监禁），而不晓得反乎民族……需要的策略，本来没有成功的可能。”这更是高压政策的威胁，政权还未到手前之预声的威胁！土耳其共产党的组织，本来不甚好，正因为阶级斗争的工作太弱，使土耳其国民党能于利用农民工人的赞助而取得政权之后，立刻反过来压迫共产党及工农群众——所谓土耳其的“民族文化”也许“恢复了，光大了”，可是土耳其人依旧受压迫。这种国民革命，便是戴季陶所要实行于中国的！三、他说，某某同志因是C. P. 而使国民党同志不信任他；某某同志因是C. P. 所以虽有大才亦不能开展。又说那都是“纵横家的中国列宁”一个人的主张，害了C. P. 的青年。这岂不是纯粹的挑拨离间手段？资产阶级对无产阶级的政策本来不是利诱便是威迫，不是威迫便是离间。他们造谣离间之目的，是要使无产阶级的民众怀疑他们的指导者。戴季陶简直是一个十全十美的资产阶级的思想家，资产阶级的武装及战术都应有尽有了！

（附注：戴季陶挑拨离间 C. P. 与国民党的感情还有几件事实问题：

一、谭平山的文章。平山那篇论文，即如戴季陶所举说“国民党政策中有反革命的”，也不为过。国民党及广州政府是否确有许多受右派的官僚军人所支配的反动政策，这是大家都知道的事实。平山的论文指出来，正可以使群众的党员起而注意纠正，挽回民间的信用。戴季陶却一笔抹杀，只说平山“说国民党的坏话”。

二、所谓某区党部的一封信。事实上是广州有几处发生所谓“中山主义研究会”，实则是右派的结合日以讨论反对 C. P. 为事，并非什么研究主义的团体。先有 C. P. 同志几人与廖仲恺谈及，廖遂禁止他们，究竟有无此信，虽不可知，然决不会像戴季陶所引之荒唐。他引的是：“本处分子复杂，无容讳言，驯至时有反共产言论发生……近来公然有人组织中山主义研究会，若再放任，后患何堪设想。”据戴季陶说，此信已被毁掉，我们推想，那信至多只会说：“有人假借中山主义研究会名义，实则专事捣乱反对共产派……”，或者信上措辞不好，然决不至如戴季陶所引的那样。其实我们决不反对理论上的讨论或对于共产主义之批评，可是在国民党党部中一味反对 C. P. 的人，做反动的右派宣传，我们当然要抵抗的。而戴季陶便借此故甚其辞以挑动感情，明说左右派都不好，暗则完全帮右派。

三、《向导》上批评胡汉民等。这些都完全是事实；我们对于革命运动发展中的分析是应当根据事实说的。我们的论述正是希望国民党诸首领抛弃错误政策，一致团结。戴季陶却以挑拨的罪名归之于《向导》，这一则是只知护短而不求解决，二则是故意违反事实归罪 C. P. 。）

十

总之，戴季陶的思想及主张，完全是要想把国民党变成纯粹资产阶级的政党，而且尽力要把各阶级的革命分子吸收去，使他们都变成戴季陶派——资产阶级的民族主义者。其实，中国资产阶级之中大部分有力量的现在还只是买办阶级，他们真有反动的实力，所以纯粹右派倒是有社会基础的。至于小资产阶级的革命分子，只能和无产阶级携手，方能进行革命运动。如今戴季陶却想代表民族资产阶级，纯粹站在所谓“爱国的资产阶级”上面。这一阶级在中国还很幼稚，而且一部分还没脱离他们的买办出身，所以还说不上是一种革命力量，还没有变成独立而且集中的政治势力之可能。戴季陶这种主义至少现在还不能有社会的基础，所以他想不偏右也不偏左，纯粹站在“民族”、“国家”（资产阶级）的利益上面，是不可能的事。他一开始攻击左派，右派的买办阶级立刻便利用他行反革命之实。现在在上海已经见了几件事。中国国民革命运动能发展，只有两条路：一、注重工农阶级的阶级斗争，以无产阶级引导一切革命阶级前进；二、侧重资产阶级的利益，讲“中庸”、“调和”、“统一”而反对阶级斗争，其结果是为买办阶级的力量所利用，完全到右派及帝国主义一方面去。对于戴季陶，知识阶级，小资产阶级，甚至于真正之民族的资产阶级，都只有一个出路，就是在这两条路中挑选一条：或者革命，或者反动。

“五卅”中资产阶级与无产阶级之互争领袖权*

（1926年1月22日）

中国的劳工运动，自从一九二三年二月七日汉口的屠杀之后，一直到去年初，差不多全部在蛰伏之中；虽然上海，广州、香港等处，还时时有罢工的暴发，尤其是前年的沙面罢工，然而概括而论，在全中国的范围内，始终因受直系军阀及英、美帝国主义等强暴的压迫和屠杀，不能有勇猛突进的发展。直到北京政变——两年来以无产阶级运动之酝酿为“底力”的国民运动之结果，社会上的革命力量才得着了一个开展的环境。尤其是无产阶级，处于严重压迫之下既如此之久，当然稍有可能便要乘机奋斗。北部铁路工人的组织正式的在北京、河南等处恢复过来，工会的自由，罢工的自由，成了全中国工人群众的要求。恰巧在这个时候，日本帝国主义者趁着奉张势力的复盛，一面赞助他压迫国民军，一面便因棉纱市场的恐慌，以增加工作、减少工资、裁减工人的方法向中国工人进攻。于是上海（二月初）的内外棉厂及其他日厂，青岛（三月间）的日商纱厂相继罢工。中国工人在这几次罢工里，都因组织巩固，得到相当的胜利。全国劳工运动从此又得了勇猛突进的形势，如北京三月间的印刷罢工，汉口五月间的英美烟公司的罢工等等。帝国主义者当然继续着以屠杀政策、威慑政策和中国人民相周旋。福州学生（四月间）抵制外货，美国军舰十二艘便抵厦门，以武力干涉。上海、青岛的日本资本家在第一次罢工之后，千方百计悔约、压迫工人，故意挑衅，要想趁势夺回工人的胜利。日商工厂里的压迫专制，向来便是绝无人道惨不忍闻的；工人所得的“罢工胜利”，也不过是比较上说，其

---

* 本文为《国民会议与五卅运动》一文的第三部分，原载1926年3月25日《新青年》月刊第3期，署名秋白。

实便是罢工之后，工人所受压迫，当然还仍旧是统治殖民地劳工的特别奴隶制度。日本资本家这样的手段，便使所有日本厂里的工人时时刻刻在愤激怠工之中，因此，日本资本家便任意的敲打强迫，结果，上海内外棉厂里的工人顾正红，因要求发给欠薪而被杀（五月十五日）；在青岛，则日本人指使张宗昌杀死工人二人，以武力强迫怠工工人离去工厂（五月二十九日）。

帝国主义者这种屠杀政策，引起中国人民一般的愤激。上海南京路上的五卅惨案，便因中国学生、工人的抗议这种屠杀和列强帝国主义的上海政府（租界工部局）之印刷附律、码头捐等而发生。帝国主义者在中国近年来国民革命运动的奋起时期中，看着他们向来利用军阀的间接统治制度逐渐动摇，便想以直接屠杀威慑的政策来扑灭“废除不平等条约”、“国民会议”等的“过激派运动”，并且想在上海直接统治地的租界上，钳制中国人的舆论，进一步的压迫中国人（如印刷附律、码头捐等）。然而现时的中国——从五四、二七以来的中国，决不是义和团时代的中国，可以用屠杀政策、“惩罚战争”征服的了！五卅的屠杀，立刻激起上海二十余万工人的大罢工，学生的罢课，商人的罢市。虽然帝国主义在六月初旬继续的施行屠杀，海军陆战队上岸，武装商团出防，军舰云集的来威慑，然而镇江、九江、汉口、南京、重庆、青岛、安东、广州等处的民众，都还是更加勇猛的一致起来和帝国主义者奋斗，尤其是国民政府之下的香港、广州工人。五卅运动实际上是开始中国从古未有的群众革命运动，而且处处都是工人阶级当先锋，以最勇敢牺牲的革命精神，以实际的群众团结的力量，来争平民的权利，争自己阶级的利益和民族的解放。除上述各地外，还有济南、河南（焦作矿工、郑州路工）唐山、北京、天津等处的工人，他们都在这一国民革命运动和阶级斗争里，团结集中自己的力量，各地（河南、北京、天津）都和上海一样，有总工会的成立。

五卅运动的意义，正在于中国工人开始执行他的历史使命——领袖国民革命以解放中国民族和自己。中国的国民革命从五卅开始了！中国无产阶级力量的跃登历史舞台，使国民革命中充实了群众的革命力，帝国主义者和军阀的统治根本动摇。五卅运动的第一点特性，便是使中国的政治运动第一次群众化。列宁说，平时过问政治的只是几百几千至多也不过几万人，可是真正的政治运动，真正的“民权”，只有劳动平民的革命政治，只有几百万人几千万人所过问的政治。五卅以前，北京政变、孙中山北上以前，尤其是国民党第一次代表大会以前，所谓“废除不平等条约”、“打倒帝国主义和军阀”、“国民革命的联合战线”等运动，只有共产党努力去做，差不多连国民党右派——张继、谢持、邹鲁等，都认为是过激派的赤化宣传，是离间国民党与“友邦”、“友军”的奸计。可是，到了五卅之后，一般民众以至大资产阶级的总商会，都觉国民革命的实力已经实现，或者存心利用以达自己的阶级利益（如大资产阶级），或者受着列强侵略的激刺和平民力量兴起的兴奋，都一致的趋于国民革命的旗帜之下。

五卅后民众运动的发展，一直波及于穷乡僻壤，山西太原等处都有工会的成立，江浙则甚至于小小村镇如双林、义乌等处，都起来响应。上海的街头巷口，普通的小商人，十三四岁的儿童，争着写贴“打倒帝国主义，废除不平等条约”的标语，争着唱五卅流血的时调山歌。这岂不是革命运动深入普遍的群众之明灯！

中国国民革命的经济基础，本来是列强帝国主义的侵略与中国资本主义发展间之冲突，尤其是国外资产阶级与中国劳动平民之间的阶级斗争。如今帝国主义者因为不能痛快地继续他们的统治政策，不能如意地利用卖国军阀，直系势力一经摧败，奉系势力之发展又遇见国民军和劳动民众的障碍和抵御，于是从上海五卅起，竟实行大规模的屠杀，汉口（六月十一）、广州（六月二十三）、九江、重庆、泸州、青岛、福州、天津、安东……暴露他们向来的种种假面具，惊醒了一般民众。中国资产阶级之发展，早已使中国社会里发现强有力的无产阶级，酝酿着三四年的国民革命运动，断然不能再容受这种强横的压迫。于是国民革命的联合战线实现，全国务阶级各自奋起而汇合成一空前的革命的群众运动。国民革命的联合战线第一次实现于实际行动上，这是五卅运动的第二点特性。废除不平等条约，取消租界，收回治外法权等，从此已经为一般群众所了解，从此便有了实际上的意义。上海工商学联合会的成立，他所提出去的条件，就足以证明联合战线的实现以及无产阶级政党的口号实际上为一般平民所接受。五卅运动初起的十几天内，不但上海小资产阶级的各马路商界联合会积极的参加这一斗争，全国各地的平民商人，没有不赞成这些条件，同情这一斗争；就是半买办半资产阶级的上海总商会，至少也以消极的态度参加这一战线。上海总商会的破坏联合战线，是从他表示参加运动，组织所谓五卅委员会起。他没有参加工商学联合会并且没有表示态度的时候，虽然可以说是有意的怠工，可是实际上是他没有影响总的运动，没有敢来争这一运动的指导权。上海而外，汉口有工学联合会的组织，北京、天津、河南等处也有类似的组织；国民革命的联合战线正在找寻他的政治的组织形式。上海的工商学联合会在头两个月差不多成了地方政府。其他各地，虽然组织上没有确定的形式，然而商会、教育会、教职员，甚至于省议会等官僚机关，无不随着五卅运动的总潮流而随波上下；可以说，这一开始于日厂工人的运动，开始于无产阶级全国大罢工的实际斗争，领袖着爆发的国民革命中之各阶级而前进，震荡了全社会的一切活力。国民革命的联合战线里无产阶级的领袖地位和政治指导，不但实现于实际行动，而且在这一斗争里证实了无产阶级是能解放中国民族的主要力量。再则，中国国民革命和世界的社会革命之联合战线，中国的民族解放运动和世界的无产阶级革命运动之联合战线也在这一次实现出来，苏联、英、法、德、日等无产阶级及其革命的政党，共产党，都奋起援助。全国各阶级，如果能持久继续这国民革命的联合战线，坚持废除不平等条约等无产阶级政党的要求，诚意的参加革命，承认劳动平民的一切罢工、结社的自由权，赞助上海、香港以至全国的工人阶级艰苦战斗，并且有国外无产阶级的援助，当然不难根本推翻帝国主义者的统治和他们的代理人——军阀。

现时帝国主义的世界里，如果失去中国这一大殖民地，决不是对于某一强国的打击，却是对于帝国主义制度的致命伤。因此，英、日、美、法等国都是想一致的进攻，他们不能不以种种卑劣欺诈的手段来破坏这一联合战线。可是，国民革命有巩固的联合战线，并且在无产阶级的指导之下的时候，革命潮流高涨到顶点，举国一致反抗帝国主义制度的统治，列强之间的一致进攻是不可能的；他们各国在中国的势力与利益各不相等，而且互相冲突，各自想保持自己的势力和“华人的同情”，不能为英国所牺牲。六月初旬至中旬的时候，除英国以外，都不敢公然进攻，无不竭力声辩，甚至于倡言赞成废除不平条约，如六国委员不一致，不肯公布调查结果，美国立刻解决蔡继贤案，日本政府的非正式表示等等都是明证，这恰在打倒一切帝国主义呼声最高的时候。再则，段祺瑞的军阀政府，恰在这个时候（六月二十四日）正式以外交公文要求列强修改不平等条约，种种方面表示自己的“爱国”；张作霖原本在五月底要想进京攫取政权的，五卅运动一起，只能退出关外，张学良到上海来镇压民众运动的时候，也不得不先捐给学生会两千块“买路钱”，表示是来“防御外敌”的。军阀的统治，在这时候显然是失去了自己的基础，至少也在极端动摇的状况之中。所以，五卅运动的第三点特性便是无产阶级领导之下的国民革命联合战线，足以使帝国主义不敢一致进攻，使军阀统治根本动摇。

可是，这一联合战线不过继续一二十天之久，上海的买办资产阶级的商阀——总商会“积极”起来了。国民党的右派“站起来”了。总商会的积极，立刻擅自修改代表上海一百五十万以上的市民的工商学联合会的对外要求，抹杀工人的罢工结社权利，取消撤退外国驻华武装势力的条件，出卖平民的权利以谋与帝国主义者妥协，破坏国民的联合战线。一般高等华人，不用说研究系的梁启超、丁文江等卖弄他们的“学问”，主张妥协和平渐进，甚至于反对抵制外货。就是所谓“站起的”国民党右派，如戴季陶先生等，在浙江国民党临时省党部通过反对阶级斗争的议案之后，立刻公布他们单独对英的主张，希望日本“回东方来”（见戴季陶之《中国独立运动之基点》）。五卅运动的发展到七月中便完全陷于“单独对英”的对日妥协运动之宣传里；理论上既有戴季陶先生的高论，以及北京一般反动的大学教授和国民党的种种右派的宣传；事实上便有上海总商会方面的买办分子竭力压迫上海总工会和日厂谈判。如此四方八面——戴季陶、大学教授、反动的右派、买办资产阶级、交涉员等，强迫恐吓欺诈种种的手段对付上海总工会，结果竟使日本厂的罢工工人不得不屈服而上工（八月十二日）。这种现象，显然是中国资产阶级想在国民革命中争得指导权以停止革命的解放运动，而用妥协策略取得自己的阶级利益。帝国主义者在这时候，一方面驱使奉系军阀到处开始屠戮革命的平民（青岛、天津、上海、南京等）；一方面便因为中国国民运动的目标单集于英国，其他各国无所顾忌，正可一致进攻，同时利用机会以稍稍挫折英国在远东的气焰，而且用空口的人情诱惑中国的高等华人以破坏联合战线，于是所谓关税会议、法权会议的提议都通过了。威慑劳动平民、利诱高等华人以一致进攻而破坏革命联合战线的帝国主义政策，便在总商会、国民党右派的妥协之后完全实现了。并且奉系军阀也是同样的政策，他们（七月间）封闭工商学联合会，不久又准许启封，以示恩威于小资产阶级，同时极端戒严，压迫工人。在帝国主义军阀的这种离间政策和资产阶级自身的妥协策略之下，上海总商会第一步修改条件（六月十三），第二步先行开市（六月二十五），第三步压迫日厂工人上工（八月十二日），第四步与十一国上海侨商商会妥协而暗示军阀使封闭总工会（九月十八日）。全国小资产阶级逐渐受军阀、资产阶级的暗示和压迫，一方面倾向于妥协，别方面畏怯革命的斗争，于是部分的退出革命战线——上海各马路商界联合会在总工会封闭之后，自行取消工商学联合会。这时候，帝国主义者的列强，自然可以安心的一致进攻，沪案重查便公然实现，英、美、日三国一致判决五卅以来所杀的人都是该杀的。五卅重查的提议（使团领袖的照会）还远在十月一日，即离上海英厂工人上工不过一星期，离总工会的被封不过两星期而已。无产阶级在民族解放革命里的领袖地位之必要，是何等的明显呀！同时，上海总商会在总工会被封后的第三天（九月二十三日），便开始募集所谓爱国募金，名为接济英厂工人，实则五卅以来总商会所经手发出的罢工维持费，大部分是各地捐来的，小部分是总商会办事人垫出的，爱国募金的作用，不过是为这些办事人弥补自己的“损失”罢了。况且到九月二十七日，上海的英厂工人，已经因总工会被封，没有革命行动的公开指导机关和自己的组织，因为总商会克扣募金，不发维持费，横被压迫、“调停”而上工了。**资产阶级的妥协**当然再明显也没有，外交部、总商会口头上尽管抗议沪案的司法重查，实际上他们每一步的行动都是成就这一沪案重查的；而小资产阶级的犹豫、退缩、懦怯，当然也是资产阶级策略的实行中所必要的助力，因为他们可以灭杀革命派方面的势力。所以五卅运动的第四点特性，**是在经验上证明国民革命中资产阶级的妥协性和小资产阶级的犹豫畏怯，足以破坏联合战线而使革命运动失败，同时，也就证明无产阶级在国民革命中取得指导权之必要**。

中国的民族解放运动，本是中国一般平民反抗帝国主义和军阀的革命斗争，目的在于解放中国民族，当然就是解放平民；如果资产阶级阻挠障碍压迫这一斗争，否认工人的罢工结社自由，保留外国驻华军队以备压迫平民，强制群众对日妥协，而只想借对英罢工之力达到仅仅利于高等华人的工部局董事位置及中国轮船公司和英、日竞争的优势等等，劳动平民的反抗目标自然同时要注射到中国资产阶级方面来。帝国主义者方面的毒计，在七月四日停止供给马达电力于中国工厂（上海租界的电气处本是垄断上海的电气业的），这当然不是使中国资产阶级更加愤激的反抗，而是使他们急速的倒到外国资产阶级一方面去，帮同着压迫工人阶级。短视的浅见的中国资产阶级，为了保持几万元（就算他几十百万元!）的利益，居然甘心卖国卖民，实行摧折上海总工会。五卅国民革命运动的过程里，无产阶级的势力在政治觉悟上、在组织上都是非常之膨胀的时候，资产阶级的这种态度只有使无产阶级得到更深切的觉悟——阶级的觉悟：“压迫禁止我们的自由结社，克扣我们的工资，保持租界制度……的，不仅是帝国主义者和军阀，而且还有中国的资产阶级！”况且中国劳动平民奋起反抗帝国主义的原因，本在于要求改善自己的经济状况和增高自己的政治地位。于是五卅以来中国华商工厂里的罢工，突然由对外示威的性质，变成切实要求经济政治地位改善的罢工：八月中旬上海邮局、商务印书馆、中华书局的罢工，便是无产阶级对于资产阶级对外妥协对内压迫之答复，随后全国电报局的罢工，天津、河南、山东的中国纱厂罢工，都是同样的性质。无论是资产阶级的市侩，是中外资本家走狗的工贼，是大名鼎鼎的戴季陶先生，是所谓国家主义者……他们只准工人为着争民族利益国家体面而罢工，不准工人要求加几分工钱、承认工会而罢工，此等论调，决不能使工人相信的。赞成国民革命而反对阶级斗争这种“学说”，假使对于资产阶级的学者是天经地义，那就对于无产阶级是极端的荒谬：一方面要求工人为“民族”而流血牺牲，别方面这个“民族”又不许工人加几分钱几角钱的工资，不许他们结社罢工的自由，不承认工会，这是何等的矛盾！无产阶级正因此而要扩大自己的组织和奋斗力，在五卅运动对外因资产阶级的妥协而渐次失败的过程里，国内的阶级斗争和革命运动内部的阶级分化，自然而然格外暴露的急速。五卅以后，全国罢工波及中国企业的潮流，不仅是简单的经济斗争，而且有重大的政治意义：中国工人阶级在这次总的民族斗争里锻炼自己的阶级意识，扩大自己的组织，集中自己的力量，以备后来更伟大的斗争里，整个儿的负起解放民族解放自己的历史使命。所以五卅运动的第五点特性，是在经验上证明：国民革命的过程里，阶级斗争和阶级分化的必然性；并且只有无产阶级的政治力量巩固扩大，阶级意识明确坚决之后，才能引导一般平民达到打倒帝国主义的目的：“工人阶级的自由是要用自己的力量去争来的，被压迫民族的解放是要在工人阶级领导之下的革命斗争去夺来的。”

五卅运动的发展，开始于中国工业中心的上海，波及全中国的穷乡僻壤；开始于中国的无产阶级，震荡到了大资产阶级，甚至于官僚军阀。不但全国城市里的小资产阶级一开始便站在革命派势力的一方面，直接参加这一斗争，甚至于河南、陕西、湖南、湖北、直隶、江苏（苏州角直、宜兴、江阴乡下）等处的农民，也都渐渐的开始活动，成立农民协会，反对苛税杂捐及预征漕粮，反抗地主；有些地方农民的运动往往是工会或学生会引起的，这亦是五卅运动间接的影响。总之五卅运动在中国革命史上是极重大的关键，他引起了一般下层的民众的积极斗争。可是，不用说，许多小城市里的五卅运动，往往限于抵制英、日货，或者捐款援助工人。抵制英、日货的运动在上海就受买办资产阶级的怠工，内地（如太原，福州等处）甚至于因此而引起学生会、国货商和洋货商的武装斗争。捐款虽然有些力量，始终便宜了上海买办阶级，使他们可以不出一钱而坐享“盛名”。因此，我们要知道：中国现时资产阶级内部虽然还是买办分子占优势，而在五卅运动后，大部分小商人之中，反对把持包办商会、总商会的少数买办分子之对抗派，也在逐渐发生。革命运动自从五卅之后，冲破了思想上政治上的万里长城，深深的渗入工人群众、农民、学生、小商人之中，是绝无疑义的。然而：一则各地的罢工运动第二次起来：如八月十一的罢工，唐山八月中罢工的爆发，南京八月初工人的流血，北京英使馆八月初六的罢工以及其他地方，都在上海日厂罢工结束之际，上海工人阶级已经疲于应付帝国主义者、军阀、资产阶级买办、工贼等四方八面的压制、逼迫、捣乱的时候；二则农民的运动还在刚刚开始，不能和五卅的总斗争合流并进；三则各地的小商人，真正能为民族利益争斗的资产阶级分子，还在买办或士绅包办的商会势力之下，不能脱离妥协政策的影响和卖国政策的蒙蔽，以致不能诚意的彻底的和无产阶级合作；四则各地工商学各界的联合斗争，还只是所谓纯粹对外的反抗宣传，没有能力推翻当地的军阀政府，处处受军阀政府的压迫而零零碎碎的摧败。再则，一九二五年的世界史上虽然要以“中国革命运动”占第一等重要的位置，可是同时还有埃及的解散国会问题（三月廿三日），印度的纱厂罢工（九月十六），非洲丹吉尔地方的罢市（七月三日），摩洛哥战争（六月廿七），叙利亚革命（八月六日），波斯政变，殖民地革命已经开始世界的发展，而中国的五卅运动却还不能和这些地方的革命运动直接联合，互相呼应，始终还是各干各的。所以五卅运动的第六点特性便是在实际行动上证明：无产阶级的全国指导要更加集中统一，无产阶级与农民运动虽开始联合，还要有百倍于现在的深切关系及领袖地位；五卅运动实际的具体的提出革命平民的政权问题和中国民族解放运动与各国被压迫民族的革命运动互相联合的问题；只有工农小商等革命势力巩固的团结，和世界无产阶级及被压迫民族联合作战，在各地直接的组织武装势力，推翻军阀政府，才能使民族解放运动胜利。

帝国主义者在伟大的五卅运动的时候，自己觉着对中国的统治和他们走狗的军阀政权日益动摇，他们的屠杀政策，实际上不过是自杀政策而已，于是一转变而注全力于宣传反赤化反共产的政策来，并且用种种方法破坏联合战线。这种政策在中国北部似乎稍稍有些成绩，可是在南部却完全失败。杨、刘、唐继尧等里应外合的进攻广州革命政府失败之后（六月十三日），不过一星期，英帝国主义者已经用离间政策，挑拨许崇智和蒋介石，使许崇智宁可放弃潮汕与陈、林妥协（六月十七）而回广州与蒋介石争权。可是五卅运动爆发于广州（六月廿一罢工，廿三沙面屠杀）之后，民众方面既然一致对外，内部的冲突自然不易暴露。国民政府的成立（六月二十五），与上海工商学联合会的成立相差不过六七天；这亦是一种联合战线的形成。国民政府之政治的内容，便是代表农民、工人、大多数小商人的利益，而且有革命的武力——国民革命军。他与上海工商学联合会和上海总商会共同管理对外斗争的差异点，就在于他——国民政府，有农民群众和革命武力的赞助，而上海是总商会的武力（保卫团）和军阀相勾结；并且国民政府之中是劳动平民占优势而不是买办分子占优势。广东的农民、工人，不用说是争得了阶级斗争的自由和集会、结社等的自由；就是大多数商人，自从商团叛国之后，渐渐觉悟买办商阀的罪恶，而自己组织起来，尤其是革命政府肃清内部反动军阀之后，他们都一致的拥护这一政府。广东国民政府和香港罢工委员会在这种环境之下，当然能以全力坚持五卅运动的总罢工，予香港以空前的打击（外国新闻记者詹密士的谈话，说香港因罢工而损失的每月在七千五百万以上），尤其是黄埔的开港，足以争回中国的经济独立和交通独立。虽然帝国主义者和上海一样的勾结军阀、妥协派、右派来破坏这一联合战线，可是四五次的尝试无不失败：八月二十日廖仲恺先生被右派军阀刺死；九月十五日许崇智完全放弃潮、汕，陈炯明因此复图侵袭广州；九月二十日许崇智部下莫雄、郑润琦又在广州谋叛，私自释放刺廖要犯；十月三日熊克武叛谋发觉……随后，段张派永绩等军舰，帮助邓本殷从南方与陈炯明（东江）及熊克武部下（北江）三方夹攻广州（十一月间）。然而广州的国民政府不但没有推翻，并且已经统一全粤，把这些反动军阀完全肃清：努力消灭苛捐杂税、烟、赌、拉夫，农民协会、工会有充分的斗争自由，财政军政统一……将成为模范的国民政府。对外的交涉，虽然沙基惨案还没有最终的胜利，然而日、美等国看见这样的巩固的国民政府，境内的革命运动又的确有明显的反对一切帝国主义侵略的目标，自然都软化下去，不敢与英国一致进攻。美国煤油税问题，黄埔戒严区域枪毙违法的日本水手问题，汕头日人行凶问题，广东政府都得到中国自有外交以来所未有的胜利。就是英国，现在也已经不能不俯首求和。香港罢工不但没有失败，并且还有中国商人预备以罢市促港督的觉悟（今年一月）之消息。固然，广州的国民政府，种种方面的革新计划和建设事业还做得很少，内部亦许还有种种缺点，可是在二三十年骚扰压迫的中国政局之中，他实是唯一的一线曙光。中国的人民现在没有不希望在全中国有这样的中央政府的。五卅运动的一九二五年中只在广州一隅给了一个民族解放运动里国民革命与阶级斗争会流并进的联合战线而后能胜利成功之缩影：打倒代表买办土豪阶级的右派，肃清反动军阀，然后劳动平民工农小商的联合战线才能巩固，政府的武力才变成平民的武力，然后对外的反对一切帝国主义侵略的运动才能充分的发展，而得着胜利的形势。

北京屠杀与国民革命之前途*

（1926 年 4 月 7 日）

（一）帝国主义进攻之战略

从五卅屠杀到北京屠杀，中国的国民革命运动经过了一个伟大的高潮，表面上似乎告了一个段落。中国一般人现在都有意的无意的想着：五卅的国民革命运动已经停顿了么？此后革命的前途是退后呢还是前进，是失败呢还是胜利？

北京屠杀诚然是革命运动的挫折，但是这个屠杀所以能使革命民众除“哭”——追悼以外不能前进一步去奋斗，换句话说，北京屠杀所以能挫折革命运动的原因，却在于帝国主义进攻的总计划之部分的实现。民众运动的受挫折，并不因为段政府卫队的残杀比上海工部局更加厉害，却是因为帝国主义能以假手于军阀来屠杀，能以在五卅之后重新假手于军阀来压迫一切民众运动。帝国主义在五卅之后要达到这个目的，实在费了不少心血，用了种种手段和工具，按照了整个儿的计划进攻——反守为攻的计划，才得到现时的形势。

帝国主义进攻的战略及其“胜利”，可以分四方面来说：

第一，军事行动。奉系军阀崩败，郭松龄反戈的时候，天津快入国民军之手，帝国主义势力处于极危殆的地位，日本帝国主义者立刻亲自派兵助战，扑灭郭松龄的“叛逆”。英日帝国主义迅速地建立张吴联合战线，从河南、山东、满洲、陕西四方的进攻国民军；天津战役中日本

---

* 本文原载 1926 年 5 月 25 日《新青年》月刊第 4 期，署名瞿秋白。作者收入自编《瞿秋白论文集》时，曾作文字校订，加夹注。

帝国主义者直接指挥战事，英国帝国主义者馈赠吴佩孚一万五千支枪械，都是彰明较著的事实。到三月六七日河南已经完全入吴佩孚（靳云鹗）之手。当时张吴联合战线的后顾之忧，便是广州国民政府的北伐，所以二月中二十边，英国便封锁粤海关，随后还尽着威吓，说要派十万大兵征服中国。北方这次战事，最初在三月初国民一军在沧州方面仍是日有进展的形势，日本帝国主义急急的护送奉军舰队从大沽攻天津，故意挑衅，炮击大沽炮台——随之以列强通牒，造成北京屠杀的近因。国民军被压迫而不得不败退。段祺瑞不敢在首都革命时（去年十一月底）屠杀民众，因为那时是国民军克服天津；到了现在，李景林将要占据天津的时候（三月二十二），保定方面吴佩孚势力将要进展的时候，自然敢于屠杀，以求取媚列强，得张或吴的谅解。中国政局的形势，在北京屠杀的时候，正是英日张吴联合战线战胜的形势，正在帝国主义的势力范围，又从湖北、山东、满洲进展到河南、热河、直隶、京兆——“中央政府”的过程里。北京屠杀不过是这种帝国主义胜利的小小反映，国务院门前的血，也许是此后四万万劳动平民汗血的点滴的渊泉罢了！

第二，宣传力量。帝国主义的联合战线所以能得到这种胜利，并不单靠张吴大军阀的兵力。他们虽然强迫苏联签订不准在东方宣传民族解放，他们虽然禁止中国人民宣传“排外”，仿佛是根据甚么不可干涉别国内政，应当尊重友邦交谊的“国际法”的天经地义。然而他们自己却尽量的宣传，破坏国民运动。他们在唐山——英国矿局，以金钱运动蛊惑警察反对国民军，故意停闭矿内工作想激起工人扰乱，以扰国民军之后防。他们在河南帮助并指使吴佩孚宣传运动土豪劣绅（红枪会里的坏分子）。英日自己的机关报上拼命的宣传南蒋北冯是赤化军队，他们在上海组织甚么“万国护宪会”做反赤宣传。这是民众里的外国宣传，其实力量还不十分大。最凑巧的是中国人民里最近发生了一种宣传力量来帮帝国主义的忙。甚么反赤同盟固然不必说起，就是自称“外抗强权，内除国贼”的国家主义派等类也很出力。日本出兵满洲时，这些分子忽然反对莫须有的俄国出兵；接着便反对中东路停车——各铁路交通受军阀的摧残扰乱，没有一个中国人的路局长敢于反抗一下，以尽自己对于国家财产的天职。中东路局长执行了这种对于中国政府（同时当然也是对于苏联政府）的职务，国家主义派却来反对这种反抗军阀的“强权”了。英国封锁粤海关，这些“外抗强权”的国家主义派一句话都没有说。张吴联合战线进攻国民军，以至于封闭河南工会农民协会、天津的总工会，逮捕工农领袖，这些“内除国贼”的国家主义派也许还幸灾乐祸呢。他们的“反对帝国主义”，便是十二分费力的做反苏联的宣传；他们的“反对军阀”，便是宣传蒋介石、冯玉祥赤化，说他们受苏联的枪械。照他们的意思，把蒋介石、冯玉祥等武装解除了，等英日张吴完全战胜，这便算“内不妥协，外不亲善”，便可以“对外独立，对内统一”了。北京屠杀后，他们更一致的拥护段祺瑞的通缉令——只恨政府卫队不会准备，没有把李大钊等打死。总之，每次帝国主义向民众进攻时，总有“人”出来反俄反共反蒋反冯，使民众的视线和注意混乱，不能一致的建立民众的革命的联合战线去反抗帝国主义。帝国主义的宣传力量实在伟大，国家主义派实在是功高难赏。国内的报界及所谓舆论，既然有了这一小部分的反革命空气，——和五卅以后不同了，段祺瑞何乐而不恣意屠杀呢!?

第三，政治影响。当国民军取得天津，中国民众普遍的反对帝国主义和要求建立临时革命政府的时候，国民军、国民政府和民众的联合战线正在要求政治上的巩固，政纲的统一；如果这三方面真正建立革命政府而召集国民会议，国内的大部分武力可以由民众指挥而战胜帝国主义——奉直军阀。所以帝国主义坚决的采取直接的军事行动和反赤宣传。同时，国民军战胜而取得天津的时候，政治的局面当然迅速的左倾——首都革命，驱段下野的民众运动日益高涨。“中央政府”的改造必然给帝国主义以巨大的打击。因此，帝国主义可以承认贿选的曹政府，可以容忍临时的段执政，到了现在——段祺瑞如果下野而代以更左的政府，却不得不直接威吓而制止了。于是公使团宣传，如果老段下野，他们也下旗归国。再则，许世英、易培基、于右任等的内阁成立之后（十二月二十八），帝国主义者在财政上百端掣肘——税务司安格联直接听张作霖、吴佩孚指挥——所以这一期的中国政府，事实上（De facto）为列强所不承认。汤漪等的挽段运动，固然临时帮了帝国主义不少忙；而吴佩孚等的法统护宪居然成了“万国护宪会”的政纲。在这种局势之下，帝国主义和张吴的攻势非常紧迫，而革命民众的政治要求也十分明晰，冯玉祥和资产阶级便遇着了“试金石”了：各地商会和一般高等华人大都消极犹豫，甚至于接受帝国主义宣传（《顺天时报》、《天津日日新闻》、《新天津》……），还仰望着吴佩孚（尤其是京津）。冯玉祥呢，处于民众运动之中，也同样的开始动摇，终至下野，“不问政治”。其实他受帝国主义的压迫，反赤宣传的恐吓，在这时候已经慌了手足，广州国民政府对于他又是鞭长莫及。他既不能公开的明显的接受民众的政纲——国民党的政纲，勇猛的往前奋斗，他便不能不做往右结合的尝试。贾内阁的最终局面（三月初），其实是引进了许多吴佩孚、张作霖的奸细（如卢信、颜惠庆）；讨吴令的发表不过是一种阴谋。那时章士钊、马君武等的气焰正在高涨起来，列强妨碍津沽战事的计谋既已早有预定，那讨吴令不过敷衍冯玉祥而做遮盖屠杀的破盾牌罢了。冯玉祥这种小资产阶级式的犹豫妥协愚蠢的政策，那得不造成北京屠杀的条件，那得不破坏国民革命的联合战线而成就帝国主义联合战线的胜利？

刚巧在三月十八北京屠杀的时候，广州国民政府之下的反动派阴谋也在这时候爆发出来。上海的孙文主义学会虽然和工人及一切革命民众合作，反对屠杀，可是广州孙文主义学会里的反动分子，却甚至于违反了戴季陶主义，进行卑劣的离间蒋介石和罢工委员会、俄国顾问及共产派的阴谋：他们的行动虽然只暗算了李之龙（调动中山舰的事，最近已证实为欧阳格、欧阳忠等所陷害。——四月十九日注），虽然只证明了“俄人”并不统治着广东，却可以随意“驱逐”；然而他们这种行动立刻给帝国主义以进攻的机会：香港的通信电报都急急乎表示以解决罢工的时机已到——帝国主义的目中钉，革命的广州政府分裂崩败了！再则，也正在这个时候，国民党的反动派邹鲁、谢持、沈玄卢等，因为戴季陶先生表示不接受广州民党第二次大会的选举，所以壮着胆在上海召集反动派的“第二次”大会——他们也欣欣然的谈“移粤开会”，想必是梦想蒋介石能真变成香港所赞许的强有力的政府。这种所谓国民党的反动派之阴谋和国民党右派的犹豫中立的政策，增加了帝国主义进攻胜利的形势。

总之，反动势力方面的军事行动、反赤宣传和政策，都可以证明帝国主义的大政方针是：一、资助反动军阀组织中央政权，使团方面曾经有一种表示，说如果张吴能联合巩固中央，“财政不成问题”（可证之于三月底至四月初的东方、电通、路透社的宣传）。二、肃清国民军的势力——四月五日汉口电通社的电报还是这样说。三、“讨伐”广东政府——东方社的奉天电屡次宣传这一计划。四、以强力镇压一切民众反抗运动——所谓取缔赤化。但是这种大政方针的施行，除联合帝国主义力量之外，还必需有分散国民运动力量的政策。

第四，改良政策。贵族阶级的君主国家，遇着革命运动发生，必然赶紧表面上让步，说甚么“筹备立宪”；资产阶级的独裁政府，遇着无产阶级革命潮流，也是赶紧实行些表面上的社会改良政策。如今中国在帝国主义的统治之下，经过一年来的民族革命运动，帝国主义于武力屠杀政策之外，也就不得不实行些“民族改良政策”。贵族和资产阶级的这种分散革命运动政策，必须有立宪派和改良派做助手，帝国主义现时在中国，也就需要帝国主义之下的立宪党或“民族改良党”。帝国主义于上海总工会封闭之后便进行关税会议法权会议，答应一九二九年关税自主；于北京屠杀前后，更“准予”华董加入汉口英租界市政局，提出上海工部局的华董问题，对上海越界筑路案让步，仿佛上海的会审公堂也可以归还，福建鼓浪屿的市政也有同样的讨论。他们这些诡计，无非是暂时想以空口的让步稳住中国的资产阶级，使他们不来参加国民革命运动，想在中国高等华人之中造出些“民族改良派”的势力，来帮助他们镇压革命运动。北京屠杀前一天，上海工部局总董请商会会长等吃饭，训练了他们一番：只要高等华人帮助他们镇压工人，反对民族革命的宣传，一切华董等类的问题都可以商量。果不其然！上海市民——小商人、工人、学生等反抗北京屠杀的时候，总商会“暂停办公”了（请参看《向导》第一百四十七期）。帝国主义的这种政策，也和君主贵族或资产阶级政府一样：暂时答应立宪或实行社会改良政策，等革命潮流低落，这些“让步”必然大半收回。其结果——在社会革命里无产阶级固然因社会改良派的妥协而失败，社会改良派亦因群众革命潮流低落而丧失政权，胜利的只是资产阶级（德国革命和英国工党内阁都是证据）；同样，在国民革命里劳动平民固然因为资产阶级退出战线而失败，资产阶级亦因革命运动停止而重受帝国主义军阀或皇帝贵族的压迫，胜利的只是反动势力。帝国主义者现在正用得着这种政策来分裂中国人民而达到他们完全恢复反动统治的目的。

总之，帝国主义的战略是：帝国主义军阀的联合战线，利用买办资产阶级的力量，趁小资产阶级政策的犹豫妥协而进攻，以破坏分裂国民革命的联合战线。

（二）中国各阶级力量之相互关系

诚然不错，帝国主义有这样精明的策略，实行起来又逐步的有些得手：北京屠杀之后，中国——尤其是北部的民众运动自然要受着一时的压迫，而不能立刻有广大的发展。然而他们这种战略究竟有几分胜利呢？究竟能不能像他们的如意算盘完全扑灭革命运动呢？真正相反！北京屠杀之后，第一，立刻看见帝国主义联合战线内开始分裂；第二，民众革命运动必然更加深入的发展，革命势力更在潜伏的增长，伟大的前途已经使国民革命的胜利不久便可以来到了。北京市民的血，也许是最后一次的“请愿血”——那革命战场的血，在最近的将来已经可以灌溉培植出平民自由之花呢！

北京屠杀后，奉系军阀带着日本帝国主义的势力迅速地想攫取中央政权，可是李景林暗联吴佩孚的倾向，做了英帝国主义的工具，张李内讧阻挡奉系军阀的前进。同时，吴佩孚的势力努力前进，河南寇英杰、靳云鹗的冲突虽然暗斗也很烈，但是靳军不久便到保定，并且已经遣派代表到北京和国民军议和。张吴之间的冲突已经开始。段祺瑞在这冲突中间又想利用机会联奉反吴。亦许英日帝国主义为镇压革命（赤化）起见，暂时保持张吴的联合而始终去段；然而就大势看来，张的势力在最近必占优胜，吴派的反张必不能免。而且张吴内部的小军阀各自争功，冲突异常复杂。固然，吴佩孚的势力比较的扩大，他和孙传芳开始接近，利用邓如琢占江西；他还想利用孙传芳内部的冲突而发展其势力于长江下游。但是吴的湖北、河南，内部亦是非常不稳，湖南唐生智驱赵，比较的接近广东政府，又添了他们的后顾之忧；最近贵州和江西方本仁派也派代表到广州。固然，张的势力有称霸中央的趋势，但是张宗昌李景林的直鲁联军现在已经仿佛在奉系之外另树一帜：李景林和张宗昌的冲突虽然受“日本监督”的指挥而强迫的消弭下去，其他的冲突已经又在酝酿之中；况且张作霖西有吴佩孚，南有孙传芳，北有国民军，将来局势的发展也难有全胜的希望。由此看来，帝国主义的自相冲突，军阀的崩败分裂互争，凡此一切，在稍稍战胜国民军之后便渐渐的更明显的暴露出来。同时，国民军虽然败退，却因帝国主义工具的内讧，至此还能保持察、绥、陕西、甘肃。广州国民政府虽经过反动分子的捣乱，稍稍受伤，却仍旧有能力应付西南诸省，待时而动。无论英日帝国主义者怎样急急乎要黏合张吴，巩固反动政权，一致“反赤”，在这种形势之下，即使万一能成就这一计划，他的基础也是非常脆薄的。

再则，军阀——帝国主义与中国资产阶级之间的冲突也因战胜民众而开始暴露。李景林等一到天津便强迫行使军用票，弄得商人罢市；他们更用飞机抛掷炸弹，想焚毁北京，弄得市民团体群起抗议。河南方面，吴佩孚军队一到便勒索军饷，山东更是久处于张宗昌铁蹄之下。固然，中国资产阶级化的士绅阶级，各地商阀这类的大人物：把持商会、农会、教育会的士绅、政客，他们实际上是城乡贫民的最切近的剥削阶级，他们这少数人的利益不大受军阀的摧残，因此，他们往往以商会等名义代表人民欢迎这些反动军阀，替军阀包税包捐，设法剥削商民，从中取利。然而士绅阶级内部，在这种时期，不免也要互相冲突，而且他们的媚侍军阀到了现时分外的显露，甚至于要激起一般资产阶级群众的反抗。总之，帝国主义的互相冲突，军阀士绅之间的互相冲突，帝国主义军阀士绅与资产阶级之间的冲突，正因为镇压了民众和战胜了国民军而不得不急遽的暴露出来——帝国主义的联合战线便不能不开始破裂；帝国主义的文武两种大臣，军阀和士绅，已经不能不各自自相互哄；他们的压迫已经不能不使资产阶级都受着切身的痛苦，于是卖好于资产阶级的政策也不大行了。

反动势力方面的形势大概如此，我们再看中间势力的形势是怎样。

中国资产阶级在国民革命运动里，总是处于中立的地位，时而从中取利，时而背叛平民与帝国主义军阀妥协——五卅以来的事实都是证明（参看《新青年》第三期）。这种中间势力，以前在革命斗争中往往可以举足重轻，因为资产阶级的政治思想统治着一般小资产阶级，他的动摇，足以影响到一般小资产阶级群众。如今这一势力是否能满意帝国主义的让步而完全倒到反动势力的怀抱里去呢？上海的资产阶级比较的最有力量，五卅之后，总商会居然办了自己的英文机关报（《中国公论周报》The China Tribune）；他还在努力着鼓吹虞洽卿先生的“国家主权民族平等”，并且说：“凡此情状，非由人民自身推翻军阀政治制度不可，吾谓此言，盖指将来必更有一新革命，……必置国家工商于暂时流离颠沛之境，实则最后所得，必能偿此牺牲……”（第三期——三月二十七日）。虞洽卿更明白对帝国主义说：中国人虽爱和平，对于外国压迫仍要反抗。汉口英界的华董已经到手，上海仿佛也有这个可能，可是关税管理尚且没有，更不用说关税自主……：凡此一切都还不足以使资产阶级对帝国主义满意。所以他们还继续着强硬态度，高唱革命。至于资产阶级对于军阀——帝国主义的工具，那么，上面已经说过，在现时的政潮里，双方的斗争只有格外剧烈起来。除天津、河南以外，汉口吴佩孚抽捐勒饷，盐斤加价，上海闸北市自治备受孙传芳的摧残。军阀于战胜革命民众之后，为发展自己，实行封建地主式的政策起见，有时不得不勾结士绅压迫商民——比较有力的资产阶级只有因此而更加反抗，更加觉悟：譬如奉天军阀失败，忽然提倡省宪，得胜又立刻取消；孙传芳初到江苏敦请上海商人江政卿去做警察厅长，民众革命潮流稍稍低落，立刻进攻，摧残自治。总之，帝国主义既然还没有真正的让步，中国资产阶级暂时不能完全变成反动；军阀战胜民众而更加压迫，便使资产阶级与军阀的合作（如上海总工会被封后数月之情形）渐不可能。资产阶级之中，在这种时期便会发生较左的派别，不但对帝国主义军阀进一步的要求，"多讨些价"；并且反对买办士绅的政治势力——霸占商会自治会等的大人物。

可是，在暂时的局面之中，资产阶级固然还没有完全反动——帝国主义离间国民运动之诡计固然还没有完全奏效，然而这并不是说：资产阶级可以领导国民革命运动，还能诚意的再站到革命方面来。只能说，这种"中立势力"现在还在徘徊犹豫之中，暂时没有增加反动势力的力量。如果帝国主义方面，有这么小小的一个真正的让步，中国资产阶级立刻便可以完全背叛平民的革命运动，帝国主义亦许会利用军阀与资产阶级之间的冲突，对于资产阶级再让一步而诿罪于军阀。那时，或者又成更进一步的帝国主义与资产阶级合作的局面。《中国公论报》的第四期（四月三日）便已经歌颂汉口、上海、香港帝国主义的让步，自称华人容忍镇静之得策，还说外国人若知中国心理，就"一经尝试便不能舍"。他们已经只要求帝国主义实行允诺的几件事（会审公廨、华董等），赶紧想解决五卅案（四月十五日上海华董三名已通过于"上海国会"——西人纳税会），资产阶级虽在力争，可是力争的方法是研究修改上海宪法（《洋泾浜章程》）——"民族立宪派"的形成已露端倪，只求限制帝国主义的治权，而不求民族独立的倾向已经暴露了。（四月二十日注）反对军阀的运动，在资产阶级也是这样妥协的想头：譬如闸北市自治问题，已经有一派只要求官厅勿干涉闸北，闸北以外的新辟市面完全可以由官办。他们只求这一些让步，便可以在"华人"之中撇开大多数不能直接纳税的中国市民，更可以在"市民"之中再撇开许多工人劳动者。收回租界的"国家主权"，民众普选的自治制度，都可以不顾了。

那么，假定资产阶级现在再妥协——更妥协一步而加入反动势力，是否还有从前的举足轻重的意义，是否因此而劳动阶级完全陷于孤立而使国民革命受长期的挫折呢？帝国主义军阀每行一次改良政策而又欺诳一次，足以在群众之中打击首先与之妥协的士绅阶级之政治威信一次；资产阶级领袖加入这种“妥协同盟”一次，也足以使自己受打击一次。如今全国民众，经过五卅怒潮直到北京屠杀，已经增高革命的觉悟不少，资产阶级更进一步的妥协，适足以解放小资产群众于他们的政治思想之下。现时上海的各马路联合会、江西的商帮协会，以及其他各地的小资产阶级组织，都渐渐的昂起头来，渐渐的站到革命方面来。何况一方面，北方及内地士绅土豪阶级把持的商会等，媚侍帝国主义与军阀，上海、汉口等买办资产阶级所领导的商会等，与帝国主义军阀妥协而实行改良派式的卖国行为，小资产阶级商人因此备受压迫和剥削，别方面，广州劳农平民为主干的国民政府确能为国家争主权，为人民谋幸福，不但小资产阶级倾向革命，便是广州总商会也与革命政府合作，如抗议封锁粤海关等。两方面的比较，尤其使全国一般小资产阶级群众潜移默化的日渐趋向革命，尤其使他们容易觉悟妥协政策之卖国卖民。所以小资产阶级群众的革命化正在迅速地伏流昂进。

中立势力内部的分化，资产阶级妥协而政治威信堕落，小资产阶级感觉压迫而倾向革命，都是无疑的。我们再看革命势力方面怎样。

小资产阶级倾向革命，还有一个根本原因：去年一年来中国部分的受帝国主义封锁（广州）和全国军阀战争的扰乱，买办阶级运贱价的原料出洋，甚至于粮食，弄得中国市场上米麦等项都需要再从国外高价的输入；再加以湖北、湖南、直隶等处的大荒歉，全国的生活必需品，如米柴肉等的价格，都是飞涨——尤其是上海。这种广大普遍的经济紊乱和生活增高，使一般人民感受到非常的压迫。帝国主义可以“贿买”少数高等华人，却决不能“贿买”大多数濒于饿死的人民，小资产阶级的革命化是无可遏制的。然而革命的主力还决不在此。

乡村的小资产阶级——农民，他们的劳动差不多百分之七十都被士绅土豪买办军阀帝国主义剥削了去，这是帝国主义军阀之统治的经济基础。五卅之后，不但广州、河南的农民组织发展起来为全国农民运动的先锋，并且一般的经济恐慌，预征田赋和灾荒，使农民的地位窘迫到万分，反抗运动自然而然到处的爆发。农民群众自己又继续中国向来所有的秘密组织，如红枪会（河南、山东等省）、大刀会（江苏、安徽等省）等，虽是迷信，虽是无计划无策略的组织，然而一有些许组织便不能不暴动起来。国民革命之中，如今已经有无产阶级领导，又有真正革命政党的工作，这种农民运动如果纳入农民协会的轨道，有相当的农民政纲，立刻便可以成为极伟大的革命力量。不用说耕地农有的运动，便是减租减税的运动——直接就是给地主土豪，间接给军阀帝国主义以极大的打击。这一革命的伟大力量正在滋生猛长呢。

至于工人阶级，在上海、天津、河南、唐山、铁路、海员、粤、港、湖南、湖北各方面，无论是受压迫不受压迫，他们一年来的组织工作和斗争经验，自然使他们积极的准备自己的力量，继续征取国民革命的领导权。何况经济恐慌和物价高涨，使五卅以来所争到的加资，事实上已经等于没有，再加以反动重来所受的政治压迫，尤其是使他们不得不更加努力的奋斗。工人阶级的革命力量正在更加集中训练去和农民携手。这工农联盟的革命力量，在这北京屠杀高压重来的时候，愈益要迅速的伸长。

再则，就是智识阶级和游民阶级，虽则都是游离势力，可以为革命所用，亦可以为反革命所用，然而大多数的力量总在革命方面。尤其是在现时的局势之下。固然，智识阶级之中分化最为剧烈，帝国主义买办资产阶级小资产阶级，各自捞取小部分的力量来做工具，但是大多数小资产阶级的智识分子必然倾向革命。固然，游民阶级会受买办土豪的雇用武装起来——如商团、民团、团防、工贼、流氓，来屠杀工人农民，红枪会、大刀会等旧式团体，也会受人运动；甚至于还有大多数在军阀的军队里；但是，这是因为以前没有政治上组织上的宣传训练。这些土匪式首领，往往只知私利，或者浪漫，或者妥协——如岳维峻的军队，一方面容受吴佩孚遗孽扰乱人民，一面又仿佛站在民众革命方面。可是，如果组织他们在革命军里，与以国民革命之政纲策略的正确领导，这极大多数的民众，可以造成殖民地革命所不可少的力量。因为：一则他们本是破产失业的农民，革命的需要非常之强；二则现时的军阀层层崩溃，帝国主义者没有这个能力和本领完全收容雇用安置这些日益增多的游民。革命方面的实力，却因广州政府的确立而逐渐增加，国民革命的政纲策略愈益鲜明，足以团结组织这些力量。

因此，北京屠杀之后的革命势力，不但日益团结集中扩大，并且迅速地武装起来，革命的政纲和策略——农民工人军事等各方面，都更加深切而明显出来。尤其重要的，便是工农的革命同盟立刻有切实建立起来的希望，做国民革命的主干。

帝国主义联合进攻的战略中，反动势力已经又开始崩败分裂；中立势力虽有一部分要妥协而反动，虽然一大部分迅速地革命化；革命势力更加扩张集中而且强固起来。帝国主义胜利的希望能有多少呢！

（三）国民革命之前途

帝国主义联合战线的策略，虽然在北京屠杀的时候，得到最胜利的形势；但是，恐怕这就算这次联合战线中最一致的共同胜利——从帝国主义直到国家主义都内外一致的喊杀民众领袖——当然亦就是最后一次的胜利，过此之后，他们自己已经开始分裂而冲突了。帝国主义分裂国民革命运动的策略，做到北京屠杀和改良政策，至多也不过吸引买办士绅的资产阶级，可是就此打破他们对于群众的魔力；结果，大多数民众更急遽的革命化，民众联合战线，要更加广大的扩张，不过在帝国主义军事上战胜的局势之下，暂时只能潜流猛进罢了。从此一切改良妥协避嫌等的幻想，在革命的政党，一般民众及其他方面都更加容易要逐渐的打破。革命势力的扩大和深入，客观上使国民革命的成败渐渐逼近了生死关头。总之，客观上的革命条件无疑的日益完成。只看革命政党主观上的领导力量是否能执行这个历史使命。

中国国民革命的发展已经明显的指示出来：虽然在中国范围内，这一革命是资产阶级性质的革命——国民革命的使命，是解放资产阶级的中国，使他脱离封建宗法制度的束缚和帝国主义的剥削。但是，因为：一、中国农民占极大多数，并且是帝国主义剥削的最大的对象和最深的基础；二、中国资产阶级大半只能做买办事业，搜括农民原料，推销外国商品，经营投机的金融事业等等，他绝不能有独立的政治势力；三、中国工业资产阶级的发展（机器工业的发展）异常困难：一方面有帝国主义的极重的压迫，别方面又有宗法制度的束缚，士绅阶级的障碍和过剩劳动的充牣；四、中国新兴的无产阶级在残酷的阶级斗争经验里，很早便有了阶级的觉悟和组织的能力。因为有这些特点，中国资产阶级非常之懦怯畏惧妥协软弱，他宁可受帝国主义的压迫而丧失巨万资本，却不敢牺牲几分钱去接受工人的要求，对工人让步。所以革命虽然是资产阶级的，胜利却不会是资产阶级的。

革命是资产阶级的是什么意思。因为这一革命的主要口号是打倒帝国主义和军阀——便是民权主义的民权和民族经济的解放，这是中国资产阶级发展的必要条件。可是，何以胜利又不会是资产阶级的呢？因为中国资产阶级的妥协性有很深的经济基础。如果资产阶级来领导革命，他很快的便和敌人妥协——五卅以来一直到现在，逐日都有事实可以证明——胜利，真正革命的胜利，始终是不会有的。

因此，客观上工农群众已经要求革命，积聚实力，准备决死的斗争，自然而然只有工人阶级和农民联盟来做国民革命的先锋和领导者。中国革命的政党，尤其是共产党，应当深切的了解这一革命的性质和主力。所以在现时——北京屠杀后，一切革命势力是迅速的增长凝聚的时候，不要放过这个历史时机：第一、坚决主张废除一切不平等条约，要求关税自主等等，暂时特别要注意加入一切的地方政治斗争，在每一实际问题上指示群众以革命的前途，打破“民族改良”的幻想。第二、努力参加一切民权主义的斗争，不论是全国的是地方的是乡村的是都市的国民会议，地方自治等——总要力求深入群众，在实际斗争中征取资产阶级反动派改良派蒙蔽之中的群众。第三、努力组织农民，指出耕地农有的目标，指导减租减税合作互助的运动，使农民群众在反对士绅军阀的斗争里，和城市工人以及小资产阶级的革命运动结合巩固的同盟。第四、巩固发展工人的组织，在不断的日常改善生活的斗争里，指示工人阶级的总要求——八小时工作，按物价递加工资等，一直到一般劳动平民的政权。这种革命政纲，才能巩固结合工农的革命联盟，强大国民革命的主力军，集中提高城市小资产阶级的革命力量于全国；才能组织训练革命的军队，吸引敌人军队的群众——扩大武装势力，才能武装工人农民，实行革命战争；——广州国民政府的北伐才能真正以解放一般平民为使命，全国民众对他的响应可以在最短期间颠覆军阀统治，召集国民会议，废除不平等条约。

帝国主义联合战线的小小胜利——北京屠杀——开始暴露自己之间的破裂，暴露中国各社会阶级力量的移转，更明显的更深切的拥出工农联盟的国民革命主力军，并且更紧切的逼得民众不得不力求武装——军队和工农军——准备直接革命。国民革命的前途已经放着伟大的光明，照耀那北京屠杀中的血痕！

中国革命中之武装斗争问题*

——革命战争的意义和种种革命斗争的方式

（1926 年 4 月 12 日）

中国国民革命运动最近几年来的发展，到了现在，已经有由扩大而深入，由渐进潜变而猛发突变的趋势。一则社会各阶级的相对关系，在革命运动的过程里，已经逐渐明显；中国民众和帝国主义相对抗的形势，对于一般民众已经彻底明了。帝国主义方面，在中国境内利用军阀、士绅、买办阶级的政治势力，最近五卅及北京屠杀之后也更加公开起来，中国平民方面，在国际联合无产阶级及一切被压迫民族的革命策略，也在这个时候更加确定。中国革命战场的阵势已经了如指掌：是帝国主义与中国平民之搏战；不像三四年前，胡适博士尚且以为帝国主义是海外奇谈，国民党右派尚且以为打倒帝国主义是开罪友邦。再则中国平民方面革命觉悟已经大大的增高，革命力量正在集中积聚，商人、农民政治行动上的积极日益增高，尤其是工人的组织和斗争日益扩大。中国革命力量的增长和团结，已成历史上的伟大动力，以前的消极昏睡状态已经消灭了不少。三则帝国主义军阀虽然勉强以“反赤”统一自己的战线，然而他们内部的冲突和崩败的过程，正因革命运动的发展而日益急剧。中国革命敌人的削弱和自乱，已经使他们无法巩固自己的统治，以前比较长期的各派均势渐不可能。四则近年以革命斗争的方式，如请愿、示威、抵货、罢工等，已经使民众得到多量的经验；尤其因为现在的社会政治形势，民众不得不利用这些经验准备从消极的反抗进于积极的反抗。中国革命斗争的经验已经造成武装革命的必要条件。因此，现时革命运动的中心问题，已经是实行准备革命战争，求于最短期间推翻

* 本文原载 1926 年 5 月 25 日《新青年》第 4 期，署名瞿秋白。曾收入作者 1927 年自编的论文集，并作了文字校订。

中国现在的统治，帝国主义在中国的政治统治军阀制度。

革命的发生、发展和胜利，大致总是从消极的反抗运动逐渐发展，逐渐普遍于一般民众，一直到革命中领袖阶级的政治势力形成而巩固地领导民众实行积极的反抗，推翻旧统治。这种发展过程里，革命斗争的方式自然适应之而增加递变进步。中国近年来的经验便足以证明。

革命斗争的方式，大致有：示威、抵制、总同盟罢工、武装暴动、革命战争。这些方式，中国民众都已经实行应用。但是，从“五四”、“二七”、“五卅”、“三一八”和广州战争直到现在，革命的波澜旋起旋落地昂然前进，运用这种种斗争方式，已经到了武装直接决战的准备时期，已经到了将近决死战争的时机——中国平民和帝国主义短兵相接一决死生的时机，中国平民正要从消极反抗的方式进于大规模的积极反抗的方式，帝国主义便努力在中国境内找自己的救兵。帝国主义对付中国平民的这种种革命斗争，往往用屠杀、封锁的方法，往往压迫中国政府代行镇压，勾结军阀用兵作战。如今到了短兵相接将近的时期，他便不得不在军阀之外，另找破坏革命的工具。于是北京屠杀之后，中国社会的舆论里，发见种种论调，不敢再说帝国主义是友邦，军阀政府是国家——都是不可侵犯的；却说革命斗争的各种方式不可用或是没有力量，这亦不好，那亦不好，或是禁阻用切近可能的方式而故意倡高调。这些论调之中，尤其是反对革命战争一说鼓吹得最厉害最巧妙。这无异乎说：革命是要的，帝国主义和军阀是应当打倒的，国权是要争的，国贼是要除的，但是……但是向来革命的方法和手段都不好，赶紧停止，还是不革命的好！

因为如此，我们以为现在有详细讨论革命斗争的方式（Form）之必要；我们应当指出各种方式的必要和应用，尤其在这一时期，革命战争是主要的方式，其他方式都应当应用，直接的或间接的做革命战争的准备。

（一）示威　革命运动中，示威是一种最原始最简单的方式。示威的意义是检阅革命平民的力量，是表示民众反抗治者阶级的意思。这种革命行动常常有两方面的作用：一方面是仅仅对于治者阶级表示反抗，一方面是对于一般民众做大规模的鼓动（Agitation）。革命鼓动的经常形式是演讲、集会、传单、小册子，对于革命的目标——帝国主义军阀的压迫，做不断的指示和分析，唤起民众对于政治的积极和革命的觉悟。到了有特殊事故，这种鼓动便需有征集群众的力量，便是示威运动——实际上是群众的特殊的革命鼓动。革命宣传，在平时只是对于民众从理论解释革命的必要，指示革命的目标。这种宣传和鼓动不能使群众自己参与，不能使群众一致的表现自己的意志。示威运动呢，当然是平日宣传鼓动的结果，但是他以目前具体的事实，能征集最积极的民众自己来做鼓动，同时，他使理论的宣传变成事实的宣传——不是某个人对于治者阶级压迫的叙述和论列，而是几千几万人的集会游行对于治者阶级表现革命的觉悟。这种示威的鼓动，效果胜于平日的宣传百倍；他使几千百人参与示威的事实，引起其他比较消极的民众之注意，革命的潮流，从这几千百人扬波推澜的及于几万几十万……几万万人。五卅运动中的集会游行便是明证。为什么？因为他使革命的思想开始变成革命的行动。所以不论示威的形式是向政府反抗，还是向政府请愿，他的宣传上的意义丝毫不变的。中国古代民众的哄堂（围迫官署）和跪香，其实同是一种示威运动。示威而仅仅是游行、集会（哄堂）、通过表示民众意志的议决（通电），固然是反抗治者阶级；示威而以请愿（跪香）的形式出之，也是反抗治者阶级，而且更加进了一步：要治者阶级对于民众表示的答复。这种答复，当然是更使民众革命化的工具。不论是容纳请求，或者是拒绝请求，或者以为请愿是哀恳，是承认政府的权力；其实，这并没有关系。于治者阶级权力未倒以前，并不是空口可使一般民众都否认政府的。即使能一致消极的否认，也没有用处；只看平民是否是积极的准备推翻政府，而示威（请愿）正是这种积极准备的最初一步——群众的革命鼓动。实际上说来，示威的其他形式，如不要求答复的罢工、罢课、罢市等（五一一天的罢工，一定期间的“示威罢课”、“示威罢市”），表面上虽然比请愿急激，事实上却仅仅表示群众一致的决心和力量，并不要求立时答复或者满足要求。请愿的意义，正因此而是示威运动中实质上最急进的形式。北京屠杀之后，不但有人反对请愿，并且有人反对一切群众示威运动和罢课等；他们的理由可以分做两种：一种是说治者阶级权力大会屠杀，民众不要想革命，还是安心读书安居乐业罢，一班遗老遗少都是这样主张。一种是说和平的“无组织”的群众运动推不倒治者阶级，赶快停止运动，预备“全民武装”罢，一班国家主义派是这样主张。前一种的理由，不必多说，显然是帝国主义的说法。后一种说法，则貌为革命，实际是破坏革命的宣传。固然，没有武装的群众不能抵抗豺狼成性的军阀，然而示威运动的组织，除维持大众秩序，灵通消息外（这些事北京请愿中都有准备），本无武装的职任，如果军阀屠杀阴谋很周密，民众组织没有能及时逃避，这是客观上所不能免的牺牲。武装示威固然可以，去年十一月廿九的北京示威便是如此，那时国家主义派说是共产党扰乱和平秩序。示威而不武装，尤其是通常的事，可是国家主义派又说是共产党有意牺牲民众。这岂不是破坏革命战线，挑拨造谣中伤革命政党的伎俩？固然，仅仅是示威，革命决做不成，必须武装斗争；然而所谓“全民武装”不知要准备多少时间，难道在这时间应当完全停止群众的革命宣传——示威？难道对于治者阶级的种种压迫，民众便不应当每次表示热烈的群众的反抗？如果民众的心理是如此，如果民众心上根本不反对治者阶级，如果因为停止示威而民众反抗的情绪低落，革命潮流退落，只剩一班“理论家”空口讨论革命，那么，即使实行“全民武装”也没有用，或者这些武装反而被帝国主义军阀所利用，譬如广州的商团便是实例。

总之，示威运动（集会、游行、哄堂、罢课、罢工、罢市、请愿、跪香）在现时不但不可停止，而且要更加扩大，以激发民众的革命情绪，训练民众的革命行动，推广民众的革命鼓动——时时对于治者阶级的压迫表示群众的反抗，群众的参加示威次次的增加……这是准备武装斗争的一种步骤。

（二）抵制　示威仅仅是反抗治者阶级的群众表示而已，虽然开始从言语文字的宣传进于群众行动的宣传，然而对于治者阶级并无实际上的损害。革命运动开始于示威，必然急转直下进于抵制治者阶级的行动——五四运动时从示威集会进而实行群众请愿和罢市请愿，要求政府拒签巴黎和约并罢免曹章陆，再进而实行抵制日货，使中国的间接的治者阶级——日本资产阶级，受经济上的损失，而要求他交还青岛，取消二十一条，这便是实际经验里的证据。这种非买同盟（抵制仇货）是殖民地革命的特殊方式。帝国主义的侵略，根本上都是经济的，所以这种斗争方法便在殖民地上自然发生出来。五四以来，中国人差不多认抵制货物是主要的斗争方法。然而非买同盟的主要的执行者，实际上是商人；中国自己工业不发达，商人之中，不但强大的买办阶级用种种方法作弊怠工，甚至于内地的洋货商也是反对。因此，实际上非买同盟对于帝国主义的损害非常之小，五卅运动的一年中，日货的输入反较往年增多，有海关贸易册为证。然而这并不是说抵制货物的方法不可以用，或者简直没有效力。抵制货物的非买同盟，如果有强大的劳动平民的革命战线，能够强制买办阶级执行——如广东五卅运动中的罢工委员会，便足以给帝国主义以实际的打击。再则，即使抵货方法始终不能对于革命的敌人有多么重大的损害，至少也是以行动实行群众的革命宣传之一法。不过这决不是革命斗争的主要方法，却是很明显的了。

五卅运动的实际斗争中，发现更有力的斗争方式，便是罢工。帝国主义的侵略，于推销货物以外，进一步而投资中国，开办工厂，因此，中国无产阶级奋起斗争，自然实行罢工——这是普通的对于资本主义的斗争方法。这种方法在五卅之中已经使上海英日帝国主义受重大的损失，虽然因资产阶级的妥协而破坏，可是在广州革命战线巩固的地方，几乎使英国的香港变成荒岛。罢工方法的比非买方法有力，是显而易见的事实。

可是，非买与罢工都还是消极的反抗；我们没有能以五四抵货取消二十一条，以五卅罢工废除一切不平等条约，是很不足怪的事。本来革命运动的发展，从宣传而行动，第一步的消极方式，当然只能使治者阶级受部分的损失，而争得部分的胜利，不过在旧统治之下稍稍改良受治阶级的地位，以逐渐争得继续斗争的自由和条件。工人的罢工和商人的罢税、农民的罢租一样，至多只能争到待遇的改良，政治上的自由权利，或者增加工资，减少工时，免除或减轻某种租税。如此逐步的增长平民的力量，而减杀帝国主义、军阀、士绅、土豪、买办等的势力。这只是革命的准备，只是行动上实力的斗争，只是革命运动，而还不是革命。

总之，抵制行动（非买、罢工、罢租、罢税）的陆续继起，不但使中国的治者阶级及其爪牙——军阀、士绅、买办的势力不断的受着打击，他们每次的压迫都受着实力的反抗，而且劳动平民在这日常的实际斗争里逐步的锻炼自己的力量，扩大自己的组织，巩固革命的战线，争得革命的势力，利用治者阶级的部分让步而愈益发展革命的运动，受着治者阶级的镇压屠杀而愈益确定革命的决心——这是武装斗争前必不可少的长期准备。

（三）总罢业　示威运动和抵制行动的陆续发展，那渐进的革命运动便应着客观的社会形势而转入突变的革命。消极的反抗转变到积极的反抗。这种时候，往往有短期的总同盟罢业的过渡时期，以便转入武装斗争而建立平民政权。例如俄国一九〇五年及一九一七年的革命形势，便是如此——无产阶级参加及主动的革命便是总同盟罢工，资产阶级参加的革命便是总同盟罢业，罢市、罢工、罢课全国举行。中国是帝国主义军阀之下的半殖民地，革命民众里可以包含资产阶级的成分，这罢业里便自然会有商人参加。中国革命运动史上已经有两次经验：五四时的罢课、罢市，五卅时的罢工、罢课、罢市，当时都可以有转入积极斗争和直接革命的趋势，当然具体而微，那时客观的社会形势和主观的革命目标，都使这种运动不能急转直下，结果成为普通的革命运动。这种总罢业的意义必须不仅仅是要求部分的改革，部分的让步，而是停止社会的经常生活，使极广泛的民众注全力于革命，以消极抵制的形式，实行各方面直接的积极反抗的准备。中国现在革命运动的发展，使民众不得不预备将来有这种形势之来到。所以我们应当明白，总罢业的斗争方式，本不在抵制治者阶级，使他们受逼迫而让步，这时的罢工、罢税、罢租等，目的不仅仅在乎使治者阶级受些经济损失，而是使他们失去调兵遣将向民众作战的可能（如有时警察巡捕罢岗参加，兵士离队加入民众，反动报纸不能宣传，财政当局不能筹饷，铁路海道不能运兵，断绝反革命势力的各种交通……）；这时的罢市、罢课、罢卖（如五卅时断绝外人粮食），目的当然不在商人、学生自己停止营业和读书，而是使革命潮流扩大勇猛，消灭平时的旧统治下的秩序。这种形势之下，必然要全社会革命民众有组织的准备武装行动停止一切工作的时候，正是准备直接革命的时候。所以总罢业不是斗争的本身，而是斗争的准备。如果没有急转直下的形势和直接继以武装行动的决心，这种运动自然不能持久，自然不能推翻治者阶级，而至多只能得到部分的让步。

总之，总罢业的斗争方式，在革命高潮时是革命运动发展的顶点，过此以往，不是治者阶级以武力镇压革命，或以让步缓和革命；便是平民阶级直接继以武装斗争，夺取政权。这时的问题，已经不是要求治者阶级让步，而是转入武装的积极反抗，迫使治者阶级让位；不是平民能否部分的损害治者阶级，而是治者阶级能否保持统治的问题。

（四）武装暴动　武装行动的准备和暴发，固然必须在革命高潮的时候；可是武装民众的工作，却不能和示威抵制等组织群众的经常的平民运动分开。国家主义派说，国民革命必须全民武装。诚然不错！革命运动发展到顶点时，总罢业之后，必须继以民众的革命的武装行动。这种时候，就看武装在谁手里。如果说是“全民”，那么，军阀、土豪、买办、士绅都早已有了武装，不劳国家主义派费心；再加上他们主张停止示威运动等最有力的群众宣传，弄得即使武装人民，其结果，如兵士、警察、保卫团、民团、商团、团防、团练等，也都在反动派手里。

那时斗争的形势，农工小商的平民无论如何来不及取得必要数量的武器，结果必归失败。所以应当说："武装平民"——就是城市中工会的秘密武装，保卫团等使受充分的革命宣传，准备着他们内部的种种必要线索；乡村中农民协会的武装，团防、民团、土匪等使受特殊的革命宣传，运动着他们内部的种种可能成分。总之，要使武力移转于真正革命的平民方面。而这种工作，只有罢工、抗租、示威、游行等实际的日常斗争，能够从政治意义上去锻炼准备：在民众方面，逐次以事实证明他们武装之必要，在团防、商团、警察等方面，逐次以斗争宣传的接触，打破他们拥护旧秩序的信念。这样工作的多方面进行，能使一旦有事，城市之中民众立刻能征调自己的力量，开始市巷战；乡村之中民众能自己占定阵线，开始堡垒战。武装暴动在城市里反抗军警比较不能时常进行，必须要等待相当的时机；在乡村里反对土豪军阀，却可以自筑堡垒，以逸胜劳。北京去年的首都革命，广东经年的农民运动，都已经小试民众的武装暴动。这种斗争方式在欧美独立国家里，如果革命党能够破坏国家军队的内部，使之中立或革命化，那么，工人的巷战，未始不能使革命胜利。但是，在中国国民革命之中，单是市民、工人、农民的武装暴动，便难以战胜。原因是：一、中国经济落后交通阻梗，乡村里的堡垒战，即使胜利，也只是地方的——全国同时暴动，又是技术上不可能的事。二、城市里大半有帝国主义和军阀的驻军，他们如果用全力扑击，甚至于从日本、印度调遣坚军利兵，那就即使市巷战暂时胜利，也很难持久。三、再加上殖民地的特殊政治经济状况，使中国军队异常之多，而且大半间接受帝国主义指挥，所以单是民众草创的义军（Partisan），军事技术及军事器械上，能力都不能和敌人抗衡。

总之，武装平民的工作急须进行，要在日常的示威抵制运动里造成武装在政治上的基础，乡村之中可以径行罢租与义军作战相连的局部斗争，城市之中秘密武装训练，以备革命高潮时随着各地方的总罢业而奋起作战，但是草创的民间武力，既然只能在内地得到局部的胜利，城市里又无持久之可能，所以在中国条件之下必须有规模扩大的武装暴动——革命的正式军队之革命战争。

（五）革命战争　中国民间的武装暴动，如果没有革命军队的援助和革命党的指导，始终难以战胜：现在的经验，如豫鲁的红枪会，苏皖的大刀会，本是农民失业的暴动反抗，可是他们和政治宣传隔离，和城市工人不能极敏捷的呼应，又没有革命政党和军队的指导援助，势必至于困守一隅；其结果，当然要化为土匪、教匪，或者受军阀土豪所收买利用，反而变成压迫农民的武装势力。至于城市里，我们还没有一次真正暴动的经验，却只看见所谓商团、保卫团的反动。我们设想平民巷战在某一城市胜利之后，如果革命军队不能和他很快的携手，即使中国军队、警察、商团等能够中立，那时对外的战争也很不容易抗御帝国主义。因此，中国国民革命里极端需要革命的正式军队。况且帝国主义的统治中国，至今是用指挥军阀间接征服民众的方法，用尽种种手段使中国军阀的军队完全以对内作战为目的；民众可以努力宣传兵士，以求取得多量的武力，却不能希望现时的国内军队大部分加入革命如辛亥的旧事，或者最近德俄革命的经过一样。因此，我们在战略上可以于革命初期暂时避免和帝国主义的军事冲突，却决不能避免革命军队与反革命军阀大规模的战斗——革命战争。

革命军队既有这样的必要，同时也有充分的可能。一则，中国失业的农民、工人、小商、智识阶级因帝国主义的侵略而充满全国，可以编制他们入正式的军队而加以革命的训练；如今广东的国民革命军（虽然还不完善，然而正可日益巩固改良），便是已成的事实。——只有这种革命军能做革命战争的主体。再则，帝国主义者虽然力能供给强大的军阀军队，如张作霖、吴佩孚等，可是他们的侵略性自然借此要攫取中国权利，以重价卖军械，以重利借大款，而且必需设法霸持中央政权，于是小军阀便渐渐的没有可能分肥，也没有资格勾结。这些小军阀的困兽之斗，必然使他们反对大军阀而造成民众宣传这些军队的条件，如岳维峻等简直自愿号称国民军，也是已成的事实。可是这种军队在革命战争里只能做军事上别动队的策应，决非主体。三则，革命军队的训练和武装——军阀既可受之于帝国主义，我们有时便也非常需要无产阶级国家的必要赞助。革命的世界无产阶级，既然因为要完成世界革命而以实力赞助殖民地革命，自然不能需索丝毫中国的权利，甚至于军械的价钱。反动派、妥协派不承认革命战争的必要，所以在革命政府向国内商民筹饷时，便说是“压迫人民”，丝毫都不肯担任革命时不可免的牺牲；在革命政府受国外无产阶级的赞助时，又说是“卖国行为”。这简直是要完全解除革命势力的武装，而使人民听凭帝国主义军阀的宰割。所以造成革命军队的必要，我们应当真切的认识；而造成革命军队的可能，我们应当尽量的应用。——自然要认清主体与副手的区别。

至于革命战争的必要，应当认为现时主要的革命职任；况且，反奉战争以来，已经证明军阀间的战争，在现时已经有变成人民与军阀战争的趋势。张吴联合进攻国民军，显然是帝国主义间接征服中国的战争。中国人民的革命的防御战已成必不可免的事实。其他各地小军阀的内讧和压迫人民，都不是空口吁求和平所能避免。这些零星的战争，各派军阀之间的纵横捭阖，愈益证明必需武装平民并利用军阀内争而进展革命运动，使战争变成达到较和平较自由的境域之手段，以为总解决的革命战争之战略上的准备；如最近湖南唐生智驱赵，便是一个实例。现时这种局势：北京屠杀、张吴战胜、民众革命运动深入准备武装斗争……其势中国平民必需在革命政党指导之下，积极从各方面下手，去建立国民革命伟大的联合战线，实行总解决的革命战争——国民政府的北伐；运用胜利的策略，使敌人武力分散削弱，而革命武力少所牵掣，而后能响应或造成革命运动的最高潮——总同盟罢业和城乡各地的武装暴动。政治上以革命民众的政党为主体，军事上以正式的革命军队为主体，从事于革命的作战……，而后中国平民才有彻底解放的希望。革命战争的胜利，先行扫灭帝国主义的种种爪牙，打倒帝国主义统治中国的军阀制度，召集国民会议，而建立真正民权的独立国的政府。那时真正的和平，利于一般平民的和平，才有达到的希望。反动派和短视的士绅资产阶级，只知一味的反对战争，军阀战争时，他们空口哀求和平，结果是为战胜的军阀所利用，以此“和平”抵制战败者的“兴戎”防御；例如张吴战胜后的王士珍式的和平，只是使北京商民受强迫行使军用票，一般市民、学生、工人都受严重的压迫罢了。革命战争时，他们想必又要大呼“和平”，其实是替受革命平民攻击的军阀说项，保持反革命势力的存在。所以我们对于革命战争的必要，应当尽力宣传，打破伪和平的幻想；我们对于革命战争的不可避免，应当因此而更加积极准备，以免政治上宣传上战略上的临时疏忽，弄得失败而延长中国革命的难产。

中国现时的革命时机，正是一切革命斗争的方式都要善于运用，以适应革命战争的主要职任。然而反动派的宣传，却正以灭杀民众对于革命斗争方式的认识为目标；帝国主义的工具，真正尽力，“桀犬吠尧，各为其主呵!”

中国平民的革命政党在这种时机，当然要努力领导民众去从消极反抗进于积极反抗；而民众的客观形势，也必然在这伏流昂进的革命运动里，努力进于猛发突变的革命胜利。中国革命的过去经验和现时形势，正从示威抵制的斗争之中，要再造成总罢业的革命高潮，各方面准备武装暴动，以实行革命战争。这长期间的艰苦斗争，必然在群众自己的实际生活里，锻炼出革命的武器——各种消极积极的斗争方式和敏捷致胜的斗争策略，以引导中国平民到胜利的道路上去，与世界革命的无产阶级及被压迫民族携手，彻底的打倒帝国主义，免除国际国内的一切战争。

北伐的革命战争之意义*

（1926 年 8 月 7 日）

一、北京屠杀后，反动潮流随英、日、吴、张之战胜而日益高涨：京津鲁奉军的蹂躏；国民军之困守南口；吴佩孚的利用红枪会夺取河南，压榨湖北人民，进窥长沙（叶开鑫）；孙传芳之利用傅筱庵，稳定上海买办阶级之统治……；帝国主义的法权会议和关税会议停顿；指使颜惠庆内阁实行大卖国计划虽未成功（现时杜阁内部冲突），然而假仁假义的让步政策已经用不着了。

二、但是，反动势力内部早已开始裂痕，英日之间争夺北京政权的滑稽剧开幕已久；奉系军阀之下张宗昌、杨宇霆之间的争执也很显露；直系军阀的崩溃尤其明显，孙传芳及所谓新直系的暗抗吴佩孚，更是人所共知的事实。现在只有孙传芳的犹豫等待，仿佛是可注意的事。孙传芳想等吴佩孚（叶开鑫）与唐生智两败俱伤，然后自己可以渔翁得利；而且他深恐张宗昌的暗袭南京，所以现时不积极助吴攻粤；再则，赣方方本仁、唐福生等对于孙传芳也是靠不住的。然而，仅仅根据反动势力内部的崩溃，来决定革命策略是决不够的。有些革命党人日夜希望田维勤、叶开鑫、唐福生的倒戈，显然是一种机会主义。如今叶开鑫的反动已完全明了，田维勤又有多大作用！现时对于孙传芳的政策亦是如此。革命党人决不可犹豫等待孙传芳的“左倾”，对于孙传芳应即施以崩败其内部的攻击。

三、五卅以后，中国的政治愈益不是纯粹军事阴谋的时期了。五卅上海屠杀至三一八北京屠杀后，反动势力虽能暂时结合而取胜，然其内

---

* 这是瞿秋白 1926 年 7、8 月间在上海的一次谈话记录，整理后未能发表，根据作者自编论文集收录。

部既已开始崩败，而民众间革命潮流之伏流昂进，也非常猛烈，为从来所未有。五卅民族解放运动失败了，北京屠杀又压迫下来，民间的回答是：“从此誓不和平请愿，到黄埔去从军罢。”所以革命战争是五卅以来抵货、罢工、示威……之直接继续。五卅运动中买办阶级之统治动摇，他们“自卫”的方法，是先让几步，而这些让步（连吴佩孚之反奉亦包含在内）实际就是反动进攻的准备。只有一直进攻到扑灭全国革命势力，镇压湘粤，颠覆国民政府而后止，——只有这才是买办阶级帝国主义之唯一出路。所以吴佩孚之反对关税会议，反奉战争，继又联奉讨伐国民军，进兵攻略湖南，以覆灭广州国民政府为目的，是一贯的反革命策略。革命方面，也只有反抗北京屠杀以来的反动潮流，号召革命战争，以反守为攻为目的，猛力向帝国主义买办阶级攻袭，为唯一的一贯的革命策略。因此，广州政府的北伐，实在应当是北京屠杀后中国平民反守为攻的革命战争，是五卅运动之继续发展的中枢。

四、此时中国民族资产阶级，在广东以外都还处于反对买办阶级的地位。然而，此等稚弱之中国资产阶级，既受赤化的震惊，又受买办的压迫，他们只顾已得的地方利益，只顾以妥协手段利用工农而限制买办的“王权”。他们的这种黄色的民族改良主义是革命营垒里的敌人。所以可以预料，现时足以牵制孙传芳等军阀的“自治运动”，虽暂时有几分革命作用，不久便可以为反动派如研究系等所利用。他们不过暂时不反对革命战争罢了。

况且，在广东国民政府之下，自从经过三月二十日之后，民族资产阶级夺到了领袖权（戴季陶主义的威权正甚）。虽然广东新式右派之政权，有许多资产阶级分子也不满意，然而中国稚弱的资产阶级，现在既然还留在革命营垒之中，始终需要军力来代表他。新右派暂时和帝国主义妥协之可能较少；他在既得相当的领袖地位之后，为求巩固此地位起见，不得不向前进取几步——北伐。因此，北京屠杀后在全国范围内之革命联合战线之中，自然还包含着民族资产阶级，甚至于民族资产阶级竟还保持着部分的领导权。于是，北伐的革命战争，便可以说是代表这一联合战线反抗买办阶级统治的战争。

五、小资产阶级呢？五卅之后，小资产阶级显然的在政治上积极起来，各地小商人反对买办士绅包办的商会法团之运动，层出不穷。可是，这种运动大半都还在民族资产阶级领导之下，尤其是北京屠杀之后，民族资产阶级对于买办资产阶级还处于对抗的地位，妥协之可能还少。不过民族资产阶级力量很弱，他的阶级利益在这群众革命潮流伏流昂进的时机，不能容许他很稳固的做国民运动的领袖阶级。小资产阶级群众现在渴望着革命的巨潮，来拯救他们于反动高压之下。他们对于革命战争深切的感觉着需要，虽然他们大半是消极的等待，然而这种革命需要的深切，已经迫得民族资产阶级的左翼不得不实行革命战争，否则，他所已得领导权，就会立刻丧失，或是简直完全投降买办阶级。总之，小资产阶级群众（左派）的革命化，是异常之迅速急遽，现时民族资产阶级的指导权，已经亟亟乎殆哉了！

六、农民在五卅以后的奋起：如广东农民与地主肉搏的阶级斗争，如湖北、湖南农民协会的发展，如直隶等处农民运动的发轫，如河南、安徽、山东、四川、陕西、江苏等处红枪会、大刀会、硬肚会、协作社等运动的爆发，不必详说了。北京屠杀后的反动政局决不足以完全镇压农民，正足以使农民革命运动日益迅速的发展，不但反抗劣绅土豪等地主阶级，而且很少接受资产阶级“温和派”改良主义的指导之可能。农民的赞成革命战争，不单是“用嘴来说”，而且是“用手来做”的。他们迫切的要求是：（一）乡村政权归农民；（二）武装自卫；（三）极大的减租减税。他们为这些要求而赞助、参加北伐。他们对于民族资产阶级的失望——对于北伐的失望，是无足为奇的。这种渴望或“幻想”革命战争的事实，正足以证明无产阶级争取革命及其武装之领导权的万分必要罢了。

七、无产阶级呢？自然更不用说了。他是五卅运动的先锋军，他开始了五卅的国民革命，他应当为自己阶级的经济政治权利，而力争民族的解放；他不但需要革命战争，并且是革命战争的主要动力。无产阶级正需要在革命战争的过程中，实行其力争革命领袖权之斗争。因此，无产阶级的责任是：“确立自己在多数农民中的势力，取得在革命化的一般民众中的政治影响；同时即应组织这些小资产阶级的革命潮流而集中之于国民革命的组织，这样去和一切革命派结合强大的斗争联盟，以与妥协派的资产阶级争国民运动的指导，如此，才能保证无产阶级争取国民革命的领导地位。……”

八、北伐是北京屠杀后，革命之反守为攻的战争。一方面，革命平民利用买办阶级及帝国主义内部之自相冲突崩溃，而要推翻买办阶级的独裁制，并以建立革命的民权独裁制为目的，而从事于广义的革命战争。别方面，民族资产阶级却想以北伐的大帽子，抑制平民政治势力之开展，同时却抱着发展自己的军力，以取得将来与帝国主义买办阶级妥协之资格为目的，而从事于狭义的革命战争，妄想由此建立资产阶级的独裁制。

所以革命平民——小资产阶级、农民、无产阶级之参加、赞助革命战争，其倾向必然与民族资产阶级不同。平民是要以实现国民会议为旗帜而战；革命平民不但反对军阀买办的专政，并且反对民族资产阶级之新式的军事专政；于是乡民会议、县民会议、省民会议、市民会议的呼声便发出了。革命战争的胜利，应当建立各地人民团体的委员会（地方的临时革命政权），以建立平民革命专政之基础，而且切实的开始革命军队与革命平民之结合。至于反动政权之下的革命平民，他们从反对苛捐杂税，力争民权，夺回帝国主义在华特权之积极斗争中，努力赞助北伐的革命战争，不妥协的猛进，当然是无可疑义的。当然亦要指出人民争取政权的目的。

九、北京屠杀后，革命的前途到此已开了第一个新阶段。革命战争之中，正是帝国主义买办阶级统治崩溃的过程，也就是无产阶级与资产阶级互争革命的领袖权的紧要关键。以现今的形势及国际的一般关系来看，中国革命的前途和无产阶级的革命领袖权之斗争，虽然还有很大的困难在前，然而，始终是非常之开展，非常之有希望的。“最后的决死的斗争”快要临到了；应当有坚强的革命的意志，来担负这异常艰巨的责任。难道可以说：现时积极的赞助并主动的参加革命战争，便是“革命的躁进”?

八月七日倚装改正记录

国民革命中之农民问题*

（1926 年 8 月）

凡是一种政治势力必定有他的经济地位，这是一个原则。军阀是现在中国的一种政治势力；为使我们国民革命的工作——打倒军阀能够得到成功，不致成为一个空泛的口号，我们必需要看清楚了军阀的经济地位。在各个繁盛口岸可以看到很多的买办、洋商，他们为外国商人作介绍者。这就是说：大商买办阶级是帝国主义侵略中国的媒介物。帝国主义要握有中国政治经济的生杀权，因此造成买办阶级也成为中国的一种政治势力。买办阶级当然也有他们的经济地位，就是帝国主义者透过这一个阶级在中国据有的经济地位；为使我们国民革命的工作——打倒帝国主义能够得到成功，不致成为一个空泛的口号，我们也就要看清楚买办阶级的政治力量。

中国的资产阶级现在是非常幼稚，大资本家可说没有，工业资本是很单薄，生产的物品在中国尚不够销售。帝国主义各国的资产阶级不是如此的，生产的物品是很丰富，在本国是销纳不了的。因为在资本主义发达的国家，必定发生两个相反的阶级，一个占人数的大多数，即无产阶级及农民，他们是没有力量充分的购买生产品。这些资本主义发达的国家，他们的资产阶级就不得不将他的货物销售到殖民地半殖民地等产业落后的国家，如印度、缅甸、安南、朝鲜……等，他们的侵略中国也便是为了这个目的。

外国的资产阶级要将货物输入中国，由外国人的手里卖到中国人的手里，他们必需要有买办阶级做他们的中间人。他们不找到中国人做他

* 这是瞿秋白 1926 年 8 月在广州农民运动讲习所的演讲，瞿景白记录。原载同年 11 月 30 日出版的中共党内刊物《我们的生活》第 4 期，曾收入作者自编论文集与《瞿秋白文集》（政治理论编）第 4 卷。

们的买办，将无从知道什么地方可以销售货物，什么地方不能销售货物，什么地方要这种货物，什么地方要的是那一种货物。他们不但要销售货物，并且要吸收原料。要能知道那一种原料产在那一个地方，也必需要有买办。资本帝国主义便透过这买办阶级统治了中国的经济事业：工、商、银行业等；买办阶级是直接的统治者，帝国主义便是间接的统治者。

在上海、汉口、北京、天津等大都市中，买办阶级的权力非常之大，大银行、大公司……都在他们手上。上海的银行公会可以操纵全国的金融，他们的举动足以影响全国银价的高低，金融上的一切事宜，出入，折扣等等都由他们规定。买办阶级的地位实足以统治一切。

这些买办阶级都是由地主蜕化出来的。

每一个人在国内各处地方可以看到一种特殊的人物——绅士，他有很大的威权，在一个地方内的一切事情都得依照他的话办理。在各地城市或乡村中常有著名的某大先生，某二先生，某大老爷，某二老爷等先生老爷之流，他们讲的话总是比较有力量，有效验；平民或乡人，农民等小百姓讲的话是不会发生效力的，这是因为绅士们握有地方的政治经济权。（例如，沈玄庐先生在他家乡浙江萧山县，农民等大家称他做“三老爷”；我的家乡江苏武进县以前有个所谓“恽八老爷”，大家都称他做“恽老八”，武进地方的一切事务，这恽老八总可以包揽一半，知县都常常要请示于他。）我们这里所讲的绅士就是地主；在乡村或城市中固然也有没有土地的绅士，但是没有一个地主不是绅士的，就是没有土地的绅士，也必定是代表地主的利益的“乡村政客”。绅士们为要保存他们的势力，他们反对减租，保护旧文化。

绅士（地主）们与买办阶级在表面上是很少关系的，其实不然。

中国对外贸易繁盛的发展，地主由贩卖原料，或经营农村商业，慢慢的与城市商人发生关系，或变为商人，与洋商发生联系，最后地主便成为买办阶级的经纪人，或是自己成为买办（丝、茶、米等是最明显的例）。这一个关系，帝国主义扩大市场和搜寻原料，造成地主买办和帝国主义密切的联系。地主和买办在这样的关联之中，事实上成为帝国主义者的两只手。

帝国主义者为要收买原料（这种原料因为中国自己的工业不发达，没有人能够使用，如其中国的工业发达，原料在本国有人吸收，那末现在这些买办未必会发生），帝国主义者便不得不雇佣买办，设立洋行公司于通都大邑，分行或办事处于中小口岸。买办他又必定要自己或使小商人到原料的出产地乡村中去搜罗，与原料的所有者地主接洽。地主们见到这种赚钱的交易，他们自然要集中更多量的农产品，以待善价而沽。地主们为集中农产品起见，遂想种种方法增加租率，无限制的从农民的手中掠夺他们的血汗。因此种种的关联，帝国主义者压迫的实是农民。农民生活的苦痛实是受了帝国主义的压迫所赐，帝国主义者的两位帮手——买办和地主的剥削掠夺所赐。

这里我们可以明白了：打倒帝国主义的意义应该是解除农民的苦痛，缴卸帝国主义的武装，压制买办与地主。

在各地县治或是农村，地主大半是兼为官僚，绅董或乡董要大地主才有资格做，县长面前也只有大地主才有讲话的机会。中国许多官僚，他们做过一任什么官之后，便刮了一层地皮去，回到家乡购置田产，这里证明了地主本来便是官僚。中国旧时的统治阶级就是他们——地主。

中国的农民要缴纳百分之六十五到七十五的田租，最少的也要缴纳百分之五十以上，加以苛捐杂税，每个农民最低限度的损失要百分之六十五，剩下来的只够他们吃饭，甚至饭也吃不饱，其他更是无从说起。农民到不能维持他们生活的时候，只有二个办法：一是借贷，因此受绅士地主的重利盘剥，往往会因债务的日积月累，结果成为债主的奴隶；二是典当，凡是押铺及当店也都是地主绅士等开的，同样是被地主剥削。在乡村及城市中，讲起某人如何富有（这些富有的人就是地主绅士），终是描写那人有多少田地房屋，几家钱庄，几家当铺，几家漕坊（酱园、酒坊等），几家米店，这些也都是地主剥削农民的工具。地主绅士们有了这些权利，便在各处握住了全中国的经济命脉，成为政治上的统治阶级。

帝国主义没有侵入中国以前，地主绅士从农民那里剥削得来的钱财，除了供给自己享乐，间或做一些“慈善事业”之外，多余的金钱只能藏在地窖里，吃不了卖不完的米谷屯积在仓库中，很少有作用。及帝国主义侵入中国之后，地主们剥削掠夺得来的财富，除供给自己享乐外，并可以拿出来经营商业，以前屯积贮藏起的东西都可以卖给帝国主义者，不论是米、葛、麻、丝、茶叶……帝国主义者是没有一样不要的。譬如在苏常、无锡一带的茧行，从前一共只有二百余家，现在已经增加到二千余家了。地主绅士等从帝国主义侵入之后，他们得到了很多利益，农民却因此更加痛苦，因为地主想从帝国主义者手里得到更多的利益，加重了对农民的剥削。

中国的农民受的痛苦最深，但他们的数目占全国人口的绝对大多数，农业亦为中国的主要生产事业，农民实为中国经济生命的主体。如果中国的农民永远受着这样重的压迫，中国的工业一定不会发展，因为大多数的农民非常的穷苦，没有钱购买货物，工业品无从得到广大的销售市场。社会进化的普通公律：封建社会的崩溃，跟着的必然是资本主义的出现。中国的现象如何？一面工业不能发展，农业却又日益破产，农民都失业破产不堪困苦，集聚到城中来，又没有这许多工厂容纳他们，于是便成为兵匪。这是农民问题中的重要问题，也是国民革命中的重要问题。

从帝国主义侵入中国之后，他必定勾结地主、大商人来尽量的销售货物，并且经营工业。中国现在虽然已经有了几个资本家，可说是有了一些工业，但究竟太少太衰弱了。如南洋兄弟烟草公司、上海等处的纱厂等等，以及南洋、旧金山的侨商，可以说是中国工业或是中国的资本家，但是中国的关税不能自主，中国幼稚的工业遂处处受着限制、剥削，以致出品的成本昂贵，这样，如何能与帝国主义者进步的大机器生产，成品低廉又占着协定税则的便宜的货物竞争呢？如何能使中国的工业发展呢？帝国主义者促进了中国封建社会的崩坏，建立了“帝国主义市场的中国资本主义社会”，而中国“民族”的资本主义社会却无从建立。所以中国社会进化过程：封建制度崩溃、资本主义的建立，稍稍有一点工业的时期，社会中阶级的对立成为特殊的现象：一方面是工农阶级，一方面是封建的余孽地主，和殖民地半殖民地上畸形的资产阶级，帝国主义的掮客——买办阶级。

中国的革命势力——小商人、工人、农民，要推翻地主、买办、军阀、帝国主义，必需要明白这一个经济原因，就是帝国主义、军阀、地主、买办的经济基础和经济关系。我们要打倒军阀，打倒帝国主义，必需要知道帝国主义军阀的经济基础是什么，就是说要能够知道更具体的打倒他们的办法，要晓得他们如何能在中国生存。抽象的名词，空洞的口号是不能使他们受打击的。所以国民革命必需要是革地主买办的命，就是掘去帝国主义和军阀的命根——他们的经济基础。

在政治上，国民革命的工作，打倒军阀，不仅只打倒袁世凯，打倒吴佩孚等几个人，要看清楚了现在军阀在中国所以有政治势力的根源，然后才能给他们重大的打击。

中国的军队与外国的军队同样是武装的组织，可是他们的作用不尽相同。外国的军事领袖无论他有多大的武力，但他不能有很多的政治作用，不会成为中国式的“军阀”。中国的军事领袖却不然，是握有政治的大权，成为特权阶级——军阀了的。我们要了解中国的政治问题，就必定要明了为什么中国的军事领袖是如此，他们代表什么阶级。

在中国本来是地主阶级统治的国家，封建制度的国家，在事实上各地或各省都是独立的，因为经济上没有更广大关系的需要，如像资本主义国家“国民经济”的经济关系。因此也用不着像资本主义国家那样庞大的军备，和统一的指挥。所以历代名义上虽然有一个皇帝，实质上是并不统一。在太平天国以前，各省的军队不满六千人，只有北京的御林军的人数才有一万以上。因为在那个时候，没有如此的经济力量，不能养活许多兵，并且是无须乎这样。到现在不同了，因为农业的破产，很多困苦的农民，客观上的革命势力，成为土匪。有了很多土匪，于是必需要有武力保护统治阶级的利益，强盛的军队由此就渐渐的发生了。中国没有一个资本主义的统一政府，因为中国的大资产阶级受了帝国主义的压制不能强大起来，还不能掌握政权保护他们自己，因此也不得不乞援于军人，于是政权便落于军人的手中。中国的社会依然是封建的形式，但封建制度却又因为帝国主义的侵入堕落了他的声威，破坏了他的道德，没有什么君臣之礼了，独一无二的军人遂能操纵一切成为军阀。因为军阀是封建社会的余孽，他实是代表地主买办阶级，他的力量也必然用以保护地主买办的利益的，所以，我们往往听见军阀士绅也常常乱叫“维持安宁秩序”，这所谓安宁便是帝国主义买办地主的安宁。

在五卅之后，国民军倾向于一般民众（小商人，工农阶级）的一方面来，帝国主义者固然是惊骇相告，要张、吴攻打国民军，买办、地主也是同样的明里暗里帮助张、吴打国民军，说是因为国民军赤化了的缘故。实际上他们是向民众进攻，向大多数的农民进攻，保护他们自己（地主阶级，及脱胎于地主的买办阶级）的利益。讨赤战争时期的北方农民的苦痛：无限耕地的荒芜，千百万难民流离的那种现象，是很明显的例证，证明了这种战争是地主阶级、买办阶级的武力向农民的进攻。这种灾难，地主们是受不到什么损害的，他们可以跑到天津或别地的租界里去，很逍遥自在的过他们的生活；大商人、买办阶级是更积极的帮助张、吴，如北京总商会帮助张宗昌发行军用票。在平时，军阀也是在各处与当地商会领袖、买办阶级，或是教育会领袖、绅士等勾结的。军阀要商会捐款等，并没有要商会的领袖们自己腰包里的钱，都是摊派给各小商人的。大商人与地主虽然不自己掌握着政权，但是军阀掌握着，照样是保护他们的，虽然也有时对他们有些微的威迫，这不过是如同大家庭中的忤仆一样无关紧要的，因为忤仆无论如何的不好，他终是要依靠着主人才能生存，他们——地主与买办是军阀的命根，是军阀的经济基础。

我们还有例可以证明中国的统治阶级是地主、买办阶级。许多由官僚告老或其他原故还乡后，他们时常在他们家中私刑拷打农民，没有人能够干涉，在广东或者不同，是用民团来压迫农民。许多小县份中，绅士、商会会长等有至高无上的威严。民治主义的国家是无论什么人都没有随便逮捕他人的权力，可是中国各处绅士、商会会长的一张名片便可以捉人，农民更是随时随地可由他们逮捕、拷打、囚禁。现在没有什么皇帝或是公侯等爵位，地主、绅士都同他们是一样的东西，买办也同样是帮助地主压迫农民的。在长江南岸有很多沙田，本来农民可以用很少的代价向官署领到这些土地，现在都被大地主仗着他的威权，以他的金钱侵占了这几千万亩的沙田。这件事证明了政权被地主们掌握着；另一方面表现将渐渐进入大农业生产，慢慢的展开资本主义的农业，也就是资产阶级化的地主们准备夺取资本主义时候的政权。最明显的例就是南通的张謇，他开办工厂，工厂工人的宿食及宿舍内的市场也完全是他包办；南通的市政、司法、教育一切的行政设施都得受他的节制，就是游艺都要干涉。他是地主、大资本家、官僚，他是中国统治阶级本身形态的写真。中国的资本家大多数是地主，完全没有脱离地主的地位，如上海纺织业资本家穆藕初、聂云台等，他们都是兼为大地主的。在各县各村可以看出政治的半独立或完全独立的性质，掌握政权的便是地主。在事实上地主阶级是军阀的主人，所以我们要打倒军阀必须打倒地主。

在政治上、经济上可以见到帝国主义及军阀在中国所以能够生存，是因为有这些反动阶级做他们的经济的政治的命脉，我们的结论因此是：打倒军阀，打倒帝国主义，必需打倒地主与买办阶级。打倒陈炯明之后的广东农民仍旧感觉许多苦痛，就是因为没有很决断地割断帝国主义及军阀的命脉，严厉地压制地主与买办。现在广东农村中许多问题，也便是因为没有彻底解决这个问题。巩固广东革命的基础，乃至完成中国的革命，必需要是很决断、很彻底、不稍姑息地解决这一个问题，推翻帝国主义、军阀生存的经济基础——地主阶级、买办阶级。

打倒帝国主义军阀、地主买办之后，即刻建立一个人民的国民政府，在这个政府中必要给农民以参加政权的自由。

中国的革命史应该是从陈胜、吴广那时候写起，随后便是由赤眉、黄巾至“流寇”，最近的是白莲教、义和团、太平天国。从来一般人认他们是“匪徒”，这是与现在说农会便是“土匪”同样。中国的经济发展得非常迟缓，在历史的过程中因为人口增加而发生问题，每一个时期都是如此，而有农民反抗运动的发生，再有新的建立，所以以前中国革命史是农民革命史。

每次的农民革命成功之后，政权都落到别人手里，农民自己并没有得到成功，这是因为有下列的缺点：

（1）没有良好的组织。

（2）没有民权主义的实力，于是握取政权者成为皇帝。

（3）迷信，如白莲教、义和团、太平天国都有宗教的力量为他们的维系，这是因为农民很少团结力。每次运动往往成为暴动，如其没有宗教将是散漫不可收拾，从过去的义和团到现在北方的红枪会都是如此。

（4）没有强有力的革命阶级做他们的领袖，如现在的中国无产阶级。

现在的农民就不尽如此了，其所以不同的缘故，因为现在资本主义渐渐的发展，在大城市中间已经有了工人，无产阶级已形成一种力量，农民可与工人联合奋斗，农民得到这支生力军的辅助，形势当然不同，不像以前那样的原始暴动而为有组织的斗争了。农民也已经知道在革命的行程中，无论什么时候，他们必需要有团结与组织，并且知道要得胜利必定要与工人联合。

中国的国民革命是各阶级的，城市中的小商人（有时大商人也来参加）、工人、农民，以及革命的知识分子、小资产阶级各阶级的人们都需要这样的革命，这一个革命工作必定要解决农民问题，解决了农民的一切苦痛才能说是国民革命成功。

中国国民革命中的战线，是一方面为工、农、小商人，一方面为地主、买办、军阀、帝国主义。在这样形势的战阵中，革命的队伍里也有民族资产阶级参加，他们是与买办阶级不同，需要反对帝国主义的，可是与工人、农民大不相同。工农及小商人的反帝国主义运动的目的是在于：群众的团结，一切自由、一切权利的获得，在政府里有各界的代表，他们这些目的是很正确，如能依照这目标去做，国民革命才有真正的胜利可以得到。资产阶级不然，他们恐怕工农的力量大了，他们将因此受害，不能尽其所欲地来剥削工农，因此他们对于革命终有些疑惧。买办与大商人更是一种反动的力量，是非常讨厌的东西。在革命潮流高涨的时候，他可以表示些倾向改良政策的论调；到反动时机到来时，他立刻会压迫工、农、小商人等革命分子。譬如上海五卅运动开始时，上海总商会也能在势所必然的强迫之下发出罢市的命令，也能够提出十三条要求，虽然是修改了代表绝大多数人民团体（工商学联合会）所提出的十七条。到了末后反动局面开始后，上海总商会即刻改变其态度，嗾使军阀封闭上海总工会，以至于秘密枪决刘华。可是从这买办阶级里，在经济上可以稍稍发展出民族资产阶级，所以在政治上这些民族资产阶级的代表便是新右派。他们渗入国民革命的战线而力争其领袖权，凭藉军力，实行其扼制工农与向帝国主义买办地主妥协之政策。

中国国民革命的意义，是在解放农民，解放"资产阶级的中国"，从帝国主义束缚中解放出来，建设资本主义的中国，发展中国的资本主义。工人并不怕资本主义的强大，资产阶级却在怕工人势力的增高，这是必然的；所以在国民革命中资产阶级参加，工人也参加，但是国民革命的指导权必定不能使之落入资产阶级的手里。同时，这所谓"资产阶级的中国"在国民革命真正胜利之后，他必须加入社会主义的经济联盟，即与苏联联合反抗世界的帝国主义。所以中国的资本主义发展，在这世界社会革命的时期，是可以与世界革命合流直达社会主义的。从事于中国革命的，不论共产党或是国民党，都应为着创立民权主义的中国而奋斗；为着解决农民问题，使农民所受的剥削减少到百分之五十以上：用种种方法——减租、免税、改良种子、兴办水利等等达到这个目的，使农民的收入得到其收获之百分之八十。达到了这个目的之后，农民然后能安居乐业，实业才能发展，工业品才能在农村中找到销路。减少农民的剥削就是减少地主的收入。这一层资产阶级的新右派是很难了解的。他们所以至多只能结合少数富农，而不能解决农民问题。

国民政府能够得到农民，则国民政府才能巩固，反帝国主义的斗争才能得到胜利；真实拥护工农的党，才能够领导中国革命。

在事实上，谁能代表工农利益，谁能给工、农、小商人以政权，那末，谁就能够解决农民问题。必需要压迫地主使其减租，打倒地主势力，才能获得农民群众，革命的基础才能巩固，才能排除帝国主义在中国的权力。如其怕农民组织的强大，怕农民暴动而畏缩，不敢提出为农民利益的政纲，不实行为农民利益的政纲，必定因此不能得到农民的拥护，且要受农民的攻击和反对。总之，中国国民革命是要解决农民问题、土地问题，用各阶级的联合战线，工人阶级的领导来斗争，才能得到胜利。

五卅运动的一大狂澜因为缺少农民参加（虽有红枪会等起来，但是太少，太迟了），致五卅运动没有结果。农民运动到现在已日益高涨了，很急切的要一个保护农民的政纲及农工势力的结合。忠实于革命的党人，要即刻拿出决心来制裁地主、买办、土豪、劣绅。不要忽视了，这是目前重大的问题，是国民革命的重大问题。

最具体的办法是：

（一）解决农民经济的束缚，用政治势力切实解决之；明定“耕地农有”的标语。

（二）武装农民，组织农民自卫军，使他有自己的武装保护他自己的利益。

（三）农民参加政权，乡村的政权归农民，城市的也要有农民代表；凡是行政，要有农民与一般人民代表会决定后才能实行。

（四）严厉的无情镇压一切买办地主阶级之反革命运动，剥夺其政权。

秋白由粤回来报告*

（1926 年 9 月 15 日）

我在粤停留的两周，初到时正值粤中右派为向报《论国民政府之北伐》一文向我们攻击，而以黄埔校中特区党部闹得最厉害。特区党部全为右派把持，其下各级支部则属左派，左派遂发起各支联席会议以与特区党部对抗，并发出迎汪口号。黄埔校之方教育长召集学生训话，学生表示不满意，但待俄顾问演说时则表示满意，可见黄埔校中左派空气之高涨。

黄埔特区党部组织有不合法处（即许多委员是违法产生的），张静江等袒右派违法组织，但实际负校务之责的方教育长亦不敢袒右派。

黄埔中左派已占百分之八十几，黄埔同学会全是左派主持，右派势力已打下去，左派虽不明显反蒋，但迎汪空气极浓。

李济琛近来很左倾，常常恭维向报的议论，凡此皆表示社会上反蒋空气极盛，均思联络我们。

卫戍司令钱大钧不表示什么态度，因钱虽蒋部但本为四军系。

潮汕军队因压迫农民，激起农民反对，该地党部均站在农民方面说话。孙会得力之张连英，被左派召集群众公判，使何不得不驱之出境。何见环境不佳，态度较前左倾。

左广州仲夏同志已成市民运动的领袖，大资本家简某曾找我谈话，其要点：1. 说罢工工人当援助；2. 只有向报能代表人民舆论说话，希望向报出一广东专号，攻击贪官污吏、专横武人及法棍；3. 希望你们能劝印刷工人不妨害新闻纸出版；4. 农民是大哥，工人是二哥，商人

* 本文是瞿秋白 1926 年 9 月由广州回到上海后向中共中央所作的报告，曾刊载于党内刊物《中央政治通信》第 3 号。其中有陈独秀（即：仲）的若干批语。未署名。

是三弟，我们要团结起来，争取自己利益。

社会反蒋空气颇盛，蒋之左右多浙江派包围，纵容贪官污吏，所以农民、工人对于蒋、对于国民政府态度均不好。

民党中顾丁右倾，宋甘何陈等仍左倾。

现时是中派独裁政权，自顾丁以至李济琛均主张拥汪回任，极左派之甘等急求汪出，因汪不出，则如黄埔内部左右派之冲突，几无法维持。八月二十几曾接汪七月二十左右来信，请辞去军务政务，专办党事，何香凝主张将此信提出，借此请汪复职，顾主稍待。在这样酝酿中，中派张静江、叶楚伧等已感觉颇起恐慌，左派诸人因找包同志商量，包以为现时军事上及各方面均无预备，若做得太早则中派必先尽除左派，汪回来亦无用。此信在KMT中央公布后的决定，是由中央电征蒋意见，蒋未正式复电，但蒋另一方面复黄埔同学电谓："迎汪比倒蒋还坏"，可知蒋反对汪出。所以此时实力的准备若不周到，必难成功。现时正做准备工作，左派又虑汪出后不知C.P.要什么，我们因与左派有一种协订，凡整理案所列各条，我们均可接受，只要左派：1. 承认农工政策；2. 恢复左派政权；3. 拟在下武汉后召集一个全国代表大会，藉这个大会拥汪出来。此代表大会在中派诸人亦主张开，但他们并不知左派想开此会用意。地点在粤或武汉，则未定。我们主张代表大会代表须由各地党部选举，时间在十月，地点在粤。

左派何香凝等在无迎汪政策前非常恐慌，在接蒋致黄埔同学电后又茫然无办法。何主张迎汪，一面又劝C.P.对孙会不攻击，稍让步。顾孟馀的态度则不同，他对我们说：C.P.帮助左派勿用操纵手段，他是要限制我们。何是以C.P.为领导；顾是要C.P.为他用，而他不受C.P.操纵，且避免汪回任后别人攻击他卖党赤化。顾孟馀以前常说农民是土匪，他是要在群众中也只限定我们三分之一，所以顾等是很少希望的，不过在反蒋（仲：顾等已不是什么左派、中派，全是右派）中是有作用的。左派甘乃光等能继承廖仲恺，但必须我们领导。

广州群众对于向报，对于《人民周刊》，均极欢迎，惜无左派有力领袖，故政治态度常常动摇不定。虽有我们供给主张，亦无人持号召。

中派自觉政权不稳固，对工人已稍让步。广东总工会凶手已拘捕，械斗事件已不发生。

花县民团围杀农民民团首领，原为李济琛参谋此案，控到党部，于是张静江遂主张通知李派兵助农民，但李只主弹压，一兵不派。一军之六十团在中山杀了一农会副委员长，大受各方面攻击，后欲捏造人证所杀为土匪，但不成功，农民现时对于国民政府非常反对。

张静江等现对鲍之话丝毫不听，故鲍说话亦极小心。

飞机在此次战役中坏了四架（因方向迷失），张静江等因此颇非难俄同志，并自诩自己能造很多枪弹。财政现时每月征收一四〇〇万，大部分均为蒋取去。现时财政、外交两部均在左派手，其余各部在中派手，省政府之各县知事均在右派古应芬手中。李济琛正设法由法国自购枪械，古应芬亦在设法编游缉队，宋子文想以罢工纠察队改编为他的缉私卫商队。从这种情形看，左右中三派均在预备扩充实力。

我们考虑古应芬游缉队之活动是无法消灭，但不过他的进行亦不容易。

前方战事，八军中路，四、七左路，二、三、六右路，蒋知到湖北后离本乡太远，且情形甚复杂，自己力量不够，所以他决取江西、福建，以巩固自己势力。

近闻二、六军有一协定，内容：1. 消除过去成见；2. 合作拥谭取江西；3. 在湘则拥蒋抑唐；4. 若江西不能得则并力取福建。

对于全国政治，蒋正计划各省设特务委员，把军政党事，均交给特务委员，实质是取消了各省党部。

蒋现时在各方面地位均极危险，我们如果不预备领导左派群众来代替蒋，则将来情形非常危险。

七军李宗仁完全是右派，四军李济琛在可以利用我们以打蒋的地方都利用到，但其部下几全与民团分子有关，反对农民协会，对于工会则不表示，故李济琛仍是右派。

叶团扩充补充师问题，因二补充团离叶防地甚远，尚未决定，如果叶团能成补充师，则就便在鄂亦可招募。

刘文岛想到湖北去，唐近颇不满意刘。

广州现还是蒋势力，所以汪不能回。

八月二十六、七日，英国即准备向广州进攻，派兵由沙基登岸，直接解散纠察队；福建方面周荫人亦集合三万重兵窥粤边，所以汪此时回粤，则蒋亦可借援粤为名提兵回来，令汪不得不走，故汪之回一定要广东实力的准备完善后方可来，并不是要同蒋打，是要不流血的逼蒋不得不承认。

联席会议开会问题，因当时社会反蒋空气甚浓，中派疑我们与李、顾等联成一气，有所顾忌；且恐我们提出许多国民政府压迫农民的麻烦问题，所以不肯即开。左派之顾孟馀，初颇欲代蒋与我们开联席会议，强迫我们作一些不应当的让步，但自拥汪问题发生后，他们亦不敢就开，我们方面亦以晚开为好，遂决定暂时不开，以后 KMT 决定时间再通知我们。

孙科近来颇接近大商资产阶级（离开买办阶级）。在陈森案中，学生会中均能为我们说几句话。

鲍伍两同志在对于国民党问题有不同意见，伍意以为蒋未必是新右派，三月二十日前的政府是太左了一点，过去广东政策弄得太左，将来亦不必急于拥汪回来致启纠纷，因汪若回时，恐我们又变成半政府党，我们只应站在批评地位。粤区同志及鲍同志均反对伍之意见。伍问现时是不是要倒蒋，鲍谓我们现时是要一个能解决农民问题的左派政府，如蒋不能如此做到，则广东还要被土豪拿去的，我们须换地工作。因鲍、伍的争执费去时间很长。

伍同志到粤后曾费许多时间听粤区报告，但因以前对于实际情形知道甚少，所以他的批评尚不能使粤区满意而心服，他自然一时亦不能作较具体之指示，最后讨论结果，他亦赞成粤区所提之结论，即：现在应准备在最近的将来恢复民党及政府中之左派指导权，至于对于过去的批评则尚无定论。鲍同志的意思，以为如果照伍同志的意见：要保全中左两派亲密的合作，或要中左两派平分指导权，那么伍同志的结论应当是 C. P. 宜退出民党。这是不对的。对于过去时期（自廖案至第二次民党大会及三月二十）我们政策的意见，粤区及鲍同志都以为当时政策是在辅助左派，扩大并巩固左派，至于因此而有犯 C. P. 包办的嫌疑，实有许多地方是事实所迫而成的，结果并非粤区方面有包办的原则。

（仲：区委及鲍意以为现时汪回太早，其实现在已非汪回不可了，伍反对汪回是错的，包对于过去的意见亦很有错误。）

汪回的问题，就是恢复左派指导权的问题，我在粤时与国焘亦认为太早，因为一方面要待总的时局变化中的适当时机，别方面要左派及我们自己的准备，这不过是时间问题罢了。

至于讨论过去时期我们的政策而引起许多不同的意见，这问题实在是关于 C. P. 对国民革命总策略的问题，我看汪时期（三月二十日前）我们在广东的政策大致并没有错误（仲：实际是无政策），……不过当时实行这政策时发生许多个别的错误是有的，譬如我们对于民党并不是包办错了，而是事实上形成了包而不办（仲：一方面占领民党，一方面没有了 C.P.）。

自然我们今天不讨论这一总问题，伍同志自己做了一个结论，提出了意见不同的几个焦点，我们在已经开始的国民党问题讨论中再去详细讨论罢。

关于广东工作计划，关于政治问题：1. 工农商学联合会当提出一共同政纲；2. 由我们党向工农等发表具体政见，供他们采用。

关于组织问题，一切工作归区委整个委员会负责管理，组织上亦不把群众分属于工委、农委、军委等。譬如工人支部要实际行动，自然需要工委参加指导，我们不能叫工委专管工会，组织部专管支部而认组织部为党工委，为非党所以决定。粤区组织部应管一切支部的组织问题，工委亦管一切支部（自然只有工人支部）的职工运动的指导，余可类推。

关于宣传问题，卓宣方开始作工。关于工运问题，他们不同意中央批评的几点，已有书面答复，其中主要的两点：1. 使广东总工会分化东家、工人为阶级组织；2. 对于机器总工会不认是黄色的、是有工团主义倾向的，我们不能攻击，而当与之采取联合战线形式。对于农民运动，我们不能站在调停地位，而当站在领导地位，并做整个武装工作，才能与民团斗争。速开农民运动训练班，经费或可节省农所经费办理。农民中武装统一问题，现已不成问题，因过去政策是不能实行，而现时联防亦做不到，在政纲上不提及此事。（仲：广东一切中心问题是在发展农民运动以肃清贪官污吏，什么是左派，什么是右派，均可于对农民政策分出，伍廷康反对注意此问题是错误的；打土豪劣绅、贪官污吏，在大资产阶级、小资产阶级均应赞成的，因为这是反对封建阶级，是资产阶级革命。）

粤区对于执行中央决定工作计划，另有一书面报告寄来，不再说。

省港罢工问题，特委讨论费去时间甚多，伍意过去粤区工作错误，没有诚意解决罢工。但粤区极力举事实否认。现在英国仍以罢工问题向广东进攻，中派反对罢工委员会，李济琛等亦不满意罢委，只有左派宋子文在财政上尚按月照付三〇万。在武汉战争中，英人更极力进攻，此时若提解决罢工，则只有助反动派及蒋声势，不过对于封锁问题，事实上只要表示让步，在内无厉行排货而撤销海口检查，同时要求谈判解决罢工。伍鲍之间颇有意见冲突。在第二步闽赣战争中有人主张扩大排货，鲍主张应扩大排货运动否，俟当时看情形再决定；伍则主张此时应整个的决定，须结束罢工。（仲：省港罢工在去年九月总工会被封时即应结束，时间越长越难解决，所提条件越损失，以后无论国民政府军事如何胜利，总须自动解决罢工。）

《人民周刊》调太雷任编辑，并参加宣传部工作，包同志之翻译，重要者由宋子文翻，公式翻译由恽代英翻。

区委十五人每周开会两次，无主席团。

有许多同志都觉区委政策有点神秘，希望了解我们主张，上部组织应该集中而下级应该民主化一点。

中国妇女之白化与赤化*

——中国妇女运动，恭贺新禧！

(1926年12月9日)

一、公夫主义——二、公妻主义——
三、私婢主义——四、公婢主义

一九二六年年终，病中无事，之华与我谈中国妇女状况若干事，并造意令作此文，因随笔写成，亦一“Feuilleton”也。

一九二七年的新年到了，中华民国第十六年的新年也仿佛到了，虽然中国的国民会议还没有开，不但一个女代表也没有参与建设民国的国民会议，并且一个男代表也未出世；真正的中华民国，莫说没有到第十六年，连第一年也还不曾到，现在只好算中华民国第零年。虽说如此，新禧是总得恭贺一下。那么：

姊妹们，姑嫂们，婶婶婆婆们，“恭贺新禧，新禧恭贺了!”“有礼有礼，恭喜恭喜，百事如意!”

可是，中国妇女的新禧，向来有两种解释：（一）是新年的新禧，（二）是新婚的新禧。妇女要是讲到新禧，谁不笑逐颜开；就使所恭所贺的禧，不过是新年的新禧，谁又不想到新婚的新禧呢？姑娘们想着：你今年大喜，嫁“乘龙快婿”便好；嫂子们想着：我今年大喜，丈夫财运亨通，白头偕老。总之，妇女的吉利话，总离不了我们的老本行。

但是，姑娘们，嫂子们！现在时髦的讨赤，你们大喜双喜的时候，切记切记拜年不要用红毡毯，门上不要挂红春联；嫁人不要坐红花轿，拜堂不要穿大红裙……红者赤也，这些红的都是赤化，被讨赤的安国军总副司令，如张作霖、张宗昌、孙传芳之类看见了，那可不是玩的——

---

* 本文原载1927年3月8日《赤女》杂志创刊号，署名瞿秋白。全文未刊完，后收入作者自编论文集与《瞿秋白文集》（政治理论编）第4卷。

脑袋要紧，当心当心。既然这样，拜年时候，不如说“恭贺新禧，百事讨赤”了吗？

不错，不错！你们知道甚么是讨赤，讨赤便“真正老牌国货”——孔夫子的圣道；你们不听见说，讨赤大将张作霖、张宗昌的安国军，组织女子宣传队，这个宣传机关就叫做圣道会吗？

圣道是甚么？我们妇人女子向来不懂大道理，借此新年无事，不妨来解释一番！

天字第一号的圣道，便是公夫主义。孔老夫子主张：天子后妃之下，几十几个宫嫔，几百几个命妇……在下学问太浅，不曾下过国故考据功夫，也不知道究竟是几个大小老婆。总而言之，统而言之，天子、诸侯、士大夫、绅商、土豪可以有许许多多的老婆这就是了。这在咱们妇人女子解释圣经贤传的通俗讲义，也就够了不必多去参考。是的，生在现在安国大将军升平之世，圣道昌明之际，何用远征博引，只看眼前的盛世文明便可知道。譬如讨赤的安国的圣道的第二员大将张宗昌，他不是最近又讨了第十九、第二十、第二十一的小老婆吗？这位张宗昌先生，对不住，照绅士态度要称做“张效帅”，那么好了……这位张效帅在北京看戏，戏院里遇见了常州某巨绅的小老婆和千金小姐。他便将她们一把抓住，带回家中。一方面便向那千金小姐宣传圣道——便是强迫她和其余十八位姨太太公夫；一方面又和常州巨绅公妻——说粗鲁些，便是和那巨绅的小老婆如此这般（这公妻可不知道是否圣道，且看下回分解），张效帅见着常州那位巨绅便道：你的小老婆如今奉还，公妻虽系“赤化”，偶一为之，总算无伤大雅，不过究非久计；你的千金小姐，我却已经收了房，做我的第十九妻，“妾之一字，在小弟宗昌字典之内，向不存在”。这样一来，圣道昌明到十足！

张效帅原不过是一个例子；中国的绅商土豪，谁知不是这样三妻四妾，虽没有“十九御妻”，却总有四五位姨太太。中国原是圣道盛行的古文化国；大家都在努力实行公夫主义呢！

地字第一号的圣道，便是公妻主义。张宗昌、孙传芳等等虽则说公妻是赤化，其实他们自己天天实行，并且认为无伤大雅。“赤化的”国民党等等却并未公妻，而且还反对公妻，例如我们妇女运动里提倡消灭娼妓，便是证据。讨赤的一班圣道大人，如张宗昌部下反赤白党俄人，一切大小喽啰、参谋军师，每到一个地方，不但是强奸民妇，公人之妻；而且麾旌所指，凡是行军驿站，都物以类聚，簇拥着种种式式的娼妓，如徐州、郑州，济南、开封，等等，等等。

所以圣道的反赤的公妻主义，如果用“科学方法”分析，可以分为两种：（一）暂时的公妻，偶一为之的公妻，如张宗昌公那常州巨绅之妾之类，以及军阀普通的奸淫掳掠，暂时与民公妻一下；（二）经常的公妻，纳税驻册的公妻——就是娼妓制度，例如上海又可以分为：长三式公妻，幺二式公妻，野鸡式公妻，花烟间式公妻，咸肉庄式公妻，咸水妹式公妻……卖淫国东洋货式公妻，反赤的白党露松式公妻（上海普通人称俄国人为露松人）。其他地方，或所谓码头，也各有各的公法。总而言之，这种公妻主义，是各租各界，中西各国，孔子圣道，耶稣圣道的一切种种文明政府所提倡的，所实行的，收她们的税，注她们的册；而且是一切反赤的绅士、巨商所竭力赞成的——因为“女乐所至，市面繁盛”。公妻主义之为反赤圣道之一，也就无容疑义的了。

玄字第一号的圣道，便是私婢制度。孔老夫子的圣经贤传里，本来专门有解释所谓“妾婢之道”的章句。咱们也无暇考据。只看圣道昌明的中国里，蓄婢制度事实上已经有多么的发达！天灾战祸的时候，农民都得出来逃难，饿得要死，没法想只好卖女儿，给富贵人家当丫头。此外买卖人口在上海等处，简直是“人口商人”的资本家，如拐匪之类的好生意。听说山东及徐州一带，今年因为张宗昌昌明圣道努力讨赤的缘故，战祸蔓延，民不聊生，弄得十三四岁的女子，只要有三四元钱便可以买到；这批“货色”一到洋场，自然顿时涨价，每只女子至少可卖七八十至一二百元。

这种私婢制度何以是反赤的圣道呢？我们有一个反证。“赤化的”广东国民政府治下之佛山市，新近市长下令放婢，说那私人蓄婢制度的由来道：“照得女卑为婢，许慎会意而说文，罪没入官，缇萦全身而赎父。”说文也是圣经贤传的典籍，这岂不是证据？何况赤化政化所废的事，必定是讨赤政府所主持的事；广东的赤化派如今决然禁止买卖婢女，现存的婢女一概令家长认为育女，负其教养之责，并须缴销身契，不得强迫婚嫁，尤其不准将婢女充当侍妾。你们看！这些过激派的赤化党，居然做出如此背圣忘道之事；难怪卫道安国的张雨帅，吴玉帅，张效帅，孙馨帅等，要讨伐他们。——也就足见私婢制度是五千年古文化国之中国圣道了。

（未完）

《瞿秋白论文集》自序*

(1927 年 2 月 17 日)

革命的理论永不能和革命的实践相离。

中国的有马克思主义理论，自然已经很久；五四运动之际，《新青年》及《星期评论》等杂志，风起云涌的介绍马克思的理论。我们的前辈：陈独秀同志，甚至于李汉俊先生，戴季陶先生，胡汉民先生及朱执信先生，都是中国第一批的马克思主义者。但是，只有陈独秀同志在革命的实践方面，密切的与群众的社会运动相联结，秋白等追随其后，得在日常斗争中间，力求应用马克思主义于中国的所谓国情。至于戴季陶先生，虽然他首先以马克思主义来探求“中国之乱源”，胡汉民先生，虽然他首先以马克思主义来解释中国上古（战国）的哲学思想；然而现在他们早已公开的抛弃唯物史观……这难道是偶然的?

中国无产阶级处于世界革命的时代及国民革命的中国，他一开始自己的运动，便不得不直接参加政治斗争，决不能限于改善自己生活的经济斗争。“一切阶级斗争都是政治的”。这句话在西欧和俄国仿佛有一时期还是比较抽象的说明，在中国却是异常明显而具体的真理。既然如此，中国无产阶级自然急切的需要自己的政治思想的代表。

然而中国的知识阶级，刚从宗法社会佛、老、孔、朱的思想里出来，一般文化程度又非常之低，老实说这是无知识的知识阶级，科学历史的常识都是浅薄得很。中国无产阶级所涌出的思想代表，当然也不能自外于此。只是革命实践的需要，正在很急切的催迫着无产阶级的思想

---

* 1927 年初，瞿秋白将他在此以前（1923 年 1 月至 1926 年 12 月初）在《向导》、《新青年》、《前锋》、《民国日报》等报刊上发表的主要文章和若干专著汇集在一起，编为《瞿秋白论文集》，交商务印书馆出版，曾排出一部分校样，由于“四一二”反共政变未能出版。本文是他为文集写的序言。

代表，来解决中国革命中之许多复杂繁重的问题。“没有牛时，迫得狗去耕田”，这确是中国马克思主义者的情形。秋白是马克思主义的小学生，从一九二三年回国之后直到一九二六年十月间病倒为止，一直在陈独秀同志指导之下，努力做这种“狗耕田”的工作，自己知道是很不胜任的。然而应用马克思主义于中国国情的工作，断不可一日或缓。我现在收集四年来的著述付印，目的是在于呈显中国的马克思主义者应用革命理论于革命实践上的成绩，并且理出一个相当的系统，使读者易于找着我的思想的线索。固然，无产阶级之革命思想的指导，当然是集体的工作，然而我确是这集体中的一个个体，整理我的思想，批评我的思想，亦许对于中国革命的实践不为无益。况且集体的革命工作之意义，正在于其自我批评的发展，而集体的革命思想之形成，亦正在于其各个个体之间的切磋。固然，我这幼稚的马克思主义者之理论里，可以有许多没有成熟的、不甚正确的思想，然而我始终亟亟乎将我的成绩同着我的错误一齐汇集发表，正是因为要发展中国社会思想的自我批评：我们的著作是想要利于革命的实践的，而并非想“藏之名山，传诸其人”的。列宁说：“自然……与其写革命，毋宁做革命。”我们固然很愿意从事于中国马克思主义的巨著，但是在现时革命潮流汹涌的时机，既不应幻想明窗净几闭户著书的余暇，那么，仅只我这些马克思主义的试作，“做革命”的一部分的成绩之汇集与整理，也就未始无益哩。于是瞿秋白的论文集便出版了。

论文集分八类：（一）中国国民革命的问题；（二）帝国主义与中国；（三）买办阶级之统治；（四）国民会议与五卅运动；（五）北京屠杀后国民革命之前途；（六）世界社会革命的问题；（七）马克思列宁主义的理论问题；（八）赤化漫谈。

第一，中国国民革命的问题——马克思主义的应用于中国国情，自然要观察中国社会的发展，政治上的统治阶级，经济状况中的资本主义的趋势，以及中国革命史上的策略战术问题。可是尤其重要的，是国民革命中无产阶级之职任；五卅以前无产阶级应当参加国民革命，准备取得其领袖权，认定国民革命的目的，是在于建立革命平民的民权独裁制，而与世界无产阶级革命合流直达社会主义；五卅以后，无产阶级领袖国民革命的问题，更加成了实际斗争的现实问题，无产阶级与资产阶级的联合战线已经因农民问题的要求切实解决而不能久持了，五卅屠杀后之无产阶级，实在已经实际的直接的开始了国民革命。

第二，帝国主义与中国——中国国民革命的使命，在于推翻世界帝国主义，因为不但中国是帝国主义的国际殖民地，而且中国国民革命简直是直接的由世界无产阶级的十月革命所提携起来的。虽然孙中山先生说中国不是所谓半殖民地的，而是次殖民地，这句话确有鼓动的意义；然而真实的情形，却在“国际殖民地”。所谓国际殖民地的意思，便是说中国没有成为某一帝国主义国家之直接统治地，而是列强互争的对象。这中间包含着充分的帝国主义列强互相冲突的原素。因此，中国是世界帝国主义战线最脆弱的地方，亦就是十月革命之后，世界革命最容易爆发而胜利的地方。中国国民革命之为世界社会革命的一部分，于此更加有深一层的意义。虽然中国自身经济发展程度很低，还只有资产阶级性的民权革命的需要，而且革命胜利后社会主义的建设比俄国还要困难好几倍，然而中国国民革命不胜利则已，如果胜利则必定是颠覆世界资本主义而创造社会共产主义的一支流。因此，我们以前对于帝国主义侵略中国的种种方式及中国革命反抗帝国主义的策略之研究，是很重要的。

第三，买办阶级之统治——这是我一九二三至二四年的时论之总题。当时临城案、贿选案、承认苏俄问题及广州买办军反革命叛乱等现象，显然表示是买办阶级（帝国主义）稳固的统治全国，并且压迫孙中山政府之时期。反右派的斗争已经开始，尤其是在广州商团叛变时；中山北上的第一次北伐，已经提出国民会议之主张（我当时有一篇《论革命战争之北伐》，惜因《向导》不载，已经遗失，未能收入此集），——这时期已经是无产阶级争革命领袖权之胚胎。

第四，国民会议与五卅运动——这是我一九二五年的时论之总题。当时北京政变（冯玉祥倒戈），国民会议始成全国革命平民的旗帜，继之以上海小沙渡罢工，五卅屠杀后的伟大革命运动，直到反奉战争中“变军阀战争为平民推翻军阀战争”之呼号与“为国民会议而战”之要求，对抗吴佩孚之法统主张。总之，五卅而后，无产阶级争革命领袖权之斗争，已有具体的初步表现。这一期的时论，可以《国民会议与五卅运动》一文总其成。

第五，北京屠杀后国民革命之前途——这是我一九二六年的时论之总题。北京屠杀后，国民军败退之时，大致都认为是帝国主义联合战线反赤胜利之反动局面。然而五卅以来农民奋起，小资产阶级的左倾，他们不但积极起来反抗买办士绅阶级，并且渐渐脱离资产阶级之民族改良主义的领导，急切的要求反守为攻，尤其是革命战争的北伐，以直接继续反帝国主义的五卅运动。革命平民，尤其是农民已进一步而要求平民政权。同时，民族资产阶级攫取领导权，而向妥协政策方面去，因为农民及无产阶级的斗争，已经对于他们自身都发生危险了。列宁说："俄国资产阶级很恨俄皇政府，但是他是因为俄皇政府的政策会惹起革命。"（列宁引考茨基语）中国资产阶级在五卅以来真的走上这条路，他们恨帝国主义，正是恨他的惹起革命。所以如果革命平民要求北伐，是为着建立革命的平民政权，那么，资产阶级之赞成北伐，却是为着要求买办阶级之小小让步，以便结束革命，制止平民的民权主义之发展。这时无产阶级与资产阶级互争革命领袖权之斗争，已经迫近成败存亡的紧要关头。这一时期的时论，可以《北京屠杀与国民革命之前途》及《世界的及中国的赤化与反赤化之斗争》二文作为纲领。

第六，世界社会革命的问题——中国的国民革命发展于世界社会革命的时代里，我们不能不在世界无产阶级领导之下勇猛斗争；中国的无产阶级，甚至于一般的劳动平民解放的目的，都在于共产主义。所以关于共产主义国际、共产主义少年国际、赤色职工国际、世界无产阶级的政治经济斗争，俄国无产阶级之胜利与经济改造事业，以及被压迫民族的国民革命（如土耳其），我亦曾竭我的能力译述，以供国人的研究，兹汇集于此。

第七，马克思列宁主义的理论问题——理论、主义的问题，当然不能离开实践，所以我在上海大学教课的讲义，大半都没有收入此集。固然，集中很有几篇文章关涉到较深的纯理论的问题，然而大致与中国现时社会思想的阶级斗争是有关系的，如东西文化、科学玄学的争辩等。还有与革命实践密切相关的理论上的争辩，则已分别归入其他各类。思想的战线上，我们不能不对于当代"伟人"梁启超、章行严、梁漱溟、张君劢、戴季陶、胡适之、《独立青年》派，以及帝国主义御用的曾、左、李（并非满清贵族御用的曾、左、李，乃是《醒狮》的国家主义派）下无情的攻击。这不但是中国无产阶级之最高命令，不能不服从；而且是中国民族——国民革命之利益所要求的。如果说我喜欢得罪伟人，那么，我可以顺便在这里"道歉"一声，只好根据于孔夫子的圣经贤传，说声"大义灭亲"了！况且我这些文章公布已久，从不看见他们公开的直接的答复，足见已是理屈辞穷，不敢接受我的挑战。"伟人与可笑的人相差原只有一步呵。"

第八，赤化漫谈——这是我文艺杂著等的汇集。自五四运动中国宗法社会的思想崩溃以来，至今还是遗留着；好像恶疮似的，从阴处逐渐腐烂，非常之延缓迟滞，其痛苦可想而知。尤其是妇女问题、青年问题，甚至于在已经开始斗争的无产阶级之中，还保存许多宗法社会封建制度的旧观念。对于这种现象，我们要高呼“持续新文化运动时期（五四）之可宝贵的遗产”！这种可宝贵的遗产，便是无情的彻底的反抗宗法社会及一切舶来的反动妥协的文艺思想。再则，我这些杂著中也还反映些国际革命运动中工人阶级及被压迫民族之实际斗争，如二七流血，叙利亚、摩洛哥的血战，以及《革命运动年表》与《战壕断语》等。因此，我虽自知文艺稚弱，杂著庞乱，也还敝帚自珍，将他们存留在此。

《瞿秋白论文集》之出世，正当革命战争剧烈之际，中国革命大踏步的前进，中国历史的轨道正在将转弯未转弯的时期，亦许，不久便须更深一层更进一步的研究，我希望论文集很快的变成陈旧的文籍！

中国革命中之争论问题 第三国际还是第零国际？*

——中国革命中之孟雪维克主义

（1927 年 2～3 月）

领导的人怎样？——中国革命中之共产党党内问题

国际议决案说："共产党的组织，从中央至工厂支部或街市支部，必须很坚决的实行党的集体的（Collective）指导。"凡是布尔塞维克的党都应当如此的。何以国际这次特别在中国革命问题的议决案里提出来呢？难道中国共产党以前不是集体的指导？

我们已经论过：中国从辛亥以来，一直是在革命状态之中，中国革命是中国无产阶级率领农民的中国"民族"，革那官僚买办地主阶级的命，亦就是世界无产阶级领导着中国无产阶级革那世界资产阶级的命；中国革命只有无产阶级能领导到胜利的道路上去；无产阶级应当首先联合工匠、农民、兵士的小资产阶级，领着一般的城市小资产阶级，反对那妥协卖民的民族资产阶级，以此正确的策略日益组织团结更广泛的群众——这样去领袖中国的革命。而无产阶级需要共产党之领导，所以实际上领袖中国革命的应当是共产党。那么，这应当领导中国革命的人又怎样呢，他们的健康怎么样呢？

老实不客气说：他有一点儿病，亦许不止一点儿罢！

去年七月中央扩大会议便决定开放国民革命问题的讨论，最近中央政治局又通告讨论国际的议决案，说："与其由盲目的一致而弄到实际不一致，不如由意见的不一致而求得实际的一致！"因此，我将我对于党的意见，亦许是大家不能和我一致的，完完全全的说出来。我肯定的

---

* 本文在 1927 年 4 月 27 日召开的中共五大会上散发，未署名。1993 年收入《瞿秋白文集》（政治理论编）第 4 卷。本书选收第五章。

说：我们的党是有病。凡是有病的人，如果“讳疾忌医”，非死不可。而我们党的第一种病，便是讳疾忌医。如果有人说：“党内发生派别了”，那么“大家”一定说：“照列宁主义的规定，共产党是不应当有派别的，因此中国之党既名为共产党，便决不会有派别。你这小子造谣惑众，应当按照列宁主义的纪律第一千零一条，推出辕门斩首：看刀……！”是的，斩首是中国皇帝的东方文化，是中国的家常便饭。

但是我要做一个布尔塞维克，我将服从真正列宁主义的纪律，我可不怕皇帝制度（Bogdyhanism）的斩首。我敢说：中国共产党内有派别，有机会主义——中国杜洛茨基主义式的机会主义，实际上是第二国际主义之雏形。

第一节 策略问题

关于策略之错误，我已经说过许多，此地再指一指历史事实罢了。但是，我首先要说一句总话。有人以为：如果我们早知道中国只要一次革命，不要两次革命，那么，我们以前的策略就不会这样错误。这样说，仿佛我们认定第一次革命是纯粹资产阶级的，我们以前的策略是适应资产阶级革命的。我们以前的策略对于中国资产阶级革命是不错的。这句话亦不对。即使是资产阶级的民权革命，我们以前的策略亦不对。如果我们是资产阶级最左翼最急进的党，我们以前的策略亦不对。我们而且是无产阶级的党，所以以前的策略更不对。

五卅以前五四以后，是革命进展的时期，但是没有直接革命的形势；我们党的战术方针，应当是以无产阶级参加国民革命，勉力做主干，形成并巩固国民党之中心，联合农民小资产阶级，督促资产阶级，扩大联合战线，准备工农的主力军以攻击帝国主义、买办阶级的统治。但是实际上在这一时期，我们的政策处处只有本能的“自我保存”，没有进取的，只像小孩子似的和当时的左派赌气，站在旁边批评，以保持所谓“独立”而不积极领导左派，造成左派群众。只要偷些自由，不提出工人参加政权目标。难道纯粹民权主义革命中无产阶级政党的策略应当如此么？那时应当往“各阶级去”，“不是单做工会书记，而要做平民先锋”，如列宁在一九〇五年以前所说的。然而我们不肯去，恐怕堕落了，恐怕被人沾污了无产阶级的清白。或者简直放弃职工运动的工作，甚至说出“只问政治，不问面包”的话。那又变成民族资产阶级对待工人的策略。

五卅以后，中国革命之进展，已经接近直接革命的形势，不过因为中国革命的正式军队担负了一大半武装暴动的作用，形式上隐蔽了些。此时期有新的战术计划，其策略上的口号，当然是革命战争和革命政府之巩固。然而党内“大多数”的意见，以为这是革命的躁进说。正在这个时候，反对单纯左派国民党之创造，反对共产党积极赞助左派在组织上政治上发展并领导国民党。于是策略上的总原则是：唯恐新右派生气，唯恐联合战线之中没有了新右派，唯恐新右派不能参加政府及国民党之指导机关。难道民权主义的革命中，无产阶级政党的策略是应当如此么？在这种时候，尤其是三月十八日屠杀之后，竟有人提出“反对继续战争”、“团结西南”的口号，伍廷康同志也反对北伐。就是“人民团体参加北伐战争”、“以人民团体专政为目的而北伐”的口号，虽然形式上由中央通告各地，不但各地（尤其是北方区）怠工而不宣传，甚至中央也不继续有系统的执行这一口号，没有组织民众为民权而战的革命情绪。甚至于在这期间，有人说广东政府并不是唯一的革命基础。总之，是在革命将近总攻击的时候，竭力反对造成革命的中心。固然，每一发展阶段之中，革命中心往往移易其人物或地点，但是无论甚么时候，革命没有中心，是不能组织对于反革命的总攻击的。

现在，我很简略的说一说历史的事实：

（一）一九二三年夏决定加入国民党，这是进一步；但是没有根本明了自己的政策，仍旧保存“研究会”时代的小团体心理，不知道加入是为着争领导权。

（二）一九二四年一月国民党改组，共产党员加入工作，这是又进一步；但是，当年五月中央扩大会议，又决定产业工人尽可能的不加入国民党，决定不要在组织上帮助国民党发展，而只要宣传国民革命，这又是退一步。

（三）一九二四年九月广州商团变叛时，正在买办阶级进攻中山政府的当口，中央局决定要猛攻中山一派的廖仲恺、胡汉民、汪精卫等，不主张对他们稍稍让步，以集中势力攻击买办派（反对国民党设立国际联络委员会，以为是束缚共产党），这又是退一步（那时彭述之虽非中央委员，然而已经“坐”在中央了）。

（四）一九二四年十月中山第一次北伐，随后即北上时，中央反对北伐，认为是逃避陈炯明和商团之斗争，而主张“绝对抛弃军事行动”；

同时，反对北上，认为是简单的与段祺瑞妥协，这更是退一步。

（五）一九二五年一月第四次大会时，“规定”国民革命的领导权是无产阶级的，并且规定产业工人可以加入国民党——这总算是又进一步；但是，仍旧保留着国民党军力不到之地，我们不替他发展国民党之心理，而且“规定”领导权之议决案上，实际上只有防御国民党吞灭我们的消极方法，是“解释民族斗争与阶级斗争之不同”，而不是“以阶级斗争领导国民革命”；总之，实际只是竭力斗争想避免国民革命领导工人阶级而已，而并不是积极去力争领导国民革命。于是“规定”领导权，不过多添些小孩子似的虚矫自欺罢了。

（六）一九二五年五卅运动时，党得着极大的发展，在革命中的地位客观上骤然提高，领导权之斗争日益有利于无产阶级了，这是非常之大的进步；但是，同时广州廖案发生，中央反对严厉处置胡汉民和许崇智，恐怕联合战线太破裂了。固然那时同志之中幼稚的研究会主义仍旧很多，一种宗派式的誓死不调和的“气概”处处坏事；但是，地主土豪阶级破裂出联合战线已是必然之事，阶级斗争和分化日益急进起来，我们如果采温和政策是非常危险的——这是一个退步。

（七）一九二五年九月中央扩大会议时，看出党内已经因为高潮渐落，便在工人的斗争里侧重于经济斗争，而隐晦政治斗争的危险；规定努力的发展党——这是一个进步；但是，看见民族资产阶级的戴季陶主义的兴起，不指明积极反对他的职任，而消极的要“找一个与国民党联盟之好的方式”；这好的方式是甚么？是不束缚无产阶级的。并且只规定“力求我们的党公开”，使与国民党并行。而没有讲明白：我们应当怎样在国民党束缚资产阶级。

（八）一九二五年十二月上海谈判——那时戴季陶派有几个人偶然不敢出西山会议，故意不出席；就只这一件事，便使中央能和他们妥协谈判，邀他们到广州国民党大会。谈判条件如何，实在无关重要。单是共产党中央为戴季陶派优容，由我们方面“准许”他们回粤，这件事给广州左派政府一个很大的打击，而民族资产阶级最终的抓住广州军队，便有我们的“助力”在内了——这又是退一步。

（九）国民党第二次代表大会时，我们根本继续让步政策，虽左派已因发慌而暗中分裂，急进派邀请我们多担工作，而我们以因对右派让步，而拒绝左派。

（十）一九二六年三月二十日至五月十五日，此时实际上是民族资产阶级以武力推翻左派政府；左派与共产党立时反攻的形势万不可能，因此采让步政策是对的，但是，此后即认定无须准备与新右派破裂联合战线之政策，同时，又要做在野党领导群众进攻。回答这个矛盾的政策之唯一答案，便是“退出国民党”。彭述之以共产党代表的资格接受这一答复，说要“研究研究”。实际上此时正需左派稍进攻稍坚定，其唯一方法，亦为“退出国民党”之恐吓，使他们在与我们联合战线中不仅仰望我们的援手，而较积极，使他们明了共产党的让步之必要，使他们觉得此让步是我们与他们共同决定的。然而彭述之不肯决定贻误时机。

（十一）一九二六年七月中央扩大会议时，决定了“和左派结合强大的斗争联盟，以与资产阶级争国民运动的指导”，再造左派指导的国民党及国民政府。然而当时会中大多数的心理，仍是要“促进资产阶级的革命化”。自然，到了九月彭述之仍回原路说：“粤区同志绝对不可存恢复三月二十日前之状态”的心理。这就是说：不准想建立单独左派政策的国民党中央及政府。中央政策一直动摇到最近二月间——这是一大退步（北伐开始后之全国情势，无疑的是伟大的革命化；这种情势之下，资产阶级愈妥协愈反动，则无产阶级争取领导权也愈容易，而我们的政策却偏重于拉住资产阶级，而且是以让步的政策想去拉住他）。

（十二）一九二六年十一月夏超倒戈时，仍旧继续已经陈旧的地方自治口号，加以与资产阶级联盟的根本策略，于是，决定要在上海拥护大资产阶级，成立市政府，以抵制已经“是买办的”北伐军右派（此策略继续到二月暴动之前夜）。

（十三）一九二七年一月汉口特别会议时，决定了一个杂凑的政策：一方面还要造成左派，别方面又认为现在已有“非理想”的左派（伍廷康），总之，没有决定我们挺身领导。并且认为政府右倾，群众左倾，所以主张同时拉住些群众使之略略右倾，又要推动些政府，使之略略左倾。没有下攻打右派之决心。

（十四）一九二七年二月上海暴动。总之，保持与资产阶级联盟的策略，而无领导一般群众革命之决心（此时国际议决案已经讨论过，而上海区代表大会在彭述之报告此议决案后，决议说：“买办阶级亦有革命的，资产阶级亦有绝对反革命的”！就只没有说民族资产阶级是改良妥协的。因此客观上的政策结论是：凡是革命的，不论买办或资产阶级，都要联合，利用他们的冲突“自取其利”。并无怎样对付改良派的民族资产阶级之具体明确的观念。小资产阶级呢？群众呢？这是二月暴动政策错误隐伏的根源。当时我曾正式要求自己担任区代表大会之报告。但是中央秘书处（王若飞）复信讥笑我自告奋勇，说道：你“病”，不准你去了。）

（十五）一九二七年二月十二日。中央曾有一通告，说明此后政策，应当“自己勇敢的立在主体地位”去和左派合作，我们自己不可躲在背后——这是非常之大的进步，改变了汉口会议之杂凑政策了。但是可惜未曾明显的说以前原则上事实上的错误，使同志警惕而陡改前态。于是二月暴动时彭述之仍回原路要等小资产阶级（左派）罢市，甚至要等钮惕生（右派）运动好军队，有了把握之后，无产阶级才可以准备暴动；同时又不去领导左派群众，而只重在谈判。

（十六）一九二七年上海二月暴动失败后的市政府问题——共产党代表在“暗室”中与人家商量政府委员名单（应许之权执在右派手中），而不肯向群众宣传，做公开的选举运动。左派妇女群众赞助杨之华加入委员名单，左派领袖（市党部的）亦然，甚至右派领袖也不反对，而共产党代表主张可以撤销，以保存与国民党之良好关系，并且不主张做反对右派妇女委员郑毓秀加入政府之运动，亦是为了保持“良好关系”。二月暴动失败之教训，并未丝毫见效。仍旧是“对右让步抛弃左派群众”之老策略。上海市政府中有无妇女委员，虽并无十分重要；然而放任右派的不去攻击，又不以自己的去抵制，总之，对于国民党左右的态度，在策略的原则上是很坏的。女同志违背某种手续，提出自己的候选人，未曾经过区委，确有组织上的错误；而区委对外代表的错误却是政治上的。

（十七）一九二七年三月初，中央又发一通告，决定“向右进攻”，这是非常之大非常之大的进步。只是反右的宣传纲要中，缺少一层重要意思：没有指出右派之妥协（和奉联日），对于全国革命，全国民族利益，是如何危险，没有指出这种妥协并不能得到小资产阶级幻想的“保境安民”，并不能得着日本的善意让步（单是指明他们的买办出身或压迫农工或违背中山政策等等，只有左派和我们自己的人容易懂得）。然而如果这一通告，真正将要成功全党党员新的“胜利”，那便是我们党空前的大进步，因为他指明湖南区委的错误：“轻视自己，依赖左派，怕惹起右派反动”，如果全党能针对这个心理改正，那就是革命胜利的第一步保障了。

我们将这些事实一一胪列起来，自己看一看：真正要出一身冷汗！

这种“化学分析”的结果，是不是有孟塞维克的第二国际的原素在内呢！历史已经将我们放在世界上第二次的“十月”之前（虽然还不是无产阶级的十月）。但是我们不觉得自己是有何等伟大的力量！五卅以来，我们党的胜利，我们党的成绩之巨大，如果用比例法来和俄国革命进展的速度比较一比较，恐怕有过之无不及。中国从陈独秀同志的《新青年》（民国五年）之文学革命算起，到今年的上海的暴动，只有十年。这十年之中的历史阶段，都包含着俄国十九世纪三十年代（嘉腊摩晴的文学改革）到一九零五年的类似的过程：资产阶级的启蒙运动，民粹派运动，无产阶级罢工运动，工人阶级政党之组织……学生运动的分化，颓废派的发现，工贼反赤暴行的组织（俄国那时有反犹太的黑白队，中国现在已有国家主义派的圣道会宣传队）……我们的十年抵俄国七十年呢！我们党的成绩和胜利，说不尽的。但是，我想在大会上必定有人说，我不能再麻烦读者了（大概说，那些成绩是群众推着我们去得到的居多，我们自己主观上力争而得的太少）。我来说说“坏话”，虽然“不吉利”，然而良药苦口利于病呵！

我们党是有病，病的名词叫做彭述之主义，随便称呼也不要紧，他的实质是从我们实际工作和策略，零零碎碎汇合起来，不自觉的形成一个隐隐约约的系统。可以说并非彭述之一人的独创，亦许彭述之自己将要反对彭述之主义了。然而彭述之主义者还是很多；我们必须指出这彭述之主义，实在是孟塞维克主义在中国的化身，因为群众和革命如此教训我们：如果再不明白的公开的揭发出来，群众和革命要抛弃我们了。我们不能看“党”的面子，比革命还重。一切为革命的胜利！

彭述之主义的策略是什么呢？

书生式的革命观与政客式的政变观。开始是“先宣传再组织然后暴动”死公式。好像画着图样造房子似的。他们（彭述之主义派）认为不是如此纯粹“特别改良”西洋式的革命，便不算真革命，而只是“畸形混沌”的中国货。因此，看轻中国革命中之“土匪头儿的南方军阀”之作用。这又是宗派主义，小团体主义。自以为是“教师”，可以教一切人以“科学的革命方法”。于是日常工作之中，不论是在何种人之中：国民党、军队、商人、学生、工人……他们都以教师面孔对人。开会有一定公式……睡觉有一定姿势，上毛厕有一定步骤。如果人家不大懂得他们“所教的书”，他们便说：你不懂科学的革命方法，你是反革命。他们几乎要说：“广东军队中某某军官不姓杜洛茨基，所以他决不是革命军，而是土匪头儿的南方军阀。”他们觉得中国的事处处不合他们的公式。但是等到军事运动的作用超过了他们的头，他们大惊奇之后，“恍然大悟”了：原来在中国运动小军阀，很可以革命，于是专心致志想着怎样使靳云鹗、叶开鑫……倒戈，使阎锡山改变态度……而自己不做群众工作。从书生式的革命观又渗杂着政客式的兵变观。此其一。

彭述之主义的革命组织方略怎样呢？

第二节　孟塞维克的独立观

无产阶级要独立的斗争，不能受资产阶级的恶化，要有独立的政党，独立的阶级意识。这自然是马克思主义的真理。然而彭述之主义机械的了解这些真理。最初只要做劳动运动，不要国民革命；进而要做国民革命，可是不要加入国民党，进而自己可以加入国民党，而工人不要加入，南方可以加入国民党，北方不可以加入；进而产业工人不要加入；进而加入了不要做军事行动，还要教中山停止这种运动；进而自己只要独立政治主张，给别人看看我们比国民党好些，只要批评国民党，只要分辩我们不是只做国民革命，还在准备第二次革命；进而主张戴季陶有些理由，小资产阶级可以独立，我们也可以独立，两相方便最好；进而主张让国民党左派右派多做些事，我们不要引起他们共同的嫉妒，落得来做自己的事；最后进而竭力劝告忠告新右派领袖左倾些，我们自己右倾些，大家将就将就。这是一条路：从“本能的自我保存”走起，不知怎么样越走越不对，走到几乎要将革命的命运交给右派资产阶级！总之，是唯恐自己堕落在“民族陷阱”里忘了阶级，目光只注在怎样保存“阶级”，而没有注到怎样使这阶级领导得起民族。因为自己心上以为工人阶级天然是领导者。孟塞维克反对列宁之加入“临时政府”的主张时，也说恐怕工人阶级加入民权政府要恶化，要晦蔽阶级意识，不能做“清高的”在野党极左派了。

因为自己以为“无产阶级的科学的革命方法”好，所以以为自己天然是指导者，故意与人立异，你只知道军事行动，我却知道宣传组织；随后军事行动“已成事实，不便反对”，那就索性说：你会军事行动，我也会军事行动。广东国民党会做革命中心，我们北京共产党也会做中心。何苦如此呢？因为我们无产阶级是独立的呵！阶级应当和中国民族对立的呵！

如此，共产党内自己的组织纪律又怎样呢？

第三节　官僚式的纪律观与流氓式的纪律观

亦是公式！“先宣传，后组织，再暴动”，这不可移易的步骤；那么，区归区，地方归地方，农委归农委，工委归工委，妇女归妇女，小孩子归小孩子。一层层，“秩序井然”的公式放好在头脑里。这亦是不可移易的。按公式，一切服从党，党即区委，区委即书记，书记即……。按公式，某机关服从某机关，某级工会归某级党部管理，例如，如果某一工会在杭州有重要的活的作用，应加入杭州总工会，然而在组织系统上应属于江浙区委，并应加入铁总，那末，怎样办？自然是服从区委，否则“破坏组织系统”或“违背党”。按公式，讨论某种事务，应经某某手续，如果为革命策略应付起见，忽略了这一手续，那亦不问有利于革命与否，一概推翻，“推出辕门斩首”。总之，不知道活用，于是根源于书生主义而发生官僚式的纪律观。党的“命令”自然是很尊严的。但是何以常常不解释理由，而只是军事式的命令呢？因为下级人员不应当问“为什么”。这仿佛是为秘密起见。下级人员不准讨论政治问题：某种机关只准讨论某种问题，这也是公式的。于是群众同志习惯如此，便缺少建议力，甚至缺少革命意志。他自视如一兵士，要人家一拨一动的，他如何敢积极？何以如此？仿佛我可以找着一个经典：布哈林曰：“国家者阶级的也，故政治者，阶级专政也，阶级者服从党之指导者也，故阶级专政即党的专政也，党者党部指导者也，故即党部专政也，党部者由某委书记负责者也，故即书记专政也。”这亦是死公式。推演这种公式于党外群众，所以会在罢工之后颁布如此之纪律，“工人不准……不准……不准”。这仿佛是流氓团体出布告：“一切游民乞丐人等不准在此滋扰。”这种流氓式的纪律，是除为资产阶级保护神圣的私有财产外，别无他用。我们用于与资产阶级联盟的政策之下，却也有些用处！

总之，没有积极的纪律，而只有消极的纪律。没有“不准不做某事，不准不讨论，不准不提议，不准不反问上级命令的理由”；却只有“不准说，不准问，不准讨论……”。再则，只有组织手续上的纪律，而没有政治上的纪律。区委对地委责备是常有的，但是真正纪律，政治上的纪律差不多没有。区委违背中央命令，违背政治议案而对之怠工，对于这些同志，却无所谓纪律。即使无命令无通告，如果负政治责任的同志有不好的倾向，有不适当的策略，也应当指出，使同志甚至于群众知道，然而这在中国，大半为保存面子起见，不宣布不直说的。殊不知道真能保存威信，并且使党前进的，正是自我批评。“家丑不可外扬”和“不痴不聋不作阿家翁”的办法，如今行不通了，宗法社会已经崩坏了。

其次，宣传教育又怎样呢?

第四节　童子师式的宣传教育方法

我们的对内教育，大半是注入的，而不是启发的，本来“好为人师”的书生，一则喜欢打人家手心，二则喜欢充博学。所以如果有人捉他的白字，他一定要反脸的。小学生问三问四，尤其是他所讨厌的。他知道有这么一个公式：譬如说：“先宣传，后组织，再暴动”，那么“小学生们，拿这公式去读熟，快来背罢”！如果学生问他：“为什么，怎么样……那是什么，这是什么?”那么，他必定再摇头晃膀子，大背其他的公式，甚至于所答非所问。最后他说，这是列宁说的，“我即列宁，我难道会错吗?”这种教育当然不能使群众迎受下去。至于对外宣传，也是看轻群众。“群众只要简单的口号。不好一次太多了，分着几个阶段来。”这种公式，第一是不能指示前途，而只是逐段应付环境，群众反易拘泥；第二是不切事实。工人群众尤其在革命行动时，他们的问题多着呢。五卅时我看见小沙渡工人站着读墙上贴着的《商报》长篇大论的记载；他们心上要知道：“咱们的工友打伤几个，怎样打死的，如今怎样了……商人怎样办法，工会怎样办法，‘学生先生’怎样办法。英国要不要再开枪，再开枪怎样的对付，不开枪又怎样对付。”我们却说他们简单。如果我们还是这样看轻群众，我们的鼓动是收效很少的，这不是提高他们阶级意识的办法。再则，中央机关报上的政治鼓动，却也太“复杂”了。其实也不“复杂”。不过总是多“分析”、“研究”，而没有鼓动性。例如“分析”靳云鹗怎样要倒戈，怎样暂时不能倒；研究北洋军阀官僚出身是山东、直隶、安徽人居多，而南方军人、政学系、联省自治派之地主土豪代表，都是湖南人居多，革命党人都是广东人居多等。总之，偏重于多闻多见学博才高之表现居多，而鼓动群众，激刺群众太少！或是忠告右派的口气太多，而激刺一般右派群众的太少。至于理论宣传，简直不必谈起。除译书外，主观上没有真正分析中国实际状况而宣传主义的意志；根本上不愿意适合一般文化程度，而自己用真正中国文来宣传主义于一般能读些书的群众之中。为什么？因为“我即列宁，我即主义，我已经懂了，放在肚子里，逐段的抽出来，按公式教导党部下级人员及群众，以至于孙中山，如此这般，革命自然成功。至于他们那些人，没有功夫来懂得全部理论和主义。”至于工人群众中宣传主义，简直大家默认是不可能的，因为他们智识很浅；再则，工人只要实际行动中生出阶级觉悟来好了！

《湖南农民革命》序*

(1927 年 4 月 11 日)

“匪徒，惰农，痞子……”这些都是反动的绅士谩骂农民协会的称号。但是真正能解放中国的却正是这些“匪徒……”。湖南的乡村里许多土豪、劣绅、讼棍等类的封建政权，都被这些“匪徒”打得落花流水。真正是这些“匪徒”现在在那里创造平民的民权政治，正是全国的“匪徒”才能真正为民族利益而奋斗而彻底反对帝国主义。有“人”说他们是过分了。但是这是不是人话呢？至少都是反革命派的话。中国所谓“成则为王，败则为寇”，谁是寇呢？都是失业贫困而暴动的农民。谁是王呢？都是利用暴动农民而得胜的“土匪头儿”。中国的真正老牌国货，便是土匪和官僚。土匪是革命党，官僚便是地主、土豪的代表。当然，这些官僚士大夫原本是土匪头儿的奴才。土匪头儿没有得志的时候，总是和失业破产的平民称兄道弟，等到他得志了，他便雇用收买许多士大夫、官僚来压迫平民，他便成了地主阶级的代表。如今的世界可大不相同了。西洋外国的世界革命起来了，是把俄国的“土豪头儿”、“巨腹贾”的代表——所谓“察尔”(Tsar)也者，和大资本家，一箍脑儿推翻了。这是谁做成功的事？是工人，所谓无产阶级率领的革命呵!，中国的无产阶级也就起来，他在城市中的斗争足以率领三万万九千万的中国农民。中国农民从今以后渐渐的要脱离土匪头儿的利用，他们现在有了新的领袖——工人，这个新的领袖的利益是和他们相同的，是能率领他们革命到底的，不像土匪头儿似的，事成了自己便去做皇帝。请看

* 毛泽东的《湖南农民运动考察报告》一文，曾在中共中央机关报《向导》周报上刊载前半部分，未能刊完。瞿秋白将全文交中共中央在武汉办的长江书局，以《湖南农民革命》为书名出版，并为该书写序，署名瞿秋白。1993 年收入《瞿秋白文集》(政治理论编)第 4 卷。

湖南的农民已经事实上能力争自己的政权。他们打倒军阀、省长、知县大老爷、都团团总、土豪劣绅的政治机关。他们打倒玉皇大帝、元始天尊、天下都城隍、城隍老爷、土地公、五圣神、大狐仙的神权。他们打倒宗祠、族长、宗长、房长们、叔、舅、爷的族权。她们打倒父夫舅姑的男权。他们自己的力量解脱自己的桎梏，要将压迫者剥削者，个个正典刑。这些龌龊万分的东西，都要他们自己起来，才能扫除。难道这些做过分么？当然，湖南农民的解放是得着国民革命军的帮助。但是战场拼命的国民革命军的兵士是谁？也都是贫困的农民呵！

农民打倒官权、神权、族权、男权是为着什么？是为着创造自己的民权。他们农民协会的民众参加县政，主持乡民会议的运动。民众已经开始自己管理自己的事，甚至打官司，交钱粮，减租，阻谷，办学堂，兴水利……都要自己来管。他们自己来管便怎样？要的是自己经营自己的生活。农民的生活便是土地。农民没有土地，便是如鱼失水。农民要一个国家，他们对于自己的国家，当然愿意纳税。但是，第一，他们必须自己来创造这个国家。第二，他们的国家不许有土豪劣绅私有田地。他们只知道自己耕田所得，分出一部分给自己的国家，其他一概不能管。他们耕田纳税之外，难道还能承认地主劣绅的“不平等条约”。“率土之滨，莫非农土”！中国境内，不要有一个农民纳什么地主的租；农民只能租国家的田，不能承认“不自耕作坐收田租”的人。这就叫做土地国有。农民自己耕三亩田，享用三亩，耕五亩享用五亩，这些田地是只属于国家所有，但是耕种的人自耕自享，不能承认地主。这就叫做耕地农有！

中国农民要的是政权，是土地。因为他们要这些应得的东西，便说他们是“匪徒”。这种话是什么人说的话！这不但必定是反革命，甚至于不是人！

农民要这些政权和土地，他们是要动手，一动手自然便要侵犯神圣的绅士先生和私有财产。他们实在“无分可过”。他们要不过分，便只有死，只有受剥削！

中国农民都要动手了，湖南不过是开始罢了。

中国革命家都要代表三万万九千万农民说话做事，到战线去奋斗，毛泽东不过开始罢了。中国的革命者个个都应当读一读毛泽东这本书，和读彭湃的《海丰农民运动》一样。

瞿秋白

一九二七·四·十一夜二时

在“八七”会议上的报告*

（1927 年 8 月 7 日）

在未报告之先我要说两点：一，在中国革命中中国资产阶级是否与封建阶级斗争？我们要知道此是一重要问题。蒋介石等拿着政权不仅得帝国主义帮助，还得封建阶级的帮助。可见中国资产阶级是与封建阶级无大冲突的。说明了此点可以去掉以为中国革命分两阶段的幻想。此幻想可以容许我们党外合作，实则此幻想是错误的。中国资产阶级一点民权性也没有，现在只有我们包办国民党或国民党消灭两条路。二，革命的指导机关犯了绅士的毛病，我们的党缺乏平民的精神。

现在事实已经证明国民党已与我们分裂了，我们再不能以退让手段来争得民权，是要以革命方法来争得民权的。有一次政治局会议中曾有同国民党提出条件退出国民党的倾向。过去当我们能包办国民党的时候中央又不允许我们包办，现在想包办又不可能了。过去我们觉得只要利用某打某便可以得到一点民权，这种方法过去也是有效的，但现在已经不适宜了。七月十三日我党的宣言是党的新政策之开始。中央政治局与国民党反脸的宣言的内容是很坚决的。汪之反脸，其主因不是罗易给电报他看。罗易给电报与汪看自然是错误的，给了汪以反脸的口实。在汪接到冯不反蒋的电报时非常震怒，于是他更加力宣传反蒋，唐等于是以反共挟之。在最后一次联席会议上，汪表示被人强奸，并表示不能在武汉立足。恰好，此时得到了罗易给他的电报，得到了新的出路，于是将此电报来作为他反脸投降唐等的工具，于是公然主张反共。此后，汪的主要敌人便是张发奎部下的共产分子了。张此时亦有点动摇，曾有叶暂

* 本文原载《瞿秋白文集》（政治理论编）第 5 卷。原题注称：1927 年 8 月 7 日，中共中央在汉口召开紧急会议，瞿秋白代表临时中央政治局常委作报告。本文选自《“八七”中央紧急会议记录》，编者订正个别文字，并加标题。

时退出 CP 的要求。我们党内当时也有人有此感觉，但结果并未成为事实。同时，孙、邓宣言之发出，所以我们党的宣言比较坚决。这次南昌的行动，至少是有意识地走到新的方针。七月十五日以前，我们参加政府还有由上面来帮助发展下层工作的条件，现已全国反动，现在主要的是要从土地革命中造出新的力量来，我们的军队则完全是帮助土地革命。叶贺发动之后，张非常慌张和震怒，于是马上带了几百卫队坐火车去阻挡自己的部队，他自以为是为党工作，所有的旧部仍应归其指挥，结果自己身边的一支枪都被缴去，这也许是客气了一点。张第二次的讨伐命令是非常软弱的，是相机发展，由此可知，张已无进攻之能力。朱培德的力量亦很薄弱，两师皆不能作战。今日报载我们已离开南昌，据我推测这一定是前方胜利了。从前中央曾有一命令去前委，大概他们已照此命令进行。现在我们主要的敌军是三十五、三十六两军，但唐决不肯用此力量来为张出力，而要用来夺取江苏的。第三派势力在此次事变前已有酝酿，由白崇禧、李宗仁担保南京和平，朱培德担保武汉，以汪为领袖，并由白、李要蒋下野。第三派与唐有冲突，但现不会马上暴露，因尚要共同反共产军。

将来的局面与以前不同，以前有大的领袖，如奉张、宁蒋、吴佩孚等，以后则分为许多小军阀，进到很紊乱的时期。这证明封建阶级之倒台，资产阶级之软弱。这一堆反革命的冲突非常厉害的，这是革命前途之一优点，因为他们内部极不稳定。

土地革命已进到最高点，要以我们的军队来发展土地革命，叶挺已如此，在相当时期，北方之张兆丰也应如此，这是一定有胜利的机会的。

农民要求暴动，各地还有许多的武装，有这极好的机会，这极多的力量，我们必须要燃着这爆发的火线，造成土地革命。

在此种情形之下，我们的策略是独立的工农阶级斗争。老实不客气的，我们要包办国民党和国民革命：一，在此时我们更要注意与资产阶级争领导权，他们戴了一个民权的假面具，汪便是此派之代表，所以我们目前最主要的敌人是汪。列宁过去也非常注意打击这种人，这是我们目前最主要的策略，我们要宣布他们是假的国民党。二，我们要纠正过去错误，要注意群众，要由下而上，谁赞成我们，就是左派。三，现在的目的，并不是与政府绝缘，我们对政府有三个阶段：1. 不参加政府；2. 参加政府，但发生许多错误，失掉了参加政府的作用；3. 在革命暴动中组织临时的革命政府，此政府仍用国民党的名义，但我们要占多数，成为工农民权独裁的政权，乡村中要农会政权。我们要坚决地干，我们要告诉群众，武汉、南京、北京政府都是反革命的。打倒汪精卫是不容易的，我们必须努力做，这是我们的主要方针。

因各种要求，常委及国际代表起草了三种决议，提出今天讨论。除此之外，还有几个问题：一，如何做国民党工作，团结国民党左派，我们已发表了一个告国民党同志书，此书应为左派政纲；二，军队中及兵士中工作，现在也很重要，我已与一飞商议要作此工作，临时政治局应注意此工作；三，对国民党左派的政纲要追认。

国民党死灭后中国革命的新道路*

（1927 年 10 月 24 日）

（一）高等华人的尊称

辛亥革命失败以后，国民党已经日益崩溃。直到中国的“下等人”奋起斗争，——一九二〇年后各地的工人运动，一九二二年香港海员大罢工的胜利，一九二二年到二三年间北方铁路工人的大斗争……中国革命潮流方才又高涨起来，中国共产党成立，提出打倒帝国主义和军阀的口号，宣布废除不平等条约等的政纲。当时国民革命的联合战线，在无产阶级率领之下，逐渐巩固起来。于是中国共产党决定加入国民党。国民党的改组和采反帝国主义和军阀等的政纲，一开始便显然应当是使国民党成为“下等人”的革命党，因为只有这些“下等人”——中国的工农民众，是真能推翻帝国主义的革命主力。但是，当时国民党的“高等华人”，如张继等，便不赞成打倒帝国主义。中国的高等华人是谁呢？就是帝国主义夸奖的时髦些的，洋式些的土豪绅士——中国的资产阶级。

中国资产阶级那时也想利用民众，反对一下帝国主义，因为他的利益本来至今还是和外国资产阶级相冲突的。那么，何以外国帝国主义者赐以“高等华人”的尊称呢？因为他虽反对帝国主义，但是他只反对帝国主义和北洋军阀的统治激起民众革命，他自己不但不敢革命，而且极怕民众革命，因此，他总是主张和帝国主义和平磋商，修改不平等条约，谈判关税自主等等………帝国主义因为他如此和顺恭敬，所以当

* 原载 1927 年 10 月 24 日《布尔塞维克》第 1 期，署名秋白。

"下等"民众剧烈的反帝国主义运动发展的时候，对于他便抚摸一下，假意应允些恩惠（如一九二九年实行关税自主等等），使他壮着胆来压迫本国民众的"过激"运动。等到"过激"运动压下去之后，帝国主义者便又可以安然大施其侵略，向中国进攻了。国民党的老右派一开始便反对"下等人"参加国民党，反对国民党成为"下等"民众的党，这就是他们要讨好于帝国主义。这种高等华人霸占国民党的运动（所谓反共清党的运动），与国民革命高潮成正比例的同时发展：五卅运动大大发展之后，戴季陶主义立刻出现，西山会议也开起来了，蒋介石的三月二十政变也爆发了；一月三日工农夺回汉口、九江英租界的时候，蒋介石阴谋霸占国民政府的把戏也玩出来了，不久，江西、安徽的工农团体被摧残，不久，沪宁（四月十二日）的大屠杀也开始了。中国资产阶级到此遂决然破坏国民革命联合战线自己公开的实行反革命。帝国主义者于是大大的安慰。最近连武汉的政府也反共清党之后，他们更可以高枕而卧。汉宁妥协后，真正老牌的国民党（西山派）钻出头来，高等华人算是完完全全霸住了国民党。于是帝国主义的保镖更靠得住了！

五卅及省港罢工的民众直接行动，使帝国主义者不得不开关税会议、法权会议；一三汉口工人群众反抗英国水兵登陆放枪，而直接夺回英租界……中国国际地位在工农群众运动大规模爆发的时候，在国民党中"下等人"——共产党占着优势的时候，是如何的空前的进展，帝国主义的炮舰、军队都不敢怎么样。现在呢，国民党及其政府清党反共压迫群众运动之后：关税自主不能实现，外厂的烟税收不到，帝国主义比以前强硬了好几倍；最近两月九江、汉口日本水兵枪杀中国人民兵士，不算什么事，武汉政府还要下令"和平了结"；最近几天上海英国水兵又因英美烟厂罢工在浦东登陆，南京政府只敢空言抗议，同时赶紧禁止群众"盲动"。英国帝国主义所以敢提及将汉口英租界夺回去的问题（要求汉口特三区警察独立，中国驻军撤退等等）。为什么如此？因为国民党已经只是驯服的高等华人的党，国民党的政府，已经是高等华人，和平谈判主义的政府：这种党和政府替帝国主义保镖，不准民众自由行动直接斗争。

国民党要清党反共，就是要排斥一切工农共产党员，将国民党变成纯粹豪绅资产阶级的反动党。帝国主义因此加他以高等华人的尊号。然而国民党及其政府从此便实际上抛弃反帝国主义——民族主义，国民党便不得不死灭，此其一。

（二）“有土皆豪，无绅不劣”！

中国资产阶级何以到此时必然的走入反革命？因为虽然中国民族资产阶级经济上和帝国主义冲突，然而他根本上与中国工农大多数民众的利益相矛盾：如果革命在群众运动的轨道上发展出去，势必致于急转直下的进入土地革命的阶段——最彻底的扫除封建式剥削制度的革命；然而中国资产阶级虽比土头土脑的乡下豪绅时髦些，洋式些，实则他的出身都是士大夫绅士的封建阶级，他——中国资本家大半靠剥削农民的利益发财，或者自己兼做地主（工业程度幼稚，有钱的人总是买田买地去剥削佃农比较容易些）；中国资产阶级和封建式的豪绅地主阶级向系非常之密切，就是工厂主、商店老板剥削工人手工业者的方式，也还大半是封建式的奴属关系，——中国资产阶级不成其为一种反封建的力量，而是维持封建制度的力量。所以彻底的资产阶级性民权主义革命——土地革命，中国资产阶级是必定反对的。

如今——去年年底，事实上中国革命已经走到了土地革命的阶段，尤其是广东、两湖的农民高呼起“有土皆豪，无绅不劣”。国民党答应农民“耕者有其田”，两湖的农民便要实行耕者有其田了。然而国民党立刻翻过脸来说：农民运动都是土匪流氓，侵犯“革命军人”的家属财产田地；他们说，所谓耕者有其田是要用“法律、政治力量”来实行，慢慢的实行渐渐的实行，如何可以从下层群众乱七八糟的分配土地没收土地；他们说，民生主义和共产主义的方法不同，民生主义不用阶级斗争的方法，所以，“有土皆豪，无绅不劣”是共产主义挑拨阶级斗争的宣传！国民党立刻翻过脸来如此说了，这就是国民党领袖代表高等华人——豪绅资产阶级向工农实行阶级斗争。什么是劣绅之劣的意义！难道正绅就不剥削农民，就不是坐收田租的特殊阶级？如果国民党的民生主义是保护这些正绅的，那么，这种主义便是资产阶级出卖革命欺骗民众的鬼话！

果真不错，农民群众已经起来要求土地，实行耕者有其田，要使不耕田的人不能坐享农民的血汗，要使劳动的自己耕作的人，能享用自己的收获，这就是彻底的封建式的剥削一概推翻，不但使中国地主阶级歼灭，并且使中国资产阶级再不能垄断原料高利盘剥农民；自然，农民反对豪绅的阶级斗争发展起来，尤其是在两湖。土地革命是开始了！果真不错，以前说鬼话（说什么耕者有其田，民生主义，平均地权）的国民党原形毕露了。原来国民党的所谓三民主义的革命方法，不用阶级斗争，只用政治法律的和平手段——也是胡说八道。国民党事实上的“革命”方法，绝不是用政治法律帮助工农民众，而是勾结许多新式军阀，日渐至于完全听命于这些军阀，他的力量便只是蒋介石、李济深、唐生智、冯玉祥、阎锡山、李宗仁、白崇禧等等，这些革命军人，在前面当着军长、师长、总司令、总指挥，在家乡如何不是大绅士，如何不是剥削农民的特殊阶级？农民反对这些“正绅”、“革命军人家属”，要他们拿出财产田地来，——亦可以说正是替国民党实行民生主义。而这些国民党军阀便立刻大大屠杀农民！李济深在广东，唐生智在湖南，前后相继的大杀起来。请问李济深、唐生智等都是所谓纯国民党忠实同志，这种成千成万的屠杀农民，究竟是什么民生主义？国民党的忠实同志原来是这种豪绅的代表。国民党如何能不死灭，此其二。

（三）第二政府

国民党的领袖，既然都是豪绅资产阶级的代表，既然遇见土地革命的发展便立刻公开的反动，那么，可见他们的政权只会是豪绅资产阶级的政权。如果国民党真有百分之一的忠实于他们自己的三民主义，那么，当革命发展到民众广大的起来斗争的时候，国民党便应当立即将政权交给民众——实行民权主义。事实却恰恰相反。

北伐军到上海的时候，上海工人群众起来武装暴动，以二百余杆枪缴北军及警察的二千余杆枪，他们在如此英勇的斗争中间，创造市民代表会议的政府。如果国民党真是民权主义的党，那么，他应当承认这种上海市民代表会议的政府，是真正国民党的政府，真正革命的政府，真正民众的民权的政府。但是国民党的领袖，如吴稚晖等，便大叫起共产党和工人反对国民党，不要国民党的政府而另立市民代表会议的政府。是的，不错！你国民党既然自己承认是立于群众之外的怪物，是反对民权主义，是反对民众有政权的，那么，工人民众自然反对你，反对你们豪绅资产阶级的走狗，自然要在你国民党的所谓党政府之外，创造出民众的第二政府来。蒋介石始终屠杀工人，解散工人民众举出来的上海市政府，以铁一般的事实和行动，来证实所谓纯国民党的忠实同志——这种国民党是公开的反民权主义的党。上海、东南、广东的民众政权，在四月便如此被反民权的国民党所摧灭了。

那时武汉的国民党中央和政府，固然是和蒋介石等破裂了。但是，那时武汉的政府之中，虽有共产党员谭平山、苏兆征参加，然而亦有极大的豪绅资产阶级的成分在内。武汉政府当时大半还建筑在军队的基础上，唐生智、谭延闿、程潜等的权力，就算是政府。自然这种政府必须转变成工农小资产阶级群众的政权，然后方能真正做革命的中心，做扑灭当时东南反动的主力。那时武汉、两湖的工会、农民协会，正在形成政权的机关，正是扑灭肃清土豪乡绅、奸商买办、贪官污吏、军阀等的主要力量。只有他们努力在镇压反革命派及蒋介石的奸细。如果国民党真正是革命的民众的党，也便应当将政权移转到这些民众团体。然而事实上不但政府、军队及政治、法律的权力，不努力于镇压反革命派，反而十二道金牌似的速速颁布许多训令、命令、条例，限制民众团体的革命行动，保护“正绅”、“工商业者”。于是武汉政府也逐渐变成纯粹豪绅资产阶级的政府。武汉境域内，民权早就被摧残净尽，不待武汉国民党中央七月十五的排共会议！

帝国主义者在香港罢工的时候，就说罢工委员会是国民政府之外的第二政府。武汉政府和蒋介石奋斗的时候，帝国主义又说：武汉国民政府之外，还有总工会、农民协会的第二政府。于是武汉领袖也就异口同声的说：总工会纠察队非法捕人，农民协会自由杀人，政府之外又有政府，这是共产党的阴谋。是的不错！你国民党既然自己承认政府应当保护豪绅资产阶级的利益，才算是国民党的政府，既然不肯和民众联合起来，肃清武汉境内反革命的权力，使这所谓第二政府成为唯一的政府，那么，这就等于承认国民党的政府一定应当是反革命的政府，那么，工农民众的第二政府，自然要反对你这国民党的政府！

如此，国民党从东南到武汉，都一致变成反对民众、保护豪绅的反民权主义的了。国民党如何还没有死灭，此其三。

（四）所谓工商业者

国民党自从改组之后复活起来，经过两年伟大的革命的群众运动的发展，共产党员及大多数工农分子的加入，他应当可以变成工农小资产阶级的革命联盟。这一转变，到蒋介石反动——资产阶级公然转入反革命营垒之后，尤其是愈需而可能的了。但是，这一过程是失败了。当小资产阶级领袖，如汪精卫等，看见革命进到土地革命的阶段，资产阶级的蒋介石残酷的屠杀工人之后，他们也更加动摇畏葸起来。工人的阶级斗争固然使资产阶级宁可屈服于帝国主义而反革命；手工工人的阶级斗争也使店东小资产阶级惊惧惶恐而投降资产阶级，宁可受奸商买办的剥削，而凭藉他们的力量来镇压软化劳动者的斗争。何况这种市侩的店东小资产阶级，一方面和地主豪绅的剥削有密切关系（他们大半自己是地主——是坐收田租盘剥重利的），土地革命使他们宁愿革命失败永世做帝国主义的奴才，不愿牺牲剥削农民的特权；别方面受着帝国主义及上海大资产阶级的经济封锁，只想求目前的妥协，而甘愿投入反革命的豪绅资产阶级的怀抱里去。代表这种市侩小资产阶级的国民党“左派”，衷心是反对和资产阶级分裂，而想抑制停止革命的前进，以求帝国主义、资产阶级的宽恕与恩惠。

于是聪明的汪精卫便想出一种理论来说：不好说工农小资产阶级的革命联盟，而应当说工农工商业者的联盟，“革命要顾到工商业者的利益”。实际上他便在豪绅资产阶级领导之下，进行“革命”只顾到工商业者的利益，更进一步而完全当豪绅资产阶级（唐生智等）的走狗，而大大屠杀工农了。店员总工会要解散，纠察队和劳动童子团要解散……

这些小资产阶级的领袖幻想着，我们如此恭顺从命的替你们镇压工农运动，你们豪绅资产阶级总可以容纳我们当个“领袖”罢，——于是“中国大多数是小资产阶级，小资产阶级应当有革命的领导权”等类半吞半吐的怪理论也发现了。其实这种小资产阶级的领袖，当着豪绅资产阶级反动的走狗，他还自己扬扬得意的自以为是革命的领导者呢！

武汉在汪精卫这种无耻的理论之下反动之后，——豪绅资产阶级已经利用他的达到反动胜利的目的，汪精卫这种走狗已经没有多大用处。所以蒋介石下野，正当汪精卫等兴高采烈高谈国民党党权伸张、蒋介石屈服于党的纪律的时候，真正老牌的国民党（西山派），陡然间抬头起来，组织了中央特别委员会，汪精卫等到上海饱尝闭门羹的滋味，好像失节的媳妇回婆家，始终只算得一只悔过自新的“共产狗”。这就算是“小资产阶级阶级的领导权”罢？哈！

其他小资产阶级的领袖，或者乱七八糟的冒牌左派，在这反动胜利的期间，自然也都逃出革命战线。于右任，经亨颐，国民党江西、湖南、湖北等省、市党部中的所谓左派，也接二连三的登报声明自己与南昌暴动八一革命无关，做些文章来反对共产。甚至于中国共产党里的小资产阶级的分子，如施存统等，也都赶紧声明脱离共产党，反对共产党。这些小资产阶级半绅士的分子或者梦想，离共产党而独立组织什么真正三民主义的国民党，同时反对赤化与腐化的国民党。事实上汪精卫便是一例，既然没有无产阶级领导的中国小资产阶级，实在除当豪绅资产阶级走狗而外，决无什么革命的力量。所以虽然共产党两发宣言，号召国民党的革命同志，来赞助民众的暴动，竖起真正革命的国民党的旗帜起来；然而这种革命同志竟找不出来！国民党已经被豪绅资产阶级的反动所毁灭，国民党在民众眼中，只是屠杀工农的刽子手了！革命的国民党已经死灭，所剩的只有"真正老牌"的国民党——反民族反民权反民生的三反主义的国民党。

（五）下等人的真革命

三反主义的真正老牌国民党，就是高等华人豪绅军阀资产阶级的反动党，中国革命受他们的摧残而挫折了。国民党是死灭得干干净净的了！但是，中国革命，经过南昌八一暴动，两湖、广东最近的农工暴动，而开辟出一条新的道路，革命进展到更高的形式；真正民众的革命——下等人的真革命。中国革命的新道路，便是无产阶级领导之下的工农革命。中国现在唯一的革命党，便是无产阶级的政党——共产党，他应当是革命的唯一领导者；共产党的势力已经深入到极偏僻的乡村之中，例如农民运动发展最迟的江苏各县，都有许多民众接受土地革命的口号了。革命的新阶段正在于彻底的实行土地革命，下层农民群众和兵士的武装暴动，杀尽土豪劣绅，自动手的实行耕者有其田——谁能耕几亩田就分配几亩给他耕种；不耕田而坐受田租的地主，都不准有田。工人及手工业者努力实行对于中外资本家的猛烈的阶级斗争，联合一般城市贫民，反对一切税捐，一直到武装暴动。工农贫民的武装暴动，——民众的革命战争推翻新旧军阀国民党的政权，建立工农贫民兵士代表会议的政府——苏维埃的政府。这首先便是摧毁中国封建式的（国民党党治以及豪绅军阀政权的）整个的国家机关，铲除一切封建式的剥削制度，尤其是土地制度，彻底完成资产阶级的民权主义的革命。只有中国苏维埃的工农政府能够实行土地国有，没收中外银行、企业，取消一切不平等条约及内外公债，收回租界、海关税务，实行八小时工作制及彻底的劳动保护法。……只有这样，才能真正解放全中国于帝国主义之下，亦就是解放一般小资产阶级的群众于军阀统治之下。这才是真正打倒帝国主义和军阀；而且直接便进于社会主义的道路。

这种革命的胜利，必须要广大的民众自己起来武装暴动，联合兵士贫民（或所谓土匪）的群众，创造真正革命的工农军，然后才能够达到。国民党理论上的什么用政治、法律的和平方法，事实上便是压迫民众；国民党军事上的勾结军阀、土匪首领，专赖与民众脱离的武力打打张作霖，实际上便是养成新军阀，以至新新军阀，生生不已的军阀。革命的方法第一个主要原则，便是发动群众，使群众自动手直接的斗争，组织——以至于建设。

这种革命的基础，解放中国运动的基础（就算是实行三民主义的基础罢），必须是在工农的阶级斗争。中国之中，如果像戴季陶、顾孟馀等国民党领袖所说：没有阶级而只有职业，那便早已没有国民革命了。最近五六个月之间，正是阶级斗争急剧到公开的战争的期间。如果没有阶级斗争，为什么你们这些革命叛徒帮着豪绅资产阶级杀工农?！国民党说不要阶级斗争，而要阶级妥协，劳资调节，那事实上便是假造许多工会（工统会，工会改组会），帮着资本家欺骗、压迫工人，或者找些豪绅奸徒霸占农民协会天天说减租骗农民。革命的方法第二个主要原则，便是尽量实行工农的阶级斗争。中国的士绅阶级应当完全推翻，要极大多数的平民——“下等人”的工农贫民拿到政权。

总之，中国革命的新道路，便是崭然明显的两个营垒的斗争：一方面是豪绅资产阶级（帝国主义）的反动，别方面是工农贫民兵士（国际无产阶级）的革命。工农贫民兵士的武装暴动之胜利，将要在群众的阶级斗争之中发展扩大起来，一直到推翻新旧军阀（豪绅资产阶级）以至于帝国主义的统治，而建立中国苏维埃的政权。

中国革命是什么样的革命？*

（1927 年 11 月 16 日）

（一）革命是低落吗？

中国革命经过了三次失败：一、四月十二日蒋介石的反动，二、七月间汪精卫的反动，三、十月初叶贺南征广东的失败。但是，中国革命是否因此而完全失败，完全消沉泥？固然，中国国民革命战线之中，资产阶级几次陆续的退出革命战线而走入反革命的营垒，豪绅地主阶级的反革命势力扩大起来，小资产阶级的上层由动摇犹豫而终归走入反革命，去当豪绅资产阶级的走狗。因此，整个儿的国民党，从革命的各阶级联盟变成反革命的官僚、政客、军阀、工贼、土豪乡绅的党，所谓清党反共，便是从这革命联盟之中将最革命的力量排除出去，将工农阶级摈弃，所剩的只是一切种种的反革命势力，自然，国民党变成完全反革命的政党。固然，如今是这个反革命党攫取了政权和北方旧军阀分治中国，他们共同一致的屠杀工农，摧抑革命，但是革命潮流始终并不是低落的，而是高涨的。何以呢？革命潮流的低落与消沉，在现时的中国必须有三个条件：一、反革命的统治能相当解决中国社会关系中的严重问题（如土地问题、劳资问题等）；二、反革命的统治能够逐渐稳定；三、革命的群众溃散而消沉。如今事实上中国绝对没有这些条件。再则帝国主义虽然利用国民党的反动而逐步进击中国，但是他自身并不能在世界范围之内战胜社会主义的革命，——苏联的国家日益巩固，而且他的社会主义的建设日益发达。帝国主义自相冲突没有能力协助中国反革命的

* 本文原载 1927 年 11 月 21 日《布尔塞维克》第 5 期，署名秋白。

势力稳定他的统治。

如今反革命的统治绝对不能解决中国的社会问题与民族解放的问题：土地问题上，减租百分之二十五及减低债息至百分之二十，算是国民党的改良政策，实际上丝毫不能实现，——豪绅地主正在当权，他们根本不许农民少缴一粒米，少缴一个利钱，他们遇见减租运动便动手屠杀农民，至少，他们也要退佃，使佃户根本失业，他们遇见减息运动，至少也要拒绝放债，使贫民根本没有法子度日。劳动问题上，就是极端改良主义的劳动法也不能实现，工人的工作时间正在延长，工资正在减少，生活程度日益低落，全国的财政金融大紊乱，全国极大多数的工农贫民的革命需要只有更加剧烈起来，阶级斗争已经走到最剧烈的程度，成为公开的武装的斗争。民族解放问题上，关税不能自主，租界不能收回，外国资本的竞争不能遏止。——这都是显然的事实。

如今北方从直隶、山东起一直到南方的广东、广西止，不论是国民党也好，非国民党也好，是蒋介石派也好，非蒋介石派也好，都在军阀的纠纷冲突混战之中。每省都有若干派别互相争夺，互相战争。豪绅资产阶级的内部纷争，而不能稳定自己的统治，——也是显然的事实。

再则，七月间武汉反动之后：武汉的总罢工立刻便起来，九、十月间鄂南、湘东农民暴动，广东各县的农民暴动，山东、直隶、河南、陕西、安徽，无处没有农民暴动；最近，叶贺失败之后，广州工人还是直接起来奋斗，十一月初江苏的农民也暴动起来。暴动的民众一动手便是杀戮豪绅没收土地，他们彻底的感觉到非自己拿着政权不能改善自己生活状况的一丝一毫，非举起武器来不能取得政权！斗争形式的剧烈到了极点，并不因为受着屡次的大损伤而消沉。这更是很明显的事实。

可见国民党虽然偷取政权而背叛革命，但是他并不能消灭革命。革命仍旧陆续的爆发，革命仍旧继续着。最近半年以来革命虽然受历次的打击，而已是很严重的打击，然而革命的发展仍旧是继续着。事实已经表示得很明白：中国革命是高涨而不是低落，中国革命的高涨而且是无间断的性质，——各地农民暴动的继续爆发以及城市工人中斗争的日益剧烈，显然有汇合而成总暴动的趋势。

（二）国民革命完了吗？

国民党偷取政权而变成反革命的政党，中国工农民众的革命潮流立刻便向着推翻国民党政权的道路。这是不是说：中国的国民革命完结了，从此开始了第二次的纯粹社会主义的革命呢？不是的。国民党是背叛革命，并未完成国民革命，而且还是取消国民革命已得的胜利，帮助着统治势力的复辟。“第一次”革命并没有完成而是中断，根本上无所谓“第二次”的革命。国民革命的任务，至少应当是统一中国，解放中国于帝国主义之下，推翻封建式的剥削。如今事实上国民党背叛革命之后，立刻投降帝国主义，不但一条不平等条约也没有废除，反而将工人所夺回来汉口、九江租界都要交还英国；他们立刻造成千百军阀分裂宰割中国的局面，军阀的大混战的局面，中国不但没有统一，而且比以前更加混乱，财政交通不但没有统一整顿，而且比以前更加紊乱，——绝对没有发展自国工业的可能；资本家、地主对于工农的剥削更是日益加重，生产状况显然退化，尤其因为豪绅资本家的榨取利钱不能在发展工业方面去图谋，于是他们都只在竭力加重对于土地的剥削，买田买地，加租加税，——半封建式的土地关系不但不能废除，反而更加厉害。中国革命中民族解放及民权主义的任务，丝毫都没有解决，没有实现。因此，可以断然的说：中国的国民革命并没有完。中国的国民革命的任务，并且必须工人阶级负起全副的责任，联合最彻底的民权革命的伟大力量——中国的农民，来实行。中国的资产阶级根本是懦弱妥协的，他一遇着民众的革命高潮，立刻便转入反革命的营垒。固然，他们想着，以为可以用改良的方法，稍稍和缓工农的革命情绪，稍稍哀求帝国主义放松些侵略政策，这样可以避免工农的社会革命，同时还可以给中国资本主义发展起来。但这始终是幻想。中国资产阶级自己本身非常之薄弱，他们对于工人的待遇根本不能实行丝毫的改良，更不能劝豪绅地主改良土地关系，帝国主义也无论如何不能放松侵略政策。而且中国资产阶级，因为工业的不发展，自己大半和土地的剥削相关联，自己大半就剥削农民的重利资本，自身大半要倚靠帝国主义的经济势力。所以中国资产阶级根本不能完成国民革命的民族解放与民权主义的任务。只有工人阶级能勇猛的彻底的推翻中国的旧社会关系，彻底的领导农民消灭地主阶级，彻底的反对帝国主义。

所以中国革命虽然现在已经是要革国民党的命，已经是工农的革命，然而他的任务仍旧首先便是国民革命——土地革命。彻底的土地革命，本来是民权主义的性质；只有彻底的革命——铲除中国的半封建的土地关系。铲除帝国主义剥削中国几万万农民的一切种种走狗的革命，才是真正的国民革命。这一革命的性质，由他的主要领导者来说，如今更显然是工人阶级（共产党）领导的革命，由他的社会内容来说，却还首先是彻底的民权主义革命。

（三）中国革命只是民权主义的吗？

中国革命中民权主义的任务，要在工农反对豪绅资产阶级的革命的阶级斗争之中，方能实现。可是，即使为着彻底实现土地革命，工人阶级就不能不领导着农民根本推翻中国的资产阶级，——因为中国资产阶级根本上与剥削农民的豪绅地主相联结相混合。中国革命要推翻豪绅地主阶级，便不能不同时推翻资产阶级。何况工人阶级自身既是革命的领袖阶级，他便不能不在革命斗争之中，力争自身利益的保障，反对资本主义的剥削：最近一年来工人、店员力争改善生活状况的斗争，其势不能不一直要求到监督工厂管理，参加管理店务之事实，便是证明；城市之中这种工人的斗争不能胜利，乡村中农民的斗争始终不能超出游击战争的限度而得到巩固的胜利，乃因为单是农民暴动而没有暴动的城市做他的中心和指导者，便不能团结集中而形成伟大的胜利的革命权力。中国革命要彻底推翻旧社会关系（半封建制度的资本主义前期的社会关系），也就不能不超越资产阶级的民权主义的范围。所以中国当前的革命，显然是由解决民权主义任务急转直下到社会主义的革命。何况世界社会主义革命在俄国胜利了已经十年，全世界是资本帝国主义与社会主义革命相对峙的形势。中国革命势必与世界社会主义革命相联结，而在中国开辟社会主义的道路。

中国革命是由民权主义到社会主义的无间断的革命，中国革命恰好是马克思主义所称为由民权主义生长而成社会主义的最明显的实行。中国革命根本上不能在民权主义的阶段上再成一个段落，像法国大革命似的；中国只有一个革命：中国革命除非不胜利，要胜利便是工人阶级领导农民武装暴动获得政权开辟社会主义道路的革命。

总之，中国革命，不论是在速度上或是在性质上，都是无间断性的革命，要说中国革命已经是纯粹社会主义的革命，固然不对，要说中国革命仅仅是民权主义的革命，仿佛革命之后，只开辟些“民治气象”，得着纯粹资本主义的，更是不对。

武装暴动的问题*

(1927 年 12 月 10 日)

(一)农村的游击战争之前途

中国革命现时的阶段,显然到了工农武装暴动的时期,所以暴动的策略与一般斗争的方式,成了最紧迫严重的问题。中国革命在斗争方式与发展形式方面,有极可注意的特点。中国的统治政权,现在已经由旧军阀买办阶级手中,大部分移转到新军阀豪绅资产阶级。豪绅资产阶级在各地都经过国民党而取得政权,力求巩固其统治及其剥削制度,引起工农不断的反抗。但是,中国豪绅资产阶级因为资本主义发展的落后,不能成为一个整个儿阶级势力,他们内部分裂冲突,而没有组织成全国家中央集权政府的能力。因此,革命不能有夺取"首都",一击而中的发展形势。所以客观上革命斗争的形势,也就形成各省农民此起彼落,比较散乱而不相呼应的暴动。最近半年以来,广东农民从四月就有武装暴动,直到贺叶入粤;湖南五月二十一日许克祥政变之后,就有长沙扑城的暴动,武汉反动之后有鄂南、鄂西的暴动,有醴陵、平江的暴动;最近江苏宜、锡、江阴、海门等处也有农民暴动;直隶京东各县以及山东范县、阳谷,都有如此的暴动;此外,便是豫鲁各省红枪会、天门会的武装斗争,也带着有农民暴动的性质,虽然他们的领导权往往落于豪绅小地主的手里。这种情形,很显然的表明中国农民普遍的武装斗争的自发的发展。实际生活之中,自然创造出一种特殊的斗争策略,便是游击战争。这种战争是客观形势中必然发生的初期暴动的现象。湖北、湖

* 本文原载 1927 年 12 月 26 日《布尔塞维克》第 10 期,署名秋白。

南、广东的许多次经验之中，很明显的证明：一、如果武装斗争并非发自群众，而仅仅某一武装队（正式军队也好，土匪也好，甚至于工军农军也好）的游击战争，与群众脱离的武装队的游击，那么，这种斗争始终是要失败；二、如果游击战争是群众的，但是，不能从游击战争进于更高形式的斗争——政治的斗争与革命地域的建立和扩大，那么，这种斗争也是不能胜利。因此，对于游击战争的斗争方式，应当有明确的认识：

第一，什么是游击战争呢？列宁说："现在的军事技术，不是十九世纪中期时候的军事技术了。用一大群人去抵抗炮队用几支手枪去守巷战时的屏障，自然是蠢事。……莫斯科暴动（一九〇五年十二月）提出了'新的巷战策略'，这就是游击战争的策略，实行这种策略的组织，便是便于移动的很小的小队伍：十人队，三人队，甚至二人队。"列宁这里所说的游击战争，是指城市中的巷战而言。然而游击战争的意义是很明显的了：当暴动初起，革命方面的武力还很少的时候，对于军事技术精良的敌人——反革命的大队人马，不用显然力不相敌的武装很不完备的甚至于徒手的群众大队，去硬冲硬打；而用分散细小的队伍，使敌人防不胜防出其不意的去袭击，——这就是游击战争，而非正式战争。现在中国农村中的暴动，客观上正是形成这一种策略。农民暴动初起的时候，往往事实上只有小队伍袭击敌人军队（团防、民团等）；他们对于没有武装的豪绅地主以及武装并不很大的敌人，固然仍旧是广大群众的斗争行动，可是，一般而论，农民暴动在未能形成较大的工农革命军以前，在未能采取与反革命军队作正式战争的策略以前，他还是在游击战争的阶段之中。

第二，游击战争应当是群众斗争发动出来的。游击战争只是暴动的初期现象，而且只是暴动中武装斗争方面的策略。并非农民暴动就等于游击战争；也并非暴动之中除游击战争以外，完全没有其他方式的斗争。恰好相反。农民暴动的主要方式是群众的斗争，而游击战争不过是这个总暴动中袭击敌人的武装斗争之一方面。整个农民暴动应当包括什么？暴动不是几个武装队袭击敌人便算的；暴动不是群众之外，另外有什么第三者的武力来解放群众的。现在中国各地农村中，所以发生如此之多的暴动，正是因为地主豪绅国民党的压迫和剥削，使农民不能忍受，而群起反抗，正是因为各县各乡地主豪绅的地方政权，受革命潮流的冲刷而动摇崩溃。因此中国农民群众起来暴动，起来斗争。斗争的方式，开始可以是很平常的：农民不肯交租或交税、交捐，不肯还债，尤其是乡中苦力贫民穷困到极点而起来反抗，群众的革命情绪普遍的高涨，他们拒绝收租收税的豪绅走狗，他们杀戮这些豪绅走狗，他们群起围攻地主，吃大户，吃排家饭，他们焚毁债券田契要求土地以至分配土地，他们进而杀戮豪绅地主，没收富豪的财产。这些种种方式的革命斗争的爆发，甚至于有时客观上以改良主义运动为导火线；例如要求减租不遂，要求减免钱粮不成，因而进一步的趋于暴动。——因为国民党统治之下，政府和所谓党部，往往想用这种改良政策来欺骗农民，但是事实上豪绅资产阶级没有能力做这些让步，而且这些政策决不满足农民的要求，国民党及新旧军阀，始终实际上是用强暴手段压榨。总之，农民运动的这些斗争方式，是暴动发动群众后必然的现象，有些斗争方式并且是中国几千年来历史上的经验，如吃大户，哄堂等等。革命的无产阶级政党，应当引导农民进一步的做有组织的自觉的暴动：从吃大户，抗租，抗税等的群众斗争进展起来，群众感觉武装斗争的必要，自然游击战争便要同时发生，自然群众之中要求有游击战争的组织——有集中指挥的武装队之成立。游击战争只有在这种发动极广大的群众斗争之中，才能成为有力的武装行动；农村中的游击战争是不能和农民群众斗争的发动相离的。农村中群众斗争的发动，同时也不能转入武装斗争而不从事于游击战争。

第三，游击战争至少应当是发动群众斗争的。反动派如吴稚晖等，往往说共产党的革命方法是杀人放火。是的，农民暴动之中是有许多杀人放火的事：被压迫的反抗屠杀、反抗豪绅地主国民党政府官吏，不能不是“杀杀人者的政策”；共产党对于农民的杀戮豪绅地主的运动，是努力赞助而领导的。但是，工农的武装暴动并不单是“杀人放火”；工农武装暴动是工农群众的斗争，是要积极建立工农的政权之斗争。所以，即使某地暴动的开始，并非群众的直接斗争，而是少数的武装革命党人或农民先动手杀戮豪绅、袭击敌人武装；那么，这样开始的斗争也应当立刻引起极大的群众，发动群众的斗争。单纯的武装队的游击与群众斗争不相混一的斗争，必然是军事投机主义。所以即使客观上有万不得已而从武装队的游击开始暴动的事实，这种暴动也必须立刻发动群众起来！

因为农民暴动的意义，是要用群众之中生长出来的武力，推翻治者阶级，而使群众自己取得政权、取得土地，达到自己的要求。杀戮豪绅只是斗争的开始，只是肃清敌人势力的一步；要树立革命的群众的势力，便必须发动群众自觉的斗争，使他们得到政权和土地。

第四，游击战争必须进于革命地域之建立。农民群众斗争发动而开始游击战争之后，革命势力必须要继续的进取而又进取，决不能保守的，所以决不能停滞在游击战争的一阶段上的。湖南、湖北、江苏各省以前的农民暴动，正因为不能从游击战争更进一步，而未得着胜利。最近（十一月初）广东海陆丰的农民暴动，便从游击战争，进一步而创立革命的地域。海陆丰的农民，在叶贺入粤以前便暴动起来，随后叶贺虽然失败，但是农民暴动却从军事行动（游击战争）进而至于群众的斗争(尤其是海丰)，由群众的斗争而创造更大的武力，并且有叶挺残部改编加入农军，增多武装的力量；于是他们努力发动陆丰、碣石、紫金等许多县农民的斗争；而且他们的作战，已经不须采取纯粹游击式的策略。海陆丰农民暴动的发展，便是超过游击战争的斗争方式之范围，而进于建立革命地域的实例。

现在各地的农民暴动的斗争方式，必须确切的了解游击战争的意义，和明显的树立创造革命地域的目标。各省各区的农民暴动，将要运用这种斗争经验之中锻炼出来的策略，使豪绅资产阶级的政权更加动摇削弱以至于各自推翻当地的反动政权；而使革命势力汇合起来，创造尽可能的大范围内工农政权胜利的局面。

（二）城市工人暴动的问题

农村中四处蜂起暴动的环境之中，城市工人暴动便成了革命胜利的关键。革命势力的发展，到了有几县，半省，甚至一、二省内工农暴动胜利前途的时候，城市自然要成为暴动的中心和指导者。

现在客观的形势，虽然各大城市，如上海、汉口、天津等处，还没有工人暴动的事实；然而一般的政治、经济条件，正在准备着这种暴动的爆发。如今大城市之中，如上海、汉口，尤其是广州，工人的斗争剧烈起来，——广州当然不是特殊的状况，因为广东农民暴动的发展，与工人本身斗争的剧烈，已经直接提出广州暴动的问题。就是上海及其附近各县手工工人的经济斗争，也是日益增多。豪绅资产阶级没有方法解决这些斗争，客观的经济状况，使他们只有更加残酷的压迫工人店员。主要的，只是工人阶级的群众如何组织起来，如何在日常经济斗争之中团结起来，引导更多更广大的群众，到武装暴动夺取政权之意识。尤其可以注意的，是城市暴动的严重意义，是在于城市中的暴动，必要使革命潮流，从自发的散乱的农村暴动，更进一步而搏击豪绅资产阶级的政治、经济中心，使革命更进一步的到建立起来有组织的中心势力。

列宁对于一九一七年十月革命前准备暴动的指示说："暴动要能够胜利，必需不依据于军事投机，并不只依据于党，而要依据于先进的阶级。此其一。暴动要依据于民众的革命高潮。此其二。暴动要依据于日益生长的革命达到历史上的转变关头，就是革命敌人的动摇一天天的增加，而且薄弱的骑墙的不坚决的革命友军也一天天的更加动摇。此其三。解决暴动问题的这三个条件，便是马克斯主义与白朗吉主义不同的地方。"列宁这几句，是革命发展到决定胜负的斗争时期，所应当特别注意的。

现在每一区域之中，农民暴动的发展与城市暴动之关系，都有从发动斗争进于决定胜负的斗争之形势。现在中国城市之中，客观的条件多多少少都是足以造成群众的革命的高潮的，尤其是在农村暴动不断的爆发之环境中。城市工人以及各县手工工人店员的群众，应当尽量的发动；从客观上潜伏着的一切斗争问题，去发动群众的经济、政治斗争；尽量的揭发国民党的欺骗政策。只有如此坚决发动群众的斗争，才能引导起更多更广大的群众，使他们深切的感觉到暴动与夺取政权的必要，决然进于武装的斗争——群众的武装斗争。如今工人中的先进分子，已经激起而武装袭击工贼；但是这还不够，必须一切革命的工人更勇猛的领导起广大群众的斗争，就是因此而要执行很琐屑繁难的日常经济斗争也是非常之必要的。城市的暴动，将要在这种革命高潮的普及于广大群众的过程之中，生长出来，而成为工农暴动在大范围内胜利的中心和指导者。

中国共产党与机会主义[*]

（1928年4月）

中国革命的过去，其实已经说过了。但是，革命的事实之中——还留着关于中国共产党的过去没有说。

中国共产党决定加入国民党，是在一九二三年夏天的第三次大会。中国共产党的发端，还在一九二〇年，这显然是从五四运动中直接产生出来的。

五四运动，是中国第二次革命的发端。——辛亥革命之后的真正第二次革命，是一九二五至一九二七年的革命。五四运动之后，中国民族资产阶级开始自己的“革命作用”。同时，中国无产阶级的斗争和组织也开始了。当时的形势，显然是在“革命快发动了”的一般的预觉之中。中国资产阶级和无产阶级，双方都在团集准备自己争取革命领导权的力量。中国共产党的独立组织之形成，便是无产阶级的革命力量团聚的开始。

中国革命果真发动了，它的性质是反帝国主义的资产阶级民权革命，——这从五四运动直到现在的革命事实，表现得很明显的。无产阶级是如何的在这“民权革命”之中取得领导权，这一革命的前途是什么，是否中国的民权革命将要造成欧美式的民权政治而告一段落，然后再来无产阶级的革命（所谓两次革命的理论），当前这一革命的主要的社会内容是什么，革命的斗争方式是如何的运用等等问题，——都摆在无产阶级及共产党的面前。共产党加入国民党的决定，客观上是对于这些问题的总答案。但是，主观的策略与总的战术路线，是模糊的笼统

* 本文是作者为中共六大准备的书面报告《中国革命与中国共产党——关于一九二五年至一九二七年中国革命的报告》中的第二章第一节，署名瞿秋白。1928年6月1日在莫斯科印成小册子，发给与会代表。全文收入《瞿秋白文集》（政治理论编）第5卷。

的，——因为直到中国共产党第五次大会，甚至直到中央的八七紧急会议，共产党对于中国资产阶级与农民在革命中的作用，是没有明显的观察的。因此，对于上面所列几个主要问题，实际上都种着机会主义的种子。

第一，关于中国革命的前途问题。中国共产党的加入国民党策略，客观上是和民族资产阶级的联盟。中国革命的初期——反帝国主义革命运动的初期，这一策略是必要的，是正确的。因为中国革命的前途，在国际的国内的具体形势之下，可以以无产阶级争得领导权来决定是非资本主义的。那时，中国共产党中央是如何观察呢？第一种意见是说：中国资产阶级是“一时不易免除妥协的倾向……苟且偷安”的；它的发展将要使它革命起来。无意之中，这是承认资产阶级应当要领导革命，革命的前途是资本主义的。第二种意见是说：中国的民族资产阶级等于零，所以革命领导权天然在无产阶级的手里；但是国民革命要由国民党革成功，然后来第二次的无产阶级革命，现在共产党且“准备将来之无产阶级革命”再说。这说法中间，含着很明显的矛盾，但是，同样也很明显的承认：现在之国民革命前途是资本主义的，因为将来之无产阶级革命方能给非资本主义的前途。第三种意见是：“平民之革命民权独裁制是民权革命中最切近的目的……就是劳工阶级的方法来行国民革命；劳工阶级在国民革命的过程中，因此日益取得重要的地位，以至于领导权。……到国民革命的最高度，很可以与世界革命合流而直达社会主义”。可是，当时虽然有三种意见，第三种意见是并没有传播，甚至等于没有存在，因为第二种意见仿佛是第一、第三两种的综合，即实际上不自觉的成为党的正式意见。

第二问题是领导权的问题。共产党加入国民党，究竟是为去争革命的领导权呢，还是去到国民党里送领导权给资产阶级？国民党中有资产阶级参加是无疑义的，但是中国资产阶级很弱，没有自己的政党。改组的国民党是在无产阶级影响之下，方能变成革命的政党。如此，无产阶级参加国民党，而与资产阶级争领导权是可能而必要的。然而中国共产党对于革命的前途既然没有明确的答案，对于领导权的问题自然也没有明确的答案。参加国民党是否为争领导权的问题，始终是模糊的。当时对于如何争领导权的问题，也有许多不同系统的意见。一是说：只要国民党能听从共产党的主张与政策，便可以说实际的领导权在共产党之手；因此说国民党的左派是有的，不过不能对他们有过分的奢望，革命口号要是他们所能接受的才能提出去，如此可保领导之权；因此，国民党党部的委员和职员，共产党也不可多占，以免惹起左派反感而蹈“包办”之嫌。对新右派也不必抱尽行排除的目的，因为反正国民革命是要有资产阶级参加的（五卅那年十二月间，中央和西山会议的“退伍派”孙科、叶楚伧、邵元冲等的上海谈判，应允国民党中央中共产党员不超过三分之一等的条件）。二是说：要争领导权，无产阶级的工人便不应加入国民党；不要用国民党来集合革命势力，因此，不必排除国民党的右派，因为反正国民党是各阶级混合的，无产阶级不必去争国民党的领导权，甚至说：“一般小资产阶级已由本党领导到一个可以独立活动的时期”，国民党领导权可以交给这些小资产阶级的左派，但也不必“梦想国民党成为纯粹左派的政党”。三是说：国民党是国民革命联合战线的政治联盟，无产阶级既然参加，便应当取得其中的领导权；国民党的左派领袖实际是不存在，必须无产阶级实际征取国民党，一直到排除资产阶级的右派至于净尽，这就必须扩大国民党，使广大的群众加入形成左派，尤其是无产阶级要勇敢的领导左派。这最后一派的意见，客观上必然要发展到变国民党为纯粹左派的政党。这三种意见，在中国共产党过去的政策史上，是极端混淆交错的：广东方面，大半是偏于第三种意见，中央是以第一种意见为骨干，而掺杂第二种意见的，因为这两种意见的性质是很相同的。国民革命之中争领导权与国民党之中争领导权，事实上是很密切的关联着。但是当时的中央政策，虽然时时的提着共产党要独立的积极行动，要批评国民党的左派（这点上是上述第三种意见中所不甚明显的缺点），然而实际上这种“独立”，并非积极的去争领导权，却倾向于让开国民党，使“左派”去领导，自己退出对于国民党的指导，做“极左派在野党”，美其名曰国民党外的“准备将来之无产阶级革命”，而将当前之国民革命领导权让给“纯国民党”。

第三问题是政权问题——亦就是两次革命的问题。两次革命的意见是：这一次革命由国民党取得政权，下一次革命是共产党可以取得政权。中国共产党当时这种意见，当然是跟着革命前途与领导权问题上的答案来的，所以后来的参加武汉政府，事实上便不是去领导革命向前发展，却是去帮助国民党“纳革命于正轨”的办法，对于革命的民权独裁之观念的忽视，是机会主义的根源。最早，对于这一问题就有不同的意见：一、共产党不可参加国民政府，以免国民政府之太赤；二、共产党员不可参加国民政府，因恐党员的腐化；三、共产党应当力争参加国民政府，以发展革命——国民党领导权的斗争，客观上必然要进于国民政府内的政权之斗争，因为国民党日渐成为一种特殊的政权形式。

事实上随后革命的发展，从资产阶级的党权运动，进到小资产阶级的党权运动，国民政府的左倾已经是工农群众自发的伟大斗争的结果。湘、鄂、赣各县民众团体，尤其是农民协会以及工会，以至于国民党党部，日益成为地方政权的权力机关。上海暴动更将政权问题直接提到中央委员会的面前。革命发展的前途，早已将政权问题的答案指出来："因为武汉政府统治下各省状况之不同，则地方政权的组织，在最初时期，必须采取种种不同的形式（在乡村间，"农民委员会"、"农民协会"政权，以及国民党党部政权等等）。共产党人在组织地方政权时的主要任务便是"领导广大的劳动群众，领导千百万工农参加组织，组织成后，参加工作"（共产国际第八次执委全会《中国革命问题决议案》）。然而中国共产党，更不用说国民党了，对于国民会议、省民会议等的政权问题始终是模糊的。群众运动的发展，必然的将自己团体权力筑成地方政权，亦就是国民会议政权的基础。一九二六年七月北伐发动的时候，中国共产党中央便有一个通告（七月中央扩大会议后的第一号通告），决定以"一切政权归民众团体联合会议"的口号，作为北伐中的政权问题的方针，但是这一决定虽然经过党团而通过于十月十五日的国民党中央各省联席会议，始终是被一般同志所忘却，确切些说，被中央所忘却，于是，自发的群众的革命行动——扩大国民党党权成为民众政权，事实上成为共产党员加入武汉政府之基础的要求，与中央的指导离开了。中央对于国民政府的参加仿佛是不注意的，对于地方政权，则走到赞成武汉国民党中央限制民众团体及其地方党部的道路。

第四问题是土地革命问题——亦就是革命主要的社会内容的问题。这一问题是最主要的问题，是机会主义最深的祸根。中国共产党当初对于农民问题差不多没有注意。中国革命中无产阶级之主要的联盟者是农民，无产阶级的领导革命，必须是取得对于农民群众的领导权，这就是说必须有明确的土地革命的党纲。但是中国共产党并没有，——直到五次大会。五次大会之前，对于农民运动的意见有许多：（一）最早有说"国民革命不得农民参加也难成功"的；（二）有说"谁能真正打倒军阀，帮助农民反抗地主的压迫，农民便跟着谁走"的；（三）有说"不得农民参加，革命不能成功"的。但是关于土地问题，谁也不曾说起——认真的说起。后来农民运动事实上大大发展，农民政权与土地的问题成了事实的问题，中央才一步步“落后的”追着农民群众走。总之，当时有一个一般的倾向，便是认为农民运动日益重要起来了，无论中央主观上如何的讲“乡村联合战线”，也不能拉得住农民了；无论中央如何认为“不应当空想出地主问题来讲土地问题”，也不能“劝醒”农民或乡村中的“共产主义的实行家”了；于是对于农民运动，不得不认为它是国民革命中的重要动力，但是对于土地革命始终怀疑。中国革命只被认为是“反帝国主义的革命”，——五卅式的革命，不认为土地革命。一切“耕地农有”直到“不宜由农会议决实行减租”之激进的或妥协的决定中，都没有坚决明确的对于革命内容之认识在内。所以对于以土地问题来决定国民党左派是否真正左派，始终是不赞成的。

第五问题是革命斗争的方式问题——亦就是民众动力与军事动力的关系问题。中国革命中资产阶级以及豪绅、地主阶级，以军事战争为自己主要斗争方式，——利用兵法调动已经组织好的军队（破产失业的农民群众），去打北洋军阀。这种斗争已经是早就存在的事实。无产阶级发动极伟大的群众的运动，罢工抵制、示威游行，领率着一般小资产阶级，以及农民的斗争，工农、学生、妇女甚至小商人的群众团体迅速的发展扩大，实行反对帝国主义、军阀、豪绅、地主、资本家的斗争。这亦是成了事实。这两股势力之间的关系是如何呢？一是说：军事动力绝对要不得，如果劝国民党不听，让国民党去胡闹好了，我们且“先宣传，后组织，再暴动”；二是说：军事动力可以用来反帝国主义，国民党会联络，我们也可以帮助它去联络，借此民众可以得些自由，同时，民众的武装要有些限制以免冲突；三是说：革命既然全仗兵力，我们自己也可以弄些军队，联甲反乙，帮助民众；四是说：无产阶级、农民的罢工、减租等的斗争方法，必然要转到武装斗争以至于暴动，如此，军事动力与民众动力势必至于由“合作”（初期的“合作”是可能而必要的）而至于冲突，弄到你死我活的地步，所以必须征取军队中的兵士。一九二五年至一九二七年的中国革命中，实际上第一种意见是归于消灭，或者应用到民众武装斗争，以组织尚未完好为口实而延迟斗争；第四种意见只在上海暴动之中得着部分的表现；一般的情形，都是第二、三两意见的错综复杂的执行，结果，虽然极大多数甚至全体的工会、农民协会，一部分革命的学生会、妇女协会、商民协会以至大多数的国民党下级党部，都在中国共产党党团影响之下，然而工农的武装，农民自卫军，工人纠察队及劳动童子团等并无战斗的准备。武汉政府之下，民众的武装组织之政治的认识，可以无疑义的说：他们估计自己的任务只在反对“徒手的反动派”了，至多只在对付反动派的“秘密武装”了（如所谓蒋介石的奸细，地方上豪绅雇用的打手）。至于“国民革命军”——这些尚未公开反动的正式军队，就要靠中央去联络，要靠政治部同志去游说，要靠应付得好，可以联甲制乙的牵掣，可以联络整个儿的革命部队去打倒整个儿的反动部队。民众的武装组织，什么自卫军、纠察队是不能和他们打的。兵士——破产失业的农民，我们对于他们是不注意的。即使有“兵工联欢”等等运动，也只是浮面的，没有提出兵士的切实要求，没有去宣传兵士，没有将工农群众与兵士群众的要求联合的，只有对于军长、师长的注意联络，只有注意政治部的点缀工作，政治部是装饰丑恶的师长、军长的反革命鬼脸，使成梅兰芳似的革命美貌之脂粉，“政治部是姨太太”。政治部最好的成绩，只是使豪绅性的军队变成资产阶级性的。如果群众之中自发的讨厌这些军阀，那么，往往直接表现于厌恶丘八，——十五六年来的“军民恶感”的旧方式。兵士群众也就很容易受军阀的蒙蔽，听他们说工农、共产党专是反对军队，“妨害军食”、“捣乱后方”。

总之，中国共产党对于这些主要问题的答案，客观上是违背革命的路线，其结果，根本上无形之中要走到限制阶级斗争。共产党的加入国民党，是要力争非资本主义的前途，事实上却变成“既然加入国民党，自然就是承认中国革命是资本主义的前途”。加入国民党是要力争无产阶级领导权的，事实上却变成“既然加入国民党，可见革命领导权应当是资产阶级的”。加入国民党是要创造民权的革命独裁制，事实上却变成“既然加入国民党，可见革命还是要国民党成功的，政权是国民党的，共产党决不可以参加或掠夺”。加入国民党是要力争彻底领导民权革命到底，实行土地革命的，事实上却变成“既然加入国民党，可见革命便是反帝国主义的，不是土地革命，因为国民党中有赞成反帝国主义的左派，而没有赞成土地革命的左派”。加入国民党，是要征取一般小资产阶级的群众，征取革命军队中的兵士群众，并且发动工农的阶级斗争以至于武装的夺取政权或保障政权，事实上却变成“既然加入国民党，自然决不可破坏国民党的军队，而只能利用之造成好军队——资产阶级的军队，而使民众得些自由，以准备将来之无产阶级革命”。如此，当然到了阶级斗争日益激烈的关键，中央要认为“危险”——危害国民革命的联合战线了。

中国共产党对中国革命的根本问题，既然有如此的模糊而不正确的观点，机会主义就隐约的成为系统的思想，虽然许多负责同志可以有种种不同的倾向，然而没有能逃出这个系统的。于是联合战线的革命策略，变成妥协政策的护符。中国共产党中央委员会的策略，远从第五次大会之前，甚至从第三次大会起就有机会主义的根源。机会主义策略的原则，就是“既然要联合战线，就应当自己让步”——就是留恋着与民族资产阶级的联合战线，直到不可能的时候，还要留恋；忽视农民的革命作用和土地问题、豪绅政权问题之重要，直到农民群众自发的发动伟大的斗争，还要加以阻止；误解小资产阶级的问题，将店东小资产阶级和小地主甚至于“正绅”作为联合的主要对象；而要“调节”店员、手工工人及农民之阶级斗争。凡此一切——自然只是大概的说来——便是一九二五年至一九二七年中国革命中无产阶级政党的领导机关的状况。这当然可以说：中国无产阶级，不幸有了一个小资产阶级性的革命者组织，来做自己的指导机关，中国那时没有无产阶级的布尔塞维克的政党。

这种小资产阶级性的机会主义，遇见革命群众阶级斗争的剧烈发展，便跟着国民党的小资产阶级左派领袖大大的动摇起来。动摇与犹豫是党的政治路线。这是由于畏惧群众。对于中国革命之内容与性质误解的党，如何能不畏惧群众，以至于怨恨群众呢？自然，如此的党要想出许多法子来“管理”群众或者“帮助”群众了。所以第五次大会期间，革命到了最剧烈的战争期间，机会主义的各种“药方”都显露出来。一种是最旧的中国式“革命书生”的对党观念，就是将无产阶级民主集权制的党，变成“党的拜物教”的观念，认为一切革命须由治国平天下的党以命令、议决来训练并指挥民众才可以革成功，如今，“不但国民党下级党部不听它中央的命令，甚至共产党的也是如此”，那就糟了，必须以党的议决及命令制止群众的某种行动，才可以保障革命。一种是中国式“革命将军”的观念，就是将无产阶级的武装斗争，想象成军队式的政变，政变之后，或许可以保护民众的阶级斗争，政变之前，且请民众等一等。一种是“革命的回忆家”，就是回忆到五卅时期的“革命蜜月”，以为阶级斗争发展得太单纯了，如果现在再有五卅时的反帝国主义高潮，“与资产阶级的联合战线”，那么，亦许阶级斗争的危险不至于如此之大了。独有无产阶级独立的阶级斗争的策略，以组织群众，发动工农、兵士及一般贫民的小资产阶级群众，坚定的领导他们往前进攻，而扩大深入革命，运用这工农、小资产阶级联盟，使革命发展的策略，——是没有的。列宁说："要帮助动摇的人，先要自己不动摇"，而事实上，那时中国共产党中央的格言是："要自己退后些，免得人家跟不上"。那时不是运用工农、小资产阶级联盟去革命，乃是为工农、小资产阶级联盟所束缚而不革命。

中国共产党中央过去这种机会主义，应当要说是一九二五年至一九二七年革命所受三次失败之主要原因之一。这是毫无疑义的。但是这并不是说绝无客观的原因，不过绝对不能借口于客观原因，而为机会主义辩护。

中国革命所受三次失败之客观原因，大致说来可分为四点：第一，中国民族资产阶级虽然背叛革命，其实它的政治、经济力量是很小的，没有帝国主义政策上、物质上的帮助，它不能成为中国革命之最危险的敌人，而帝国主义者，恰好处于英国工人大罢工挫败之后，欧美无产阶级革命运动不足以牵掣它们，如同俄国十月革命时期一样。帝国主义者握有中国经济的最高权：金融、交通、工业及国外贸易等等。帝国主义见革命达到长江流域之后，用极严厉镇压手段，压迫革命势力：对于武汉，从一九二六年冬天起，便断绝商业关系，停止银行营业，停止两湖贸易，关闭工厂，使武汉一镇的失业工人——无产阶级及码头苦力达到十二万以上，又出兵上海，许多军舰驻长江，加以威胁，它们这种威逼使资产阶级加速反动，鞭策小资产阶级而使之加速退伍，压迫无产阶级而削弱它的力量，是万分收效的。第二，中国的客观环境，形成初期极广泛的"革命的"联合战线，从豪绅、地主阶级、民族资产阶级，直到广大的游民化的非阶级化的群众，都自觉的不自觉的"参加"革命，这种客观形势的革命，其军事力量寄托于豪绅、资产阶级之手，在兵士群众未能自觉的发动与参加这条件之下，是必然的。因此，虽然民众尤其是工农自发的阶级斗争发动到广大而深入的阶段，然豪绅与资产阶级仍旧保有它的强大的实力，换言之，就是封建势力的武装力量仍旧的"文风不动"。这自然使斗争的阵势对于工农是加倍困难。所以放任广大的非阶级化的破产失业的农民（兵士）群众于豪绅、军阀的领导之下，无产阶级没有确定的对于他们的态度和策略，是不容许的，但是"广泛的联合"时期，没有能运用应当运用的各种方式方法，去取得他们。客观上工农左派联盟，所以能取得小资产阶级，正因为小资产阶级觉得无产阶级的斗争方法，民众团体的政权（党权的"民权"化），是可以限制豪绅“革命家”的军权的。同样革命发展下去，客观上不能不是无产阶级联合这些半无产阶级的兵士，而进于最剧烈的武装斗争，这时，小资产阶级，尤其是店东等上层小资产阶级，必然要离开革命。因为中国兵队问题是十七年来政局中最显明的问题：这些兵士要求解决他们的生活问题，他们数量之多，使革命前、革命后一切政府的财政问题都要困难。革命发展到一定阶段，无产阶级面前的问题就要是，或者联合兵士、贫民的“游民无产阶级”，或者联合市侩的小资产阶级，不能两全的。当革命发展到长江流域，“一方面……必须巩固国民革命军及国民党……别方面阶级矛盾日益成熟……必须既不动摇联合战线，又要变更国民党、国民政府及其军队中之阶级结合。”（《中国革命与共产党之任务》，《共产国际》杂志第七十一期社论）这确是非常之困难的任务。变更军队的阶级结合，这就是共产党与左派取得军队，这就是进一步必须勇敢的实行某种社会政策；足以解决兵士、贫民、广大群众的生活问题。这就是说，不但要侵犯资产阶级，并且要侵犯市侩的小资产阶级。第三，中国经济之中较大的工业很少，全国满布着小资产阶级的商业和地方性质的市场，这些地方性质的市场之上，帝国主义的巨大资本是站在发号施令的地位。小手工业的手工工人和店员，占着中国劳动阶级内的巨大成分。手工工人和店员的阶级斗争，使这类店东资产阶级的经济陷于夹攻的地位：一方是帝国主义的封锁，一方是工人要求增加工资。他们自然要歇业。这当然影响到全部经济生活。这要求革命政府以果断的独裁手腕，对付一切怠工、闭厂、破坏经济生活的革命之敌人，“用政府机关和无产阶级组织的帮助，经营这些企业”（第八次国际执委全会决议）。这对于帝国主义的资本家及大资产阶级固然必须要用，但是对于一部分普通商店，也要弄得不能不用。对于武汉政府，这种任务要求极大限度的组织力量，组织经济生活的力量，但是在武汉区域之内找不出，找出的也不够：湖南农民协会有能力整理米粮，武汉的工会有力量支配现金集中后的兑发铜元，可是整个儿的经济政策没有！第四，中国因为工业不发达的缘故，同时无产阶级的年龄也就小，数量也就少。广大的劳动民众，手工工人、店员、贫民、苦力、雇农等，客观上都是带有小资产阶级的倾向，组织能力自然没有工业无产阶级的大。加之中国的智识小资产阶级，也绝少受过工业训练的，他们之中就是最革命的分子，也很多倾向于浪漫的小孩子气的“革命行动”。武汉时期，因此发露许多“小资产阶级的社会主义理论”。手工工人、店员的工会运动，便认为是社会主义已经实行了。何时“共产”成为一般社会的街谈巷议。这种“共产”的意义，便是“均分财产”——实行均无贫。手工工人、店员的要求，固然并非过火，他们实在是无火可过。但是的确有许多行会性质和小团体利益的倾向。这是因为他们的目的，实际不是实行社会主义，不是要实行将生产资料归公，他们可以不问工农政权之取得的任务（就算是民权主义的政治任务），他们只要能达到同他们店东同样富裕的地位，或者达到豪富的地位更好。这在自发的小资产阶级性的斗争，讲平产或均无贫是无足奇的。这在无产阶级的革命的领导之下，不但不足怕，而且是革命高潮的势力所在。只是事实上无产阶级的政党在此客观的历史条件之下，非常之弱，有些倾向“甲种”的小资产阶级主义，就是主张调节妥协些。有些又倾向“乙种”的小资产阶级主义，主张已经是“十月革命”了，已经是社会主义了，必须准备起自己的“枪杆子”（军队），实行退出国民党，然后再能继续革命。一些浪漫的小资产阶级革命家，他们不去注意如何取得政权，如何实行土地革命，他们是去用强迫手段劈去农村人家的祖宗牌位，用强迫手段去剪掉老婆的头发，用强迫手段去放掉缠足妇女的缠脚布……他们是何等彻底的勇敢的文化革命家呵。凡此一切，都不是什么大不了的事。马克思说，在革命之中，蠢事不见得少做些，有时候特别多做些哩！但是，总起来说，这时期，真正无产阶级领导之不坚定和不明显，从这一方面可以看得出来。这对于革命便是无组织性与散乱性的弱点，便是革命力量不集中，不能有组织有系统的进攻。革命的“头脑部”（中国共产党中央）拒绝指导群众的自发斗争，革命便成“无头”的状态了。

* * *

中国的革命的最剧烈、最残酷、最复杂的斗争时期——革命发展到长江流域的时期，是站在那些主观与客观的条件之中。虽然前几年的革命发展时期，国民党改组后及五卅以来的革命时期，已经孕育着许多机会主义的理论与方法，虽然共产党的组织在这期间已带着这些机会主义倾向，自然也就带着许多宗法社会的习性，指导机关之中不能推出工人同志的领导者，甚至工会之中也都是智识分子的“职业革命家”……虽然如此；客观上劳动群众的斗争已经发达到极大的规模。赤色的工会运动发展到将近三百万会员，吸收极多的店员、手工工人参加，农民协会，以湘、鄂、赣、粤计算，发展到将近一千万会员，国民党左派运动有极大的发展，军队之中如叶挺等的部队也有一部分的力量。这些发展大半属于自发的。可是前一阶段中共产国际的加入国民党政策，以及客观上革命势力的发展，使“取得国民党，取得国民革命军，取得一般小资产阶级”的策略事实上部分的实现，而形成部分的革命势力——共产党以工农团体中的领导权之取得而成革命的先锋与主干。当时的任务，就在一面认清五卅以来“中国无产阶级暂时还没有革命中之领导权”（一九二六年十二月《共产国际》杂志的社论），一面坚决的进一步，而取得政权与军队的领导权。这是革命发展到长江流域时的形势。中国共产党中央便放在这种形势之前。

那时，一九二六年十一月底，共产国际执委第七次扩大会议，便议决中国问题的议决案，指出当时的行动政纲，指出非资本主义的前途，须以争得革命领导权来达到，须以工农、小资产阶级的联盟来对付必然要背叛革命的民族资产阶级，指出中国革命的主要内容是土地革命，必须勇敢的领导农民之自发的斗争，指出无产阶级及手工工人的阶级斗争之剧烈，须要勇敢的去领导，以成为征取整个革命领导权的力量，须要加入国民党以扩大并赞助工农的斗争，建立工农、小资产阶级的民族独裁制。

但是，同时，一九二六年十二月中国共产党中央的汉口会议，则认为“国民政府有右倾的危险，民众运动又过于左倾”。没有提起土地革命，没有……没有准备与民族资产阶级破裂之决心，那时，便已经有隐约的退却的阵势之开始。

事实上一九二六年十月至一九二七年三月底，都是工农左派联盟的“极盛时代”，如果将当时的客观形势与国际第七次执委的中国问题议决案相对比，人人可以看出国际决议案是非常正确的。可是中国共产党的中央委员会，一则觉得武汉之下工人运动过左了，二则觉得土地革命未必如此利害（有一中央委员当时对邓演达说他是不觉得国民革命会是土地革命），三则对于反蒋以反对资产阶级领导权正在犹豫不决。中国共产党的一切“原则”都在动摇之中。

汉口会议之后，一三的汉口工人斗争来了，上海的总罢工问题来了，武汉国民党中央第三次会议来了，这些事实，更明显的证明国际决议案所指示的道路之正确。上海工人阶级几十万人的总罢工，一直发展到中国空前的群众暴动。当时湘、鄂、赣的群众运动是什么情形，只要看毛泽东著的《湖南农民革命》便可以知道。上海是什么情形，广东是什么情形，总之，工农的斗争势力已经接近到民权独裁的创造，小资产阶级是在左倾，——谁也不敢公开的反对“阶级斗争”，民族资产阶级是在踌躇而动摇。土地革命尤其是在湖南已经由群众自动手的实行……但是，中央的政策是如彼！

蒋介石四月十二日的政变爆发了，中国革命遭着部分的失败，其时反革命的主要力量是帝国主义，而形式上以中国民族资产阶级（蒋介石）为中心。团集一切豪绅、地主及右派的军事力量于江、浙、闽、粤各省，而在武汉有豪绅、资产阶级以及一切代表这些阶级的军队做助力。它的目的当然首先便是扑灭武汉的革命中心。武汉的革命势力，客观上是要以无产阶级做中心，团集极广大的虽然是小资产阶级的可是最彻底的民权革命的群众势力之农民以及一般贫民、手工工人，于自己的周围。它在上海与广州有久经斗争的无产阶级之力量，在广东有斗争最大的农民群众，但是它也有很大的弱点，一、就是有许多所谓“中等阶级”（Middle Class）之“同盟者”。这些是前一期的革命同盟者，但是到这新时期是必须要大大动摇起来，必然要畏缩、要恐慌。固然豪绅、资产阶级内部的冲突还在生长，许多“革命军人”与蒋介石之间以及他们内部还有冲突，但是，同时他们已经有一致的反攻工农的阵势。这时革命之中的确发生巨大的困难。

这时候，一九二七年五月十八日，共产国际执委开第八次全体会议，再议决关于中国革命问题的议决案。这一议决案指明：（一）为战胜困难，必须广大劳动群众参加斗争，造成一种政权，打退内部的反革命及帝国主义的干涉，消灭封建制度残余，完成资产阶级民权革命……（二）这就要在乡村实现“平民式”的土地革命，同时，须在政府之中努力，使政府促进土地革命之爆发扩大；（三）在城市中满足工人的政治要求、经济要求，实行八小时工作制，增加工资等等；（四）只有这样才能使政府成为实际上工农之革命组织的政治中心，成为无产阶级和农民的革命民权独裁机关；（五）共产党要独立的发动，对于革命的小资产阶级民权派的动摇不定，尤不能放弃批评的权利；（六）扩大国民党，以工农、兵士、手工业整个的组织加入国民党，国民党的地方及中央指导机关要厉行选举，加以改造，严厉的制裁一切勾结帝国主义和蒋介石之反革命阴谋（新的叛变是可能而且不可免的）；（七）共产党留在国民政府之内必须将所有的权力自上而下加强土地革命及工人运动，不如此去造成武汉政府与群众间之最密切的联络，则胜利的完成是不可得的！要努力建立地方上的群众政权（苏维埃的口号还是太早）；（八）对帝国主义，如无条件的没收外国企业，还是不能，容许若干“纵横捭阖”（应付）的策略，但对故意怠工，破坏、紊乱经济的外国企业及中国的反革命的资产阶级，便要以没收等的严厉政策对待；（九）一面继续北伐，一面破坏南京政府的后防，就以群众的力量动摇沪、粤的反动统治，同时说明暴动玩不得的（“上海工人如果在蒋介石政变时没有相当胜利的希望存在，就发起广大的武装行动，则必被蒋介石、帝国主义联合之武力扑灭”）；（十）加强工农、小资产阶级之战线，“除以全力扩大农民革命外，尤宜同时保障小资产阶级之劳动财产不受侵犯，并助其反抗高利资本等等的斗争”，这就是共产国际当蒋介石叛变后的政策。

中国共产党呢？同在此时，而且时间更早些（一九二七年四月二十七日第五次大会开会），而且在中国的武汉，中国共产党的决定是如何呢？这时在蒋介石叛变之后，中国共产党正在开第五次大会。第五次大会的积极意义，固然是在大会上议决关于中国革命根本的原则的问题：革命前途，领导权及土地革命的意义。固然这些原则问题到此时若再不解决是一步也不能前进的。可是事实上连这些原则也不过是形式上的接受罢了。对于蒋介石叛变后的新形势，并无明显的具体的决定。第一，对于原则问题，国际的代表鲁易正式向大会声明：“中国的劳动群众是英勇的斗争，因此，中国不会有孟塞维克主义。”再则他说关于一九二五年十二月的上海谈判及反对力争国民党的纯左派化的政见之错误与否，是不能讨论的。于是第五次大会除已形式上接受国际第七次扩大会议决议案以外，只落得模模糊糊的一种概念：以前仿佛也并没有什么机会主义（孟塞维克主义）存在，以后也仿佛并不是需要在党内思想上、政策上新的改变。而国际八次执委会议却说得很明白：大规模的说明中国共产党内有上述的错误和动摇是必要的；不然，则中国革命的根本问题之中相当的动摇之危险更加高了。第二，当时蒋介石叛变了，鲁易同志的政治意见是：左派以至小资产阶级除跟着我们走是没有别的出路；并没有指出新的叛变之可能及共产党对待这些新的叛变之复杂、具体的任务。于是第五次大会的空气是“共产主义与三民主义合作到底的万岁”。这是在严重的斗争之前夜的清闲态度。这当然是说一般同志浮面的态度。第五次大会之时，其实各个同志心内都有“不安”的预觉，那表面的清闲态度，不过是“无办法”的自欺的安慰。

时势是日益严重起来，蒋介石叛变后，共产党的政策虽然在第五次大会有许多决议，实际上最高政策是在另一条路上进行，是在第五次大会的背后进行。何况第五次大会决议的本身，只是蒋介石叛变之前的性质。将它们和国际第八次执委会议决议相比，是有许多不同的。

最高政策是谁在执行？一是国民政府顾问鲍罗廷——他是共产党在国民党中央及政府里的党团之实际领导者；一是国际代表鲁易；一是中国共产党中央委员会的政治局。（独秀、和森、维汉、秋白、国焘、平山、兆征、立三、恩来……）。三个领导之中，鲍罗廷是有一定的路线——退却的路线，和缓土地革命；鲁易亦是有一定的路线——务必同着小资产阶级进攻；中国共产党政治局实际上是没有一定的路线，因为它已经不能指挥群众，又因为它动摇于鲍、鲁之间，又因为它内部有许多模糊的不同的倾向，而不能一致，但是实际上是倾向更右于鲍罗廷的占优势。

汪精卫在《武汉分共之经过》一篇文章中说，他的分共是经过三个阶段：第一，是四月下旬至五月中旬，国民党中央议决组织湘、鄂、赣各省特别委员会“以制裁违反本党主义政策之言论行动”；第二，是五月二十一日长沙政变至七月十五日的国民党分共会议，算是“和平分共”；第三，是“因为”中国共产党中央委员会议决退出政府，“对国民党厚诬丑诋”及叶、贺举兵，便实行严厉反共。不论汪精卫的“供词”如何的矫揉做作，说得“仁至义尽”，但是，这几句之中有一个真理：就是武汉一方下令讨蒋，一方便已下令“讨共”；讨蒋和查办湘、鄂、赣各省“过激”言论行动之特别委员会组织的决议，差不多是同时同日的（四月十九日下令讨蒋，四月下旬即组织特委）。这时共产党正在开第五次大会的时候呵！第五次大会以前，显然已经是武汉小资产阶级见着上海暴动之无产阶级力量“不足恃”，而沪、宁帝国主义及资产阶级势力之可畏可羡，就将一切反动派毒骂工农之“过火”宣传差不多完全接受。资产阶级欲使无产阶级（共产党）孤立之政策，已经得到一半的成效。这时共产党的政策是如何？第五次大会不但没有答复，并且没有提及这一问题。这一问题是在第五次大会的背后讨论着。

国际第八次执委会说：蒋介石叛变是革命的部分失败，无庸讳言，我们的任务是“向着群众”：革命战线中失掉一资产阶级，但是，得着更高的发展阶段，得着农民群众的土地革命，要在工农群众中去找力量，预防种种政客及将军之新的叛变，应当如此去巩固加强工农、小资产阶级的群众革命联盟，而领导革命前进，战胜那些新发生的困难和反革命的势力。

中国共产党方面呢？对这问题的答复，一开始便不一致，因为连问题何在也不知道。至今还有人事后来说：当时的中心问题是军事问题，如果我们自己调动兵力打个胜仗，“结果也许所谓左派由动摇而稳定，由离心而同心……也许中断其反革命的倾向。”（蔡和森：《党的机会主义史》）问题当然不是如此简单。总之，当时对于蒋介石叛变后武汉之新形势问题，党内没有一致的意见。当时的意见有：

（甲）鲍罗廷的——（一）对帝国主义用应付政策，（二）对“小资产阶级”（所谓工商业者）让步，（三）对地主、豪绅也让步，（四）驱使“将军”去北伐——联冯以倒蒋；以此种政策领导左派领袖反对武汉、南京之右派反动势力。

（乙）鲁易的——（一）对帝国主义亦用应付政策，（二）对“中等阶级”（所谓工商业者）相当的让步，（三）对于地主、豪绅阶级不让步，仅对小地主、革命军人让些步，（四）对“将军”则主张改组其军队，故不可北伐；以此种政策领导左派去进攻，“深入革命”。

（丙）中央的——（一）对帝国主义赞成用应付政策，（二）对“小资产阶级”（所谓工商业者）完完全全让步，（三）对地主、豪绅也完全让步，认为土地革命尚须经相当宣传时期，不能立刻实现，对“革命军人”则联甲倒乙，——结果还是北伐最好；最好是让左派去领导，自己让开些，使革命不至于“超过时代”。

本来，共产党与国民党的合作，可以说是以《越飞与孙中山的宣言》始，以《汪陈宣言》终。总意是中国革命不可有无产阶级独裁，即必须资产阶级参加革命政权。上海无产阶级英勇的三月暴动时，中央和江苏省委的政策是必须保障资产阶级派参加市民会议政府，而且要宣言“决无无产阶级专政”，以安人心。那么，武汉如今到了一般社会认为因共产党之参加国民政府而有无产阶级独裁的倾向，自然最好避开这种嫌疑，而使左派“容易”应付反动派。

当然，这三种倾向只是大概来说，当时政治局委员之中，个个都是动摇无主的，即使有若干不同的倾向，也无什么作用，对各人自己都无作用，不能说对群众及“大政方针”了。上述三种倾向之中，鲁易的显然还不是机会主义的，鲁易的政策有一根本缺点，便是要进攻但是不知道如何进攻的方法，他的“深入论”是与国际议案的“同时北伐说”不同的；他客观上是回忆着孙中山时代的广东政府，可以扶持汪精卫（孙中山）以改组将军们的军队（至黄埔军官学校初办的时期）；他的对“中等阶级解释”之策略，是根源于不明了当时的阶级关系，的确不免要“附带的”侵犯到这些中等阶级方能深入革命了；他不明了：不仅要发动工农群众，而且要发动兵士群众，方能“改组”军队了。鲁易对于汪精卫的幻想，也就基于此点。最后，他还将国际电令（说：（一）土地革命可不要国民政府下令，而先努力领导自发的没收土地运动，（二）“革命军人”的土地不没收，（三）改造国民党中央，（四）武装工农及同志共七万人，（五）严厉惩办反革命派，使国民党左派自己来做裁判官），送给汪精卫去看。他是想“开诚布公不外交的”与左派领导联合战线，而不是像国际所指示的要求召集国民党第三次大会之与群众联合战线，不是实行各县以至各省民众团体政权（如农协政权等）之群众联合战线。“领袖联合”并非原则上绝不可以，然而是当时的具体客观形势已经要求“向着群众”了！鲁易的政策，实际上是并未实行，可以不必多说他。

事实上，鲍罗廷与中央两种倾向混合进行，便形成总的革命势力溃败的形势。当时事实上的政策是：（一）为战胜蒋介石叛变后的困难，必须让步；（二）土地革命停止进行——甚至自己承认农运“幼稚”、“过火”，命令新闻记者党团在武汉《民国日报》作文批评农运，农政部出布告，中央宣传部出宣传大纲，纠正自由行动的没收土地等的过火，赞成解散黄冈农民协会……；（三）工人、店员运动则制止过火，禁止汉阳工人没收工厂之行动，第四次劳动大会只以“巩固工农、小资产阶级联合”口号为中心口号……；（四）决定共产党员在国民党党部及报馆须听国民党命令，不得有独立主张，须服从国民党之指导……赞成解散“过左倾”的（共产党员主持的）国民党下级党部（如黄冈县党部）；（五）共产党员退出省政府（湖北），主张各地地方政权须尊重国民政府之最高权；（六）讨论到是否共产党应退出国民党，其实在此之前，已经赞成国民党中央组织特别委员会查办，已经绝对与发动群众以改造国民党指导机关的意思相反，所以，退出国民党便成后来自然的结论；（七）应当自动退出国民政府，使左派容易对付些，谭部长请病假，要限制工、农会及其纠察队、童子团等之行使政权；（八）对帝国主义则在武汉应用应付政策，在沪、粤应挑起民族斗争以掩护阶级斗争；（九）北伐或东征以移转武人之视线，使不专注意于阶级斗争之剧烈——对蒋介石则希望东征或南伐去推翻他，至于广东铁路工人与各县如海陆丰农民的暴动，则绝无丝毫指导，反而对上海决定工人加入工统会；（十）对小资产阶级，则事事听从之，像他们听资产阶级一样，以“巩固工农、小资产阶级的联合战线”。这和共产国际第八次执委全会决议，是完完全全相反的。

当时，中央反对国际的电令，是当然的事，因为全个方针是相左的。——再要否认说没有孟塞维克主义是不可能的。彭述之在这时候著了一部书，名为《中国革命之根本问题》。他说：根本问题在现时是：“巩固并发展工农、小资产阶级的联合战线”，为此，必须有三个必要条件：“第一，在共同利益中，应该顾到各个阶级的本身利益，另一方面，工农、小资产阶级应有一种互相让步和了解的精神。特别是店员……一方须尽可能的改善‘帮手’和店员的生活条件，同时，亦须顾到手工业主和店东之营业的存在以及发展条件。第二，在整个阶级的联合战线当中，应该承认革命的先锋势力，承认最有经验……之领袖阶级（无产阶级）。第三，与世界的革命势力发生密切关系，诚意接受其帮助。”这可借来做当时事实上的政策之总论。

蒋介石叛变后武汉时局大致有几期迅雷闪电似的急转：第一是四月中旬至五月二十一日，第二是五月二十一日到七月四日，第三是七月四日到七月十三日。第一期，是国民党中央的土地委员会，工商联席会议与北伐问题，占领了中央政治局的注意；第二期，是马变问题（及鄂、赣反动势力高涨）；第三期，是退出国民政府问题。第一时期中，北伐问题是依照“国民党指导”而决定。土地问题在我们本来是“一无定见”。然而没收土地已经由农民自发的实行了，农民政权更是现实的问题。国民党左派与共产党同被事实所迫，不得不解答这一问题。当左派虽然看见了共产党内的不一致（土地委员会里CP党团之中就有四种不同的主张），但是，还没有把握认清共产党是必然退让的时候，他们仍旧不敢完全的取消这一问题，汪精卫都被逼而承认“没收肥田五十亩、瘠田百亩以上之地主”的主张。但是共产党方面答应这一议决案可不公布。再则第五次大会在鲁易指导之下，拒绝讨论土地党纲（国有土地）的问题，只决定土地政纲（策略），而且决定小地主等不没收，须以已没收土地之耕种者所纳累进税为标准，去实行对未没收土地之减租。这一“高等代数学”，在农民群众之中是无从宣传，是不能了解的。工商联席会议，决定许多对“中等阶级”让步的办法，商人仍是感觉没有

“营业自由”……第二时期，是夏斗寅、许克祥公开叛变的时期。中央对夏斗寅事变发一宣言，向“中等阶级”解释，并号召工农起来作战。武汉有些少的工人应募加入叶挺军队及中央军校独立师去打夏斗寅。那时群众的情绪，已经觉得国民党固然不能保护他们，共产党也不领导他们的切身斗争，要他们去拼死打危害国民党政府的夏斗寅，似乎是不值得呵！许克祥事变发生，——唐生智在前敌还假意拥护三大政策。然而后方的左派，在反动势力严重压迫之下，共产党又节节退让，他们的反动“勇气”是高涨了，他们明显的表示不愿意镇压反动。最初，共产党中央正在猜测许克祥是谁指挥的，可以利用那一“革命军人”去打他，可不可以将延未执行的湖南省特别委员查办的手段实行起来，以和缓反动（所以有鲍罗廷、谭平山等之赴湘，而被挡驾回汉的事）。猜测又猜测，始终不能决断，因此，就算“利用唐生智表面左倾的弱点而急剧进攻许克祥”之妥协政策也不能定。最初是“静候解决”的宣传。随后，方才不得已而决定进攻。此时，湖南在马变以前，表面上工农势力尚未明显的退让之时，左派甚至还在国共联席会议上通过没收百亩以上大地主的议案（湖南的国民党左派，在马变之后，还在等待着共产党、工农得胜，好恢复他们的政权，有些直等到“八七”会议之后呢）。夏斗寅发动于湖北，同时，许克祥发动于湖南，——这是说豪绅、地主阶级进攻了。湖南省委经马变的打击，事前虽然略略准备“武装斗争”，事发竟是“一哄而散”；余下的临委决定仍令调集中的全省农军扑攻长沙城，而驻湘中央委员因为这与“静候解决”之政策相反，故加以制止。武汉方面呢，中央到此时方决定：“进攻。”事实上，湖南农民已经一次内部涣散与挫败。同时因夏斗寅尚未肃清，武、长交通断绝，所谓进攻，只是在委员会中开会，派人，找钱。何况那时中央说：“这种政策太危险了。……单调的武装工农、没收土地，高叫非资本主义前途等等口号……反帝国主义运动反消沉下去。”这是当时中央给上海的信，要提高反帝运动，激动“民族斗争”的信。这论调和所谓进攻的论调是同时由同一机关（中央秘书厅）发出的。这是什么进攻呢？所以不久江西朱培德也“欢送”共产党员及左派国民党了。

中央最后一点“进攻”勇气也完全消失了。反抗许克祥屠杀的示威运动也变成欢迎唐生智、张发奎班师了。随着，何键准备反共的传言，一天天盛起来。于是有所谓东征问题。东征问题的本身，其实不是什么问题，而是如何骗那些“革命军人”先反蒋再反共不迟呵。这也算是

“缓兵之计”（当时鲁易反对东征，主张南伐，他自己亲向汪精卫去提议：教他联络张发奎，离开唐生智，而以扩充共产党的军力为“条件”。这是他最后不作降将的勇气。但是这仅仅是帮助汪精卫）。

于是讨论东征的政纲问题。因为当所谓第三派军人主张反蒋亦反共的政纲，何键等更是声明“不愿为共产党去打蒋”，所以中央的政策是亟亟乎要发表一宣言与政纲，总意仅仅是声明必须实行三大政策，所以国民党必须反蒋而联共。可是当时中央政治局内部的意见纷乱不堪，独秀、秋白、国焘、和森四人各起草一篇宣言，都不能通过。政纲呢？汪精卫所需要的是资产阶级政纲，可以拿来与蒋介石争夺东南资产阶级同情的政纲。共产党要他们东征，他们就要说共产党“服从那个，服从这个”。于是有名的武昌会议（七月一日）的中央会议便开了。这会议是要议定东征政纲的。其实，政纲已在实行！六月二十七日（?）中央开会，决定十一条国共两党关系的政纲，当晚便自动执行解散武汉的工人纠察队，谭平山已请病假了，湖北省政府的“共党分子”也早已退出了。——中央秘书厅也在这几天内慌慌张张的逃过武昌去。不问当时主张“迁都”武昌的主观如何，客观上的形势是：避嫌与逃命。现在说起好听：那时国民党左派已经无希望，我们去独干吧（群众呢？谁亦没有管群众，各工会、各团体、各机关的负责同志都慌张得不堪，谁也不能说，他是逃到武昌去发动群众的）！其实呢，是让开地位说：“国民党左派呵，你们独自去领导吧，我们告诉你们，我们忠告：你们不要任民众看了，只有无产阶级是三民主义三大政策的忠实继承者！——这是救国、救民、救党的唯一政策，联合战线的政策。你们不信，我们可走了，让你们吃了亏，回头来想老人之言呵……”。或者说：“反蒋本来不是投降或附属于无产阶级，只是实现工农与小资产阶级的革命联盟；我们这样劝你们不听，我们只好走开了，只怪你们太多疑了，我们的走是可以证明并无夺取革命领导权的野心。”这样的临别赠言。——这十一条政纲是与国民党左派合作的最后尝试，更后的拉彼，一面逃与避，一面拉与拽。武昌会议开会决定了一个议决案，一个政纲。这两件东西是十分符合的。议案上说：我们要领导左派，要批评左派，要单独进攻反动派，要准备着这些小资产阶级的左派最终离开时，我们能号召群众（以及国民党群众）与地方，反对现在的中央与政府（其中引用国际第八次执委决议之一节）。政纲上却说，革命的领导地位是国民党的，群众不得批评，不得自由行动。中央的不一致，在这会上表现得很明白：

中国共产主义青年团要求发表其土地革命的主张，而被禁止，他们对议决案勉强可以接受，对政纲是反对的；结果，冲突而散会。这会一开始便亦是从冲突起的。代英同志说："现在中央很奇怪；我听说秋白同志到处报告是'进攻'、'进攻'，中央又是决定要'退让'、'退让'；中央内部是否有不一致?"——独秀同志说："正因为不一致，所以要开会呵!"第三期，七月四日——徐谦、顾孟馀、冯玉祥先后几个电报来，报告蒋、冯的徐州会议，他们是公开的说：去鲍，驱共，武汉领袖也要"引咎辞职"。随后，冯玉祥委何键为"第八路总指挥"的消息也到了。唐生智到湖南去是清乡的消息也"证实"了。武汉每天都可以有政变的传言。汪精卫的态度，表面还是"摇动"，还骂徐谦，还来到国共联席会议讨论店员问题（国共联席会议从汪精卫到汉开起，一直开到七月七日（?）——向来是没有党团的）。实际上，汪精卫此时已不是动摇于共产党与反动派之间，而且动摇于张发奎与唐生智之间，——张发奎部下共产党员众多而无出路，还带着许多幻想：是否共产党可以在政策上让步些，他来与之合作而得些钱和粮以南征广东呢？汪精卫的幻想却有另一方面：是否不一定全靠张发奎，还可以站在武汉之谭、唐、朱与南京之桂系等的所谓第三派军人之上，反共反蒋而从武汉之"领袖"，变成全国之"领袖"？共产党中央却亦因张发奎的动摇而为最后的动摇。退出国民政府是不成问题了。但是，如何退出，是否同时退出国民党，如何与张发奎继续合作，还成问题。这时候，真正不能说有中央了。独秀的倾向与鲍罗廷的倾向，一直维持合作至今，也不能不露裂痕了。邓演达是左派中最后所剩的一个，孙夫人也反对分共。鲍罗廷这时的主张是：不退出国民党，领导这一部分左派裂出国民政府，反对汪精卫，——这是他在十一条政纲后几天（七月某日）新变更的态度。他在十一条政纲之中，关于退出国民政府是反对独秀的主张的，是反对避嫌式的退出国民政府的。独秀的主张是：是否索性退出国民党，"为图减少政局之纠纷"而退出国民政府，并非反对汪精卫的示威式的退出国民政府。谭平山呢，他这时早已请假，并发启事对国民党及豪绅、地主抱歉，说不能"纳农运于正轨"，理应引咎辞职。独秀也反对他自由行动。总之，中国共产党中央已经实际瓦解了。

"为减少政局纠纷起见，共产党亦可以应允退出国民党，只要国民党此后还能继续革命而且给共产党及工农以自由"——这一犹豫不决的思想与谈判，便是五次大会之政治局最后向国民党与世界告别的政见，便是中央重新从武昌迁回汉口的几天之内的最后“奋斗”。鲍罗廷是反对这一意见的。十一条政纲是集机会主义之大成，亦是机会主义之顶点，过此一往，机会主义自身已崩溃而粉碎，中央政治局也是不能不散伙了。

于是七月十三日中国共产党令其党员退出国民政府的宣言发出了。那时政治局已经最后决定缩小，付与其职权于推定之五人的临时政治局（国焘、维汉、立三、恩来、太雷）。

* * *

共产党遵国际电令退出政府，同时国民党七月十五日的分共会议也开了。武汉的反动已经开始，何键等已经动手拿共产党，他们的兵士“示威游行”，群众是丧失了“头脑”，他们的“头脑”是自己渐渐的掉下。共产党中央最后的宣言，只是从掉下来的头里所发出的骂人的呼喊，但仅仅只是呼喊。王荷波同志说：“我们工人看了这宣言，虽然还未扬眉，但觉吐了一口气——晦气”。

此后，中央经过一个散乱的状态，转到反机会主义斗争的八七会议（这期间的详情我不知道，因为我不在汉口）。八七会议，真所谓接受的遗产太坏了。八七会议之前夜，中央经过一时期的犹豫，决定要召集紧急的中央全党会议。但是，因为当时交通困难，时期迫促，所到不足人数，只有湖南代表及尚未赴沪的新书记邓中夏同志能来。这会议是有国际电令及新国际代表的指导而召集的。虽然人数不足（中央委员十二人，候补三人，青年团中央委员五人，地方代表二人），不能作为正式的全党会议，但是因为反机会主义的斗争之紧迫及改变党的路线之重要，决定宣布开会，作为中央紧急会议（并非什么“改组会议”），并预定改选中央政治局，作为临时政治局。八七会议之前，中央即：（一）决定湘、鄂、赣、粤四省秋收暴动计划，（二）决定叶、贺南昌暴动之举行，（三）发布《中国共产党告国民党同志书》（七月二十九日）。这已经是新的路线，主要的意义是发动湘、鄂、赣、粤的群众暴动，重新团聚已受很大损丧而散乱的革命力量，发动共产党员军官之下级军队独立奋起与国民党左派军队（贺龙）共同反对国民党的武汉中央及蒋介石、李济深的统治，以革命的政纲号召左派国民党群众起来共同奋斗。这是八七会议之前夜。

中国共产党第六次全国代表大会开幕词*

（1928年6月18日）

我今天是以第五届中央名义向第六次大会致开会词。我们都知道，中国的革命在我们党的第五次和第六次大会的中间，转变到一个很严重的危急时期。自从民族资产阶级的代表者，工农的刽子手的蒋介石，公开宣布叛变革命以后，先后在沪、粤进行大的屠杀，使革命遭受重大的部分的失败。嗣后武汉政府的叛变，革命的队伍由南昌暴动而到广州的暴动，更牺牲了很广大的革命战士，这算是第二次的失败了。其次则由广州的暴动的失败而转到一个更为严重的状态里，一切的反革命力量，无论封建的，资产阶级的，帝国主义的都是一致的行动，来压迫我们，屠杀我们，甚至集合全力来消灭我们，这算是第三个失败时期了。可是中国共产党，始终是领导中国工农群众，团结于自己的周围，与国际帝国主义及一切的反革命作坚决的斗争，这一点是含有很伟大的历史意义的。当时中国的革命，进展到了土地革命的阶段中，阶级的冲突，益加显明，因此，戴季陶、胡汉民、汪精卫，不能不先后叛变革命而变为反革命。国民党更为一切反革命的中心和帝国主义的新工具。在这种大转变的过程中，我们曾有无数同志领导工农战士以全力与敌人奋斗，而致牺牲。他们流下来的血创造了伟大的历史光荣。可惜在这种情形之下，我们党的中央不但不能领导群众加紧这种英勇的斗争，解决当时的重大任务，并且自己陷入了机会主义的前途，使革命受莫大的打击。说到这里，我们就很明白中国革命失败的原因，并不像顾孟馀、陈公博、邓演达等所说的跳过了时代的要求，而是中共中央走了机会主义的道路。好

---

* 本文原载《瞿秋白文集》（政治理论编）第5卷。该卷编者注云：1928年6月18日，中共第六次全国代表大会在莫斯科开幕。瞿秋白代表中共第五届中央委员会致开幕词。本文选自《中国共产党第六次全国代表大会开幕纪要》，题目为编者所加。

在我们在国际的正确指导之下和中国广大革命群众的情绪高涨中举行了“八七”会议，得在组织上极力纠正机会主义的根基，在工作上开始走上了布尔塞维克的道路，现在到了这次大会，可以说是到了完全肃清机会主义的残余，使本党走上很健全的地步了。

目前，敌人虽然还是很强的向我们压迫，可是我们却能从布尔塞维克的路线上，工农密切的关系上，国际正确的指导上，坚决的英勇的与敌人作继续不断的斗争，而期达到完成中国革命，进而完成世界革命。所以我们党不但能够是中国革命的担负者，而且要是一个国际革命的担负者。所以这次大会的意义，不仅关于中国革命是很重大的，关于世界革命也是很重大的。因此，希望大会全体同志都能充分的发表意见，使党得以纠正一切错误，成为一个布尔塞维克主义的党，而消没一切非无产阶级的倾向。

此外，还有一点要重复说明的，就是中央在前天会议上，提议向大会要求追认“八七”会议，及在“八七”会议所接受国际的指正案。尤切希望负责同志将经过的事实报告出来，由大会指出什么是机会主义，什么是布尔塞维克主义，使全党明白。固然“八七”以后，已逐渐将机会主义肃清了，但事实上政策上一切主要问题上，尚有许多不大正确的倾向，如盲动主义、先锋主义之类。这些也是妨碍党的工作的进行的。因此，大会一方面要肃清机会主义的残余，另一方面也要肃清一切变形的机会主义，使党完全布尔塞维克化。我们相信中国共产党，是无产阶级的觉悟者，我们相信中国共产党第六次大会一定能够将一切不正确的倾向纠正到正确的路线上来。我们相信，中国共产党只有如此才能在国际的指导下完成中国革命，进而完成世界革命！

中国党史研究室征求回忆录启事*

（1929 年底）

诸位同志

现在中国劳动（者）共产（主义）大学开始讲中国党史，有一个调查表如下——请愿意写回忆录的同志，在一个月之内（到一九三〇年一月卅日为止），到中国党史研究室报名：愿意写关于某一事变某一会议，愿意在某月某日交卷，以便登记。

中国党史研究室主任瞿秋白

中国党史研究室征求（回忆录）表

参加党的和革命斗争的回忆录

例如：辛亥、五四等革命运动、二七罢工、北京政变、五卅时期、省港罢工、北伐战争、上海暴动、武汉时代、南昌暴动、农民战争、广州暴动等时期中之种种事变。

a）过去参加过什么工作：中央，省委，区委，国民党党团，学生会党团，工委，农委，妇协，少共，军委等？

b）在什么地方？由什么时候起到什么时候止？（这项要很确切，实在记不清，也得写出一般大约的年月。）

c）写的时候，只要捡自己工作过程，自以为很有趣，对于自己最有影响的一二件工作（工运农运和党的工作）写下来，写的时候要写出下列的问题：

当时当地党的组织状况（人数，支部情形，机关的情形等等）。

社会上各种现象和征状：各阶级的情绪，和相处的关系态度等等，

---

* 本文原载 2003 年《百年潮》第 4 期，署名瞿秋白。原件存俄罗斯国家社会政治历史档案馆。俄罗斯科学院远东研究所高级研究员 K·B·舍维廖夫提供。

群众组织的情况和党与群众的相互关系。

党的政策和争论的问题（这一段所要描写的是着重当时事变的叙述，不必用现在的眼光去多加推论和批评，现在的见解可以完全不写，亦可以只简单的写，要写也只要极简明地写出自己的主见便够了）。

当时所谓“政治舞台”上的派别，系统的变化和相互关系的情形，最好能和当时社会市面生活（行情，交易，交通等）说到。

参加重要会议的回忆录

例如：中国党的历次大会，中共会议，省委等会议，团的各种会议，工会农民协会的或省的会议，学生会会议，国民党两次代表大会及中央联席会议或省的会议。

党的重要会议：历次全国大会；历次中共扩大会议，各省省委扩大会议等，工会农民协会（会议）等。

国民党的重要会议：第一次全国代表大会，第二次全国代表大会，中央执监联席会议或扩大会议，各省的代表大会及四大市（广州，上海，天津，汉口）的全体大会或代表大会。

参加过哪一种？或参加过其他会议的哪一种？

在什么地方或什么时候，什么情形之下（公开或秘密）开会的？

到会人数和成分比例，派别的关系。

有什么议事日程？

争论问题是什么？什么样的内容？各方主张的多少数也要能说到，而且要说得很清楚（如主张哪一种说法的是哪一些人之类）。

会后的感想如何？

会后在工作中执行决议的情形和结果如何也要叙到。

所有这些问题的回答，可以供给党史许多实际的材料，和有趣的历史文件，望同志们尽自己记忆所及都供献出来。

所有关涉到人和事实与否、机关等等的问题，尽管放心大胆的写，有错误之处：作者自然不负全责，同为回忆一件事情，终不免为有记错的地方。

文字不要过长，可是要精采扼要；能用叙述描写的笔法写，也是非常欢迎的。

写好了请送到中共党史研究室同志处，什么时候写好，什么时候送去。

清校问题*

（1930 年初）

一

孙逸仙大学，随后改名为中国劳动共产大学，创办在一九二五年年底，到现在已经存在了四五年。当初这是一种特殊的“国民党大学”，学生之中有许多是纯粹的国民党员，有许多是为着要想进这大学而在中国加入共产党的——加入共产党之后立刻就来到莫斯科。所以很自然的，学生的社会成分，大半是官僚地主或资产阶级的子弟，学生的政治成分，实际上含着很多的国民党的遗毒。至于一九二七年年底以后来的学生，事实上也有许多同样的成分。

再则，这一大学的最早的校长是拉代客——托洛茨基派的拉代客。在一九二七年之中，有一个时期托洛茨基曾经公开活动。后来虽然形式上托派活动比较的消沉，可是托派的余孽一直是很积极的进行秘密工作。据最近托派的首领（李平）的供词：他们不但能够在中大保存自己的组织，而且把中大变成全莫斯科中国托派的中心。他说在中大之外设立托派的秘密机关，常常被破获，只有移到中大之后，方才得到比较长期的安全。

这样，很明显的事实是：中大政治环境是异常的复杂，国民党和托

* 本文原载《瞿秋白文集》（政治理论编）第 6 卷，依据中央档案馆藏作者手稿刊印，时间为该集编者所加。另有俄罗斯国家社会政治历史档案馆藏俄文稿，译文刊于 2011 年 11 月《瞿秋白研究文丛》第 5 辑，题为《我们对中国劳动者共产主义大学的看法》，署名瞿秋白、邓中夏，是 1930 年 4 月 9 日，中共代表团向共产国际、联共（布）中央和中共中央的报告。两文内容一致，文字有增减。

派的余孽暗中进行着积极的破坏苏联和中国共产党的斗争。现在的托派，实际上只是国民党的变相。为什么？因为一九二七年八月武汉政变之后，中大之中许多实质上是国民党性质的人，照他们自己的情绪说来，变成了共产党的“机械的党”（МехаНиуескiий уелен Лартии）。如果这些人是在中国，那么，纯粹的国民党员早已公开的反革命，跟着蒋介石、汪精卫去了，本来是所谓共产党党员的人，也是早已叛变，登报申明退出共产党，或者公开的成了侦探机关的职员——武汉初失败的时期，这类事实是有过不少的。但是，事实上，这些人是在莫斯科——有些正在预备退出共产党的人，也不过因为误送到此的缘故——于是“不能不”做共产党员。这些分子，自然是本能的反对国际和共产党。因为直接和国民党某派发生关系是非常之困难，所以俄国托派来组织他们的时候，很顺利的得到这样的成绩。

中国的托派，不过是国民党反革命的各种形象之中的一种变相。这种反革命的组织，认为共产国际和苏联及中国共产党及其领导是自己最主要的敌人。他们有严密的组织和自己的“党的纪律”——一直到杀戮的刑罚（例如赵言轻（Донбасов）自杀之前，有了自首的“可疑态度”，便有人（托派）以死刑恐吓他；据他说，托派至少是曾经有过暗杀的特务组织）。——此其一。其二，他们和国内的托派有很好的联系，有来往的信件，并且有钱寄回去。第三，国内的反对派，早已出版自己的机关报，而此地的托派供给他们文件和材料。第四，他们利用中大党的支部之中的斗争，实行挑拨离间暗中鼓动风潮，实行反党。据华沛苍（Викулов）在墙报上最早的一篇供词说：“我是托派命令到‘第三派’之中去工作的，在我们学校一切斗争中总的策略是：一、帮助‘第三派’向党进攻；二、推动‘第三派’向前，自己在后面揭露‘第三派’小领袖的野心，使群众转入反对派；三、两边都打，就是有时打击第三派，有时打击党部派。”第五，甚至于等到托派组织被破获之后，他们仍旧实际上保存着组织，有计划的有组织的有目的的实行不得已的自首。（例如列宁书院的宋代杰、马员生，经过清党委员会无数次的盘问，绝对不肯承认，直到二月十日上午十一时，他们得到托派张安仁（дильбиг）的命令以后，方才自首。）步炮学校的托派亦是如此。而且据托派卞福林说明：“我们托派的机关既然已经破获，只有自首是出路，自首的策略是，一、我们已经公开了的，自首了或都可以保存党籍；灰色的，忠实于托派的，因此可以使群众的视线不注意；二、自首及对学校问题承认错误，使‘党部派’对我们的打击要好些，而且或者可以派我们回国去；三、自首的时候，注意打击我们的敌人‘李剑如派’，因为李剑如等打击我们最厉害，因此，我们约好向‘党部派’说：他们是右派，有小组织，并且和我们开过联席会议，使‘党部派’认为根据而更加去打击他们。”（这是二月八日晚六时三十分钟光景卞福林对□□□说的。）

［注］据我们的观察，托派在破获后的自首，显然是有组织的，互相约定的——二月八日五时以前托派大抵都是绝不承认，而五时以后就有一致的自首。

因此，第一个结论是——国民党残余和托洛茨基派，有组织在中国学生之中进行反革命的工作，破坏捣乱党的组织，努力毁丧国际及党的领导，替国内托派，甚至于简单的国民党反革命派做侦探工作——直到破获之后，仍旧企图有组织的继续这种工作。

* * *

中国革命失败之后，旧的机会主义的残余，在八七会议之后屡次企图反攻，中国党第六次大会的时候，这种小小的尝试是显然看得出的。王若飞、彭泽湘等充满着失败的情绪，说“中国将有资本主义的长足进步”，说南京政府，为“纯粹代表城市资产阶级和乡村富农的政府”，说史太林专政等；而且他们这种说法，显然还有暗中的宣传（一九二九年六月中大支部的“十天大会”，有人指出这种事实；而且我亲自听见王若飞在中大特别班教室里说过美国帝国主义如何如何能够帮助中国资产阶级政权的稳定。）国内一九二九年初来到此地的新生之中，有一个黄进亦是这种论调，并且说代表团对待同志用白色恐怖的政策，说中国党的领导完全破产，说中国党应该和汪陈派、第三党实行联合战线，否认中国革命高潮不可避免的到来，等等。而且黄进的在中大宣传，是大家一般都知道的事实。这些机会主义真是已经和陈独秀不约而同的走到了公开的取消主义。组织上至少是无形之中有一种团结。这种右倾取消主义的影响在中大之中的确是有发展的，中大旧生傅胜蓝的主张，谢建民在墙报上登载出来的文章（说“现在是资本主义稳定的时期，工人阶级对共产党灰心失望”），是大家都知道的。

而且这种右倾取消派，现在已经很明显的，他们的确和托派有联络，甚至于组织上混合的尝试。列宁书院中国民族组会议上屡次和王若飞表示同情和相同意见的宋代杰等，现在已经证实是托派。中国国内陈独秀派最后走到完全承认托洛茨基是自己的领袖，并且和中国的托派谈判，商量组织上的联合方法。这件事实，可以使我们了解到俄国境内的陈独秀派和托洛茨基派之间也有同样的过程。

因此，我们第二个结论是陈独秀的右倾取消派，在苏联境内，也是从同情于托派而迅速的和托派联合起来，在中大之中，在苏联境内，同样的进行反对国际和党的反革命斗争。

* * *

此外，还有许多右倾的观点，表现在墙报的文章上，表现在大会或小组会的发言里，例如说：中国在资产阶级领导之下有统一的可能，否认中国有革命的前途，主张联合富农，或者说："中国城市和乡村的情形不同，不能说在城市中反对资产阶级，在乡村中就要反对富农"；或者说：即使在武汉时代两湖贫农和雇农联合中农，反对过富农，但是，那时是革命高潮的时期，现在是革命低落的时期，所以不能反对富农了；过于估量中国工人阶级的经济斗争的意义，没有估量到政治斗争的意义，或者说："不要幻想工人群众能有政治斗争"，或者说，赤色工会不能发展，不如取消得好；主张反右倾和反左倾的比重看得一样，"不能说右倾是主要危险"等等。

中大之中这些右倾观点的发展，固然是因为陈独秀派托洛茨基派的间接影响，使一般学生虽然知道反对陈独秀和托洛茨基，可是遇见中国问题个别的右倾意见（并不和托陈的姓名直接关连的时候），他们竟不能分辨，而发生怀疑和动摇，——然而学生自己的社会地位和消沉情绪，以及一般政治水平线的低落，政治问题上工作的不充分，所以的确有很厉害的调和情绪。对于陈独秀托洛茨基派的取消主义，尚且有调和主义的态度；至于对于上述的各个个别的右倾机会主义的观点，当然更加有调和主义的态度。

我们的第三个结论，就是中大支部之中有机会主义的右倾的倾向，并且有调和主义——对于取消主义和机会主义的调和态度。

* * *

对于中大政治状况的这样的估量，我们很早就指示出来——一九二八年六月中大支部的“十天大会”上的情形，以及当时余飞、仲夏同志告诉我的事情，使我得到这样的结论，而在这个大会上发言之中，我就指示出来的。“十天大会”的决议案就是代表团、校长和当时支部局根据这种共同的意见而决定的。当时对于中大政治状况的估量，正是说中大之中有国民党残余、托洛茨基派、取消派及一般的消沉失败的情绪，有对于中国现状及中国共产党任务的右倾观点的表现，有调和主义；并且有反对党的路线和政策的斗争，以及许多小资产阶级心理、民族主义等的暴露。这种估量，直到一九二九年十二月间苏联中央调查中大委员会的考察，亦是认为正确的。毫无纪律，并且对于领导机关缺少最小限度的信仰，学校领导和群众互相脱离等的现象，在这种政治状况之下，简直成为一刻不能容忍的恶劣形势，这在“十天大会”上已经都指出来，而“十天大会”之后，情形只有更坏，而弄到不能不由苏联党中央来特别调查。

* * *

再者，中大之中很久就有许多无原则的派别纠纷，这种纠纷常常障碍政治斗争思想斗争的开展，而且使托陈取消派右倾调和派的分子，得以隐藏在这些纠纷之后，弄得主要的两条路线的斗争（国民党与共产党，托陈取消派与共产国际的斗争，布尔塞维克主义与机会主义调和主义的斗争）不能充分的得力和切实。

一九二八年下半年中大之中亦有许多斗争和纠纷；当时反对倾向的斗争正在进到更严重的阶段的时候，苏联中央对于中大的议决案，已经特别指出同时必须完全消灭中大学生之中的派别纠纷和斗争而造成“共产主义的思想团结和同志关系”，这就是一九二九年一月七日的苏联共产党中央对于中大问题的决议(дирѐктивы ЦК ВКП(Б)от 7-ого январи 1929года о полной ликвидации групповой роэни и борьбы средистуденчества КУТК и о соэдании товарищеской идейнойкоммунистической среди студенчества)。

一九二九年十二月间苏联党中央第二次的调查，在中大支部“十天大会”重新指出“无原则的派别斗争”之后，亦承认这的确是一种事实，并且认为一九二九年一月七日的议决案（说到派别纠纷必须完全消灭的议决案），仍旧没有实行。

可见“十天大会”的时候，代表团会同着校长及许多同志指出无原则的派别纠纷必须消灭，是十分的必要的。当时代表团的意见是："现时情形之下，首先便是要实行改造学校的两大任务：一是加深加紧对于不良倾向（尤其是右倾及调和派）的斗争，二是实行教务上校务上必须的改革，加强党部对于这些改革的领导。为着实现这种重要的任务，必须消灭一切的成见和纠纷，相互之间的猜疑和不信任，无形之中与党部对立的情绪等等——这都是改造学校的障碍。再则，还有学生成分的审查和改良，也必须有切实的具体的办法"（代表团六月十七日致中央的信）。

* * *

这种无原则的派别纠纷是怎样的呢？

我此地只说一个极其简略的大概情形。

当反对托派及右倾的斗争日益加紧的过程之中，有些同志，例如余笃三、郭妙根、李剑如等的立场是这样的：（一）对于托洛茨基派和陈独秀派——他们能够知道反对这些取消派，可是他们的反对，只限于猛烈的"手段"（例如要求苏联政府，要求中大支部逮捕陈琦）；而有些人又因此说到"支部局忘记了反左倾"（郭妙根）；他们在日常生活发见可疑的托派行动，的确曾经在大会上暴露这些托派，而要求给他们以严重的打击，可是始终不能说他们帮助支部局反对陈托派的斗争，已经充分；并且在学校的具体问题上，他们往往不能注意到自己的批评方法和口号，是否能够客观上被托派利用，甚至于像江元青在十天大会上和托派共同主张到中央去请愿示威。（二）对于右倾调和派不正确的倾向，他们能够知道"应当"反对右倾调和派，例如：指摘傅胜蓝、刘起峰、秦邦宪、盛宗亮、杨尚昆、吴绍益、谢健民、弗拉梭瓦（Власова）、瓦林（Волин）等的某种程度上不正确的观点；但是，他们的反对，往往带着许多成见，至少无意之中扩大对方的错误——并且有无中生有以讹传讹的加对方以右倾错误的可能；因为反对对方错误的缘故，而自己陷于右倾机会主义的错误（例如郭妙根因为反对苦求毛夫的缘故，而反对他的中国有三个主要营垒的说法，因此而自己完全否认国民党改组派有社会的阶级的基础）；因为反对对方的缘故，所以对于同在批评对方的人，就抱着宽大的态度，例如李剑如等当初对于其余的人的右倾错误，反对得非常激烈，而对于当时和他们共同批评秦邦宪等的及郭妙根的错误，就不很反对，甚至替他辩护和原谅——这样自己客观上站到调和派的地位。（三）对于中大支部局——他们对于谢健民、瓦林等的错误，固然批评了，可是他们因为支部局应付迟缓的缘故，便把向来没有批评支部局缺点的各个同志，或者某个支部局委员的错误，看做整个支部局的错误。双方争执的结果，形成这样一种情绪，就是无论如何要证明支部局是错误了；有些先说支部局路线不正确，有些又说支部局有实际工作里的机会主义等等。（四）对于中国共产党和代表团——他们因为反对中大支部之中一些同志，所以常常想代表团帮助他们，或者机械的解释民权集中制，用中国党中央及其大会来做后盾，例如某次阿白拉摩松说余飞是小孩子不懂事，他们便认为是“大逆不道”的话，气势汹汹的反对起来；再则，讨论农民问题以前，有些同志已经说起中国六次大会关于农民问题的策略应当修改，他们就气势汹汹的反对，说你们是想推翻大会一切决议，这是破坏纪律，甚至于说如果大会要联合富农，我们就主张联合富农。

根据这些情形，我们可以说李剑如、郭妙根等在反对倾向的斗争之中，夹杂着许多派别成见。这些成见的发展，使他们不能接受正确的批评，而用猜疑的不信任的态度猜测一切批评都是对方故意的陷害。尤其是政治问题上因此而发生许多固执错误的地方。这些人之中的郭妙根等，更因为反抗这种批评的缘故，因为不肯承认自己错误的责任的缘故，而走到造谣离间的绝不能容许的道路——郭妙根等在讨论改组派问题时犯了错误，在列宁书院里又犯了否认苏联可以建设社会主义的错误，当时，代表团固然严厉的批评他们，而李剑如、余笃三等也没有赞助他们之后，他们就在承认自己错误的过程之中，信口造谣，说代表团领导过他们反党反对米夫反对国际，和托派开联席会议。——这样，企图一方面得到反对代表团一派人的赞助和掩护，一方面将自己的错误责任，推卸到代表团身上。陈独秀现在说：“我错了，但是我的错误，只是因为执行了史太林的机会主义”；郭妙根亦说：“我错了，但是我的错处只在于我听了代表团的领导。”这是说郭妙根等一批人。至于李剑如、余笃三等一批人，最近是和前一些人不同了：他们固然不推卸自己行动的责任，但是，直到清党委员会之前还不能认识自己的派别成见的错误。

* * *

再则，当反对托陈派及右倾机会主义的斗争之中，我们又可以看见一些同志例如张闻天、吴绍益、盛宗亮等类的人。他们立场怎样呢？

（一）对于托洛茨基陈独秀的“左”右取消主义——他们对于托洛茨基派和陈独秀派，固然知道反对，但是，因为他们是先有成见反对所谓“工人反对派”的缘故，所以这些所谓“工人反对派”（即李剑如等），或者其他同志有个别的正确提议的时候，例如提议如何加紧反对托派的具体办法的时候，他们这一类的人就说：“谁要加紧反托派，他就是企图转移反右倾的视线，”说反对托派“少重一些是重不得的”（中大墙报的编者）。这样，国内反对派早已出着机关报，而且能够寄到中大来，中大“十天大会”之后，支部局以及一般同志都更加知道中大托派大有活动，——在如此情形之下，而有不得加重反对托派的论调；因此，这些同志自然是不能帮助支部局切实的做理论上以至技术上的反托斗争，客观上，这种情形，也是中大托派得到这样大的发展的许多原因之中的一个。（二）对于右倾调和派等不正确的倾向——他们总算明白了当初那种“中国党内应当是左右倾并重的去反对”的论调是不对的了，并且积极的反对联合富农等类右倾的论调和观点；但是，他们的反对，往往只限于所谓“工人反对派”，往往因为反对他们的缘故，而自己也陷于右倾的或取消派的观点，例如刘起峰说：“中国封建社会早已寿终正寝，”谢健民说：“现在是资本主义稳定时期，工人阶级对中国共产党灰心失望”其他如苏联党中央调查中大的报告中所举的右倾观点，有许多亦是这一批人所说所写的。再则，因为成见很深的缘故，宁可掩盖自己同一派的错误，例如谢健民的那种意见，竟许他登载到墙报上，从五月到十月半，同志之中许多人反对，而这一批同志却时时替他辩护，这样经过五个多月方才解决这一问题；再则，例如讨论改组派问题的时候，有些小组会上的指导员，不去解释国际的信，却只是机械的以俄国革命中的先例，应用到中国，专去辩护三个主要营垒论是丝毫没有错误的；——这样，这些同志□□□□之中落到对于某些右倾错误的调和态度的立场。（三）对于党部——他们这些人对于党部，大半都是比较负责任的党务工作人员，因此，往往他们自己做了个别的错误，却依赖着党部对他们的信任，而加以掩饰，以支部局“决议”为后盾，——

其实亦许并没有这种决议（例如，谢健民的文章，墙委主任推托说是支部的命令）；他们所以也就不能尽党员的责任：——具体而切实的指出党部的缺点，而且自己提出纠正的方法，帮助去改正错误，却往往是一味的否认，要说党部丝毫错误也没有。（四）对于中国党的中央和代表团——他们因为在派别成见的笼罩之中，所以觉得：凡是不赞助这种派别成见的错误的人，都是所谓“调和派”或者“右派”，并且觉得：凡是要求改造学校（加紧帮助工人学习等的办法），指出学校许多缺点的人，亦都是所谓“调和派”、“右派”，所谓破坏支部局的领导。因此，这一批人之中，有些就造作谣言，说：代表团反对向忠发，学校支部局是赞成向忠发的，所以支部局和代表团是互相反对的（“十天大会”上有人说 Неманская——秦邦宪的爱人说的）。有些就说，改造学校是代表团领导右倾进攻党部；有些就说代表团的某人某人是调和派。最近，甚至于根据托派的口供，或者郭妙根等的谎话，毫不加以审查，而叫喊着，说着，写着：代表团有特殊的政纲，组织并且领导右派小组织，并且和托派开联席会议，联盟反对国际和党，关向应是托洛茨基派，团内反对托陈派和右派的斗争做得不充分等等。这样，为着自己的派别成见的缘故，不惜绝无根据的造谣离间，破坏领导者以及中国党或团的中央的信用。

我们可以说，这一批同志，在反对倾向的斗争之中，夹杂着许多派别成见，这样，李剑如等和盛宗亮等的双方斗争，仿佛变为：谁是百分之一百的布尔塞维克，谁是右倾，谁是反右倾，你说我是右倾，我说你是右倾的现象；再则，又仿佛甲派是专门拥护代表团的，乙派是专门拥护支部局的。

* * *

所以，我们第四个结论是——中大支部之中无原则的派别纠纷继续存在着，而且日益发展，这种纠纷妨害着我党严重的政治任务的进行——反对一切取消派反右派等倾向的斗争。

这种派别的纠纷中，双方都有时对于托派陈派放任而不注意去打击他们的阴谋，双方都有右倾和调和主义的错误，双方都有企图将支部局与代表团，以及其他领导机关对立起来的投机。江元青、郭妙根等等，并不是不知道请愿示威是托派的捣乱学校的阴谋，为什么反而去赞成他们？因为派别的利益！盛宗亮、吴绍益等等并不是不知道“代表团勾结托派，关向应是托派，中央谋杀彭湃”等谣言是托派捣乱党的计策，为什么不给这些谣传以打击，甚至反而去附和他们？因为派别的利益！派别成见妨害真正用原则政策来教育党员群众，造成支部之内不管某种错误的实质和正确的路线究竟是什么，而只管某些人某些人说的话有什么背后的外交手腕，只管设法使某些话某些话变成自己派别“敌人”说的右倾机会主义……等类的现象。

附注：

前一批人，如李剑如、余笃三等类的人，大半都是工人同志，在国内多少做过些工作，参加过剧烈的革命斗争。如果有正确的指导，当然是很可造就的。现在的情况呢，已经是种了很深的派别成见。

后一批人，如张闻天、盛宗亮、沈际明、吴绍益、秦邦宪等等，大半都是官僚地主资产阶级的子弟、大学生，或者欧美留学生。他们因为外国文好的缘故，自然容易学到理论，如果能够切实的学习实际工作，教育幼稚党员的方法，刻苦的做些帮助工人同志学习的工作（对于政治问题，国际问题，尤其是中国问题，加以研究而发表自己的见解，写在工人同志所懂得的中国文的文章里等等），抛弃许多小资产阶级的虚荣心，那么，他们之中，像地主资产阶级子弟之中的少数例外一样，亦许可以造成党的极其得用的人才，甚至于政治领袖。但是，事实上，他们不这样做，往往只是倚仗自己的知识去向工人同志示威，预先设想着“某人是反对我们的，我们一定要进攻他，某人不进攻我们，我们就可以放松些”（秦邦宪的话）。这样的对付同志，无意之中必然形成双方的猜忌和派别成见。况且，他们之中的许多人，自身有很不好的政治历史。例如□□□在一九二五年时曾经和康白情（洪章）组织过反动的新中国党；沈际明在武汉失败后，动摇到要登启事退出共产党。这类的人，即使在此地学习几年之后，完全改变自己的立场，而有成为坚定的布尔塞维克的希望，也必须痛切的对着党公开承认自己以前的严重错误，这样承认只有更能造成自己在群众之前的信用。然而这些同志却不如此的去做。他们既是这样，再加上日常生活中表现许多派别成见，如何能够得到群众的信仰?！他们即使领导反倾向的斗争，也往往只教同志简单的去反对某人，反对某一小派，而没有政治教育的意义，反而养成派别的习惯。

二

中大的状况是这样：——教务上校务上都极端不能适合于同志的学习，尤其是工人同志（关于这一点，代表团去年六月的信就已经具体的指出，苏联党中央的调查亦证实这种情形），再加上上述的政治状况，很明显的需要彻底的改造；否则，决不能保证养成中国布尔塞维克干部的任务。托洛茨基派陈独秀派，机会主义的右倾分子，张闻天等类的一批人，余笃三、李剑如等类的一批人，互相争着对于学生群众的影响，或者为着反党的目的，或者为着小团体的利益。这里，支部局的任务，就是怎样在社会成分恶劣的学生之中，一面具体的设法改善学生成分，领导改造学校，一面努力于消灭无原则的派别纠纷，而争得布尔塞维克路线的对于学生群众的影响。学生群众之中，调和态度和动摇状态是很明显的。为着国际和党的路线的斗争，如果不能充分得力，那么，托陈派的反党影响，右倾机会主义的影响，派别纠纷的情形，自然要日益发展的。

支部局的确认识这种任务，尤其是在“十天大会”之后，主观上也开始去执行——所以我们向来就说支部局的路线是正确的。

但是，他执行这一路线的时候，所得的成绩和所做的错误，是不能不指出来的。他的成绩怎样，他的错误怎样？他积极的激烈的提出反对倾向，尤其是右倾的任务，这是他的成绩。他的错误呢？

对于反对托洛茨基派和陈独秀派——支部局在原则上知道要反对这些取消派，然而：（一）从一九二八年年底直到一九三〇年一月底为止，支部之中没有一次反对托派的报告（国内反对派活动的消息传来之后，代表团和东方部屡次提议，要学校翻印一九二七年时候的反托洛茨基的论文文件，加以编纂，以便寄回国内，并备俄境各校中国学生之用——这一提议至今没有执行）；（二）“十天大会”上揭露一些托派和有托派嫌疑的人，学校方面简单把他们送出学校，送回中国，既不公开的在群众之前彻底查清，而暴露他们的反动行动，又不具体的通知代表团及中国党的中央：某些人回国是可用的，某些人是托派；这样，一则对于校内群众丝毫没有教育意义，二则，对于中国的党有很大的危险（中国中央可以因为不知道某某已经是托派，而给他探听到秘密线索）；（三）“十天大会”之后，支部局及一般同志都已经更加知道托派陈派（彭泽湘）

的活动，然而支部局并不加紧注意去发觉他们的阴谋和秘密组织；（四）陈独秀开除之后，代表团在中大做过报告，可是，支部局至今没有在各小组详细讨论。

对于右倾机会主义和调和态度——支部局知道这是最主要的政治斗争，但是：（一）对于倾向问题解释教育都不充分（“十天大会”的决议），对于国际在中国问题上的路线也是如此（国际致中国党的农民问题的信，职工运动问题的信都是搁置着五六个月三四个月不印出中文的来给学生看）；（二）在这种严重的政治斗争之中，不去消灭派别斗争的成分，反而去专门听信有派别成见的话，反而犯着庇护右倾调和派的嫌疑，例如谢健民文章的问题，从五月到十月半不给解决，不很快的指出他的右倾，宣传部开始解决这问题的时候（十月间），仍旧说：“谢健民的文章出发点是站在反右倾与调和派的立场，……”不过“有许多错误，和不正确的措辞”罢了。支部局对于宣传部这种调和观点，亦未指出。这种工作方式，只是助长派别情绪，而客观上削弱反右倾及取消派托派的斗争，——而且这些情形（解释工作不充分和夹杂派别成见），自然使思想上的斗争倒台而使托陈派及其他反党分子得以藉口许多琐屑的小事专事破坏党部信用；（三）同时，反倾向的斗争不能充分得力，亦往往没有在组织上巩固起来。例如傅胜蓝是明显的右倾分子，却仍旧很久的让他当小组的副指导员；即使有组织上的办法，也往往不顾及教育的意义，例如，九月间托肯向我说，要把李剑如弄出学校，但是他始终不注意应当怎样明显的指出李剑如的错处究竟是什么，而后正式开除他，以教育同志，却只想简单的使他离开学校。（四）此外，中大之中，需要使反对小资产阶级式的民族主义的斗争，亦是无疑义的；但是支部局却把中大的支部，实行民族的分割，实际上形成两个支部：俄国的支部和中国的支部。

对于中国党的领导的关系——支部局曾经把中大支部变成一种舞台，在这个舞台之上引起中国党内发生的争论问题的争辩——在国际和中国党中央还没有决定之前，就在支部之中争吵，这不是正常的状态（苏联中央调查委员会的话）。再则，对于那些挑拨破坏中国党领导的信用的谣传（例如向忠发反对瞿秋白的谣言等等），不给予充分的打击。不但如此，前支部书记在去年四五月间，尽着说代表团秘密调查学校，以挑拨学生对于代表团的恶感。

附注：代表团接到中国党中央一九二九年二月二十七日关于中大问

题的信，决定对于中大加以调查，当即由邓中夏同志在四月初某次支部会议上正式通知。后来托肯说秘密调查时，有校长及当时支部委员王云程、夏曦出席，我亦参加，开了一次谈话会，当场由王、夏两同志证明，的确中夏同志曾正式通知支部局，并在实行调查时每次经过组织部（王云程及其代理人）介绍，与各小组三人团谈话，——这些证明的答复，现在还有王、夏两同志写的字条为凭。当时校长声明这是托肯的误会，教他自己通知东方部及区委解释，并当在校内学生中解释。不料，等到中大“俄国支部”清党时，托肯又说到这一问题，足见他在上次解决之后，仍旧固执自己的错误，难免不在一部分学生之中，继续说“代表团秘密调查学校”，说代表团有什么阴谋，破坏代表团的信用，而引起一种派别成见的猜疑。

* * *

所以我们第五个结论是：——支部局实行着正确的政治路线，实行着反对倾向的工作，正确的注意了反对右倾，取消派及一般的失望消沉，不削弱反对托派的斗争，可是，他没有把这种斗争做得充分的得力——思想上的斗争是倒台了；这个斗争也没有在组织上巩固起来，更不深切，又没有肃清支部之中的阶级异己的敌视共产主义的分子。（бюро ячейки，проводя правилъную политическую линню в своей работе，лроводя болъщую работу по боръбе с уклонами，правилъноэаостроя основное внимание на боръбу с праым уклоном，сликвидаторством в вопросах кит. революции，упадочничеством，неослабляя при этом и борьбы с троцкизмом，однако не сделало еедостаточно действенной—проваливала идейная борьба；эта борбане закреплялась организационной，нѐ быда глубокой，несопровождалась чисткой коллектива от идеологически и классовочуждвым и враждебным коммунизму элементов.）而且他在这斗争之中，有了许多错误；专依靠着口头上说得好听的分子，其中大部分是官僚地主资本家的子弟和大学生，夹杂着许多派别成见的分子，助长派别纠纷，这样对于领导机关没有能造成为着布尔塞维克化而斗争的工人基础，这些条件的确是降低了全部斗争的力量，使他不能深切——这就是领导机关的政治上的错误（итак，руководство кутк не создано себе рабочейбазы для борьбы за бодъшевизацию，что безусловно понизилодейственность всеи борбы за большевизацию，сделалоее не глубокой—это и является политической ошибнойруководства кутк）。

三

苏联党中央委员会的调查委员会考察之后，这种错误已经明确的指出来。学校的领导机关却想推卸这种政治上错误的责任；于是毫不细心审查，并不注意：托派陈派以及右倾分子的供词会含有迎合某方派别成见的心理，而藉此捣乱学校，破坏中国党领导机关的信用——居然单凭这些供词而做出下列的事出来：（一）支部机关报——墙报开始反对代表团的大宣传（kamпания），登载奇形怪状的讽刺画（kapиkaтypa），说代表团组织小团体（右派），和托派勾结反对国际；（二）校长魏格尔同志在清党大会上说邓中夏秘密调查学校，以机会主义的政纲领导小组织反党，——他的说话，自然不是普通一两个学生轻信托派造谣可比，而事实上是领导学生反对代表团；（三）新书记伊格讷托夫同志又在清党大会上说：他以前曾经对代表团同志采取外交政策，说过并不反对代表团，并没有叫墙报定下进攻代表团的方针，但是，他是准备了许多，现在是可以用大炮机关枪大大进攻代表团了，并且说这是得着区委的命令的；（四）对于同志说中国青年团总书记关向应同志是托派，也不加以辩正。

这样，可见支部局不但不改正他的政治错误，反而利用托派的挑拨手段，客观上无论如何不能不是助长派别纠纷——扩大学校中的派别纠纷到中国党里去，固定一部分学生同志反对中国党中央委员会的派别成见，想藉此把中大不能保证培养布尔塞维克干部的糟糕情形的责任，推卸到中国党的代表团身上。这是我们要提出极端严重的抗议，而且正式提到国际监察委员会的。

中国共产党代表团对于中大问题的工作，简单的说来如下：

第一，代表团接到中央的信之后，更加加紧注意，实行调查，已如上述。这种调查，明白的通知过支部局（当时尚未有校长），经过组织部而执行的，绝无所谓“秘密调查”。当这次调查的时候（一九二九年四月），苏联中央对于中大决议通过不久，交到学校，党务政治问题方面，早已有了中央议决案（一月七日的）的指示；所以，我们的调查，主要的目的只在于帮助学校发见许多具体的教务校务上的缺点，而准备提出许多最具体的有益处的提议（如工人教本，生产学习，学科分配，汉文翻译改良的方法，实际运动如工运组织宣传等的分科学习方法等）。调查之后，六月一日即写好这种具体意见的意见书，经过翻译等手续，到六月十七日就交到学校，并同时给了苏联中央（经过魏格尔）及东方部。当时我们对于支部局的政治路线，丝毫没有怀疑其不正确；至于派别纠纷的现象，那末苏联中央的一七决议刚刚指出，代表团和支部局同时知道的，我们当时深信支部局正在开始执行这决议，亦就认为绝无再提一次的必要（参看“六月十七日的信”）。

第二，“十天大会”时，校长和代表团的意见完全是一致的，已如上述。其中就是发生了托肯的“秘密调查说”，这可以解释当时为什么学生之中有一部分有反对代表团的情绪，和为什么反对中共中央的谣传受不到支部之中相当的打击，可是，在王云程、夏曦和校长当面证明“秘密调查说”的无稽之后，我们又深信是托肯同志一时的误会，他当能负责去消灭那些把支部局和代表团对立的情绪（参看秦邦宪爱人说“忠发反对秋白”的谣传问题之“十天大会”的记录，参看中夏给托肯的信及王、夏二同志的字条）。代表团在“十天大会”的时候，帮助支部局反对右倾，反对托派的阴谋（如请愿示威等提议），指出学生中对学校领导毫无信仰的无政府主义的情绪，小资产阶级的极端民权主义和民族主义的恶劣倾向，指出派别斗争和个人纠纷等等。

第三，“十天大会”之后，代表团的所有同志都因为国际派有工作而离开莫斯科（国焘同志是因病去休养），直到八月底，我们方才陆续回来。当时听见校长提议请中央再来审查，我们知道有些同志有许多不满意，有些秘密的托派在“十天大会”之后还在造谣生事。所以，我们决定要帮助学校，因此，请学校支部局通知我们学校内部的情形，供给我们些事实，使我们在中央调查的过程中，能够很得力的帮助学校支部局。因此，曾经特别写信给学校（参看：我在九月间给学校的信）。后来我们陆续接到学生方面对于中央调查委员会的许多信的底稿。这些信里的反对支部局的意见，我们很明显的就看见有许多派别成见夹杂在里面，至于他们所指的事实是否正确，是否完全正确，我们是听候支部局自己对于中大对于代表团的申明的，向来不加以轻信。支部局方面在这一时期虽然屡次和我们谈话，但是，对于我九月的信，始终也没有书面的或口头的答复，对于有些事实并不解释。

当时我曾经几次（向尼克金同志）指出派别成见的害处，并提议要支部局注意训练积极分子，加紧消灭派别纠纷的斗争，确实的认准各个同志的错误和倾向而加紧斗争，不要管他是否批评支部局。

再则，亦就在这个时候，尼克金代表学校方面到东方部来，与米夫及我（还有余飞）共同商量从中大派送工人同志到列宁书院短期班的问题，当时尼克金所提名单之上大半都是李剑如、余笃三、郭妙根等一批人。那时，我们也说到他们这批人有派别成见，自然，我们也同意于尼克金的意见和米夫的意见，说他们在中大不能安心读书，而这些同志本身仍旧是可以造就的。不过，我们当时还提议王云程同志亦是工人同志，如果给他到列宁书院去，再学习一下，回国可以成为很得用的人才。虽然他亦是成见很深，可是，一样不是不可救药的（王云程问题当时决定了，后来不知道为什么始终没有去）。

第四，苏联中央第二次调查的时候，当然情形和一九二九年二、三月间是大不同了，——政治状况和反倾向斗争的问题非常严重的了。中央调查的过程之中，中国党代表团站在养成中国布尔塞维克干部的观点之上，曾经向苏联中央提议（参看张国焘写的信）；并且在决定另行筹备殖民地共产大学之后，写信向国际宣传部、东方部，并将底稿交给学校方面（参看秋白十二月二十日的信）。一九三〇年一月二日中央审查中大委员会向中大支部大会报告之后，我们也曾发表我们的意见（参看“中国党代表团一月二日告中大学生”）。

这时，我们因为陈独秀问题的材料由国内寄来，特别加紧在中大之中反对倾向的斗争；——讨论改组派问题的时候，我去做了报告，参加讨论；对于陈独秀问题，也特别做了一次报告，并且在中大之中用铅印油印印刷了许多反陈独秀问题及改组派问题的材料，做了好几篇文章。总之，从去年四月代表团调查中大之后直到苏联中央调查结果发表——一直到一九三〇年一月底为止，代表团向来是帮助学校领导机关实行布尔塞维克的路线的斗争，同时，屡次尝试纠正其政治错误的。

第五，苏联中央决定调查中大之后，大约是九月底，校长魏格尔同志曾经到我家里和我谈话，他说也许在相当时期要改造或者补充支部局——他以前也说过“路线正确的支部局书记，有时一样因为其他错误，或者不适当的缘故，而可以撤换的”。因此，后来我曾经写一封信给他，大致说：如果他认为适当，他可以去提议改造或补选支部局，我们是赞同这种意见的。

后来，中央调查结束之后，有过一次支部局会议，我们是参加的，——会前我们曾经和支部书记及校长谈话，当时支部书记（伊格讷托夫）亦说有些支部局的俄国委员，如沃勒克、托肯、白尔曼、苦求毛夫，现在既不做事，反有妨害本支部局工作的地方；校长亦说，有几个支部局中国委员如余笃三等，既然到了列宁书院读书，又向来只是“批评专家”，不能帮助工作，所以大家认为应当解除上述这些同志的支部局委员的职务；支部局开会时便正式照这意思通过了决议。至于补充委员的问题，则决定向区委提名单，请求批准。这次会上我和中夏都发表对于学校的意见，大致都是上面所写的，当时校长和支部书记都没有反对（这会大约是一月中旬）。

可见，直到这个时候，照支部局的意见，我们当然和支部局的路线绝无差异；——**我们赞同支部局的正确路线，但是，我们向来不能赞同支部局自己的那些政治上的错误**。

清党开始的时候，我们就写出自己的意见交清党委员会（参看代表团致清党委员会的信）。其中指出同志对于国际路线的态度，社会成分，派别纠纷等问题。此地要再提起的问题，就是托派的问题，代表团最早（约在一九二九年二、三月间），偶然查到托派秘密文件，就交支部局，叫他译出来看，并且要严重注意。后来，“十天大会”上有人指出托派嫌疑的，代表团注意到并要支部局仔细考查。当时犯有多少嫌疑的共六人（根据大会记录的名单），不经详细审查，亦不写出他们的批评，鲁莽的送回中国之后，代表团更加觉得支部局办事不妥，于是有一次，支部书记到东方部和苦求毛夫、我及余飞共同谈话时，他只提三个托派要送回，我们在他的名单之中指出二十多人有托派嫌疑，要他回去仔细审查，一面在群众中揭露他们的阴谋，一面写好详细评语，以便我们可以通知中国中央。此后，支部局始终没有答复：究竟这些人是否托派，应如何处置？苏联中央审查的时候，代表团又特别提这问题到别金斯基（国际秘书处）处，由国际监委、中央监委“特别机关”、中大的代表参加，我和余飞、中夏都在座，讨论这一问题。当时我叫学校代表注意再审查是否还有托派隐藏着（我们当时所共同知道的还只五十余人）。代表团方面也和“特别机关”谈话，找出犯有嫌疑者八十余人。后来一托派（赵言轻）自杀，又供出些人，现在清党过程中，发见托派组织共有一百零十人！

四

总结起来，我们可以说：俄国境内中国同志的现象，最浓厚的表显于中大；

中国劳动共产大学支部之中：（一）国民党残余和托洛茨基派，有组织在中国学生之中进行反革命的工作，破坏并且捣乱党的组织，努力毁丧国际及党的领导，一直到破获之后，仍旧企图有组织的继续这种工作，挑拨造谣无所不至；（二）陈独秀的右倾取消派已经和托派联结一起；（三）机会主义右倾和调和派的倾向有许多表现；（四）而无原则的派别纠纷继续存在着，这些派别各自企图掩饰自己的右倾错误，企图用代表团和学校支部局对立起来的投机政策，扰乱□□，推卸责任，甚至有意造谣毁丧国际及党的领导；（五）而中大支部局在反对倾向的斗争之中，不能充分得力的进行，反而助长派别纠纷，没有能力造成为着布尔塞维克化而斗争的工人基础，这就无条件的降低了全部斗争的力量，使他不能深入；现在他不但不改正自己的这种政治错误，反而中了托派和派别分子的挑拨，真正和代表团对立起来——扩大派别纠纷到中国党里去，想把自己不能保证养成布尔塞维克干部的责任，推卸到代表团身上。

至于学校领导机关：（一）经过代表团一年半以来二十多次的催促，始终没有一次将回国学生的评语表送来，以便转到中央；（二）回国学生及学习生产学生的选择，始终是“专留好的，选坏的派回国”（中国中央的信）；（三）学校的功课始终不办分科以研究实际问题（工运等等）；一般教务上校务上的紊乱仍旧是很少改善——这些已经是次一等的错误和缺点了。对于代表团要翻译的事，屡次是自己推荐，随后又说“代表团”专要右派做翻译！

声明书*

（1931 年 1 月 28 日）

一、我完全抛弃自己的一切错误和离开国际路线的政治立场——三中至四中［全会］间之调和主义的立场，而站在共产国际路线的立场之上，拥护四中全会，在中央政治局的领导之下来为党为革命而斗争。

二、反对立三路线及其调和主义的斗争，反对罗章龙等右派小组织及其调和主义的斗争，揭破并打碎立三主义者和右倾小组织的联合企图，是现在为着党的布尔塞维克化及真正执行国际路线所万分必须的。中央最近开除章龙（他发布小册子是反革命的行动）、开除王克全中央政治局委员及中央委员，开除王凤飞中央委员，警告贺昌，对于锡根、余飞、陈郁同志的要求，以及对于江苏省委问题的一切处置，我都是完完全全拥护，而且在以后党反对立三路线，反对右派小组织、调和主义以及一切“左”右倾机会主义倾向，反对取消派及其暗探的斗争之中，我必定尽我的能力参加。这个经常的有系统的斗争开始得还不久，此后正要更加加强起来，更加深入到支部，深入到日常的实际工作之中去呢。

三、我的调和主义的错误，是和在莫斯科代表团对于“学生问题”的错误相联系的。当时对于莫斯科学生中反对中大支部局的李剑如等同志，对于这个小组织，我采取了保护态度，以至不但不能反对派别斗争，反而自己陷于派别斗争的泥坑，这是因为我当初有过对于富农问题等的右倾机会主义的观点，这些观点之中有些是他们所赞成的。这种错

* 本文原载《瞿秋白文集》（政治理论编）第 7 卷，原注云：这是瞿秋白遵照中央政治局的决议写的声明书。全文曾在 1931 年 2 月 15 日《党的建设》第 3 期上发表，这里根据中央档案馆藏原件刊印。

误是我的非布尔塞维克的整个立场之中的一部分。现在我公开揭露和承认我立场的全部错误，和这种派别斗争的错误，而和他奋斗。

中央政治局一月二十七日的决议，要我写声明书——我在病重中不能多写，所以只写这一些（以前我已经写了一封信给中央和国际执委）。

一九三一年一月二十八日

鬼门关以外的战争*

（1931年5月30日）

一

二十世纪的中国里面，要实行文艺革命，就不能够不实行所谓“文腔革命”——就是用现代人说话的腔调，来推翻古代鬼“说话”的腔调，不用文言做文章，专用白话做文章。但是，从“五四”到现在，这种文腔革命的成绩，还只能够说是“鬼门关以外的战争”。为什么？因为鬼话（文言）还占着统治的地位，白话文不过在所谓“新文学”里面通行罢了。咱们好好的“人的世界”，还有一大半被鬼话占据着，鬼话还没有被驱逐到鬼门关里面去！

固然，中国的文学革命，已经有了相当的局面。这种局面是：十年二十年以前只有“诗古文词”算得文艺，现在呢，“诗古文词”逐渐的跟着樊樊山袁寒云等等死下去，而新式的以及旧式的小说诗歌戏剧却一天天的被承认为文艺了。可是，我们必须极严重的注意一个问题，就是文艺里面所用的文腔，不应当离开一般社会日常所用的说话腔调，而成为单独的简直是别一个国家的文腔似的东西。现在的情形，却正是这样。记得当初五四运动的时候，胡适之有两个口号，叫做“国语的文学和文学的国语”。现在检查一下十二年来文学革命的成绩，可以说这两个口号离着实现的程度还很远呢！现在的新文学，还说不上是“国语”的文学，现在的“国语”，也还说不上是文学的“国语”。现在没有国语

* 本篇及下篇《普通中国话的字眼的研究》，曾辑入1938年5月上海霞社印行的《乱弹及其他》。

的文学！而只有种种式式半人话半鬼话的文学，——既不是人话又不是鬼话的文学。亦没有文学的国语！而只有种种式式文言白话混合的不成话的文腔。

这里，我们必须研究文学革命的意义：文学革命的任务，决不止于创造出一些新式的诗歌小说和戏剧，他应当替中国建立现代的普通话的文腔。现代的普通话，是随着社会生活的剧烈变动而正在产生出来；文学的责任，就在于把这种新的言语，加以整理调节，而组织成功适合于一般社会的新生活的文腔。这样，方才能够有所谓"文学的国语"；亦只有这样办法，才能建立和产生所谓"国语的文学"。

二

中国社会生活的剧烈的变动——尤其是在最近三十年来的变动，这是现在人人都应当认识的事情。除出那些将要进棺材的"遗老"之外，大概没有人否认这件事的了。这种剧烈的变动是什么呢？就是宗法的封建式的社会关系崩溃的过程和一种新的社会关系在殖民地式的畸形的资本主义发展的条件之下的"难产"过程。当然，这两种过程只是一件事情的两个方面，并不是互相没有关系的两件事。这两种过程之间的关系，正表现于"资本主义的畸形发展"。关于这个问题，我们不能够在此地详细地讲。这里要讲的是这种社会的巨大变动产生"新的文学"和"新的言语"的需要。宗法封建的社会关系的崩溃，使中国的文言文学和文言的本身陷落到无可挽回的死灭的道路上去。同时，资本主义式的社会关系产生了新的阶级，不论他们这些阶级之间发展着怎样的斗争，以及这种斗争怎样反映到文艺上来，他们却共同需要白话文学和所谓"白话"的"新的言语"的完全形成。

现在，我们来说一说：（一）笼统的"新的文学"的产生过程，（二）笼统的"新的言语"的产生过程，（三）现代普通话的建设。

首先要说明的是：我们这里所说的"新的文学"是广义的，和狭义的单指着新式白话的"新文学"，有范围上的不同。"新的文学"包括现在的一切诗歌，小曲，小说，演义，京戏，文明戏，对话戏，以至最新的新式歌舞戏。这里面当然也包含着新式白话的新文学。新和旧，本来是比较的形容词。十年前认为是新的，十年后也许是很旧的东西了。譬如说：章回体的小说，在现在的文艺上是所谓旧小说了，可是，这种东西可以认为是文学，这却是一件“新的事情”。而且这件新的事情反映着极重大的社会变动。因此，我们说到中国的“新的文学”产生的过程，就不能够不回溯到这件三十年前的簇新的事情，因为这里伏着文腔革命的种子。

原来文学革命的发动，首先只限于文艺的内容，并不一定注意到文腔的改革。可是，社会关系的巨大变动，使中国人的日常生活，社会生活，学术生活跟政治生活，都发生很厉害的变更，以至于旧的文腔不能够应付了，然后，才从最初一点一滴的，使文体上的改变（这种改变还不过是适应文艺的新内容的需要而发生的），进一步而走到整个文腔的改变。这个文腔的整个改变，有极深刻的社会意义。这个意义在什么地方呢？就是在于使用那种“新的”文腔的人，在社会上的地位抬高了，他们在社会上成为一种不能忽视的力量了。

要说明这种过程，自然要举出重大的历史事实。

最初是梁启超大胆的出来说：“小说是文学之最上乘。”他甚至于极夸张的说：“今日欲改良群治，必自小说革命始……何以故？小说有不可思议之力支配人道故。”为什么“忽然”小说变成了“文学之最上乘”呢？这在三十年前简直是大逆不道的“邪说”！以前只有古文，诗，词可以算做文学，小说等类的东西只是给“下等人”消遣的，算不得文学。但是，因为到了“戊戌政变”的前后，这些能够读小说的“下等人”已经不大安分了，他们已经逐渐的成为社会上的重要人物，他们已经是一种力量。——开明专制主义的贵族维新党，也企图经过小说来组织这些“下等人”的情绪，宣传维新主义。自然，如果古文和诗词能够达到这种目的，如果，就算进一步，新式的——梁启超式的文言的论文以至于小说，可以达到这种目的，那么，也不必一定要小说，更不必一定要白话。对于他们，维新主义的贵族，当然是古董越保存得多越好。可是，他们的希望是枉然的。梁启超当初办的《新小说》杂志，是宣传保皇党的维新主义的；就是林纾翻译西洋小说也常喜欢做些序，顺便宣传些“老新党的爱国思想”。他们只想把文艺的题材和内容改变些，维新些，至于文腔，那么，古文的也好，新式文言的也好，旧式白话的也好——这是不关重要的事情！结果，许多“下等人”还是大半看不懂的，——凡是用古文的，那是简直完完全全的看不懂。这是文言破产的第一步。于是要想“流惠下民”的老民党之中，也就有些人发见这种情形。自然哪！老民党就算是贵族士大夫出身，意识上却多份是代表“富族”的了，不，说错了，是代表“民族”的。“民族”在当时还处于“被压迫”的地位——而且做着下等人的领袖呢。“下等人”怎样就能够来当民族革命的苦力呢？至少，要他们懂得宣传他们的文字。因此，有人想到古文的用处比较的少，旧式演义小说的白话要更加合适些。吴稚晖先生自己说的：“晚上读曹植《与杨修书》，他说——‘……吾虽德薄，位在藩侯，庶几戮力上国，流惠下民，建永世之业，留金石之功，岂徒以翰墨为勋绩，辞赋为君子哉？’——就想扔了那劳什子的文史，还是学剑。到明年，还到家乡，在小书摊上得到一部《岂有此理》，他开头便说——‘放屁放屁真正岂有此理’，——忽然大澈大悟，决计薄文人而不为。偶涉笔，即以放屁放屁，真正岂有此理之精神行之。”（吴稚晖：《我们所请愿于章先生者》——一九二六年，《现代评论》）这样，老民党之中，有人为着自己“位在藩侯”，有“流惠下民”而“建永世之业”的志气，就主张放屁文学。其实，维新党的《新小说》里面，同样也有和吴稚晖先生的《上下古今谈》一样的旧式白话小说，并且还留下近代中国文学的真正典籍（classics），例如吴沃尧的《二十年目睹之怪现状》等。但是，所有这些白话小说，在最初的主要意义，都只在于借此宣传维新或者排满，反对官僚或者鼓吹爱国，传布其他种种当时所认为新的“新思想”。换句话说，就是主要意义，至多只是“小说应当认为是文学”。甚至于认为只要宣传的是“新思想”，就可以算“小说革命”——文学革命。因此，主要的意义，并不一定在于用白话做小说。因为这样，林纾用古文做小说（《京华碧血录》等），梁启超等等用新式文言做笔记或者小说，都认为是新思想的文学革命了，都算是创造了一种“新的文学”了。正因为这样，当时的老新党和老民党，甚至于连认定“小说为文学之最上乘”的立场，也保持不住。甚至于南社文人，章太炎，廖平，陈去病，柳亚子等的“诗古文词”——鼓吹排满的《国粹学报》等等，都想算做“新的文学”。

这样，我们已经可以知道：中国“新的文学”产生过程的第一阶段——“第一次的文学革命”，也和辛亥革命一样，是流产了。

第一，林纾的古文小说，南社文人的诗古文词，骈文，魏晋齐梁体的文章，——在文腔改革的意义上说，根本不能算得“新的文学”，在这种文艺内容上说，也够不上“新的文学”的资格。这旧文体里面装进新的维新思想的企图，是完全失败了。这不但因为旧的文体不能够充分表现新的思想，新的情绪，新的生活，而且因为根本不能够普及到“识字的下等人”的读者社会。因此，这种所谓文学，只能够有极短的寿命：辛亥革命之后，《民权日报》有《民权素》，《申报》有《自由谈》，《新闻报》有《快活林》等等——这些“报屁股”出现，是所谓“礼拜六派”的老祖宗。这些报屁股的新派文学家，虽然还用古代文言企图表现“新的文学”，表现反对帝制，改良礼教，谈谈公德，爱国等的所谓新思想（例如《玉梨魂》——四六体的小说，表现寡妇恋爱“发乎情止乎礼义”之类的东西），可是，不久，这种文腔就澌灭下去。代替他的是用现代文言做的笔记小说，黑幕小说。这种所谓现代文言，就是不遵守格律义法的变相古文，而且逐渐增加梁启超式的文体，一直变到完全不像古文的文言。从古代文言的小说，变到现代文言的小说——这种变更是礼拜六派内部的变更，这种变更没有经过什么斗争，什么争辩，什么反对或者提倡，这是自然而然的变更。到现在，市场上已经看不见一部新出的古文小说，而现代文言的笔记，小说，黑幕汇编等等，却还可以看见一些。为什么这个变更这样和平呢？很简单的：这是市场上商品流通的公律，没有人要的货色，“自然而然”的消灭，不见，退出市场。

总之，古代文言和现代文言的小说，不但决不是国语的文学，而且也建设不成功文言的“新的文学”。

第二，吴稚晖等最早的主张白话，虽然他们自己是“偶一为之”，他们决没有主张废除文言，然而这种旧式白话小说，却的的确确创造了“新的文学”。我们只要想：当初的文言小说之中有那一部著作够得上流传到现在呢？一部也没有！即使像苏曼殊的作品，比较的可以说有点价值，也决不是“新的文学”。这些东西如果是好的，也决不能代替《史记》《汉书》韩愈苏轼《唐人说荟》等的文言文学；如果是坏的，早已到了字纸篓里，早已从字纸篓里跑到了垃圾堆……但是二三十年前新出的白话小说：《二十年目睹之怪现状》，《官场现形记》，《老残游记》……等等好的东西，他们继承《红楼》，《水浒》，而成为近代中国文学的典籍；就是坏一点的，例如《九尾龟》，《广陵潮》，《留东外史》之类的东西，也至今还占领着市场，甚至于要“侵略”新式白话小说的势力范围：例如今年出版的张恨水的《啼笑因缘》，居然在“新式学生”之中有相当的销路。他们的确代替了三四十年前《史记》《汉书》……《唐人说荟》的地位。在这种意义上，这类东西可以说是“新的文学”。“新的文学”从文言转变到旧式白话，却经过了一些斗争。但是，这仍旧是广义的礼拜六派内部的转变。而所谓斗争，也是五四时代新青年派反对他们礼拜六派的斗争。礼拜六派在“五四”之后，虽然在思想上没有投降新青年派，他们也决不会投降，可是在文腔上却投降了。礼拜六派的小说，从那个时候起，就一天天的文言的少，白话的多了。可是，这亦只是市场的公律罢了。并不是他们赞成废除文言的原则上的主张，而是他们受着市场的支配：白话小说的销路一天天的好起来，文言的一天天的坏下去。再则，在文艺内容上讲，旧式白话小说，至少是好的作品，例如《官场现形记》等等，在当初，的确能够更充分些表现当时的所谓新思想：排满，反对官僚，反对帝制，改良礼教……这更使他们成就一种那个时候所承认的“新的文学”。但是，这种旧式白话是不是国语呢？——是不是现代的普通话呢？不是，他只是近代中国文，并不是现代中国文。关于这个问题，以下还要详细说。现在先结束一下。

旧式白话小说，建立了相当意义之中的“新的文学”，但是并非国语的文学。

这样，第一次的文学革命，始终只能算是流产了。旧式白话小说（以及文明戏等类一切“维新时代”的出产品），正和辛亥革命一样，即使这种东西始终形成了某种意义上是“新的文学”，那么，这也只是在五四运动的推动之下，方才有这样的成就的。何况，等到旧式白话文学差不多完全夺取了以前新旧“文言文学”的地位的时候，这种旧式白话小说——二十年十五年前比较起“诗古文词”来可以算“新的文学”，现在，却已经成了旧文学的代表了，——已经成了文学革命的对象了。

三

现在，我们要说到第二次的文学革命——中国“新的文学”产生过程的第二阶段。第一次的文学革命，根本算不得革命：（一）对于文腔，那时并没有主张根本改革，——白话小说的产生最初是“自然而然”的，至多，也只是吴稚晖的放屁主义，后来，这又是受着五四运动第二次文学革命的推动才发展的。这种发展，显然已经不是“革命”，而是变相的旧文学保存。自己地位的一种保守策略了。这仿佛法国国王在大革命开始之后宣布立宪一样。（二）关于文艺内容方面，当初还有些浅薄的所谓“新道德”——改良礼教主义。后来的黑幕小说，宫闱小说，历史演义，侦探，艳情，种种色色……一直到最近几年党国要人提倡“国术”的风气之下的武侠小说，反而借着旧式白话的工具，来复活“文以载道”的道统。这仿佛辛亥革命之后，袁世凯虽然没有做得成皇帝，而军阀制度却形成了新的统治。所以第一次文学革命和辛亥革命一样，如果没有五四运动，那简直是差不多等于零。因此，第二次文学革命才是真正的文学革命。

五四运动时代的第二次文学革命的意义，首先，在于他明白的树起建设“国语的文学”的旗帜，以及推翻礼教主义的共同倾向。这才是真正的要创造新的文学和新的言语。

当时这种新文化运动之中的文学革命发展到现在，大致的说来，又分成两个阶段，正确点说是分成两个营垒。所谓两个阶段是：一，一九一九年到一九二五年，那时候主要的倾向只是个性和肉体的解放；二，一九二六，二七年到现在，这时候新兴的倾向是集体主义和匪徒精神。所谓两个营垒是：一，辛亥革命之前的“下等人”领袖变成了“高等人”的营垒；二，下等人之中的下等人，就是奴隶牛马的营垒。这都是指着文艺内容方面说的。这里，是不是有“新的文学”形成呢？的确有的。就是现在一般所称谓新文学的。自然哪，有了新式的高等华人，当然有新式的文学。尤其是个性解放和肉体解放主义的新文学，的确是建立了。固然，这里面还有许多不同的派别。例如《良友》画报，《玲珑》杂志是这种文学发展到“成熟”时期的东西。这是新式的礼拜六派。礼拜六派从二十年前的《民权素》，《自由谈》发展出来；良友派也是从“五四”初期的《觉悟》，《学灯》，《晨报副刊》发展出来的。自然可以说：良友派是低级趣味的东西，然而《新月》，《前锋》等等亦是同一种趣味，不过是高级的罢了。——趣味的种类是一个，趣味的等级不同罢了。至于集体匪徒主义的文学，为咱们“民族”起见，是“必需要其败退的”。

这样，一般的讲起来，第二次文学革命，的确建立了“新的文学”，然而在文腔改革问题上来讲，这是不是国语的文学呢？那却还不是。“五四”以来的新文学的确形成了一种新的言语，然而这种新的言语却并不是“国语”——现代的普通话。这种新文学的言语，可以叫做新式白话。新文学的任务本来应当顺便建立现代中国文——表现现代中国普通话的一种文字。然而他现在所形成的，却还并不是现代中国文，而是

“非驴非马的”一种言语。关于这个问题，我们在下面要详细的说。现在我们只要指出：新文学所用的新式白话，不但牛马奴隶看不懂，就是识字的高等人也有大半看不懂。这仿佛是另外一个国家的文字和言语。因为这个缘故，新文学的市场，几乎完全只限于新式智识阶级——欧化的智识阶级。这种情形，对于高等人的新文学，还有可说，而对于下等人的新文学，那真是不可思议的现象！

这样，第二次文学革命只建立新式白话的“新的文学”，而还不是国语的文学。

文学革命的任务，显然是没有执行到底。这是因为什么？（一）文学革命的新阶段，正在要求第三次的文学革命——在文艺内容上，不但要反对个人主义，不但要反对新文学内部的种种倾向，而且要认清现在总的责任还有推翻已经取得三四十年前《史记》《汉书》等等地位的旧式白话的文学；可是，对于这个任务，却没有人注意；（二）第三次的文学革命——在文腔改革上，不但要更彻底的反对古文和文言，而且要反对旧式白话的威权，而建立真正白话的现代中国文；可是，这个问题却正是“新文学”界所最忽略的。因为这两个主要的原因，文学革命运动就不能不暴露停滞的现象。

现在我们来看一看：“五四”的文学革命建立了些什么？

第一，诗歌　新式的白话诗歌（以及所谓诗剧和新式的歌剧），到现在已经有许多派别，但是，这许多派别却有一个共同的现象，就是仅仅只能够给新式智识阶级看，而差不多都是不能够读的。固然，因为新的诗歌在一般文艺市场上遇不到什么竞争者，所以勉强还可以说“新的诗歌是代替当初的文言诗词”了。但是，我们如果仔细一想，就可以知道情形不这么简单。不错，文言诗词的集子（新的现代人的创作），在最近十年来也许一本也没有出过；而新式白话诗的集子，至少已经有一百五六十本，而且正在天天的出版。然而，第一，所谓一般社会还只在读小报上的打油诗——而不能读新诗；第二，下等人是在读和唱五更调……等等的小曲子，做梦也没有做到新诗。这种情形，可以说新诗得到了胜利么？第三，“新诗”之中只有一些万分浅薄的《毛毛雨》，《妹妹我爱你》之类的东西是到了“社会”里去了，可是，这种东西正是变相的礼拜六派（良友派）的东西。西欧各国文学革命建立现代言语的时候，差不多都有伟大的诗人，运用当时一般社会的普通白话，创造优美的真正文学的国语，意大利的但丁，法国的腊新，德国的哥德，俄国的普希金，都是这样。本来新时代的“新的言语”形成的时候，韵文是有很大的作用的。诗的主要形式，就是节奏和韵脚（押韵是不是押在每一行的末一个字，这是次要的问题，可是，即使是自由诗也一定要有节奏的）。节奏可以帮助一般读者纯熟的练习这种新的言语。但是，中国的新诗却大半不能够读，就是没有把一般人说话腔调之中的节奏组织起来；因此，至少对于一般人，这是没有节奏的东西（新诗对于诗人自己，或者小范围之内的新诗人社会，是有节奏的——他们自己会读自己的诗）。所以，诗的内容即使是好到万分，他用着这种工具，也决不能够成功“国语的诗”，决不能够打倒打油诗。这里主要的原因，是因为“新诗人”不去运用现代人说的白话。而大半只去运用文言的词藻。

第二，小说　新式白话文学之中，小说要算是很多的了。这里，现在我们亦不讲各种派别的文艺内容，只从一般新式小说的地位来说。社会上的所谓文艺读物之中，新式小说究竟占什么地位呢？他实在亦只有新式智识阶级才来读他。固然，这种新式智识阶级的读者社会比以前是扩大了，而且还会有更加扩大些的可能。然而比较旧式白话小说的读者起来，那就差得多了。一般社会不能够容纳这种新式小说，并不一定是因为他的内容——他们连读都没有读过，根本就不知道内容是什么，他们实在认为他是外国文的书籍。我们只要想：旧式白话的武侠，爱情，侦探，黑幕，历史，宫闱小说，是怎样广泛的成为中国一般社会——还算是上等社会的读物。这种东西有流通图书馆，有租书会的组织，一本书还要抵得新式小说八九本。因为每一本这种旧式小说，看的决不止一个人。至于识字更少的“下等人”，他们看“连环图画”的小说，他们也有时事小说和唱本：从《蒋老五殉情》，《阎瑞生惊梦》，《黄陆恋爱》，《哑巴恋爱》，一直到最近的《太保阿书砍头》。他们亦有“街头图书馆”可以借阅。所有这些人，大半都是和新式小说没有关系的，甚至于有极大多数的人是不知道有新式小说的存在的。为什么？因为小说的内容么？不一定。例如关于最近的“大时代”的小说，我敢断定中国至少有二千万以上的人是要读的，而且是非常之想读的，可是他们不能读。因为这种言语不是他们的言语。新式白话不能够就着他们的程度，去引导他们来了解跟运用更复杂些的言语。照理小说和散文，应当比诗歌更加容易表现现代的“人话”，因为诗歌里面有的时候还要顾到“诗的言语”的必要，还不容易通俗些——这在欧美各国亦都是这样的。可是，中国现在的新式小说却很多也是用“不像话的”所谓白话写的。这样，“新文学”尽管发展，旧式白话的小说，张恨水，张春帆，何海鸣……以及“连环图画”小说的作家，还能够完全笼罩住一般社会和下等人的读者。这几乎是表现“新文学”发展的前途已经接近绝境了。因为如果新文学继续用现在这种新式的所谓白话，那么，他的前途便有一个不可逾越的界线——顶多发展到这条界线，往下就绝对不能发展的了。这条界线，我们姑且叫他“绝种界线”。这是什么呢？就是相当“博学”的认识汉字的程度和欧美文法的常识。凡是有可能学得到这两种智识的人，方才可以希望他们懂得“新文学”。然而这个“可能”的范围——“绝种界线”的范围，是很小的，因为这一个可能的价钱是很贵的——从初级小学到很好的初级中学毕业的学费，至少要三四千块钱。所以旧式白话小说——直到街头图书馆里面的连环图画小说，可以安安稳稳的坐在他们的“太平皇帝”的宝座上。新文学呢？顶多也不过发展些新式礼拜六派的势力，换句话说，就是投降“旧文学”。

第三，戏剧　新式的说白戏——对话戏，照理应当比小说更容易建立现代中国文的“新的言语”：（一）说白戏本身应当是完全的嘴里面讲的白话，而不是书本上写的白话；（二）说白戏可以不经过汉字而传达到群众方面去。但是，新文学的戏剧之中，至少有百分之七十以上也是用“不像人话的”所谓白话写的。这种句子，如果在戏台上表演的时候，照着剧本上的念出来，那么，看戏的人简直弄到“临台涕泣，不知所云”。固然，新式白话的诗歌，小说，尤其是戏剧，在最近几年来有了明显的进步，其中有一部分真正成熟的作家相当的注意所用的言语。然而这是极少数的。而且这些文腔正确的说白戏，大半都是所谓“爱美剧”的性质。“爱美的”——外国文是“amateur”，通俗的翻译可以译做“客串的”。这仿佛只关于戏剧内容的问题，而不是言语的问题。然而这和言语也很有关系。因为戏剧的内容既然是客串性质的——既然是高贵的智识阶级出来客串一下的性质，所以他们戏剧的题材，便自然而然的只限于智识阶级的怪僻嗜好，这里所用的言语，即便是刮刮叫的真正白话，也只是智识阶级的白话。例如洪深改译的《少奶奶的扇子》，《第二梦》，《新月》上去年发表的《骷髅的迷恋者》（三卷一期）等类的东西，难道是群众所要看的戏么？当然不是的。所以在戏剧问题上，更加充分暴露“新文学界”的小团体主义。因为“新文学界”只管自己这个小团体——充其量也不过一万人，所以，另外的几万万人就自然只能去看“京戏”，或者所谓上海派的京戏，以及第一次“文学革命”遗产的文明戏，新式文学在这方面的发展，也至多只有新式礼拜六派的投降政策，譬如梅花歌舞团，桃花歌舞团，新春秋剧团等等出卖肉感的“新戏”。

总之，“五四”的文学革命运动，十二年来的成绩只是如此！国语的文学至今还没有建立。中国一般社会的文艺读物，虽然已经不是《史记》，《汉书》，唐诗，……《唐人说荟》，《宋稗类钞》，说得更正确些，已经不是樊樊山，袁寒云，易顺鼎，林纾等等的诗古文词，却又换了张春帆，何海鸣，张恨水……连环图画小说，《蒋老五殉情记》等等。所以“第三次的文学革命”是非常要紧的了。

第三次文学革命的对象是现在的旧文学——旧式白话的文艺，以及高级的和低级的新式礼拜六派，当然，这个革命运动同时能够开展“新文学界”内部的一种极重要的斗争；第三次文学革命的目的，必须包含继续第二次文学革命的任务——建立真正现代普通话的新中国文（所谓“文学的国语”）。谁都应当知道：没有真正现代普通话的新中国文，真正的“新的文学”是不能再发展的了。现在“文艺界”的情形明明白白的告诉我们：“新的文学”正受着“绝种界线”的束缚；“没有文腔革命，是不能够彻底实行文艺革命”的。第三次文学革命所以必须要有他自己的“新的言语”——真正现代普通话的新中国文。

四

现代普通话的新中国文的建设问题——不仅是文学范围里面的问题。中国现在的日常社会学术政治的生活，各方面都需要新的言语，事实上——民众的嘴里面也的确天天在那里产生着这种新的言语。然而，“文学界”——狭义的文学市场固然已经把文言的东西几乎完全驱逐出去，而在一般社会生活里面，文言的东西却还占着统治的地位。“新文学界”只顾到自己的小团体，他们和旧式白话文学讲和平，甚至于和一般的文言讲和平，而没有积极的斗争，那么，他们只有更加摧残自己，恶化自己——把新文学的言语自然而然的弄成文言白话杂凑的怪物。这所以和民众生活之中产生“新的言语”的过程隔膜起来，而且对于这种过程无意之中是加以阻碍。因为这样，所以我们要特别严重的提出建立新中国文的问题，提出第三次文学革命的问题。

首先，我们要来研究中国的语言和文字的现在状况，亦就要从文言和白话的关系说起。

中国言语和文字的分离而不一致，是比中世纪拉丁文和欧洲各国言语的距离，更加离开的远，因为拉丁文是拼音的文字，他曾经是活过的言语，而中国的文言，却根本没有完全活过。这种畸形怪状，在现代是不能够再容忍的了。可是，五四运动的反对文言斗争，做了十年之后，居然还有潘光旦之类的人出来说："古话文和今话文或白话文究竟能不能划清界限，是一个疑问。"（一九二七年十二月十六日《时事新报·学灯》）居然还有许多小学的中学的所谓国文教科书，和全国报纸都还是用文言。这是万万不能再容忍的了。

文言和白话究竟有没有界限？我们来大概说一说中国言语和文字的发展过程。先把各种言语的绰号定出来：

一，中国的所谓古文，可以叫做"古代文言"——这是上古中国文。

二，中国现在所用的文言（报纸，公文等等），可以叫做现代文言——虽然现代还用着，但是始终亦是古中国文，因为这里的文法（字法，句法）亦不是人话的文法，——根本不成人话。

三，中国的旧式白话——这是近代中国文，这是明朝或者清朝人说过的话，不是现在人嘴里的话。

四，中国的新式白话——这应当是现代中国文。但是，结果是既然不会运用现在人嘴里讲的话，又很不懂得利用和改良旧式白话，却只去因袭文言的文法和外国文的文法——所以是不人不鬼的话。

第一，古代文言：

刘大白说：古文是"二千几百年前一般人口头上流行着的言语"，所以是古人的白话（周朝人的白话），因此，现在这是鬼话了。我以为这是很错误的见解。中国最初的文字，和各国太古时候一样是象形的文字。现在全世界极大部分的先进国家都用的罗马字母，最初也是腓尼基人的象形字，因为进化的结果，才逐渐的变成一个字母代表一种声音的拼音制度。但是中国的象形字却没有完全变化，说正确些，中国字的变化始终没有逃出象形制度的范围。象形制度实在是太古时代所谓"结绳而治"的蜕化。结绳是什么？这是野蛮人的笨方法，在绳上打一个结，帮助记忆某一件事情，东西或者状态。象形——是画一幅小小的图画，这比较进步了，可以记忆更复杂些的东西。然而，这根本不是记载声音的制度。拿这种图画的字形做根据，再发展出什么“指事”，“会意”，“转注”，“假借”，甚至于“谐声”，压根儿就脱离不了象形制度的蠢相。“指事”就是画符号——深奥一点的象形，“会意”就是猜谜子，“转注”和“假借”就是夹二缠。至于“谐声”，就是“秀才读字读半边”，其实，这半边还是象形的。总之，这种象形字，根本不是代表声音的东西。因此，中国的上古文的原稿——刘大白所认为是周朝人的白话，实际上只是周朝人画的许多花花绿绿的符号，而并不是当时说的白话。再则，用这些符号做成功的文章——《诗经》，《书经》，《易经》……最初大半都是韵文。这倒没有什么奇怪，各国的上古文的作品，凡是遗留下来的，也大半是韵文。这是因为野蛮时代没有纸没有笔，所以重要的历史事实（国王，诸侯打猎啦，打仗啦，教人种田的方法啦），都一定要编成韵文，教大家唱着，才容易记住。中国的所谓国医，最初也还要用《汤头歌诀》的韵文教科书呢。中古世纪的许多技术传授，往往是用这样方法——这是当时的生产方法所规定的。科学的机器工业没有发生的时候，人往往不能用理智的合于逻辑的言语来记载一切东西，而用手工业的特殊方法——熟练的手艺式的文章，就是“知其然而不知其所以然”的方法。这种韵文的传授，必须另外加以解释——所以“经”必须有“传”。这足见“经”本身决不是当时讲的白话。就是“传”亦不是。因为做“传”的文字本身不是能够传达嘴里说的话的东西。因此“传”又需要“注”，“注”又需要“疏”。但是，注来注去，疏来疏去，仍旧是书本子上的言语，而不是嘴里讲的言语。所以可以说：古代文言并不是周朝人讲过的白话，而只是周朝人书房里的哼哼调。象形制度之下，文字和言语不但不能够一致，而且简直成为另外一国的言语。这种言语根本就没有活过，所以也就不会是“死的”。这种不死不活的书房里的言语，本身就最适宜于做韵文：因为这种言语既然是些象形的符号联系起来，要人记忆得住，最好编成押韵的节奏整齐的文章，叫人念着。所以攻击古文之中的所谓“律体”（骈文，四六，赋，颂），说他是“不成话”（刘大白），这是根本用不着的。大家想得通的：就是周朝人也没有把《诗经》当做白话来说。

这种文言，当然也受着白话的影响。社会生活一天天的复杂起来，言语一天天的进步，纯粹的象形制度的画符的办法，无论如何是不够用的了。而且文言的本身亦是要记载思想的，而思想实在是没有声音的言语，正确些说，是没有说出口的言语。因此，一方面文言受着社会生活的推动，而逐渐进化到散文（这是受白话的影响），别方面，文言的腔调自己能够成功一种不是嘴里说的而只是书房里念的特殊言语。这只是模仿白话又始终不能够变成白话，而只能自成其为一种“文话”。这样，中国的古代社会就自然发生一种“理想的优美的制度”：君子（贵族）用文言的腔调在自己脑子里去思想，小人（小百姓）用一般的白话讲话。——然而，君子对小人讲话的时候不能够不用白话，甚至于互相讲话的时候也不能够不说白话，至多不过加上些“文绉绉”。因此，无意之中文言是受着白话的影响而逐渐进步——就是一天天复杂起来。可是，比起小人讲的白话来，君子的文言始终是另外一种言语。他受白话的影响是有一定的限度的。这对于君子倒是“有利而无害”。社会上的一切智识，既然都是用只适合于文言的象形文字记载着，这些智识就可以由君子独占起来，小人没有份！君子要练习运用这种文言，必须（一）识得很艰深——很蠢笨的许多象形字，尤其艰深的是要人猜谜子的半象形字（会意等等）；（二）熟读几百几千篇古文，使在白话的腔调之外，另外学会一种文言腔调，唱歌似的腔调。这两层功夫至少要花十年二十年的闲功夫。而这闲功夫是要农奴替他们制造的。因此，他们竭力保持古文的正统，排斥白话对于文言的影响，古文调头的保存，部分的可以帮助君子阶级统治的保存。

我们可以说：秀才念文章和道士的念咒，和尚的念经，有一样的作用：道士念咒给鬼听，和尚念经亦是给鬼听——是用玉皇和菩萨的文腔吓鬼；秀才念文章给小百姓听——是用“先王”的文腔吓小百姓！

到了二十世纪，欧洲的科学来到中国——这当然是跟着帝国主义，以及被他所影响的中国的畸形资本主义发展而来的。于是清朝的君子（严复章士钊等类的人物）就想出一条妙计：提倡用古文翻译科学书。甚至于胡适以来的“新文学家”都在称赞这些翻译。甚至于到一九三一年还有人用“半古文”出版科学著作，我不知道这是“是何居心”！据说他们译书很“郑重”。“郑重”的结果是什么呢？他们的希望是企图独占科学的智识。无论如何，这只证明古文的死灭，古文的没有用。如果说这些翻译能够精确的传达原文的意思（“信，雅，达”），那么，传达给谁呢？顶多也不过传达给君子——能够认识深奥的汉字和领会古文文法（腔调）的人。这样，这一些人（而且要懂得《说文》能够读子书的人——大约不过两三千罢），用这种古文去研究科学，另外一些人（而且是三万万几千几百几十万人），是只用白话的，安心去做“荷砖伐木之劳工”，听一个工程师的设计和指挥，用古文来说，就是“出粟米麻丝，作器皿，通货财，以事其上”好了，不要多管闲事，研究什么科学！然而，事实上古文本身是不能适用了。能够真正用古文讲科学有几个人呢？严复的翻译只能证明古文的完全破产。

总之，现代的日常社会生活，现代的学术以至政治生活，不能够容许古文腔调的保持。即使套着诸葛亮《出师表》的调头说：“今岁不征，明年不战，使共产党军阀生火于中原也。”而全篇文章里面始终到处要发见“绝对无需于阶级斗争之手段”等类的句子和字眼夹杂着。四六文的电报可以打一个两个以至于十几个，但是，通常的政治社会生活里面，不能够经常的用这种念文章的腔调——书房里的腔调。也许只有书房里，什么“十一龄女生”，“十二龄女生”，能够用这种文腔做课卷——谈谈绝对和实际生活没有什么关系的题目罢？

但是，这种古代文言，居然还有些保存在二十世纪三十年代的中国报纸上！

第二，现代文言：

文言的统治，于是不能够不靠“让步”而保存了。

原来，就是“古文”的名称也是对着八股的“时文”说的。明朝清朝的时候，社会上一般日常应用的文字，已经受着言语转变进化的影响，而改变了“古朴”的神气，成了“油腔滑调”。当时应用的公文程式，普通叙事记述的文字，和“古文”是不相同的。当时只要会运用这种“油腔滑调”就已经可以做官，——一般的公文事实上是那时最实用的文字。因此，不要看轻八股，八股却是这种应用文字的练习课卷呢。有了八股——又叫做“时文”之后，然后古文当做文艺作品，方才称起“古文”来的。

现在，——从清朝被逼得不能不办洋务的时候起，直到最近这个时期，就亦有现在的时文——所谓现代文言了。现代文言的来源，大家都知道是最初讲洋务的《时务报》，《新民丛报》（梁启超式的文体）。《新民丛报》曾经批评过严复的翻译，说是太深奥了。当然哪！自从“洋务”一天天的发达，政治的社会的生活，以及日常生活和学术生活，都差不多完全改头换面。西崽——大大小小的西崽，或者买办，一天天的多起来。大西崽——例如洋翰林之类固然会学得好古文，或者变相的古文（“深奥”到不可思议的恶劣翻译）。小西崽可不能，而且他们日常和很广泛的下等人以及一般“庸俗的人”是要接触的。所以他们使用的文字，自然是用古文文言做根据，竭力的对白话让步，同时，把西洋东洋运来一切种种新术语放进中国的文言里面去。这样，便造成了现代文言。

“现代文言”逐渐发展，白话的影响对于他是一天天的增加的。弄到现在，简直成了绝对不像古文的一种文言。现在社会上最通用的就是这种文言。报纸上记载所谓社会新闻，官厅里的公文，商店的广告，工厂的布告……甚至各种科学著作，大半都是这种“不成文”的文言。这种文言虽然受着白话的影响很大，受着外国文的影响亦不小，但是，这些影响也是有限度的。因为：（一）这种言语始终是“文言的言语”——不能用来讲话的，他是只能够看，不能够读的东西；（二）这种言语根本也不能够成为文学的言语，他本身是以“文言为体，白话为用”的系统，一到讲起学术文艺生活的时候，这种文章里面立刻就要夹杂古文的“词藻”进去。所以这当然根本不能够成为文学的国语。所谓“文言的言语”，这是中国象形制度之中的特产。各国人都说读报，中国人却说看报。中国文言的文字，无论文体怎样变化，都是只能用眼睛，而不能用耳朵的。现代文言的特点，本来又是站在文言的地位去对白话让步的，就是：凡是文言里面原来没有的字眼，方才采用白话里面的材料，这当然不会帮助白话一天天的增加学术上文艺上的“白话词藻”。所以现代文言始终是中国式的古老工具，不能够适应现代的生活。况且要懂得这一种文言，虽然不一定要念熟几千篇古文了，——因为他的腔调和白话稍稍接近了些，已经不是书房里念文章的腔调，而是小西崽翻译洋大人命令之后，在会审公堂念判决词的腔调；然而，单是听了还是不懂的，仍旧一定要看汉字，而这里用的汉字，至少也有八九千呢。认识八九千汉字的价钱并不小哩！

第三，旧式白话：

白话文学运动发展之后，一般“新文学界”往往以为《水浒》，《红楼》的白话，就是所谓“活的言语”。其实，这是错误的见解。《水浒》的言语，和《红楼》的言语，本来是不大相同的。这里，反映着明朝到清朝白话的变迁。现在一般礼拜六派和一切用章回体写小说的人，其实是用的“死的言语”——鬼话。这种旧式白话的确是活过的言语，但是，他现在已经死了。这种用当时的言语来写成的文腔——开始是唐五代的“民间文学家”。在唐以前，大概还只有民歌等类的韵文。唐五代的“俗文学”（敦煌千佛洞发见的旧书）之中，就已经有散文的。宋朝的“平话”小说之后，就比较的更发达起来。跟着宋人的“语录”，明清的白话告示等等都来了。这历史的事实证明：用当时白话的言语写文章，是最能够造成文学的言语的——创作文艺作品，以及讲哲学科学政治……这种文腔的来源，却的确是嘴里讲的话。唐五代的“佛经演义”是讲经的记录，宋朝的平话小说，据说亦是讲的历史的记录；到明朝，“说书”早已成为专门的职业。现在的章回体小说的体裁，还保存着口头上讲书的痕迹，例如开头是“却说……”，末了是“且听下回分解”。

然而用这种文腔现在来写小说，却已经和现在嘴里讲的话不同了。这种腔调，现在只有京戏里的说白，文雅的，可以算是昆腔里的说白。这些小说里面，往往夹用着许多文言的句子，掉文的腔调。这是因为虽然这种文腔已经是白话，可是，受着很多的文言的影响，尤其是一般“文人”模仿的。而且这些“文人”只肯用文腔写小说，不写别的！

第四，新式白话：

白话文学运动所创造的言语，应当是根据现代普通人嘴里讲的话，加以有系统的整理，调节和组织，而成为现代普通话的新中国文。但是，事实上，现在“新文学”的新式白话，却是不人不鬼的言语。当然，有很少数的文学家能够写出比较优美的通俗的可以读的文章。然而大半的新式白话的成分却是非常混乱的杂凑的。这些成分是：（一）旧式白话的腔调——例如“既如此，我便将她的信撕了”之类的句子，甚至于有些根本是文法上讲不通的；（二）文言的腔调——例如不说“如果”或者“假使”，而只写一个“若”字，不写“那么”，而只写一个“则”字；（三）外国文法的“硬译”——例如“我决不是要由这一点，在同志里培进斯基上头竖起十字架来”。请问：这种腔调，是我们日常讲话，演讲的腔调么？如果用这种腔调，真正一个个字的念着，去对人家讲话，或者在讲演坛上去讲演，那我可以断定：一定要引起“哄堂的”大笑！这样，这种新式白话仍旧是只能够用眼睛看，而不能够用耳朵听的。他怎么能够成为“文学的国语”呢？恐怕还是叫做新式文言妥当些罢？

对于上等人，也许可以满意“现代文言”——用来日常应用，新式白话——用来写高级趣味的文艺作品，社会科学的著作等等。只苦了下等人！不要紧！用旧式白话写几本“连环图画”，给你们看看，咱们这样分工合作劳资互助罢！

五

总之，五四运动之后的十二年，中国的所谓“国语的文学和文学的国语”，都还没有建立起来。而不注意在一切日常生活之中，去组织整理现代社会里自然生长着的“新的言语”，就是不去建立“文学的国语”，那么，所谓“国语的文学”也是无从建立的。现在中国的言语，实在处于极端混杂的状态之中：

古代文言还存在着——政治家的电报，遗老遗少的私塾和学校里，都常常用着古文和四六。现代文言是统治者——报纸上一般新闻的记载，官厅的公文，商店的广告，工厂的布告，银行的报告，种种科学教科书，政治论文和学术论文……新式白话只算一种高尚玩具——新式的诗歌小说戏剧，一部分社会科学自然科学的著作和论文，一般新式杂志的论文（其中有许多实质上是现代文言，不过把“的吗了呢”代替“之乎者也”罢了）。旧式白话算是低级趣味的玩具——旧式小说的“创作”以及“下等人”的读物。这四种言语同时存在着——我们只要看一看《申报》，他简直天天是在开中国言语的“古物陈列馆”。要懂得《申报》的全部，差不多就必须在中国的“本国译学馆”毕业。这是多么奇怪的怪现状！如果你跑到伦敦，忽然看见英国最大的报馆，以及一切出版物，同时用着拉丁文，古英文，中世纪英文（Middle English）等等言语，却偏偏不用现代英文——伦敦街上你所听见的言语，那么，你的感想是怎么样呢？

“第三次的文学革命运动”是非常之需要的了。

现代普通话的新中国文是必须建立的，这是文学革命运动继续发展的先决条件。现代普通话的新中国文是什么？首先，这应当是和言语一致的一种文学。当然，书本上写的言语和嘴里面讲的言语，多少总有点区别。这是很自然的。但是，书本上写的言语应当就是整理好的嘴里讲的言语，因此，他可以比较复杂些，句子比较的长些，字眼比较的细腻些。然而他不应当和嘴里讲的言语比较起来是另外一种的言语。所以必须注意：使纸上字的言语，能够读出来而听得懂，就是能够“朗诵”。其次，这种文字应当和言语一致，是说和什么言语一致呢？应当和普通话一致。普通话不一定是完全的北京官话。本来官话这个名词是官僚主义的。当然，更不是北京土话。现在一般社会生活发展的结果，所谓五方杂处的地方是“文化的政治的经济的中心”，能够影响各地方的土话，自然而然的叫大家避开自己土话之中的特别说法和口音，逐渐形成一种普通话。这种普通话大半和以前“国语统一筹备会”审定的口音相同，大致和所谓北京官话的说法相同（例如不写“啥物事”，或者“乜”，或者“么事”，而写“什么”）。这种普通话不必叫做国语。因为：第一，各地方的土话在特别需要的时候，应当加入普通话的文章里，才更加能够表现现实的生活（例如小说里的对话之中，有时候是会有这种需要的）；第二，各地方的方言——例如广东话，福建话，江浙等等话，应当有单独存在的权利，不能够勉强去统一的。现在只是要用中国的普通话来写文章，而不用土话或者方言。将来是不是不需要另外建立一种用广东的普通话来写的广东文，或者其他的“方言文”，这是要看将来各地方社会的政治的发展程度和一般情形来决定的。总之，现代普通话的新中国文应当有一个总的原则，就是：适应从象形文字转变到拼音文字的过程，简单些说，就是只能够看得懂还不算，一定要听得懂。现在只举一个例子：说“闭关主义”会和普通话读音的“悲观主义”相混的，那么，我们应当放弃文雅的“闭关”两个汉字，而写“关门”两个字。——不写闭关主义而写关门主义。

现代普通话的新中国文必须是真正现代化的。这就是说，必须写现在人口头上讲的话。这里尤其要注意言语之中最重要的部分：所谓虚字眼——关系词（preposition），联络词（conjunction），代名词跟字尾。现代中国研究言语学的人（例如沈步洲，王古鲁），有一种“妄自高大”的学说，说中国古代的那种孤立语——没有字尾变化的言语是比英法拉丁文都要进步！事实上，中国现代的言语，正在进化到有字尾的状态。例如名词的字尾“子”（桌子，凳子，椅子的子），“儿”（瓶儿的儿）；动词的语尾“着”，“了”，形容词的语尾“的”等等。再则，大家还有人以为中国言语是一种“单音节的言语”（monosyllabic language）。其实，中国的言语早已开始变成“多音节的”，尤其是现代的中国话，单音节的字眼已经很少的了。我们只要翻开字典，一个一个字的看下去，自己心上读一读：那一个字是单独讲的时候听得懂的。这种字——“单音节的字眼”已经不很多了。因此，我们应当注意：现在人口头上讲的“人话”已经是多音节的有语尾的中国话。但是，新式白话之中，时常可以看见违背“人话”规则的文字，甚至于整部的小说或者政治论文。例如“他的女（朋）友，实（在）令［叫］我（觉得）惊奇［奇怪]”——这样一句小句子里面，就要有许多错误！再则，现在的中国话，有许多虚字眼和“红楼”时代或者“水浒”时代不同了。但是，一般“文学家”尚且不注意。例如：不写“我把两只梨子吃了”，而写“我将二梨吃了”，不写“跟”（and），“和”（with），而写“及”，“与”；应当用两个字的地方，往往只写一个。这算是白话！

当然，并不是说不能够采用文言的材料。正确些说：可以采取汉字做“字根”，来制造许多新的字眼。这是言语一天天丰富起来所应当做的事情。但是，一定要遵照现代化的原则。例如：“安定”，“严重”，“隔膜”……这些都是用汉字的材料制造成功的新字眼。然而如果写“痴愚”，就不如写“呆笨”；如果写“缄默”，就不如写“不做声”——为什么？因为白话里面原来有的字眼，应当尽先采用，因而那些读出来听不懂的汉字，应当尽可能的完全不用。

现代普通话的新中国文，应当用正确的方法实行欧洲化。中国言语的欧化是可以的，是需要的，是不可避免的。现在的普通话里面，事实上也有些欧化的成分。但是，必须有正确的方法，为什么“政府”“法律”……等等新名词——三十年前的新名词，现在很通行了，大家都不觉得这是东洋化的中国字眼了？因为这些新字眼的制造方法，是合于中国言语自己的规律的。当初也有许多“硬译”的名词，他们自然淘汰了。现在许多翻译的书，甚至于自己“创作”的书，为什么像外国文那样难懂？因为欧化的方法不正确。第一，字法方面，应当明白中国言语自己的字法，根据中国字法来采用欧洲“印度日耳曼语族”的文法。例如中国的副词（adverb）有些地方须要加一个“的”的语尾（例如“你慢慢的走罢”），有些地方却是用不着的，形容词也是这样（例如，我们不一定说：“一张红的桌子”）。但是，“新文学”里面，却往往是在每一个形容词副词后面，一概加上“的”和“地”的语尾，甚至于写“幽默的地”这一类的字眼！第二，句法方面，应当欧化——应当很自然的加上必须的辅助句子，去形容那个主要句子。但是，譬如说何以不写：“她是一个寡妇，有两个女儿一个儿子——她……”而一定要写：“她是有两个女儿一个儿子的寡妇……”或者写：“有着两个女儿一个儿子而做着寡妇的她……”请问这是优美些么？不见得。如果文艺应当是给平民群众听的艺术作品，那么，这种欧化句子读出来，简直是极恶劣的中国话，一点儿优美意味也没有。难怪“说书的”，唱“滩簧的”比“新文学家”高明！第三是章法方面。固然，文艺作品可以尽量的采取“欧化”的章法——就是叙事写景是可以颠倒的。但是，应当知道这种章法不是欧洲言语本身的特点。中世纪的欧洲，一样有过中国《今古奇观》式的章法。意大利的《十日谈》就是这样的文章。开始是姓什么，叫什么，住在什么地方……这样顺着叙说一件一件的故事。这是比较呆笨的。但是，读者，是不是应当顾到的呢？我认为必须顾到“某种”读者的程度，可以为着他们特别写一种简明的章法；也可以用所谓“欧化的”章法而在每一段说明前后事实的联系，——这样去领导中国读者到更复杂的章法方面去。假使尽是要人家猜谜子的东西，那么，自然只有会猜谜子的人来读。

现代普通话的新中国文必须罗马化。罗马化或者拉丁化，就是改用罗马字母的意思。这是要根本废除汉字。废除汉字的理由，不用多说。第一，汉字是十分困难的符号。聪明的人都至少要十年八年的死功夫。平民千字课只够写写简单的信，记记简单的账。能够用平民千字课学科学吗？当然不能够。第二，汉字不是表示声音的符号。根据这种符号要创造“新的言语”，一定必然的只能造出比古文更麻烦的言语——仅只是纸面上的书本上的言语。汉字存在一天，中国的文字就一天不能和言语一致。第三，汉字使“新的言语”停滞在《康熙字典》的范围里面，顶多只能从《说文》里面去找“古音古义”等来翻译现代的科学的字眼，而不能够尽量发展——采取欧美科学技术的新名词。例如：“什麽”总是日常言语之中最普通的字眼了，然而你看那个“麽”字是多么困难。这种汉字对于“平民下等人”，简直是活受罪，对于一切儿童也是消耗他们精力的罪魁。同时写着这种汉字，时常因为汉字的字形已经能够表示相当的意义，所以写的人都自然而然的偷懒，不肯照着口头上应当讲的声音去写：明明应当写“我到上海的时候儿”，他偏偏只写“我到上海时”。至于翻译现代科学技术的新名词，用汉字来译音，一定只能找着许多冷僻的字。而且这种译音很自然的有许多是用上海口音译的（因为上海是工业中心），等到写成汉字，再用所谓官话去读这几个汉字，简直弄成了莫名其妙的字眼：Telephone 译成德律风，而商务印书馆出版的白话词典，用注音字母注上“Deliufuen”的声音！所以总而言之，要写真正的白话文，要能够建立真正的现代中国文，就一定要废除汉字采用罗马字母。我们可以把一切用汉字写的中国文叫做“旧中国文”或者汉文，而把用罗马字母写的中国文叫做“新中国文”。或者简直叫做“中国文”，而革掉汉字文的“中国文”的头衔——因为汉字不是现代中国四万万人的文字，而只是古代中国遗留下来的士大夫——百分之三四的中国人的文字。

所以，现代普通话的新中国文，应当是习惯上中国各地方共同使用的，现代“人话”的，多音节的，有语尾的，用罗马字母写的一种文字。创造这种文字是第三次文学革命的一个责任。

一九三一，五，三〇

① 所谓“国语”，我只承认是“中国的普通话”的意思。这个国语的名称本来是不通的。西欧的所谓“national language”，本来的意思只是全国的或者本民族言语，这是一方面和“方言”对待着说，别方面和外国言语对待着说的。至于在许多民族组成的国家里面，往往强迫指定统治民族的言语为“国语”去同化异族，禁止别种民族使用自己的言语，这种情形之下的所谓“国语”，简直是压迫弱小民族的工具，外国文里面的“national language”，古时候也包含着这种意思，正可以译做“国定的言语”。这样，“国语”一个字眼竟包含着三种不同的意义：“全国的普通话”，“本国的（本民族的）言语”，和“国定的言语”，所以这个名词是很不通的。我们此地借用胡适之的旧口号，只认定第一种解释的意思——就是“全国的普通话”的意思（自然，这第一种解释是和第二种解释——就是“本国的言语”——可以同时并用的）。——作者原注

普通中国话的字眼的研究

(1931 年夏)

一

现在的普通中国话，显然已经不是所谓单音节的言语，而是多音节的言语。现在中国活人嘴里说的话，不但和古文式的或者时文式的文言不同，不但和五四式的半文言，所谓“白话文”不同，并且和旧小说式的白话不同。旧小说式的白话，可以勉强说是明朝时代的白话文，或者清朝时代的白话文，因为这是从宋元平话以来的记录说书的稿本。单就这个意义上来说，这种白话文也已经是死的言语了。固然，旧小说式的白话文，因为用那种不能够拼音的汉字制度的缘故，所以离着真正正确的口头上说话的记录还远得很：凡是比较复杂的议论或者描写景致的地方，一定搀杂着文言，凡是用文言的成语可以简省篇幅的地方，也一定用文言的字眼和句法，——这是旧小说白话的特点。然而这种白话文里，始终可以看得出明朝清朝的白话，已经不是纯粹的单音节的言语。很可能的是：中国人口头上的言语，原本是多音节的（自然，和欧洲的印度日耳曼语族比较起来，中国的单音节的字眼要多得多），而因为中国不用拼音制度，所以书面上的文字就总是简省，成为一个汉字代表一个意义的情形。因为汉字制度的这种束缚的力量，所以影响到言语方面，使口头上的说话，也不能够充分的迅速的发展出许多多音节的字眼，以及比较复杂而有用的文法上的形式。总之，明朝或者清朝时代的言语，的确是多音节的，这件事是可以算已经证明的了。例如：

“嫂嫂，休要不识羞耻，我武二不是没人伦的猪狗——吃你这半杯。”那妇人满脸涨的通红。(《水浒》)

至于现代的中国话，那是更不必说。中国的社会生活，从政治的，学术的，直到日常的生活，经过了帝国主义和资本主义的洗礼，已经发生了极大的变动。实际生活的需要，已经发展了新式的言语；一切新的关系，新的东西，新的概念，新的变化，已经这样厉害的影响了口头上的言语，天天创造着新的字眼，新的句法，使文言的汉字不能够再束缚它。而汉字已经成了僵尸。中国的言语要充分的发展下去，要成为现代的，能够适应广大群众的新的文化生活，就必须完完全全废除汉字。为什么？因为不但汉字无论如何不能够使几万万人很容易的受着教育，很便利的用最少的时间就可以运用文字，而且汉字的存在阻碍着新的言语的文法上的进步，阻碍着接受欧美先进国家的科学艺术上的新的字眼，新的概念。现在我们暂且不谈这个问题。我们只说：现在中国人口头上的言语，已经是大部分变成了多音节的了，尤其在要表现复杂的精确的意义的时候，我们嘴里说出来的字眼，大半是多音节的。

因此，可以说：只有完全不懂现代言语学和文法学的人，方才会说中国言语还是单音节的，只有这种人方才会把现代真正白话文之中的每一个汉字当做一个字眼（word）。

二

中国现代普通话里的字眼，既然大半多是多音节的，那么，每一个汉字又是什么呢？现在是不是每一个汉字还保存着它的原来的意思呢（比如说罢，《康熙字典》上注明的意思呢）？

单音节的字眼，就是只有一个声音的字眼，自然写起来，也只用一个汉字，例如“我”，——这一个汉字代表着“我”这个字眼的意思，同时，也代表着“wo”这个音节的声音。所以单音节字眼的一个汉字一方面是一个字眼（word），别方面又是一个音节（syllable）。至于多音节的字眼，那就不同了。多音节的字眼，是有两个以上的音节联络起来成为一个字眼，写起来，就要用两个，三个，四个，五个汉字。例如：（一）“已经”，（二）“资本家”，（三）“个人主义”，（四）“国家主义者”。这里的每一个汉字仅仅只有音节的作用，没有字眼的作用。一个“已”字说在嘴里的时候，根本没有意义，一个“经”字，一个“义”字，一个“者”字……都是这样。所有这些字，都只有在一定的字眼里面，代表着一定的声音而已。所以，假使你给人家说：“我已来”，而不说“我已经来了”，那么，听的人简直不知道你说的是什么鬼话！

所以我们对于上面的问题的答复是：一个汉字能够代表一定的意义的时候，它是一个字眼；一个汉字在口头上说话的时候单独不能够有意义的，它就不是一个字眼，——因此，这种汉字在口头上绝对不能够保存它原来的意思。一般的讲，汉字已经只有音节的作用，就是在单音节的字眼里，大多数的汉字也早就丧失了原来的“象形会意制度”之中的意思。

在这个原理的基础上，中国话的采用拼音制度，采用大多数先进国家所用的罗马字母，已经是完全可能的了。可是，还有一个问题应当先研究清楚的。这就是口头上的白话的多音节字眼，根据什么样的规则而形成的呢？

欧洲的印度日耳曼语族的各国言语，多音节的字眼非常之多。但是，比如说德国话罢，德国话里的字眼往往有很多的音节，弄得一个字眼非常之长。其实，这种很长的字眼，是由许多字根联络起来，字根的前面有字头，后面有字尾。最早德国话，单音节的字眼也是占多数的。就英文，法文等，也都是这样。欧洲各国的字眼，现在差不多大半多是用自己本国的字根，拉丁文希腊文的字根，其他外国文的字根，加上各种各式的字头和字尾造成功的。中国言语的发展，也不能够逃出这个规则。

中国古代的汉字，在这一方面来说，也就有字根的作用，或者字头，或者字尾的作用。这种作用的表现，自然主要的是在声音方面。例如“国家主义者”这一个字眼，由五个汉字（五个音节）组织的。“国家”是一个字根，“主义”是一个字尾，“者”是第二个字尾。这里主要是声音起作用。即使写的是“郭加煮异遮”，读出来还是可以懂得。不过因为现在还用着汉字，还在历史的惰性律之下，所以，必须写“国家主义者”，看的人方才懂得。再则，“国家”这个字眼，又是从两个汉字（两个音节）组织的。这里的两个汉字同时也还是两个字根：“国”和“家”，分开来读，这是两样完全不同的东西，而合拢来却只有“国家”的意思，并没有“国家”和“家庭”的两个意思。这种字根的意义上的变化，也是各国文字大致相同的。这里，我们可以知道：大多数的汉字，单独不发生意义的，它们只剩了字根，字头，字尾的作用。中国人运用这些汉字造成新的多音节的字眼，这和法国人运用拉丁文的字根，字尾，字头，而造成新的法文字眼一样。

这样，总起来说，中国的汉字现在是字眼之中的音节，同时，是字眼之中的字根，字头或者字尾，——只有在这种情形之下，它们才保存着相当的原来的意思。

三

可是，现代的中国白话文还是一种极幼稚的言语，而且，还继续着用汉字来写，而不用拼音制度。因此，每一个新的字眼，在一般人看起来，并不是一个字眼，而是几个字，例如“国家主义者”，大家就当它是五个字。于是乎新的字眼，就大半是很流动而不巩固的。例如“帝国主义者”这一个字眼可以当做一句话来解释，说是：“赞成有皇帝的国家的主义的人!”不但如此，因为这种中国文还很幼稚的缘故，还要每天创造新的字眼，而且许多造字的人还没有懂得造字的规则，甚至于自己并没有知道是在创造着新的字眼，而自以为只是写文章罢了，可以随手抓几个文言里的汉字，凑拢起来，不管读得出读不出，不管读出来可以懂得还是根本就不能够懂得。这样，就发生许多奇怪的现象：主张白话文的欧化的智识分子，反而自己写着新式的文言——五四式的半文言，夹杂着很多的文言的字眼和句法，乱七八糟的各人自己杜撰些欧化的文法。如果照这样下去，那么，“五四”的文学革命，等于政治上的国民革命，就是变成了最残酷的白色恐怖的反革命：——一刀割断广大的劳动群众和世界现代的科学艺术的智识之间的关系。现在用新式文言和半文言写的东西，像严复译的科学著作一样，永世也不能够传达到广大的群众，因为要懂这些东西，不但要识得很多的汉字，而且要懂得文言的文法和字眼。

事实上，完全肃清文言的文法和字眼，只采用最小限度的汉字来做字根，完全根据白话的文法习惯，来创造新的字眼和句法，使这种新的言语能够传达科学艺术给大众，——这是完全可能的事情。证据是：政治演讲和学术演讲的口头上的新的言语，现在已经是劳动群众的先进分子能够了解的了。问题在于“文人”不肯照着口头上的说话去写，一到写文章的时候，他们就不知不觉的写出许多文言的句子，随手乱造些读出来听不懂的字眼，乱用着旧小说白话的字眼，夹杂着纯粹文言的字眼。关于句法，我们留着以后再说。这里是要说字眼的问题。

新式的半文言的白话里常常有三种不通的字眼（自然只说一个大概）：

（一）完全乱写的，违背文法习惯的，因此，听不懂的。例如“意味着”，“意味”这个字眼，在现在中国白话里，根本不能够当动词用，而且这样用法，意思倒反不如白话里习惯的那么用法来得明显和正确。习惯上可以说：“含着什么什么的意味”，“懂得了什么样的意味”，“觉到了什么样的意味”，这里，分辨得出几种不同的意思。白话里根本就不能够说“我意味着什么什么”！而且这是含糊不清楚的。

（二）旧小说白话的字眼。例如：“将”字（我将灯燃了），“便”字（他便来了），“若”字（你若不去）等等。而现在的活人不能够在口头上说出这些字眼来。普通话里面，“将”字是“把”，“便”字是“就”，“若”是“如果”，“假使”，“要是”。

（三）纯粹文言的字眼。例如“圆的落日照在郊垅，秋蝉噪着晚凉，秧畦里的鹭鸶鸟带着水音的叮咚”。这种唐诗式的词藻，美丽固然是美丽的了！——可是居然要算是写的白话小说，而全中国的文学界之中简直没有一个人攻击过这种所谓“白话”，这真正是中国文学革命和革命文学的极大的耻辱!!

要真正发展中国现代的白话文，必须肃清这些不通的字眼，必须用真正的白话写文章，叫劳动群众有一种坚定的信仰：用不着中国古代贵族的文言，用不着死了一百年的清朝说书先生的腔调，用不着不通的洋翰林的“意味”，我们群众口头上的白话。能够表现我们的思想，能够描写顶美丽的景致，能够说明科学艺术的道理。自然，我们要运用汉字的字根，而且要采取欧洲先进国家的许多新的字根，可是，我们要把这些字根，照着广大群众说话的习惯来制造，根据对于已经知道的东西的联想规则，去创造代表新的东西的概念的字眼。这样，才能够真正造成现代的中国白话文，才能够发展口头上以及书面上的白话，使它一天天的丰富起来，同时，才能够完全脱离汉字的束缚——这种汉字真正是世界上最龌龊最恶劣最混蛋的中世纪的毛坑！

四

总之，中国现代的白话文在口头上根据了言语学的自然公律，发展着许多多音节的新的字眼，——采取了许多外国字根，运用着汉字的字根，而创造着新的字眼，所以，书面上写的文字，一定要用这种真正口头上的白话做根据。这样，可以使一切字眼，读出来都能够懂得，至少是有懂得的可能。这是采用罗马字母的基础。这也是事实上口头说话所自然形成的基础。

口头说话的字眼，就是真正白话的字眼，大概的说起来，有底下的几种规律：

（一）在字根的后面加上一种口头的字尾，例如“子”，“儿”（桌子，瓶儿），“的”（红的，绿的），“了”（去了，来了）等等。这大半是所谓字眼的“形式部分”，不叫做文法部分。这是一种文字的特性，暂时是没有办法硬造新的字尾的。例如有人造作“幽默的地”的字尾，这是说不上口的。自然只是杜撰，没有用处。

（二）采取两个意义相同的汉字做字根，造成一个多音节的新字眼。例如：“增加”，“城市”，“装饰”，“巨大”，“伟大”，“困难”等等。这里也有些规则，就是这两个汉字的声音，或者是“双声叠韵”，或者至少是容易联在一起读的。不然呢，因为读不上口，就要自然的消灭（例如可以说“人数的增加”，却不大说“人数的增添”）——这种字眼可以算是最多的（两个类似的字根，可以附在这里，例如国家，社会，认识……）。

（三）采取两个意义相反的汉字做字根，造成一个抽象的新的字眼。例如：“大小”，“多少”，“长短”，“高矮”，“好歹”等等。

（四）采取一个不完全的小句子，使它变成一个字眼。例如“电灯”，“民权”，“说话”，“先锋”，“前进”等等。这里，自然也有些文法上的习惯，违背了这些习惯就要受淘汰的（例如有一位翻译家，不写“前进”，而写“进前”，就闹了一个不大不小的笑话）。这些“小句子”（phrase）的变成字眼，是一种很进步的现象，可以使字眼丰富，使意义上的分别精细起来。

（五）采取一些汉字，把它们变成新式的字尾，例如“资本家”的“家”，“民权主义”的“主义”。再则，还有新式的字头，例如“非资本主义的”的“非”。

（六）凡是新造的字眼，碰着声音相同的旧字眼，它就常常会自然的淘汰。例如闭关主义，读起来，像是悲观主义，因此，就会发生一个新的字眼“关门主义”出来代替它。

（七）凡是通俗的白话里原来的字根，常常可以占优胜，打倒那种生僻的文言的字根，例如“缄默”，不如“沉默”，更不如“不做声”，“狂飙”，不如“暴风”。

（八）凡是通俗的顺口的字眼，一定打胜那种胡闹的不通的字眼，例如大家说“查看”或者“观察”，“考察”，而有一个“学者”，他偏偏要乱写，写什么“观查”，写得自己也读不出来，读出来也仍旧是“观察”，而不是“观查”。

至于重叠的字根，像：“大大的”，“好好的”，“慢慢的”等等，那更是大家知道的。

五

这样，中国现代白话文里的字眼，是从汉字的字根，或者还要加上字尾和字头造成功的。而且这些字眼，因为口头上说话的自然公律，互相避免声音的相同，多音节的字眼一天天的多起来。因此，采取罗马字母的拼音制度，是绝对的可能的了。为着过渡时期的便利起见，我们还要来审查口头上应用的汉字究竟有多少。

实行罗马字母的拼音制度，当然不是立刻就可以办到的。这需要长期的斗争，和有系统有组织的工作。在这过渡时期，必须还要利用汉字。那么，口头上所用的汉字有多少呢？实际上，《康熙字典》上的字已经大多数是用不着的了。如果用口头上的白话做标准，那么，至多不过二千五百字，甚至于不满两千字就可以够用的了。这一千多字，足够用来做字根，去创造几万几十万的新的字眼，而表示最复杂最精细的意义。这一千多到两千的限制，并不是对不识字的人说的，并不是说他们只要来学这几个字就够了。不是这个意思！这是说：现在识字的人，当他们运用汉字制造新的字眼的时候，要避开一切口头上说出来不能够懂得的汉字，要完全遵守这个限制。同时，他们都要了解自己的责任，了解文法上的习惯。

这样，我们方才能够有可能发展群众之中的文字教育：首先是要他们能够运用已经有的字眼，懂得每一个字眼的确切的意思，每一个字眼的用法，然后，可以教他们文法上的句法的构造，每一句句子的精确的微细的意义。至于每一个汉字究竟是什么来源，什么意义，他们并没有知道的必要（例如“美丽”的“丽”究竟是什么来源，什么意义，简直用不着去说明，因为现代的中国只有“美丽”这个字眼，意思就是好看，漂亮，体面，标致，而根本就没有什么单独的“丽”不“丽”)。这是大学院文学研究所的古中国文科的事情，——比如法国的群众也并没有每个人都懂得拉丁文的义务。

这个问题是整顿中国“国文”教授法的基本问题。

中国文和中国话的关系*

（1931 年夏）

中国的汉字是社会发展史上的僵尸。中国文字和言语的发展虽然根本上是被一般的经济政治条件所限定了，可是受着汉字的阻碍也就不少。汉字的最初的形式，所谓“古文”和“大篆”、“小篆”，本来是象形制度。可是，社会现象一天天的复杂，象形的办法不够用，就又添上许多指事会意的把戏，这仍旧不能够解决实际上的困难，于是乎不能够不采取所谓形声、假借、转注的方法。结果是拼音制度没有成立，而象形制度可已经崩坏了。形声等等的标明读音的方法，说句俗话，其实就是所谓“秀才识字识半边”。这虽然还不是拼音，而只是注音的办法，可是象形制度已经被破坏了。后来中国字的增多的，极大多数甚至于全部都是用的形声方法。《说文》序上就已经说：“依类象形故谓之文，其后形声相益即谓之字。”《说文》上总共有九千三百五十三字——其中象形字二百六十四个，指事字一百二十九个，会意字一千二百五十四个，而其余的都是形声字。后来，唐朝有二万六千多字，明末就有了四万五千，《康熙字典》收了五万六千多个字。《康熙字典》之后，一般人造的新字（俗字，例如“踩”，科学字，例如“镍”等）又有好些。这些一天天多起来的字，极大多数是所谓“形声相益”的形声字了。不但如此，秦朝的程邈为了官僚皂隶的方便，把篆字改成了隶字，后来又有草书、楷书、行书、宋体刻板的印刷字。结果，更无所谓象形了：太阳变成了方的（日），月亮变成了长方的（月），“鳥”儿生了四只脚，“从”截掉了两只手臂……一般人的运用文字，大都用来代表说话的声音，而不是用来代表事物的形状的，例如上海人的申曲里造些“嫑，朆”等

* 本文写作时间未详，为编者所加，收入《瞿秋白文集》（文学编）第 3 卷。

类的字来代表 fiao，fen 的声音，而没有用“太大”去表示性交。

这证明拼音的文字是合于言语发展的规律的，而象形会意的把戏只是野蛮人的糊弄局儿——上海人所谓撤烂污的办法。

原来，现在先进各国所用的罗马字母，最初也是象形字，逐渐的变化——简单化，而后变成现在的样子：

1. 埃及古字

2. 埃及草字

3. 斐尼基字

4. 希腊字

5. 拉丁字 A B < D

6. 拉丁字的最后形式 A B C D

A 字——斐尼基人原本是用来表示牛头的，读音是“阿而勿阿”，后来就简单的代表了 A 的声音；B 字——是斐尼基人用来表示小屋子的，读音是“培带”，后来就仅仅只代表了 B 的声音。斐尼基人起先是采取埃及的象形字（埃及人画的一只鹰到斐尼基人手里变成了牛头；埃及人的水鸟——变成了斐尼基人的小屋子），最初不过是暂时借来表示某几个声音的。直到后来，发明了拼音的方法之后，方才变成了字母。就是埃及人，也和中国人一样，从象形进步到拼音的过程之中，同样经过一个形声制度的过渡阶段，就是一边画一个东西的形状，另外一边画几个符号来表示这个字的声音，譬如：

这算是巢字，而读两个音“赛虚”，因为卄是“赛”，而皿是“虚”。希腊罗马人从斐尼基人那里，学到了字母和拼音方法，就从这个形声制度再进一步，创造了拼音制度的文字。而中国却停滞在形声制度的过渡阶段，直到二十世纪，还用这种形声方法来造些科学上的新字，像镍、锌、锑、镁、镭、氧、氩、氪、氙，等等。反而是一些“不登大雅之堂”的小唱滩簧的作家，以及一些“下流”的小说家，却偶然用拼音的方法，写出“嫑”，“𡚸”等等的拼音字。这种字是少到极点，但是在质量上是一种新式的文字。古代固然也有这种拼音的字，例如“不可”是“叵”，“何不”是“盍”，“之于”是“诸”，“不律”是“笔”等等，但是这些古字并没有把拼音的符号写在字的形体里面，而“嫑”

等类的字，却做到了这一点。

从象形到形声，从形声到拼音——这是文字发展的道路。而中国的文字只走到半路。中国文字始终没有脱离象形制度的残余——形声的方法，所以中国文和中国话始终是分离的。中国的文字和言语的发展，受着汉字的束缚和阻碍。为什么？因为：（一）事物的形状是千变万化，不能够每一个事物画成一幅小小的四方块的谜画；（二）就是形声字也不能够适应极繁复的变化；（三）会意的方法更不能够包括许多的抽象的意思，而中国文字既然用了象形制度作基础，就始终不能够适应社会的进化。

野蛮时代，人可以随便画几笔简单的图画，来帮助自己的记忆力。这比较什么"结绳而治"的方法，自然是进步了一些。可是，根本上仍旧是一种野蛮办法。那时候的言语是极端幼稚的言语。用纯粹的象形文字记录下来的言语，无论如何不会是完全的记录。当时人的智识程度，还不会把一切意思用言语来表示，更没有方法把当时已经有的言语的一切声音和意思，用文字去记录。结果，所记录的只是具体的死板的一些图画，这自然是极不完全的记录。就是达到了形声制度的阶段之后，这种缺点虽然可以减少一些，而且可以用假借的方法，借用许多不相干的象形字会意字，来作"虚字眼"（例如为什么的"为"字，原本是一只大母猴），可是，根本上还是没有方法精确的表示自己的意思。结果，仍旧是糊里糊涂的瞎缠一顿。所以用这种文字记录下来的东西，还是些不完全的糊涂的记录。不但如此，这种半象形制度竭力的束缚中国言语文字的发展——一切活的言语之中产生出来的新的变化；读音的复杂化，多音节字眼的发展，文法部分的精密化等等，都因为没有适应的拼音方法而大部分仍旧消灭了，使得每一个时代的人都要为着适应当前的复杂的社会现象而重新想出一些幼稚的原始的方法，去"改良"文字，"规定"读音。这样的过程之中，文字就变成了固定的独立的书面上的文字，差不多完全和言语脱离关系，固然，也相当的受着活的言语的影响而有些变化，可是，文字的限制言语的发展，保存幼稚的野蛮的言语程度，却比它自己受着言语的影响而进化的情形，要厉害得多。

所以，我们就可以得到几个最重要的结论：

第一，中国的文字和言语的分离——更加巩固儒士等级（识字阶级）的统治地位，——中国文和中国话互相影响的极大部分的表现，不是文字受言语的影响而进化，反而是文字阻碍言语的进化。

第二，中国的汉字制度产生了复杂的困难的所谓声调制度，限制着多音节字眼的发达，保存着幼稚的原始的文法。

第三，真正的白话文——脱离了儒士等级的画符念咒的鬼把戏的白话文不容易产生，汉字制度的本身正是保存古代儒士的僵尸文学的武器。

先进国家的所谓“文”就等于“话”——都是用“话”作基础的“文”。例如所谓德文就是德国话，所谓法文就是法国话。Language这个字是同时表示话和文的，而根本的意思正是话而不是文。Language的字根是Ling（u），原来是舌头的意思，加上一个字尾age，是行动的意思。lingu＋age＝舌＋言＝话。这就是说用舌头说出来的东西，恰好是话。

而中国文和中国话却是两件绝对不同的东西，中国文不是用中国话作基础的一种文字，而是用野蛮时代的汉族的象形字作基础的一种画符方法。中国文的读音也是脱离了中国话，而自成其为一种的念咒方法。道士画的符只有他自己懂得，他念的咒，也只有他自己懂得。他画符念咒的目的，本来并不要使人懂得，而只要使鬼神懂得的！这种中国文不是几万万人所需要的文字，而只是极少数的一些儒士的江湖切口和密码文书。这种江湖切口，自然要拗转着嗓子读出一个音节来，就算是代表某一件事物，这种密码文书，自然要弯弯曲曲画出一个花样来，就算是代表某一种东西。儒士等级所垄断的文化生活之中，一切东西都用这种文字去书写，自然，这种文字的本身就能够发展，虽然它的发展和进化始终跳不出半象形制度的范围。而平民群众的言语，却只用在最简单的日常生活里面，因此，这种活的言语就没有发展和进化的机会，即使有，也是极少的。儒士的威权使得群众感觉到：只要稍微深刻一些的情感、思想、概念、感想，就必须用儒士等级的文言去表示，就不是白话的能力所做得到的了。例如所谓白话的旧小说里面，除去对话还勉强保存一些近古时期的白话之外，其余的叙述，差不多都是文言——虽然是很粗浅的文言，不然，也是夹杂着文言成分的不成话的白话。这样，可以说英文就是英国话，却不能够说中国文就是中国话。

照古代的字义来讲，所谓中国文——只是用笔画出来的花样，而不是用舌头说出来的话。《说文》序上说：“依类象形故谓之文，其后形声相益即谓之字”，又有一种说法，叫作：“独体为文，后体为字”，总之是画花样罢了。所以可以说中国人是没有舌头的！①

中国文既然只是画花样，自然就有极坏的影响——阻碍中国话的进化。中国文不能就说是Chinese language，只有中国话才配称为Chinese language。现在，我们必须实行彻底的文字革命，造成一种真正用白话作基础的中国文，等于中国话的中国文，促进中国话发展的中国文。至于用汉字和文言作基础的中国文，就应当完全废除，从此之后，应当叫“中国文”就等于“中国话”。

---

① 中国人（地主贵族）的舌头大概是不用来说话的，对付奴隶和贱民用得着皮鞭子和竹板子的时候多，而用得着舌头的时候很少。至于应付其他的地主贵族，那就有用汉文写些文言——这是“中国民族的固有文化”！在这个意义上，可以说中国人（地主贵族）没有舌头。可是，在别一方面，他们的“舌头文化”是很发达的，就是吃菜的文化。中国人烧的菜是最好吃的。尤其是广东菜，中国人的这种“文化”的确是“超越万国”，只看中国人辨别口味的能力比任何先进国家都要强得多。譬如“辣”字，“鲜”字在欧美各国的文字里就找不着适当的译文。这一点也是近代远东第一圣人的“学说”之中的唯一正确的一点。所以简单的说中国人没有舌头，未免冤枉了中国的地主贵族，而且是诽谤圣道的。这是我必须申明的一点。——作者原注

普洛大众文艺的现实问题*

（1931 年 10 月 25 日）

> 这将要是自由的文艺，因为这种文艺并不是给吃饱了的姑娘小姐去服务的，并不是给胖得烦闷苦恼的几万高等人去服务的，而是给几百万几千万劳动者去服务的，这些劳动者才是国家的精华，力量和将来呢。
>
> ——《伊里伊茨文集》初版第七卷上册第二十五页

中国普洛大众文艺的问题，已经不是什么空谈的问题，而是现实的问题。难道还只当做亭子间里“茶余饭后”谈天的资料么？苏联十月革命之前，许多革命的文学家，后来的普洛文学家，曾经埋没在小报馆的校对，访员等类的地位五六年七八年，当时的高等读者社会里没有人知道他们；他们在谋生的困苦工作之外，仍旧能够很多的写作小本小说，价钱只有三四分大洋一本，销到工人贫民中间去。这些作家之中，只有一个绥拉菲摩维支是在当时就成了名的（高尔基不算在内）；其余的都这么埋没着，甚至于革命后也没有“出名”的。但是，当时的工人读者知道他们，爱他们。他们的作品，未必都是第一流的，未必都流传下来。但是在当时，这些作品至少能够供给一般贫民的文艺生活，起了革命的作用。可以说，那还不是普洛文艺，然而那是最真实的普洛文艺的胚胎。现在的中国呢？普洛文艺的胚胎还没有，只有普洛文艺的理论和所谓前辈。只有普洛文艺的“母亲”，她应当怀胎，但是还没有怀胎。

普洛文艺的“母亲”为什么还没有怀胎？因为她“节制生育”。她

---

* 本文最初辑入 1932 年“左联”出版的《文学》，署名史铁儿。作者辑入《乱弹》时曾作过一些修改。

还是摩登姑娘，学到了巴黎式的时髦。她思慕着奢华淫滥的生活和交际明星的声望。她只在想一脚跨进摩登化的贵族厅堂——在所谓“纱笼”（salon）里去和当代名流“较一日之短长”。她于是乎把腰束束紧，于是乎用些“史班通”之类的药来避孕。总之，虚荣和声望，嫉妒和贪欲，使有些人只在想“一举成名天下知”。可是，这个天下显然只是“纱笼”的天下，而不是贫民窟的天下！

而普洛文艺“要是自由的文艺，因为调动新的力量和更新的力量到这种文艺的队伍里来的，并非贪欲和声望，而是社会主义的理想和对劳动者的同情。”（《伊里伊茨文集》，同上。）

现在中国文艺生活的现象是个神奇古怪的怪现象。因为封建余孽的统治，所以文艺界之中也是不但有阶级的对立，并且还有等级的对立。中国人的文艺生活显然划分着两个等级，中间隔着一堵万里长城，无论如何都不相混杂的。第一个等级是“五四式”的白话文学和诗古文词——学士大夫和欧化青年的文艺生活。第二个等级是章回体的白话文学——市侩小百姓的文艺生活。现在，请平心静气的回答一个问题：直到今天为止，普洛文艺的作品是属于那一个等级？！

普洛文艺应当是民众的。新式白话的文艺应当变成民众的。但是还并没有变呢。因此，劈头一个问题就是：怎样去变？这个问题不解决，一切都无从说起。因此也就会发生我这篇文章的怪题目：“普洛大众文艺”。普洛文艺一般都应当是大众的，难道有“非大众的普洛文艺”？然而不然！居然有。甚至于有人说：不能够把艺术降低了去凑合大众的程度，只有提高大众的程度，来高攀艺术。这在现在的中国情形之下，简直是荒谬绝伦的论调。现在的问题是：革命的作家要向群众去学习。现在的作家，难道配讲要群众去高攀他吗？老实说是不配。

这样，“向群众去学习”——就是“怎样把新式白话文艺变成民众的”问题的总答覆。总之，假定意识是正确的作品，可是仅只能够给欧化青年去“服务”的，当然不是大众文艺。这种文艺，只能够做普洛革命文学的次要工作，为的是在敌人营垒里去捣乱后防。这种“欧化文艺”尚且要努力大众化，扩大自己的读者社会。同时必须打进大众的文艺生活之中去——跳过那一堵万里长城，跑到群众里面去。这就必须创造普洛的革命的大众文艺。现在大众所“享受”的文艺生活是什么？那些章回体的小说，群众尚且不能够完全看得懂。他们所“享受”的是：连环图画，最低级的故事演义小说（《七侠五义》，《说唐》，《征东传》，

《岳传》等），时事小调唱本，以至于《火烧红莲寺》等类的大戏，影戏，木头人戏，西洋镜，说书，滩簧，宣卷等等。这里的意识形态是充满着乌烟瘴气的封建妖魔和“小菜场上的道德”——资产阶级的“有钱买货无钱挨饿”的意思。现在的主要工作，因此应当是创造普洛的大众文艺，——应当向那些反动的大众文艺宣战。这是一条唯一的道路——可以造成新的群众的言语，新的群众的文艺，站到群众的“程度”上去，同着群众一块儿提高艺术的水平线。所谓“非大众的普洛文艺”和“普洛大众文艺”之间的区别，将要在这一条道路上逐渐的消灭净尽。

文艺问题里面，同样要“由无产阶级反对资产阶级而完成资产阶级民权革命的任务”，准备着，团结着群众的力量，以便“立刻进行社会主义的革命”。为着执行这个任务起见，普洛大众文艺应当在思想上，意识上，情绪上，一般文化问题上，去武装无产阶级和劳动民众：手工工人，城市贫民和农民群众。这是艰苦的伟大的长期的战斗！

普洛大众文艺应当立刻实行，应当认真的解决一些现实的问题：第一，用什么话写。第二，写什么东西。第三，为着什么而写。第四，怎么样去写。第五，要干些什么。

第一　用什么话写？

苏联党的中央委员会曾经认定反对鞑靼民族等改用罗马字母的人，事实上等于出卖阶级。现在我们对于中国文的罗马化问题，暂时不说。可是至少要注意到这个“罗马化”的基础，就是创造一种真正现代大多数人用的文字——言语。固然，书面上的话（文字）和口头上的话（言语）之间，在欧美先进各国，也都有相当的区别，然而那分别都只是比较紧凑和散漫罢了；欧美先进各国的“书面上的话”，都只是紧凑些的“口头上的话”，读出来是可以懂得的。中国的情形可不同，书面上的“白话”——五四式的白话和文言一样，读出来是不能够懂得的，非看着汉字不可。这种话要用罗马字母拼音，当然就是不可能的了。

中国的“言”和“文”之间的区别为什么如此之大？就因为是封建余孽作祟。“五四”以前士大夫用的文言，据说是“周朝话”，其实只是周朝话的极模糊极省略的纪录，因为用以纪录的工具是象形文字，所以就不能够不模糊省略。五四时期的文学革命，要想推行所谓“白话文”，这是资产阶级民权革命之中的一般文化革命的任务，自然不是狭义的文学革命。这个文化革命也和一九二七年的革命一样，是失败了，是没有完成它的任务，是产生了一个非驴非马的新式白话。这五四式的白话仍旧是士大夫的专利，和以前的文言一样。现在新式士大夫和平民小百姓之间仍旧“没有共同的言语”。革命党里的“学生先生”和欧化的绅商用的书面上的话是一种，而市侩小百姓用的书面上的话，是另外一种，这两种话的区别，简直等于两个民族的言语之间的区别。俄国在十七八世纪时候，欧化贵族只读斯拉夫文的典籍和法文的小说，而平民读俄文。现在的中国欧化青年读五四式的白话，而平民小百姓读章回体的白话。中国还是需要再来一次文字革命，像俄国洛孟洛莎夫到普希金时代的那种文字革命。不然呢：革命的智识分子和民众没有共同的言语，反而是商店作坊的老板和伙计学徒之间有共同的言语。这个文字革命任务，现在同样要由无产阶级来领导，资产阶级不需要再澈底的文字革命，而且还在反对这个革命。

这个革命就是主张真正的用俗话写一切文章。如果“白话”这个名词已经被五四式的士大夫和章回体的市侩文丐垄断了去，那么，我们可以把这个新的文字革命叫做“俗话文学革命运动”。固然，最近一年来——一九三一年——有极少数的新进的作家，例如穆时英，张天翼等，以及以前的一些老作家，都在自己的作品里注意到俗话的运用，但是，我们还需要有一个积极主张俗话的运动，不但自己这样写，并且还要号召一切人应当这样写，还要攻击不这样写的人，总之，要有像五四时期一样的战斗精神。要剧烈的反对和抵制许许多多现在的“林琴南”！自然，单单会运用俗话并不就是普洛文学，因为用俗话一样可以写封建的，资产阶级意识的东西；但是用非驴非马的白话写的东西，绝对不能成为普洛文艺。难道现在俄国普洛文学可以用斯拉夫拉丁文混合的言语来写作品？难道英美普洛文学能够用古代英文来写作品？绝对的不能够。因为这使它不能够给大众服务！因此，可以说：不注意普洛文艺和一切文章用什么话来写的问题，这事实上是投降资产阶级，是一种机会主义的表现，是拒绝对于大众的服务。这个俗话革命的任务，是一般文化革命的任务，一切革命的文化组织应当担负起来，而尤其是文学的革命组织。

因此，对于“用什么话写”的问题，答案是很清楚的。

第一，当然不是用“周朝话”来写，就是绝对的不是用文言来写。

第二，也不能够用五四式的白话写。五四式的白话，表现的形式是很复杂的：有些只是梁启超式的文言，换了几个虚字眼，不用“之乎者也”，而用“的吗了呢”，这些文章，叫士大夫看起来是很通顺的。有些是所谓“直译式”的文章，这里所容纳的外国字眼和外国文法并没有消化，而是囫囵吞枣的。这两大类的所谓白话，都是不能够使群众采用的，因为读出来一样的不能够懂。原因在于：制造新的字眼，创造新的文法，都不是以口头上的俗话做来源的主体，——再去运用汉文的，欧美日本文的字眼，使他们尽量的容纳而消化；而是以文言做来源的主体，——甚至于完全不消化的生硬的填塞些外国字眼和文法。结果，这种白话变成了一种新式文言：《说文》和《康熙字典》，东文术语词汇和英文句法分析练习簿，——就是这种新式文言的来源的主体。这叫做非驴非马的“骡子话”。如果普洛大众文艺也仍将用这种话来写，那么，简直是没有人可以听得懂的，这就绝对不能够达到群众里去。

第三，也并不是用章回体的白话来写，这种白话，最好的像《水浒》《红楼梦》，也只是明朝话或者清朝话；而且同样是省略的记录，并不能够完全代表当时人口头上的话的。姑且把考据功夫搁起，假定的叫他“明朝话”罢，这种话显然不是现代中国人的话。只要看这一类小说里的对话，里面的虚字眼有许多是现代人不讲的了，例如“把”写做“将”，“就”写做“便”等等。而且这种话的全部的腔调，可以证明这仍旧是士大夫迁就平民的一种言语，或者是平民高攀士大夫的一种话。因此，我们可以看见：凡是比较复杂的说理，描写，叙述……实际上仍旧是文言的腔调，至多只是京戏里说白的腔调。你想想：现代人嘴里会不会说出“不知老兄意下何如”？或者“欲知后事如何，且听下回分解”？至于比《水浒》《红楼》“等而下之”的许多演义小说，现在礼拜六派的小说，直到连环图画式的小说，那简直是文言白话混合得乱七八糟的东西。这到现在，显然仍旧是以文言为主体的一种话。如果简单的采用这种“明朝话”，那就无所谓文字革命。固然，采取这种话可以使群众勉强懂得，但是这就完全忽略了革命的任务。这也是投降主义！

总之，不但普洛大众文艺，就是“非大众的普洛文艺”，都不能够用“周朝话”写，都要反对用“骡子话”来写，而且也并非要用“明朝话”来写。而要用现在人的普通话来写——有特别必要的时候，还要用现在人的土话来写（方言文学）。无产阶级，在“五方杂处”的大城市和工厂里，正在天天创造普通话，这必然的是各地方土话的互相让步，所谓“官话”的软化。统一言语的任务也落到无产阶级身上。让绅商去维持满洲贵族旗人的十分道地的上等京话做“国语”罢，让他们去讥笑蓝青官话罢。无产阶级自己的话，将要领导和接受一般智识分子现在口头上的俗话——从最普通的日常谈话到政治演讲，——使它形成现代的中国普通话。自然，照中国的现状，还会很久的保存着小城市和农村的各地方的土话，这在特殊必要的时候，也要用它来写的。总之，普通俗话的发展，必须无产阶级的文化运动来领导，就是要把这种言语做主体，用它来写一切文章，尤其是文艺，尤其是大众文艺。要为着这个新的文字革命而斗争。事情其实很简单，只要把自己嘴里的话写出来。这种俗话同样的可以有深浅，有书面的和口头的分别，——自然并非一切文章都等于速记的纪录。而普洛大众文艺的特点，就在于暂时这种文艺所用的话，应当是更浅近的普通俗话，标准是：当读给工人听的时候，他们可以懂得。这样就可以开辟一条道路，使工农群众在文艺生活之中逐渐提高组织自己言语的能力，根据于“联想”的公律采用必须的汉文的以及欧化的字眼，文法。无产阶级在这里有一个坚定的自信力：他们口头上所讲的话，一定可以用来写文章，而且可以写成很好的文章，可以谈科学，可以表现艺术，可以日益进步而创造出“可爱的中国话”，并用不着去学士大夫的骡子话（可以看而不可以听的话），并用不着去学戏台上的明朝人的说白。而现在的章回体小说，却正使群众觉着一定要用那种“半文不白”的腔调，才能够说故事，才能够写文章。……中国现在还没有“可爱的屠格涅夫的言语”（伊里伊茨说的），中国的普洛文学应当担负创造这种言语的责任。

总之，普洛大众文艺要用现代话来写，要用读出来可以听得的话来写。这是普洛大众文艺的一切问题的先决问题。这个问题不解决，其余的努力大半要枉费的。

第二　写什么东西？

普洛大众文艺用什么话写的问题解决之后，就要回答写什么东西的问题。应当用现代人的白话写的并不仅是大众文艺。大众文艺和其他文章在言语上的区别，仅仅只在于深浅。可是，讲到写什么东西的问题，就是作品的体裁问题，那就不同了。这里的区别比较的是很大的。

现在新式白话作品的体裁，大半已经是很欧化的了。老实说，是很摩登化的了。因为，中古世纪的欧洲作品，甚至于文艺复兴初期的作品，体裁也和近代的摩登主义大不相同。意大利的《十日谈》，西班牙的《董吉诃德传》，法国大仲马的《三剑客》（《侠隐记》）和《二十年后》，在体裁上就和中国的《今古奇观》，《儒林外史》，《三国演义》等等，有好些相像的地方。这种情形足以证明欧洲封建的上层建筑的崩溃，和经济基础的变更，互相适应着。欧洲当时的民众从中世纪式的武侠小说进一步来读《董吉诃德传》的时候，不感觉到体裁上突然的绝对的不同。而中国的近代资本主义的发展是从买办而来。手工工厂的发展突然的跳到最新式的百货公司和电气动力的工厂；表面上尤其急遽转变的，是出现了帝国主义的大规模的银行资本，城市的地皮投机事业……于是欧化士大夫的“文艺享受”同样的可以从诗古文词一跳就跳到摩登主义的“神奇古怪”的体裁。吃租阶级的摩登贵族，有这么的“福气”。但是对于民众，这种体裁是神奇古怪的，没有头没有脑的。关于人物，没有说明“小生姓甚名谁，表字某某，什么省什么县人氏”；关于风景，并不是清清楚楚的说“青的山，绿的水，花花世界”，而是象征主义的描写，山水花草都会变成活人似的忧愁或者欢喜，皱眉头或者亲嘴；关于对话，并不说明“某某道”，“某某大怒道……”；句法是倒装的，章法是“零乱的”。这些，在欧美的工人早已不成多大的问题（以发展史最短的俄国文学来看，从斯拉夫文的作品，经过最早的俄文通俗作品，经过普希金到高尔基，逐渐摩登化的过程也有了一百五十年）。但是中国民众还觉得非常之看不惯。普洛文艺至今用全部力量去做摩登主义的体裁的东西，这样自然发生的结果是：上中下三等的礼拜六派倒会很巧妙的运用着旧式大众文艺的体裁，慢慢的渐渐的“特别改良”一下，在这种形式里面灌进维新的封建道德，资产阶级民族主义的……内容，写成《火烧红莲寺》等的“大众文艺”；而革命的普洛的文艺因为这些体裁上形式上的障碍，反而和群众隔离起来。这也同样是不了解完成资产阶级民权革命任务的错误。

所以普洛大众文艺所要写的东西，应当是旧式体裁的故事小说，歌曲小调，歌剧和对话剧等，因为识字人数的极端稀少，还应当运用连环图画的形式；还应当竭力使一切作品能够成为口头朗诵，宣唱，讲演的底稿。我们要写的是体裁朴素的东西——和口头文学离得很近的作品。

可是，也要预防一种投降主义，就是盲目的去模仿旧式体裁。这里，我们应当做到两点：第一是依照着旧式体裁而加以改革；第二，运用旧式体裁的各种成分，而创造出新的形式。关于第一点，一切故事，小说，小唱，说书，剧本，连环图画，都可以逐渐的加进新式的描写叙述方法。关于第二点，举几个例来讲：可以创造新的短篇说书话本，不必要开头是“却说”，末了是“且听下回分解”，而是俗话的短篇小说；可以输入欧美的歌曲谱子，要接近于中国群众的音乐习惯的，而填进真正俗话的诗歌；又可以创造一种新的俗话诗，不一定要谱才可以唱，而是可以朗诵，可以宣读的，在声调节奏韵脚里面能够很动人很有趣的；可以模仿文明戏而加入群众自己的参加演戏；可以创造新式的通俗歌剧，譬如说用“五更调”，“无锡景”，“春调”等等凑合的歌剧穿插着说白，配合上各种乐器，——因为话剧（文明戏）没有音乐，对于群众的兴趣是比较的少的。这些，都还只是没有实行经验的设想，有了经验之后，还可以想到无数的新的形式，群众来听小调来看戏的人，可以教我们的还多得很呢。

这样，就是在文艺的形式上，普洛大众文艺也要同着群众一块儿提高艺术的程度。

第三　为着什么而写？

普洛大众文艺的题材——艺术内容上的目的是什么？普洛大众文艺要为着什么而写？

这里，在所谓“非大众的普洛文艺”和“普洛大众文艺”之间，差不多没有什么区别的。如果有的话，那只是相对的。譬如说，因为读者对象的不同，所以“非大众的文艺”大半要是捣乱敌人后防的，而“大众的”大半要是组织自己的队伍的。这是文艺，所以这尤其要在情绪上去统一团结阶级斗争的队伍，在意识上在思想上，在所谓人生观上去武装群众。

（一）是鼓动作品，所谓“agitha”。这当然多少不免要有标语口号的气息，当然在艺术上的价值也许很低。但是，这是斗争紧张的现在所急需的。所谓“急就章”是不能够避免的。

可是，同时也应当尽可能的叫它艺术化，这是学习的机会。这些作品如果做得好，一样的可以避免“标语口号主义”，而使标语口号艺术化，而取得艺术品的资格，——因为这里主要的将是为着时事，为着大事变而写的东西，而大事变往往可以产生意义伟大的作品。这必然要认做一种在一定的事变之中的反对一切种种反革命的武断宣传的斗争。

（二）为着组织斗争而写的作品。这是说一般的阶级斗争，经常的一切问题上的阶级斗争。这里，当然首先是描写工人阶级的生活，描写贫民，农民，兵士的生活，描写他们的斗争。劳动群众的生活和斗争，罢工，游击战争，土地革命，当然是主要的题材。同时小资产阶级，资产阶级，绅士地主阶级的一切丑恶，一切残酷狡猾的剥削和压迫的方法，一切没有出路的状态，一切崩溃腐化的现象，也应当从无产阶级的立场去揭发他们，去暴露他们。讽刺的笔锋和刻毒的描写，对于敌人是不知道什么叫做宽恕的。这是冲锋的捣乱后防的游击队。这是要打破群众对于敌人，对于动摇的“同盟者”的迷信。这里，当前的斗争任务是：反对武侠主义，反对民族主义。因为现在豪绅资产阶级的“大众文艺”之中，闹得乌烟瘴气的正是武侠剑仙的迷梦，岳飞复活的幻想。我们的大众文艺，应当反对军阀混战，反对帝国主义瓜分中国的战争，反对进攻苏联，为着土地革命，为着无产阶级领导的工农民权独裁，为着中国的真正解放而努力的一贯的去贯澈反对武侠主义和民族主义的斗争，宣传苏维埃革命，宣传社会主义和反帝国主义的国际主义。为着这种目的而写的作品，可以是“阶级经验的小说”（例如现在的革命斗争……太平天国，义和团，辛亥，五四，五卅，广州公社，武汉时代等等）；可以是片断的或者想象的斗争和生活，例如中国的“董吉诃德传”，短篇的这类的故事；可以是古代传说（关公，岳飞，薛仁贵等）和现时大众小说（《火烧红莲寺》等）的改作；可以是欧美“阶级经验小说”以及其他名著的改译（《九十三年》，《铁流》等等）。

（三）为着理解人生而写的作品。所谓“人生”，难道只有“高尚的”智识分子才了解，难道只能够从资产阶级的观点去了解？不然的！无产阶级和劳动民众也需要了解，需要从无产阶级的观点去了解，需要清楚的发现现实生活的意义。现在，他们的意识形态大半是在地主资产阶级的人生观的束缚之下。工人，农民，一切贫苦的民众，他们有自己的私人生活，他们受着宗法社会和封建观念的束缚，他们也有恋爱，他们也有家庭，他们要求生活，他们要求解放。但是，豪绅资产阶级的“大众文艺”正在供给他们以各种各式的毒药迷魂汤。他们有许多本来就是小资产阶级（例如农民，兵士），他们之中的工人，也有许多刚刚离开小资产阶级的地位不久。摆脱宗法社会联系还很少。绅商豢养的文丐，就首先用宗法主义和市侩主义去羁縻他们。工农的人生是和斗争不可分离的。绅商就特别努力的想把他们的人生和斗争分割开来。一切宣卷，说书，小唱……没有一本不是变相的所谓“善书”，宣传那些最恶劣最卑鄙最下贱的中国礼教和果报观念。单是一句“变牛变马来还债”的话，单是一句“淫人妻女，自己的妻女也被人淫”的话，单是一句“乐善好施金玉满堂”的话，就可以使人知道：现在市面上的大众文艺是多么努力的在宣传宗法主义和市侩主义。充其量是鼓吹一些梁启超式的维新道德，暗示民众说：只要自己勤苦，总可以成家立业。这种小资产阶级的幻想，是“安分守己”甘心做奴隶的主义，是非政治主义的情绪。总之，这里充满着伪善，卑鄙，等待，迷信……一切种种恶化的毒药；甚至于淫书都标题着“警世之书”，把男女关系写成禽兽不如的把戏，把残杀所谓“淫妇”当做英雄豪侠的信条；摧残民众中的每一丝每一毫的光明，把对于人生，恋爱，家庭，劳动的了解，都恶化到无以复加的地步。所以在反对地主制度和资本主义的文艺里，就要一贯的贯澈反对宗法主义和市侩主义的斗争。为着这种目的而写的作品，可以是劳动民众的私人生活的故事，恋爱的故事，宗法社会的牺牲，成家立业幻想的破产……以及无产阶级的理想（社会主义）的解说。

总之，普洛大众文艺的斗争任务，是要在思想上武装群众，意识上无产阶级化，要开始一个极广大的反对青天白日主义的斗争。五四时期的反对礼教斗争只限于智识分子，这是一个资产阶级的自由主义启蒙主义的文艺运动。我们要有一个“无产阶级的‘五四’”，这应当是无产阶级的革命主义社会主义的文艺运动，这就是反对青天白日主义。青天白日是所谓青天大老爷的主义。武侠和剑仙是一个青天大老爷，所谓祖国民族也是一个青天大老爷。宗法主义是这样，市侩主义也是这样，一切反革命的武断宣传都是这样：“最高最完美的理想”只是——地上要有青天大老爷，天上也要有青天大老爷，于是乎小百姓有冤有处诉，有仇有人报，父父子子夫夫妇妇……安分守己的过活耕田经商做工，挣得一点家财，生个好儿子，中状元，做大官，或者上天报应，大发洋财，可以荒淫纵欲大享艳福；为着答报青天大老爷岳飞，包公，彭公等等的这样恩典起见，就要爱国。……如果这些福气享不到，那么，就来一些劫富济贫的空谈，把强盗来当青天大老爷！反对这种青天白日主义的斗争，应当有一个广大的反帝国主义的国际主义，反封建宗法的劳动民众的民权主义和社会主义的文艺运动——苏维埃的革命文艺运动。

第四 怎么样去写?

怎么样去写普洛大众文艺?这并不是大众文艺的特殊问题。这是普洛文艺的一般创作方法的问题。谁要以为那些说书式的小说可以随随便便的写,那他就大错而特错了。

普洛作家要写工人,民众和一切题材,都要从无产阶级观点去反映现实的人生,社会关系,社会斗争。如果仅仅把几句抽象的理论,用说书的体裁来写出来,就可以当做文艺作品,那就根本用不着普洛文学运动,因为这只是通俗的论文。文艺作品应当经过具体的形象,——个别的人物和群众,个别的事变,个别的场合,个别的一定地方的一定时间的社会关系,用“描写”“表现”的方法,而不是用“推论”“归纳”的方法,去显露阶级的对立和斗争,历史的必然和发展。这就须要深切的对于现实生活的了解。

但是现在革命的作家之中,许多还保存着那种浮萍式的男女青年的“气派”。浮萍式的——因为他们在社会里是没有根蒂的,他们不但不知道工人贫民的生活,而且不知道一切有职业的人的生活。这大半是离开母亲和学校的怀抱之后,就立刻成为“欧化的”无业游民,这还不要紧。文学也可以做职业,革命也可以做职业。他们大半连从旁边去观察一下也不愿意的。他们是在等灵感的天才的神来之笔。他们所有的只是“天才”,只是“理论”,他们已经得到的是些归纳的结论,将要得到的还是些归纳的笼统的结论。用不着去观察,用不着去体验!现在我们固然正在克服这种主观主义,可是他的遗产还是会作祟的。

因此,很可能的是用一种轻率的态度来对大众文艺,——而这种轻率态度就可以使许多恶劣的资产阶级影响复活起来。这是不能够不预防的。当然,我在这里要说的只是最大概的,——也许是最粗鲁的说法:

(一)感情主义。从“五四”以来,所谓“民众”文学曾经在各种形式里表现过。洋车夫文学和老妈子文学,大约就是这十几年的成绩了。站在统治阶级剥削阶级的地位来可怜洋车夫老妈子,以至于工人,农民,这也会冒充革命文学。这种创作里的浅薄的人道主义,是普洛文艺所不需要的。文艺复兴初期的感情主义居然和世纪末的颓废主义碰了头,混合在一起作为“革命文学”,甚至于“普洛文学”的先锋。普洛文学要克服这种倾向,在普洛大众文艺里,尤其要防止这种感情主义的诉苦，怜惜，悲天悯人的名士气。

（二）个人主义。英雄主义的个人忽然像“飞将军从天而下”，落到苦恼的人间，于是乎演说，于是乎开会，于是乎革命，于是乎成功，——这种个人主义，“个人的英雄决定一切”的公式，根本就是诸葛亮式的革命。这样，甚至于党都可以变做诸葛亮，剑仙，青天大老爷！无产阶级的集体主义必须完全克服这种倾向。必须真切的理解群众的转变，群众的行动，群众的伟大的作用。个人只有在集体之中，作为集体的一分子，然后他的英勇，他的热心，他自己对于自己的个人主义的斗争，群众的克服他的个人主义……。——对于这些斗争的过程的理解，才能够把一切种种的变相剑仙和变相武侠肃清，而正确的显露无产阶级政党的集体的领导作用。

（三）团圆主义。才子中状元，佳人嫁大官，好人得好报，恶人得恶报……固然是团圆主义。可是，一切一厢情愿的关于群众斗争的描写，也是一种团圆主义。没有失败，只有胜利；没有错误，只有正确。这种写法，这种做法，也是一种团圆主义。这里，还会发生更加简单的公式主义：工人痛苦，革命党宣传，工人觉悟，斗争，胜利。有困难一定解决，有错误一定改正，一些百分之百的“好人”打倒了一些百分之百的“坏人”。无产阶级难道需要自己骗自己？更加要注意的是农民和兵士。这里，难道没有一点儿小资产阶级机会主义的幻想，冒险主义和盲动主义？无产阶级不需要欺骗自己，更不需要投降农民小资产阶级的“左”右机会主义！工人需要学习，在错误之中学习，主要的是在现实生活和斗争里学习。这才能增长斗争的力量，经验。

（四）脸谱主义。京戏里面奸臣画白脸，忠臣画红脸，小丑画小花脸……同样，可以把帝国主义，地主，资本家，工人，农民……一个个的规定出脸谱来。这不但可以，而且的确有人这样写！甚至于可以详细的说：布尔塞维克，孟塞维克，盲动主义者等等都可以有脸谱。反革命的一定是只野兽，只要升官发财，只要吃鸦片讨小老婆；而革命的一定是圣贤，刻苦，坚决等等……这种简单化的艺术，会发生很坏的影响。生活不这么简单！工人，劳动群众所碰见的敌人，友人，同盟者，动摇的“学生先生”，也不是这样纸剪成的死花样，而是活人。工人农民自己也是活人！反革命的人，一样会有自己的理想，自己的道德……假定在文艺之中尚且给群众一些公式化的笼统概念，那就不是帮助他们思想上武装起来，而是解除他们的武装。在这种简单化的概念之下，他们遇见巧妙一些的欺骗，立刻就会被迷惑，遇见复杂一些的现象，立刻就不会分析；他们将要永世不能够了解：精忠报国舍生取义的岳飞会是他们的最危险最恶毒的敌人。关于工农自己，也是同样的，这里，应当表现真正的生活，分化，转变，团结的过程，方才能够给布尔塞维克的教育。

埃及古代艺术上有一种所谓条件主义，——团圆主义和脸谱主义，就是这么一类的东西，把一切现实生活里的现象都公式化了，用来自己欺骗自己，或者欺骗别人。感情主义和个人主义，其实也是骗人和骗自己的浪漫谛克。无产阶级是资本主义社会里的最先进的阶级，他不需要虚伪，不需要任何的理想化，不需要任何的自欺欺人的幻想。“现实”用历史的必然性替无产阶级开辟最终胜利的道路。无产阶级需要认识现实，为着要去改变现实。无产阶级不需要矫揉做作的麻醉的浪漫谛克来鼓舞，他需要切实的了解现实，而在行动斗争之中去团结自己，武装自己；他有“现实的将来”的灯塔，领导着最热烈最英勇的情绪，去为着光明而斗争。因此，普洛大众文艺，必须用普洛现实主义的方法来写。这需要开始一个运动，一个为着普洛现实主义而斗争的运动。不然，那些资产阶级的影响将要使我们投降豪绅资产阶级的大众文艺。

第五　要干些什么？

现在的实际问题是：要开始实行普洛大众文艺运动，应当干些什么事？

这个问题，由上文所说的一切，已经可以给自然的结论：

（一）开始俗话文学革命运动——这是要完成白话文学运动的任务，要打倒胡适之主义，像现在要打倒青天白日主义一样。胡适之的白话定义是：“说白之白，清白之白，黑白之白。”这理论已经种下了文言本位的改良主义，虽然适之自己做的文章倒还通顺。这所谓“白”仅仅是和戏台上的曲文对待的“说白”，是和模糊对待的“清白”，是和“堆砌涂饰”对待的“黑白”。现在我们需要的是澈底的俗话本位的文学革命。没有这个条件，普洛大众文艺就没有自己的言语，没有和群众共同的言语。这固然不是限于文艺范围的运动，但是普洛革命文学运动应当负起发动这个新的革命运动的责任，而和一切革命的文化组织共同的起来斗争。具体的办法是要争取完完全全的公开路线——要有一个一般的文化问题的杂志，尤其是学生读物的杂志，这种杂志应当分一部分的篇幅开始这个运动，来详细的研究中国俗话的文法，句法，批评一切所谓白话文章的绅士性质，批评反动的大众文艺的言语的死文字性质，从新的观点上来重新讨论翻译问题等等，发展这种讨论和研究到群众的文艺团体里去。

（二）街头文学运动——开始做体裁朴素的接近口头文学的作品：说书式的小说，唱本，剧本等等。这需要到群众中间去学习。在工作的过程之中去学习。即使不能够自己去做工人，农民……至少要去做“工农所豢养的文丐”。不是群众应该给文学家服务，而是文学家应当给群众服务。不要只想群众来捧角，来请普洛文学导师指导，而要去向群众唱一出“莲花落”讨几个铜板来生活，受受群众的教训。首先就要组织革命的“文学青年”——劳动青年，鼓动他们来实行这种街头文学运动。一批一批的打到那些说书的，唱小唱的，卖胡琴笛子的，摆书摊的里面，在他们中间谋一个职业。茶馆里，空场上……工厂里，弄堂口，十字街头，是革命的“文学青年”的出路。移动剧场，新式滩簧，说书，唱诗……这些是大众文艺作品发生的地方。“不跳下水去，是学不会游水的。”这里，将要有真正的机会去观察，了解，经验那工人和贫民的生活和斗争，真正能够同着他们一块儿感觉到另外一个天地。要知道：单是有无产阶级的思想是不够的，还要会像无产阶级一样的去感觉。这些“文学青年”也许不肯去，也许很少肯去，也许去了会有许多“临阵脱逃”，但是，文学青年不一定是贵公子，也有贫苦的；而且这个运动开始之后，工人青年之中，将要发现很多意料之外的天才，渐渐的他们会变成主体。

（三）工农通讯运动——要开始经过大众文艺来实行广大的反对青天白日主义的斗争，就必须立刻切实的实行工农通讯运动。举个例来说一说工人通讯员的运动罢。工人通讯员固然并不限于文艺，而且主要的还是政治通讯，但是这是普洛文学的一个来源。文艺的通讯应当在一般的工农通讯员运动里去发展。在中国现在城市之中的条件之下，可以创办一种俗话报去吸收。这种定期刊物要公开的专销贫民区域。这可以在形式上并非报纸，而是一本连环图画，或者一集连环图画，时事唱本，时事短篇小说，批评当时的反动的大众文艺（影戏，新出的连环图画等）。工农通讯员将要是一种新的群众的文艺团体的骨干，这可以是很多种的小团体，在这种团体里面才能够得到现实生活的材料，反映真正群众的情绪，很确切的很具体的批评到武侠主义，民族主义，宗法主义，市侩主义的要点。工人和农民自己在这里将要学习到运用自己的言语的能力。而一般“文学青年”才能够学习到大众文艺所需要的智识。普洛文学将要在这种集体工作之中产生出自己的成熟的作品。

（四）自我批评的运动——为着普洛现实主义的斗争，必须实行更深刻的自我批评。对于过去错误的认识不诚恳不深刻，实际上是不能够纠正错误的，甚至于要掩蔽错误。缺乏革命者的认识错误的勇气，将要使我们在大众文艺方面仍旧重复旧的错误。那些非辩证法的，非唯物论的观点和倾向就不能够肃清。这里，具体的步骤就是要在文学报上开始关于大众文艺的讨论，开始关于一般创作方法的讨论。只有斗争，和一切不正确倾向的斗争，才能够锻炼自己的力量，才能够发展革命的普洛的文学运动。

普洛大众文艺的运动是一个艰苦的伟大的斗争，必须这样从各方面去努力，必须这样郑重的认真的刻苦的开始工作，克服一切可能的失败和错误，必须立刻回转脸来向着群众，向群众去学习，同着群众一块儿奋斗，才能够胜利的进行。而没有大众的普洛文学是始终要枯死的，像一朵没有根的花朵。

一九三一，十，二五

大众文艺的问题*

（1932年3月5日）

一 问题在哪里？

中国的劳动民众还过着中世纪式的文化生活。说书，演义，小唱，西洋镜，连环图画，草台班的戏剧……到处都是中国的绅士资产阶级用这些大众文艺做工具，来对于劳动民众实行他们的奴隶教育。这些反动的大众文艺，不论是书面的口头的，都有几百年的根底，不知不觉的深入到群众里去，和群众的日常生活联系着。劳动民众对于生活的认识，对于社会现象的观察，总之，他们的宇宙观和人生观，差不多极大部分是从这种反动的大众文艺里得来的。这些反动的大众文艺自然充分的表现着封建意识的统治。这里，吃人的礼教仍旧是在张牙舞爪，阎王地狱的恐吓，青天大老爷的崇拜，武侠和剑仙的梦想，以及通俗化了的所谓东方文化主义的宣传，恶劣的淫滥的残忍的对于妇女的态度，……仍旧是在笼罩着一切，无形之中对于革命的阶级意识的生长，发生极顽固的抵抗力。最近，满洲事变和上海事变之中，反革命的资产阶级怎样利用这些工具来阻止民众的革命化更表现的明白了。

"五四"的新文化运动对于民众仿佛是白费了似的！五四式的新文言（所谓白话）的文学，以及纯粹从这种文学的基础上产生出来的初期革命文学和普洛文学，只是替欧化的绅士换了胃口的鱼翅酒席，劳动民众是没有福气吃的。为什么？因为中国的封建残余——等级制度的统治，特别在文化生活上表现得格外明显。以前，绅士用文言，绅士有书

---

* 本文原载1932年6月《文学月报》第1期，署名宋阳。

面的文字；平民用白话，平民简直没有文字，只能够用绅士文字的渣滓。现在，绅士之中有一部分欧化了，他们创造了一种欧化的新文言；而平民，仍旧只能够用绅士文字的渣滓。现在，平民群众不能够了解所谓新文艺的作品，和以前的平民不能够了解诗古文词一样。新式的绅士和平民之间，没有共同的言语。既然这样，那么，无论革命文学的内容是多么好，只要这种作品是用绅士的言语写的，那就和平民群众没有关系。“五四”的新文化运动因此差不多对于民众没有影响。反对孔教等等……在民众之中还只是实际革命斗争的教训，还并没有文艺斗争里的辅助的力量。

因此，现在决不是简单的笼统的文艺大众化的问题，而是创造革命的大众文艺的问题。这是要来一个无产阶级领导之下的文艺复兴运动，无产阶级领导之下的文化革命和文学革命，“无产阶级的‘五四’”，——这固然有时是反对资产阶级的斗争，可是在现在的阶段上，这显然还是资产阶级民权主义的任务。问题是在这里！

文艺战线上的革命斗争，直到现在，还只限于反对欧化的智识青年之中的种种反动派的影响；而在劳动群众之中去反对一切地主资产阶级反动文艺的斗争，差不多还没有开始。无产阶级的革命的意识，要去争取劳动民众，要去打击和肃清地主资产阶级的影响，在文艺上就必须开展一个新的文化革命的剧烈的斗争。这就必须去研究大众现在读着的是些什么，大众现在对于生活和社会的认识是什么样的，大众现在读得懂的并且读惯的是什么东西，大众在社会斗争之中需要什么样的文艺作品。总之，是要用劳动群众自己的言语，针对着劳动群众实际生活里所需要答复的一切问题，去创造革命的大众文艺，在这个过程之中，去完成劳动民众的文学革命，造成劳动民众的文学的言语。

总之，革命的大众文艺问题，是在于发动无产阶级领导之下的文化革命和文学革命。忽视这种资产阶级民权主义的任务，——正是以前革命的文学界空谈大众文艺和文艺大众化而没有切实斗争的最大原因。

二　用什么话写？

“五四”之后，从“文学革命”发展到“革命文学”，这是前进的斗争。但是，几几乎正是在革命文学的营垒里，特别的忽视文学革命的继续和完成。于是乎造成一种风气：完全不顾口头上的中国言语的习惯，而采用许多古文文法，欧洲文的文法，日本文的文法，写成一种读不出来的所谓白话，即使读得出来，也是听不懂的所谓白话。固然，有些著名的文学家，他们自己写的作品，宽泛些讲起来，是能够写出真正的白话的。但是，自从一九二五年之后，谁也没有再特别注意的提出文学革命的问题。一切“新文艺”方面的作品和论文，尤其是翻译，都在随意的写着那种新式的文言（所谓白话），一点儿也没有受着什么惩罚。革命文学方面是这样，地主资产阶级方面当然更不必说了。反动派只会利用这种革命队伍之中的弱点，来打击革命文学的发展。这和革命领导机关的政治上的错误是一样的，客观上帮助了反革命的势力，而使自己和广大的群众隔离起来。

因此，大众文艺的问题首先要从继续完成文学革命这一方面去开始。大众文艺应当用什么话来写，虽然不是最重要的问题，却是一切问题的先决问题。譬如说：英国工人不能够读中世纪的英文和拉丁文杂凑起来写的小说，中国工人也不能够读中国古文和欧化文法杂凑起来写的作品。

现在中国文字的情形是：同时存在着许多种不同的文字：（一）是古文的文言（四六电报等等）；（二）是梁启超式的文言（法律，公文等等）；（三）是五四式的所谓白话；（四）是旧小说式的白话。中国的汉字已经是十恶不赦的混蛋的野蛮的文字了，再加上这样复杂的，互相之间显然有分别的许多种文法，这叫三万万几千万的汉族民众怎么能够真正识字读书!？这差不多是绝对不可能的事。要懂得一张《申报》，起码要读五年书！而这种现状，正是地主资产阶级竭力维持着的。言语文字的革命，固然是资产阶级民权主义的任务；然而中国资产阶级不能够完成这种任务，而且已经在反对这种彻底的文学革命。他们趁着“五四”所开始的文艺复兴运动（也许不是有意的），造成了一种所谓白话的新文言，他们把这种新文言赏给自己的欧化子弟，给他们玩耍玩耍。至于劳动民众仍旧只能够应用一下绅商文字的渣滓，——那种测字先生的调文腔调的旧小说的白话。

然而旧小说式的白话，和五四式的新文言比较起来，却有许多优点。五四式的新文言，是中国文言文法，欧洲文法，日本文法和现代白话以及古代白话杂凑起来的一种文字，根本是口头上读不出来的文字。而旧小说式的白话，却是古代的白话，比较有规律的溶化着一些文言的文法，这是明朝人说过的话，虽然读出来也并不是现代中国人口头上说的话，而只是旧戏里的说白，然而始终还是读得出来的。因为这个缘故，旧小说的白话比较的接近群众，而且是群众读惯的，——这种白话比较起其余几种的所谓中国文来，有一个主要的特点，就是只有它是从民众的口头文学（宋元平话等等）发展出来的。反动的大众文艺就利用这一点，而更加根深蒂固的盘据在劳动民众的文艺生活里面。革命文艺如果没有战胜它这种优点的工具，那就是奉送群众给它。

所以新的文学革命不但要继续肃清文言的余孽，推翻所谓白话的新文言，而且要严重的反对旧小说式的白话，旧小说式白话真正是死的言语。反对这种死的言语就要一切都用现代中国活人的白话来写，尤其是无产阶级的话来写。无产阶级不比一般“乡下人”的农民。“乡下人”的言语是原始的，偏僻的。而无产阶级在五方杂处的大都市里面，在现代化的工厂里面，他的言语事实上已经在产生一种中国的普通话（不是官僚的所谓国语）！容纳许多地方的土话，消磨各种土话的偏僻性质，并且接受外国的字眼，创造着现代科学艺术以及政治的新的术语。同时，这和智识分子的新文言不同。新文言的杜撰许多新的字眼，抄袭欧洲日本的文法，仅仅只根据于书本上的文言文法的习惯，甚至于违反中国文法的一切习惯。而无产阶级普通话的发展，生长和接受外国字眼以至于外国句法……却是根据于中国人口头上说话的文法习惯的。总之，一切写的东西，都应当拿“读出来可以听得懂”做标准，而且一定要是活人的话。

至于革命的大众文艺，尤其应当从运用最浅近的无产阶级的普通话开始。这在最初，表面上看来，似乎是模仿旧小说式的白话。但是，这决不应当是投降政策。这是要无产阶级的先进分子领导着一般劳动民众去创造新的丰富的现代中国文。有必要的时候，还应当用某些地方的土话来写，将来也许要建立特殊的广东文福建文等等。

三　写什么东西？

革命的大众文艺应当写什么东西？这问题应当分两方面来说：

第一是形式方面。首先要说明的是：革命的先锋队不应当离开群众的队伍，而自己单独去成就什么“英雄的高尚的事业”。笼统的说什么新的内容必须用新的形式，什么只应当提高群众的程度来鉴赏艺术，而不应当降低艺术的程度去迁就群众——这一类的话是“大文学家”的妄自尊大！革命的大众文艺必须开始利用旧的形式的优点，——群众读惯的看惯的那种小说诗歌戏剧，——逐渐的加入新的成分，养成群众的新的习惯，同着群众一块儿去提高艺术的程度。旧式的大众文艺，在形式上有两个优点：一是它和口头文学的联系，二是它是用的浅近的叙述方法。这两点都是革命的大众文艺应当注意的。说书式的小说可以普及到不识字的群众，这对于革命文艺是很重要的。有头有脑的叙述，——不像新文艺那样的“颠颠倒倒无头无脑的”写法，——也是现在的群众最容易了解的。

因此，革命的大众文艺，应当运用说书，滩簧等类的形式。自然，应当随时创造群众所容易接受的新的形式。例如，利用流行的小调，夹杂着说白，编成功记事的小说；利用纯粹的白话，创造有节奏的大众朗诵诗；利用演义的体裁创造短篇小说的新形式。……至于戏剧，那就新的办法更多了。这在实际工作开始之后，经验还会告诉我们许多新的方法，群众自己会创造许多新的形式。完全盲目的模仿旧的形式，那就要走到投降的道路上去。

第二是内容方面。革命的大众文艺和一般的普洛文学运动一样，现在，创作的中心口号，应当是：“揭穿一切种种的假面具，表现革命战斗的英雄。”可是特别要注意的，是明瞭真正大众之中的革命敌人的意识上的影响在什么地方。这是文艺战线上革命斗争的重要任务。不能够估计敌人的力量，自然也就不能够作战。革命文艺的初期，正因为不会估计现实的形势，所以只有些标语口号的叫喊。这不是向敌人进攻，不是向反动意识去攻击，而只是叫喊。革命军队的枪炮不对着敌人瞄准，而只在战场上眼睛向着天摇旗呐喊，——这虽然很“勇敢”，而事实上的确没有打仗！因为这个缘故，甚至于有人反对暴露敌人的假面具，甚至于有人反对描写地主资产阶级和小资产阶级。现在，必须深刻的了解革命文艺的任务，是要看清了当前的每一次事变之中敌人用什么来迷惑群众，要看清了群众的日常生活经常的受着什么样的反动意识的束缚，而去揭穿这些一切种种的假面具；要去反映现实的革命斗争，不但表现革命的英雄，尤其要表现群众的英雄，这里也要揭穿反动意识以及小资产阶级的动摇犹豫，揭穿这些意识对于群众斗争的影响，要这样去赞助革命的阶级意识的生长和发展。

革命的大众文艺因此可以有许多种不同的题材。最迅速的反映当时的革命斗争和政治事变，可以是“急就的”，“草率的”，大众文艺式的报告文学，这种作品也许没有艺术价值，也许只是一种新式的大众化的新闻性质的文章。可是这是在鼓动宣传的斗争之中去创造艺术。可以是旧的题材的改作，例如“新岳传”，“新水浒”等等。可以是革命斗争的“演义”，例如“洪杨革命”，“广州公社”，“朱毛大下井冈山”等等。可以是国际革命文艺的改译。可以是暴露列强资产阶级帝国主义的侵略的作品，可以是“社会新闻”的改编，譬如反动的大众文艺会利用什么阎瑞生案，黄陆恋爱，洙泾杀子案等等，革命的大众文艺也应当去描写劳动民众的家庭生活，恋爱问题，去描写地主资产阶级等等给大众看。这最后一点，值得特别提起大家的注意：因为直到如今，革命文艺还是不能够充分的执行这个文艺斗争的特殊任务。

四　前途是什么？

革命的大众文艺发展的前途，应当成为反动的大众文艺的巨大的强有力的敌人，应当成为“非大众的革命文艺”的真正的承继者。

革命的大众文艺的创造是一个伟大的艰难的长期的斗争，应当要和极广泛的劳动民众联系着，应当争取广大的公开的可能，应当造成劳动者的文艺运动的干部（主要是要工人来领导），——开始可以是口头文学的干部，随后一定能够进到书面文学的干部。这都需要长期的刻苦的切实的有组织有系统的工作。

现在的事实是：大众文艺和非大众文艺同时存在着。这是因为封建的等级制度的残余，尤其是在文化关系上，还维持着统治的地位：绅士等级和平民等级没有共同的言语。谁要否认这个事实，他就不能够有正确的斗争路线，结果，不是放弃新的文化革命的任务，就是幻想完全依赖欧化的智识青年去做一种自由主义的“教训”民众的文化运动。

现在是要非大众的革命文艺大众化，同时继续在智识青年的小资产阶级群众之中进行反对一切反动的欧化文艺的斗争；而在大众之中创造出革命的大众文艺出来，同着大众去提高文艺的程度，一直到消灭大众文艺和非大众文艺之间的区别，就是消灭那种新文言的非大众的文艺，而建立“现代中国文”的艺术程度很高而又是大众能够运用的文艺。

一九三二年，三月五日重写

五四和新的文化革命*

（1932 年 5 月）

一

五四是中国的资产阶级的文化革命运动。但是，现在中国资产阶级早已投降了封建残余，做了帝国主义的新走狗，背叛了革命，实行着最残酷的反动政策。光荣的五四的革命精神，已经是中国资产阶级的仇敌。中国资产阶级在文化运动方面，也已经是绝对的反革命力量。它绝对没有能力完成民权主义革命的任务——反帝国主义的反封建的文化革命的任务。新的文化革命已经在无产阶级领导之下发动起来，这是几万万劳动民众自己的文化革命，它的前途是转变到社会主义革命的前途。资产阶级的智识分子，似乎也已经感觉到这种危险。因此，他们现在要出来说什么“文化运动消沉”，说什么“智识阶级的使命”，说什么“继续五四的精神”。……这种呼声发现在九一八事变之后，并不是偶然的。为什么？因为资本主义的虚伪的民族主义，到这时期已经差不多破产得干干净净；地主资产阶级联盟的意识上的武器——所谓诸葛亮主义的买办性，已经暴露得没有丝毫余地。所以他们要想出来玩一套另外的把戏，企图用一些时髦的摩登化的空谈，欺骗广大的民众。其实，所谓“智识阶级的特殊使命”，难道不又是一种变相的诸葛亮吗？资产阶级——地主帝国主义的奴才，绝对不能够领导什么文化革命，而只在进行着野蛮的愚民政策。现在一些自称“继续五四精神”的新式诸葛亮，也不过是实行愚民政策的别动队。

---

* 本文原载 1932 年 5 月 20 日《北斗》第 2 卷第 2 期，署名易嘉。

只有无产阶级，才是真正能够继续伟大的五四精神的社会力量！

二

无产阶级决不放弃五四的宝贵的遗产。五四的遗产是什么？是对于封建残余的极端的痛恨，是对于帝国主义的反抗，是主张科学和民权。虽然所有这些抵抗的革命的倾向，都还是模糊的和笼统的，都包含着资产阶级的个人主义，一切种种资产阶级性的自由主义和人道主义；——但是，这种反抗精神已经是现在一般资产阶级和小资产阶级的智识分子所不能够有的了。而无产阶级，却不放弃这种遗产的，因为无产阶级是唯一的彻底反抗封建残余和帝国资本主义的阶级，只有它能够反对着资产阶级，批判一切个人主义、人道主义和自由主义等类的腐化的意识，而继承那种极端的深刻的对于封建残余的痛恨，——用自己的斗争，领导起几万万群众，来肃清这种龌龊到万分的中国式的中世纪的毛坑！

俄国十九世纪六十年代，也有过相像的新文化运动。列宁说：六十年代派的宝贵的遗产，是他们的新文化运动（启蒙运动）；第一“六十年代思想的大多数代表，也和西欧的新文化运动家一样……都极端的痛恨农奴制度及其经济社会法律上的一切副产物。……第二，当时俄国的新文化运动家，都竭力主张文化，自治，自由，一切欧洲式的生活，主张俄国的各方面的欧化。第三……他们能够主张平民群众的利益，尤其是农民的利益；能够深信废除农奴制度及其一切残余，的确可以改良一般的状况；他们并且真心要想赞助农民的解放”……“这种宝贵的遗产我们是不放弃的！”

中国五四时期的思想的代表，至少有一部分是当时的真心的民权主义者——自然是资产阶级的民权主义者。中国的文化生活在五四之后，的确开辟了一条新的道路。五四式的新文艺总算多少克服了所谓林琴南主义。当时最初发现的一篇鲁迅的《狂人日记》，——不管它是多么幼稚，多么情感主义，——可的确充满着痛恨封建残余的火焰。从此之后的三四年，虽然很快就发现了咒骂“丘九”（学生）的易家钺，发现了鼓吹东方文明的梁漱溟等等，然而新文艺的革命反抗的精神，还在小资产阶级的青年群众之中发展着。跟着，无产阶级和农民群众自己的斗争爆发起来，所谓文化运动之中自然反映着阶级分化的过程，而表现着许多方面的斗争……直到“科学”、“民权”之类的旗帜完全落到了无产阶级的手里。

三

…………

现在，谁还需要文化革命呢？谁？

中国的绅商——地主资产阶级，再也不需要什么文化革命。“够了，算了罢！”如果真正几万万群众要创造他们自己的文化生活，那么，一定要……一定要出清中世纪的毛坑。那还了得么！所以他们就放出各种各式的走狗。有些，自以为很巧妙的戴起马鹿民族主义的帽子，鼓吹屠杀政策，唱着像煞有介事的诗歌。可惜，这种纸老虎一戳就穿。有些，正在披起粉红色的外套，企图用更加巧妙的手段欺骗民众，要叫人家相信他们是负着特殊的文化使命的诸葛亮，仿佛他们是几万万“愚民”的教师，这些狗简直是急得发了疯了。它们正在拼命的叫喊，拼命的咬，为的是要咬死新兴的真正巨大的文化革命。它们的发疯，并不是因为痛恨吃人的礼教，而是因为痛恨“下流的流氓地痞”和“二十世纪的张献忠”。不用说别人了：就是五四时候最初主张推翻礼教的人，都听见乡下人劈掉神主牌位，打掉泥塑菩萨，就急得发疯，就拼命的反对，而且反对真正的民权主义，而要恭请绅商买办“一律平等”的来参加普遍选举的国民会议。对于他们——“科学”和“民权”的旗帜，已经早就丢在中世纪的毛坑里去了。从狂人到疯狗——这就是退回中世纪毛坑的人的一条道路。

固然，中国的绅商在这条路上，也学会了许多时髦。五四时候的绅士，还禁止自己的老婆和女儿剪头发等等。而现在，中国的资产阶级，中国的地主绅士，中国的官僚军阀，至少也要姘几个披头散发的姘头——所谓摩登女郎。华贵的富丽的公馆里，居然也会陈设些未来派的直线主义的新式木器。至于“黄金少年”，那更用不着说了。他们都很愿意做“被消遣的男子”——太太小姐的面首。这又有什么稀奇呢？非洲土人的酋长也会到巴黎去受法国资产阶级的荣华，印度的王侯也会学习最新式的英国跳舞。他们可并不因此就不是封建残余的代表，而完成了民权主义的革命任务！这正是殖民地的中世纪的毛坑，和帝国主义的没落的资产阶级文化，混合生长的腐化的现象。中国新文艺的礼拜六派化，正是这种现象的必然的结果。现在买办地主和资产阶级的新文艺，自然不会再产生痛恨吃人的礼教的狂人，而只会产生些“被当做消遣品的男子”。从狂人到面首——这又是一条奇妙的道路。

这些疯狗和面首，还需要什么文化革命么？当然不要的了。他们自以为“文化”得很。他们或者是“民族意识”的代表；他们或者是艺术至上主义的神仙，他们或者是反对马路文学——礼拜六主义的健将，其实，他们自己就是“高级趣味的礼拜六派”。

四

五四已经过去了十三年了。这十三年中间，黄河、扬子江里的水也已经流过了不少了。中国的一切经过了……中国的劳动群众已经不是十三年前的劳动群众了，尤其是工人阶级之中——已经有了觉悟的先锋队。十年来的政治经济的斗争，锻炼出了绝对新式的“下等社会”里的“英雄”，这就是真正的群众的领导者。他们领导着群众的斗争，而群众里面也就不断的产生着他们。这是中国社会里的绝对新的文化革命的力量。中国现在也只有反对着一切绅商的几万万劳动群众，才需要新的文化革命；也只有他们自己的斗争，才能够完成这种文化革命。他们的思想意识上的斗争——文化战线上的斗争，——是和一般的政治经济斗争密切的联系着的。

中国的绅商和所谓“智识阶级”，——举例来说——难道还需要新的文学革命么？当然不需要。他们“接受了”五四的文学革命，“接受了”所谓白话文学的运动，而事实上，在这十三年来他们造成了一种新式的文言。这种新文言（现在的新文艺大半是用的这种新文言），仍旧是和活人口头上的白话不相同的，读出来是懂不得的。这对于绅商的“智识阶级”有什么妨碍呢？自然没有。他们正可以借此继续垄断着文学，把几万万群众仍旧和文化生活隔离起来。这可以巩固地主资产阶级的特权。然而劳动民众，可需要发展五四的白话革命，彻底的肃清文言的余孽，一直到完全废除混蛋糊涂十恶不赦的汉文。劳动民众自己口头上说的普通话，以至于各地方的方言，绝对的有造成中国真正的文学的言语的可能，绝对的不必依赖汉字，依赖文言。这是新的文化革命之中的新的文学革命。这虽然是一个部分的问题，却是极端重要的问题。

绅商的“智识阶级”既然自命为“智识阶级”，那自然是比平民高出一等的人物了。所以他们除诗、古文、词、四六电报之外，造出了一种新文言的“深奥而高妙”的新文艺。什么表现主义，后期印象主义，……一直到“魔道主义”，样样都有；他们是要“找寻刺激”，他们是要模仿没落颓废的或者发狂的吃人的帝国主义资产阶级的艺术。这是他们“自己的消遣”。而同时，煽动着乌烟瘴气的武侠主义、岳飞主义……的反动的大众文艺，从说书小唱直到电影；这是“为民众”的艺术！这是他们摆下的迷魂阵。他们会在“大众文艺”之中来反对礼拜六派吗，来反对大众文艺之中的林琴南吗？当然不会。当然不需要。他们也许认为这是艺术上的最适当的分工呢。但是，劳动民众可需要反对这些乌烟瘴气的东西，劳动民众要自己创造革命的普洛的大众文艺，要在这个基础上发展出伟大的艺术，要同着群众去运用国际的无产阶级的经验，取得理论上的武器。这种新的文艺运动是开始了。这是五四之后的一个真正新的文化革命的浪潮。

五

劳动民众的文化革命，是一个巨大的一切战线上的战斗。这里所说着的，只是文学方面的大致的阵势。然而最主要的是：这种文化上的战斗，是和一般政治经济的斗争联系着的，是总的革命斗争之中的一个队伍。

五四之后的现在，正是革命进到了新的阶段的形势。世界的和中国的一切力量，正在巨大的剧烈的战斗之中。

记得五四时候，在反对帝国主义的斗争里，最初发生了国际主义的呼声。于是乎中国的“民族圣人”就发急起来，他打起号筒大声疾呼的说：民族主义是吃饭的家伙，而国际主义只是靠不住的发财彩票。但是，现在的事实呢？国际主义的国家，却已经走到了经济兴盛的时期，而且是真正劳动民众的经济的繁荣，真正消灭了人剥削人的制度，真正能够打击一切帝国主义的进攻的企图。而中国的民族主义的实质——不抵抗的奴才主义，假抵抗的投降主义，就算是吃饭家伙了罢。因此，一切帝国主义联合着积极的进攻那个“国际主义的国家”的时候，中国的民族主义也赶紧奉送满洲给他们做战场。中国的劳动民众不能够容忍这种卖国的民族主义，不能够容忍那种屠杀正在建设社会主义的劳动群众的战争。中国的群众反对帝国主义进攻苏联的战争，反对瓜分中国的战争，反对军阀的战争，——他们偏偏在国际主义的旗帜之下进行革命的民族战争。他们知道这是解放自己的唯一的道路。

五四时候，最初发现了阶级斗争的口号。自然，“民族圣人”更加发急，他号召着民族主义，他说中国民族之中只有大贫和小贫而没有什么阶级，他说阶级斗争是社会的病。现在呢，圣人的信徒从帝国主义那里得到了飞机绿气炮，得到了大炮机关枪，——这些杀人家伙，自然不能够用去打帝国主义，他们就用来医治中国民众的阶级斗争的病！这也是为着民族主义，为着维持诸葛亮的政权，为着维持岳飞式的不抵抗主义。但是，劳动民众只有发动更广大的斗争，一直到赶掉一切种种的诸葛亮，剥夺一切绅商地主资本家的政权而实现真正的民权。只有这样，中国民众才打得退帝国主义的军队，才解放得了中国民族。解放中国民族的，恰好只有阶级斗争。

五四时候，最初发动了白话文学运动，要想废除文言，要想废除汉字。中国的“民族圣人”自然也反对这种运动，他说中国文是中国民族文化的精华。许多绅商阶级的文人，其中还有最初白话运动的健将，现在还模仿着诸葛亮的《出师表》，大做其通电、宣言、训辞……至少也要用不文不白的新文言写几百首半通不通的新诗。这未始不是圣人的功劳。但是，中国的劳动民众，都需要根据自己口头上的说话，造出绝对白话的新中国文。只有这样，——完成民权革命的“创造民众的文字”的任务，——才能够开展新的文化革命的斗争，几万万的民众将要运用这种文化生活的最低限度的工具，而建立新社会的文化。这又是反对着“民族圣人”的。

总之，五四是反对中国圣人的运动，现在的文化革命是在新的基础之上反对新的中国圣人的运动。

六

新的文化革命之中，革命的文艺运动将要是一般革命斗争的强有力的队伍。它应当反对一切封建残余的文化上的束缚，肃清封建残余对于群众的意识上的影响，打倒一切帝国主义和买办阶级的奴才思想，这样去彻底的完成五四所开始的伟大的斗争。新的文学革命——绝对的白话文和用罗马字母写的中国文的实现，不过是这个任务的一部分最低限度的一部分，必须积极的有系统的为着这个去斗争。它还要开展自己的斗争，不但反对封建残余、买办阶级和帝国主义的思想上的压迫，而且要反对资产阶级的意识。它要创造广大群众的革命文艺，要完全站在无产阶级的立场去批判一切反动意识，而用文艺的形式表现出来，要使这种革命文艺成为群众日常生活的一部分。

当前的文艺创作的方针，一定要能够表现革命战斗的英雄，——革命的民族战争里的群众，反军阀的战争里的群众，一切阶级战斗里的英雄；一定要能够揭穿一切种种假面具；——地主买办和资产阶级的剥削制度，帝国主义的侵略和压迫，资产阶级和小资产阶级的生活，要揭穿他们的真相，要暴露他们自欺欺人的意识。这是文化革命之中的锐利的武器，这也是赞助一般革命斗争的任务。

五四是过去的了。文化革命的领导已经落到了新的阶级手里。今年这种剧烈战斗的年头，文化战线上的战斗正在开展着许多新的方面。中国式的中世纪的毛坑，以及中国买办和资产阶级的奴才性的“精神文化”，应当同着绅商军阀和帝国主义的统治，——扫除得干干净净！

文艺的自由和文学家的不自由*
(1932 年 7 月)

一、"万华撩乱"的胡秋原

> 资产阶级的著作家，艺术家，演剧家的自由，只是戴着假面具（或者伪善的假面具），去接受钱口袋的支配，去受人家的收买，受人家的豢养。我们，社会主义者，暴露这种伪善，揭穿这种虚伪的招牌，——并不是为着要弄出什么无阶级的文学和艺术（这只有到了社会主义的无阶级的社会里方才可能），而是为着要把真正自由的公开和无产阶级联系着的文学，去和伪善的自由的而事实上联系着资产阶级的文学对立起来。
>
> ——《列宁全集》第七卷上册

最近，文艺理论的研究似乎又引起了社会的注意。胡秋原先生曾经写过一些文章，说起文化运动，而尤其是文艺问题（见《文化评论》和《读书杂志》）；而苏汶先生也就发表了《关于"文新"与胡秋原的文艺论辩》（《现代》第三期）。胡秋原先生，据说是从普列汉诺夫、弗理契出发的文艺理论家；而苏汶先生自己说是死抱着文学不肯放手的文学家。他们两方面都是文艺的护法金刚，他们都在替文艺争取自由。可是，究竟这些自由对于他们有什么用处呢？让我们来插几句嘴罢。

先说胡秋原先生。

胡秋原先生是谁？他自己说："我们是自由的智识阶级，完全站在

* 本文原载 1932 年 10 月《现代》第 1 卷第 6 期，署名易嘉。

客观的立场……无党无派，我们的方法是唯物史观，我们的态度是自由人的立场。……文艺至死是自由的，民主的。”

胡先生对于文艺的意见固然并不限于这一点，但是，这是他的根本立场。他说他自己的方法是“唯物史观”。大概正因为这个缘故罢？——他的文章之中很渊博的引证了许多“唯物史观”的艺术理论：有时候说“艺术是用形象去思索”，有时候说“艺术只有一个目的，那就是生活的表现、认识和批评”，有时候又说“艺术的最高目的，就在消灭人类间一切的阶级隔阂”，以至于说“艺术虽然不是至上，然而也决不是至下的东西，——将艺术堕落到一种政治的留声机，那是艺术的叛徒”，“没有高尚情思的文艺，根本伤于思想之虚伪的文艺，是很少存在的价值的；我永远这样相信”。

这究竟算是什么马克思的唯物史观！

中国的新兴文艺理论的发生和发展——到现在还不上三年，这里所发生的错误，而且有些是极端严重的错误，实在是多得很。新兴阶级的斗争，就是在文艺战线上也要勇敢的克服一切困难，排斥一切错误，锻炼自己的力量。像钱杏村那样的批评家，自然是做出了不少的错误，这些错误正在集体的批评和斗争之中纠正过来。如果胡秋原先生真正是个马克思主义的文艺理论家，真正能够正确的指出钱杏村等等的错误，那么，即使胡秋原先生自己仍旧是个“自由人”，他也许能够相当的帮助中国马克思主义的文艺理论的发展。可是，这是不可能的事情。他的所谓“自由人”的立场不容许他成为真正的马克思主义者。

他说钱杏村的理论基础混杂，说钱杏村把波格唐诺夫、卢那察尔斯基、未来派……东扯扯，西拉拉的混缠在一起。然而他自己呢？他把普列汉诺夫和安得列耶夫，艺术至上论派等等混缠在一起。钱杏村那样的幼稚的马克思主义学生，东扯一些，西拉一些，在文艺理论和批评上表现他的小资产阶级的动摇，他对于辩证法唯物论的不了解。可是——我并不丝毫减轻钱杏村的错误，——钱杏村比起胡秋原先生来，却始终有一个优点：就是他总还是一个竭力要想替新兴阶级服务的小资产阶级智识分子，他的东扯西拉之中，至少还有一些寻找阶级的真理的态度。而胡秋原呢？他却申明永远只相信“高尚情思”的文艺，而“文艺的最高目的就在消灭人类间一切阶级的隔阂”。他已经肯定的认为“艺术不应当做政治的‘留声机’”。钱杏村虽然没有找着运用艺术来帮助政治斗争的正确方法，可是，他还在寻找，他还有寻找的意志。而胡秋原是立定主意反对一切“利用”艺术的政治手段。这是胡秋原先生和钱杏村不同的地方。

胡秋原先生的艺术理论其实是变相的艺术至上论。他说赞成纯艺术和反对纯艺术的争论是“徒劳的”。为什么？因为赞成纯艺术的有反动的文学家，也有革命的文学家；而反对纯艺术的也是这样。这还只是他的表面上的诡辩。他的根本立场，还在于他认为艺术只应当有高尚的情思，而不应当做政治的“留声机”。因此，他就认为艺术是独立的，艺术有尊严，有宫殿，有人格。他劝告一些政治派别说：“勿侵略文艺。”他一再的宣言：艺术决不是至下的东西。胡秋原先生如果不承认自己是艺术至上论派，那么，至少他的理论可以叫做艺术高尚论。他所拥护的，不是什么马克思主义的文艺理论，而是这个似乎是独立的高尚的文艺。

胡秋原先生的理论，据他说，是从普列汉诺夫出发的。他引了普列汉诺夫的一句话，说艺术是用形象去思索。他还说：“艺术者，是思想感情之形象的表现，而艺术之价值，则视其所含蓄的思想感情之高下而定。”可是，这几句话是不够的。这里，立刻就发生一个问题：这所谓高下又用什么标准去定呢？用贵族阶级的标准，用资产阶级的标准，还是用无产阶级的标准？对于这一点，他是没有说明的。大概是用所谓“自由人”的立场做标准了。因为这个缘故，所以胡秋原的理论是一种虚伪的客观主义，他恰好把普列汉诺夫理论之中的优点清洗了出去，而把普列汉诺夫的孟塞维克主义发展到最大限度——变成了资产阶级的虚伪的旁观主义。他事实上是否认艺术的积极作用，否认艺术能够影响生活。而一切阶级的文艺却不但反映着生活，并且还在影响着生活；文艺现象是和一切社会现象联系着的，它虽然是所谓意识形态的表现，是上层建筑之中最高的一层，它虽然不能够决定社会制度的变更，他虽然结算起来始终也是被生产力的状态和阶级关系所规定的，——可是，艺术能够回转去影响社会生活，在相当的程度之内促进或者阻碍阶级斗争的发展，稍微变动这种斗争的形势，加强或者削弱某一阶级的力量。

可是，照胡秋原先生的理论，艺术却只是生活的表现，认识和批评，而且只是从“自由人”的立场上去认识和批评。以前钱杏村的批评，要求文学家无条件的把政治论文抄进文艺作品里去，这固然是他不了解文艺的特殊任务在于“用形象去思索”。钱杏村的错误并不在于他提出文艺的政治化，而在于他实际上取消了文艺，放弃了文艺的特殊工具。现在胡秋原先生发见了“用形象去思索”的文艺任务，就走到了另一极端，要求文艺只去表现生活，而不要去影响生活。再则，进一层说，以前钱杏村受着波格唐诺夫、未来派等等的影响，认为艺术能够组织生活，甚至于能够创造生活，这固然是错误。可是这个错误也并不在于他要求文艺和生活联系起来，却在于他认错了这里的特殊的联系方式。这种波格唐诺夫主义的错误，是唯心论的错误，它认为文艺可以组织社会生活，意识可以组织实质，于是乎只要有一种上好的文艺，一切问题都可以解决了。可是，胡秋原先生的反对这种理论，却也反对到了牛角尖里去了。他因此就认为文艺只是消极的反映生活，没有影响生活的可能，而且这是“亵渎文艺的尊严”的。

胡秋原先生虽然很勇敢的痛骂反动的文艺派别，可是，他只骂他们“利用”文艺，“污损文学家的人格”。他固然也指出这些派别代表着什么什么阶级，可是，他正是要求他们“勿侵略文艺”。他并不去暴露这些反动阶级的文艺怎么样企图捣乱群众的队伍，怎么样散布着蒙蔽群众的烟幕弹，怎么样鼓励着反动阶级的杀伐精神，把剥削和压迫制度神圣化起来。他提出来的口号只是安得列耶夫的人道主义的口号：“消灭人类间一切的阶级隔阂。”

胡秋原先生的文艺理论，其实是反对阶级文学的理论。

固然，胡秋原先生指出钱杏村的错误的时候，他会说：“中国是一个半殖民地的半封建社会，而旧的地主及小有产阶级在日益崩溃的过程中（这里缺少了一个资产阶级——嘉注），在这社会蜕变时期，各阶级、层，集团，都有其不同的意识形态。”固然，胡秋原先生还会反过来问：“我在一切讲文艺的文字中否认过阶级性没有?”然而胡先生的确说过了：“文学的最高目的是在于消灭人类间的一切阶级隔阂”；而且胡先生的确没有一次肯定文艺的阶级性，而只申明永远相信“文艺的高尚情思”。以前钱杏村的错误是只看见所谓时代文艺，而不看见阶级文艺。而现在胡秋原是看见了阶级文艺而认为这算不了文艺，而只是“政治的留声机”，这是“艺术的叛徒”。

不但如此，胡秋原先生即使分析中国现在有些什么什么阶级的文艺，他也要赶紧声明：“我并不想站在政治立场赞否民族文艺与普洛文艺。……无论中国新文学运动以来的自然主义文学，趣味主义文学，浪漫主义文学，革命文学，小资产阶级文学，普洛文学，民族文学，以及最近民主文学，我觉得都不妨让他存在，但也不主张只准某一种文学把持文坛。”这是多么宽大的自由人的自由主义，这是“文艺至死也是自由的，民主的”那句话的详细注解。

本来，普列汉诺夫的艺术理论之中，已经包含着客观主义和轻视阶级性的成分，也包含着艺术消极论的萌芽。这种理论到了胡秋原先生手里，就搀杂了安得列耶夫的“学说”，和胡秋原先生自己的“学说”，结果，竟变成了百分之一百的资产阶级的自由主义。他是替文学要求“自由”，让各种各样的文学发生出来，给他“完全站在客观的立场上”去研究研究，批评批评，发挥发挥他这个“自由人”的“无党无派”的对于艺术的“高尚情思”的评价，——这倒怪有趣味的。这是他替文学要求自由的目的了罢？

可是，还不止这一点。最重要的是他要文学脱离无产阶级而自由，脱离广大的群众而自由。而事实上，著作家和批评家，有意的无意的反映着某一阶级的生活，因此，也就赞助着某一阶级的斗争。有阶级的社会里，没有真正的实在的自由。当无产阶级公开的要求文艺的斗争工具的时候，谁要出来大叫“勿侵略文艺”，谁就无意之中做了伪善的资产阶级的艺术至上派的“留声机”。所以胡秋原先生再不能够正确的批评钱杏村的错误。胡秋声先生说钱杏村“生吞伊里支的话谈大众文学”，“机械的应用伊里支的大众文学”的原则。而胡秋原先生自己，根本就没有提起大众；甚至于别人特别指出大众问题来和他讨论的时候（《文艺新闻》），他竟会在答复的三五千字的长文章里面，一个字也没有提起大众。这不是偶然的。钱杏村以前的错误，正在于他根本就没有应用“伊里支的大众文学”的原则，所以也说不上机械的应用。艺术高尚派的胡秋原先生，自然是蔑视大众的，他不屑得做大众的“留声机”。

这样，胡秋原先生背向着群众，脸对着艺术之宫，双手拈着各种各样的文艺，说：“文化与艺术之发展，全靠各种意识互相竞争，才有万华撩乱之趣，”我是反对“某一种文学把持文坛”的。新兴阶级在现在的中国，本来就没有所谓“把持文坛”的可能；而地主资产阶级听见胡秋原的主张，也许像罗隆基一样，会感觉到：与其像沙皇那样专制而始终被推翻，不如像英皇那样宽大而能够保持皇位到如今。胡秋原先生是替现在的“黑暗世界”想出了一个发展“文化与艺术”的方法，“不是危机而正是光明”的道路，这就是抛弃“中心意识”的独裁政策，而放任“各种意识的互相竞争”。黑暗世界对于胡秋原先生虽然未必见得感谢和赏识，可是，事实上胡先生的心是算尽到的了。可惜的是：这个黑暗世界已经没有能力再开辟什么光明的道路，除非是光明起来把它根本的推翻。胡秋原先生的艺术高尚论的自由主义，要枉费心机了。

二、“难乎其为作家”的苏汶

子之遭兮不自由　子之遇兮多烦忧
子之与我兮心焉相投　思古人兮俾无尤

——曹雪芹的林黛玉

再说苏汶先生。

苏汶先生自己说是死抓住文学不肯放手的人，而“每一个死抓住文学不肯放手的人”，都应该欢迎胡秋原先生的自由主义的创作理论。这所谓“死抓住文学不肯放手的人”是谁呢？苏汶先生说是“作者之群”。我想作者虽然不是羊子，暂时叫他们是一群也还不妨。不过，是不是这一“群”都欢迎胡秋原先生的理论——那还是个问题。至少总有几个人不赞成的。所以还是说苏汶先生自己罢。

苏汶先生是个作家，他那篇文章就是一篇很美丽的散文——是一件艺术品，的确有“艺术的价值”。这就是说：这篇文章写得非常巧妙，很能够感动人，至少是那一群。因此，也就有政治的价值，因为这种文章是达到某种政治目的的锐利的武器。武器当然是越锐利越好，艺术品是越能够感动人越好。

因为苏先生文章写得好的缘故，所以苏先生没有胡先生那么“愚蠢”。苏先生说的话，是委婉的转弯抹角的，——真所谓“哀而不怨，乐而不淫”。可是，且慢些批评。他固然很想“哀而不怨”，然而怨恨的情调还是流露出来了。

苏先生已经说了：胡秋原先生的“自由主义的创作理论应该是受作者的欢迎的”。苏先生，至少是苏先生所说的作者之群，应该欢迎胡先生的理论。然而苏先生骂胡先生是书呆子，是愚蠢；苏先生说：“在目前这情形下，愚盲是幸福的，而沉默是聪明的。”这就是说——虽然心上欢迎胡先生的理论，可是嘴里最好是不说出来，更好些是口头上还要“骂”几句胡先生。

然而这所谓“骂”并不是真骂。而是说：理论和行动本来是不能并存的，文学和革命也是不能并存的，艺术和煽动也是不能并存的；而胡秋原先生不懂得这个道理，因此，胡秋原先生是书呆子。苏先生说："左翼文坛是马克思列宁主义者……他们现在没有工夫来讨论什么真理不真理，他们只看目前的需要。……你假使真是一个前进的战士，你便不会再要真理，再要文艺了，""终于，文学不再是文学，变成连环图画之类；而作者也不再是作者了，变成煽动家之类。"而胡秋原先生还要和左翼文坛去谈什么艺术的理论，文艺的价值……等等，真所谓"不识时务"，所以是书呆子了。这里，话是可以有两种说法：一是说——革命要紧，所以革命者一定不会再要文学，因此，革命者不配谈什么文学，像胡秋原先生是在对牛弹琴。这是太粗鲁的说法，苏先生是不说的。二是说——革命要紧，革命者的文学就只有行动，本来不是什么文学，你胡秋原先生既然不讲行动，又要和左翼文坛去谈文学，自然是隔靴搔痒，可以不用说了罢。这是客气的说法，苏先生是说了。然而说法虽然有两种，意思还是一样。

这意思是：真理和文学是与革命不能并存的；苏先生说胡秋原和左翼文坛的讨论，是"道不同不相为谋"，所以他那篇文章又叫做"道不同不相为谋说"，其实这是一篇"革命与文学不能并存论"。他所以劝告左翼文坛说：你们有点"不爽快，不肯干脆说一声文学现在不需要"。

假定真这么样"干脆"，那么，那个"某种政治目的"就可以达到了。

可惜，革命的发展不这么样干脆。革命是在"侵略文艺"。

第一，真正科学的文艺理论，还是革命的国际主义的新兴阶级建立起来的。只有这个阶级，在革命的行动之中，才真正能够建立，能够发展科学的文艺理论。中国的新兴阶级以及日本的，英国的等等，自然，现在还在几万重的压迫之下。尤其是中国的新兴阶级，受着封建残余的文化上的束缚特别厉害。他们不能够希望统治阶级去"提高"什么民众文化，他们极艰难的向世界各国的无产阶级学习，尤其是向俄国的无产阶级。他们不怕统治阶级讥笑什么"向俄国去批发"理论。他们努力的在行动之中学习着，研究着，应用着理论。他们决不肯说"行动就是理论"，因此，"只要行动不要真理"。他们更不能够说：先要理论，然后再要行动。他们不会感觉到理论和行动是分离的，不能并存的。

第二，新兴阶级为着自己的解决而斗争，为着解放劳动者的广大群众而斗争；他们要改造这个世界，还要改造自己——改造广大的群众。他们要肃清统治阶级的思想上的影响，肃清统治阶级的意识上的影响。

现在剥削制度之下的一定的阶级关系，规定着群众的宇宙观和人生观；然而群众之中的一些守旧的落后的宇宙观和人生观，并不是群众自己所“固有”的，而是统治阶级用了种种方法和工具所锢定的，所灌输进去的。这些工具之中的一个，而且是很有力量的一个——就是文艺。所以新兴阶级要革命，——同时也就要用文艺来帮助革命。这是要用文艺来做改造群众的宇宙观和人生观的武器。固然，并不是个个“前进的战士”都来做文艺的工作。但是，为什么既然“真是前进的战士……便不会再要文艺了”呢？为什么？除非是自己愿意解除武装之中的一种。自愿缴械的“战士”决不是前进的战士。你可以说：“你们还没有拿着这种武器，所以无所谓缴械。”但是，正因为这个，所以要努力去取得这种武器。谁要劝告新兴阶级不要去拿这种武器，他自然客观上是抱着“某种政治目的”的，——虽然他自己都觉得“并没有丝毫政治臭味”。

第三，新兴阶级站在消灭人剥削人的制度的立场上，所以能够真正估定艺术的价值，能够运用贵族资产阶级的文艺的遗产。他们决不是什么“目前主义的功利论者”。他们在文艺战线上，一样是为着创造整个的新社会制度——整个的新的宇宙观和人生观而斗争的。一切统治阶级的，以至于小资产阶级的文艺，他们都要批判，都要分析。这些文艺的内容，往往包含着许多矛盾，不会是简单的“好得利害”，或者“坏的利害”；也不会是“革命时候没有用”，“建设时期又有用”。而照苏先生说起来，仿佛是托尔斯泰“被不要于万方多难之秋，而旋又被原谅于国泰民安之日”，这算是“变卦”，而“变卦就是辩证法”！苏先生是说的卢那察尔斯基对于托尔斯泰的两次不同的批评，他没有说起卢那察尔斯基所批评的是那一方面的问题，而我们又没有卢那察尔斯基的文章的手边。固然卢那察尔斯基在哲学上和文艺理论上有许多唯心论的倾向，他的两次批评之中都包含着某种错误的见解也是可能的。然而我们现在没有方法来检查。我们只说一说，在苏先生所谓“万方多难之秋”的一九一〇年，列宁就说过：

> 托尔斯泰死了，而革命以前的俄国过去了，那革命以前的俄国的弱点和没有能力，都表现在这个天才的艺术家的哲学里面，都描写在这个天才的艺术家的作品里面。然而，他的遗产之中也有并不曾过去的而是属于将来的东西。……他会用极大的力量表现那些受着现代制度的压迫的广大群众的情绪，描写他们的状况，表示他们的自发的抗议和忿恨的情感……托尔斯泰描写着俄国历史生活的这

一时期，他会在自己的作品里面提出那么许多伟大的问题，会提高艺术的力量到那么样高的程度，以致于他的作品在世界文学之中占着第一等位置之中的一个。

然而……

一方面是最清醒的现实主义，揭穿一切种种假面具；别方面是痴呆的不抵抗主义的说教……宣传世界上所有一切混蛋东西之中的最混蛋的东西——宗教……

这里，的确像苏先生所说的“非议得利害”，而又“恭维得利害”。不过这是同在一个“万方多难之秋”。无所谓“变卦”！

至于中国的托尔斯泰在那里，出了娘肚皮没有？——那是另外一个问题。这是和中国现在有没有自己的高尔基一样的问题。这里不谈了罢。

第四，新兴阶级固然运用文艺，来做煽动的一种工具，可是，并不是个个煽动家都是文学家——作者。文艺——广泛的说起来——都是煽动和宣传，有意的无意的都是宣传。文艺也永远是，到处是政治的“留声机”。问题是在于做哪一个阶级的“留声机”。并且做得巧妙不巧妙。总之，文艺只是煽动之中的一种，而并不是一切煽动都是文艺。每一个阶级都在利用文艺做宣传，不过有些阶级不肯公开的承认，而要假托什么“文化”、“文明”、“国家”、“民族”、“自由”、“风雅”等等的名义，而新兴阶级用不着这些假面具。新兴阶级不但要普通的煽动，而且要文艺的煽动。一九〇五年前后直到一九一七年十月之前，像高尔基、绥拉菲摩维支的作品，——我想就是苏先生也得承认是文艺，——是的的确确有艺术上的价值的。但是，那些东西同时就是煽动品。做了煽动家未必见得就不能够仍旧是一个作者——文学家。高尔基等等虽然没有中国的“作者之群”那么死抓住了文学不肯放手，然而不见得就比中国的文学家低微到了什么地方去。同时，高尔基等等的确是些伟大的宣传家。新兴阶级自己也批评一些煽动的作品没有文艺的价值，这并不是要取消文艺的煽动性，而是要煽动作品之中的一部分加强自己的文艺性。而且文艺的反映生活，并不是机械的照字面来讲的留声机和照相机。庸俗的留声机主义和照相机主义，无非是想削弱文艺的武器。真正能够运用艺术的力量，那只是加强煽动的力量；同时，真正为着群众服务的作家，他在煽动工作之中更加能够锻炼出自己的艺术的力量。艺术和煽动并不是不能并存的。自然，一定要说：凡是煽动就不是文学，——这也可以，这句话也有“用处”。对于谁有用处呢？对于那些不肯承认自己是在利用文艺来煽动的阶级！

苏汶先生很大量，他说左翼文坛“为革命，为阶级”，“讨论着，决定着又执行着”的都对，甚至于“霸占”文学也对。这是太恭维了。可是，你不要以为他因此就不保护文学的自由，就不反对革命的“侵略文艺”。不是的。他这样说话正是出力的保护文学，比胡秋原先生更加巧妙的保护文学的自由。他是说：左翼文坛所做的只是煽动，只是革命的手段，只是革命的行动，所以就不是文学，既然没有所谓文艺的真理，也没有什么艺术的价值。这样，左翼文坛里没有文学，文学界里也没有左翼文坛。于是乎文学脱离了左翼而自由了。左翼虽然要霸占，也就无从霸占起，因为它所霸占的只是些非文学、非真理、无艺术价值的煽动品，——这是与文学不相干的，让他去罢。

苏汶先生的议论其实是很明显的。不过，他写完了四千字之后，还谦虚一句说：“作者有其道而不敢言。”

为什么“不敢言”呢？为什么这样可怜，这样怨苦呢？

因为他们自己以为是“第三种人”。他说：“文学这卖淫妇似乎还长得不错，于是资产阶级想占有她，无产阶级也想占有她。于是文学便只能打算从良。从良以后呢？作者便从此萧郎是路人。”这些作者——“斤斤乎艺术的价值”的——就是所谓第三种人。他们的爱人——那“卖淫妇的文学”被资产阶级或者无产阶级夺了去了！

可是，事实上文学并不是卖淫妇。文学不止一个，文学也不会被任何一个阶级夺去的。文学是附属于某一个阶级的，许多阶级各有各的文学，根本用不着你抢我夺。只是这些文学之间发展着剧烈的斗争：新兴的阶级，从前没有文学的，现在正在创造着自己的文学；而旧有的阶级，从前就有文学的，现在是在企图剿灭新兴阶级的文学。剿灭不了呢？用一点儿别致的巧妙的手段，或者毒死它，或者闷死它，或者饿死它……而新兴阶级的文艺运动却并不在“霸占”或者“把持”什么，它只要指出一些文学的真面目——阶级性。它只是在思想战线、文艺战线上和反对势力斗争。

作者呢，也不是什么“第三种人”。作者——文学家也不必当什么陪嫁的丫鬟，跟着文学去出嫁给什么阶级。每一个文学家，不论他们有意的，无意的，不论他是在动笔，或者是沉默着，他始终是某一阶级的意识形态的代表。在这天罗地网的阶级社会里，你逃不到什么地方去，也就做不成什么“第三种人”。

最吃苦的只是自以为是“第三种人”的时候。既然不愿意“变为煽动家之类”，又不好意思公开的做资产阶级的走狗。听着一些批评家谈论新兴的文艺理论，实在觉得讨厌。想着：我是多么不自由呢，写一些东西，就有人来指摘：这是资产阶级的意识，那是小资产阶级的动摇，或者还要加上法西斯蒂的头衔……唉，我的命运是太苦了。何不生在“古时候”，没有这一类的批评家的时候呢？那时，像袁随园，或者李太白等等的时代，“一举成名天下知”就“一举成名天下知”了，谁也不来管这是“纱笼”（Salon）的贵族厅堂的天下，还是贫民窟的天下（因为苏先生引了史铁儿先生的话，所以我也引一引）。

因为自己感觉得这样苦的时候，作者就“搁笔”了。但是，并不是个个“搁笔”的作者，都是由于这个原因。苏先生说：“大大小小的作者搁起了笔”都是因为这个缘故。我想这句话并不合乎事实，却可以做苏先生的“作者之群”的注解。苏先生是把“作者之群”和文艺理论对立起来说：——你们这些作者为什么不能够写作品呢，都是那些文艺理论害了你们。有点儿 provocation 的意味。

苏汶先生没有工夫顾到“劳动者之群”，那是当然的，因为他一只手“死抓住了文学”，别一只手招请着“作者之群”，请他们欢迎胡秋原先生的自由主义的创作理论，而和苏先生共同起来反对大众文艺的“连环图画和唱本”，——自然再也没有工夫了。

他说：“这样低级的形式还产生得出好的作品么？确实，连环图画里是产生不出托尔斯泰，产生不出弗罗培尔的！”然而，第一，德国的版画式的连环图画（并不都是普洛的），虽然还没有产生托尔斯泰那么伟大的艺术家，可是已经的确成了一种有艺术价值的作品。第二，假使用那副吃奶气力——死死的抱住所谓文学的那副气力，去研究和创作中国的线画式的连环图画、唱本等等，未必见得就不会产生真正的艺术作品。何况所说的不限于连环图画。而写一部“马占山演义”，要真能够写得像《水浒》那样好，并不见得比写一些意象派的诗来得容易，而且一定比意象派的诗有更高的艺术价值。真正的中国（并非绅士的中国）的文艺，一定要从革命的大众文艺里产生出来。

总之，这些话多说也没有趣味了。蔑视群众既然是自己认为是“第三种人”的立场，那么，一切都已经自然明白的了。因此，苏汶先生还嫌胡秋原的自由主义不彻底，他主张把一切群众的新兴阶级的文艺运动，一概归到“非文学”之中去，让文学脱离新兴阶级和群众而自由。

苏汶先生还叹着气说：“在人人都不肯让步的今日，诚哉，难乎其为作家。”其实，何必这样呢？真正肯替群众服务的作家，只有欢迎正确的文艺理论。努力去了解一切错误，要求日益进步的批评。至于把艺术变成神圣不可侵犯的作家，尽管放胆的去做作家好了。真有“爱好艺术”的勇气的，真正能够死抱住所谓文学的人，什么也不应当怕的。有一点怕，就算不得死抱住了。你看看：这世界上有的是那种死爱漂亮的女人，她们宁可为着这个缘故而出卖自己的。漂亮是美，“艺术的价值”也是美——抽象的美，无所附丽的美。为着“美”牺牲一切——是“第三种人”的唯一出路！

一九三二年七月

并非浪费的论争*

（1932 年 11 月 10 日）

在苏汶先生的地方看见了胡秋原先生的《浪费的论争》因为文章很长，苏汶先生允许我带回家来看看。我看了之后，虽然时间匆促，但觉得有答辩几点的必要，未知《现代》编者先生能允许我这短文附刊在胡秋原先生的文章的后面否？

胡秋原先生说我是村妇主义的谩骂，说我只辩护我们自己，辩护钱杏邨。其实并不如此。要文艺理论的发展，需要一些深刻的讨论，辩难，尤其需要指出事实的本质，指鹿为鹿，指马为马的工作，这决不能说是谩骂，也并非浪费的论争。（至于“阿狗”和“丑脸谱”的字眼是记者先生所标的；但也不应当因此而抹杀我的文章的内容罢。）

现在我不打算详细说到胡秋原先生这篇文章的一切字句上内容上的错误；因为一则时间匆促，二则也要顾到《现代》的宝贵的篇幅。我只简单的答复下列的几点罢。

一

第一，胡秋原先生说，“无论自由人也好，第三种人也好，对左翼敬而远之者，至少大多数，决非存心攻击，”而他“对于整个普罗文学运动，也有无限同情”，“如果左翼真能清算自己一部分的错误，不空想包办文学，而在实际成绩中求领导，在理论上更作坚实的工作，我相信一部分作家，以及其他理论家，只要是热心希望社会的进步爱光明而诚

* 本文原载 1933 年 1 月 1 日《现代》第 2 卷第 3 期，系作者与冯雪峰商量后代冯执笔，署名洛扬。

意于革命之成功的，当然也可自动的逐渐的在整个社会文化的变革中，改变他们的意识。”——这里，我们得首先郑重申明的是：左翼一向以来的态度，是并非不承认自己的错误，也并非要包办文学，它只要领导一切左翼的以及“爱光明……的人”的文学去和一切黑暗的势力和文学斗争；它比任何人都最欢迎一切“爱光明……的人”同路走；在清算自己的错误的时候，也决不肯忽视真正的朋友的意见。……

同时，胡秋原先生在这里至少承认自己是属于“爱光明……的人”了。我们也极愿相信胡秋原先生主观上是这样的，相信他主观上是对于普罗革命文学抱着“无限同情”。但是，虽然如此，对于一切主观上自信，而客观上并不是“爱光明……的人”，我们仍然要“不能已于言”，指明主观是一件事，客观又往往是另外一件事，我们提醒，警告，批判他们，也无非是要使他们主观和客观的一致，成为真的“爱光明……的人”。至于那假冒着“爱光明……的人”者，我们当然要老实不客气的暴露他们。这是我们应当有的自由罢。

现在就说胡秋原先生自己罢，我们虽极愿意相信他主观上是属于“爱光明……的人”，但我们依然有批判他的自由和必要。例如胡秋原先生最气我曾说过他是社会民主主义派托罗茨基派的文艺理论家，但如果胡秋原先生不改正自己的错误，不真的从反动派别里面脱离出来，则虽更气些他也还是这样的一个理论家，因为首先第一他的去过势的马克思主义的文艺理论，恰正形成我所指说的反革命派别的政治主张之在文艺理论上的反映；其次胡秋原先生自己无论怎样爱洁，高尚，同时我们相信他本人和那些反革命派人也确有多少的不同，但事实上他至少被他们利用着，并且他也仿佛甘心被利用，在群众面前他已经是敌人的冲锋队里面的一个了。事实上是如此，客观上是如此。

胡秋原先生如果主观上真的自信是“爱光明……的人”，那就正像他劝告我们要反省一样，他是急需反省的，第一反省自己的理论，第二，不要做现世的堂·吉诃德，而应当像一个白色军队里面的兵士一般，当要向我们射击的时候，自己疑问一下：“我到底为谁而战的？”

二

第二，关于理论的问题在这里势不能涉及，但是胡秋原先生说：

"在作家苏汶先生，当然要抱住文学，我，也舍不得朴列汗诺夫——佛里采。"而"伊里支说过文学应该是党的文学，强调过哲学之党派性。不过，一个革命领袖这么说，文学者没有反对的必要……然而既谈文学，仅仅这样说是不能使人心服的。"在这里，说得很明白，胡秋原先生是不能心服列宁的原则之在文学上的应用的，而只是舍不得朴列汗诺夫等；因此，他反对《世界革命文学杂志》和苏联共产学院对于朴列汗诺夫等的批判，他不承认朴列汗诺夫的艺术理论之中有孟塞维克的要素，自然他就不能批判的接受了朴列汗诺夫的一切。这却是我们不同意的态度。

列宁的关于文学和哲学的党派性的原则，当然应该在普罗革命文学创作上，尤其在批评上来应用，发展；问题只在于应用得正确不正确。这个对于普罗革命文学的作家和批评家是不成问题的事，对于一般的作家和批评家我们不会去强迫他应用，至多也不过要他们来认识罢了，即对于自己的作家也并没有强迫，而只是讨论，研究，学习。但是我们的批评，能够应用这原则来分析一切的作品，至于应用得好坏，那是另外的问题。其次，我们承认朴列汗诺夫在艺术理论以及哲学理论上，有着很宝贵的成绩，我们必须去研究，去学习它，这是我们首先懂得的。就是在现在，他的著作也还有多多的介绍到中国来的必要。但是，我们是应当用批评的态度去学习的，我们不但要记得伊里支称赞朴列汗诺夫的"遗言"，我们还要记得伊里支批判朴列汗诺夫的更多的"遗言"。我们要学习朴列汗诺夫，所以也要研究和了解他的错误。……

这样，胡秋原先生的态度和我们是不同的。这里是两种不同的立场。我这样说，不过是指明这个事实，并非说胡秋原先生和其他的人就不能介绍，研究朴列汗诺夫等等。这里，可以带便的说到的，就是胡秋原先生不能了解艺术的列宁的原则，不认识"虚伪的客观主义"的错误，所以就不能了解关于艺术的武器的作用的那复杂的辩证法的关系，于是乎就至少不自觉的走到资产阶级的自由主义的立场了。（注意："资产阶级"并非谩骂的字眼，而是科学的术语。）

三

其次，胡秋原先生对于安得列夫的人道主义和他自己的自由主义，也说了许多的解释和辩护的话。但是，实际上，这里是包含许多性质上不同的问题的。第一，争取言论自由，是当然必需的。但我们应当对统治阶级主张民众的一切自由权利，以及他们在文艺上的自由权利。因此，对于这个问题，胡秋原先生不应当和所谓创作上的自由不自由的问题混同起来，而应当分出两个问题，我们首先要争言论的自由。这是一个政治斗争的问题，不是一个创作理论上的问题，胡秋原先生主张言论的自由，我们能有不赞成的吗？我们不是为着这个而在斗争着的吗？第二，革命为着人类的最大多数的解放（自由）而斗争，为着消灭阶级制度而斗争。这是“最终目的”的问题，普罗的和革命的文艺就是参加着这斗争的。然而因为要消灭阶级制度，达到“最终目的”，普罗革命文学站在一定的阶级——无产阶级的立场上去反对别些阶级，并不是用什么“消灭人间的一切阶级隔阂”的作品去“感化”人类。——那是唯心论的幻想。第三，说到普罗革命文学或左翼内部的所谓“创作的自由”，以及对于同路人的政策，那是完全另外一个问题。左翼的什么“指导大纲”，左翼有写的自由。团体的共同生活，以及共同研究的结论，是各个团员的自由意志的结合！这大纲之类的东西，并不是谁对谁发的命令。谁要是不同意，尽有自由提出自己的意见，反对他认为不正确的意见，为着正确的意见而斗争。何况大纲之类所要规定的只是大致的方针，各个作家有极端充分的创作自由，以及讨论的自由。至于对于一般作家，则这种大纲之类只是一种参考的材料，一种可以互相讨论的材料。左翼对于一般作家也从未下过什么命令。但是，左翼的批评家，是有批评一切作家的自由的，批评得正确不正确，那是另外的问题，并且批评得不正确的时候谁都可以自由的具体的反驳。至于武断的说“不依你，就算反革命”——那不过是煽动的话罢了。……

再其次，关于文艺大众化的问题，胡秋原先生说，“大众化是可以的，而且必要的，但问题是要写得好。”我不晓得胡秋原先生这话有什么说的必要，难道我们要文艺大众化是为了要写得不好吗？写得好，谁都赞成，谁都高兴的罢。但问题是在现在一些文学界的权威还有反对这种运动的开始，新进的青年作家也许因此更加忘记了大众，而广大的识字的群众还在读着反动的大众文艺，不识字的更加不必说了。这个问题，就是“爱光明……的人”也关心的罢。同时，普罗革命文学运动是工农贫民无产阶级大众的文学运动，应当竭力的使其和大众连结起来，竭力的使大众参加到里面来，我们的运动应当是大众本位的，应当使其成为大众本位的，不应当停留在智识阶级上，不应当是智识阶级本位的。这是问题的根本点。从前关于大众文化运动的问题，我们和胡秋原先生的争论就在这一点上。这种新的文化运动当然需要一切智识分子的参加，需要一切“爱光明……的人”的帮助，然而必须在无产阶级的领导之下，应当以群众为本位。

四

最后，胡秋原先生说：“我是深知一面有理论家之战线，一面有作家之群，这矛盾是早已存在的。”但是，作家之中的鲁迅先生说：“苏汶先生心造了一个横暴的左翼文坛的幻影，将‘第三种人’的幻影不能出现，以至为将来的文艺不能发生的罪孽，都推给它了。”足见鲁迅先生是认为左翼战线并没有这个罪孽，也不应当幻想出什么“作家之群”和“理论家之群”的矛盾。作家之中的茅盾先生，不但没有因此而“搁笔”，而且最近发表了不少作品，这种作品至少有着暴露的感动的力量的。作家之中的丁玲，张天翼……等等，也都没有“搁笔”，而且时时在发表作品。这样，至少理论家和作家是并不“矛盾”的。为了证明这点，带便说一件事罢，就是左联的关于创作的题材，形式，方法等等的决议（即所谓指导大纲之类），是作家鲁迅，茅盾，丁玲等等都参与起草的。

固然，胡秋原先生说：“鲁迅先生，茅盾先生的作品，也决不能说是严格的普罗文学，就是茅盾先生的近作，也决不是严格的普罗文学，但这也无碍其作品之价值。”然而我们也并没有说，茅盾等的近作，已经是“严格的普罗文学”。同时我们也没有否认，例如叶绍钧先生等进步的作家的作品的价值，尤其没有说过他们是反革命的。我们没有“躬自薄而厚责于人”。但是胡秋原先生是说，虽然不是严格的普罗文学，但也不妨碍作品的价值；而我们却是说，虽然这些作品已经有价值，但我们还要努力，去达到更高的价值，达到正确的革命文学和严格的普罗文学。并且这正是需要一切所谓“指导理论”和批评的帮助的。这又是我们和胡秋原先生不同意见的。

总之，胡秋原先生的观念实在混乱得很，他错误的地方决不止于上述的几点。这里我很少涉及理论的根本问题，又如他对于易嘉先生的意见的反驳也没有涉及，在别篇文章里去说罢。但是，我想说一句的，我们决不是“躲避”了理论问题，其实，这些问题在别的地方我们也多少说过一些了，只是我们的讦难者们不愿去提及罢了；而上述的几点，也并非不重要。至于胡秋原先生文章中的恶意煽动的地方也就让读者们的愤怒去答复罢。

一九三二年十一月十日

马克斯、恩格斯和文学上的现实主义*

（1932 年末）

一

马克斯和恩格斯对于文学上的现实主义，是非常之看重的。他们在许多著作和书信里面，常常提起这个问题，譬如恩格斯给英国女作家哈克纳斯的信，就说到巴尔札克的问题，并且指出巴尔札克的著作反映着法国"社会"的历史。恩格斯在这封信里说："我决不责备你，怪你没有写一部纯粹社会主义的小说，像我们德国人所说的'有倾向的小说'，就是一定要在小说里面，宣布作者的社会思想和政治思想。我完全不是这样想法。"这并不是说，马克斯和恩格斯反对文艺之中的"倾向性"，不是的，他们只反对表面的空洞的倾向性，反对那种曲解事实而强奸逻辑的"私心"。这种虚浮的"有倾向的"，"有私心的"作品，他们说它是"主观主义唯心论的文学"。他们所赞成的是"客观的现实主义的文学"。客观的现实主义的文学，同样是有政治的立场的——不管作家自己是否有意的表现这种立场；因此，如果把"有倾向的"解释成为"有政治立场的"，那么，马克斯和恩格斯不但不反对这种"倾向"，而且非常之鼓励文学上的革命倾向。例如海涅，佛莱里格拉德等的文学，显然是极端有革命倾向的诗歌，而马克斯恩格斯都很喜欢他们的。马克斯和恩格斯曾经说过：一切大作家，从亚里士多德到海涅，都是极端有倾向的，然而这种倾向应当从作品的本身里面表现出来。所以马克斯和恩格

* 本文原载 1933 年 4 月 1 日《现代》第 2 卷第 6 期，署名静华。是作者译著《现实——马克斯主义文艺论文集》首篇。1953 年收入 8 卷本《瞿秋白文集》第 4 卷。

斯所主张的文学，正是善于表现革命倾向的客观的现实主义的文学。他们反对浅薄的“有私心”的作品；他们尤其反对主观主义唯心论的文学。

马克斯恩格斯曾经和拉萨尔辩论过文艺上的问题，他们说，不应当“塞勒化”，而应当“莎士比亚化”。这是什么意思呢？据梅林的解释，仿佛他们两个人的私人的兴趣，不大喜欢塞勒的作品，而喜欢莎士比亚。这种解释显然是错误的。把莎士比亚和塞勒对立起来，这在马克斯和恩格斯，是有原则上的意义的。这就是鼓励现实主义，而反对浅薄的浪漫主义——反对“主观主义唯心论的文学”。

塞勒晚年的作品，他的小说里和戏剧里的“英雄”——只不过是主观的抽象的“思想”的号筒；对于塞勒，所谓斗争只不过是“世界史上的人物”之间的热闹的决斗，这些“世界史上的人物”仿佛代表着历史的力量，他们之间的决斗就代表着历史的冲突，那算是决定一切的动力，那算是社会发展的要素。那时候的塞勒（当他写“Don Karlos”的时期），只在希望开明的君主来做从上而下的解决社会问题的力量，他不看见广大的群众是社会发展的动力，不注意阶级斗争，因此只在主观道德的“伦理”方面找寻出路，用一些抽象思想，例如善和恶，勇敢和懦弱，公德和自私等等，来支配他的作品里的“英雄”。这就是马克斯和恩格斯所反对的“塞勒化”的意义。他们所主张的是：对于事实上的阶级斗争，广大群众的历史斗争的现实主义的描写。他们要求文学之中对于这种斗争的描写，要能够发露真正的社会动力和历史的阶级的冲突，而不要只是些主观的淋漓尽致的演说。马克斯认为莎士比亚的创作方法里，就有这种现实主义的成分。而恩格斯在一八五九年五月十六日写给拉萨尔的信里说：“人的性格不但表现在他做的是什么，而且表现在他怎么样做。在这一方面，我以为你那篇戏剧的思想上的内容，决不会受着什么损失，如果把各国人的性格更加鲜明的互相对立起来。用古代的风格来描写性格，在现在已经不够的了，我以为你在这里可以不受什么损害的更加注意些莎士比亚在戏剧发展史上的意义。”

总之，马克斯恩格斯的反对“塞勒化”和鼓励“莎士比亚化”，是他们对于文学上的两种创作方法的原则上的意见。第一种是主观主义的理想化——极端的曲解客观的阶级斗争的过程，这是马克斯恩格斯所反对的。第二种是现实主义——暴露资本主义发展的内部矛盾的，这就是马克斯恩格斯所鼓励的。固然，资产阶级的现实主义，结算起来，也还是唯心论的现实主义；然而只要它在勇敢的观察和表现实际生活的时期之中，还能够多多少少暴露一些客观的矛盾，那就对于一般的文化发展和工人阶级的将来，可以有相当的价值。因此，譬如说罢，马克斯所喜欢的作家是：荷马，丹第，谢尔房蒂斯，莎士比亚，狄德洛，菲尔定，哥德，巴尔札克。

此外，像狄更斯等类的比较次等的现实主义的作家，马克斯也是赞赏的。马克斯在《纽约论坛》报上曾经做过一篇文章，说起那时候的英国现实主义的文学家："英国现代的最好的一派小说家，他们的很明显很巧妙的描写，暴露了这个世界的政治的社会的真相，比一切政治家，社论家，道德家所写的东西都要更多些，他们描写资产阶级的一切阶层，从'可敬的'吃租钱的人，以及该着政府的有价证券的人起，——这些先生们像煞有介事的高高的站在上面，看着下面的一切'事业'都是很庸俗的，——一直到小店东和私人律师为止。而狄更斯，萨凯莱，沙洛德·白龙德和哈斯格尔夫人是怎么样描写了这些人物呵！充满着文明世界的，是自以为是，吹毛求疵，琐屑的残暴和愚蠢，形容他们这个阶级的警句，正是对于站在自己上面的人是胁肩谄笑，而对于伏在自己下面的人就是个专制魔王。"这种勇敢的公开的暴露资本主义社会的内部矛盾，这种"揭穿假面具"的手段，正是马克斯恩格斯在资产阶级的和小资产阶级的现实主义里面所看重的地方。这种对于资本主义的社会矛盾的真实描写，资产阶级的现实主义文学的这种巨大的认识能力，就是他们两个人认为比"主观主义唯心论的文学"更高明的优点。所以他们要号召当时的社会主义作家，去向巴尔札克学习一点儿什么东西。

当然，马克斯和恩格斯并不认为巴尔札克，狄更斯或者狄德洛的创作就已经是辩证法唯物论的方法，就已经是无产阶级文学的方法。恩格斯给哈克纳斯女士的论巴尔札克的信里面，很容易看得出他对于巴尔札克的称赞，只是一种供给参考材料的意思。资产阶级的文学上的现实主义和无产阶级的文艺创作方法，只能够做一个历史的对比。这譬如是说：无产阶级的艺术家，已经要用辩证法唯物论的方法，他们描写工人阶级同资本主义的斗争，应当要和巴尔札克一样的有那种现实主义的力量，要看看：巴尔札克用资产阶级的现实主义方法怎样描写了资产阶级同贵族阶级的斗争。恩格斯说的是："巴尔札克——我认为他比较过去的，现在的，将来的一切左拉都要伟大得多，他是伟大的现实主义的艺术家，他在《人的滑稽戏》那部大著作里面给了我们一部最好的法国

‘社会’的现实主义的历史，用纪录‘风尚’的形式，一年一年的，从一八一六年到一八四八年，描写着逐渐得势的资产阶级对于贵族社会的逼迫，那贵族社会在一八一五年之后又恢复了元气，而尽可能的（tant bien que mal）重新树起旧式的法国政策的旗帜。他描写着这个对于他是模范的社会：怎么样在庸俗的铜臭的暴发户的逼迫之下灭亡下去，或者自己转变成为这种人物；他描写着 grande dame——这些夫人的偷情不过是支持自己的一种方法，而且是完全适合于她们在婚姻之中的地位的方法，——他描写了这些夫人怎么样让开自己的地位给那些资产阶级的妇女，而资产阶级妇女的出嫁，已经是为着金钱或者首饰衣装的了，他在这个中心问题的周围布置了法国社会的全部历史。从这个历史里，我才知道了更多的经济上的详细情节（例如‘真实的’——Real——财产和私人的财产在革命之后的重新分配），这里，甚至于比一切职业的历史家，经济学家，统计学家在这时期里的著作合拢起来的材料还要多些。”恩格斯的这一段话，和上面所引的马克斯关于现实主义文学的话，是非常之相像的。

马克斯在《资本论》里面也引起巴尔札克的话。譬如《资本论》第一卷里，马克斯讲到把金钱从流通的市场之中取出来，那就等于取消它们的资本主义的应用，而把货物像收集宝物似的积聚起来——也完全是无意识的事情；他在这里下了一个注解说：“巴尔札克彻底的研究了吝啬的各种程度，他所描写的那个高利贷的老头儿霍斯倍克，从小孩子的时候起，就碰见了那么一个时期：——他居然在自己的栈房里收集起积聚的货物来。”《资本论》第三卷第一章，讲起生产的成本和利润，着重的说明资本主义生产占着统治地位的社会状况之中，就是非资本主义的生产者也受着资本主义概念的支配；马克斯为着说明这层意思就引起巴尔札克的小说，并且说：“巴尔札克在自己的最后一部小说《农民》里，一般的表现他很深刻的了解现实的社会关系，而且很准确的描写着：小农怎样白白的替自己的高利贷债主做种种工作，为的要保存债主对他的好意，这个农民还自以为并没有给债主沾什么光，因为对于他，自己的劳动是不值得什么的。这样，高利贷的债主，却真是‘一箭双雕’。他一方面省掉了许多工资，别方面，因为农民时常离开自己田地里的工作，破产得更加快，所以他就一天天更加陷落到高利贷的罗网里去……”关于巴尔札克在经济智识范围里有这样奇妙的见解，马克斯在这以前，在一八六八年十二月十四日写给恩格斯的信里面，就已经说起的："巴尔札克的小说《神甫》里，有这么一句话：'如果工业生产品的价值不比制造它们的成本多出两倍，那么，商业早就不存在的了。'你说这句话怎么样?"

二

马克斯和恩格斯虽然这样看重巴尔札克的创作，但是他们并没有忽视巴尔札克的宇宙观是保王主义，是王权主义。恩格斯说："固然，巴尔札克在政治上是个保王主义者。他的伟大的著作是不断的对于崩溃得不可救药的高等社会的挽歌；他的同情，是在于注定要死亡的阶级方面。然而不管这些，他对于他所深切同情的贵族，男人和女人，描写他们的动作的时候，他的讽刺再没有更尖利的了，他的反话再没有更挖苦的了。他用一种掩藏不了的赞赏的态度去叙说的唯一人物，却只有他的最明显的敌人——共和主义的英雄 Cloitre Saint Merri，这些人在那时候（一八三〇——一八三六年）却真正是民众的代表。巴尔札克不能够不违背自己的阶级同情和政治成见，他见到了自己所心爱的贵族不可避免的堕落，而描写了他们的不会有更好的命运，他见到了当时所仅仅能够找得着的真正的将来人物，——这些，正是我所认为现实主义的伟大胜利之一，老头儿巴尔札克的伟大特点之一。"马克斯在一八六七年二月二十五日给恩格斯的信里面也是这样说："顺便的说到巴尔札克：我劝你读一读他的《空前的赛得物儿》和《讲和了的梅尔莫德》。这是两篇小小的赛得物儿充满着奇妙的反话。"

马克斯和恩格斯对于巴尔札克的宇宙观和艺术创作的估量，是整个的，一贯的。这在方法论上有极重要的意义，这正是辩证法唯物论的一元主义的方法，而不是多元主义的折衷论。他们并没有把思想家的巴尔札克和艺术家的巴尔札克对立起来，并没有把艺术家的主观的宇宙观和他的描写的客观性对立起来。第二国际的理论家和资产阶级的文艺学家，就只看见表面上的矛盾和"不可解的内心冲突"。其实，巴尔札克只有一个。正因为当时的法国资产阶级还在前进，所以他的文学家敢于暴露贵族和资产阶级社会的弱点，用强有力的讽刺和讪笑揭穿内部的矛盾，希望资产阶级能够因此而惊醒些，努力些，周密些，去改良自己的"秩序"进到"新的高贵社会的理想"，——虽然这种讽刺和讪笑表面上是站在旧的"高贵社会"的立场上的。恩格斯认为巴尔札克虽然同情于保王党，然而他的现实主义是革命的，因为他见到了贵族的灭亡的不可避免，他见到了真正的将来人物——一八三〇到一八三六年时期的“民众的代表”。

小资产阶级的文学家，例如虞哥和左拉——“浪漫主义者”和“自然主义者”，他们把思想家的巴尔札克和艺术家的巴尔札克之间的矛盾，解释成为纯粹主观上的内心冲突，或者说是“偶然的不调和”。虞哥说：“这个伟大的人物，他的心是民权主义的，他的脑筋也是民权主义的。至于他的君主主义不过是一件奇特的事情。再过一些时候，也许他自己就要转变到极好的民权主义的原则方面来的。”而左拉，自己认为是巴尔札克的“精神上的儿子”，他正确的指出他的“先生”的创作之中的革命的功用，可是始终不了解这种功用的原因；他说：“虽然巴尔札克在一切情形之中都表现他对于君主制度的敬重，然而巴尔札克却只能够在同着后辈拥护自由的人之中去找着自己的朋友。”

第二国际的批评家对于这个问题——思想家的巴尔札克和艺术家的巴尔札克之间的矛盾问题，——也是解释得不正确的。这班批评家通常总是把巴尔札克当做“革命家”，甚至于“社会主义者”，说他的革命性是不自觉的，是和他的宇宙观不相干的。他们把艺术家的巴尔札克和思想家的巴尔札克分割开来，他们的解释是：照宇宙观来说，巴尔札克是反动的，而照他的艺术创作来说，他是无意之中的“革命家”，甚至于“社会主义者”。这种解释的理论根据是什么呢？第二国际的理论家，在欧战之前就有一种很通行的艺术论，说艺术家的创作过程是下意识的，直觉的，不受自觉的宇宙观的监督的。这种艺术论自然是不正确的，非马克斯主义的。对于巴尔札克问题的错误的解释，就是根据这种理论而来的。所以罗倍尔德·白尼埃会认为巴尔札克是社会主义者，而且说他的小说《神甫》和《乡村医生》是“绝对的纯粹的社会主义”。欧战之后的第二国际的理论家，例如比国社会法西斯主义的领袖范德物尔德，甚至于利用巴尔札克的“社会主义”来反对苏联。日安·梅里亚认为巴尔札克是“贵族社会之中的非阶级化的人物，是保王党之中的非阶级化的人物”。然而实际上他对于巴尔札克的估量也是所谓“下意识的革命性”。其余的人，尤其是激进的小资产阶级的批评家，都竭力要想取消巴尔札克创作之中的矛盾，引出许多词句来证明巴尔札克在宇宙观方面也是革命家，说他对于君主制度的同情不过是奇特的傻气！

三

自然，以为巴尔札克是纯粹的贵族作家或者天主教教会和国王的御用文人，也是不对的；这种估量在反动派的文艺批评里也常常可以碰见。恩格斯的估量是：巴尔札克的宇宙观，他的政治思想是属于保王主义的，他的同情大半是在贵族方面。但是，他的努力，实际上是代表“先进的”资产阶级化的贵族，要求“高贵的”资产阶级的理想，他正是深刻的资产阶级意识的代表。

巴尔札克是律师的儿子，他的出身是所谓自由职业的智识阶级。他从外省到巴黎来，为着要求得金钱，财富和名誉。他的青年时代，正像和他同时的一个文学家斯登达尔在一部著名的小说《红的和黑的》里面所描写的青年一样。那部小说的主人翁莎莱尔就代表当时逐渐得势的资产阶级的青年，追求金钱财富和名誉，是他们的根本的动机。青年时代的巴尔札克的口号是“拿破仑用剑所做不到的事情，我用笔来做到它”。固然，开始时候，他在商业方面受到不少次的失败，然而后来他始终在法国的文学界里成了“笔的拿破仑”。他的“连环”小说集《人的滑稽戏》——马克斯和恩格斯所非常看重的，——尤其是“风尚的历史”那一部分（九十二篇小说），描写了“整个的法国社会的历史”：他对于社会的实际生活的态度不是浪漫主义的，不是主观主义唯心论的，不把作者的个性抬到第一等的地位，不把自己小说里的“英雄”变做“时代精神”的号筒，而是在非常之现实主义的计划之中，用分析的研究的方法，展开广大的布景而写出社会的实际生活。他说：“研究风尚的任务是表现整个的社会的实际生活，不要遗漏人生的任何一方面，不要遗漏任何一种典型，任何一个男人或者女人的性格，任何一个职业，任何一个生活方式，任何一个社会集团，任何一个法国区域，不要遗漏儿童时代，老年时代，成年时代，不要遗漏政治，法律和军事生活。基础是人的心的历史，是社会关系的历史。不是空想出来的事实，而是到处发生着的事情。”虽然他在《人的滑稽戏》的序言里说：“法国社会自己创造着它自己的历史”，然而他并不限于收集一些事实。他固然自己只承认是“法国社会史的秘书，简单的纪录这部历史”，可是，他决不限于“旁观者的客观态度”。他是在发露这部“历史”的原因，而写出“典型化的个性”和“个性化的典型”。他所以能够暴露资产阶级和贵族的真相。假使巴尔札克只纪录一些事实，只描写当时社会的“现实主义的性格”，那么，他的作品就和哈克纳斯的小说没有什么分别，恩格斯也就不会把他的创作方法认为现实主义的模范。不然的，巴尔札克的小说里，除开事实以外，还有一些哈克纳斯女士之类的作家所没有的东西。这就是恩格斯说的：“除开详细情节的真实性，还要表现典型的环境之中的典型的性格。”——这里的典型的环境是围绕着他们而驱使他们的行动的。巴尔札克表现自己小说里的英雄的方法，正是恩格斯写给拉萨尔的信里面所说的：“人的性格不但表现在他做的是什么，而且表现在他怎么样做。”巴尔札克在事实之外，在所谓“到处都发生着的事情”之外，还能够揭开内幕，暴露社会生活的机械体。

四

所以巴尔札克是“肯定”资产阶级的作家，他了解并且知道当时阶级斗争的主要骨干正是资产阶级克服地主的贵族和氏族的（世家的）贵族，而资产阶级的这种胜利的“钥匙”就是金钱。的确，像格沃尔格·白朗德斯所说的，金钱是“巴尔札克作品里的没有姓名的没有性别的英雄”。他的《人的滑稽戏》是一部法国资产阶级从高利贷的守财奴发展到银行家的历史。

然而认为巴尔札克是贵族文学家固然不对，而否认他对于“宗教和国王”的同情，也是不对的。巴尔札克自己说的：“我是在两个永久的真理的光明之下写作的：宗教和君主制度；这是两种必要，现代的事变都在号召着它们，每一个理智的著作家都应当竭力使得我们的国家恢复它们。”他在国会选举的时候，曾经用保王党的候选人的资格去参加选举。他是赞成立宪的世袭的君主政体的，而且主张要有强有力的贵族院来保障私有财产。照他的意见，“应当尽可能的用强有力的束缚方法去控制民众，使得他们能够受着教化，赞助和保障，而用不着许多思想，形式和行动去挑拨他们的叛变。”他是非常之反对共和的。可惜他不懂孔夫子的道理，不然呢，他一定要认为“民可使由之，不可使知之”是古今中外第一句警句。因此，他自然特别反对一八四八年的革命。一八四九年四月三十日他写给他姊妹的信上说：“二月革命所造成的法国的灾祸简直是不能够计算的，革命的影响还没有完全表现出来呢……”“这个无聊的民权主义的群众暴动——领头的人就是拉马丁，它造成了法国的许多痛苦，它还要消灭引起它的那些人呢。”

巴尔札克非常之渴望着资产阶级和贵族的和平合作。这是一八一五到一八四八年的一部分法国资产阶级的心理。这部分资产阶级，在一八三〇年那些金融交易所的资产阶级胜利之后，受着了许多损失而发生了经济恐慌。所以这部分资产阶级赞成恢复一八三〇年七月革命以前的君主制度——就是代表贵族资产阶级联盟的政治。他们反对七月革命之后的国王路易·菲立普的统治。他们以为在贵族资产阶级联盟的掩护之下“发展了旧式的正直的商业资产阶级”，以及工业资产阶级。这种工商业资产阶级在当初是抵敌得住金融交易所式的资产阶级的，而几次的革命反而使金融交易所式的资产阶级得势了，逐渐资本的集中——虽然准备着大规模的工业发展的前提，——却暂时使得旧式的工商业资产阶级之中的大多数受着“无数的，不可计算的痛苦”。不但如此，巴尔札克对于社会生活的深切的认识，使得他感觉到对于资产阶级的一切阶层的怜惜和感叹，尤其是对于没落的贵族阶级的同情，正因为他了解并且彻底的明白社会的发展趋势，所以他所代表的意识并不限于当时的“商业资产阶级”。弗里契在《西欧文学发展概论》里，说巴尔札克“是旧式的商业阶级的意识代表，因此也就是一八三〇年之后占着统治地位的金融资产阶级的敌人，并且是建筑在金融资本之上的‘七月君主政体’的整个社会政治的统治的敌人”。这一个定义，固然比资产阶级的学者和第二国际的一切理论家高明得多了，固然已经接近正确的答案，然而还是不充分的，因为这个定义还不能够包含巴尔札克的宇宙观的全部，不能够充分的说明巴尔札克对于当时法国资产阶级的一切阶层的态度。

总之，一般的说起来，巴尔札克虽然偏重于所谓“旧式的正直的商业资产阶级”，然而他是一般的资产阶级的意识代表，他是一个资产阶级的艺术家。因此，不管他怎样同情于贵族和宗教，而他的《人的滑稽戏》却仍旧成了“教皇国”——梵谛冈的禁书，罗马教皇认为这部大著作是赞美科学而“亵渎宗教”的。

五

马克斯和恩格斯见到了巴尔札克的创作方法是资产阶级现实主义的文学的模范，他们认为巴尔札克的作品的确能够暴露资产阶级和资本主义发展的内部矛盾，这是资产阶级的革命的现实主义的最高的表现。恩格斯说，他认为巴尔札克“比较过去的，现在的，将来的一切左拉都要伟大得多”，——因为左拉的现实主义已经是更加调和的现实主义了，已经要曲解阶级斗争的现实的动力，尤其在左拉的后半期——无产阶级和资产阶级之间的阶级斗争剧烈起来的时期。

至于英国女作家哈克纳斯的《城市姑娘》，它的主要的缺点，就在于作者把工人阶级描写成“消极的群众，不能够帮助自己什么，甚至于并不企图帮助自己。一切企图——要想从那种麻木的穷困之中挽救出来的企图——都是从外面来的，从上面去的。然而，假使在圣西门，欧文的时期，一八〇〇年到一八一〇年的时候，这是正确的描写，那么，到了一八八七年，一个人已经参加了五十年光景的战斗化的无产阶级的斗争，而且一直认为‘解放工人阶级是工人阶级自己的事业’是领导的原则，——这种描写就不对的了”（恩格斯）。所以恩格斯认为哈克纳斯之类的作家的缺点是在于现实主义的不充分。至少，在资产阶级的现实主义的范围之内，也还可以进一步的达到巴尔札克的程度。

然而恩格斯并没有叫无产阶级作家去完全模仿巴尔札克。恩格斯清楚的指出来：巴尔札克所描写的，所了解的，只是资产阶级和贵族社会之间的阶级斗争。而当时哈克纳斯等等的革命作家，尤其是现代的无产作家的任务，却已经是了解和描写无产阶级和贵族地主的残余以及资产阶级之间的斗争了，这是整个的各种战线上的社会主义性的无产阶级和帝国主义资本主义社会之间的空前的巨大的斗争。资产阶级性的现实主义不能够描写真正的工人阶级的斗争。资产阶级的作家，意识上抵抗着辩证法的唯物论，或者误解了这种新的方法论，他们就始终不能够了解工人阶级的斗争和目的，不能够明白平民群众，尤其是无产者的人物，典型和性格，尤其是集体性的新式英雄。这是他们的阶级意识上的根本的障碍，使得他们不能够进一步的彻底了解社会发展的将来的趋势。具体的说，例如巴尔札克，他能够感觉到贵族社会没落的不可避免，但是，他不能够见到社会主义胜利的预兆。他抱定了“民可使由之，不可使知之”的格言，他也就不能够看见真正下层民众之中的新的“英雄”的生长。因此，资产阶级的现实主义文学，始终没有充分反映工人阶级斗争的可能。无产作家应当采取巴尔札克等等资产阶级的伟大的现实主义艺术家的创作方法的“精神”，但是，主要的还要能够超越这种资产阶级现实主义，而把握住辩证法唯物论的方法。本来，工人阶级和资产阶级之间的阶级斗争，比较资产阶级和贵族阶级之间的斗争起来，是站在更高的阶段之上；辩证法唯物论的文学创作方法，也比资产阶级现实主义的创作方法，要高出一个阶段。新的革命的和无产阶级的文学，将要继续巴尔札克等等的资产阶级的现实主义而往前发展。

自然，这是运用过去的“文化遗产”的问题。马克斯，恩格斯对于巴尔札克的批判，正确的指出运用“文化遗产”的具体方法；他们用“历史的对比”，说明新的革命文学应当怎样去学习过去时代的大文学家，学习他们的“揭穿假面具”的精神，暴露社会发展的内部矛盾。至于资产阶级的伟大艺术家所能够见到的“假面具”，那当然不会和我们所见到的“假面具”相同，他们的阶级性质限制着他们的眼光。我们现代的新的文学将要超越过去的文学艺术，正因为只有无产阶级才能够真正彻底的充分的“揭穿一切种种假面具”，才能够最深刻的最切实的了解到社会发展的遥远的前途。“揭穿假面具”的精神，我们是要继承的；我们还要更加彻底的，更加深刻的了解社会发展的内部矛盾，要发展辩证法唯物论的创作方法。这是无产阶级文学对于过去时代的文学遗产的正确的态度。

如果以为“文学遗产”是在于“一切伟大的文学家都有高尚的情思，都永久是自由的，民主的，向着光明的，人道主义的”等等，那么，势必至于陷落到小资产阶级浪漫主义和唯心论道德论的泥坑里去。例如中国的胡秋原先生，就是这么样的见解。照这样的见解推论起来，像巴尔札克那样的文学家就简直没有什么价值，因为他同情于贵族社会，主张“民可使由之，不可使知之”的开明君主制度——这当然不是什么高尚的情思呵！

《鲁迅杂感选集》序言*

（1933 年 4 月 8 日）

自己背着因袭的重担，肩住了黑暗的闸门，放他们到宽阔光明的地方去……

——鲁迅：《坟》

象牙塔里的绅士总会假清高的笑骂："政治家，政治家，你算得什么艺术家呢！你的艺术是有倾向的！"对于这种嘲笑，革命文学家只有一个回答：

你想用什么来骂倒我呢？难道因为我要改造世界的那种热诚的巨大火焰，它在我的艺术里也在燃烧着么？

——卢那察尔斯基：《高尔基作品选集序》

革命的作家总是公开的表示他们和社会斗争的联系；他们不但在自己的作品里表现一定的思想，而且时常用一个公民的资格出来对社会说话，为着自己的理想而战斗，暴露那些假清高的绅士艺术家的虚伪。高尔基在小说戏剧之外，写了很多的公开书信和"社会论文"（Publicist articles），尤其在最近几年——社会的政治的斗争十分紧张的时期。也有人笑他做不成艺术家了，因为"他只会写些社会论文"。但是，谁都知道这些讥笑高尔基的，是些什么样的蚊子和苍蝇！

鲁迅在最近十五年来，断断续续的写过许多论文和杂感，尤其是杂感来得多。于是有人给他起了一个绰号，叫做"杂感专家"。"专"在"杂"里者，显然含有鄙视的意思。可是，正因为一些蚊子苍蝇讨厌他

---

* 本文是作者为自编《鲁迅杂感选集》写的序言，署名何凝。1933 年 7 月由青光书局印行。

的杂感，这种文体就证明了自己的战斗的意义。鲁迅的杂感其实是一种"社会论文"——战斗的"阜利通"（Feuilleton）。谁要是想一想这将近二十年的情形，他就可以懂得这种文体发生的原因。急遽的剧烈的社会斗争，使作家不能够从容的把他的思想和情感熔铸到创作里去，表现在具体的形象和典型里；同时，残酷的强暴的压力，又不容许作家的言论采取通常的形式。作家的幽默才能，就帮助他用艺术的形式来表现他的政治立场，他的深刻的对于社会的观察，他的热烈的对于民众斗争的同情。不但这样，这里反映着"五四"以来中国的思想斗争的历史。杂感这种文体，将要因为鲁迅而变成文艺性的论文（阜利通——Feuilleton）的代名词。自然，这不能够代替创作，然而它的特点是更直接的更迅速的反映社会上的日常事变。

现在选集鲁迅的杂感，不但因为这里有中国思想斗争史上的宝贵的成绩，而且也为着现时的战斗：要知道形势虽然会大不相同，而那种吸血的苍蝇蚊子，却总是那么多！

鲁迅是谁？我们先来说一通神话罢。

神话里有这么一段故事：亚尔霸·龙迦的公主莱亚·西尔维亚被战神马尔斯强奸了，生下一胎双生儿子：一个是罗谟鲁斯，一个是莱谟斯；他们俩兄弟一出娘胎就丢在荒山里，如果不是一只母狼喂他们奶吃，也许早就饿死了；后来罗谟鲁斯居然创造了罗马城，并且乘着大雷雨飞上了天，做了军神；而莱谟斯却被他的兄弟杀了，因为他敢于蔑视那庄严的罗马城，他只一脚就跨过那可笑的城墙。莱谟斯的命运比鲁迅悲惨多了。这也许因为那时代还是虚伪统治的时代。而现在，吃过狼奶的罗谟鲁斯未必再去建筑那种可笑的像煞有介事的罗马城，更不愿意飞上天去高高的供在天神的宝座上，而完全忘记了自己的乳母是野兽。虽然现代的罗谟鲁斯也曾经做过一些这类的傻事情，可是，他终于屈服在"时代精神"的面前，而同着莱谟斯双双的回到狼的怀抱里来。莱谟斯是永久没有忘记自己的乳母的，虽然他也很久的在"孤独的战斗"之中找寻着那回到"故乡"的道路。他憎恶着天神和公主的黑暗世界，他也不能够不轻蔑那虚伪的自欺的纸糊罗马城，这样一直到他回到"故乡"的荒野，在这里找着了群众的野兽性，找着了扫除奴才式的家畜性的铁扫帚，找着了真实的光明的建筑，——这不是什么可笑的猥琐的城墙，而是伟大的簇新的星球。

是的，鲁迅是莱谟斯，是野兽的奶汁所喂养大的，是封建宗法社会的逆子，是绅士阶级的贰臣，而同时也是一些浪漫谛克的革命家的诤友！他从他自己的道路回到了狼的怀抱。

俄国的贵族地主之间，“也发展了十二月十四日的人物。这是英雄的队伍，他们像罗谟鲁斯和莱谟斯似的，是野兽的奶汁所喂养大的。这是些勇将，从头到脚都是纯钢打成的，他们是活泼的战士，自觉的走上明显的灭亡的道路，为的要惊醒下一辈的青年去取得新的生活，为的要洗清那些生长在刽子手主义和奴才主义环境里的孩子们。”（赫尔岑）

辛亥革命前的这些勇将们，现在还剩得几个？说近一些，五四时期的思想革命的战士，现在又剩得几个呢？“有的高升，有的退隐，有的前进，我又经历了一回同一战阵中的伙伴不久还是会这么变化。”（鲁迅：《自选集·序言》）

鲁迅说“又经历了一回”！他对于辛亥革命的那一回，现在已经不敢说，也真的不忍说了。那时候的“纯钢打成的”人物，现在不但变成了烂铁，而且……真金不怕火烧，到现在，才知道真正的纯钢是谁呵！辛亥革命前的士大夫的子弟，也有一些维新主义的老新党，革命主义的英雄，富国强兵的幻想家。他们之中，客观上领导了民权主义的群众革命运动的人，也并不是没有，而且，似乎也做了一番轰轰烈烈的事业。鲁迅也是士大夫阶级的子弟，也是早期的民权主义的革命党人。不过别人都有点儿惭愧自己是失节的公主的亲属。本来帝国主义的战神强奸了东方文明的公主，这是世界史上的大事变，谁还能够否认？这种强奸的结果，中国的旧社会急遽的崩溃解体，这样，出现了华侨式的商业资本，候补的国货实业家，出现了市侩化的绅董，也产生了现代式的小资产阶级的智识阶层。从维新改良的保皇主义到革命光复的排满主义，虽然有改良和革命的不同，而士大夫的气质总是很浓厚的。文明商人和维新绅董之间的区别，只在于绅董希望满清的第二次中兴，用康、梁去继承曾、左、李的事业，而商人的意识代表（也是士大夫），却想到了另外一条出路：自己来做专权的诸葛亮，而叫四万万阿斗做名义上的主人。在这种根本倾向之下，当时的思想界，多多少少都早已埋伏着复古和反动的种子，要想恢复什么“固有文化”。独有现代式的小资产阶级智识阶层的萌芽，能够用对于科学文明的坚决信仰，来反对这种复古和反动的预兆。鲁迅和当时的早期革命家，同样背着士大夫阶级和宗法社会的过去。但是，他不但很早就研究过自然科学和当时科学上的最高发展阶段，而且他和农民群众有比较巩固的联系。他的士大夫家庭的败落，使他在儿童时代就混进了野孩子的群里，呼吸着小百姓的空气。这使得他真像吃了狼的奶汁似的，得到了那种“野兽性”。他能够真正斩断“过去”的葛藤，深刻的憎恶天神和贵族的宫殿，他从来没有摆过诸葛亮的臭架子。他从绅士阶级出来，他深刻的感觉到一切种种士大夫的卑劣、丑恶和虚伪。他不惭愧自己是私生子，他诅咒自己的过去，他竭力的要肃清这个肮脏的旧茅厕。

现代最伟大的革命政治家说过：“吃人经济的存在，剥削的存在永远要产生反对这种制度的理想，在被剥削的群众自己之中是如此，在所谓智识阶层的个别代表之中也是如此。这些理想对于马克思主义者都是很宝贵的。”辛亥革命之前，譬如一九〇七年的时候，除出富国强兵和立宪民治之外，还有什么理想呢？不是伟大的天才，有敏锐的感觉和真正的世界的眼光，就不能够跳过“时代的限制”；就算只是容纳和接受外国的学说，也要有些容纳和接受的能力。而鲁迅在一九〇七年说：

> 辁才小慧之徒，于是竞言武事。……谓钩爪锯牙，为国家首事，又引文明之语，用以自文。……虽兜牟深隐其面，威武若不可陵，而干禄之色，固灼然现于外矣！计其次者，乃复有制造商估立宪国会之说。前二者素见重于中国青年间，纵不主张，治之者亦将不可缕数。盖国若一日存，固足以假力图富强之名，博志士之誉；即有不幸，宗社为墟，而广有金资，大能温饱……若夫后二，可无论已……将事权言议，悉归奔走干进之徒，或至愚屯之富人，否亦善垄断之市侩……呜呼，古之临民者，一独夫也；由今之道，且顿变而为千万无赖之尤，民不堪命矣，于兴国究何与焉。(《坟·文化偏至论》)

这在现在看来，几乎全是预言！中国的资产阶级，经过了短期间的革命，而现在，那些一九〇七年时候的青年，热心于提倡而实行“制造商估”的青年，正在一面做“志士”，一面预备亡国，而且更进一步，积极的巧妙的卖国了。至于千万无赖之尤的假民权，也正在粉刷着新的立宪招牌。自然，鲁迅当时的思想基础，是尼采的“重个人非物质”的学说。这种学说在欧洲已经是资产阶级反动的反映，他们要用超人的名义，最“先进”的英雄和贤哲的名义，去抵制新兴阶级的群众的集体的进取和改革，说一切群众其实都是守旧的，阻碍进步的“庸众”。可是，鲁迅在当时的倾向尼采主义，却反映着别一种社会关系。固然，这种个性主义，是一般的智识分子的资产阶级性的幻想。然而在当时的中国，城市的工人阶级还没有成为巨大的自觉的政治力量，而农村的农民群众只有自发的不自觉的反抗斗争。大部分的市侩和守旧的席众，替统治阶级保守着奴才主义，的确是改革进取的阻碍。为着要光明，为着要征服自然界和旧社会的盲目力量，这种发展个性，思想自由，打破传统的呼声，客观上在当时还有相当的革命意义。只要看鲁迅当时的《摩罗诗力说》，他是要“举一切诗人中，凡立意在反抗，指归在动作，而为世所不甚愉悦者悉入之。”摩罗是梵文，欧洲人说“撒但”，意思是天魔。鲁迅的叙说这些天魔诗人（裴伦等等），目的正在于号召反抗，推翻一切传统的重压的“东方文化”的国故僵尸。他是真正介绍欧洲文艺思想的第一个人。

在那时候——一九〇七年，他的这些呼声差不多完全沉没在浮光掠影的粗浅的排满论调之中，没有得到任何的回响。如果不是《坟》里保存了这几篇历史文献，也许同中国的许多“革命档案”一样，就这么失散了。这些文献的意义，在于回答当时思想界的一个严重问题：群众这样落后怎么办？对于这个问题，当时革命思想界里有一个现成的答复，就是说，群众落后是天生的，因此，不要他们起来革命，等编练了革命军队来替他们革命，而革命成功之后也还不能够给民众自由，而要好好的教训他们几年。而鲁迅所给的答案却有些不同，他是说，因为民众落后，所以更要解放个性，更要思想的自由，要有“自觉的声音”，使它“每响必中于人心，清晰昭明，不同凡响”。这虽然也不是正确的立场，然而比“革命的愚民政策”总有点儿不同罢。问题是在于当时中国“亦颇思历举前有之耿光，特未能言，则姑曰左邻已奴，右邻且死，择亡国而较量之，冀自显其佳胜”，有了这种阿Q式的自譬自解，大家正在飘飘然的得意得很，所以始终是诸葛亮式的革命理论“胜利”，而对于科学艺术的努力进取的呼声反而沉没了。

鲁迅在当时不能够不感觉到非常之孤独和寂寞，他问：“今索诸中国，为精神界之战士者安在？”他说俄国文学家科罗连珂的《末光》里，叙述一个老人在西伯利亚教书，书上有黄莺，而那地方却冷得什么也没有，他的学生听说这黄莺会在樱花里唱出美妙的歌声，就只能够侧着头想象那黄莺叫的声音。这种想望多么使人感动呵。“吾人其亦沉思而已夫，其亦惟沉思而已夫！”（《坟·摩罗诗力说》）

然而鲁迅其实并不孤独的。辛亥革命的怒潮，不在于一些革命新贵的风起云涌，而在于“农人野老的不明大义”，他们以为“革命之后从此自由”（《总理全集·民元杭州欢迎会上演说辞》）。不明大义的贫民群众的骚动，固然是给革命新贵白白当了一番苦力，固然有时候只表现了一些阿Q的“白铠白甲”的梦想，然而他们是真的光明斗争的基础。精神界的战士只有同他们一路，才有真正的前途。

辛亥革命之后，中国的思想界就不可避免的完成了第一次的“伟大的分裂”；反映着群众的革命情绪和阶级关系的转变，中国的士大夫式的智识阶层就显然的划分了两个阵营：国故派和欧化派。这是在“五四”的前夜，《新青年》早期的新文化运动的开始时期。当时德谟克拉西先生和赛因斯先生的联盟，继续开展了革命的斗争；这是资产阶级民权革命的深入，也就是现代式的智识阶层生长发展的结果。鲁迅的参加“思想革命”是在这时候就开始的。我们说他的“参加”开始，是因为在这之前，还没有什么可以参加的，他还只能够孤独的“沉思”。而在《新青年》发动了“新文化斗争”之后，反国故派方才成为整个的队伍。

辛亥之后，大家都可以懂得革命是失败了。但是，并不是个个人都觉得到继续统治的是谁。鲁迅说，这是些“现在的屠杀者”；“杀了‘现在’，也便杀了‘将来’。——将来是子孙的时代。”而杀“现在”的自然是一些僵尸。那时候，还是完全的僵尸统治呵。

这些僵尸，封建性的军阀，官僚式的买办，自然要竭力维持一切种种的国故：宗法社会的旧道德，忠孝节义和腐烂发臭的古文化。他们——好比“妻女极多的阔人，婢妾成行的富翁，乱离时候，照顾不到，一遇‘逆兵’（或是‘天兵’），就无法可想。只得救了自己，请别人都做烈女；变成烈女，‘逆兵’便不要了。他便待事定以后，慢慢回来，称赞几句。”（《坟·我之节烈观》）这些将到“被征服的地位”的人，一定要提倡守节，一定要称赞烈女。而且为着保持自己的统治，自然更要提倡忠孝，因为活人总要想前进，青年总想活动，只有死人可以拖住活的，老人可以管住小孩子，这样就天下太平了。

> 我想：暴君的专制使人们变成冷嘲。愚民（应当说是僵尸——凝注）的专制使人们变成死相。大家渐渐死下去，而自己反以为卫道有效……世上如果还有真要活下去的人们，就先该敢说，敢笑，敢哭，敢怒，敢骂，敢打，在这可诅咒的地方击退了可诅咒的时代！（《华盖集·忽然想到之五》）

这固然是黎明期的新文化运动的一般精神，然而鲁迅在这时代已经表现了他的特点。新文化运动的领袖，大家都不免要想做青年的新的导师；而诚实的愿意做一个“革命军马前卒”的，却是鲁迅。他自己“背着因袭的重担，肩住了黑暗的闸门，放他们到宽阔光明的地方去”……他没有自己造一座宝塔，把自己高高供在里面，他却砌了一座“坟”，埋葬他的过去，热烈的希望着这可诅咒的时代——这过渡的时代也快些过去。他这种为着将来和人众而牺牲的精神，贯穿着他的各个时期，一直到现在，在一切问题上都是如此。举一个例说罢。白话运动初起的时候，钱玄同之流不久就开倒车，说《三国演义》那样的文言白话夹杂的“言语”就是“合于实际的”模范，理想不可以过高。而另一方面，也有人着重的说明文章的好坏不在于文言白话的分别，而都靠天才，或者要白话好还应该懂古文。这样，每一个新文学家，都在运用“天才”创造新白话文的模范。鲁迅说：“这实在使我打了一个寒噤。……自己却正苦于背了这些古老的鬼魂，摆脱不开，”而“许多青年作者，又在古文，诗词中摘些好看而难懂的字面，作为变戏法的手巾，来装潢自己的作品了。”（《坟·写在〈坟〉后面》）“新文学兴起以来，未忘积习而常用成语如我的和故意作怪而乱用谁也不懂的生语如创造社一流的文字，都使文艺和大众隔离。”（《三闲集·〈小小十年〉小引》）他自己以为只不过是“桥梁中的一木一石，并非什么前途的目标，范本”，“应该和光阴偕逝，逐渐消亡。”（《写在〈坟〉后面》）然而正因为如此，他这“桥梁”才是真正通达到彼岸的桥梁，他的作品才成了中国新文学的第一座纪念碑；也正因为如此，他的确成了“青年叛徒的领袖”。

“五四”前后，《新青年》的领导作用是谁也不能否认的。当时反对宗法礼教，反对国故，主张妇女和青年的解放，主张白话文学，——“理想”的浪潮又激动起来，革命的智识青年开始寻找新的出路，新的前途。然而大家都应该记得，这时期之前不久，正是辛亥革命之后的反动，——横梗在思想界前面的重要问题，是理想没有用处，革命的乱闹就是由于一味理想。当时的反动派，的确“提高了他的喉咙含含胡胡说，‘狗有狗道理，鬼有鬼道理，中国与众不同，也自有中国道理。道理各各不同，一味理想，殊堪痛恨。’”（《热风·随感录三十九》）对于这个问题的答复，却是新文化运动内部分化的开始。不用说，那些治国平天下的老革命党其实是被反动派难倒了，他们赶紧悔过，说以前我们只会破坏，现在要考究建设了；至于理想过高，民众理会不到，那么，革命党本来就不要民众理会，民众总是不知不觉的，叫他们“一味去行”，让我们替他们建设理想好了！这是老革命党的投降。而新革命党呢？“五四”之后不久，《新青年》之中的胡适之派，也就投降了；反动派说一味理想不行，胡适之也赶着大叫“少研究主义，多研究问题”。这种美国市侩式的实际主义，是要预防新兴阶级的伟大理想取得思想界的威权。而鲁迅对于这个问题——革命主义和改良主义的分水岭的问题，——是站在革命主义方面的。他揭穿那些反理想重经验的人的假面具，指出他们的所谓“经验”正是皇帝和奴才的经验！

鲁迅在“五四”前的思想，进化论和个性主义还是他的基本。他热烈的希望着青年，他勇猛的袭击着宗法社会的僵尸统治，要求个性的解放。可是，不久他就渐渐的了解到封建的等级制度和中国社会里的层层压榨。一九二四——二五年，他的《春末闲谈》、《灯下漫笔》、《杂忆》（《坟》），以及整部的《华盖集》，尤其是一九二六年的《华盖集续编》，都包含着猛烈的攻击阶级统治的火焰。自然，这不是社会科学的论文，这只是直感的生活经验。但是他的神圣的憎恶和讽刺的锋芒都集中在军阀官僚和他们的叭儿狗。“五四”到“五卅”前后，中国思想界里逐步的准备着第二次的“伟大的分裂”。这一次已经不是国故和新文化的分别，而是新文化内部的分裂：一方面是工农民众的阵营，别方面是依附封建残余的资产阶级。这新的反动思想，已经披了欧化，或所谓五四化的新衣服。这个分裂直到一九二七年下半年方才完成，而在一九二五——二六的时候，却已经准备着，只要看当时段祺瑞、章士钊的走狗现代评论派，在一九二七年之后是怎样的得其所哉，就可以知道这中间的奥妙。而鲁迅当时的《语丝》，革命的小资产阶级的文艺思想和批评，正是针对着这些未来的“官场学者”的。现在的读者往往以为《华盖集》正续编里的杂感，不过是攻击个人的文章，或者有些青年已经不大知道“陈西滢”等类人物的履历，所以不觉得很大的兴趣。其实，不但“陈西滢”，就是章士钊（孤桐）等类的姓名，在鲁迅的杂感里，简直可以当做普通名词读，就是认做社会上的某种典型。他们个人的履历倒可以不必多加考究，重要的是他们这种“媚态的猫”，“比它主人更严厉的狗”，“吸人的血还要预先哼哼地发一通议论的蚊子”，“嗡嗡地闹了半天，停下来舐一点油汗，还要拉上一点蝇矢的苍蝇”……到现在还活着，活着！揭穿这些卑劣、懦怯、无耻、虚伪而又残酷的刽子手和奴才的假面具，是战斗之中不可少的阵线。

的确，旧的卫道先生们渐渐的没落了，于是需要在他们这些僵尸的血管里，注射一些“欧化”的西洋国故和牛津、剑桥、哥伦比亚的学究主义，再加上一些洋场流氓的把戏，然后僵尸可以暂时“复活”，或者多留恋几年“死尸的生命”。这些欧化绅士和洋场市侩，后来就和“革命军人”结合了新的帮口，于是僵尸统治，变成了戏子统治。僵尸还要做戏，自然是再可怕也没有了。

“中国的原始积累式的商业资本，在乡村之中和封建统治的地主有一种特别形式的结合。中国的军阀和一切残酷无情抢劫民众的文武官僚，都是中国这种特别形式的结合的上层建筑。帝国主义和他们所有的一切财政上军事上的力量，就在中国维持并且推动这些封建残余以及它们的全部军阀官僚的上层建筑，使它们欧化，又使它们守旧。”（约瑟夫）这就是中国僵尸欧化的原因。袁世凯以来的北洋军阀要想稳定这种新的统治，但是，他们只会运用一些“六君子”之类“开国元勋”，“后来的武人可更蠢人，……除了残虐百姓之外，还加上轻视学问，荒废教育的恶名。”（《华盖集续编·一点比喻》）问题是在于要统治奴隶就要有一定的奴隶规则（《坟·灯下漫笔》）。而新的奴隶规则，要新的“山羊”来帮忙才定得出来。这样的山羊，“脖子上还挂着一个小铃铎，作为智识阶级的徽章。……能领了群众稳妥平静地走去，直到他们应该走到的所在。……这是说：虽死也应该如羊，使天下太平，彼此省力。”（《华盖集续编·一点比喻》）段祺瑞章士钊时代、五卅时代的陈西滢们，就企图做成这样的“山羊”。虽然这企图延长了若干年，而他们现在是做“成功”了！新的朝代，有了新的“帮忙文人”，而且已经像生殖力最强的猪猡和臭虫似的，生出了许许多多各种各式的徒子徒孙。当时——一九二五、二六年——他们的努力，例如剿杀“学匪”，或者请出西哲勖本霍尔来痛打女师大的“毛丫头”之类，总算不是枉费的。

鲁迅当时反对这些欧化绅士的战斗，虽然隐蔽在个别的甚至私人的问题之下，然而这种战斗的原则上的意义，越到后来就越发明显了。统治者不能够完全只靠大炮机关枪，一定需要某种“意识代表”。这些代表们的虚伪和戏法是无穷的。暴露这些“做戏的虚无主义者”（《华盖集续编·马上支日记》），也就必须有持久的韧性的斗争。

他们在“五卅”的时候，说打倒帝国主义的口号是“分裂与猜忌的现象”（徐志摩），说中国人的“打，打，宣战，宣战”，是“这样的中国人，呸!”——这意思是中国人该被打而不做声（陈西滢）。他们在

“三一八”之后，立刻就说“执政府前原是‘死地’，……群众领袖应负道义上的责任”。这些“墨写的谎说”难道掩得住“血写的事实吗”!?然而鲁迅在这一次做了一个“错误”：“我向来是不惮以最坏的恶意来推测中国人的，然而我还不料，也不信竟会下劣凶残到这地步。”（《华盖集续编·记念刘和珍君》）他在当时已经说是“民国以来最黑暗的一天”，然而他更不料一两年后的黑暗会超越“三一八”屠杀的几百千倍。鲁迅如果有“错误”，那么，我们不能够不同意他自己的批评：“我还欠刻毒!”地主官僚和资产阶级社会的丑恶，实在远超出于文学家最深刻的“搆陷别人的罪状”！而文饰这种丑恶的，正是那些山羊式的文人。

所以当“五卅”时期，一般人，甚至革命者的思想，都在“一致对外”的口号之下，多多少少忽略了国内的阶级战争的同时开展；这又是新的阶段的更加严重的问题。而鲁迅就提出这样的质问：“然而中国有枪阶级的焚掠平民，屠杀平民，却向来不很有人抗议。”（《华盖集·忽然想到之十一》）回答这个问题的，是“五卅”之后的巨大的群众革命浪潮。革命是在进到新的阶段，“死者的遗给后来的功德，是在撕去了许多东西的人相，露出那出于意料之外的阴毒的心，教给继续战斗者以别种方法的战斗。”（《华盖集续编·空谈》）这就是要打倒帝国主义和军阀，就必须打倒这些阴毒“东西”——动物！就不再是请愿，不只是“和平宣传”，不是合法主义，而是……

> 血债必须用同物偿还。拖欠得愈久，就要付更大的利息！（《华盖集续编·无花的蔷薇之二》）

此后的“血债”是越拖越多了。

> 泪揩了，血消了；
> 屠伯们逍遥复逍遥。
> 用钢刀的，用软刀的。
> 然而我只有“杂感”而已。（《而已集·题辞》）

僵尸的统治转变成戏子的统治，这个转变完成之后不善于做戏的僵尸虽然退了位，而会变戏法的僵尸就更加猖獗起来。活人和死人的斗争，灭亡路上的阶级的挣扎和新兴阶级领导的群众的反抗，经过一番暴风雨的剧变而进到了新的阶段。鲁迅说：“我是在二七年被血吓得目瞪口呆，离开广东的，那些吞吞吐吐，没有胆子直说的话，都载在《而已集》里。”就是以后的《三闲集》（一九二八——二九）、《二心集》（一九三〇——三一），又何尝不是哭笑不得的“而已”！可是，正是这期间鲁迅的思想反映着一般被蹂躏被侮辱被欺骗的人们的彷徨和愤激，他才从进化论最终的走到了阶级论，从进取的争求解放的个性主义进到了战斗的改造世界的集体主义。如果在以前，鲁迅早就感觉到中国社会里的科举式的贵族阶级和租佃官僚制度之下的农奴阶级之间的对抗，那么，现在他就更清楚的见到那种封建式的阶级对抗之外，正在发展着资本和劳动的对抗。他“一向是相信进化论的，总以为将来必胜于过去，青年必胜于老人”，然而他“目睹了同是青年，而分成两大阵营，或则投书告密，或则助官捕人的事实”！他的“思路因此轰毁”。（《三闲集·序言》）是的，以前“父与子”的辈分斗争只是前一阶段的阶级斗争的外套；现在——封建宗法残余的统治搀杂了一些流氓资本的魔术，——不但更明显的露出劳动和资本的阶级战斗，而且反封建残余的斗争也不再是纯粹的“父与子”斗争的形式。同时，新兴阶级的领导展开了真正推翻帝国主义和僵尸，推翻流氓资本和地主官僚的新结合的远景。贫民小资产阶级和革命的智识阶层，终于发见了他们反对剥削制度的朦胧的理想，只有同着新兴的社会主义的先进阶级前进，才能够实现，才能够在伟大的斗争的集体之中达到真正的“个性解放”。

这样，当时革命“过程”在思想界的反映，就是五四式的智识阶层的最终的分化：一些所谓欧化青年完全暴露了自己是“丧家的”或者“不丧家的”“资本家的乏走狗”，替新的反动去装点一下摩登化的东洋国故和西洋国故；而另外一些革命的智识青年却更确定更明显的走到劳动民众方面来，围绕着革命的营垒。最优秀的最真诚的不肯自己背叛自己的光明理想的分子，始终是要坚决的走上真正革命的道路的。

最早期的真正革命文学运动——五四式的新文学分化之后的革命文学运动，——不能够不首先反对摩登化的遗老遗少，反对重新摆上的“吃人的筵宴”，以及这种筵宴旁边的鼓乐队。蹂躏革命“战士的精神和血肉……赏玩，攀折这花，摘食这果实的人们”，这些流氓式的戏子，扶着几乎断送“死尸的生命”的僵尸，“稳定了”他们的新的统治。于是乎他们的鼓乐队里，就搀和了一些“意大利的唐南遮、德国的霍普德曼（冤枉!）、西班牙的伊本纳兹、中国的吴稚晖”等等，而偏偏还要说这是革命文学！这其实是在“指挥刀的掩护之下，斥骂他的敌手的”低能儿（《而已集·革命文学》），这其实是段政府之下的陈西滢们的徒子徒孙。据说是段祺瑞、张学良等投降了“革命”，陈西滢们“转变了”

方向；然而就社会的意义上来说，究竟是谁投降了谁，谁转变了方向，是大成问题的。这时候的新鲜戏法，只在于：“‘命’自然还是要革的，然而又不宜太革……剩了一条‘革命文学’的独木小桥，所以外来的许多刊物，便通不过，扑通！扑通！都掉下去了。”（《而已集·扣丝杂感》）

“独木小桥”始终只是独木小桥。那些“扑通！扑通”掉下去的却学会了游水。真正的革命文艺思想正在这一时期开始深入的发展。在这新阶段上，革命文艺思想经过内部的斗争而逐渐的形成新的阵营。这种不可避免的斗争提出了新的问题，这已经不是父与子的问题，也不仅是暴露指挥刀后的屠伯们的问题。这是关于革命队伍的战略的争论。

新兴阶级的文艺思想，往往经过革命的小资产阶级作家的转变，而开始形成起来，然后逐渐的动员劳动民众和工人之中的新的力量。集中新的队伍，克服过去的“因袭的重担”，同时，扩大同路人的阵线。这不但在日本、美国、德国，甚至于在苏联，也经过波格唐诺夫式的幼稚病。关于这种幼稚病，德国的皮哈曾经说过：一些小集团居然自以为独得了“工人阶级的文化代表的委任状”——包办代表事务。这大概是“历史的误会”。创造社的转变，太阳社的出现，只在这方面讲来，是有客观上的革命意义的。

然而革命军进行的时候，“时时有人退伍，有人落荒，有人颓唐，有人叛变，然而只要无碍于进行，则愈到后来，这队伍也就愈成为纯粹，精锐的队伍了。”（《二心集·非革命的急进革命论者》）无产阶级和周围的各种小资产阶级之间本来就没有一座万里长城隔开着。何况小资产阶级又有各种各样不同的阶层和集团呢。

小资产阶级的智识阶层之中，有些是和中国的农村，中国的受尽了欺骗、压榨、束缚、愚弄的农民群众联系着。这些农民从几千百年的痛苦经验之中学会了痛恨老爷和田主，但是没有学会，也不能够学会怎样去回答这些问题，怎样去解除这种痛苦。“旧社会将近崩坏之际，是常常会有近似带革命性的文学作品出现的，然而其实并非真的革命文学。例如：或者憎恶旧社会，而只是憎恶，更没有对于将来的理想；或者也大呼改造社会，而问他要怎样的社会，却是不能实现的乌托邦。”（《三闲集·现今的新文学的概观》）然而，宽泛些说，这种文艺当然也是革命的文学，因为它至少还能够反映社会真相的一方面，暗示改革所应当注意的方向。而同时，这些早期的革命作家，反映着封建宗法社会崩溃的过程，时常不是立刻就能够脱离个性主义——怀疑群众的倾向的；他们看得见群众——农民小私有者的群众的自私、盲目、迷信，自欺，甚至于驯服的奴隶性，可是，往往看不见这种群众的“革命可能性”，看不见他们的笨拙的守旧的口号背后隐藏着革命的价值。鲁迅的一些杂感里面，往往有这一类的缺点，引起他对于革命失败的一时的失望和悲观。

另一方面，“五四”到“五卅”之间中国城市里迅速的积聚着各种“薄海民”（Bohemian）——小资产阶级的流浪人的智识青年。这种智识阶层和早期的士大夫阶级的“逆子贰臣”，同样是中国封建宗法社会崩溃的结果，同样是帝国主义以及军阀官僚的牺牲品，同样是被中国畸形的资本主义关系的发展过程所“挤出轨道”的孤儿。但是，他们的都市化和摩登化更深刻了，他们和农村的联系更稀薄了，他们没有前一辈的黎明期的清醒的现实主义——也可以说是老实的农民的实事求是的精神——反而传染了欧洲的世纪末的气质。这种新起的智识分子，因为他们的“热度”关系，往往首先卷进革命的怒潮，但是，也会首先“落荒”，或者“颓废”，甚至“叛变”，——如果不坚决的克服自己的浪漫谛克主义。“这种典型最会轻蔑的点着鼻子说：‘我不是那种唱些有机的工作、实际主义和渐进主义的赞美歌的人。’这种典型的社会根源是小资产者，他受着战争的恐怖，突然的破产，空前的饥荒和破坏的打击而发疯了，他歇斯底里地乱撞，寻找着出路和挽救，一方面信仰无产阶级而赞助它，别方面又绝望地狂跳，在这两方面之间动摇着。”（乌梁诺夫）这种人在文艺上自然是“才子”，自然不肯做“培养天才的泥土”，而很早“便恨恨地磨墨，立刻写出很高明的结论道：‘唉，幼稚得很。中国要天才！’”（《坟·未有天才之前》）革命的怒潮到了，他们一定是革命的；革命的暂时失败了，他们之中也一定有些消极，有些叛变，有些狂跳，而表示一些“令人‘知道点革命的厉害’，只图自己说得畅快的态度，也还是中了才子+流氓的毒。”（《二心集·上海文艺之一瞥》）于是要“包办”工人阶级文艺代表的“事务”。

《三闲集》以及其他杂感集之中所保留着的鲁迅批评创造社的文章，反映着二七年以后中国文艺界之中这两种态度、两种倾向的争论。自然，鲁迅杂感的特点，在那时特别显露那种经过私人问题去照耀社会思想和社会现象的笔调。然而创造社等类的文学家，单说真有革命志愿的

(像叶灵凤之流的投机分子，我们不屑去说到了)，也大半扭缠着私人的态度、年纪、气量以至酒量的问题。至少，这里都表现着文人的小集团主义。

这时期的争论和纠葛转变到原则和理论的研究，真正革命文艺学说的介绍，那正是革命普洛文学的新的生命的产生。而还有人说：那是鲁迅“投降”了。现在看来，这种小市民的虚荣心，这种“剥削别人的自尊心”的态度，实在天真得可笑。

这是已经过去的问题了，也应当是过去的了。

鲁迅现在说：“我有一件事要感谢创造社的，是他们‘挤’我看了几种科学底文艺论，明白了先前的文学史家们说了一大堆，还是纠缠不清的疑问……以救正我——还因我而及于别人——的只信进化论的偏颇。”(《三闲集·序言》)“我时时说些自己的事情，怎样地在‘碰壁’，怎样地在做蜗牛，好像全世界的苦恼，萃于一身，在替大众受罪似的：也正是中产的智识阶级分子的坏脾气。”(《二心集·序言》)

鲁迅从进化论进到阶级论，从绅士阶级的逆子贰臣进到无产阶级和劳动群众的真正的友人，以至于战士，他是经历了辛亥革命以前直到现在的四分之一世纪的战斗，从痛苦的经验和深刻的观察之中，带着宝贵的革命传统到新的阵营里来的。他终于宣言：“原先是憎恶这熟识的本阶级，毫不可惜它的溃灭，后来又由于事实的教训，以为惟新兴的无产者才有将来。”(《二心集·序言》)关于最近期间，“九一八”以后的杂感，我们不用多说，他是站在战斗的前线，站在自己的哨位上。他在以前，就痛切的指出来：“大小无数的人肉的筵宴，即从有文明以来一直排到现在，人们就在这会场中吃人，被吃，以凶人的愚妄的欢呼，将悲惨的弱者的呼号遮掩，更不消说女人和小儿。这人肉的筵宴现在还排着，有许多人还想一直排下去。扫荡这些食人者，掀掉这筵席，毁坏这厨房，则是现在的青年的使命！”(《坟·灯下漫笔》)而现在，这句话里的“青年”两个字上面已经加上了新的形容词，甚至于完全换了几个字，——他在日本帝国主义动手瓜分，英、美、国联进行着共管，而中国的绅商统治阶级要着各种各样的戏法零趸发卖中国的时候，——忍不住要指着那些“民族主义文学者”说：“他们(老年的和青年的——凝注)将只尽些送丧的任务，永含着恋主的哀愁，须到……阶级革命的风涛怒吼起来，刷洗山河的时候，这才能脱出这沉滞猥劣和腐烂的运命。”

(《二心集·“民族主义文学”的任务和运命》)

然而鲁迅杂感的价值决不止此。他自己说:“因为从旧垒中来,情形看得较为分明,反戈一击,易制强敌的死命。”(《坟·写在〈坟〉后面》)从满清末期的士大夫、老新党、陈西滢们……一直到最近期的洋场无赖式的文学青年,都是他所亲身领教过的。刽子手主义和僵尸主义的黑暗,小私有者的庸俗、自欺、自私、愚笨,流浪赖皮的冒充虚无主义,无耻、卑劣、虚伪的戏子们的把戏,不能够逃过他的锐利的眼光。历年的战斗和剧烈的转变给他许多经验和感觉,经过精炼和融化之后,流露在他的笔端。这些革命传统(revolutionary tradition)对于我们是非常之宝贵的,尤其是在集体主义的照耀之下:

第一,是最清醒的现实主义。“中国人向来因为不敢正视人生,只好瞒和骗,由此也生出瞒和骗的文艺来,由这文艺,更令中国人更深地陷入瞒和骗的大泽中,甚而至于已经自己不觉得。”(《坟·论睁了眼看》)这种思想其实反映着中国的最黑暗的压迫和剥削制度,反映着当时的经济政治关系。科举式的封建等级制度,给每一个“田舍郎”以“暮登天子堂”的幻想;租佃式的农奴制度给每一个农民以“独立经济”的幻影和“爬上社会的上层”的迷梦。这都是几百年来的“空前伟大的”烟幕弹。而另一方面,在极端重压的没有出路的情形之下,散漫的剥夺了取得智识文化的可能的小百姓,只有一厢情愿的找些“巧妙”的方法去骗骗皇帝官僚甚至于鬼神。大家在欺人和自欺之中讨生活。统治阶级的这种“文化遗产”甚至于像沉重的死尸一样,压在革命队伍的头上,使他们不能够迅速的摆脱。即使“到处听不见歌吟花月的声音了,代之而起的是铁和血的赞颂。然而倘以欺瞒的心,用欺瞒的嘴,则无论说A和O,或Y和Z,一样是虚假的。”(同上)鲁迅是竭力暴露黑暗的,他的讽刺和幽默,是最热烈最严正的对于人生的态度。那些笑他“三个冷静”的人,固然只是些嗡嗡嗡的苍蝇。就是嫌他冷嘲热讽的“不庄严”的,也还是不了解他,同时,也不了解自己的“空城计”式的夸张并不是真正的战斗。可是,鲁迅的现实主义决不是第三种人的超然的旁观的所谓“科学”态度。善于读他的杂感的人,都可感觉到他的燃烧着的猛烈的火焰在扫射着猥劣腐烂的黑暗世界。“世界日日改变,我们的作家取下假面,真诚地,深入地,大胆地看取人生并且写出他的血和肉来的时候早到了;早就应该有一片崭新的文场,早就应该有几个凶猛的闯将!”(同上)

第二，是“韧”的战斗。“对于旧社会和旧势力的斗争，必须坚决，持久不断，而且注重实力。……我们急于要造出大群的新的战士；但同时，在文学战线上的人还要‘韧’。”（《二心集·对于左翼作家联盟的意见》）“野牛成为家牛，野猪成为猪，狼成为狗，野性是消失了，但只足使牧人喜欢，于本身并无好处。……我以为还不如带些兽性，如果合于下列的算式倒是不很有趣的：人＋家畜性＝某一种人。”（《而已集·略论中国人的脸》）而兽性就在于有“咬筋”，一口咬住就不放，拚命的刻苦的干去，这才是韧的战斗。牧人们看见小猪忽然发一阵野性，等忽儿可驯服了，他们是不忧愁的。所以这种兽性和韧的战斗决不是歇斯底里的可以干得来的。一忽儿“绝望的狂跳”，一忽儿又“委靡而颓伤”，一忽儿是嚣张的狂热，一忽儿又捶着胸脯忏悔，那有什么用处。打仗就要像个打仗。这不是小孩子赌气，要结实的立定自己的脚跟，躲在壕沟里，沉着的作战，一步步的前进，——这是鲁迅所谓“壕堑战”的战术。这是非合法主义的战术。如果敌人用“激将”的办法说：“你敢走出来”，而你居然走了出来，那么，这就像许褚的赤膊上前阵，中了箭是活该。而笨到会中敌人的这一类的奸计的人，总是不肯，也不会韧战的。

第三，是反自由主义。鲁迅的著名的“打落水狗”（《坟·论费厄泼赖应该缓行》），真正是反自由主义，反妥协主义的宣言。旧势力的虚伪的中庸，说些鬼话来羼杂在科学里，调和一下，鬼混一下，这正是它的诡计。其实这斗争的世界，有些原则上的对抗事实上是决不会有调和的。所谓调和只是敌人的缓兵之计。狗可怜到落水，可是它爬出来仍旧是狗，仍旧要咬你一口，只要有可能的话。所以“要打就得打到底”——对于一切种种黑暗的旧势力都应当这样。但是死气沉沉的市侩，——其实他们对于在自己手下讨生活的人一点儿也不死气沉沉，——表面上往往会对所谓弱者“表同情”，事实上他们有意的无意的总在维持着剥削制度。市侩，这是一种狭隘的浅薄的东西，它们的头脑（如果可以说这是头脑的话），被千百年来的现成习惯和思想圈住了，而在这个圈子里自动机似的“思想”着。家庭，私塾，学校，中西“人道主义”的文学的影响，一切所谓“法律精神”和“中庸之道”的影响，把市侩的脑筋造成了一种简单机器，碰见什么“新奇”的，“过激”的事情，立刻就会像留声机似的“啊呀呀”的叫起来。这种“叭儿狗”“虽然是狗，又很像猫，折中，公允，调和，平正之状可掬，悠悠然摆出别个无不偏激，唯独自己得了‘中庸之道’似的脸来”。鲁迅这种暴露市侩的锐利的笔锋，充分的表现着他的反中庸的，反自由主义的精神。

第四，是反虚伪的精神。这是鲁迅——文学家的鲁迅，思想家的鲁迅的最主要的精神。他的现实主义，他的打硬仗，他的反中庸的主张，都是用这种真实，这种反虚伪做基础。他的神圣的憎恶就是针对着这个地主资产阶级的虚伪社会，这个帝国主义的虚伪世界的。他的杂感简直可以说全是反虚伪的战书，譬如别人不大注意的《华盖集续编》就是许多猛烈而锐利的攻击虚伪的文字，久不再版的《坟》里的好些长篇也是这样。而中国的统治阶级特别善于虚伪，他们有意的无意的要把虚伪笼罩群众的意识；他们的虚伪是超越了全世界的纪录了。“中国的一些人，至少是上等人，他们的对于神、宗教、传统的权威，是‘信’和‘从’呢，还是‘怕’和‘利用’？只要看他们的善于变化，毫无持操，是什么也不信从的，但总要摆出和内心两样的架子来。要寻虚无党，在中国实在很不少；……”他们什么都不信，但是他们“虽然这么想，却是那么说，在后台这么做，到前台又那么做”……这叫做“做戏的虚无党”（《华盖集续编·马上支日记》）虚伪到这地步，其实是顶老实了。西洋资产阶级的民族主义者或者民权主义者，或者改良妥协的所谓社会主义者，至少在最初黎明期的时候，自己也还蒙在鼓里，一本正经的信仰着什么，或者理论，或者宗教，或者道德——这种客观上的欺骗作用比较的强些。——而中国的是明明知道什么都是假的，不过偏要这么说说，做做，骗骗人，或者简直武断的乱吹一通，拿来做杀人的理论。自然，自从西洋发明了法西斯主义，他们那里也开始中国化了。呜呼，“先进的”中国呵。

自然，鲁迅的杂感的意义，不是这些简单的叙述所能够完全包括得了的。我们不过为着文艺战线的新的任务，特别指出杂感的价值和鲁迅在思想斗争史上的重要地位，我们应当向他学习，我们应当同着他前进。

一九三三，四，八，北平

“儿时”*

(1933 年 9 月 28 日)

狂胪文献耗中年，亦是今生后起缘；猛忆儿时心力异：一灯红接混茫前。

——定盦诗

生命没有寄托的人，青年时代和“儿时”对他格外宝贵。这种浪漫谛克的回忆其实并不是发见了“儿时”的真正了不得，而是感觉到“中年”以后的衰退。本来，生命只有一次，对于谁都是宝贵的。但是，假使他的生命溶化在大众的里面，假使他天天在为这世界干些什么，那末，他总在生长，虽然衰老病死仍旧是逃避不了，然而他的事业——大众的事业是不死的，他会领略到“永久的青年”。而“浮生如梦”的人，从这世界里拿去的很多，而给这世界的却很少——他总有一天会觉得疲乏的死亡：他连拿都没有力量了。衰老和无能的悲哀，像铅一样的沉重，压在他的心头。青春是多么短呵！

“儿时”的可爱是无知。那时候，件件都是“知”，你每天可以做大科学家和大哲学家，每天在发见什么新的现象，新的真理。现在呢？“什么”都已经知道了，熟悉了，每一个人的脸都已经看厌了。宇宙和社会是那么陈旧，无味，虽则它们其实比“儿时”新鲜得多了。我于是想念“儿时”，祷告“儿时”。

不能够前进的时候，就愿意退后几步，替自己恢复已经走过的前途。请求“无知”回来，给我求知的快乐。可怕呵，这生命的“停止”。

过去的始终过去了，未来的还是未来。究竟感慨些什么——我问自己。

一九三三，九，二八

* 本文原载 1933 年 12 月 15 日《申报·自由谈》，署名子明。

马克思文艺论底断篇后记*

(1933 年)

马克思关于文艺的议论，散见于他的许多著作里，例如《资本论》里就有好些说到莎士比亚或者巴勒札克的话。此地，只译了极少的几段。其中最值得注意的，就是他和恩格斯关于《息庆耿》的书信。这是他们对于“革命文学”的具体批评。在这两封书信里，读者可以看见马克思和恩格斯关于政治立场和文艺创作底关系的意见，以及他们关于文艺底创作方法的意见。

《息庆耿》这部悲剧是拉萨尔做的。拉萨尔自己以为这部悲剧表现着革命之中的矛盾，而是德国一八四八年革命的“艺术上的”结论。

拉萨尔在六十年代（十九世纪中期），是德国工人运动底组织者和指导者。他虽然是马克思的学生，虽然是德国最早的工人政党底一个领袖，但是，他不久就发展了“自己的”主义——机会主义，形成了所谓拉萨尔派。他最初是“忏悔”一八四八年革命底妥协，认为革命底失败是由于指导者底“理智”太强，没有顺着群众底热烈的“情感”一往直前地前进；后来，他这种“理智与情感对立”论底错误，又把他引导到别一个极端：就是完全不信仰群众底力量，甚至于认为小资产阶级的群众都是一般的“反动群众”，而非常之崇拜所谓“现实政策”——敷衍涂砌的改良主义，他以为只有个人的英雄能够改造社会，能够统一德国。因此，他屡次企图“联合”俾士麦克——他和俾士麦克有过许多通信（见 Gustav Mayer，“Bismarck und Lassalle. Gespräche und Briefe.” Berlin，Dietz，1928.），这就简直是背叛工人阶级了。

---

* 本文原载《瞿秋白文集》（文学编）第 3 卷，原注云：本篇未在报刊发表过，1953 年根据鲁迅保存的作者手稿辑入 8 卷本《瞿秋白文集》第 3 卷。

在《息庆耿》那部悲剧里，拉萨尔对于一八四八年革命的“绝望”，以及倾向于唯心的解决“革命矛盾”的情绪，都已经表现了出来。息庆耿是十六世纪德国宗教改革时代底人物，他和他的顾问古滕都是德国历史上的著名“英雄”。拉萨尔描写他们反对诸侯底失败，想要暗示革命之中“理智与情感”底根本冲突。他根本不了解十六世纪的农民运动底意义。他同样的不了解一八四八年前后的革命策略，他所要联合的，不是群众的民权主义，而是自由派的上层阶级。所以马克思批评他说：

> 你也许像你自己的弗朗茨·封·息庆耿一样，在相当的程度之内，也做了那个外交式的错误，就是把路德派武士阶级的反对派放在蒙采尔派平民阶级的反对派之上了。

当宗教 416 改革的时代——封建制度正在崩溃之中转变着自己的形式，适应着商业资本的新的发展。当时的武士阶级（恩格斯信里叫做贵族），也在反对着皇帝诸侯底旧式统治。而同时，“骚动”的农村中，却还有极广大的农民群众正在反对着统治阶级，这可是另外一种的反对派。武士阶级底反对，不过是因为当时的皇帝“从武士底皇帝变成了诸侯底皇帝”了。这仿佛中国底一些“失意的”绅士，要提出打倒劣绅的口号，而自命为正绅。他们其实都在幻想着恢复古代的“拳头政治”。那古代的“拳头政治”是所谓“太平”时代：每一个地主——一直到小地主，都是当地的土皇帝，可以任所欲为；而后来，商业资本把市场作用扩大了，因此也扩大了“行政区域”，于是有些地主——武士，所谓“正绅”的“拳头”势力，就被兼并了，被剥夺了，诸侯以至于皇帝客观上执行着集中化的作用。贵族之中发生了好些破产的，落伍的，因而“忏悔的”武士，他们忽然出来替平民打抱不平了。至多，他们只会客观上代表一些初初发生的资产阶级的思想。他们要的，也许是“民族的统一”，也许是“宗教的自由”，也许是笼统的改革和进步，“文明”和“光明”。他们的主要策略，不会不是妥协主义，不会不是“从上面来维新”，尽可能的多保存些封建式的特权和中世纪式的一切种种龌龊东西。至于农民和一般城市平民群众底民权主义，那却是相反的；他们要求尽可能地肃清封建的一切残余，彻底地扫除中世纪的腐败恶劣的垃圾堆，尤其是农民所要求的改革，——废除地主私有土地的制度，——是要铲除封建阶级的物质基础的。因此，这两种反对派之间，不会不发生冲突，这是阶级的冲突——而不是什么理智与情感的冲突，不是什么心理上的悲剧。对于息庆耿——武士贵族的代表，悲剧是在于他是没落的阶级；他的前面站着兼并他的皇帝和诸侯，他的后面又是要连他都推翻的农民群众，真所谓前有毒蛇，后有猛虎，是个没有出路的局面！他的“改革”，客观上只是维持旧式剥削制度的一种手段。这是所谓路德派的反对派。至于蒙采尔——德国农民运动的一个领袖——却是群众的革命要求底象征，他所要的是根本推翻封建底一切种种方式的统治。这种资产阶级民权革命之中，工人应当联合农民群众底革命的民权主义，而反对武士正绅底改良的立宪主义或者训政主义。乌梁诺夫说：

> 正是“左派联合的策略”，正是城市“平民”（现代的无产阶级）同民权主义的农民底联合，使得十七世纪的英国革命和十八世纪的法国革命，得到那样的规模和力量。关于这一点，马克思和恩格斯说过了许多次，不但在一八四八年，而且在此后很迟的时候。为得不要再引那些引证过许多次的话，我们现在提出一八五九年马克思和拉萨尔的通信。马克思关于拉萨尔底悲剧《息庆耿》说：那篇戏剧里所表现的冲突，“不但是悲剧的，而且正是把一八四八——四九年的革命党极有理由地引导到了破产的那个悲剧的冲突”。马克思已经一般地指出后来同拉萨尔派和爱圣纳赫派的不同意见底整个路线，他责备拉萨尔，说拉萨尔做了错误，“因为把路德派武士阶级的反对派放在蒙采尔派平民阶级的反对派之上。”我们这里不关涉到马克思底责备是不是正确的问题：我们以为这是正确的，虽然拉萨尔竭力地辩护，要想逃避这个责备。重要的是：马克思和拉萨尔都认为把“路德派武士阶级的”反对派（译成二十世纪的俄国话，就是自由主义地主阶级的反对派）放在“蒙采尔派平民阶级的”反对派（同样的翻译出来，就是无产阶级农民群众的反对派）之上——显然是错误的，这对于社会民主党是绝对不容许的！
>
> ——乌梁诺夫，一九一一年，《选举运动底原则问题》
>
> ——见乌氏文集第二版，卷十五，三四七页

总之，这种机会主义的观点，对于工人革命家——“社会民主党”在一九一一年还是工人革命政党底正式名称——“是绝对不容许的”。拉萨尔的政治立场，他的机会主义，他对于一八四八年革命中动摇的小资产阶级领袖的同情，——也反映在他的文艺创作里。马克思和恩格斯都批评他的错误。虽然他自己也认为这种观点是错误的，是绝对不容许的，——因此他“竭力地辩护”，——然而事实上他是抱定了这种错误

观点。用不着埋怨什么“诛心之论”，马克思恩格斯对于拉萨尔的“诛心”的批评，的确预言了拉萨尔的政治命运——他始终走上了同俾士麦克联合的道路！文艺和政治是不会脱离的，即使作家主观上要脱离政治也是不行的；或者，作家主观上要做一个“即使无益也不会有害”于革命的职业文学家，更好些的，甚至于自以为是“从来没有做过错误的”革命文学家，然而，如果他不在政治上和一般宇宙观上努力去了解革命和阶级意识的意义，那么，他客观上也会走到出卖灵魂的烂泥坑里去，他的作品客观上会被统治阶级所利用，或者，客观上散布着麻醉群众的迷药。这对于诚恳的要想向着光明前进的作家，是很重要的问题。

当然，也有例外的。例如只要“伟大”，不管什么别的“闲事”的文学家，自然可以不顾这些问题。他们的意见是：托尔斯泰，易卜生，弗洛贝尔等等始终是“伟大”的，虽然他们“并无正确的意识”；努力做个“托尔斯泰”罢！当然咯，拉萨尔虽然是个机会主义者，他却成了世界史上的名人，而当时的非机会主义的无名小卒，始终只是些无名小卒。对这一类的“文学家”，还有什么话好说！

关于文艺的创作方法——马克思指出拉萨尔的“塞勒主义”是“极大的错误”；恩格斯也说：“思想之外，不要忘记现实主义的要素，塞勒之外不要忘记莎士比亚。”

拉萨尔的塞勒主义是浪漫主义之中的一种。这是反现实主义的创作方法。他既然用唯心论的观点去分析革命势力底消长和革命之中底“悲剧的冲突”，他就不可避免地要走上反现实主义的道路。塞勒的创作方法，就是专靠一些“时代精神”的代表思想，用一些“英雄”来做它们的化身。这样，拉萨尔创作的方法，一开始就走上错误的道路，他跟着塞勒，至多只能够走到左派资产阶级的激进主义，用一些慷慨激昂淋漓尽致的空谈，来掩盖自己对于社会现实生活的糊涂观念。资产阶级革命底时代，那种浪漫主义——英雄主义，固然也有些“优点”，它客观上表现着新兴的青年的先进阶级底“狂飙和袭击”，但是同时，它已经在反对封建的过程之中埋伏着蒙蔽群众的迷药。这就是一些笼统的“博爱，自由，平等”的欺骗，一些“高尚情思”，一些含糊的“正直”，“进取”的口号。这里，不会有切实的认识现实，也就不会有切实的改造现实底意识上的武器。阶级的观点是不用说更不会有的了。正眼观看现实的真正勇气，被虚伪的空喊的“英勇”所代替了。何况拉萨尔写《息庆耿》的时代，那些“英雄的”狂飙主义的使命早已过去了，剩下的只是空洞的革命情感主义——对于自己是欺骗，对于群众也只是欺骗。无产阶级的阶级利益，本身就和全人类社会底真正进步是一致的，他们的热情，理想，高尚情思底根源，就发生于赤裸裸的丑恶的现实；他们用不着虚矫的神圣化的情感上的麻醉和激刺才能去鼓动群众的革命斗争，那只是初期资产阶级革命底需要。相反的，无产阶级所需要的，是切实的唯物论辩证法的认识现实——认识具体的阶级关系和历史条件，这是决定他们革命策略的基础，这是改造现实底真正的出发点。所以在文艺上，他们不会需要浪漫主义。中国底初期革命文学——往往有些“革命的团圆主义”，那是比拉萨尔更粗浅十倍的，可是，居然会称为“普洛文学”！

自然，说“不要忘记现实主义的要素”，并不是要抛弃一切热情，理想，思想和“最终目的”。只有庸俗的实际主义者，才会只管今天的饭碗或者明天的饭碗，只顾个人的“衣食住行”——而不要一切理想和思想，不要热情和鼓励，不要“理论”和“幻想”，不要“发议论”或所谓“哲学化”，——有人认为这是实际主义，甚至于认为革命也只有这样“实际”才能够干，至多，也只想到个人没有饭吃才要革命，革命只不过是穷人造反，丝毫高尚的理想也没有。可是，无产阶级却不但要吃饭等等，他们的“实际”，是按照现实的社会阶级关系，去改造整个的社会制度，他们这个革命的高尚理想不会是乌托邦；可也决不是饭碗主义，或者名利主义！真正的现实主义——不做资产阶级“科学”底俘虏的现实主义，应当反映到这现实世界之中的伟大的英勇的斗争，为着光明理想而牺牲的精神，革命战斗的热情，超越庸俗的尖锐的思想，以及这现实的丑恶所激发的要求改革，要求光明的“幻想”，远大的目的。问题是在于怎样把这些情感和理想建筑在现实生活的基础之上，怎样表现意识转变的唯物辩证法的规律性。

文艺应当是改造社会底整个事业之中的一种辅助的武器。社会的斗争是多方面的，社会现象底本身是变动的，是人自己的行动所组成的。如果文艺也还是人的行为底一种，那么，谁也不能够禁止它影响社会的意识形态，也就是在认识现实的过程之中去辅助现实底改造。反动阶级其实本能的感觉到这种可能，有时候是有意的制造着欺骗，他们时常运用文艺来阻碍社会底改造，麻醉群众的意识。所以现在“十月”之后的新兴阶级，他们的文艺上的现实主义，绝对不会是简单的照相机主义。这现实主义决不会说，只要“绝对”客观的反映现实，“自然而然”就是革命文艺。其实，主观上要想“绝对客观地”表现的作家，他往往会走到所谓超阶级的观点，而事实上，把易卜生，托尔斯泰等等所反映的“狭隘的小小的中等资产阶级的”世界，或者守旧复古的农民的世界，当做是现实的世界，这在一定的条件之下，却未必就是“无害而甚至于有益”的文艺。易卜生，托尔斯泰等等的文艺，在当时的环境里，因为许多种的具体原因，可以在一定的国家发生相当的革命化的影响；在现在的环境里，也必须新兴阶级用自己的阶级立场去批判，才能够真正接受这种文化遗产。无产阶级底阶级的和党派的立场，因为根本上是反对保存一切剥削制度的，所以才是唯一的真正客观的立场，——不但在哲学科学上是如此，在文艺上也是如此。

马克思说，艺术繁盛底一定时期和社会物质基础底发展并没有任何适应。“死鬼常常会抓住活人的”。过去时代的意识往往会残留在现代，何况统治阶级总是些“骸骨迷恋者”，时常想利用“死鬼”来钳制“活人”，而一些小资产阶级的文人学者，也会无意之中做了死鬼的爪牙。但是，胜利的工人阶级却要冲破这个天罗地网，他们不但实行了改造经济的计划，并且在这种计划里进行着思想意识上的斗争，文艺的新的繁盛时期尽可能的跟着社会物质基础底改造而开展起来。革命战斗还没有胜利的地方，文艺斗争应当也是这种战斗之中的一个阵线。“不做你们——旧社会——的走狗，始终要成为你们的敌人的”——这是“超阶级”文学家所应当有的觉悟。

如果神话是“自然界和社会形式在民众的幻想之中所经过的无意之中的艺术上的制作”，那么，现在这簇新的时代底艺术，应当是民众对于自然界和社会形式的自觉的了解底艺术上的表现。这新的艺术应当是民众的，——只顾作家底自由而不顾读者群众底需要，拒绝估计民众底兴趣，拒绝适应民众底要求，拒绝表现民众底生活经验而回答他们的疑问，希望和理想，那是资产阶级“高超的”个人主义。这新的艺术应当根据于新的阶级的党派的科学，这就要有脱离了神话和资产阶级科学底支配的“幻想能力”。现在不但迷恋着宗教神话的艺术，是“可笑的假扮小孩子的成年人”，就是迷恋着易卜生时代的文学家，也像满头插着红花绿叶的刘姥姥，很难冒充年轻姑娘的老妖精了。当然，这不是说我们完全不要一切过去的文化遗产和文学遗产。不然的。我们必须继承这些遗产，但是一定要有批判的精神，一定要有阶级的立场，一定要努力学习新的阶级底宇宙观，而在克服可能的错误底过程之中，去达到真正科学的对于自然界和社会现象底认识。对于一切古代的文化遗产，都要真正感觉到自己是个成年的大人，——那过去的儿童时代是不能够再来的了；对于资产阶级的科学艺术也是这样。马克思教我们留心希腊时代的艺术，但是，他告诉我们，这是人类社会底儿童时代，你可以在这里“再现”儿童时代底天真稚气的可爱的景象，而不能够自己也去“重新变成小孩子”，那是可笑的。

多余的话*

（1935 年 5 月 7 日至 22 日）

知我者
　　谓我心忧；
不知我者
　　谓我何求。

何必说？（代序）

话既然是多余的，又何必说呢？已经是走到了生命的尽期，余剩的日子不但不能按照年份来算，甚〔至〕不能按星期来算了。就是有话，也可说可不说的了。

但是，不幸我卷入了“历史的纠葛”——直到现在外间好些人还以为我是怎样怎样的。我不怕人家责备，归罪，我倒怕人家“钦佩”。但愿以后的青年不要学我的样子，不要以为我以前写的东西是代表什么什么主义的；所以我愿意趁这余剩的生命还没有结束的时候，写一点最后的最坦白的话。

而且，因为“历史的误会”，我十五年来勉强做着政治工作——正因为勉强，所以也永久做不好，手里做着这个，心里想着那个。在当时是形格势禁，没有余暇和可能说一说我自己的心思，而且时刻得扮演一

* 《多余的话》是瞿秋白就义前在福建汀州狱中所作。这里根据中共中央纪律检查委员会瞿秋白案复查组从中央档案馆保存的国民政府档案找出的手抄本刊出。其中明显的错字漏字都在〔 〕内标明。1937 年《逸经》半月刊第 25、26、27 期刊发全文；与手抄本比较，《逸经》发表的文本有不少遗漏，这里全部补齐。

《多余的话》至今未见作者手稿。从文章的内容、所述事实和文风看，确为瞿秋白所写。

定的角色。现在我已经完全被解除了武装，被拉出了队伍，只剩得我自己了。心上有不能自已的冲动和需要：说一说内心的话，彻底暴露内心的真相。布尔塞维克所讨厌的小布尔乔亚智识者的“自我分析”的脾气，不能够不发作了。

虽然我明知道这里所写的，未必能够到得读者手里，也未必有出版的价值，但是，我还是写一写罢。人往往喜欢谈天，有时候不管听的人是谁，能够乱谈几句，心上也就痛快了。何况我是在绝灭的前夜，这是我最后“谈天”的机会呢？

瞿秋白

一九三五・五・一七于汀州狱中

“历史的误会”

我在母亲自杀家庭离散之后，孑然一身跑到北京，本想能够考进北大，研究中国文学，将来做个教员度这一世，甚么“治国平天下”的大志都是没有的，坏在“读书种子”爱书本子，爱文艺，不能“安分守己的”专心于升官发财。到了北京之后，住在堂兄纯白家里，北大的学膳费也希望他能够帮助我——他却没有这种可能，叫我去考普通文官考试，又没有考上，结果，是挑选一个既不要学费又有“出身”的外交部立俄文专修馆去进。这样，我就开始学俄文了（一九一七夏），当时并不知道俄国已经革命，也不知道俄国文学的伟大意义，不过当作将来谋一碗饭吃的本事罢了。

一九一八年开始看了许多新杂志，思想上似乎有相当的进展，新的人生观正在形成。可是，根据我的性格，所形成的与其说是革命思想，无宁说是厌世主义的理智化，所以最早我同郑振铎、瞿世英、耿济之几个朋友组织《新社会》杂志的时候，我是一个近于托尔斯泰派的无政府主义者，而且，根本上我不是一个“政治动物”。五四运动期间，只有极短期的政治活动，不久，因为已经能够查着字典看俄国文学名著，我的注意力就大部分放在文艺方面了，对于政治上的各种主义，都不过略略“涉猎”求得一些现代常识，并没有兴趣去详细研究。然而可以说，这时就开始“历史的误会”了：事情是这样的——五四运动一开始，我就当了俄文专修馆的总代表之一，当时的一些同学里，谁也不愿意干，结果，我得做这一学校的“政治领袖”，我得组织同学群众去参加当时的政治运动。不久，李大钊、张崧年他们发起马克思主义研究会（或是“俄罗斯研究会”罢?），我也因为读了俄文的倍倍尔的《妇女与社会》的某几段，对于社会——尤其是社会主义的最终理想发生了好奇心和研究的兴趣，所以也加入了。这时候大概是一九一九年底一九二〇年初，学生运动正在转变和分化，学生会的工作也没有以前那么热烈了。我就多读了一些书。

最后，有了机会到俄国去了——北京《晨报》要派通信记者到莫斯科去，来找我。我想，看一看那“新国家”尤其是借此机会把俄国文学好好研究一下，的确是一件最惬意的事，于是就动身去（一九二〇年八月）。

最初，的确吃了几个月黑面包，饿了好些时候，后来俄国国内战争停止，新经济政策实行，生活也就宽裕了些。我在这几个月内，请了私人教授，研究俄文、俄国史、俄国文学史。同时，为着应付《晨报》的通信，也很用心看俄国共产党的报纸、文件，调查一些革命事迹，我当时对于共产主义只有同情和相当的了解，并没有想到要加入共产党，更没有心思要自己来做中国共产党的“创始人”，因为那时候，我误会着加入了党就不能专修文学——学文学仿佛就是不革命的观念，在当时已经通行了。

可是，在当时的莫斯科，除我以外，一个俄文翻译都找不到。因此，东方大学开办中国班的时候（一九二一年秋），我就当了东大的翻译和助教；因为职务的关系对马克思主义的理论书籍不得不研究些，而文艺反而看得少了，不久（一九二二年底），陈独秀代表中国共产党到莫斯科（那时我已经是共产党员，还是张太雷介绍我进党的），我就当他的翻译。独秀回国的时候，他要我回来工作，我就同了他回到北京。于右任、邓中夏等创办“上海大学”的时候，我正在上海，这是一九二三年夏天，他们请我当上大的教务长兼社会学系主任。那时，我在党内只兼着一点宣传工作，编辑《新青年》。

上大初期，我还有余暇研究一些文艺问题，到了国民党改组，我来往上海广州之间，当翻译，参加一些国民党工作（例如上海的国民党中央执行部的委员等），而一九二五年一月共产党第四次全国代表大会，又选举了我的中央委员，这时候就简直完全只能做政治工作了，我的肺病又不时发作，更没有可能从事于我所爱好的文艺。虽然我当时对政治问题还有相当的兴趣，可是有时也会怀念着文艺而“怅然若失”的。

武汉时代的前夜（一九二七年初），我正从重病之中脱险，将近病好的时候，陈独秀、彭述之等的政治主张，逐渐暴露机会主义的实质，一般党员对他们失掉信仰。在中国共产党第五次大会上（一九二七年四五〔月〕间），独秀虽然仍旧被选，但是对于党的领导已经不大行了。武汉的国共分裂之后，独秀就退出中央，那时候没有别人主持，就轮到我主持中央政治局。其实，我虽然在一九二六年年底及一九二七年年初就发表了一些议论反对彭述之，随后不得不反对陈独秀，可是，我根本上不愿意自己来代替他们——至少是独秀。我确是一种调和派的见解，当时想望着独秀能够纠正他的错误观念不听述之的理论。等到实逼处此，要我“取独秀而代之”，我一开始就觉得非常之“不合式”，但是，又没有什么别的办法。这样我担负了直接的政治领导有一年光景（一九二七年七月到一九二八年五月）。这期间发生了南昌暴动、广州暴动，以及最早的秋收暴动。当时，我的领导在方式上同独秀时代不同了，独秀是事无大小都参加和主持的，我却因为对组织尤其是军事非常不明了也毫无兴趣，所以只发表一般的政治主张，其余调遣人员和实行的具体计划等就完全听组织部军事部去办，那时自己就感觉到空谈的无聊，但是，一转念要退出领导地位，又感得好像是拆台。这样，勉强着自己度过了这一时期。

一九二八年六月间共产党开第六次大会的时候，许多同志反对我，也有许多同志赞成我。我的进退成为党的政治主张的联带问题。所以，我虽然屡次想说：“你们饶了我罢，我实在没有兴趣和能力负担这个领导工作。”但是，终于没有说出口。当时形格势禁，旧干部中没有别人，新干部起来领导的形势还没有成熟，我只得仍旧担着这个名义。可是，事实上六大之后，中国共产党的直接领导者是李立三和向忠发等等，因为他们在国内主持实际工作，而我只在莫斯科当代表当了两年。直到立三的政治路线走上了错误的道路，我回到上海开三中全会（一九三〇年九月底），我更觉得自己的政治能力确实非常薄弱，竟辨别不出立三的错误程度。结果，中央不得不再召集会议——就是四中全会，来开除立三的中央委员，我的政治局委员，新干部起来接替了政治上的最高领导。我当时觉得松了一口气，从一九二五年到一九三一年初，整整五年我居然当了中国共产党领袖之一，最后三年甚至仿佛是最主要的领袖（不过并没有像外间所传说的“总书记”的名义）。

我自己忖度着，像我这样性格、才能、学识，当中国共产党的领袖确实是一个“历史的误会”。我本只是一个半吊子的“文人”而已，直到最后还是“文人结〔积〕习未除”的。对于政治，从一九二七年起就逐渐减少兴趣，到最近一年——在瑞金的一年，实在完全没有兴趣了。工作中是“但求无过”的态度，全国的政治形势实在懒问得。一方面固然是身体衰弱精力短少而表现的十二分疲劳的状态，别方面也是十几年为着“顾全大局”勉强负担一时的政治翻译，政治工作，而一直拖延下来，实在违反我的兴趣和性情的结果，这真是十几年的一场误会，一场噩梦。

我写这些话，决不是要脱卸什么责任——客观上我对共产党或是国民党的“党国”应当负什么责任，我决不推托，也决不能用我主观上的情绪来加以原谅或者减轻。我不过想把我的真情，在死之前，说出来罢了。总之，我其实是一个很平凡的文人，竟虚负了某某党的领袖的声名十来年，这不是“历史的误会”，是什么呢?

脆弱的二元人物

一只羸弱的马拖着几千斤的辎重车，走上了险峻的山坡，一步步的往上爬，要往后退是不可能，要再往前去是实在不能胜任了。我在负责政治领导的时期，就是这样的一种感觉。欲罢不能的疲劳使我永久感觉一种无可形容的重厌〔压〕。精神上政治的倦息，使我渴望“甜密〔蜜〕的”休息，以致于脑经麻木停止一切种种思想。一九三一年一月的共产党四中全会开除了我的政治局委员之后，我的精神状态的确是“心中空无所有”的情形，直到现在还是如此。

我不过刚满三十六岁（虽然照阴历的习惯算我今年是三十八岁），但是自己觉得已经非常的衰惫，丝毫青年壮年的兴趣都没有了。不但一般的政治问题懒得去思索，就是一切娱乐甚至风景都是漠不相关的了。本来我从一九一九年就得了吐血病，一直没有好好医治的机会，肺结核的发展曾经在一九二六年走到最危险的阶段，那年幸而勉强医好了，可是立即赶到武汉去，立即又是半年最忙碌紧张的工作。虽然现在肺痨的最危险期逃过了，而身体根本弄坏了，虚弱得简直是一个废人。从一九二〇年直到一九三一年初，整整十年——除却躺在床上不能行动神智昏瞀的几天以外——我的脑经从没有得到休息的日子。在负责时期，神经的紧张自然是很厉害的，往往十天八天连续的不安眠，为着写一篇政治论文或者报告。这继续十几年的不休息，也许是我精神疲劳和十分厉害的神经衰弱的原因。然而究竟我离得衰老时期还很远，这十几年的辛劳，确实算起来，也不能说怎么了不得，而我竟〔成〕了颓丧残废的废人。我是多么脆弱、多么不禁磨炼啊！

或者，这不仅是身体本来不强壮，所谓"先天不足"的原因罢。

我虽然到了十三四岁的时候就很贫苦了；可是我的家庭世代是所谓"衣租食税"的绅士阶级，世代读书，也世代做官。我五六岁的时候，我的叔祖瞿睿韶还在湖北布政司使任上，他死的时候正署理了湖北巡抚。因此我家的田地房屋虽然在几十年前就已经完全卖尽，而我小的时候，却靠着叔祖伯父的官俸过了好几年十足的少爷生活。绅士的体面"必须"继续维持。我母亲宁可自杀而求得我们兄弟继续读书的可能；而且我母亲因为穷而自杀的时候，家里往往没有米煮饭的时候，我们还用着一个仆妇（积欠了她几个月的工资到现在还没有还清），我们从没有亲手洗过衣服，烧过一次饭。

直到那样的时候，为着要穿长衫，在母亲死后，还剩下四十多元的裁缝债，要用残余的木器去抵账。我的绅士意识——就算是深深潜伏着表面不容易觉察罢——其实是始终没脱掉的。

同时，我二十一二岁，正当所谓人生观形成的时期，理智方面是从托尔斯泰式的无政府主义很快就转到了马克思主义。人生观或是主义，这是一种思想方法——所谓思路；既然走上了这条思路，却不是轻易就能改换的。而马克思主义是什么？是无产阶级的宇宙观和人生观。这同我潜伏的绅士意识，中国式的士大夫意识，以及后来蜕变出来的小资产阶级或者市侩式的意识，完全处于敌对的地位；没落的中国绅士阶级意识之中，有些这样的成分：例如假惺惺的仁慈礼让，避免斗争……以至寄生虫式的隐士思想。完全破产的绅士往往变成城市的波希美亚——高等游民，颓废的，脆弱的，浪漫的，甚至狂妄的人物，说得实在些，是废物。我想，这两种意识在我内心里不断的斗争，也就侵蚀了我极大部分的精力。我得时时刻刻压制自己的绅士和游民式的情感，极勉强的用我所学到的马克思主义的理智来创造新的情感，新的感觉方法。可是无产阶级意识在我的内心是始终没有得到真正的胜利的。

当我出席政治会议，我就会"就事论事"，抛开我自己的"感觉"专就我所知道的那一点理论去推翻一个问题，决定一种政策等等。但是我一直觉得这种工作是"替别人做的"，我每次开会或者做文章的时候，都觉得很麻烦，总在急急于结束，好“回到自己那里去”休息。我每每幻想着：我愿意到随便一个小市镇上去当一个教员，并不是为着发展什么教育，只不过求得一口饱饭罢了，在余的时候，读读自己所爱读的书，文艺、小说、诗词、歌曲之类，这不是很逍遥的吗？

这种二元化的人格，我自己早已发着〔觉〕——到去年更是完完全全了解了，已经不能够丝毫自欺的了；但是八七会议之后我没有公开的说出来，四中全会之后也没有说出来，在去年我还是决断不下，一至延迟下来，隐忍着。甚至对之华（我的爱人）也只偶然露一点口风，往往还要加一番弥缝的话。没有这样的勇气。

可是真相是始终要暴露的，“二元”之中总有“一元”要取得实际上的胜利。正因为我的政治上的疲劳、倦怠，内心的思想斗争不能再持续了，老实说，在四中全会之后，我早已成为十足的市侩——对于政治问题我竭力避免发表意见，中央怎样说，我就依着怎样说，认为我说错了，我立刻承认错误，也没有什么心思去辨〔辩〕白，说我是机会主义就是机会主义好了；一切工作只要交代得过去就算了。我对于政治和党的种种问题，真没有兴趣去注意和研究。只因为久年的“文字因缘”，对于现代文学以及文学史上的各种有趣的问题，有时候还有点兴趣去思考一下，然而大半也是欣赏的份数居多，而研究分析的份数较少。而且体力的衰弱也不容许我多所思索了。

体力上的感觉是：每天只要用脑到两三小时以上，就觉得十分疲劳，或者过分的畸形的兴奋——无所谓的兴奋，以至于不能睡觉，脑痛……冷汗。

唉，脆弱的人呵，所谓无产阶级的革命队伍需要这种东西干吗?!我想，假定我还保存这多余的生命若干时候，我只有拒绝用脑的一个方法，我只做些不用自出心裁的文字工作，“以度余年”。但是，最好是趁早结束了罢。

我和马克思主义

当我开始我的社会生活的时候，正是中国的“新文化”运动的浪潮非常汹涌的时期。为着继续深入的研究俄国文学，我刚好又不能不到世界第一个“马克思主义的国家”去。我那时的思想是很紊乱的：十六七岁时开始读了些老庄之类的子书，随后是宋儒语录，随后是佛经、《大乘起信论》——直到胡适之的《哲学史大纲》，梁濑漠〔漱溟〕的印度哲学，还有当时出版的一些科学理论，文艺评论。在到俄国之前，固然已经读过倍倍尔的著作，共产党宣言之类，极少几本马克思主义的书籍，然而对马克思主义的认识是根本说不上的。

而且，我很小的时候，就不知怎样有一个古怪的想头。为什么每一个读书人都要去"治国平天下"呢？各人找一种学问或是文艺研究一下不好吗？所以我到俄国之后，虽然因为职务的关系时常得读些列宁他们的著作、论文演讲，可是这不过求得对于俄国革命和国际形势的常识，并没有认真去研究政治上一切种种主义，正是"治国平天下"的各种不同的脉案和药方。我根本不想做"王者之师"，不想做"诸葛亮"——这些事自然有别人去干——我也就不去深究了。不过，我对于社会主义或共产主义的终极理想，却比较有兴趣。

记得当时懂得了马克思主义的共产社会同样是无阶级、无政府、无国家的最自由的社会，心上就很安慰了，因为这同我当初的无政府主义，和平博爱世界的幻想没有冲突了。所不同的是手段，马克思主义告诉我要达到这样的最终目的，客观上无论如何也逃不了最尖锐的阶级斗争，以至无产阶级专政——也就是无产阶级统治国家的一个阶段。为着要消灭"国家"，一定要先组织一时期的新式国家，为着要实现最彻底的民权主义（也就是无所谓民权的社会），一定要先实行无产阶级的民权。这表面上"自相矛盾"而实际上很有道理的逻辑——马克思主义所谓辩证法——使我很觉得有趣。我大致了解了这问题，就搁下了，专心去研究俄文，至少有大半年，我没有功夫去管什么主义不主义。

后来，莫斯科东方大学要我当翻译，才没有办法又打起精神去看那一些书。谁知越到后来就越没有功夫继续研究文学，不久就宣〔喧〕宾夺主了。

但是，我第一次在俄国不过两年，真正用功研究马克思主义的常识不过半年，这是随着东大课程上的需要看一些书，明天要译经济学上的那一段，今天晚上先看过一道，作为预备，其他，唯物史观哲学等等也是如此，这绝不是有系统的研究。至于第二次我到俄国（一九二八——一九三〇），那是当着共产党的代表，每天开会，解决问题，忙个不了，更没有功夫做有系统的学术上的研究。

马克思主义的主要部分：唯物论的哲学，唯物史观——阶级斗争的理论，以及政治经济学，我都没有系统的研究过。资本论——我就根本没有读过，尤其对于经济学我没有兴趣。我的一点马克思主义理论的常识，差不多都是从报章杂志上的零星论文和列宁的几本小册子上得来的。

可是，在一九二三年的中国，研究马克思主义以至一般社会科学的人，还少得很，因此，仅仅因此，我担任了上海大学社会学系教授之后就逐渐的偷到所谓“马克思主义的理论家”的虚名。其实，我对这些学问，的确只知道一点皮毛。当时我只是根据几本外国文的书籍传译一下，编了一些讲义。现在看起来，是十分幼稚，错误百出的东西。现在已经有许多新进的青年，许多比较有系统的研究了马克思主义的学者——而且国际的马克思主义的学术水平也提高了许多。

还有一个更重要的“误会”就是用马克思主义来研究中国的现代社会，部分是研究中国历史的发端，也不得不由我来开始尝试。五四以后的五年中间，记得只有陈独秀、戴季陶、李汉俊几个人写过几篇关乎这个问题的论文，可是都是无关重要的。我回国之后，因为已经在党内工作，虽然只有一知半解的马克思主义智识，却不由我不开始这个尝试：分析中国资本主义关系的发展程度，分析中国社会阶级分化的性质，阶级斗争的形势，阶级斗争和反帝国主义的民族解放运动的关系等等。

从一九二三年到一九二七年，我在这方面的工作，自然在全党同志的督促，实际斗争的反映，以及国际的领导之下，逐渐有相当的进步。这决不是我一个人的工作，越到后来，我的参加是越少。单就我的“成绩”而论，现在所有的马克思主义者都可明显的看见：我在当时所做的理论上的错误，共产党怎样纠正了我的错误，以及我的幼稚的理〔论〕著之中包含着怎样混杂和小资产阶级机会主义的成分。

这些机会主义的成分发展起来，就形成错误的政治路线，以致于中国共产党中央委员会不能不开除我的政治局委员，的确，到一九三〇年，我虽然在国际参加了两年的政治工作，相当得到一些新的智识，受到一些政治上的锻炼，但是，不但不进步，自己觉得反而退步了。中国的阶级斗争早已进到了更高的阶段，对于中国的社会关系和政治形势，需要更深刻更复杂的分析，更明了的判断，而我的那点智识绝对不够，而且非无产阶级的反布尔塞维克的意识就完全暴露了，当时，我逐渐觉得许多问题不但想不通，甚至想不动了。新的领导者发挥某些问题的议论之后，我会感觉到松快，觉得这样解决原是最适当不过的，我当初为什么简直想不到；但是，也有时候会觉得不了解。

此后，我勉强自己去想一切“治国平天下”的大问题的必要，已经没有了！我在十分疲劳和吐血症复发的期间，就不再去“独立思索”了。一九三一年初就开始我政治上以及政治思想上的消极时期，直到现在。从那时候起，我没有自己的政治思想。我以中央的思想为思想。这并不是说我是一个很好的模范党员，对于中央的理论政策都完全而深刻的了解。相反的，我正是一个最坏的党员，早就值得开除的，因为我对中央的理论政策不加思索了。偶然我也有对中央政策怀疑的时候，但是，立刻就停止怀疑了，因为怀疑也是一种思索；我既然不思索了，自然也就不怀疑。

我的一知半解的马克思主义智识，曾经在当时起过一些作用——好的坏的影响都是人所共知的事情，不用我自己来判断——而到了现在，我已经在政治上死灭，不再是一个马克思主义的宣传者了。

同时要说我已经放弃了马克思主义，也是不确的。如果要同我谈起一切种种政治问题，我除开根据我那一点一知半解的马克思主义方法来推论以外，却又没有什么别的方法。事实上我这些推论又恐怕包含着许多机会主义，也就是反马克思列宁主义的观点在内，这是“亦未可知”的。因此我更不必枉然费力去思索：我的思路已经在青年时期走上了马克思主义的初步，无从改变，同时，这思路却同非马克思主义的歧路交错着，再自由任意的走去，不知会跑到什么地方去。——而最主要的是我没有气力再跑了，我根本没有精力再作政治的，社会科学的思索了。Stop。

盲动主义和立三路线

当我不得不担负中国共产党的政治领导的时候，正是中国革命进到了最巨大的转变和震荡的时代，这就是武汉时代结束之后。分析新的形势，确定新的政策，在中国民族解放运动和阶级斗争最复杂最剧烈的〔路〕线汇合分化转变的时期，这是一个非常艰难的任务。当时，许多同志和我，多多少少都做了政治上的错误，同时，更有许多以前的同志在这阶级斗争更进一步的关口，自觉的或者不自觉的离开了革命队伍，在最初，我们在党的领导之下所决定的政策一般的是正确的。武汉分共之后，我们接着就决定贺叶的南昌暴动和两湖、广东的秋收暴动（一九二七），到十一月又决定广州暴动。这些暴动本身无〔并〕不是什么盲动主义，因为都有相当的群众基础。固然，中国一般的革命形势，从一九二七年三月底英、义〔美〕、日帝国主义者炮轰南京威胁国民党反共以后，就已经开始低落，但是接着而来的武汉政府中的奋斗、分裂……直到广州暴动的举出苏维埃旗帜，都还是革命势力方面正当的挽回局势的尝试，结果失败了——就是说没有能够把革命形势重新转变到高涨的阵容，必须另起炉灶。而我——这时期当然我应当负主要的责任——在一九二八年初，广州暴动失败以后，仍旧认为革命形势一般存在，而且继续高涨，这就〔是〕盲动主义的路线了。

原本个别的盲动现象我们和当时的中央从一九二七年十月起就表示反对的；对于有些党部不努力去领导和争取群众，反而孤注一掷或者仅仅去暗杀豪绅之类的行动，我们总是加以纠正的。可是，因为当时整个路线错误，所以不管主观上怎样了解盲动主义现象的不好，费力于枝枝节节的纠正，客观上却在领导着盲动主义的发展。

中国共产党第六次大会纠正了这个错误路线，使政策走上了正确的道路。自然，武汉时代之后，我们所得到的中国革命之中的最重要的教训，例如革命有在一省或几省首先胜利的可能和前途，反帝国主义革命最密切的和土地革命联系着等，都是六大所采纳的。苏维埃革命的方针就在六大更明确的规定下来。

但是以我个人而论，在那时候，我的观点之中不仅有过分估量革命形势的发展以致助长盲动主义的错误，对于中国农民阶层的分析，认为富农还在革命战线之内，认为不久的将来就可以在某些大城市取得暴动的胜利等观念也已经潜伏着或者有所表示。不过，同志们都没有发觉这些观点的严重错误，还没有指出来，我自己当然更不会知道这些是错误的。直到一九二九年秋天讨论农民问题的时候，才开始暴露我在农民问题上的错误。不幸得很，当时没有更深刻的更无情的揭发。……

此后，就来了立三路线的问题了。

一九二九年年底我还在莫斯科的时候，就听说立三和忠发的政策有许多不妥当的地方。同时，莫斯科中国劳动大学（前称孙中山大学）的学生中间发生非常剧烈的斗争，我向来没有知人之明，只想弥缝和这些内斗，觉得互相攻许〔讦〕批评的许多同志都是好的，听他们所说的事情却往往有些非常出奇，似乎都是故意夸大事实俸为“打倒”对方的理由。因此我就站在调和的立场。这使得那里的党部认为我恰好是机会主义和异己分子的庇护者，结果撤销了我的中国共产党驻莫代表的职务准备回国。自然，在回国的任务之中，最重要的是纠正立三的错误，消灭莫斯科中国同志之间的派别观念对于国内同志的影响。

但是，事实上我什么也没做到，立三的错误在那时——一九三〇年夏天——已经形成了自己的半托洛斯基的路线，派别观念也使得党内到处抑制莫斯科回国的新干部。而我回来之后召集的三中全会，以及中央的一切处置，都只是零零碎碎的纠正了立三的一些显而易见的错误，既没有指出立三的错误路线，更没有在组织上和一切计划及实际工作上保障国际路线的执行。实际上我的确没有认出立三路线和国际路线的根本不同。

老实说，立三路线是我的许多错误观念——有人说是瞿秋白主义——的逻辑的发展。立三的错误政策可以说是一种失败主义，他表面上认为中国全国的革命胜利的局面已经到来，这会推动全世界革命的成功，其实是觉的自己没有把握保持和发展苏维埃革命在几个县区的胜利，觉的革命前途不是立即向大城市发展而取得全国胜利以至全世界的胜利，就是迅速的败亡，所以要孤注一掷的拼命，这是用左倾空谈来掩盖右倾机会主义的实质。因此在组织上，在实际工作上，在土地革命的理论上，在工会运动的方针上，在青年运动和青年组织等等各种问题上……无往而不错。我在当时却辨别不出来。事后我可以说，假定六大之后，留在中国直接领导的不是立三而是我，那末，在实际上我也会走到这样的错误路线，不过不致于像立三这样鲁莽，也可以说，不会有立三那样的勇气。我当然间接的负着立三路线的责任。

于是四中全会后，就决定了开除立三的中央委员，开除我的政治局的委员。我呢，像上面已经说过的，正感谢这一开除，使我卸除了千钧担。我第二次回国是一九三〇年八月中旬，到一九三一年一月七日我就离开了中央政治领导机关，这期间只有半年不到的时间。可是这半年对于我几乎比五十年还长！人的精力已经像完全用尽了似的，我告了长假休养医病——事实上从此脱离了政治舞台。

再想回头来干一些别的事情，例如文艺的译著等，已经觉得太迟了！从一九二〇到一九三〇整整十年我离开了“自己的家”——我所愿意干的俄国文学研究——到这时候才回来，不但田园荒芜，而且自己的气力也已经衰惫了。自然有可能还是可以干一干，“以度余年”的。可惜接着就是大病，时发时止，耗费了三年光阴。一九三四年一月，为着在上海养病的不可能，又跑到瑞金——到瑞金已是二月五日了——担任了人民委员的清闲职务。可是，既然在苏维埃中央政府担负了一部的工作，虽然不必出席党的中央会议，不必参与一切政策的最初讨论和决定，然而要完全不问政治却又办不到了，我就在敷衍塞责，厌倦着政治却又不得不略为问一问政治的状熊〔态〕中间，过了一年。

最后这四年中间，我似乎记得还做了几次政治问题上的错误。但是现在我连内容都记不清楚了，大概总是我的老机会主义发作罢了。我自己不愿意有什么和中央不同的政见。我总是立刻“放弃”这些错误的见解，其实我连想也没有仔细想，不过觉的争辨〔辩〕起〔来〕太麻烦了，既然无关紧要就算了罢。

我的政治生命其实早已结束了。

最后这四年，还能说我继续在为马克思主义奋斗，为苏维埃革命奋斗，为着党的正确路线奋斗吗？例行公事办了一些，说“奋斗”是实太恭维了。以前几年的盲动主义和立三路线的责任，却决不应当因此而减轻的，相反，在共产党的观点上来看，这个责任倒是更加重了，历史的事实是抹杀〔煞〕不了的，我愿意受历史的最公开的裁判。

一九三五・五・二十

“文人”

“一为文人便无足观”，这是清朝一个汉学家说的。的确所谓“文人”正是无所用之的人物。这并不是现代意义的文学家、作家或是文艺评论家，这是咏风弄月的“名士”，或者是……说简单些，读书的高等游民，他什么都懂得一点，可是一点没有真实的智识。正因为他对于当代学术水平以上的各种学问都有少许的常识，所以他自以为是学术界的人，可是，他对任何一种学问都没有系统的研究，真正的心得，所以他对于学术是不会有什么贡献的，对于文艺也不会有什么成就的。

自然，文人也有各种各样不同的典型，但是大都实际上是高等游民罢了。假使你是一个医生，或是工程师，化学技师……真正的作家，你自己会感觉到每天生活的价值，你能够创造或是修补一点什么，只要你愿意。就算你是一个真正的政治家罢，你可以做错误，但是也会改正错误，你可以坚持你的错误，但是也会认真的为着自己的见解去斗争，实行。只有文人就没有希望了，他往往连自己也不知道，究竟做的是什么！

“文人”是中国中世纪的残余和“遗产”——一份很坏的遗产。我相信，再过十年八年没有这一种智识〔分〕子了。

不幸，我自己不能够否认自己正是“文人”之中的一种。

固然，中国的旧书，十三经、二十四史、子书、笔记、丛书、诗词曲等，我都看过一些，但是我是抓到就看，忽然想起就看，没有什么研究的。一些科学论文，马克思主义的和非马克思主义的，我也看过一些，虽然很少。所以这些新新旧旧的书对于我，与其说是智识的来源，不如说是消闲的工具。究竟在哪一种学问上，我有点真实的智识？我自己是回答不出的。

可笑得很，我做过所谓“杀人放火”的共产党的领袖（?），可是，我却是一个最懦怯的，“婆婆妈妈的”，杀一只老鼠都不会的，不敢的。

但是，真正的懦怯不在这里。首先是差不多完全没有自信力，每一个见解都是动摇的，站不稳的。总希望有一个依靠，记得布哈林初次和我谈话的时候，说过这么一句俏皮话：“你怎么同三层楼的小姐〔一样〕，总那么客气，说起话来，不是‘或是’，就是‘也许’、‘也难说’……等。”其实，这倒是真心话。可惜的是人家往往把我的坦白当作“客气”或者“狡猾”。

我向来没有为着自己的见解而奋斗的勇气，同时，也很久没有承认自己错误的勇气。当一种意见发表之后，看看没有有力的赞助，立刻就会怀疑起来，但是，如果没有一个另外的意见来代替，那就只会照着这个连自己也怀疑的意见做去。看见一种不大好的现象，或是不正确的见解，却还没有人出来指摘，甚至其势凶凶〔汹汹〕的大家认为这是很好的事情，我也始终没有勇气说出自己的怀疑来。优柔寡断，随波逐流，是这种“文人”必然的性格。

虽然人家看见我参加过几次大的辩论，有时候仿佛很急〔激〕烈，其实我是最怕争论的。我向来觉得对方说的话“也对”，“也有几分理由”，“站在对方的观点上他当然是对的”。我似乎很懂得孔夫子忠恕之道。所以我毕竟做了“调和派”的领袖。假使我急〔激〕烈的辩论，那么，不是认为“既然站在布尔塞维克的队伍里就不应当调和”，因此勉强着自己，就是没有抛开“体面”立刻承认错误的勇气，或者是对方的话太幼稚了，使我“箭在弦上不得不发”。

其实最理想的世界是大家不要争论，“和和气气的过日子”。

我有许多标本的“弱者的道德”——忍耐、躲避，讲和气，希望大家安静些仁慈些等等。固然从〔少〕年时候起，我就憎恶贪污、卑鄙……以至一切恶浊的社会现象，但是我从来没有想做侠客。我只愿意自己不做那些罪恶，有可能呢，去劝劝他们不要再那样做；没有可能呢，让他们去罢，他们也有他们的不得已的苦衷罢？

我的根本性格，我想，不但不足以锻炼成布尔塞维克的战士，甚至不配做一个起码的革命者。仅仅为着“体面”，所以既然卷进了这个队伍，也就没有勇气自己认识自己，而请他们把我洗刷出去。

但是我想，如果叫我做一个“戏子”——舞台上的演员，倒很会有些成绩，因为十几年我一直觉得自己一直在扮演一定的角色。扮觉〔着〕大学教授，扮着政治家，也会真正忘记自己而完全成为“剧中人”。虽然这对于我很苦，得每天盼望着散会，盼望同我谈政治的朋友走开，让我卸下戏装，还我本来面目——躺在床上去极疲乏的念着“回‘家’去罢，回‘家’去罢”，这的确是很苦的。然而在舞台上的时候，大致总还扮得不差，像煞有介事的。

为甚么？因为青年精力比较旺盛的时候，一点游戏和做事的兴会总有的。即使不是你自己的事，当你把它做好的时候，你也感觉到一时的愉快。譬如你有点小聪明，你会摆好几幅“七巧版〔板〕图”或者“益智图”，你当时一定觉得痛快；正像在中学校的时候，你算出了几个代数难题似的，虽则你并不预备做数学家。

不过扮演舞台上的角色究竟不是“自己的生活”，精力消耗有〔在〕这里甚至完全用尽，始终是后悔也来不及的事情。等到精力衰惫的时候，对于政治舞台，实在是十分厌倦了。

庞杂而无秩序的一些书本上的智识和累坠〔赘〕而反乎自己兴趣的政治生活，使我麻木起来，感觉生活的乏味。

本来，书生对于宇宙间的一切现象，都不会有亲切的了解。往往会把自己变成一大堆抽象名词的化身。一切都有一个“名词”，但是没有实感。譬如说，劳动者的生活，剥削，斗争精神，土地革命，政权等……一直到春花秋月，崦嵫，委蛇，一切种种名词，概念，词藻，说是会说的，等到追问你究竟是怎么一回事，就会感觉到模糊起来。

对于实际生活，总像雾里看花似的，隔着一层膜。

文人和书生大致没有任何一种具体的智识。他样样都懂得一点，其实样样都是外行。要他开口议论一些“国家大事”，在不太复杂和具体的时候，他也许会。但是，叫他修理一辆汽车，或者配一剂药方，办一个合作社，买一批货物，或是清理一本账目，再不然，叫他办好一个学校……总之，无论那一件具体而切实的事情，他都会觉得没有把握的。

例如，最近一年来，叫我办苏维埃的教育。固然，在瑞金、宁都、兴国这一带的所谓“中央苏区”，原本是文化非常落后的地方，譬如一张白纸，在刚刚着手办教育的时候，只是创办义务小学校，开办几个师范学校，这些都做了。但是，自己仔细想一想，对于这些小学校和师范学校，小学教育和儿童教育的特殊问题，尤其是国内战争中工农群众教育的特殊问题，都实在没有相当的智识，甚至普通常识都不够！

近年来感觉到这一切种种，很愿意“回过去再生活一遍”。

雾里看花的隔膜的感觉，使人觉得异常的苦闷、寂寞和孤独，很想仔细的亲切的尝试一下实际生活的味道。譬如“中央苏区”的土地革命已经有三四年，农民的私人日常生活究竟有了怎样的具体变化，他们究竟是怎样的感觉。我曾经去考察过一两次。一开口就没有“共同的言语”，而且自己也懒惰得很，所以终于一无所得。

可是，自然而然的，我学着比较精细的考察人物，领会一切“现象”。我近年来重新来读一些中国和西欧的文学名著，觉得有些新的印象。你从这些著作中间，可以相当亲切的了解人生和社会，了解各种不同的个性，而不是笼统的“好人”、“坏人”，或是“官僚”、“平民”、“工人”、“富农”等等。摆在你面前的是有血有肉有个性的人，虽则这些人都在一定的生产关系、一定的阶级之中。

我想，这也许是从“文人”进到真正了解文艺的初步了。

是不是太迟了呢？太迟了！

徒然抱着对文艺的爱好和怀念，起先是自己的头脑，和身体被“外物”所占领了，后来是非常的疲乏笼罩了我三四年，始终没有在文艺方面认真的用力。书是乱七八糟着〔看〕了一些，也许走进了现代文艺水平线以上的境界，不致于辨别不出趣味的高低。我曾经发表的一些文艺方面的意见，都驳杂得很，也是一知半解的。

时候过得很快。一切都荒疏了。眼高手低是这必然的结果。自己写的东西——类似于文艺的东西是不能使自己满意的，我至多不过是一个“读者”。

讲到我仅有的一点具体智识，那就只有俄国文罢。假使能够仔细而郑重的，极忠实的翻译几本俄国文学名著，在汉文方面每字每句的斟酌着也许不会“误人子弟”的。这一个最愉快的梦想，也比在创作和评论方面再来开始求得什么成就，要实际得多。可惜，恐怕现在这个可能已经“过时”了。

告别

一出滑稽剧就此闭幕了！

我家乡有句俗话，叫做“捉住了老鸦在树上做窠”。这窠是始终做不成的。一个平凡甚至无聊的“文人”，却要他担负几年的“政治领袖”的职务。这虽然可笑，却是事实。这期间，一切好事都不是由于他的功劳——实在是由于当时几位负责同志的实际工作，他的空谈不过是表面的点缀，甚至早就埋伏了后来的祸害。这历史的功罪，现在到了最终结算的时候了。

你们去算账罢，你们在斗争中勇猛精进着，我可以羡慕你们，祝贺你们，但是已经不能够跟随你们了。我不觉得可惜，同样我也不觉得后悔，虽然我枉费一生心力在我所不感兴味的政治上。过去的是已经过去了，懊悔徒然增加现在的烦恼。应当清洗出队伍的，终究应当清洗出去，而且愈好〔快〕愈好，更用不着可惜。

我已经退出了无产阶级的革命先锋的队伍，已经停止了政治斗争，放下了武器，假使你们——共产党的同志们——能够早些听到我这里写的一切，那我想早就应当开除我的党籍。像我这样脆弱的人物，敷衍、消极、怠惰的分子，尤其重要的是空洞的承认自己错误而根本不能够转变自己的阶级意识和情绪，而且，因为“历史的偶然”，这并不是一个普通党员，而是曾经当过政治局委员的——这样的人，如何还不要开除呢！

现在，我已经是国民党的俘虏，再来说起这些似乎多余的了。但是，其实不是一样吗？我自由不自由，同样是不能够继续斗争的了。虽然我现在才快要结束我的生命，可是我早已结束了我的政治生活。严格的讲，不论我自由不自由，你们早就有权利认为我也是叛徒的一种。如果不幸而我没有机会告诉你们我的最坦白最真实的态度而骤然死了，那你们也许还把我当做一个共产主义的烈士。记得一九三二年讹传我死的时候，有地方替我开了追悼会，当然还念起我的“好处”，我到苏区听到这个消息，真叫我不寒而栗，以叛徒而冒充烈士，实在太那么个了。因此，虽然我现在已经囚在监狱里，虽然我现在很容易装腔做势慷慨激昂而死，可是我不敢这样做。历史是不能够，也不应当欺骗的。我骗着我一个人的身后不要紧，叫革命同志误认叛徒为烈士却是大大不应该的。所以虽然反正是一死，同样是结束我的生命，而我决不愿意冒充烈士而死。

永别了，亲爱的同志们！——这是我最后叫你们“同志”的一次。我是不配再叫你们“同志”的了，告诉你们：我实质上离开了你们的队伍很久了。

唉！历史的误会叫我这“文人”勉强在革命的政治舞台上混了好些年。我的脱离队伍，不简单的因为我要结束我的生命，结束这一出滑稽剧，也不简单的因为我的痼疾和衰惫，而是因为我始终不能够克服自己的绅士意识，我终究不能成为无产阶级的战士。

永别了，亲爱的朋友们！七八年来，我早已感觉到万分的厌倦。这种疲乏的感觉，有时候例如一九三〇年初或是一九三四年八九月间，简直厉害到无可形容，无可忍受的地步。我当时觉着，不管全宇宙的毁灭不毁灭，不管革命还是反革命等，我只要休息，休息，休息!！好了，现在已经有了“永久休息”的机会。

我留下这几页给你们——我的最后的最坦白的老实话，永别了！判断一切的，当然是你们，而不是我。我只要休息。

一生没有什么朋友，亲爱的人是很少的几个。而且除开我的之华以外，我对你们也始终不是完全坦白的。就是对于之华，我也只露一点口风。我始终戴着假面具。我早已说过：揭穿假面具是最痛快的事情，不但对于动手去揭穿别人的痛快，就是对于被揭穿的也很痛快，尤其是自己能够揭穿。现在我丢掉了最后一层假面具。你们应当祝贺我。我去休息了，永久休息了，你们更应当祝贺我。

我时常说：感觉到十年二十年没有睡觉似的疲劳，现在可以得到永久的“伟大的”可爱的睡眠了。

从我的一生，也许可以得到一个教训：要磨炼自己，要有非常巨大的毅力，去克服一切种种“异己的”意识以至最微细的“异己的”情感，然后才能从“异己的”阶级里完全跳出来，而在无产阶级的革命队伍里站稳自己的脚步。否则，不免是“捉住了老鸦在树上做窠”，不免是一出滑稽剧。

我这滑稽剧是要闭幕了。

我留恋什么？我最亲爱的人，我曾经依傍着她度过了这十年的生命。是的，我不能没有依傍。不但在政治生活里，我其实从没有做过一切斗争的先锋，每次总要先找着某种依傍。不但如此，就是在私生活里，我也没有“生存竞争”的勇气，我不会组织自己的生活，我不会做极简单极平常的琐事。我一直是依傍着我的亲人，我唯一的亲人。我如何不留恋？我只觉得十分的难受，因为我许多次对不起我这个亲人，尤其是我的精神上的懦怯，使我对于她也终究没有彻底的坦白，但愿她从此厌恶我，忘记我，使我心安罢。

我还留恋什么？这美丽世界的欣欣向荣的儿童。“我的”女儿，以及一切幸福的孩子们。我替他们祝福。

这世界对于我仍然是非常美丽。一切新的，斗争的，勇敢的都在前进。那么好的花朵，果子，那么清秀的山和水，那么雄伟的工厂和烟囱，月亮的光似乎也比从前更光明了。

但是，永别了，美丽的世界！

一生的精力已经用尽。剩下的一个躯壳。

如果我还有可能支配我的躯壳，我愿意把它交给医学校的解剖宣〔室〕。听说中国的医学校和医院的实习室很缺乏这种科学实验用具。而且我是多年的肺结核者（从一九一九年到现在），时好时坏，也曾经到〔照〕过几次X光的照片，一九三一年春的那一次，我看见我的肺部有许多瘢痕，可是医生也说不出精确的判断。假定先照过一张，然后把这躯壳解剖开来，对着照片研究肺部的状态那一定可以发见一些什么。这对于肺结核的诊断也许有些帮助。虽然，我对医学是完全外行。这话说得或许是很可笑的。

总之，滑稽剧始终是闭幕了。舞台上空空洞洞的。有什么留恋也是枉然的了。好在得到的是“伟大的”休息。至于躯壳，也许不由我自己作主了。

告别了，这世界的一切。

最后……

俄国高尔基的《四十年》、《克里摩·萨摩京的生活》，屠格涅夫的《鲁定》，托尔斯泰的《安娜·卡里宁娜》，中国鲁迅的《阿Q正传》，茅盾的《动摇》，曹雪芹的《红楼梦》，都很可以再读一读。

中国的豆腐也是很好吃的东西，世界第一。

永别了！

一九三五·五·二二

致胡适*

（1923 年 7 月 30 日）

适之先生：

前日寄上两本书（《新青年》及《前锋》），想来已经收到了，——先生暇时，还请赐以批评。

我从烟霞洞与先生别后，留西湖上还有七八日；虽然这是对于“西子”留恋，而家事牵绊亦是一种原因。自从回国之后，东奔西走，“家里”捉不住我，直到最近回到“故乡”，就不了了。一“家”伯叔姑婶兄弟姊妹都引颈而望，好像巢中雏燕似的，殊不知道衔泥结草来去飞翔的辛苦。“大家”看着这种“外国回来的人”，不知道当做什么，——宗法社会的旧观念和大家庭真叫我苦死。先生以为这并不是仅仅我个人的事，而是现在社会问题中之一吗？——大家庭崩坏而小家庭的社会基础还没有。

到上海也已有十天，单为着琐事忙碌。商务方面，却因先生之嘱，已经答应我：“容纳（各杂志）稿子并编小百科丛书以及译著。”假使为我个人生活，那正可以借此静心研究翻译，一则养了身体，二则事专而供献于社会的东西可以精密谨慎些。无奈此等入款“远不济近”，又未必够“家”里的用，因此我又就了上海大学的教务，——其实薪俸是极薄的，取其按时可以“伸手”罢了。

虽然如此，既就了上大的事，便要用些精神，负些责任。我有一点意见，已经做了一篇文章寄给平伯。平伯见先生时，想必要谈起的。我

---

* 此信手迹，收藏于中国社会科学院近代史研究所胡适档案，1979 年 5 月收入中华书局出版的《胡适来往书信选》（上）。

们和平伯都希望“上大”能成南方的新文化运动中心。

我以一个青年浅学，又是病体，要担任学术的译著和上大教务两种重任，自己很担心的，请先生常常指教。谨祝
康健精进。

瞿秋白　一九二三，七，三十

致鲍罗廷*

（1924年2月12日）

亲爱的鲍同志：

二月七日我才到上海。当天即见到维尔德（Вильд）同志，并将信件交给他了。但是到达上海后我就病了，躺了两天，所以至今还没来得及把所有情况了解到。不过我还是将大会情况报告了共产党中央，中央对大会深表满意。

至于国民党在上海的工作，则一切如故。看来，只要不建立上海执行部，工作就开展不起来。

我到《民国日报》编辑部去过几次。但汪精卫和胡汉民尚未到来，因而许多问题无法解决。我们估计，“改组”的第一期大约三月一日才能出刊。而改组的技术工作已大致就绪。大会材料这几天在《民国日报》上刊载。

需要制订上海大学党的工作的计划，找到教“政治常识”课的教员，还有其他一些事。但我还不能多走动，外出对我是不利的，因为我还怕受风。所以我决定从明天起试试在家里翻译大会的材料，其他需要我在上海各处奔走的工作暂时放一放。

您和汪精卫、胡汉民何时到达？工作正等待您和他们来处理呢。

我尚未能见到您的孩子们，不过我听说他们都很健康，并经常给您写信。

---

* 本书所收瞿秋白致鲍罗廷信，均由原载《瞿秋白文集》（政治理论编）第2卷，原注云，所收瞿秋白致鲍罗廷信，均由中央档案馆提供中文译文，又根据俄文原文作了校订。

我在五天前就想给您写信了，但因病未动笔。请原谅！

祝好！并致共产主义的敬礼！

衷心为您的瞿秋白

1924 年 2 月 12 日

叶和邵告诉我说，我们只有先了解到有多少钱可由我们支配以后，才能去订购印报机器、改组编辑部和聘请新的人员。

向您夫人、K 同志及其他各位俄国同志致意。

致鲍罗廷

（1924 年 4 月 5 日）

亲爱的鲍罗廷同志：

我早就应给你写信，但因忙于各种工作，一直没能写成。

国民党的工作在上海进行得一般。一些事情完成了，还有些事情已经订了计划。上海执行部已经组织了一些地区的委员会，每个委员会底下将组织“民众扫盲学校”。为了这项工作已经动员了一些大学生。这种学校将成为国民党与人民群众进行联系的中心。除了那些将使用地区委员会房屋的学校外，还计划为工人开办一些学校，设在暂时还没有国民党区委的工人住宅区里。工会运动与合作运动将在这样的学校中打下组织基础。所有这一切现在还只是在筹划之中。

不久前在一家纺织厂发生了一场火灾。为此工农部与妇女青年部和其他群众团体一起提出了“劳动保险”的要求，并在《民国日报》上写了一些反对资本家和地方政府的文章。在电车工人与电车公司之间也发生了冲突。工人部派了人去，但事情正在拖延，看来工人们不会取胜。所有这些工作都有“我们的”同志参加。共产党和共青团都有自己的国民党工作委员会。

宣言已经重印并且散发到各区和各小区。但在一次执行部会议上许多人攻击廖，说他擅自在宣言上加了几条（这指的是宣言中关于军队的一部分和关于租界及土匪的一些条目）。

在那次会议上还通过了一项决议：向中央和孙提出质询，要求他们把关于军队的部分从宣言中分出作为另外一个决议，并删去宣言中关于租界与土匪的条目。他们认为，关于租界与土匪的条目非但不是代表大会通过的，甚至没有向代表大会提出过，无论是中央还是孙，都没有权利增加内容。根据党章，孙对代表大会只有“否决权”，所以，假如孙认为关于租界与土匪的条目是必要的，那么，他应把这一点提交下届代表大会，而他增加这一条目是在本届代表大会之后，所以是不合法的。“谁怂恿孙这样做，谁就要在党面前冒败坏他（指孙）的名誉的风险。”——胡汉民是这样说的。关于承认苏俄的问题也引起了误会。

上海报刊一般都说加拉罕不同意从蒙古撤兵，是继续实行沙皇俄国的帝国主义。我们的同志在《民国日报》的“书报评论”栏写了反对这种观点的文章。尔后，在全国学生联合总会工作的国民党员（我们的同志）发表声明支持承认苏俄。恰好此时一则电讯报道了孙中山给鲍罗廷的答复，孙说，在中国民众和中国的革命党取得胜利之前，俄国不应与非法的、未得到民众承认的北京政府来往。张继给执行部写信说，孙对承认苏俄问题的立场就是这样的，而全国学生联合总会和《民国日报》的“书报评论”则承认北京政府，说北京政府应该承认苏俄。除此以外，张继还写道：在我们的敌人写的关于蒙古问题的文章中也有一些正确之处。

所以，全国学生联合总会与《民国日报》“书报评论”的观点同“党的”立场是互相矛盾的。在执行部会议上讨论了这个问题。这时胡汉民陷入了非常为难的境地，他又为我们的同志辩护，又不想指责张继和右翼分子（谢持和茅祖权）。

您与孙之间发生了什么事？是否确有这样一封电报？目前上海执行部对这一问题的态度是：国民党应该宣传承认苏维埃俄国，但应该由民众和南方政府，而不是由北京政府来承认，我认为这样提出问题是错误的。

至于《民国日报》，机器已经定妥，一个月以后，报纸将用新机器印刷。四月一日出了一期关于国民党改组的专刊。决定报纸每周六出一次副刊“书报评论”，由我们的同志编辑（用上海执行部宣传部的名义）。

您何时到达这里？

您的夫人已经来了。

祝一切顺利。

您的　瞿秋白

1924年4月5日

致鲍罗廷

（1924 年 5 月 6 日）

鲍罗廷同志：

我又有很久没有给您写信了，因为维经斯基同志来了，在他的参加下，我党中央不断地开会。不久要召开党中央全会，我们期待您的到来。全会上将讨论我党对国民党的态度问题。

国民党上海执行部的工作很有成效，虽然还不太活跃。我们多次提议组织群众游行，反对帝国主义的进攻。但部分地由于国民党在上海的组织基础不够强，部分地因为领导人害怕群众性的行动，我们的提议没有被采纳。不过我们还是争取到开展“一周运动”（从五月一日到九日）。这次运动表现在：国民党领导人（胡汉民、汪精卫等）五月一日在大会上发表演说；五月四日（学生运动纪念日）组织了纪念大会，成立了上海学生联合会；五月九日还将召开一次规模很大的群众集会。还应该争取在这一天（五月九日）以国民党的名义发表一篇宣言，阐明国民党纲领的对外政策。如果领导人不同意，我们就不经过他们，自己采取行动（当然，不能授他们以口实来责备我们违反纪律）。此外，我们正在《民国日报》上加紧反帝宣传：

一、已出版：

1. “五一”专刊；
2. “五四”专刊；
3. 将出“五九”专刊。

二、正在撰写好几篇反帝国主义的文章：

1. “揭露华盛顿会议”（陈独秀同志）；
2. “对《字林西报》一篇文章的回答”，由维经斯基执笔，由我署名；

3. “关税问题”（瞿秋白）；

4. “列强侵略行为一览”（恽）；

5. “治外法权”（申同志），等等。

《民国日报》稍见“起色”。左派对我们很友善。五月五日马克思诞辰纪念时，我们在上海大学组织了一次纪念会，汪精卫在会上发表演说，声称国民党同马克思主义有许多共同之处云云。

但另一方面，右派似乎在有组织地活动。上海报纸上登载过一个国民党员致国民党中央的几封信，抗议在代表大会上通过的宣言中增加了几个新的段落。这种说法在新闻报道中也出现过，甚至提到了您的名字，说是“鲍罗廷强迫孙中山把这些东西加进去的”。此外，我们收到了广州的报纸，其中有一张报上说，《民国日报》已经成了共产党的报纸了，因为它在俄中谈判时“维护俄国人的利益”。还说这是由于瞿秋白参加了编辑部，同时这张报纸把我叫做“俄国共产党在国民党中的执行委员”。

这些都表明，右派正在进行有计划的煽动，不仅是反对我们，而且也反对国民党左派。

新机器已经运进《民国日报》报馆，但还不能立即使用，因为电线还没有装好，不过这只是几天的事情。

购买机器的钱已经收到。但每月的经费（四月份，三千元），因为没有您的命令，还没有发来。廖仲恺给我们写信说，他已经同您谈妥，每月经费今后在上海按时发给，所以编辑部就无需每次向广州查询。编辑部同人期待着您的答复。

您什么时间来这里？

您的　瞿秋白

1924年5月6日

致鲍罗廷

（1924年6月20日）

鲍罗廷同志：

您临行前同叶谈过，他告诉您，在国民党员内部没有任何分歧。不过正如您所知道的，这纯属“中国式的客套”。事实上，右派早已开始准备公开反共反俄。有个叫周颂西（上海大学教员）的，是区分部书记。有一次他叫学生用英语作文，出的题是“苏俄是国民党的敌人，因为它和北京政府签订了协议”。在会上（还是这个上海大学的区分部会议），共产党员向他提问，他答复道：广州的《民国日报》——关于这个报纸您也曾对我们提起过——就是这样写的，该报就在孙中山本人所在地的广州出版，可见孙中山是支持这种看法的。总之，在上海国民党员（右派）中，这种看法很普遍。

您大概还记得，叶曾经问过您，俄中协议中有关宣传的条款是否同国民党的工作有关系。今天，我们在上海报纸上读到，张继和于右任向孙建议，正是根据这一条（协议第六条）同俄国断绝关系。这一切都使我们懂得了，以张继为首的国民党右派分子正在上海和广州进行一定的准备，以便同共产党人决裂。根据报纸消息，孙答复张继说，此问题待您返广州后解决。

关于孙本人实际上持何看法，我党中央需要尽快了解到，陈同志请您告知。

从本月十四日开始，上海丝绸业女工开始罢工。现在已有六千人参加，包括十四个工厂。我们向国民党建议散发传单，支援罢工工人。国民党拒绝了。叶仅仅同意在《民国日报》上刊登我们的一篇文章。

这次罢工是自发的，我们（共产党）过去和这些工人几乎毫无联系。不过，在罢工开始后的第四天，我们和几个女工代表联系上了，组织了一个行动委员会，由党中央领导，这个委员会将领导这次罢工，并帮助女工组织工会。罢工工人提出如下要求：一，将每日工资提高到四角五分（过去是三角八分到四角）；二，将劳动时间缩减到每天十小时（过去是十二小时）；三，承认组织工会权。由于罢工开始时有九人被捕，所以第四点要求是释放被捕工人。目前，获胜的希望还很小，但是女工们表现得很坚决，我们在这次运动中也许会有所收获。只是由于我们动手晚了些，可能在我们还未把工人组织好以前，资本家就把罢工给破坏了。“新办的”周刊（您和陈同志谈到过它）的概算，党中央已经制订出来。

开办费：

1. 房租和照明	二百美元
2. 购置家具	二百美元
3. 刊登广告	一百美元
4. 其它支出	五十美元
	合计：五百五十美元

固定开支（以月计）：

1. 纸张和印刷费（每月四期，每期五千份）	二百八十美元
2. 邮资	二十美元
3. 订报纸杂志	六十美元
4. 房租	五十美元
5. 编辑工资（一个主编，两个助手）	一百八十美元
6. 稿酬	一百二十美元
7. 特派记者（驻北京、广州、汉口）	一百八十美元
8. 一般记者	五十美元
9. 职员工资（三人）	一百十五美元
10. 照明	五美元
11. 其它支出	二十美元
	合计：一千零八十美元

收入暂时难以确定，不过，既然此周刊不能刊登广告，所以收入有限。

总之，按上述概算，每月需一千美元。

至于将为我们的各种机关刊物服务的情报室，中央认为有必要和图书馆一并建立。情报室将翻译（中译外和外译中）各种资料和必要的书籍。中央制订了这个室的概算。

开办费：

1. 房租	一百美元
2. 家具	一百美元
	合计：二百美元

每月固定支出：

1. 房租	三十美元
2. 翻译人员工资	二百八十美元
3. 购书和办公用品	五十美元
	合计：三百六十美元

请您对这两个概算作出答复，以便为创办周刊和情报室开始作准备。

您的　瞿秋白

1924 年 6 月 20 日

致鲍罗廷

（1924 年 10 月 8 日）

鲍罗廷同志：

寄上中共中央关于国民革命策略的决议及关于国民党中央全会的决议。从中可以看出，在这些问题上您同中共中央之间有某种程度上的原则性分歧。因此中央决定："召请鲍罗廷同志前来上海进行政治磋商，如果鲍罗廷同志认为这是必需的而且他做得到的话。"中央嘱我将上述决定通知您，请您尽快答复。

《民国日报》必须彻底改造。您是否已经同中派及孙本人谈过？中央已决定自十月中起停止付款。因而报纸可能在十月二十日前就会停办，如果叶自己不能从右派处筹得经费的话。

叶起劲对我们说："人员可以更换，但是报纸应该保留。"在我来之前，我们在报社工作的一位同志就告诉过叶说，很快就会没有钱了。因此他早就知道，"俄国人"注视着这张报纸，而且对它并不满意。此外，叶心里很明白，共产党人是不喜欢他的。陈同志把邵请来，请他转告叶，如果他同意退出《民国日报》，则经费可以继续拨付，否则陈同志拒绝协助。邵和我把这个意思转告了叶，叶回答说：我即将去广州，如果国民党中央给我规定这样一条办报路线（表示很鲜明的政治含义的），我就无能为力了，只好退出，眼下还请你们多加协助，使我能为报纸多少领到一点钱，否则报馆很快就要关门了。他同时又说："为什么国民党中央同《民国日报》并无分歧，而鲍罗廷和中国共产党却对该报啧有烦言？"我回答说，国民党中央不久前有过决议，认为报纸的文章不符合代表大会宣言的精神。他默然无语。这些我都向我党中央作了汇报；中央决定请求自十月中（十五日）起停发经费。此外，中央请您尽快在广州解决问题，请提出新编委名单并取得中派的答复。如果说“可以”，就付给经费；如果说“不行”，就永远停止拨付。目前维尔德同志（Вилъд）已经不再付款，他和我们一起等着您的消息。

上海正在进行反对军阀和反对帝国主义的运动，我们将在大学里和许多工人学校里举行集合，纪念辛亥革命。

您的　瞿秋白

1924 年 10 月 8 日

随信附上陈独秀同志在《向导》周报上发表的一篇文章：《关于国民党的政策》。又及。

致鲍罗廷

（1924 年 10 月 21 日）

鲍罗廷同志：

大概已经十天没写信了，只是从报纸上了解到广州事变的大概情况：商团军已被解除武装，工人方面牺牲不少，等等。今后情况会怎样呢？……

上海也发生了不小的事件，而且就在广州商人开始罢市的同一天，即十月十日。

在十月十日中国革命纪念日以前，某些国民党右派分子（童理璋和喻育之）受卢永祥指使，准备召开“国民”集会。这个消息传到国民党上海执行部宣传部（那里有“我们的人”工作）以后，宣传部制定了行动计划，准备了传单；但是上海执行部书记叶某将此事“束之高阁”，使右派可以为所欲为。

于是反革命派在双十节召开了大会，会上他们殴打了左派国民党人（包括共产党员），原因是：有人发言反对一切军阀和一切帝国主义者，有人为这样的发言鼓掌，有人嘲笑了一个称卢永祥为“正义斗士”的发言者。共青团员黄仁——上海大学的学生——受重伤，翌日死亡。事情发生的经过是这样的：我们的一位同志作为全国学联的代表发言反对帝国主义，大会主席团成员童理璋和喻育之上去把他抱住，强迫他停止讲话，由于这个信号立刻出现了大批“职业流氓”。他们向所有为发言人鼓掌和后来去援救发言人的人们大打出手。有三个人从七尺高的讲台上被推下来摔伤。警察只逮捕了挨打的人，却把打人的人放跑了。后来几经交涉，被捕者才在几小时以后获释。

于是上海大学国民党区分部召开会议，作出决议：一，请上海执行部将童理璋和喻育之开除出党；二，责令上海大学讲师何世桢——上海右派首领之一，在打手打人时他未采取任何行动帮助左派——作出书面说明，解释他为什么不援救被打人；三，抚恤死者家属。

叶只接受第三点要求，前两项要求是上海执行部开会时接受的。但通过决定后，叶突然声明，他认为有必要把开除童和喻的决定的公布时间推迟一天。但是与会者一致反对，认为他们的叛卖行径证据充分，应该开除出党。于是叶便回家“睡觉”去了，同时却给《民国日报》编辑部送去一个纸条，说他已向广州国民党中央打电报要求辞职。这样我们便掌握了《民国日报》，让邵工作到现在。

上海大学那个姓何的讲师纠集了他的几个学生反对我，反对一切左派，在我的名字上冠以“上海共产党首领”的称号。校长于右任这次很同情我们，在执行部他也坚决主张开除童、喻二人。所以在大学里，尽管何世桢及其同伙几个英文教员罢教，于右任宣布：如果何和那几个教员（教英语的）继续罢教，他就另请别人来教。这次共产党和共青团各支部工作得很努力，现在仍在作工作。

目前，上海执行部没有一个负责人员，必须立即派廖仲恺或汪精卫来。

《民国日报》新的编委会名单必须尽快呈送孙中山，否则我方在该报的威信将丧失，叶某一回来，该报就会完全成为右派报纸。

您的瞿秋白

于右任请您以私人方式借给他一万或八千元，作为上海大学经费，因为中央没有按照预算给他资金，他只好个人负债。如没有这些钱，则大学在右派的打击下必将解体。他保证在明年内归还（这是他个人的意见）。又及。

瞿

1924年10月21日

致鲍罗廷

（1924年）

鲍罗廷同志：

您收到我的第一封信了吗？有人从广州写信给我们，谈到在国民党中央的会议上张继和廖仲恺在众所周知的问题上发生争论。同时，根据上海各报的消息，广州出现了一个组织（大概由右派国民党分子组成），它的名称是什么“国家意识宣传组”。它给苏联政府发电报，对俄中协议表示抗议。关于这个组织，您在广州听到什么消息没有？说真的，我们这里还不知道这个问题的最后决定。我党中央暗示将提出我方“派别”的合法化问题，说得确切些，就是在国民党内形成左翼派别。不过，需要得到您那儿的情报。

上海女工的罢工昨天结束了，她们取得了很小的胜利：工资提高一分钱，资本家承认工会（被捕工人也获释了）。如果不是有一批工人和一些在他们与官僚们之间联络的“外人”插手并阻碍我们进行宣传，那胜利会大得多。

戴季陶突然返回上海。我们估计他离开广州，是由于共产党人和右派的相互关系问题，但他对这一问题什么也没说，也不愿说。他问我能否和他一起去俄国，说孙中山想派他去俄国，作为党和广东政府的代表。我党中央当然不让我去，不过这是另外一码事。我们只想知道，您对国民党派代表或代表团赴俄问题的意见如何，孙在这个问题上有何打算。

请您复信。

您的　瞿秋白

请向您的夫人致意。

致伍豪同志*

（1928年9月14日）

伍豪同志：

我旅行到巴古（Baku），已离莫将近十日，除俄报外别无消息。然估计此信到莫，你们或已在准备返国。此次任务重大之极，回想来时，不能不说：两次大会所给我们的确是不少。技术上的原因，使我们不能迅速的广泛的传播此次所得教训于广大群众——这实在很可恨。

政治上的认识，我自觉“自信力”增长很多。党的政治上之生长是异常的明显，两次大会之中，至少使一般参加的同志，得到了更深的了解。我在动身时曾经匆匆忙忙的和你谈过，现在仍想再写一遍。

（一）总路线是争取群众——其中最重要的是工会的建立。最近的消息，又说上海有米店店员罢工，一千余米铺歇业。如果再记起上海七大工会率领“三百余工会”赴宁请愿事（声言反对工整会），那么，我们大概可以知道中国职工运动的确有复兴的征象。问题只在我党如何去运用“工厂委员会运动”（赤色工会支部的信用，黄色工会中之党团作用……以至“女工会议运动”）等的新的工作方法，而取得工人阶级中之群众基础，不放过任何琐屑细小的厂内厂外之劳资冲突，工人与当地政府（警察、巡捕）之冲突——大规模的发动日常之政治经济斗争（争工会自由、言论自由，以及加资减时，反对开除，要求□□[①]条件等）。职工运动中，现在应当竭力注意的是两种可能的坏倾向：（一）是空洞的否认国民党及黄色工会之影响——这是很危险的，因为国民党（即政府）官办工会虽无积极的影响，但有消极影响，他能威吓住群众，可利

---

* 本文原载《瞿秋白文集》（政治理论编）第6卷，原注云：这是瞿秋白写给周恩来（伍豪）的信，根据中央档案馆提供的作者手稿刊印。

① 手稿两字不清，下同。

诱极少数工头领袖；黄色工会表面上对国民党处于反对派（opposition）的地位，尤其能蒙蔽群众。（二）是回复到纯粹的旧方法，就是不做群众的党团工作，而只做“制造领袖”的工作（如少奇同志以前的说法）——这亦是危险的，因为这样在群众之中始终不能有党的作用，始终不能真正有党的组织的基础。我们的任务正在扩大党所有的政治影响而在组织上巩固之。

（二）争取群众的意义是收集力量，尤其是争取城市的意义。城市之中——政治的中心与工业无产阶级的中心之中，我党的力量客观上有极好的条件可以生长扩大。问题是在工人阶级如何运用农民的力量来减轻自己斗争中的困难。工人阶级争取工农民权独裁的政权——这是总的目的。一切日常斗争都是以发展这一革命斗争为目的。既然如此，则工人阶级必须同时收集农民的革命力量。中国农民现时的斗争（从苏维埃区一直到红枪会、大刀会），都是动摇豪绅资产阶级政权而积聚革命力量的斗争，工人阶级不能不很肯定的很正确的去领导他们。苏维埃区域中必须实行土地革命，创造红军，领导一般农民的琐小斗争到推翻豪绅政权的斗争——游击战争。但是，政治中心——城市的革命高潮未到相当程度时（指上海、武汉、广州等），农民的地方暴动，还只是收集革命力量、取得群众的斗争，还不是争取一省或几省政权的斗争。所以一面要注意扩大苏维埃区域，同时别一方面也要注意到需要避大击小的红军的游击策略。红军的游击可以散布土地革命及工农独裁的宣传于广大的区域，而积累革命的军力。现时特别要注意盲动主义情绪的余波与再生，特别要注意忽视农民革命作用，而称为无政府党的轻视态度，是足以使党走到极不正确的道路上去的。

（三）反对帝国主义运动，看来是正在深入而扩大，当然，他不能有和“五卅”的同样形式，可是他的发展，正是调动广大的群众，更加深入阶级的分化。上海学生反对官办的学生总会，最近在法界示威，都可以证明。新的高潮中，反帝的成分可以成为导火线，这是无疑的。同时要注意新高潮的发展必然很快的成为阶级战争的形势。现在客观上凡是反帝国主义的革命力量（工、农、兵士和贫民），都在反对军阀（国民党）的互斗及战争。群众反对军阀的斗争——抗税、欠饷等斗争，将来会变成直接推翻政府的战争，工人阶级的领导权将能保证这一斗争的胜利。所以宣传武装暴动是需要各方面的注意。

（四）党的任务在组织上我不必详说，主要是建立、巩固工厂的支部，肃清一切命令主义和尾巴主义的流毒。必须根据两次大会期间的决议□□反对盲动主义及复活的机会主义，发展党内群众的讨论。

（五）理论的重要与教育干部的重要是显然而又显然的。我将在最近两礼拜间，想一想此地的工作计划：（一）马列选集，（二）国际经验，（三）国际时事，（四）苏联时事，（五）中国革命问题的编译。至于国内则此次决议的通俗宣传宜速进行（和森、仁静可以做，超林也可以做，立三亦可以开始这种工作）。

我个人最近三礼拜内将（一）准备一本集子（或两本），重编中国革命问题之小册子。

我自己很想即回莫，但我在葛诺兹纳（Grozny）等处做过报告后，有些发病，此医生说我必须赴南俄休养。我将在乔治亚京城（Tiflis）等候国际的决定。如果我来不及赶在你们动身前回来，请你写封信给我。

我在俄做国际工作（政治）及理论的工作，本是党的需要。国内工作自然是你们多负责了，但我想不久就要回国的。我又要养病，又要做许多工作，不知如何是好，要做的事太多了！

秋白　九月十四日，巴古

致政局诸同志*

（1928 年 11 月 4 日）

政局诸同志：

我方从病院回，病未治好，只是精神恢复了好多。一切事在此期间都是焘兄主持，现在不能详告，焘兄当有信。现只将几件事略说：

一、国际大会议决案——政治的已经带回，反战的及殖民地的方才公布，虽已译出不及此批寄出。苏联问题则不知译寄否，当待查，最要者为党纲，现在虽已有译，我们审查之后，认为非再经逐句斟酌不能寄回，须待下月了。

二、国内政治形势——恩来致我信中所述各点甚要，但此等新的材料此间只望你们寄来。我曾有一大致的分析，惜系俄文的，此一月中始终未有暇译出。一星期后当可有详细的讨论研究而定一大致的新的分析，寄给你们。此后每星期将有：A. 关于国际的，B. 关于苏联的，C. 关于中国时局观察的材料送回。至多只要再有一星期将此间琐事整理之后必当实行。

现在如果说个大概，那么，此间所见所闻有限，只能约略说两句——一是南京政府的新成分（双十节上台的）表现一切各派的联合政府及英日分割的互让互争，使中央政府从亲美派手中分出，大部分政权到英国手中。国际的均势维持封建资产阶级各派之间的均势。此种相对的稳定就是各派卖国而准备金钱（胡汉民、孙科在欧订了借款一万五千万的办法，闻其名义甚巧妙），客观上是准备更严重的更剧烈的冲突与混战。当然各省小军阀间之战争，至今尚〔未〕息。二是工人邮政罢工运动日渐有新的形势。六次大会之职工决议，以及反帝等之争取群众的

* 本文原载《瞿秋白文集》（政治理论编）第 6 卷，原注云：这是瞿秋白写给中共中央政治局的信，根据中央档案馆提供的作者手稿刊印，并加了标题。

一般方针，须要更切实的执行。此种斗争的前途，是变军阀混战为反军阀的阶级战争。西藏、蒙古的准备工作亦是异常之必要了。

三、蒙古问题——八月中外蒙形势甚危；现在蒙古左派群众抬头（兵士及呼市党部大部赞成左派），故虽有严重压迫（逮捕），左派在最近方开之大会占大多数。大会当前之中央全体上已能推翻中央旧主席右派 Dombadordje（童巴多尔纪）所提决议草案。现大会已在开（十月廿八开会的）。此间政策，去掉童巴多尔纪。但“极右派”（大蒙古主义）投机。以决继以即刻之打击，结果可望以左派主持之中央成立，仅仅留亚穆尔（喇嘛）等类“二等”右派首领参加。此实有类于政变。蒙古问题有关中国革命。此后或可借此地多做些实事。政局可向国际提议（如秘密养成军事人材及军队等）。

四、西欧美洲之党——德国共党右派借端于汉堡党部某人揩油一千八百马克事大大进攻德尔芒同志（现在的中央）及左派。国际已决然镇压，并反对调和派之倾向。德国右派领袖白朗德尔居然从此擅自逃回德国活动。美国右倾的中央最近也大大进攻左派。左派之中只有三人公开自认为托洛茨基派（其余都反对这三人的），而中央右派竟借此禁止一切讨论，预备召集大会的通告中说要绝对拥护现在中央以压迫一般左派，国际正在拟议纠正他们的事。其他如波兰罢工中右派（多数派）也做错误，不及一一细述。关于一般国际政治状况及要事，当另想法寄长篇通信，兹不能赘。

五、苏联问题——苏联党内亦正做反右的斗争，反调和派的斗争。详情当另做通信寄回。

六、国内关系问题——至今不接只字，不得了！最近所收之件有中华革命党宣言，而不注明时日及发表与否，有各省报告，而独没有政治局一个字。如此甚不好。必须：（一）每星期规定星期一必发一电；（二）每星期一必发一简信，简要的叙明最近工作，并附以政局常委之记录；（三）每月月底必须有一报告（政治、工、农、党、妇、青年）发出。宁可每次不完全，必须按日按时发出，必须注明年月日。千万千万；（四）订购主要报章杂志（其中按时夹以布报及其他公开印刷品），每日投邮，直接寄莫，写英文地名 Lux，Strachow，就是鹿克思旅馆史脱腊霍先生，必可寄到。就是报告及信，经秘密交通者，亦必须注明交某某人，方无失落，否则机关多端，识中国字的人少，便错落。

夜深草上，不尽不尽。

瞿秋白

1928.11.4

致杨之华[*]

（1929 年 2 月 26 日）

之华：

今天接到你二月二十四日的信，这封信算是走得很快的了。你的信，是如此之甜蜜，我像饮了醇酒一样，陶醉着。我知道你同着独伊去看《青鸟》，我心上非常之高兴。《青鸟》是梅德林的剧作（比利时的文学家），俄国剧院做得很好的。我在这里每星期也有两次电影看，有时也有好片子，不过从我来到现在，只有一次影片是好的，其余不过是消磨时间罢了。独伊看了《青鸟》一定是非常高兴，我的之华，你也要高兴的。

之华，我想如果我不延长在此的休息期，我三月八日就可以到莫斯科，如果我还要延长两星期那就要到三月二十边。我如何是好呢？我又想快些快些见着你，又想依你的话多休息几星期。我如何呢？之华，体力是大有关系的。我最近几天觉得人的兴致好些，我要运动，要滑雪，要打乒乓，想着将来的工作计划，想着如何的同你在莫斯科玩耍，如何的帮你读俄文，教你练习汉文。我自己将来想做的工作，我想是越简单越好，以前总是"贪多少做"。

可是，我的肺病仍然不大好，最近两天右部的胸膛痛得利害，医生又叫我用电光照了。

之华，《小说月报》怎么还没有寄来，问问云白看！

之华，独伊如此的和我亲热了，我心上极其欢喜，我欢喜她，想着

---

* 本文原载《瞿秋白文集》（政治理论编）第 6 卷，原注云：该信寄自苏联库尔斯克州利哥夫县玛丽诺休养所，现据杨之华所存抄件刊印。

她的有趣齐整的笑容，这是你制造出来的啊！之华，我每天总是梦着你或是独伊。梦中的你是如此之亲热……哈哈。

要睡了，要再梦见你。

秋　白

二月二十六日晚

致杨之华*

(1929 年 3 月 12 日)

之华：

昨天接到你的三封信，只草草的写了几个字，一是因为邮差正要走了，二是因为兆征死的消息震骇得不堪，钱寄到的时候，我都不知道！(三十元已接到。)

整天的要避开一切人——心中的悲恸似乎不能和周围的笑声相容。面容是呆滞的，孤独的在冷清清的廊上走着。大家的欢笑，对于我都是很可厌的。那厅里送来的歌声，只使我想起：一切人的市侩式的幸福都是可鄙的，天下有什么事是可乐的呢？

一九二二年香港罢工（海员）的领袖，他是党里工人领袖中最直爽最勇敢的，如何我党又有如此之大的损失呢？前月我们和史太林谈话时，他所关心的问题，是如何的切合于群众斗争的需要；他所教训我的——尤其是八七之后，是如何的深切。

可是他的死状，我丝毫也不知道，之华，你写的信里说得太不明白了。他是如何死的呢？

之华，你自己的病究竟怎样？我昨天因为兆征死的消息和念着你的病，一夜没有安眠，乱梦和恶梦颠倒神魂，今天觉得很不好过。

我钱已经寄到了，一准二十一日早晨动身回莫。你快通知云，叫他和□□商量，怎样找汽车二十二日早上来接我，在 Брянск 车站——车到的时刻可以去问一问；我这里是二十一日下午五时……分从 Лъгов 车站开车。之华，你能来接我更好了!!!

---

* 本文原载《瞿秋白文集》（政治理论编）第 6 卷，原注云：该信寄自苏联库尔斯克州利哥夫县玛丽诺休养所，现据杨之华所存抄件刊印。

之华，我只是想着你，想着你的心——这是多么甜蜜和陶醉。我的爱是日益的增长着，像火山的喷烈，之华，我要吻你，我俩格外的要保重自己的身体，——我党的老同志凋谢得如此之早啊。仿佛觉得我还没有来得及做着丝毫呢!!

秋　白

三月十二日

致杨之华*

（1929 年 3 月 18 日）

之华：

昨天晚上写了一封信，现在已经觉得又和你离别了不知多少时候了，又想写信。

之华，再过四天，我俩可以见面了。我是多么高兴！今天这里的天气非常好，青天白云，太阳光耀着，冷风之中已经含着春意，在那里祝贺我俩的叙首呢。我数了一数你写给我的中俄文信一总有三十封了！我读了又读，只是陶醉在你的爱之中，像醇酒一样的甜蜜，同时，在字里行间我追随着你的忧愁或高兴，我觉得到你的一切一切!! 之华，我吻你。

我最近又常常想起注音字母，常常想起罗马字母的发明是很重要的，我想同你一起研究，你可以帮我做许多工作，这是很有趣味的事。将来有许多人会跟着我们的发端，逐渐的改良，以致于可以通用到实际上去，使中国工农群众不要受汉字的苦。这或许要到五十年一百年之后，但是发端是不能怕难的。之华，我们每人必须找着一件有趣的大部分力量和生活放进去的事，生活就更好有意趣了！之华，我吻你，吻你。

你说，决定暂时不用功而注意身体。这是很好，我原是时时想着的，时时说的。之华，这不好是灰心，而是要觉得自由自在的。自己勉强固然是必须的，但是不是要自己苦自己。我俩虽已到中年了，可是至少还有二十年的生活呢，不要心急，不好焦灼。我一生就是吃这个苦。我是现在听着之华的话，立志要改变我的生活，之华，你自己也要如此，你要如此!!

我俩快见面了!!!

秋　白

一九二九年三月十八日

---

* 据作者手稿，收入《瞿秋白文集》（文学编）第 3 卷。

致杨之华[*]

（1929 年 7 月 15 日）

之华：

临走的时候，极想你能送我一站，你竟徘徊着。

海风是如此的飘漾，晴明的天日照着我俩的离怀。相思的滋味又上心头，六年以来，这是第几次呢？空阔的天穹和碧落的海光，令人深深的了解那“天涯”的意义。海鸥绕着桅樯，像是依恋不舍，其实双双栖宿的海鸥，有着自由的两翅，还羡慕人间的鞅掌。我俩只是少健康，否则如今正是好时光，像海鸥样的自由，像海天般的空旷，正好准备着我俩的力量，携手上沙场。之华，我梦里也不能离你的印象。

独伊想起我吗？你一定要将地名留下，我在回来之时，要去看她一趟。下年她要能换一个学校，一定是更好了。

你去那里，尽心的准备着工作，见着娘家的人，多么好的机会。我追着就来，一定是可以同着回来，不像现在这样寂寞。你的病怎样？我只是牵记着。

可惜，这次不能写信，你不能写信。我要你弄一本小书，将你要写的话，写在书上，等我回来看！好不好？

秋　白

七月十五

---

* 本文据杨之华所存抄件刊印，标题为编者所加。

致中共中央政治局*

（1930 年 4 月 2 日）

政兄：

我今年一月底因病进医院，住了一个半月方才出来，现在读了寄来文件，料理许多事件，方才偷着空，能够再写信。邢秉冈已经到了，一切文件均妥收。但豪兄仍未见到，据说还要过十多天。他来之后，许多问题都要讨论的，那时，再写详细的信，现在简单的说一说：

（一）政治问题——政局与远东局的争论，我见着详细的文件之后，方才知道实情。波兰毛子已到此地，据他向我说：这些争论到二月初已经终结，不成问题。我们当不能坚信。然国际政治秘书处及东方部都要等伍豪兄到再讨论，因此这问题暂时成了搁置的状态。不过我和库乌西宁（东方部长）谈过，德国毛子反正不能久住，可以调回。此外就得等豪兄来了再谈下去。职工国际问题，邓中夏同志须在此准备世界劳动第五次代表大会，余飞不日动身回国。五次职工大会要中国派二十五至三十的真正工人代表到会，嘱慎重选择，并必须准备一人或二人能留此为全总代表者，以便中夏会后立刻回国。详情余飞必能转述，职工国际并已有信发出。江苏党的代表大会议案及政治局接受国际十月二十六日的信的决议，大致方针甚好。但江苏党会之报告（全意未见）中，关系“学生”问题的说法很不妥当。工人运动的全总报告，职工国际、东方部看了，说赤色工会的领导斗争作用，显得比一九二八年更加小了。我们的意见：事实决不是如此，然全总对于罢工及一切斗争的消息，没有系统的有数目字的叙述，对黄色或官厅工会势力的叙述和分析也不清

* 本文原载《瞿秋白文集》（政治理论编）第 6 卷，原注云：这是瞿秋白写给中共中央政治局（政兄）的“第八号信”，据中央档案馆提供的作者手稿刊印。标题为编者所加。

楚。因此，此地只看外国报及中国国民党报纸的人，容易得到赤色工会绝无发展的感想。我党及工会、青年团的一切机关报，必须尽量多寄（我自己都收不到，而列宁书院学生却往往零星的收到邮寄的），请大大的注意。农民运动及游击战争的发展，此地最近（四月初三月底）又有天天的电报，看来规模极大起来，是否切实的要有一全盘计划。来件之中都只是陈旧的材料，农运请速写一专门从头叙述、普及全国的报告，工会也是一样。

希望豪兄来时，对党、工会、青年团的组织实际状况，干部问题，训练问题，有一个详细的最近报告，并且能够得到上海许多问题的答复。但是，豪兄离国后的情形，仍须你急速追寄一信来。

（二）留俄学生问题——首先是军事学校方面，已经决定尽快送回一批。以后的教育方法，须另讨论——选择中国红军干部，只加以短期的特别训练。长期留学生的生活，即在军校也有不良结果。列宁书院中已经清党，清党委员会已决定开除王若飞（陈派）及彭泽湘，现在尚有上诉及他人说情之事；此外，朱代杰、阮永剑、马员生皆为托派，尚未解决。至于中大，则清党之中风潮大起：托派发现有一百三四十人之多。他们和其他学校之托派（军校亦有十五六人）有严密的组织。因为代表发见了八十余人（中大）之故，中大一托派小领袖赵言轻恐惧自首，自首后又自杀，于是托派有组织的相继自首，自首之中故意加上许多诳话：说关向应是加入托派了的，说邓中夏以及整个代表团是右派，右派有小组织，右派以代表团的地位派了十余工人到列宁书院（如彭玉阶、余笃三等），说这右派小组织在代表团之下，与托派曾开联席会议，互相勾结反对联共、反对国际、反对中大支部局。中大支部局居然信之，以自己的机关报（墙报）作为攻击代表团之机关，大肆攻击。于是以前的有一派人，本来是专放谣言，破坏中国中央及代表团的，现在更大得意，如说向忠发鲁莽无知识，将江浙同乡问题之中的错误，推到国际领导者身上去，如说瞿秋白反对向忠发，甚至于有人说彭湃之死是因为中共和他政见不同，故意谋害的等等稀奇古怪的谣言。因此中大清党便大大难于解决。代表团已将此事提出国际监察委员会。你们方面必须赶快写信或打电直接给联共中央，主张对这班造谣的人，予以极端严重的处分。至于代表团是否右派，中央是一定有现成的答案的。详细的情形，不日有专函寄上。

（三）通信问题——我在此，总算开始找着了一个通信员，现在寄上可作红旗、布报用的文章五篇：（一）反对列宁主义的布哈林（五十五页）；（二）苏联农村的社会主义化（十四页）；（三）苏联的七小时工作制和五日星期（四页）；（四）帝国主义者新的反苏联运动（三页）；（五）资本主义恐慌和失业工人（五页）；——总共这次送上连本信八十三页，请检收。此致革命敬礼！

秋　白

一九三〇年四月二日

致郭质生*

（1931 年 2 月 7 日）

质生兄：

许久不看见你了，时常想念你。我回来了之后，已经过了将近半年，因为病和忙，始终没有功夫写信给你。现在我病得更利害了，因此已经开始休息，大概可以休息两三个月的功夫。

我很希望能够和你常通信（通信方法附在下边）。

你现在好么？关于汉文的著作又有些新的么？你夫人和小孩子怎样？恭祝你们幸福。

现在我寄上一本读本：《国语罗马字模范读本》——这是依照政府公布的拼音方式编的，比我们的方式繁难复杂得多。这是完全的北京方言——因为政府的新方式，把以前注音字母的拼法有些改变：就是ㄙ丨和ㄒ丨混合只用ㄒ丨（ㄒㄩ亦是这样），把丨ㄛ废去，只用ㄩㄝ等等。你可以用做参考的材料。我以为普通话仍旧要保存，发展，方言同时要制造拼音方法——让他们“并存”，将来废除汉字之后，中国一定要有一个时期是“多种言语文字的”国家。至于四声的分别拼法，实在是非常之困难，这本书可以做一个例子。

我本想多寄几本，因为没有钱，所以不能够。半个月后，可以有法想：我将要时常寄国语的文学的小说杂志等等给你。

我请求你的事，是要你寄我一切好的关于拉丁化问题的小册，著作，杂志，以及言语学（Язblkоведение）的一般书籍，再则，新出的以及旧的（如 ГорьКий А. Толстой 等。再 Романгазета 亦要的）文学，小说，以及杂论。这件事情，我千万的拜托，费神费神。如果你能够常

* 此信原载 1982 年《新文学史料》第 4 期。

常寄来，那真是不胜“感激之至”了！等候你的回信。

谨致　最好的敬礼

史　继（以后用籁汉哥）

（一九三一年）二、七

通信方法：

先寄天津：“Mr B. Rachlin，5H Rue Henry Bourgeois，Tientsin，China”函内说明（须用英文）请换用信封，代寄上海：Mr. La Han，Book shop Shankiang Shudien（Beside Chung Hwa Press Co）Fuchow Rood. Shanghai

此两地址，请勿告诉任何人，至嘱。

致郭质生*

(1931年3月12日)

亲爱的弗谢伏罗德!

一个半月以前写了信给你，一直等待回信，但至今没有收到。也许是地址写错了？你生活得好么？我的妻子常常想念你们和你们的孩子。我们这里的生活非常寂寞。尽管中国有过自己的“Renaissance”（“文艺复兴”），但几乎还没有自己的作家和美术家。到处都是市侩习气，盛行的只是马路文学或用上海话来说“Semolae wenhio”。因此，再次三跪九叩首地请求你经常寄我一些俄文书籍：小说，短篇小说，新的或是旧的文学作品都可以。还要各种文艺杂志（哪怕是《小说报》等等也好），以及有关阿拉伯文拉丁化的材料。再则，你能否马上就给我找一找：1. 中国短篇小说（发表在《小说报》上的；2. 克鲁普斯卡娅的回忆录；3. A. 托尔斯泰的《三姐妹》和《一九一八》；4. 几种新期刊。再三地拜托你。

你收到我们的邮件没有？一次——《国语罗马字读本》；另一次——《小说月报》四本。在这封信里，附上刊登在《申报》上的有关成立“中国语言文字学会”报道的摘录。倘若你有兴趣以你本人或某个团体的名义和这个学会联系，那么我就可以通过你提出我们主张的方案，用它来批判南京官方的草案。等候你的回信。紧握你的手。

问候你的夫人，我的妻子问你好。

瞿秋白　一九三一年三月十二日

再：有一封信，请你转寄给我们的女儿，地址另开。

请你马上寄两三本我著的《中国拉丁化的字母草案》给我。又及。

寄信寄书处——直接寄：上海四马路东华里（中华书局隔壁）申江书店转李文芳女士收启（前信所说办法取消）。

---

* 此信原载1982年《新文学史料》第4期。原系俄文，发表时由瞿独伊译成中文。

致鲁迅、冯雪峰*

（1931 年 8～9 月）

迅、雪：

这篇序是译完了。简直是一篇很好的论普洛创作的论文。其中所引《铁流》原句只有一半光景是照曹译的，其余，不是曹译不在我手边（在下半部），就是作序者自己更动了些字句，我想，可以不必一致，这是“无关宏恉的”。不过，当我引着下面一段中的几句时，我细把《铁流》原文和曹译对过：

> 他们以为是自己在拼命的喊，其实是奔流的雨水在咆哮；那些看不见的石块，从那看不见的山岩上尽着滚下来；风的活人似的嗓子发狂的吼着，不断的像是泼着一桶一桶的水。
>
> 这疯人院里指挥的那个人一下子把庞大的天幕揭开，于是一切——在这以前装在无边无际的夜的黑暗之中的一切，都在那青隐隐的寒战里，尖厉得极难受的抖动起来。远山的波纹，倒挂着的岩石的锯齿，山鐢的边沿，马的耳朵，都抖动得青隐隐的刺目；而更可怕的是在这疯狂的抖动着的光线之下，一切都是死了似的不动的：挂在空气里的斜条的雨水是不动的，飞溅着泡沫的急流是不动的，举起了腿要走的马是不动的，走了半步的人是不动的，发黑的说了半句话的嘴是张开着的，打湿的枕头之间的小孩子的青隐隐的手是死灰色的。这沉默的痉挛的抖动之中，一切都是不动的。
>
> 这个青得要死的抖动似乎继续了一整夜；但是，当那天幕同样是出于意外的突然闭上的时候，才觉到这不过是一秒钟的一忽儿罢了。

* 此信原载 1982 年《新文学史料》第 4 期。

庞大的夜又把一切都吞没了；而立刻，盖过这“妖精的成亲”，山震动了一下，就从地心里迸出了这样的一个霹雳，——使那庞大的整个的黑夜都容纳不下——它崩裂成圆滚滚的碎块，继续的粉碎着，向四面八方滚出去，越滚越响，充满着那看不见的山谷，森林，溪壑，——人都震聋了，孩子们死死的躺着。

论翻译*

——给鲁迅的信

(1931 年 12 月 5 日)

敬爱的同志:

你译的《毁灭》出版,当然是中国文艺生活里面的极可纪念的事迹。翻译世界无产阶级革命文学的名著,并且有系统的介绍给中国读者(尤其是苏联的名著,因为它们能够把伟大的十月,国内战争,五年计画的“英雄”,经过具体的形象,经过艺术的照耀,而供献给读者),——这是中国普洛文学者的重要任务之一。虽然,现在做这件事的,差不多完全只是你个人和 Z 同志的努力;可是,谁能够说:这是私人的事情?!谁?!《毁灭》《铁流》等等的出版,应当认为一切中国革命文学家的责任。每一个革命的文学战线上的战士,每一个革命的读者,应当庆祝这一个胜利;虽然这还只是小小的胜利。

你的译文,的确是非常忠实的,“决不欺骗读者”这一句话,决不是广告!这也可见得一个诚挚,热心,为着光明而斗争的人,不能够不是刻苦而负责的。二十世纪的才子和欧化名士可以用“最少的劳力求得最大的”声望;但是,这种人物如果不彻底的脱胎换骨,始终只是“纱笼”(salon)里的哈叭狗。现在粗制滥造的翻译,不是这班人干的,就是一些书贾的投机。你的努力——我以及大家都希望这种努力变成团体的,——应当继续,应当扩大,应当加深。所以我也许和你自己一样,看着这本《毁灭》,简直非常的激动:我爱它,像爱自己的儿女一样。咱们的这种爱,一定能够帮助我们,使我们的精力增加起来,使我们的小小的事业扩大起来。

---

* 本篇原为作者给鲁迅的信,署名 J.K.,由鲁迅发表于 1931 年 12 月《十字街头》第 1、2 期;其后并连同自己的复信编入杂文集《二心集》。

翻译——除出能够介绍原本的内容给中国读者之外——还有一个很重要的作用：就是帮助我们创造出新的中国的现代言语。中国的言语（文字）是那么穷乏，甚至于日常用品都是无名氏的。中国的言语简直没有完全脱离所谓“姿势语”的程度——普通的日常谈话几乎还离不开“手势戏”。自然，一切表现细腻的分别和复杂的关系的形容词，动词，前置词，几乎没有。宗法封建的中世纪的余孽，还紧紧的束缚着中国人的活的言语，（不但是工农群众！）这种情形之下，创造新的言语是非常重大的任务。欧洲先进的国家，在二三百年四五百年以前，已经一般的完成了这个任务。就是历史上比较落后的俄国，也在一百五十六十年以前就相当的结束了“教堂斯拉夫文”。他们那里，是资产阶级的文艺复兴运动和启蒙运动做了这件事。例如俄国的洛莫洛莎夫……普希金。中国的资产阶级可没有这个能力。固然，中国的欧化的绅商，例如胡适之之流，开始了这个运动。但是，这个运动的结果等于它的政治上的主人。因此，无产阶级必须继续去澈底完成这个任务，领导这个运动。翻译，的确可以帮助我们造出许多新的字眼，新的句法，丰富的字汇和细腻的精密的正确的表现。因此，我们既然进行着创造中国现代的新的言语的斗争，我们对于翻译，就不能够不要求：绝对的正确和绝对的中国白话文。这是要把新的文化的言语介绍给大众。

严几道的翻译，不用说了。他是：

译须信雅达，

文必夏殷周。

其实，他是用一个“雅”字打消了“信”和“达”。最近商务还翻印“严译名著”。我不知道这是“是何居心”！这简直是拿中国的民众和青年来开玩笑。古文的文言怎么能够译得“信”，对于现在的将来的大众读者，怎么能够“达”！

现在赵景深之流，又来要求：

宁错而务顺，

毋拗而仅信！

赵老爷的主张，其实是和城隍庙里演说西洋故事的，一鼻孔出气。这是自己懂得了（?）外国文，看了些书报，就随便拿起笔来乱写几句所谓通顺的中国文。这明明白白的欺侮中国读者，信口开河的来乱讲海外奇谈。第一，他的所谓“顺”，既然是宁可“错”一点儿的“顺”，那么，这当然是迁就中国的低级言语而抹杀原意的办法。这不是创造新的言语，而是努力保存中国的野蛮人的言语程度，努力阻挡它的发展。第二，既然要宁可“错”一点儿，那就是要蒙蔽读者，使读者不能够知道作者的原意。所以我说：赵景深的主张是愚民政策，是垄断智识的学阀主义，——一点儿也没有过分的。还有，第三，他显然是暗示的反对普洛文学（好个可怜的“特殊走狗”）！他这是反对普洛文学，暗指着普洛文学的一些理论著作的翻译和创作的翻译。这是普洛文学敌人的话。

但是，普洛文学的中文书籍之中，的确有许多翻译是不“顺”的。这是我们自己的弱点，敌人乘着这个弱点来进攻。我们的胜利的道路当然不仅要迎头痛打，打击敌人的军队，而且要更加整顿自己的队伍。我们的自己批评的勇敢，常常可以解除敌人的武装。现在，所谓翻译论战的结论，我们的同志却提出了这样的结语：

> 翻译绝对不容许错误，可是，有时候，依照译品内容的性质，为着保存原作精神，多少的不顺，倒可以容忍。

这只是个“防御的战术”。而蒲力汗诺夫说：辩证法的唯物论者应当要会“反守为攻”。第一，当然我们首先要说明：我们所认识的所谓“顺”，和赵景深等所说的不同。第二，我们所要求的是：绝对的正确和绝对的白话。所谓绝对的白话，就是朗诵起来可以懂得的。第三，我们承认：一直到现在，普洛文学的翻译还没有做到这个程度，我们要继续努力。第四，我们揭穿赵景深等自己的翻译，指出他们认为是“顺”的翻译，其实只是梁启超和胡适之交媾出来的杂种——半文不白，半死不活的言语，对于大众仍旧是不“顺”的。

这里，讲到你最近出版的《毁灭》，可以说：这是做到了“正确”，还没有做到“绝对的白话”。

翻译要用绝对的白话，并不就不能够“保存原作的精神”。固然，这是很困难，很费功夫的。但是，我们是要绝对不怕困难，努力去克服一切的困难。

一般的说起来，不但翻译，就是自己的作品也是一样，现在的文学家，哲学家，政论家，以及一切普通人，要想表现现在中国社会已经有的新的关系，新的现象，新的事物，新的观念，就差不多人人都要做“仓颉”。这就是说，要天天创造新的字眼，新的句法。实际生活的要求是这样。难道一九二五年初，我们没有在上海小沙渡替群众造出“罢工”这一个字眼吗？还有“游击队”，“游击战争”，“右倾”，“左倾”，“尾巴主义”，甚至于普通的“团结”，“坚决”，“动摇”等等等类……这些说不尽的新的字眼，渐渐的容纳到群众的口头上的言语里去了，即使还没有完全容纳，那也已经有了可以容纳的可能了。讲到新的句法，比较起来要困难一些，但是，口头上的言语里面，句法也已经有了很大的改变，很大的进步。只要拿我们自己演讲的言语和旧小说里的对白比较一下，就可以看得出来。可是，这些新的字眼和句法的创造，无意之中自然而然的要遵照着中国白话的文法公律。凡是“白话文”里面，违反这些公律的新字眼，新句法，——就是说不上口的——自然淘汰出去，不能够存在。

所以说到什么是“顺”的问题，应当说：真正的白话就是真正通顺的现代中国文，这里所说的白话，当然不限于“家务琐事”的白话，这是说：从一般人的普通谈话，直到大学教授的演讲的口头上说的白话。中国人现在讲哲学，讲科学，讲艺术……显然已经有了一个口头上的白话。难道不是如此？如果这样，那么，写在纸上的说话（文字），就应当是这一种白话，不过组织得比较紧凑，比较整齐罢了。这种文字，虽然现在还有许多对于一般识字很少的群众，仍旧是看不懂的，因为这种言语，对于一般不识字的群众，也还是听不懂的。——可是，第一，这种情形只限于文章的内容，而不在文字的本身，所以，第二，这种文字已经有了生命，它已经有了可以被群众容纳的可能性。它是活的言语。

所以，书面上的白话文，如果不注意中国白话的文法公律，如果不就着中国白话原来有的公律去创造新的，那就很容易走到所谓“不顺”的方面去。这是在创造新的字眼新的句法的时候，完全不顾普通群众口头上说话的习惯，而用文言做本位的结果。这样写出来的文字，本身就是死的言语。

因此，我觉得对于这个问题，我们要有勇敢的自己批评的精神，我们应当开始一个新的斗争。你以为怎么样？

我的意见是：翻译应当把原文的本意，完全正确的介绍给中国读者，使中国读者所得到的概念等于英俄日德法……读者从原文得来的概念，这样的直译，应当用中国人口头上可以讲得出来的白话来写。为着保存原作的精神，并用不着容忍“多少的不顺”。相反的，容忍着“多少的不顺”（就是不用口头上的白话），反而要多少的丧失原作的精神。

当然，在艺术的作品里，言语上的要求是更加苛刻，比普通的论文要更加来得精细。这里有各种人不同的口气，不同的字眼，不同的声调，不同的情绪，……并且这并不限于对白。这里，要用穷乏的中国口头上的白话来应付，比翻译哲学，科学……的理论著作，还要来得困难。但是，这些困难只不过愈加加重我们的任务，可并不会取消我们的这个任务的。

现在，请你允许我提出《毁灭》的译文之中的几个问题我还没有能够读完，对着原文读的只有很少几段。这里，我只把弗理契序文里引的原文来校对一下（我顺着序文里的次序，编着号码写下去，不再引你的译文，请你自己照着号码到书上去找罢。序文的翻译有些错误，这里不谈了）。

（一）结算起来，还是因为他心上有一种——

“对于新的极好的有力量的慈善的人的渴望，这种渴望是极大的，无论什么别的愿望都比不上的。”

更正确些：

结算起来，还是因为他心上——

“渴望着一种新的极好的有力量的慈善的人，这个渴望是极大的，无论什么别的愿望都比不上的。”

（二）“在这种时候，极大多数的几万万人，还不得不过着这种原始的可怜的生活，过着这种无聊得一点儿意思都没有的生活，——怎么能够谈得上什么新的极好的人呢。”

（三）“他在世界上，最爱的始终还是他自己，——他爱他自己的雪白的肮脏的没有力量的手，他爱他自己的唉声叹气的声音，他爱他自己的痛苦，自己的行为——甚至于那些最可厌恶的行为。”

（四）“这算收场了，一切都回到老样子，仿佛什么也不曾有过，”——华理亚想着，——“又是旧的道路，仍旧是那一些纠葛——一切都要到那一个地方……可是，我的上帝，这是多么没有快乐呵！”

（五）“他自己都从没有知道过这种苦恼，这是忧愁的疲倦的，老年人似的苦恼，——他这样苦恼着的想：他已经二十七岁了，过去的每一分钟，都不能够再回过来，重新换个样子再过它一过，而以后，看来也没有什么好的……（这一段，你的译文有错误，也就特别来得“不顺”）。现在木罗式加觉得，他一生一世，用了一切力量，都只是竭力要走上那样的一条道路，他看起来是一直的明白的正当的道路，像莱奋生，巴克拉诺夫，图皤夫那样的人，他们所走的正是这样的道路；然而似乎有一个什么人在妨碍他走上这样的道路呢。而因为他无论什么时候也想不到这个仇敌就在他自己的心里面，所以，他想着他的痛苦是因为一般人的卑鄙，他就觉得特别的痛快和伤心。”

（六）“他只知道一件事——工作。所以，这样正当的人，是不能够不信任他，不能够不服从他的。”

（七）“开始的时候，他对于他生活的这一方面的一些思想，很不愿意去思索，然而，渐渐的他起劲起来了，他竟写了两张纸……在这两张纸上，居然有许多这样的字眼——谁也想不到莱奋生会知道这些字眼的。”（这一段，你的译文里比俄文原文多了几句副句，也许是你引了相近的另外一句了罢？或者是你把苐理契空出的虚点填满了？）

（八）“这些受尽磨难的忠实的人，对于他是亲近的，比一切其他的东西都更加亲近，甚至于比他自己还要亲近。”

（九）“……沉默的，还是潮湿的眼睛，看了一看那些打麦场上的疏远的人，——这些人，他应当很快就把他们变成功自己的亲近的人，像那十八个人一样，像那不做声的，在他后面走着的人一样。”（这里，最后一句，你的译文有错误。）

这些译文请你用日本文和德文校对一下，是否是正确的直译，可以比较得出来的。我的译文，除出按照中国白话的句法和修辞法，有些比起原文来是倒装的，或者主词，动词，宾词是重复的，此外，完完全全是直译的。

这里，举一个例：第（八）条“……甚至于比他自己还要亲近。”这句话的每一个字都和俄文相同的。同时，这在口头上说起来的时候，原文的口气和精神完全传达得出。而你的译文：“较之自己较之别人，还要亲近的人们”，是有错误的（也许是日德文的错误）。错误是在于：（一）丢掉了“甚至于”这一个字眼；（二）用了中国文言的文法，就不能够表现那句话的神气。

所有这些话，我都这样不客气的说着，仿佛自称自赞的。对于一班庸俗的人，这自然是“没有礼貌”。但是，我们是这样亲密的人，没有见面的时候就这样亲密的人。这种感觉，使我对于你说话的时候，和对自己说话一样，和自己和自己商量一样。

再则，还有一个例子，比较重要的，不仅仅关于翻译方法的。这就是第（一）条的“新的……人”的问题。

《毁灭》的主题是新的人的产生。这里，蒂理契以及法捷耶夫自己用的俄文字眼，是一个普通的“人”字的单数。不但不是人类，而且不是“人”字的复数。这意思是指着革命，国内战争……的过程之中产生着一种新式的人，一种新的“路数”（Type）——文雅的译法叫做典型。这是在全部《毁灭》里面看得出来的。现在，你的译文，写着“人类”。莱奋生渴望着一种新的……人类。这可以误会到另外一个主题。仿佛是一般的渴望着整个的社会主义的社会。而事实上，《毁灭》的“新人”，是当前的战斗的迫切的任务：在斗争过程之中去创造，去锻炼，去改造成一种新式的人物，和木罗式加，美谛克……等等不同的人物。这可是现在的人，是一些人，是做群众之中的骨干的人，而不是一般的人类，不是笼统的人类，正是群众之中的一些人，领导的人，新的整个人类的先辈。

这一点是值得特别提出来说的。当然，译文的错误，仅仅是一个字眼上的错误：“人”是一个字眼，“人类”是另外一个字眼。整本的书仍旧在我们面前，你的后记也很正确的了解到《毁灭》的主题。可是翻译要精确，就应当估量每一个字眼。

《毁灭》的出版，始终是值得纪念的。我庆祝你。希望你考虑我的意见，而对于翻译问题，对于一般的言语革命问题，开始一个新的斗争。

J. K. 一九三一，一二，五

关于整理中国文学史的问题*

——致鲁迅

（1932 年 10 月 6 日）

T. лусин

承你送我一本《九品中正与六朝门阀》的书，谢谢。单是看看这书上引证的一些古书的名称，就使得我想起十五六岁时候的景象。什么《廿二史札记》等等的书，我还是在那时候翻过的——十几年来简直忘掉了它们的存在。整理这“乙部”的国故，其实是很重要的工作。中国的历史还只是一大堆“档案”，其中关于经济条件的材料又是非常之少。中国的“社会的历史”，真不容易写。因此文学史的根据也就难于把握。这是一个巨大的工程。

但是，大致的一个轮廓还是容易寻找到的。自然，譬如杨筠如做的这本《九品中正与六朝门阀》，只不过汇集一些材料，不但没有经济的分析，并且没有一点儿最低限度的社会的政治的情形底描写。

中国的封建制度的命运是有些“别致”。通常总想在中国创造一些特殊的学说，比方说中国没有封建制度，说中国是商业资本“主义”的社会，说中国没有贵族等等。那些“学者”预先把欧洲的封建制度作为一个政治上形式上的模范，然后再把中国的历史事实去比较，就“发明”了这些“新奇的学说”。其实，同样生产方法，生产力的一定程度，决定的是一般的封建制度的基础，而每个时期的具体的历史条件，尤其是阶级关系，阶级力量的对比，历史上的习惯，宗教哲学思想……的“反过来影响”社会生活等等——都可以使每一个地方，每一个时期的封建制度带着一些特殊的形式，特殊的色彩。

---

* 副标题为本书所加。本文原载《瞿秋白文集》（文学编）第 3 卷，原注云：本文为作者给鲁迅的信，当时未发表，署名 CTP（史铁儿）。1950 年上海鲁迅纪念馆于整理鲁迅藏书时发现此手稿，1953 年辑入 8 卷本《瞿秋白文集》第 3 卷，题目系该《文集》编者所加。

其实，就是意大利，法兰西，英国……的 Aristocracy 何尝是相同的，中世纪的日耳曼民族的贵族，奥匈大帝国时代的 Junker，古代俄国的 Boyar，后来的 Boyarin，彼得大帝时代的 Drorуanin，波兰，保加利亚，以及回教民族里的所谓 Mura 等等，都是互相不同的。

西欧式的封建制度也有一千多年；每二三百年，每一个区域，也有些特殊的互相不同的形式，以及逐渐的“形态上的变化”。但是，一般欧洲的历史纪载和通俗的对于“贵族”的解释把中国的学者弄糊涂了。中国的特点就在于：封建制度的崩坏和复活，复活和崩坏的“循环”的过程，曾经经过三四次（最古代的战国时期还不算在内）。这样的转变过程往往使得

旧时王谢堂前燕，
飞入寻常百姓家。

而一般“屠沽市侩”，“舆台隶卒”利用农民暴动的没有真正的领导，反而爬到了社会的上层，变成了新的贵族。汉朝和明朝是最显著的例子。其他的“丧乱的季世”也有无数的个别的事实。“六朝门阀”这本书里就描写着东汉“孝廉茂才制度”的堕落和转变，以及陈群大人的苦心——恢复典章文物的努力。现在的潘光旦先生一定要“发见”陈群是三国时代的“不自觉的优生学家”了，一笑！其实“民国”以来的张宗昌等类的新贵族不过“命运”不好罢了。他们假使生在明清时代的环境，甚至于像太平天国的“封王”的情形之下，给他们几十年的镇静功夫，他们一样会复兴一种“九品中正”“八比文章”“考试院”的制造贵族的制度，然后重新锢定一些“士族”，“大夫族”……等类的门阀。那时候，也许姓张的老祖宗虽然是张宗昌，而子孙却算是世族大家呢。欧洲的贵族史之中也有不少纪载，可以证明这种贵族最早的出身是简单的“保镖的”（像四川的“护商队”）。

自然可以说欧洲贵族大半是“武士道”而中国的却是“文士道”。

然而这是形式上的分别，这是一个不断变化的过程。中国的“深入的”小农经济，促成了一种特殊的佃农制度，同时，中国的最大的旧式工商业的枢纽（例如盐，铁，铜，锡，瓷器，顾绣，河工……）事实上握在官僚贵族的手里；最主要的高利贷资本和货币资本也是这样，以前当铺钱庄银号是货币资本（money capital），就是现在的新式银行也还是这种资本的变相，不过它们直接变成了帝国主义的财政（金融）资本的附庸。这样，表面上贵族和地主两个“身份”不像西欧那么混合得紧

凑，而是官僚和贵族的“两位一体”。而实际上仍旧是贵族地主官僚的三位一体制度。做官的在衙门里是官，在本地是绅士（贵族），也就是地主。在汉朝到六朝的时代，已经有绅士互推头脑（所谓中正）的制度。前清末年——我的年纪还是很轻，只够得上记得光绪末年和宣统年间的一些模糊的影像，——地方上的绅士的势力，像苏常一带，就很大的。那时事实上的“中正”还是有的。每一县里的绅士都有事实上的头脑。因为几帮钱庄当铺的竞争也就发生几派首领不断的排挤倾轧斗争的现象。这些绅士早就是当铺钱庄的后台老板，后来像盛宣怀等类的子弟的“欧化”绅士就居然公开的做前台老板了。我这一辈人已经只看见一些“市侩”迅速的变成绅士的过程，因为我有智识的时候，正是“商会时代”的开始和捐官时代的末日了。现在不是简单的绅士“中正”了，现在早已是“绅商”“中正”了。——商会就是现在的中正。贵族的每个阶层，每个派别，在朝的和在野的之间的关系等等，自然是极端繁杂的一种现象。如果，我们能够研究出从汉朝到清末的这个问题的历史，那实在是很有趣的。文学上的贵族和市侩的“矛盾”或者冲突，混合或者搀杂各种各式的“风雅”，“俗物”的概念，以及你说过的“帮忙”和“帮闲”的问题，都和这门阀史有密切的关系。

所谓门阀，就是封建式的阶级。你说起刑不上大夫的古话，我想起直到清朝末年还是保存着这个门阀的分别。是不是以前“有功名的人”，第一，见着“父母官”是不要跪的，第二，有了小的过失要交给“学老师”去打手心，第三，犯了重罪必须先革去了秀才举人的头衔，然后才能够打他的“屁股”？这很可以写一篇“脚膝，屁股，手心的故事”，你不是有一篇《头发的故事》吗？——一笑。

不但如此。这些“士族”不但有“屁股不挨打”的特权，而且有“打别人屁股”的特权。

我小时候最强烈的印象和记忆，就和这打屁股问题有些关系。我们完全是城里人，真正是“上无片瓦，下无寸土”，但是，是个“乡绅”人家。记得大概是十岁那年，“大年初一”，爸爸买了一部《三国演义》给我，我在走廊里翻着那书上的“绣像”看，正在看得得劲的时候，听见哗朗朗的一声响，像是整桌的碗盏都打翻在地下了，接着就是父亲的骂声：

“混账东西，办他！拿我的片子，送他到衙门里去！”

后来，我打听着，那被“送去”的人是打了二十下屁股。为着什么事情——我记不得了。但是，随便拿一张大红名片可以打人家的屁股，这使得我非常的奇怪。而且衙门究竟是什么东西，我也是那时候打听清楚的。因此，“张飞大打督邮”那一回书，我看得特别有滋味；而尤其有意思的是张角他们的造反。我想：“你们要打人家的屁股，人家自然要造反，为什么又要叫人家是黄巾贼呢?”

“门阀”——我们现在翻译外国文的时候，通常总译做等级，这是和阶级不同的。俄文叫做“сословие”，法国大革命的时候，叫做 état（记不大清），英文字典里总是写的 rank——但是我想在历史上也许有专门名词的，我以前曾经查过，总没有查着。

列宁曾经说过：

> 大家知道的——在奴隶社会和封建社会里，阶级（класс）的分别是把人民锢定在几种等级（Сословие）里面，这就是对于每个阶级在国家里的地位都有法律上的特殊的规定。因此，奴隶社会和封建社会（农奴社会）里的阶级同时也就是特殊的等级。
>
> 资本主义的资产阶级社会，却是相反的，一切公民在法律上是平等的，等级的分别已经取消了（至少在原则上），所以这里的阶级已经不是等级。阶级的分别，在封建社会和资产阶级社会里，是同样都有的，不过在头两种社会里（指奴隶社会和封建社会），有等级式的阶级（Kласс-сослоbие）而在后一种社会里——只有非等级的阶级（Kласс бессословный）。

中国的等级制度既然有这样长期的历史和转变，有这样复杂的变动的过程，它在文学上是不会没有反映的。文言文学和白话文学的划分，显然带着等级的痕迹。所以：

第一，文学史的整理，首先要看清中国的高文典籍，一切文言的文学，都是贵族的文学（或者叫它士族文学，“君子”文学）。这里，有些典籍是“士君子”用自己的文字，或者标音符号（形声字和假借字）记载的一些民歌，——当时的一些平民的口头文学。但是这是极少数的。他们的记载也是极不准确的，他们的阶级立场常常不容许他们正确的去了解平民的意思，而且他们这些“远东古文化的代表”采用了一种最笨拙的“象形文字”（马克思曾经说古代文明的民族之中希腊人是“活泼的小孩子”，而有些东方古代民族是“老头子似的小孩子”，没有生气的呆笨的，甚至于是“低能儿”。中国的古代礼教，什么走上东边的阶沿一定要走几步，走上西边的阶沿又一定要踱几步等等，很使我们想起马克思的这个形容词“老头子似的”！而中国的文字比起古希腊文来，也教人发生这种感想。这是世界一切混蛋文字之中的最混蛋的文字）。中国的贵族不会演说，没有印度的“辩才无碍”的演说术。中国的贵族文学却反而变成了“梵呗”之类的咒语——和实际说话脱离了的一种特别腔调，也许可以叫做“古腔今调”（甚至于教育部最近公布的国音字汇的说明书上，还顾虑着“故国三千里……”的“国”字不能够读做阳平声，因此〔!〕，必须保存入声的一种读法）。这些原因，使得文言文学更加和平民等级隔离。

第二，索性单独的提出贵族文学史。这是和整个“远东古国史”的整理联系着的。希腊罗马的文学史可以研究，因为希腊罗马的一般社会史已经有了比较清楚的研究。而古代中国的历史——直到清朝为止，还只有一些杂乱的材料。因此，我们要来研究中国的文学史，就格外困难。其实，文言文学史的价值，只有希腊罗马文学史的那样价值。

第三，中国贵族文学史之中：一，要注意等级制度在文学内容上的反映；二，要注意它受着平民生活和口头文学的影响；三，要注意它企图影响平民，客观上的宣传作用，安慰，欺骗，挑拨，离间的手段；四，要注意它每一时期的衰落，堕落，甚至于几乎根本消灭的过程（例如元朝的所谓戏曲兴起的时候，古文学，诗，词，等等的气焰低微到极点，现在一般人简直除元遗山以外，不知道还有什么元朝的文学家）；以及它跟新贵族的形成而又复活起来，适应着当时许多特殊条件而发生“形态上的变化”。

第四，中国贵族的文学，和其他各国的封建时代一样，承接着古代的封建以前的原始社会，奴隶社会等类的古代文化，文学和宗教上，哲学上，科学上，政治上的一般实用“文章”还没有完全分化。所以历史的歌诀（《书经》之类其实和《汤头歌诀》，等韵歌诀，江湖口诀是同一体裁），记载，诏令，论文，都作为文学。而且因为文字的拙劣，文法的形成非常困难，所以一般只在讲究一句话怎样说，一件事怎样记载的技术。这些仅仅是文法学，修辞学上的问题，几乎占领了“文学”的全部。金圣叹那样的才子也只会用批八股的方法去批评《西厢》《水浒》。直到五四时期，胡适之的工作也还只限于考据版本和“发明”一些旧小说的描写方法。

我们的文学史必须注重在内容方面：每一个时代的阶级斗争的反映，各种等级，各种阶层，各种“职业”或者“集团”的人生观的变更，冲突。而贵族文学之中的纯粹文学部分——赋，诗，词，再宽泛些，包括一些小品的描写体裁的散文，笔记等等，以至于所谓正史，实在并没有多少足以做我们的研究对象的。这是说文言文学发展到唐人的小说就差不多已经走到了“逻辑上的最后结局”。至于什么韩柳欧苏……的议论文章，其实不成其为文学的对象。譬如樊樊山的四六文牍，现在也和一切清朝胥吏幕友拟稿的判牍，呈文，咨文，命令，布告，奏章，以至于《曾文正公日记》一样，渐渐的沉到垃圾桶，以至于黄浦江，太平洋的海底里去。至于说文法学和修辞学的对象，那么，韩柳欧苏……桐城派的文章，和公文程式一样的有价值，也许等因奉此式的文章里所用的虚字眼，专门术语等等，还比古文派的严谨，清楚，确定。

第五，中国的白话文学的开始时期，很教人想起欧洲中世纪末期的所谓“城市新文化”。自然，韵文的“民间文学”，很早就有的了。唐五代的“俗文学”之中已经有“说书”底稿似的东西，或者大半是讲佛经的，像《维摩诘经演义》等类。然而宋朝东京的“热闹”情形，耍戏的，踢球的，说书的等等风俗，很像意大利的龙巴地，威纳齐那些商业中心的情形。在这里开始形成一种“市民文学”或者叫做平民文学，庶民文学，这“平民”不是什么劳动阶级，而正是资产阶级的前身。资产阶级革命以前的所谓平民，庶民，小人——市井小人之中，市侩商人事实上是领导阶级。现代中国，尤其是一九二七之后，“商”的地位，移到了“绅”一方面去了。而在宋元明清的长期的时代经过很多次的变化，移动……而一般的基础却是差不多的。所谓庶民之中的资产阶级逐渐的产生自己的“智识分子”，那些败落户的贵族，文人也有“堕落”到这种地步的。自然，这里还有些农民的影响，不过事实上不能够有什么发展；农民文学只限于一些歌谣，最多只有北方的犁铧（?）大鼓，或者一部分“下等戏剧”也有农民庙会的影响；而真正散文的说书式的文学是市民的文学。从这种口头文学，变到有一定的底稿，从口头文学的底稿，变成独立的仿照说书体裁的小说。这是很复杂的过程。这里，因为中国的资产阶级“发育”的过程是很畸形的，一般说起来，它从没有达到过“在文化上超过统治阶级的程度”，所以这所谓平民文学更加受了许多贵族的影响。比欧洲文艺复兴以前的“市民俗文学”更加受着贵族意识的笼罩。而且贵族对于这种文学的蹂躏更加厉害。

这里，从元曲时代到“五四”以前，可以说是现代的（资产阶级式）文学的史前时期。

这部分的历史比较更加重要。我想要写文学史必须把这部分特别提出来，加以各方面的研究，像现代各国的文学一样，从这种文学的言语（文字），体裁，技巧的进展，一直到很细腻的内容上的分析；例如《红楼梦》上的反禄蠹主义，张飞的典型，白蛇精主义等等，分析出这里面的各种人生观的冲突，矛盾，统治阶级的道德和市侩主义的道德的混杂和“决裂”……这里时代的过程，其实已经很长的了，种类也非常之多（例如南边人的弹词，以至于各种地方的戏剧）。最初的工程，恐怕也只能限于一个大体的轮廓，再加上把五四时期对于著名的旧小说的估量，大致的“重新估量”一遍。这倒是很急需的。初步的工作实在已经比研究古文学难得多了。

老雪来了，不写了。

开始写的时候，原来是随便谈谈，只想写几句闲话，谁知道闲谈一扯扯得这么长。我的字又写得这么不清楚。实在对不起，累你看得要眼睛痛了。

CTP. 六，一〇，一九三二

瞿秋白年谱简编

一八九九年·清光绪二十五年·己亥

1月29日（农历戊戌十二月十八日）生于江苏省常州府城阳湖县青果巷八桂堂天香楼。族中属老二房一支内四房第十六世懋字辈，谱名懋淼，乳名阿双，学名双、霜。自号雄魄、铁柏、涤梅、铁梅、梅影山人、瓠舟。后改双为爽，字秋白。笔名或化名：维它、巨缘、屈维它、双林、宋阳、维摩、斯特朗、斯特拉霍夫、文学家、林复、史铁儿（尔）、狄康、维嘉、易嘉、司马今、秋华、热、血、沸、维一、它、陶畏巨、林祺祥，等等。

一九〇〇年·清光绪二十六年·庚子，一岁

冬　叔祖父瞿廷韶（赓甫）升补湖北布政使。祖父瞿廷仪（贞甫）早亡，遗下未成年子女多人均由廷韶供养。秋白父瞿世玮（稚彬）遵叔命照管八桂堂，侍奉母亲庄氏。秋白母金璇（衡玉）生六子二女，即秋白、轶群（女）、云白、景白、垚白、坚白、阿鑫、红红（女）。

一九〇三年·清光绪二十九年·癸卯，四岁

7月27日　瞿廷韶在湖北病逝。瞿秋白一家人仅靠四伯父瞿世琥等接济，生活渐趋困窘。

一九〇四年·清光绪三十年·甲辰，五岁

3月　瞿廷韶诸子由湖北返常州协议析产。瞿秋白一家搬离八桂堂，在河畔小屋暂居。

7月　全家迁居祖母庄氏娘家，城西织机房庄氏星聚堂。

9月　入星聚堂庄氏塾馆。入塾前从母教，识字诵诗。

一九〇五年·清光绪三十一年·乙巳，六岁

2月　庄氏塾馆停办，在家自修。

9月　入常州冠英两等小学堂，插入初等一年级下学期。

一九〇六年·清光绪三十二年·丙午，七岁

本年　就读于冠英两等小学堂初等二年级。爱好书法、绘画、器乐。

一九〇七年·清光绪三十三年·丁未，八岁

本年　就读于冠英两等小学堂初等三年级。成绩优秀，国文尤佳，作文常作范文传阅。

一九〇八年·清光绪三十四年·戊申，九岁

本年　就读于冠英两等小学堂初等四年级。暑期，随母去江阴县贤庄大姑母金家作客，与四表妹金君怡（纤纤、全全）心仪相得。

一九〇九年·清宣统元年·己酉，十岁

1月　冠英两等小学堂初等四年级毕业。辍学自修。

本年　迁居庙沿河城西瞿氏宗祠。

一九一〇年·清宣统二年·庚戌，十一岁

2月　插入常州府中学堂预科一年级下学期。师从国文教师童斐学吹奏洞箫，从另一师长史蛰夫习练篆刻。常以书法、绘画、印章赠诸学友。

9月　升入常州府中学堂本科一年级，与张太雷（张复）同班。

一九一一年·清宣统三年·辛亥，十二岁

7月　因病休学。

10月　武昌起义后，自剪辫子。中学堂驻军，停课。

一九一二年·民国元年·壬子，十三岁

4月　常州府中学堂复课，续读一年级下学期。

9 月　就读于常州府中学堂二年级上学期。

家中困窘，靠典当旧物度日。

10 月 10 日　民国国庆日，以墨书“国丧”白色灯笼悬于宗祠侧门。

一九一三年·民国二年·癸丑，十四岁

春　就读于常州府中学堂二年级下学期。

9 月　常州府中学堂更名江苏省立第五中学，就读于三年级上学期。

10 月　母亲金璇以家境困难，送祖母庄氏到杭州四伯父瞿世琥家，又促父亲瞿世玮到湖北黄陂二姑母周家管账，以解生活困境。

秋　写咏菊诗：今岁花开盛，栽宜白玉盆。只缘秋色淡，无处觅霜痕。嵌入秋、白、霜三字。

一九一四年·民国三年·甲寅，十五岁

春　续读中学三年级下学期。与同学任乃纳兄弟、吴南如、李子宽等相约研习诗古文词，讨究经籍，吟咏诗词甚多。

9 月　续读中学四年级上学期。

12 月　因病未参加学期考试，留级。

一九一五年·民国四年·乙卯，十六岁

3 月　病愈，重读中学四年级上学期。

7 月　家境尤困，辍学自修。

9 月　中秋节，债主上门催逼。

10 月　祖母庄氏病逝杭州，母亲金璇更遭族亲非议。

一九一六年·民国五年·丙辰，十七岁

1 月　旧历年关，债主上门索讨，金璇遣秋白去无锡甥婿秦耐铭家。

2 月 7 日　午夜，金璇自尽。翌晨气绝，终年 41 岁。

2 月 8 日　返常州为母亲守灵。

2 月 17 日　去无锡，一家星散。

3 月　执教于无锡江陂小学。

4 月 5 日　回常州祭母，写哭母诗：亲到贫时不算亲，蓝衫添得泪痕新。此时饥寒无人问，落得灵前爱子身。语友人：社会不公，需从“均”字着手，慕黄巢、洪秀全、孙中山之“铲不均”。

8 月　辞无锡江陂小学教职，返常州为母亲守孝。1940 年代，母柩由宗祠移至城东义地。1950 年代移至西郊公墓，毁于“文革”，旋作无主墓处理，了无痕迹。

10 月　绘《江声云树图》赠金君怡。

12 月　赴武昌，投奔堂兄瞿纯白，考取武昌外国语专科学校，以学费昂贵条件欠佳弃学。

一九一七年・民国六年・丁巳，十八岁

1 月　赴黄陂姑父周世鼎家。与表兄周君亮研习诗词、佛学，互有唱和。

2 月　返武昌。旋随瞿纯白赴北京。

4 月　遵纯白嘱，应普通文官考试，未取。拟考北京大学，以学费昂贵未成。不时去北京大学旁听。

同月　赴天津，与在津就读的任乃纳、吴南如、张太雷、李子宽、吴炳文诸友晤谈。

7 月　受纯白嘱托，为避张勋复辟兵祸，送嫂、侄去黄陂周家，旋即返京。

9 月　考入北京政府外交部俄文专修馆。自修英文、法文，并研习文学、哲学。

秋　返常州偕大弟云白到山东看望父亲，并将垚白带到北京。

年底　写诗：雪意凄其心惘然，江南旧梦已如烟。天寒沽酒长安市，犹折梅花伴醉眠。

一九一八年・民国七年・戊子，十九岁

本年　结识郑振铎、耿济之、许地山、瞿世英等。

一九一九年・民国八年・己未，二十岁

5 月 4 日　五四爱国运动爆发。组织俄专同学投入反帝斗争。

5 月 6 日　北京中等以上学校学生联合会成立。以俄专代表身份参加学联。

7月17日　发表政论文《不签字后之办法》。

8月　参加反对山东军阀马良暴行请愿运动。

9月15日　发表译文托尔斯泰短篇小说《闲谈》。

11月1日　与郑振铎等筹办《新社会》旬刊问世。发表《欧洲大战和国民自解》、《唉，还不如》、《自杀》、《心的声音》等多篇。翌年5月，被京师警察厅封闭，共出版19期。

一九二〇年·民国九年·庚申，二十一岁

1月13日　译托尔斯泰《告妇女》、《答论驳〈告妇女〉书之节录》。

2月12日　写《托尔斯泰的妇女观》。

2月14日　写《译者志》附于果戈理《仆御室》译文之后，与另一译作《论〈不死〉书》(马志尼著)，同时发表。

3月15日　发表译作托尔斯泰《祈祷》。写《〈俄罗斯名家短篇小说集〉序》。

6月15日　发表译作托尔斯泰《论教育书》。

8月5日　与郑振铎等创办《人道》月刊出版，发表新诗《远!》。9月被迫停刊，仅出一期。

9月　天津《大公报》经理兼总编辑胡政之邀瞿秋白、耿济之、沈颖餐叙。稍后，瞿、沈赴天津采访俄人柏烈伟。

与李仲武被北京《晨报》聘为驻俄特派员，俞颂华被上海《时事新报》聘为驻俄特派员。

10月上旬　赴山东济南，辞别父亲瞿世玮。

10月15日　到北京饭店俄远东共和国代表优林处签出国护照。夜赴耿济之家，与郑振铎、瞿世英、郭绍虞等话别。

10月16日　与李仲武、俞颂华离京抵津。晚，与张太雷、张昭德、吴炳文聚谈。

10月18日　致信郑振铎等，附诗云:“采花酿蜜，蜂蜜成时百花谢，再回头，灿烂云华。”

离天津北行。19日晚抵沈阳，20日晨抵长春，当晚到哈尔滨。因苏俄内战，在哈滞留50多天，采访俄国驻哈人士，撰写通讯报道10余篇。

11月4日　开始撰写《饿乡纪程》。

10月7日　参加俄布尔什维克哈尔滨工党联合会十月革命三周年庆祝会。

12月10日　离哈，13日晚抵满洲里。

12月14日　采访中国边防处驻苏俄军事代表张斯麐及华工总会会长刘绍周。

12月16日　离境入俄。18日，抵赤塔，滞留20多天。采访俄远东共和国总理、部长多人。获读苏俄书刊，稍知俄共（布）理论。

本年　参与发起成立文学研究会。

一九二一年·民国十年·辛酉，二十二岁

1月4日　离赤塔西行。

1月25日　抵达莫斯科

2月5日　参加全俄华工代表大会，即席发表谈话。

2月上旬　会见《真理报》主笔美史赤略夸夫。结识俄友郭质生。参加克鲁泡特金送葬仪式。

2月14日　会见诗人马雅可夫斯基。

2月16日　开始撰写《赤都心史》。

2月中旬　与李仲武、俞颂华到克里姆林宫，采访苏俄教育人民委员卢那察尔斯基。

2月21日　会见克鲁泡特金夫人。

2月下旬　采访外交人民副委员加拉罕。

3月上旬　采访阿富汗驻俄大使万里轨。采访美国实业家范德利普。

3月31日至4月15日　写长篇通讯《共产主义之人间化——第十次全俄共产党大会》。评述苏俄开始实行新经济政策。

4月初　访托尔斯泰陈列馆，与托氏孙女苏菲亚叙谈。

5月上旬　应苏俄外交人民委员会邀请，参观圣彼得堡。

6月22日至7月12日　以记者身份采访共产国际第三次代表大会；与列宁相遇，简短交谈。采访托洛茨基。

6月　张太雷来莫斯科出席共产国际三大，介绍瞿秋白加入共产党。

7月13日　被青年共产国际（少共国际）邀为译员。

本月　肺病加重，吐血。

9月16日　中秋节，应邀到嘉德琳女士家聚会，并访郭质生。

9月下旬　到莫斯科东方劳动者共产主义大学中国班任译员兼助教，研究马克思主义理论。

10月15日　应苏菲亚之邀，往访清田村托尔斯泰故居。

10月 写《饿乡纪程》跋语，稍后又写附言和序言。

11月7日　出席莫斯科第三电力劳工工厂十月革命4周年庆祝晚会，又见列宁。

12月15日　肺病严重，入莫斯科郊外高山疗养院疗养。病中写《中国之"多余的人"》，剖析自身既是浪漫派又是现实派的心结，宣示"宁可我溅血以偿'社会'，毋使'社会'杀吾'感觉'"。

本年　受苏俄用拉丁字母创制少数民族文字启示，开始探索中国文字拉丁化。

一九二二年·民国十一年·壬戌，二十三岁

1月21日至2月2日　共产国际在莫斯科、圣彼得堡召开远东各国共产党及民族革命团体第一次代表大会。抱病随中国代表团参加会议，并任译员。

2月7日　病重，又入高山疗养院。

2月　正式加入中国共产党。

3月　《赤都心史》竣稿。1924年6月由商务印书馆出版。

4月中旬　出高山疗养院。

11月5日至12月5日　共产国际在圣彼得堡（后移莫斯科）召开第四次代表大会。作为中共代表团工作人员参加会议，为陈独秀作译员。

12月7日　在东方大学，与陈独秀等参加旅俄中共党员会议，通过王一飞、彭述之、任弼时转为正式党员，吸收蒋光慈、抱朴、许之桢等为候补党员。

12月18日　参加中共旅莫（斯科）支部会议并讲话。

12月21日　随陈独秀离俄回国。

本年　完成《俄罗斯革命论》、《俄国文学史》两部书稿。1932年"一二八"事变，前者与商务印书馆编辑部同毁于战火。

一九二三年·民国十二年·癸亥，二十四岁

1月上旬　入满洲里国境，在哈尔滨停留三天。

1月13日　抵达北京。住东城大羊宜宾胡同瞿纯白家中。翻译《国际歌》。

1月15日　参加北京马克思学说研究会在高师举行的纪念李卜克内西与卢森堡殉难四周年大会，发表演说，唱国际歌。

本月　在北京女子师范大学等处演讲，介绍苏俄现状和苏联文学。

3月9日　维经斯基致函马林，拟调瞿秋白到苏俄远东地区从事华工工作。

4月初　离京赴沪，途经常州、无锡，看望亲友。

4月7日　陈独秀致函胡适，推介《赤都心史》交商务印书馆出版。

4月上旬　在上海筹编《新青年》季刊、《前锋》月刊，参与编辑《向导》。

本月　编定《新青年》季刊创刊号，写《〈新青年〉之新宣言》。

6月上旬　在广州参与中共第三次全国代表大会筹备工作。负责起草党纲草案及修改党章。

6月12日至20日　出席中共三大，并就党纲草案及国共合作问题发表意见。

6月15日　《新青年》季刊出版，内载瞿秋白文多篇。

6月20日　马林分别致函越飞、季诺维也夫、布哈林，称瞿秋白"是唯一真正懂得马克思主义的人"，"是这里最优秀的马克思主义者"。

6月21日　受中共中央委托，致函共产国际主席季诺维也夫报告中国及中共情况。

6月下旬　由粤返沪，途经杭州召集浙江党、团会议，传达中共"三大"决议。住四伯父瞿世琥家，与铁群、景白、坚白团聚。并与俞平伯访胡适于烟霞洞。

7月1日　主编之《前锋》创刊，发表文章多篇。

7月上旬　经李大钊向于右任推荐，任上海大学学务长兼社会学系主任。

7月9日　中共上海区委第一次会议，瞿秋白编入第一党小组（上海大学小组），指定讲授共产主义知识。

7月23日　写《现代中国所当有的"上海大学"》。提议设社会科学院和文艺院，“切实社会科学的研究及形成新文艺的系统”。

7月30日　致函胡适，辞却商务印书馆编译事。

8月8日　上海大学教职员会议，推定瞿秋白、叶楚伧、陈望道、邵力子、邓中夏等9人为校评议会成员。

8月20至25日　在南京参加中国社会主义青年团第二次全国代表大会。会间结识丁玲、王剑虹。

9月20日　当选中共上海区委委员。多次担任每月讲演任务。

9月下旬　斯大林特使鲍罗廷抵达上海。秘密会晤陈独秀等人，当于此时结识瞿秋白。稍后，向陈独秀提出由瞿秋白作助手和译员，未经中共中央同意，即把瞿秋白调往广州。

10月10日　参加上海大学纪念辛亥革命大会，高唱国际歌。下午，同沈雁冰、周作人等参加郑振铎和高君箴结婚仪式并赠自篆名章。

11月23日　出席中共上海区委第廿四次会议，并演讲《美国与中国》。

12月16日　在上海向鲍罗廷介绍有关中共与国民党改组、蒋介石访苏等情况。

12月23日　出席国民党上海市党部全体党员大会。本年加入中国国民党。

12月下旬　上海大学评议会改为行政委员会，为委员，辞学务长，专任社会学系主任。

作为鲍罗廷助手、译员，参与国民党第一次全国代表大会宣言起草和文件翻译工作。

冬　与王剑虹恋爱。有诗赠王剑虹：万郊怒绿斗寒潮，检点新泥筑旧巢。我是江南第一燕，为衔春色上云梢。

一九二四年·民国十三年·甲子，二十五岁

1月1日　在上海参加中共中央和团中央联席会议，讨论国民党改组问题。

1月初　与王剑虹结婚。旋赴广州。

1月4日　鲍罗廷致函维经斯基，改组后的国民党上海《民国日报》编辑委员会由胡汉民、汪精卫、叶楚伧、邵力子和瞿秋白组成，瞿任秘书。

1月上旬　陈独秀提议，由张国焘、谭平山、瞿秋白三人组成指导小组，以指挥出席国民党一大的中共党员。

1月14、15日　与鲍罗廷、胡汉民、汪精卫、廖仲恺等讨论修改国民党一大宣言草案。

1月16日　应广东共产主义青年团邀请，演讲《中国革命史之第二篇》。

1月18日　参加中共党团会议。

1月20—30日　出席中国国民党第一次全国代表大会，当选为中央候补执行委员。会后，派驻上海执行部。

2月7日　由粤返沪。

2月10日　任上海大学丛书审查委员会委员。

2月12日　致函鲍罗廷，报告到沪情况。

2月25日　参加上海执行部第一次执委会议。

2月　任上海大学经济学系筹备员。

3月6日　参加上海执行部第二次执委会议，议定推行平民教育。

3月9日　参加追悼列宁大会，报告列宁事略。

3月13日　参加上海执行部第三次执委会议，议定招考黄埔军校学员。

4月5日　致函鲍罗廷，报告上海执行部及《民国日报》情况。

5月4日　参加全国学联等社团“五四”五周年纪念会，发表演说。

5月5日　参加上海大学马克思诞辰106周年纪念会，发表演说，与任弼时唱国际歌。

5月6日　致函鲍罗廷，报告中共中央、上海执行部工作情况。

5月9日　与汪精卫、沈玄庐、叶楚伧、邵力子等在上海天后宫参加“五九”国耻纪念会，发表演讲。

5月10—15日　参加中共中央执委第一次扩大会议，讨论国共关系问题。

6月中旬　陪同鲍罗廷在上海了解国共两党情况。

6月20日　致函鲍罗廷，报告国民党右派反共动向等。

6月24日　与向警予介绍杨之华加入中共。

6月29日　致函鲍罗廷，报告国共两党派别问题及戴季陶拟往苏联担任国民党与广东政府代表。

本月　妻王剑虹病重，工作暇时陪侍床前。

7月14日　致函鲍罗廷，报告上海执行部及国民党右派蠢动情况。

7月16日　孙中山主持召开国民党中央政治委员会第二次会议，批准谭平山辞政治委员，以瞿秋白补任。

7月18日　鲍罗廷函告瞿秋白应参加国民党中央政治委员会，中共中央应组织国民党左派运动中心，聚集所有左派力量。

本月　妻王剑虹病逝。料理丧事后即赴广州。

8月6日—13日　在广州，参加国民党中央政治委员会第四、五次会议，讨论解决国民党内共产派纠纷问题。

8月15—30日　参加国民党中央执委一届二中全会，先后多次发言，反击右派进攻。

8月20日　参加国民党中央政治委员会第六次会议，讨论通过《国民党内之共产派问题》、《国民党与世界革命运动之联络问题》决议草案。次日，经一届二中全会通过。

夏　到杭州看望弟妹，带景白到上海大学读书。

10月8日　中共中央作出决议，批评鲍罗廷、瞿秋白在广州“向中派让步”、“落入了中派设置的圈套”。

致函鲍罗廷，转达中共中央召请鲍来沪进行政治磋商。

10月10日　上海天后宫举行国庆纪念大会，右派打伤上海大学学生黄仁。当晚，瞿秋白到宝隆医院探视。

10月13日　出席国民党上海执委第十六次会议，讨论黄仁事件。提议谴责右派宣言及宣传方案。

10月21日　致函鲍罗廷，报告黄仁事件及处理办法。

10月27日　出席上海大学追悼黄仁烈士大会并讲话。

10月　离开上海大学。

11月上旬　陪杨之华到萧山衙前镇，与沈剑龙商谈杨、沈离婚事。

11月18日　与杨之华结婚，并于27—29日在上海《民国日报》刊登启事，宣布婚事。

12月9日　上海公共租界巡捕房搜抄瞿秋白住所和上海大学。瞿秋白转入地下活动。

12月　中共组建中央北方局，又称“中央临时委员会”，由张国焘、李大钊、谭平山、瞿秋白、赵世炎组成。瞿秋白秘密前往北京。其间，参加鲍罗廷在苏联大使馆召开的会议，讨论培植以蒋介石部队为中心、黄埔军校为基地的革命军事力量问题。

一九二五年·民国十四年·乙丑，二十六岁

1月11—22日　中共第四次全国代表大会在上海举行。参加大会领导工作，任政治决议草案审查小组组长。当选中央委员，与陈独秀、彭述之、蔡和森、张国焘组成五人中央局。

1月26日　致函鲍罗廷，报告中共四大情况，依中央决定不再担任鲍罗廷助手和译员。

5月28日　参加中共中央和上海区委联席会议，讨论学生上街宣传和发动各界共同反帝行动。

5月30日　五卅惨案发生。当晚，参加中共中央紧急会议，决定发动上海罢工、罢市、罢课。

6月4日　主编《热血日报》创刊号出版。共刊发二十四期。写多篇社论、杂感和说唱歌谣等。

8月　写《中国国民革命与戴季陶主义》。

9月28日—10月2日　参加在北京苏联大使馆召开的中共中央第二次执委扩大会议，赞成“耕地农有”，反对中共退出国民党。

11月27日　与国民党中委、候补中委联名通电严斥西山会议派。

12月24日　与陈独秀、张国焘，同邵元冲、孙科、叶楚伧会谈国共关系及国民党“二大”问题。

12月　在上海大学、中共上海区委党校，分别讲授《国民革命与阶级斗争》、《中国劳动运动与我党的发展》。

年底　由蒋光慈陪同，访郭沫若，荐郭赴广州大学任教。

一九二六年·民国十五年·丙寅，二十七岁

2月21—24日　在北京参加中共中央特别会议。议定党的主要任务是从各方面准备广东政府的北伐战争。

3月1日　应北京学生总会邀请，在女师大礼堂演讲《中国经济状况与国民革命》，李大钊演讲《日本维新运动与中国国民革命比较观》。

春　病重，入上海宝隆医院治疗竟月。

6月30日　与陈独秀同共产国际执委会远东局维经斯基等商谈北伐问题。

7月12—18日　参加在上海召开的中共四届三中全会扩大会议。

8月19—20日、26日　参加在广州召开的共产国际执委会远东局和中共中央代表团联席会议。

8月20日　与张国焘至廖仲恺墓祭悼。

8月22日　与张国焘参加广东省农民协会执委扩大会议，致辞。

8月29日　到劳动学院演讲《什么是共产主义》。

8月下旬　到农民运动讲习所演讲《国民革命中之农民问题》。

9月　向中共中央递交《秋白由粤回来报告》。

12月13日　在汉口参加中共中央特别会议。返沪后病倒。

年底　与陈独秀、彭述之、维经斯基等多次到苏联驻上海领事馆，与苏驻华代表纳索诺夫等讨论中国革命问题。

一九二七年·民国十六年·丁卯，二十八岁

1月上旬　抱病整理旧文，编辑《瞿秋白论文集》。

1月　接受共产国际七次扩大会议《关于中国形势问题的决议案》。稍后，撰写《中国革命中之争论问题》。

2月22日　上海工人第二次武装起义，当晚到拉斐德路起义指挥所。

2月23日　出席中共中央和上海区委联席会议，决定停止此次起义，成立以陈独秀为首的特别委员会，准备第三次起义。连夜起草《上海二月二十二日暴动后之政策及工作计划意见》，提交中央特别委员会。

2月25—3月2日　连续出席中央特别委员会会议，讨论第三次起义问题。

3月中旬　赴武汉，负责中共五大筹备工作，稍后加入中共中央汉口临时委员会。

4月4日　中共中央执委会、中共湖北省委和共产国际代表团联席会议决定，联席会议工作由瞿秋白、张国焘、谭平山三人委员会领导。

4月上旬　兼管中央宣传部工作，与汉口《民国日报》总主笔沈雁冰谈当前宣传要点。

4月10日　主持联席会议，讨论上海局势。两天后，上海发生蒋介石“清党”反共事件。

4月11日　写《〈湖南农民革命〉序》。

4月中旬　参加联席会议，讨论第二期北伐，主张先打南京，经由陇海路北伐。

4月27日—5月9日　参加中共第五次全国代表大会。当选中央委员。会后为政治局委员，政治局常委，主管中央宣传部，兼任中央党报委员会书记、中央农民委员会委员。

5 月 20 日　代表中共出席太平洋劳动会议并讲话。

5 月下旬　出席中央政治局会议，讨论马日事变后湖南局势、军事工作和退出国民党等问题。

6 月 17 日　出席欢迎唐生智等北伐将领宴会并讲话。

6 月 26 日　参加中央政治局与共产国际代表团联席会议，讨论当前局势。

6 月 29 日　参加中央会议，主张暂行减租减息、乡村自治、保护佃农，待有武力再行没收土地。陈独秀提议由瞿秋白起草《国共两党关系决议案》(11 条纲领)，次日中央扩大会议通过。

7 月 4 日　参加中央政治局常委扩大会议，讨论局势和保存农村革命力量问题。

7 月 13 日　与鲍罗廷离武汉去庐山。

7 月 20 日　李立三、邓中夏到庐山报告准备组织南昌起义，当即表示赞同。次日，返武汉向中央报告。

7 月 23 日　与张国焘同共产国际代表罗明那兹谈话。

7 月 25—26 日　参加中央常委扩大会议，决定在南昌举行武装暴动。

8 月 3 日　主持中央政治局常委会议，通过《中央关于湘鄂粤赣四省农民秋收暴动大纲》。

8 月 7 日　出席中央紧急会议，即八七会议，代表常委作报告。当选中央政治局委员。

8 月 9 日　主持中央政治局会议，决定由瞿秋白、李维汉、苏兆征组成中央常委会。兼任中央农委主任、中央宣传部长、中央党报总编辑。主持中央工作。会后，与李维汉看望陈独秀，介绍会议情况，劝陈接受共产国际要求，赴苏讨论中国革命问题。

8 月 29 日　中共中央通过《关于两湖暴动计划决议案》，定名工农武装为“工农革命军”。

9 月下旬　中共中央机关由武汉迁回上海。

10 月初　与李维汉探望陈独秀，邀陈为中央党报撰文，再次劝陈去苏联。

10 月 22 日　中央常委决定出版《布尔塞维克》，任编委会主任。24 日，创刊号出版。

11月9—10日　主持召开中央政治局扩大会议。通过《中国现状与共产党的任务决议案》，左倾盲动错误在中央领导机关取得统治地位。

12月11—13日　广州起义，旋即失败。张太雷牺牲。

一九二八年·民国十七年·戊辰，二十九岁

1月3日　主持中央政治局会议，讨论通过《广州暴动之意义与教训》决议案、《中央政治局关于湖北党内问题的决议》。批评湖北省委"马上暴动"的主张。

1月8日　主持中央政治局常委会议，停止原定两湖年关总暴动。

1月18日　在中央政治局会议上报告《关于政治通告及第六次代表大会问题》，分工起草六大文件。

3月9日　召开中央政治局常委会议，讨论两湖与湘鄂赣边界割据问题。次日，中央发出第三十七号通告，指示"努力创造割据的局面准备总暴动"，提出在军队建立党组织"以每连为支部单位"。

4月12日　为中共六大起草的书面报告《中国革命与共产党》完稿。

4月30日　接受共产国际第九次全会关于中国问题决议。至此，"左"倾盲动错误在全国范围的实际工作中基本结束。

离沪赴苏联。5月上旬抵达莫斯科，为六大起草文件。

6月7日　与苏兆征、周恩来召集近60名六大代表谈话，为六大进行准备。

6月9日　斯大林会见瞿秋白、周恩来、苏兆征、邓中夏、黄平等，谈中国革命形势与中共任务。

6月14—15日　布哈林与瞿秋白等举行政治谈话会，讨论中共六大有关问题。

6月18日—7月11日　参加并主持中共六大，作政治报告。当选为中央委员。

7月17日—9月1日　出席共产国际第六次代表大会，为大会主席团成员。参加殖民地半殖民地政治决议案起草委员会，作补充报告和多次发言。当选为共产国际执行委员、执委会主席团委员。

7月19日　出席中共六届一中全会。当选为中央政治局委员。会议决定瞿秋白、张国焘任中央驻共产国际代表。

9月5日　任共产国际政治书记处成员。

9月5日　和各国代表赴南俄巴统、第比利斯、巴库、罗斯托夫、乌法、哈尔科夫等地参观。杨之华随行。

9月14日　自巴库致函周恩来，谈贯彻六大决议，苏区实行土地革命、创造红军和游击战争等问题。

9月18日　共产国际执委会任命瞿秋白为近东部部长，负责土耳其、巴勒斯坦、叙利亚、波斯等地区事务。

9月20日　在第比利斯致函旅居巴库的中国工人。

11月上旬　应斯大林之约，与张国焘在斯大林办公室谈中国革命问题。斯大林问及宋庆龄、陈独秀动向。

12月17日　参加共产国际东方书记处远东部会议，商谈军校中国学员管理事务。

一九二九年·民国十八年·己巳，三十岁

1月29日　参加东方书记处会议，讨论中山大学学生学习等问题。

2月初　参与起草共产国际给中共中央的二月指示信。

肺病加重，赴莫斯科南玛丽诺休养所疗养。

2月　拟订《中国拉丁化的字母草案》。

3月　致函中共中央政治局，报告斯大林与布哈林之间意见分歧等情况。

4月25日　致函中共中央政治局，报告布哈林被撤销共产国际执委会主席、《真理报》主编等职务。

4月　中共代表团致函共产国际执委会，指出中山大学管理存在严重问题，并提出改进建议。

6月1日　中共代表团写书面报告，提出改造中山大学的具体意见。

6月初　参与起草共产国际给中共中央的六月指示信。

6月15日　致函中共中央政治局。

夏初　拒绝参加中山大学支部局蓄意攻击中共代表团的全体党员大会。

7月3—19日　参加共产国际执委会第十次全会，并发言。

7月中旬　与陆定一等赴德国法兰克福，参加国际反帝同盟大会。

参与起草共产国际《中国职工运动的决议案》。

7月30日　参与起草共产国际致中共中央指示信。

7月　与瞿景白合编《中国职工运动材料汇编》。

译《共产国际章程》、《共产国际党纲》。

9月6日　致函中共中央政治局，谈营救彭湃、杨殷事及中东路事件。

9月15日　致函中共中央政治局。

10月10日　修订《中国拉丁化的文字草案》，定稿。

10月26日　起草《共产国际执委会致中国共产党中央委员会的信》(即十月指示)。

10月30日　致函中共中央政治局，谈开除陈独秀党籍问题。

秋　中山大学清党运动，矛头指向中共代表团，瞿秋白、杨之华受牵连，瞿景白“失踪”。

11月9日　致函中共中央政治局，谈中山大学清党问题。

11月14日　致函中共中央政治局，同意中共中央决定开除陈独秀党籍。

11月　以中共代表团团长名义致函联共（布）中央，谈中山大学改造问题。

12月15日　致函中共中央政治局。

12月18日　开始在莫斯科列宁学院和中山大学讲授《中国共产党历史概论》，共十二讲。讲授日程排至翌年六月。

12月30日　参加共产国际政治书记处政治委员会，报告中共中央开除陈独秀的决定。

致函库西宁，指出中山大学有反对中共代表团的行动。

本年　参加俄文季刊《中国问题》编辑委员会。

一九三〇年·民国十九年·庚午，三十一岁

1月10日　起草中共代表团给共产国际执委会的信，批评中山大学支部局官僚作风。

1月16日　致函中共中央政治局，说去年十二月至今大病，无法工作。

1月19日　写《〈共产国际〉中文版发刊词》，参加该刊编辑委员会。

1月23日　参加共产国际东方书记处会议。向库西宁建议李立三来莫斯科，讨论解决中共中央李立三与远东局意见分歧问题。

本月　写《清校问题》。起草中共代表团《告中大学生书草案》。

月底　旧病复发，住院治疗至 3 月中旬。

2 月 9 日　米夫致函瞿秋白，谈革命形势问题。

3 月 19 日　致函共产国际东方书记处，请求查明中山大学支部局对中共代表团的无端指责。

3 月 25 日　致函共产国际执委会书记皮亚特尼茨基："我很了解刘少奇同志"，可通过联共（布）哈尔滨组织与他联系。

4 月 2 日　致函中共中央政治局。

4 月 17 日　张国焘致函共产国际，无端指责瞿秋白，表白"正确立场"。

6 月 6 日　与周恩来、张国焘、库西宁、米夫等出席共产国际政治书记处会议，因中山大学派别斗争问题受到严厉指责。

6 月 28 日　共产国际正式决定，"更新"中共代表团成员，解除瞿秋白代表团团长职务。

7 月 23 日　针对中共中央李立三"左"倾冒险错误，共产国际政治书记处召开紧急会议，通过"七月决议"，决定派瞿秋白、周恩来回国纠正立三错误。

7 月下旬　离莫斯科经欧洲回国。

8 月 1 日　途经德国柏林，参加失业工人示威大会，参观德共中央机关，与党报编辑交流。

8 月 26 日　回到上海。

9 月 6 日　参加中共中央总行委主席团会议，决定早日召开六届三中全会。

9 月 15 日　与周恩来同远东局成员商议召开六届三中全会事宜。

9 月 24—28 日　与周恩来共同主持中共六届三中全会。作《政治讨论的结论》报告。会议通过瞿秋白起草的《关于政治状况和党的总任务决议案》，结束了李立三盲动冒险错误。会后，由瞿秋白主持中央工作。

10 月　共产国际执委会发出《关于立三路线问题给中共中央的信》，即"十月来信"，谴责立三路线同时，竟说六届三中全会有"调和主义"错误。11 月 16 日，瞿秋白、周恩来收见此信前，王明一伙已知，并在党内传播，批评六届三中全会，制造混乱。

11月18日　与周恩来、向忠发参加中央政治局紧急会议，讨论“十月来信”时指出，三中全会“没有表现出调和主义倾向”，“来信的某些部分与事实不符，必须予以纠正”。

11月22日　参加中央政治局扩大会议，继续讨论“十月来信”，作自我批评，同时指斥王明等活动“不是帮助中央，而是进攻中央”。

11月25日　参加中央政治局会议。会议决定完全接受“十月来信”的批评，承认三中全会是“调和态度”。

11月27日　王明、博古、陈原道秘密成立临时小组，反对三中全会，集中攻击瞿秋白等。

11月29日　致函共产国际东方书记处，报告三中全会已批准苏区土地分配和经济政策。

12月2日　米夫在上海致函共产国际执委会，贬斥瞿秋白、周恩来等，颂扬王明等人。

12月9日　主持中央政治局会议，明确承认六届三中全会的“调和主义”——为李立三路线“辩护”。

12月10日　米夫起草以远东局名义给中共中央信，明确指责中共三中全会决议案，提出“紧急召开为期一天的党代表会议”，提拔“新干部”到领导岗位。

12月上旬　共产国际执委会在莫斯科举行会议，讨论李立三错误问题。李立三、库丘莫夫、马札亚尔、张国焘、萨发洛夫、蔡和森、曼努意斯基、白腊昆、库西宁、黄平、皮亚特尼茨基等，异口同声，捏造事实，批评瞿秋白，吹捧王明等人。

12月18日　共产国际执委会政治书记处密电远东局，指示召开六届四中全会，“鉴于斯特拉霍夫的调和主义和两面派行为，应该把他赶出政治局”。

一九三一年·民国二十年·辛未，三十二岁

1月7日　米夫在上海召开中共六届四中全会，否定三中全会，指责瞿秋白“调和主义”，进行残酷斗争，解除其中共中央政治局委员，扶植王明等人上台。

1月17日　向共产国际和中共中央写信，声明承担三中全会的责任。

1月28日　根据中央要求，声明“完完全全拥护”开除罗章龙党籍。

2月7日　致函郭质生，请邮寄拉丁化文字改革书刊。

3月12日　致函郭质生，请邮寄俄国文学书籍及拉丁化字母草案。

4月24日　茅盾夫妇来访。

4月26日　茅盾夫妇再次来访。当晚瞿秋白夫妇往茅盾家避难。

5月初　在茅盾家，与冯雪峰见面。

上旬　冯雪峰再次来访。

上中旬　共产国际执委会先后拟同意瞿秋白去莫斯科治病，出任中共中央驻共产国际代表。

春夏之交　经冯雪峰安排，租房入住南市谢澹如家。与夏衍初次相见。参加左联的领导工作。受周恩来委托，起草《文件处置办法》。

7月　拟被调任中共河北省委宣传部长。

9月下旬　化装到城隍庙观听民间艺人说唱，考察文艺大众化。

同月　国民党当局通知各省市张贴布告，重金悬赏通缉瞿秋白、周恩来等人。

9月　写《普洛大众文艺的现实问题》。

10月　应鲁迅邀请，为曹靖华译《铁流》一书赶译序言，并致函鲁迅、冯雪峰。

秋　为中共中央文化工作委员会起草指导性文件《苏维埃的文化革命》。一度参与“文委”领导工作。

10月7日—20日　中华工农兵苏维埃第一次代表大会在江西瑞金举行，当选为中央执行委员会委员。随后，被任命为教育人民委员。

11月20日　鲁迅邀瞿秋白译《被解放的唐·吉诃德》。

同月　指导左联起草《中国无产阶级革命文学的新任务》决议。

12月5日　致函鲁迅，称“敬爱的同志”，“我们是这样亲密的人，没有见面的时候就这样亲密的人”。

12月28日　鲁迅致函瞿秋白，也以“敬爱的同志”相称。

一九三二年·民国二十一年·壬申，三十三岁

3月5日　写《大众文艺的问题》。

3月30日　修改杨之华小说译稿《一天的工作》、《岔道夫》。

3月　参加丁玲、田汉、叶以群、刘风斯等人入党仪式。

3月　约见夏衍、阿英、郑伯奇，指示进入上海明星电影公司，夺取电影阵地。

4月初　将杨之华创作小说《豆腐阿姐》送鲁迅修改。

6月10日　致函鲁迅，谈中国文学史的整理。

6月19日　父瞿世玮病逝于山东济南。

6月20日　致函鲁迅，称“亲爱的同志”。

夏初　邀彭玲协助研究拉丁化新文字。

7月　写《再论大众文艺答止敬》、《文艺的自由和文学家的不自由》。

8月　由冯雪峰陪同，往访鲁迅。

9月1日　鲁迅、许广平携海婴来访。

9月14日　与杨之华同赴北川公寓拜访鲁迅。

9月18日　鲁迅收到杨之华来信，及赠海婴玩具。

9月25日　鲁迅校阅杨之华译文，并交良友图书公司出版。

10月24日　鲁迅买《文始》等书赠瞿秋白。

11月4日　鲁迅收到良友图书公司版税240元，将其中60元析交杨之华。

下旬　到鲁迅寓所避难。

12月7日　在鲁迅寓所，录旧诗（起句“雪意凄其心惘然”）赠鲁迅。附跋：“此种颓唐气息，今日思之，恍如隔世。然作此诗时，正是青年时代，殆所谓‘忏悔的贵族’心情也。”

12月9日　托人买积铁成象玩具赠海婴。

12月11日　在鲁迅家，与鲁迅夫妇、冯雪峰、周建人共进晚餐。

中旬　陈云（史平）到鲁迅家接走瞿秋白夫妇，转移新址。

12月25日　鲁迅收到瞿秋白来函及所赠火腿爪，答以文旦饴。

12月28日　鲁迅收到瞿秋白来函及手书七绝诗。

12月　译就《高尔基论文选集》、《高尔基创作选集》。写《新中国文草案·绪言》。

本年　写就一组有关语言文字的文章6篇。编译《现实——马克斯主义文艺论文集》。

一九三三年·民国二十二年·癸酉，三十四岁

1月2日　鲁迅致函瞿秋白。

1月15日　鲁迅收见瞿秋白复函。

1月24日　鲁迅收见瞿秋白来函和文稿，即复。

2月4日　鲁迅收见瞿秋白来函。

2月上旬　再次到鲁迅寓所避难。

2月17日　与鲁迅合作，选译编《萧伯纳在上海》一书。

3月初　鲁迅托内山夫人为瞿秋白夫妇在北四川路施高塔路东照里租房，并亲往看房。稍后，瞿家迁入。鲁迅书赠联语："人生得一知己足矣，斯世当以同怀视之。"

3月5日　写《王道诗话》，鲁迅改后，用其笔名发表。此期，与鲁迅合写杂文共十一篇。

3月6日　鲁迅访瞿宅，并赠堇花。

4月1日　发表《马克斯、恩格斯和文学上的现实主义》。

4月8日　编完《鲁迅杂感选集》，写长篇序言。

4月11日　鲁迅迁居瞿宅对弄大陆新村9号，过往更多。

4月21日　鲁迅得版税200元，即析交瞿秋白选编《鲁迅杂感选集》费用100元。

6月初　从东照里迁居王家沙鸣玉坊江苏省委秘密机关。

6月20日　写《国民党棉麦大借款的目的》，刊于中共中央机关刊《斗争》。到8月中旬，共刊文11篇，均署名狄康。

7月10日　鲁迅付杨之华稿费30元、瞿秋白编辑费100元。

7月下旬　第三次到鲁迅寓所避难。

8月初　从王家沙迁居黄陂路鸣琴坊中央秘密机关。

9月10日　鲁迅致函杜衡，催索瞿编《高尔基论文选集》编译费。

9月22日　中共中央临时政治局作出《关于狄康（瞿秋白）同志的错误的决定》，在全党展开对瞿秋白"右倾机会主义"的"最无情的斗争"。

9月27日　被迫写《我对错误的认识》。

10月初　第四次到鲁迅寓所避难。

10月9日　鲁迅收到瞿秋白来函。

10月24日　鲁迅收到瞿秋白来函。

10月30日　中共中央《红旗》周报社论批判瞿秋白，引用高尔基语谓："敌人不愿意解除武装，我们就必须消灭他。"随后，批瞿扩展到苏区。

12月10日　写《给中央委员会一封信》，按中央要求，再次自批认错。

12 月　中共中央通知瞿秋白去中央苏区，不准杨之华同行。

一九三四年・民国二十三年・甲戌，三十五岁

1 月 4 日晚　去鲁迅寓所，畅叙至深夜。

1 月 5 日　告别鲁迅，去茅盾寓所辞行。

1 月 7 日　离上海去瑞金。

1 月 9 日　鲁迅收到瞿秋白离沪启程函。

1 月 28 日　鲁迅收到瞿秋白赴瑞金途中来函。

2 月 1 日　中华苏维埃第二次全国代表大会在瑞金闭幕，当选为中央执行委员，继续任教育人民委员（教育部长）。

2 月 5 日　抵达瑞金，住沙洲坝教育部办公室。

2 月　主持中央政府机关报《红色中华》报社和通讯社。

3 月 12—14 日　出席江西省各县教育部长联席会议，作总结报告。

3 月 21 日　参加中央政府就开展检举运动召开的全体工作人员会议，并发言。

3 月 29 日　发表《节省每一粒谷子来帮助战争》。

3 月　建议将蓝衫剧团学校改名为高尔基戏剧学校，直属教育部，为部队和地方培养文艺人才，到集市和前线演出。

4 月 1 日　与朱德、张闻天等出席国立苏维埃大学举行的开学典礼，兼任校长。

4 月 15 日　教育部决定出版《苏维埃文化》。

4 月　起草《教育行政纲要》修正案、《苏区文化教育工作计划》，制订多种文化、教育工作法规章程，汇编为《苏维埃教育法规》。

6 月 16—17 日　共产国际两电中共中央，基本同意中央红军进行战略转移的计划。

7 月　随中央机关转移到瑞金以西的梅坑。

8 月 1 日　参加瑞金红军家属代表大会，代表中央政府致词。

8 月至 9 月间　肺病复发。

10 月 10 日　中央红军开始大撤退。瞿秋白奉命留任中共中央分局宣传部长，兼中央政府办事处教育人民委员。移住瑞金下肖区。

10 月 14 日　参加中央分局会议。

10 月　继续主编《红色中华》，领导苏维埃剧团工作。

年底　随分局机关转移到于都地区。

一九三五年・民国二十四年・乙亥，三十六岁

1 月 6 日　鲁迅在病中致函曹靖华，谓“它兄仆仆道途”，而不知瞿秋白已被留在江西。

2 月 5 日　中央分局决定瞿秋白、何叔衡转道香港去上海就医。张亮、周月林同行。

2 月 7 日　主持苏维埃剧团在分局驻地举行文艺会演。

2 月 11 日　离于都，经瑞金武阳区往福建四都山区。

2 月 18 日　到达福建省长汀县四都山区中共福建省委驻地汤屋。

2 月 24 日　在长汀县濯田区水口镇小迳村被俘。

2 月 26 日　被押往上杭县监狱囚禁。

3 月 9 日　化名林琪祥，编造经历，迷惑敌人，以求脱险。

4 月 10 日　中共福建省委书记万永诚妻被捕，供出瞿秋白日前被俘。

4 月 25 日　被解离上杭，前往长汀。

5 月 7 日　张亮、周月林被押往龙岩途中供出瞿秋白、何叔衡。

5 月 9 日　被解至长汀，囚于三十六师师部。翌日被叛徒指认。

5 月 11 日　《中央日报》报道瞿秋白被捕消息。杨之华、鲁迅等营救行动未能实现。

5 月 13 日　写“供词”，歌颂苏区革命，谴责国民党“剿共”行为。

5 月 17—22 日　写就《多余的话》及《未成稿目录》。

5 月 28 日　托军医陈炎冰寄函郭沫若。另赠陈炎冰诗词三首。

5 月　军统特务机关派员到长汀劝降，遭拒。

与三十六师师长宋希濂谈话，批评三民主义，谴责蒋介石。宋关照改善瞿秋白狱中生活条件。

6 月 2 日　蒋介石电令蒋鼎文：“瞿匪秋白即在闽就地处决，照相呈验。”

6 月 4 日　接受《福建民报》记者李克长采访。

6 月 9 日—14 日　中统特务机关派王杰夫、陈建中到长汀劝降，谈话多次，遭拒。

6 月 18 日　从容就义，遗骸葬于长汀城西罗汉。

中国近代思想家文库

方东树、唐鉴卷	黄爱平、吴杰　编
包世臣卷	刘平、郑大华　主编
林则徐卷	杨国桢　编
姚莹卷	施立业　编
龚自珍卷	樊克政　编
魏源卷	夏剑钦　编
冯桂芬卷	熊月之　编
曾国藩卷	董丛林　编
左宗棠卷	杨东梁　编
洪秀全、洪仁玕卷	夏春涛　编
郭嵩焘卷	熊月之　编
李鸿章卷	翁飞　编
王韬卷	海青　编
张之洞卷	吴剑杰　编
杨仁山卷	何建明　编
薛福成卷	马忠文、任青　编
经元善卷	朱浒　编
沈家本卷	李欣荣　编
马相伯卷	李天纲　编
王先谦、叶德辉卷	王维江　编
郑观应卷	任智勇、戴圆　编
马建忠、邵作舟、陈虬卷	薛玉琴、徐子超、陆烨　编
黄遵宪卷	陈铮　编
皮锡瑞卷	吴仰湘　编
廖平卷	蒙默、蒙怀敬　编
严复卷	黄克武　编
夏震武卷	王波　编
陈炽卷	张登德　编

汤寿潜卷　　汪林茂　编
辜鸿铭卷　　黄兴涛　编
康有为卷　　张荣华　编
宋育仁卷　　王东杰　编
汪康年卷　　汪林茂　编
宋恕卷　　邱涛　编
夏曾佑卷　　杨琥　编
谭嗣同卷　　汤仁泽　编
吴稚晖卷　　金以林、马思宇　编
孙中山卷　　张磊、张苹　编
蔡元培卷　　欧阳哲生　编
章太炎卷　　姜义华　编
吴雷川卷　　何建明　编
金天翮、吕碧城、秋瑾、何震卷　　夏晓虹　编
欧阳竟无卷　　何建明　编
杨毓麟、陈天华、邹容卷　　严昌洪、何广　编
梁启超卷　　汤志钧　编
杜亚泉卷　　周月峰　编
吴虞卷　　罗志田、赵妍杰　编
张尔田、柳诒徵卷　　孙文阁、张笑川　编
杨度卷　　左玉河　编
王国维卷　　彭林　编
邓实卷　　王波　编
黄炎培卷　　余子侠　编
胡汉民卷　　陈红民、方勇　编
陈独秀卷　　萧延中　编
陈撄宁卷　　郭武　编
鲁迅卷　　孙郁　编
章士钊卷　　郭双林　编
宋教仁卷　　郭汉民　编
蒋百里、杨杰卷　　皮明勇、侯昂妤　编
江亢虎卷　　汪佩伟　编
马一浮卷　　吴光　编

师复卷　　唐仕春　编
刘师培卷　　李帆　编
朱执信卷　　谷小水　编
周作人卷　　孙郁　编
高一涵卷　　郭双林　编
熊十力卷　　郭齐勇　编
任鸿隽卷　　樊洪业、潘涛、王勇忠　编
蒋梦麟卷　　马勇、黄令坦　编
张东荪卷　　左玉河　编
丁文江卷　　宋广波　编
钱玄同卷　　张荣华　编
张君劢卷　　翁贺凯　编
赵紫宸卷　　赵晓阳　编
李大钊卷　　杨琥　编
太虚卷　　何建明　编
李达卷　　宋俭、宋镜明　编
张慰慈卷　　黄兴涛、李源　编
晏阳初卷　　宋恩荣　编
陶行知卷　　余子侠　编
戴季陶卷　　桑兵、朱凤林　编
胡适卷　　耿云志　编
郭沫若卷　　谢保成、魏红珊、潘素龙　编
卢作孚卷　　王果　编
汤用彤卷　　汤一介　编
吴耀宗卷　　赵晓阳　编
顾颉刚卷　　顾潮　编
张申府卷　　雷颐　编
梁漱溟卷　　梁培宽、王宗昱　编
恽代英卷　　刘辉　编
金岳霖卷　　王中江　编
冯友兰卷　　李中华　编
刘咸炘卷　　罗志田　编
傅斯年卷　　欧阳哲生　编

罗家伦卷　　张晓京　编
萧公权卷　　张允起　编
常乃悳卷　　查晓英　编
余家菊卷　　余子侠、郑刚　编
瞿秋白卷　　陈铁健　编
潘光旦卷　　吕文浩　编
朱谦之卷　　黄夏年　编
陶希圣卷　　陈峰　编
钱端升卷　　孙宏云　编
王亚南卷　　夏明方、杨双利　编
黄文山卷　　赵立彬　编
雷海宗、林同济卷　　江沛、刘忠良　编
贺麟卷　　高全喜　编
陈序经卷　　田彤　编
徐复观卷　　干春松　编
巨赞卷　　黄夏年　编
唐君毅卷　　单波　编
牟宗三卷　　王兴国　编
费孝通卷　　吕文浩　编

图书在版编目（CIP）数据

中国近代思想家文库．瞿秋白卷/陈铁健编．—北京：中国人民大学出版社，2014.10
ISBN 978-7-300-20078-1

Ⅰ.①中…　Ⅱ.①陈…　Ⅲ.①思想史-研究-中国-近代　②瞿秋白（1899～1935）-思想评论　Ⅳ.①B250.5

中国版本图书馆CIP数据核字（2014）第224396号

中国近代思想家文库
瞿秋白卷
陈铁健　编
Qu Qiubai Juan

出版发行	中国人民大学出版社		
社　　址	北京中关村大街31号	**邮政编码**	100080
电　　话	010－62511242（总编室）		010－62511770（质管部）
	010－82501766（邮购部）		010－62514148（门市部）
	010－62515195（发行公司）		010－62515275（盗版举报）
网　　址	http://www.crup.com.cn		
经　　销	新华书店		
印　　刷	涿州市星河印刷有限公司		
开　　本	720 mm×1000 mm　1/16	**版　　次**	2014年12月第1版
印　　张	34.5　插页1	**印　　次**	2025年1月第3次印刷
字　　数	555 000	**定　　价**	119.00元